JN222080

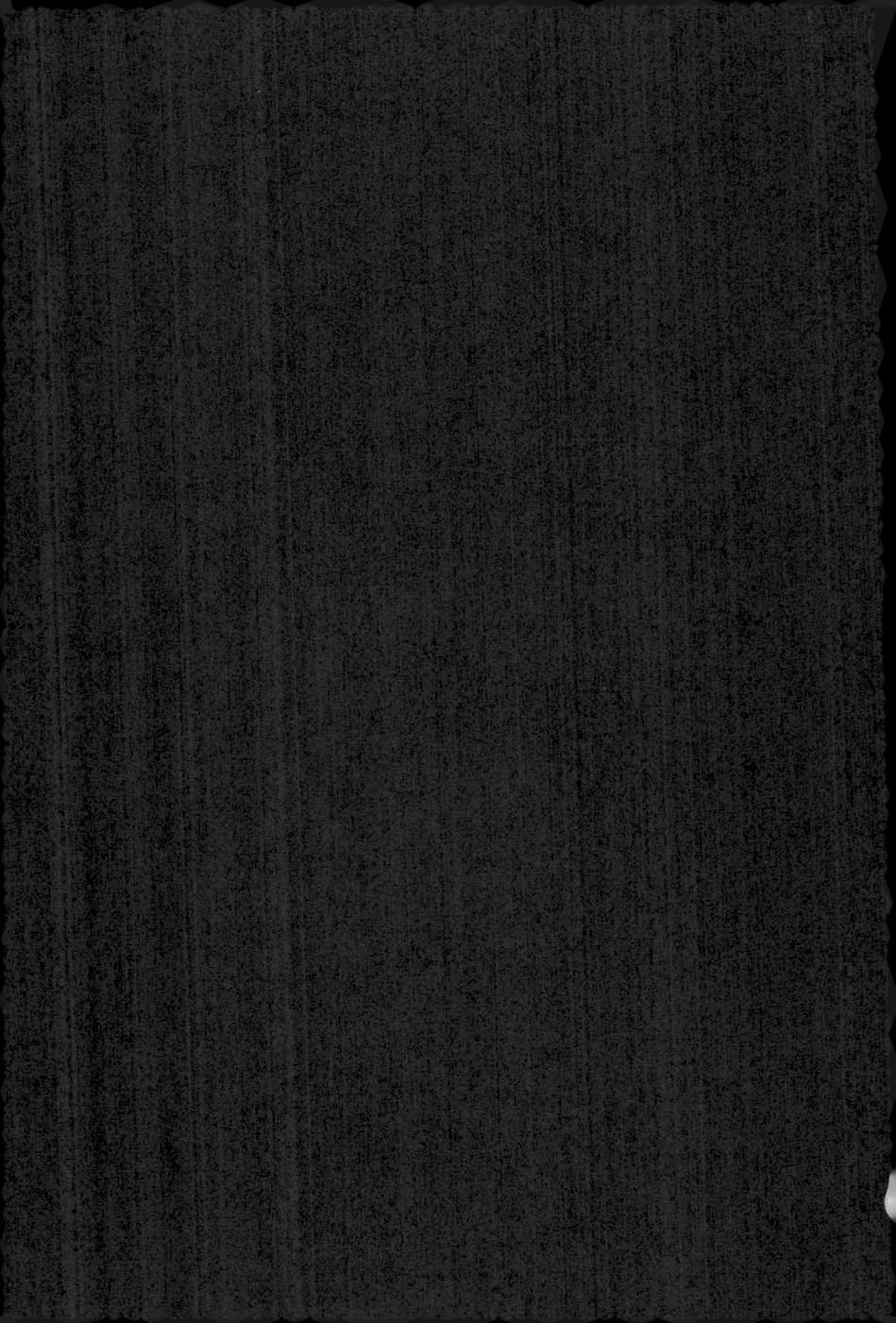

新左翼・過激派全書

1968年から現在まで

Arisaka Kengo

有坂賢吾

作品社

中核派系の白ヘルメット

後列左から大阪市立大（志全寮か?）、マルクス主義学生同盟中核派、全中闘（大学不詳）。前列左からマルクス主義学生同盟中核派、反戦青年委員会、全国全共闘連合第一軍団

革マル派系の白ヘルメット

左の２つは国鉄動力車労働組合のもの。左から２番目は助士廃止反対闘争時のもの。「鬼の動労」と呼ばれ革マル派が強い影響力を有した。右から２番目は革マル派全学連の典型的なヘルメット。一番右のものは初期の革マル派ヘルメットと思われる。「中国核実験弾劾」の文字が入っており、ヘルメットの着用が始まった1967年頃のものか。革マル派系のヘルメットは鉢巻状の線が入るのが通例であるが、このヘルメットにはない

ブントの赤ヘルメット

この赤ヘルは正面にはなにも書かれておらず、後頭部に「全学連」、側頭部に「社学同」「理工」とある。正面にはうっすらと「C」が書かれていたのを消した跡があり、もともとは中大全中闘のヘルメットだったのではないかと思われる

解放派系の青ヘルメット

後列左から法学部闘争委員会（大学不明）、明治大学生協。前列左から反戦青年委員会、プロレタリア統一戦線、反帝学生評議会。解放派はそろってヘルメットの後部にプロレタリア統一戦線の略称「プロ統」の文字を入れるが前列中央は正面に書かれているイレギュラーなもの。前列左は解放派活動家の旧蔵品で「突撃」と入れたが分派行動だと批判されてあまり使用されなかったという

構造改革派系の緑ヘルメット

後列左から反戦青年委員会、社会主義学生戦線、反帝学生戦線（推定）。前列左から反帝高校生戦線、共産主義高校生委員会（推定）。この5つのうち前列右は社会主義労働者同盟系で他は統一社会主義同盟系

日本共産党の指導を受ける日本民主青年同盟系の黄色ヘルメット

左は東海大学の文字が入る全学連のヘルメット。右の2つは東大駒場寮に保管されていた民青のヘルメット。一般に新左翼系の学生がヘルメットをかぶるのに対して民青系はかぶらなかったとされるが、限定的な場面で着用した。1968年11月12日に東大本郷の総合図書館前で全共闘系と衝突した事件は有名

早大反戦連合のヘルメット（個人蔵）
緋牡丹が描かれている非常にデザイン性の高いもの。とある方が所蔵されているもので、往時のノンセクトの自由さを象徴するもののように思われたので、お願いして写真を提供していただきました

ノンセクトのヘルメット
ノンセクトは「叛」の文字を好んでヘルメットに書いた。セクトとは異なる自由闊達さがある。左は神奈川県立翠嵐高等学校のもの、右は神奈川大学全共闘のものでいずれも「叛」の文字を書体を工夫して「描いて」いる

中国派系のヘルメット

後列は日本マルクス・レーニン主義者同盟系の学生解放戦線のもの。後列一番右は後部に東海大学の文字があり、白モヒカン部分や「FL」の文字をビニールテープでかたどっている珍しいもの。前列左は「反帝反修」の文字が入り、日本共産党から排除された中国派系のものと推定する。前列右は神奈川県立横浜翠嵐高等学校の全評闘ヘルメットと一緒に出たもので詳細は不明だが、「毛沢東思想万才」の文字が入る

三里塚闘争で使用されたヘルメットとゼッケン

左の2つは第四インター系で右は共産主義労働者党の現地闘争組織三里塚を闘う青年先鋒隊のヘルメット。ゼッケンはいずれも1978年の成田空港開港後のもの

全共闘のヘルメットいろいろ。

後列は日大全共闘。左から文理学部闘争委員会、芸術学部闘争委員会、理工学部闘争委員会。前列は東大全共闘のものと思われる

三池労組のヘルメット・ホッパーパイプ

短いホッパーパイプには革製のさやがついており、携帯して実際に使用されたと思われる。ヘルメットは戦時中の警防団用のヘルメットを転用したもの

週刊 世界革命

青学共闘最先頭に
三月開港を完全粉砕
日本階級闘争史に輝く勝利

週刊 世界革命 号外

声明

この勝利は人民の「三里塚空港」に

青学共闘を最先頭に
管制塔占拠破壊
空前の厳戒体制突破し三月開港を粉砕！

週刊 世界革命 号外

開港阻止
勇躍、福田

第四インター『世界革命』
1978年3月30日に予定されていた新東京国際空港の開港を阻止するため、3月26日には反対同盟を支援する新左翼セクトらの部隊が空港に突入し、管制塔を占拠・破壊した。この闘争により開港は延期された。大戦果をアピールするため、当時としてはめったにない二色刷りになっている

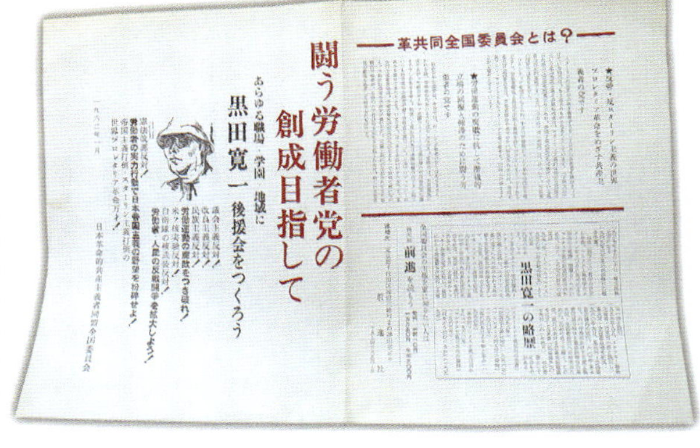
闘う労働者党の創成目指して

あらゆる職場・学園・地域に
黒田寛一後援会をつくろう

―― 革共同全国委員会とは？ ――

前進

黒田寛一の略歴

黒田寛一後援会のビラ
1962年に当時の日本革命的共産主義者同盟全国委員会より黒田寛一が参院全国区に出馬した。中核派と革マル派に分裂する前であり、黒田寛一後援会結成を呼びかけるこのビラの連絡先は前進社で機関紙も『前進』である

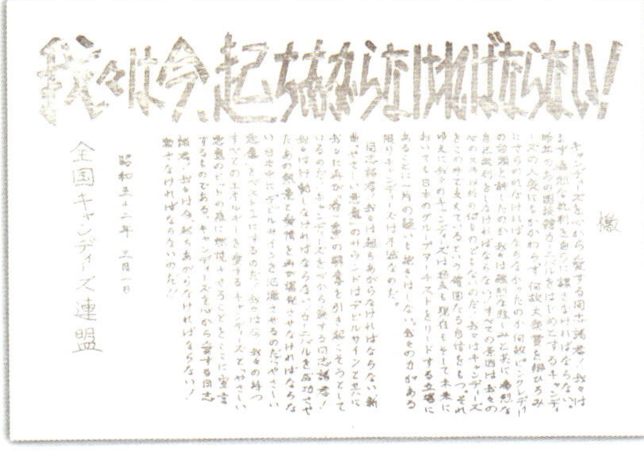
我々は今、起ちあがらなければならない！

檄

昭和五十二年 三月一日
全国キャンディーズ連盟

【番外編】全キャン連のビラ
学生運動的な言い回しの模倣（パロディ）はキャンディーズのファン組織である全国キャンディーズ連盟（全キャン連）でも行われた

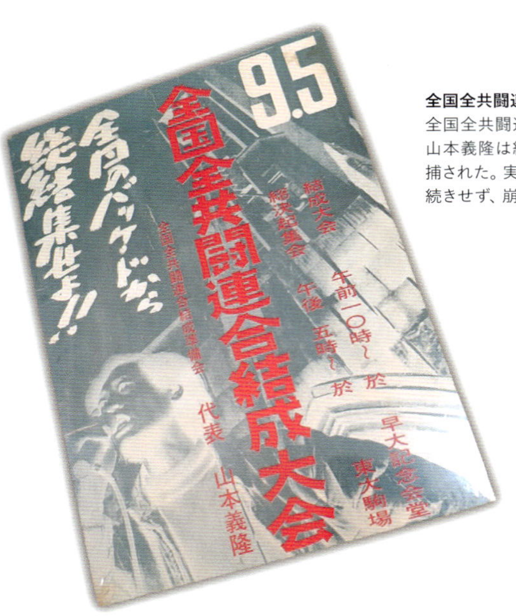

全国全共闘連合結成大会ポスター

全国全共闘連合議長に選出された東大全共闘の山本義隆は結成大会がもたれた日比谷公園で逮捕された。実態は党派の合従連衡の産物であり長続きせず、崩壊した

【番外編】右派のヘルメット

1970年代に製造されたこのヘルメットは右派のヘルメットと思われる。新左翼が大々的に使用したために、ヘルメットは新左翼の学生らを中心とする学生運動のアイコンとなったが、右派にも使用する団体が現れた。児玉誉士夫の指導下にあった青年思想研究会や、福田素顕の長男である福田進が結成した防共挺身隊などが着用したほか、新右翼とよばれた一水会や統一戦線義勇軍でも使用された

新左翼・過激派全書

1968年から現在まで

はじめに

本書では概ね1968年以降の新左翼党派を党派ごとに紹介していく。類書としては、社会問題研究会編『全学連各派―学生運動事典―』(1968年、双葉社)や、その増補改訂'70年版(1969年、双葉社)があり、やや時代を下ってからのものとしては、田代則春『日本共産党の変遷と過激派集団の理論と実践』(1985年、立花書房)がある。前者の出版の意図は明確ではないが、当時の新左翼運動に対峙した大学や企業にあった実需に応じて編まれ、広く読まれたものと思われる。後者の発行元である立花書房は警察系の出版社として知られており、その目的は言うまでもないだろう。後者は立花書房『警察公論』誌の連載「過激派集団の理論と実践」を加筆し書籍化したものとされているが、実際のところその原典は公安調査庁『過激派集団の概要』と思われる。同書は昭和54年5月版と昭和57年7月版、昭和62年3月版について現物を確認しており、平成6年に発行されたものも書影のみ確認している。これらのうち昭和54年5月版は発行元である公安調査庁の名を伏せて発行されたものも確認されていることから、公安調査庁の資料であるとわかることが不都合な、実務上必要とされる民間各所にも頒布されたものと推測される。

雑誌では長年にわたり継続的に刊行されたものとして、1957年に創刊された日本教育協会『旬報学生運動』がある。1962年の『旬報学生青年運動』への改題、2011年の『教育ニュース』との合併を経て『国内動向』として2021年6月号での停刊に至るまで新左翼他の運動について記録し続けてきており、本書でもかなりの部分を参考にした。同様の雑誌としては社会運動研究会編『日共情勢速報』(1953～1954年)及び同誌の改題『公安情報』(1954～1994年)、立花書房『治安フォーラム』(1995年～)などがある。

しかしながら、1960年代末以降の新左翼党派の四分五裂状態を俯瞰した書籍は全くと言っていいほどなく、ある党派がいつ結成され、いつ・どうして分裂し、その後いつ改称し、いつ消滅したのか、といった程度の概要すらわからないことが多い。実需に応じた書籍は出版当時、現に「脅威」として認識されていた活発な活動をしている主要党派の現況や活動性向に関する記述の比重が大きくなっており、小党派はもちろん、主要党派であってもその

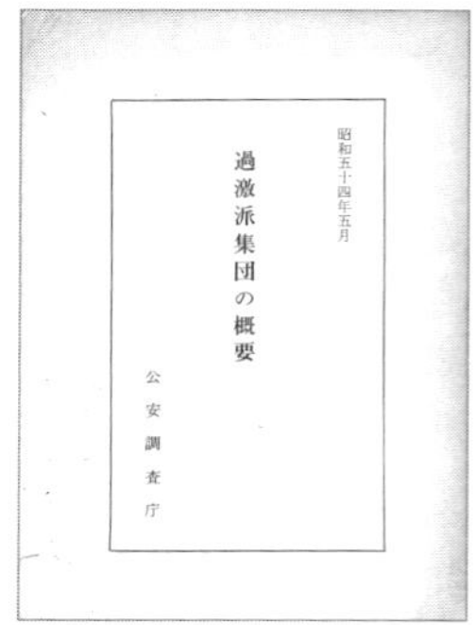

昭和五十四年五月
過激派集団の概要
公安調査庁

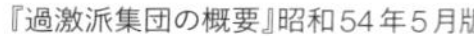

『過激派集団の概要』昭和54年5月版

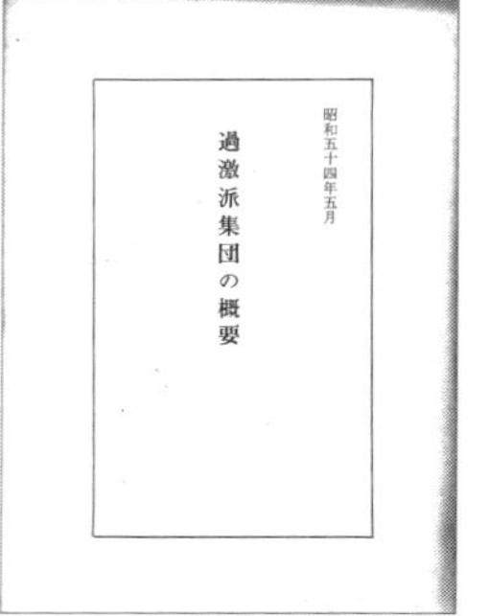

昭和五十四年五月
過激派集団の概要

『過激派集団の概要』昭和54年5月版
公安調査庁記名なし

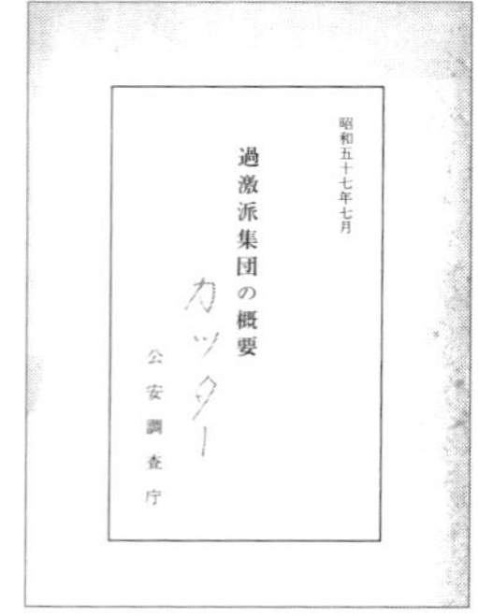

昭和五十七年七月
過激派集団の概要
公安調査庁

『過激派集団の概要』昭和57年7月版

歴史を詳述する必要は乏しかったからであろう。

本書はなるべく網羅的に新左翼党派の基本的な情報を収録するように努めた。また著者個人のこだわりとして、写真や図版を多く用い、機関紙誌についても同名のものが多いことから題字や書影など視覚的な史料を豊富に掲載することにも重きを置いた。更に主要な声明や規約などもなるべく収録し、資料集としての機能も持たせようと試みた。しかし資料の収集が難航し、必ずしもその全てを採録できていない。特に党派の声明などは原典を参照できなかったため、孫引きになっているものがあり、正確性に疑問符がつくものもあるだろうが、どうかご容赦いただきたい。

思想や理論についてはあまり触れていない。著者が疎いというのもあるが、思想面の差異を云々することは、当事者であっても今となってはかなり困難であろうし、部外者であれば何をかいわんや、とも考えているからである。

現在も活発に活動を続ける党派については、街頭で遭遇したりすることがあり、そういった党派については私見を超えて個人的な感想も書いている。しかし特定の党派を貶めたり、あるいは称揚したりする意図はないことをあらかじめご承知おき願いたい。

なお、本書の内容について誤りを発見された場合には、ご連絡をいただきたい。多くの当事者は過去の組織の事実関係についてあまり語らずにいる。本書が過去を語るきっかけになれば幸いである。

有坂賢吾

『新左翼・過激派全書——1968年から現在まで』●目次

3 社青同系 315

4 構改派系 387

5 日共左派系 459

6 アナキスト 535

新左翼誕生の歴史とミニ用語集

〈新左翼の誕生と1968年までの歴史〉

学生運動が盛り上がりを見せた1968年に『週刊朝日』(1968年8月9日号)で発表された筒井康隆のショートショート『九十年安保の全学連』は、1990年という「未来」の安保闘争を、デモを中継するテレビマンたちの目から描いた作品である。カメラの前に登場する全学連はわずかに5人。しかもその中にはテレビ局のエキストラがまじっているという。実況するアナウンサーがどうしてあんなに数が少ないのかと問うと、解説者はこう応じる。

「今だって何千人もいます。ただ、七十年安保の二、三年前から今まで、全学連は分裂に分裂をかさね、小派が乱立したのです。あの三人は百三十七派系に含まれる社学同解放ML統一派の構造改革国際主義分派の連中です。五人もいるから、多数派でしょうね。ひとり一派というのも最近はざらですから」

当時の状況を知らないと、一体このくだりの何が面白いのかわからないだろうが、これは特に1960年代以降の新左翼党派の度重なる分裂を皮肉った内容となっており、この作品が発表された1968年以降は更に分裂を重ねていき、「百三十七派」は極端にしても、数十のセクトが存在した。

「はじめに」で「本書では概ね1968年以降の新左翼党派を党派ごとに紹介していく」とした背景には、1960年代末以降新左翼党派が数年単位でくり返してきた分裂の歴史がありながら、未だその全容をたどった書籍が存在しないことへの問題意識がある。このことが新左翼運動研究や、新左翼が深く関わった学生運動の研究に困難をもたらしている面があることは否めない。

この小党派分立の状況について警察は、新左翼のうち特に急進的な活動をするグループを「極左暴力集団」と大まかに定義した上で、昭和48(1973)年の警察白書において、極左暴力集団を「5流22派」のセクトと、「ノンセクトの小人数グループである黒ヘル集団」に分類した。昭和63(1988)年の警察白書でも同数の「5流22派」のセクトが挙げられており、極左暴力集団全体の勢力として「約3万5,000人で、昭和44年の約5万3,500人をピークに減少し、49年以降は、横ばいの状態が続いている」としている。このセクト数の把握が正しいのかどうかについては次の「新左翼セクトの分類」で論じているのでここでは措いておく。

さて、ここまで読んできて、「新左翼」「セクト」「ノンセクト」「黒ヘル集団」などなじみのない言葉が何度も出てきて閉口している方もあると思う。ひとつひとつ順番に見ていこう。

まず、「新左翼」とはなにか。「新」左翼というくらいで、対となる概念として「旧」左翼または「既成」左翼がある。日本共産党や日本社会党などがこの既成左翼にあたる。ざっくり言えば新左翼は、歴史的にこの日本共産党や日本社会党とは「違うもの」として誕生してきたため、「新」左翼と呼ばれる。

そして本書で新左翼を紹介する際にひとつの基準となる年として示した1968年は、世界的にも学生運動などの社会運動が活発になった年であった。チェコではプラハの春が、フランスでは五月革命が起こり、アメリカではベトナム反戦運動の高まりがあった。日本ではこの1968年を目前にした1967年10月8日に佐藤首相訪南ベトナム阻止羽田現地闘争（第一次羽田事件）、11月12日に佐藤首相訪米阻止羽田現地闘争（第二次羽田事件）が立て続けに発生し、後に学生運動の代名詞となった「ヘルメットにゲバ棒」という闘争時のスタイルが確立された。1968年に入ると佐世保での米原子力空母エンタープライズ寄港阻止闘争や北区王子での野戦病院開設阻止闘争などのベトナム反戦闘争が取り組まれたほか、使途不明金問題を発端とする日大闘争や医学部における処分問題が引き金となった東大闘争を中心として次々に各大学で学生運動が取り組まれ、やがてこの動きは地方の大学、あるいは高校、予備校などにも拡大していった。これらの学生運動や反戦運動の主な担い手となったのが新左翼の活動家であった。そして1969年以降徐々に運動が下火になってくると、新左翼諸党派は再び分裂し離合集散の歴史をたどっていくこととなった。

本書では1968年以降の歴史を扱っているので、その話に入る前に、前提知識となる終戦から1968年までの学生運動に関係する歴史と、その中での新左翼の誕生について簡単に見ていこう。

日本の敗戦後、戦前・戦中に激しい弾圧にさらされていた左派の活動家らが動き出した。獄中に囚われていた活動家は釈放され、日本共産党は再建され、進駐軍を解放軍とさえ呼んだ。しかし一方で国際的には東西陣営の対立が顕在化し、中国大陸では国共内戦の末に中華人民共和国が成立し、また朝鮮半島では朝鮮戦争が勃発するなど、日本の周辺では緊張が高まっていった。西側陣営の占領下にあった日本本土での日本共産党の活動はこのような国際情勢の影響を大きく受けることとなった。

日本共産党は当初は平和的な革命路線を志向していたが、世界の共産党を指導する立場にあったソ連が主導するコミンフォルムからの批判を受けて活動方針を転換することとなり、1951年に第5回全国協議会（五全協）で武装闘争路線へ転じた。党内は当初からコミンフォルムによる批判を受容した国際派や、一旦はコミンフォルムによる批判に反論する所感を発表した所感派などに分裂してしまっていた。

しかし武装闘争路線は国民の支持を得られず、国会では議席を失った。日本共産党が1955年の第6回全国協議会（六全協）において武装闘争路線を放棄すると、日本共産党の指導に不満をもつ活動家は党を離れ、これら離脱した活動家らによって革命的共産主義者同盟（革共同）や共産主義者同盟（共産同ドイツ語からブントとも）が結成された。この革共同や共産同が新左翼といわれる部分である。日本の新左翼がその起源を日本共産党にもつといわれるのにはこのような人的つながりがある。そして新左翼は歴史的経緯から日本共産党に対して批判的であり、一方の日本共産党も新左翼に対しては批判的である。日本共産党は新左翼を指してニセ「左翼」暴力集団などと呼び、そもそも新左翼を左翼として認めない立場をとる。

1960年前後には、日米安全保障条約改定をめぐって、全国的に安保反対運動が起こった。いわゆる60年安保闘争である。国会では日本共産党や日本社会党が安保反対・破棄の姿勢を打ち出し、国会の周辺では社共系の革新団体や、共産同が主導する学生団体・全日本学生自治会総連合（全学連）などがデモを行い、1960年6月15日には国会に突入した学生らと機動隊が衝突し、東大生の樺美智子が死亡する事件も起こったが、最終的には新安保条約が自然成立して、安保闘争は終焉を迎えた。この安保闘争を「敗北」と総括した共産同は分裂状態に陥り、一部はこの分裂に積極的に介入してきた革共同へと吸収された。後に共産同は1968年に向かう過程で統一へと向かい共産主義者同盟（二次ブント）を再建し、その一方で革共同は途中で分裂して中核派と革マル派という二大党派を形成する。

また安保闘争とほぼ時を同じくして九州の三池炭鉱で従業員の解雇問題をめぐって三井三池争議（三池闘争）が勃発した。三池闘争には全国から労働組合や革新政党の支援が集まり、当時の全学連も現地へ支援に入っている。
1960年10月には安保闘争と三池闘争を経験した日本社会党青年部の活動家が中心となって日本社会主義青年同盟（社青同）が結成された。「安保と三池から生まれた」といわれる社青同の誕生である。社青同は日本社会党とそのシンパが集まってできた「ゆるい」組織であったため、様々な思想を広く内包した。本書で紹介している革労協や人民の力派、主体と変革派などは元をたどればこの社青同へと行きつく。更にその「ゆるい」性質に目を付けた第四インターは社青同に活動家らを加入させて勢力を伸ばし、後に社青同から分裂して別個に党派を形成した。このような形での勢力拡大を企図する手法を「加入戦術」という。
1960年の安保闘争の敗北で学生運動は、一度は下火となった。しかし1965年の日韓基本条約締結に関する闘争（日韓闘争）や1966年頃の早稲田大学や明治大学の学費値上げ反対闘争（早大闘争・明大闘争）を経て、1968年に向かって運動は徐々に盛り上がりを見せていった。そして1967年10月8日の佐藤首相訪南ベトナム阻止羽田現地闘争（第一次羽田事件）を画期として「ヘルメットとゲバ棒」に象徴される学生運動の時代がやってくることとなった。
この頃の学生運動や学生が関わった運動としては、個別の大学の学内問題として学費値上げ阻止や使途不明金問題を追及する運動や、広く研修医の待遇改善を求める大学の枠組みを超えた運動などがあった。更に国際的な事象としてベトナム反戦運動に関連して空母の寄港阻止や王子野戦病院開設阻止、米タン（米軍用の燃料輸送タンク貨車）輸送阻止、相模原補給廠での戦車搬出入阻止などがあった。今に続く運動としては新東京国際空港（現在の成田国際空港）の建設阻止運動（三里塚闘争）があり、住民運動に学生たちが加わって闘争が拡大した。1970年に向けては日米安保条約が1960年の改定から10年を迎えて自動延長することを阻止しようと、安保反対闘争が再び活発化した。これを60年安保闘争と対比して特に70年安保闘争と呼ぶ。また1972年の沖縄返還に向けては沖縄返還協定の内容に関する沖縄闘争も活発化した。
もっとも、これらの学生運動は1969年9月の全国全共闘連合結成に向けた動きの中で失速し始め、なんとか共闘機関として結成した全国全共闘連合もすぐに解体する結果となった。運動の後退のなかで組織は次々と分裂し、内ゲバに発展したが、中核派と革マル派、あるいは解放派と革マル派との間では内ゲバがエスカレートし、多数の死者を出した。また行き場を失った一部は過激化し、1970年のよど号ハイジャック事件や1972年の連合赤軍あさま山荘事件、1974年以降の連続企業爆破事件を引き起こした……というのが定説となっている。

一部の勢力が過激化したのは事実である。またこの1969年9月の全国全共闘連合結成直前が学生運動のピークであるという認識は、当時東京で学生運動に参加していた活動家に聞くと、肌感覚としては確かにその通りらしい。しかしこれには例えば他の都市圏である大阪・京都や中京圏はどうだったのか、その他の周辺部の地方都市はどうだったのかという視点が決定的に欠けている。個別の大学の学生運動もその先駆けであった日大や東大は別として未だ研究は進んでいない。このような通説的理解は東京中心主義的な嫌いが否めないことは付記しておきたい。

しかし年を経て運動が退潮するとともに、運動の主力はそれまでの学生から労働者へと移っていったことがわかっている。公安調査庁『過激派集団の概要』昭和62年3月版によれば、1970年時点で労働者35%：学生65%であった比率は、1973年には労働者52%：学生48%と逆転し、1982年には労働者75%：学生25%、1986年には労働者82%：学生18%となった。公安調査庁はこれを「労働者活動家の増加によるというより、むしろ学生活動家の漸減が大きく作用したもの」と分析した上で、学生活動家減少の原因を、①全共闘運動衰退に伴うノンセクトの離脱、②大学が内ゲバの舞台となったことによる新入生獲得数の低下、③内ゲバや三里塚現闘で酷使されたことによる学生の消耗、④60年安保以来の活動家が指導部を占めていることによる高齢化などと分析している。

本文中で使われることばの中で、一般になじみのない用語について説明しておく。用語の簡単な説明であり、かなり大ざっぱなものとなっていることにご留意いただきたい。

• セクト

日本の新左翼運動の文脈では党派のことを「セクト」という。「党派」とほぼイコールの意味で使うため、新左翼党派といっても新左翼セクトといっても同じ意味である。新左翼以外にはあまり使われない。また通例セクトとは中核派や革マル派のように綱領と規約を持った恒常的な政治団体のことを指し、反戦や学費値上げ阻止といった単一の争点に関する是非を掲げた運動体はセクトとは呼ばない。また殊更に自らの利益を重視した姿勢・行動を「セクト主義」と呼んで批判することがある。

• ノンセクト

ノンセクト・ラディカルのこと。セクトに属さない急進的な活動家のことをいう。セクトに属さない＝個人というわけではなく、ノンセクトの活動家が集まって構成されたノンセクト組織もある。1968年前後に各大学で結成された全共闘の担い手には、もともとは一般の学生であったノンセクトの学生と、新左翼セクトに所属する学生の両者がいた。ノンセクトは黒色のヘルメットをかぶっていることが多いため「黒ヘル」とも呼ばれた。

またセクトが分裂したり、指導力が弱まった場合などに、一部のグループが特定の新組織を結成したり、あるいは合流したりせず、研究会や学生のサークル組織として政治的な傾向を有しつつ残存することがあり、これを「ノンセクト化」という。ノンセクト化した経緯を持つノンセクトの中には、中大赤Cや同志社大全学闘のように、かつてのセクトからヘルメットの色（ブントの赤色）を受け継いでいるケースがある。田代則春『日本共産党の変遷と過激派集団の理論と実践』（1985年、立花書房）は1982年頃のブント系諸派について、「内紛、分裂によって生じた無所属の活動家群 − いわゆる『ブント崩れ』の"予備軍"が数百名はいるものとみられ」るとしている。

• ノンセクトセクト

これはごく一部で使われる造語である。そもそもはノンセクトであるが、極めてセクト的な性格を持つに至ったノンセクト組織のことをいう。かつてのDICや日大銀ヘルがこのノンセクトセクトと言えよう。警察用語で「黒ヘル集団」と呼ばれる組織の一部にはこのノンセクトセクトが含まれている。

• 全学連

全学連は「全日本学生自治会総連合」の略称である。戦後、各大学で結成された自治会の全国組織であり、60年安保の主役はこの全学連であった。結成当初は共産党がこの全学連のヘゲモニーを握っていたが、共産党を離れた部分によって共産主義者同盟（ブント）が結成されると、ブントがヘゲモニーをとり、60年安保を迎えた。

60年安保の敗北後、ブントが分裂した後は、単独のセクトによって担われることがなくなり、いわゆる三派全学連など、複数の党派の寄り合い所帯となったが、後に各党派の事実上の大衆団体として1セクト1全学連が固定化して現在に至る。

• 全共闘

全共闘は「全学共闘会議」の略称である。1960年代末頃に各大学で結成された任意団体であり、学生自治会が大学公認を念頭に組織されているのに対して、全共闘は学費値上げなどの学内問題について大学側と交渉するために自然発生的に学生たちが結成した団体であった。規約などは存在しないことが多く、大学からも公認されていない。「全学共闘会議」以外の名前のこともある。中心となっていたのはノンセクトの学生だったとされるが、セクトに所属する学生を排除するものではないため、セクトの学生も参加していた。セクトはこのような全共闘を「指導」する対象として位置づけ、ヘゲモニーをとろうとした。1970年代以降自然に消滅したが、一部はノンセクト化して残った。

• ステッカー

ステッカーといって読者の皆さんが思い浮かべるのは、裏に糊があらかじめ塗布されていて、一昔前ならスーツケースや楽器のケース、今だったらラップトップにベタベタと貼る小型のシールのことだろう。しかし日本の社会運動の文脈では、もちろん年代差・地域差はあろうが、広くポスター、狭義には縦長のポスターを示す。学内や街頭にこのステッカーを貼ることを特に「ステ貼り」という。もちろん勝手に街頭にステッカーを貼ることは犯罪だが、かつては結構大っぴらに貼られていた。著者も右翼の大日本愛国党の古びたステッカーが山手線のガード下に貼ってあったのを覚えている。

ステッカーの中でも昔は短冊状の縦長のものが広く使用されていた。近年でも相模鉄道労働組合がストライキ実施時に「スト決行」と貼りだしたり、関東バス労働組合がスト予告を行う際に使用したりしているが、かつて国鉄労働組合が春闘の際に順法闘争（ストライキ権を持たない国鉄労働者が、運行上の安全措置を厳格に運用することなどにより、結果として時刻表通りの列車の運行を行わないこと）を行っていた時分には電車や駅にベタベタと貼っている風景が見られた。この短冊状の縦長のステッカーというのは今となっては珍しいが、考えてみれば神棚にお祀りする神宮大麻や、台所に貼る荒神様のお札などの神札類はみな縦長で、縦に文字を書く言語ではごく当たり前のものかもしれ

11.17南朝鮮人民連帯
フォード来日・訪韓阻止全国総決起集会
とき 午後三時　ところ 芝公園
18日・羽田現地闘争（11AM 仲蒲田公園）22日・大阪現地闘争
主催 フォード来日・訪韓阻止全国実行委員会

1973年　フォード来日・訪韓阻止集会 ステッカー

国労ステッカー「ストライキ権奪還」　国労東京

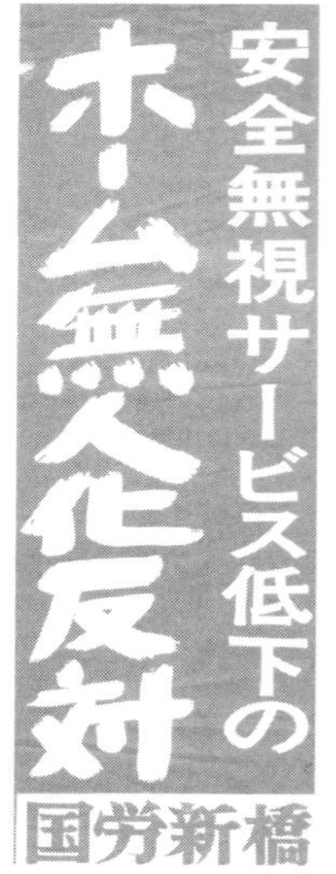

国労ステッカー「ホーム無人化反対」　国労新橋

売上税反対ステッカー「売上税断固反対」

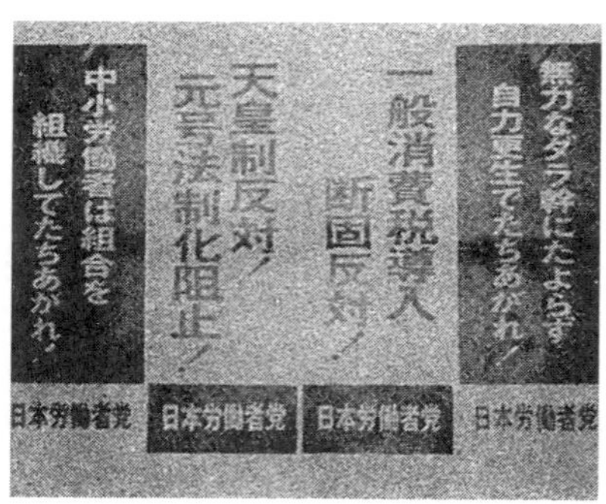

日本労働者党北海道委員会ステッカー
（『労農戦報』第84号（1979.06.15付））

ない。

近年ではステッカーを見られるところは少ない。まれに春闘の時期にストライキになるとストライキを予告・決行する際に用いられることがあり、2014年の相鉄のストライキでは掲出されたのを確認している。大学内では、京都大学の吉田寮・熊野寮にかつてのステ貼りを見られるほか、東京では中央大学の八王子のサークル棟でも見られる。街中では東京都墨田区八広6丁目の木根川橋付近の道路が交差したガード下に「マル青同政治集会」の落書きとともにその痕跡を見ることができる。

• 機関紙と機関誌

各セクトは自らの主張を公にする手段として機関紙誌を発行している。多くの場合ブランケット判（一般的な全国紙の大きさ）かタブロイド判（夕刊紙の大きさ）で機関紙を発行し、論文などまとまった文章を掲載するものとして冊子様の機関誌を発行することが多く、後者は理論誌と呼ぶこともある。但しブランケット判にしてもタブロイド判にしてもそれなりの資金力がないと難しいため、小党派は手作りの冊子のようなものを発行して代えることもある。組織の資金力が落ちてくると、こうした機関紙の定期発行体制がとれず、ブランケット判からB4の紙をホチキスで綴じただけのような簡素なつくりになることもある。近年では革労協現代社派機関紙『解放』が、ブランケット判からB4ホチキス留めに変わっている。

機関紙は活動家やシンパたちが読み合わせをして理論学習に使ったり、オルグ（勧誘）に用いたりする重要な媒体であるが、駅売りをしているわけではないので、直接発行元から購読するか、取り扱いのある書店で購入する必要がある。

機関紙誌は正規の書籍流通に乗らない少部数の発行物（ミニコミ誌）を扱う書店で扱われることが多い。新左翼の機関紙誌を扱う著名な書店としては東京新宿の模索舎がある。新左翼党派の機関紙誌や関連書籍に関しては日本一の品揃えを誇る有名書店である。私は模索舎を通じて革労協現代社派・赤砦社派の機関紙『解放』と、赤砦社派の大衆団体全労交の機関紙『全労交通信』などを定期購読している。もしこの本を読んで興味を持った党派があれば、模索舎は通信販売もしているので機関紙の在庫など問い合わせをしてみて欲しい。

新左翼について

昭和63（1988）年版の警察白書は、極左暴力集団の主なセクトについて「5グループ22セクト（5流22派）」と「アナーキストグループ」、「ノンセクト・黒ヘルグループ」に分類している。新左翼＝極左暴力集団ではないが、この分類をひとつの軸にして見ていこう。

ここでいう5流とは①革共同系、②共産同系、③革労協系、④構造改革派系、⑤親中共派系の5潮流のことをいい、22派の分布は以下のようになっている。

①革共同系（3派）

更に第四インター系と全国委系に分類される。

- 第四インター系
  日本革命的共産主義者同盟（第四インターナショナル日本支部）（第四インター日本支部）
- 全国委系
  日本革命的共産主義者同盟革命的マルクス主義派（革マル派）
  革命的共産主義者同盟全国委員会（中核派）

②共産同系（12派）

更に戦旗派系、ML系、マル戦系に分類される。

- 戦旗派系
  共産主義者同盟（赤軍派）
  共産主義者同盟神奈川県委員会（神奈川左派）
  共産主義者同盟（RG）（赤報派）
  共産主義者同盟（蜂起派）
  共産主義者同盟全国委員会（全国委員会派）
  戦旗・共産主義者同盟（戦旗・荒派）
  共産主義者同盟（戦旗派）（戦旗・両川派）
  共産主義者同盟「叛旗」編集委員会（叛旗派）

共産主義者同盟（赫旗派）

- ML系

民主統一同盟（民統同）

- マル戦系

共産主義者党（前衛派）
労働者共産主義委員会（怒濤派）

③革労協系（1派）

革命的労働者協会（社会党社青同解放派）（革労協）

④構造改革派系（3派）

フロント（社会主義連盟）（フロント）
社会主義労働者同盟（社労同）
共産主義労働者党（共労党）

⑤親中共派系（3派）

日本共産党革命左派神奈川県委員会（日共革命左派神奈川県委）
日本労働党（労働党）
日本共産党（左派）（日共左派）

しかし、この分類は昭和63（1988）年当時としては不正確である。小党派や小分裂を無視しているというのもあるが、主要なところでも革労協は1981年には労対派と狭間派に分裂して内ゲバ事件を頻発させていたし、社労同は3派に分裂し、更にそのうち2派は消滅して、1970年代半ばには既に青年共産主義者委員会のみになっていた。また共産同の神奈川左派も1988年には既に消滅していたはずである。逆に1987年末に改称を発表したばかりのマル青同については新名称の民主統一同盟に修正している。5流22派という表現自体は昭和48年の警察白書に既に見える表現であり、これをいびつに、はっきり言えば雑に更新したものが昭和63年のそれといえるだろう。厳格に更新されずに忘れ去られていた5流22派という枠組みが昭和63年版で復活した背景には、当時の社会情勢の変化があったのではないかと考える。

そもそも1970年代以降はそれまでの大規模な街頭闘争が徐々に減少する一方で、中核派や革マル派、革労協などの内ゲバ事件や、爆弾や迫撃弾などによるゲリラ事案が増加し、全てのセクトが等しく警戒対象となるのではなく、中核派や革労協などゲリラを頻発させる警備上重点的にマークすべきセクトと、機関紙誌の発行などの活動を中心とする警備上の重要性が比較的低いセクトとに二極化していた。これにより極左暴力集団全体を捉える5流22派という概念が更新されず忘れられつつあったところ、1987年後半から昭和天皇の体調が悪化し、天皇崩御のXデーに向けて反皇室闘争における各派の動きが全体的に活発化したことから、再び極左暴力集団全体を捉える必要性が生じ、警察が引っ張り出してきたのが陳腐化して久しい「5流22派」という概念だったのではないだろうか。

ちなみに公安調査庁は「極左暴力集団」ではなく「過激派集団」という概念を用いて整理しているが、公安調査庁『過激派集団の概要』昭和54（1979）年5月版は「過激な言動を常とする左翼諸党派を総称して、『新左翼』あるいは『極左暴力集団』などとも呼ばれることがあり、『過激派集団』の呼称が最も一般的であるが、必ずしも厳密な定義づけにもとづくものではなく、むしろ現在は使われなくなった『反日共系共産主義者集団』と呼ぶ方が正確かもしれない」としており、公安調査庁においてもその正確な定義づけがなされていないことがわかる。なお公安調査庁は過激派集団について、『過激派集団の概要』昭和57（1982）年7月版で5流48派、昭和62（1987）年3月版で5流43セクトを数えており、当時の新左翼党派の把握としてはこちらの方が的確であろう。

本書は警察と公安調査庁との両方が分類に用いる5つの潮流を軸に新左翼党派を分類した上で、各潮流の成り立ちやそこに分類される各セクトの基本的な情報や特徴を見ていく。

なお、組織の分裂・合同により、章立てや立項については違和感を覚える向きもあると思われる。あるセクトの過去から現在までを追うとき、どこまでを同じ項で扱い、どこからを別の項として独立させるかは著者としても苦慮した結果であるのでご容赦願いたい。

1

革共同系

【名　称】**革命的共産主義者同盟全国委員会**

【通称：中核派】

【結　成】1959年8月（1962年9月に中核派と革マル派に分裂）

【機関紙】『前進』／『激流』（沖縄県委員会）

【機関誌】『共産主義者』／『武装』→『コミューン』→『国際労働運動』『コンミューン』（関西地方委員会）

1959年8月29日の革命的共産主義者同盟第1回全国大会の席上、黒田寛一らの除名処分が確定的となるや黒田らは分裂して翌30日に革命的共産主義者同盟全国委員会を結成した。議長黒田寛一、書記長本多延嘉。革共同全国委は、60年安保闘争を闘いその総括をめぐって四分五裂の状態に陥っていた共産同に積極的に介入し、その主要な活動家を取り込むなど勢力を拡大した。この頃革共同に参加した元共産同の活動家としては、現在中核派議長の清水丈夫、中核派元最高幹部の北小路敏、革マル派の土門肇らがいる。その一方、内部ではイデオロギー重視の黒田議長らと大衆運動を重視する本多書記長らとの間に見解の相違が存在していた。この見解の相違は1962年9月下旬の第3回拡大全国委員総会（三全総）を機に決定的なものとなった。

政治局では本多ら多数派7名と黒田ら少数派3名とが特に組織論をめぐって対立し、黒田ら少数派が離脱。1963年4月1日、日本革命的共産主義者同盟全国委員会革命的マルクス主義派を結成した（通称「革マル派」）。一方革共同全国委の学生組織マルクス主義学生同盟は黒田らの影響を受けた部分が多数を占めたため、学生組織においては本多ら多数派の影響下にある学生が少数派となり、分裂直後には都内の本多派の学生活動家の数は18人にまで減少した。これら少数派の学生はマル学同を離脱し、マルクス主義学生同盟中核派を名乗った。「中核派」の誕生である。公然拠点「前進社」。中核派や革マ

前進
週刊
発行所
前進社
編集・発行人　鈴木　一郎
本　社
東京都豊島区千早町1—11
電話　(03)974—5501（代）
振替　東京　88857
神奈川支社
横浜市中区長者町　9—170
渡部ビル内(045)251—6655
振替　横浜　50058
関西支社
大阪市大淀区大淀町中2—6
振替　大阪　16016
中国支社
広島市東千田町1—1—29
電話　(0822)43—4873
振替　広島　30027
九州支社
福岡市西区荒江2—12—21
電話　(092)831—0454
振替　福岡　18659
4頁 100円
郵送読者の購読料
1部半年2700円、1年 5000円
2部半年5400円、1年10000円
3部以上は送料当方負担
反帝国主義・反スターリン主義の旗のもと
万国の労働者団結せよ！
革命的共産主義者同盟
全国委員会

革共同全国委『前進』739号（1975.06.16付）

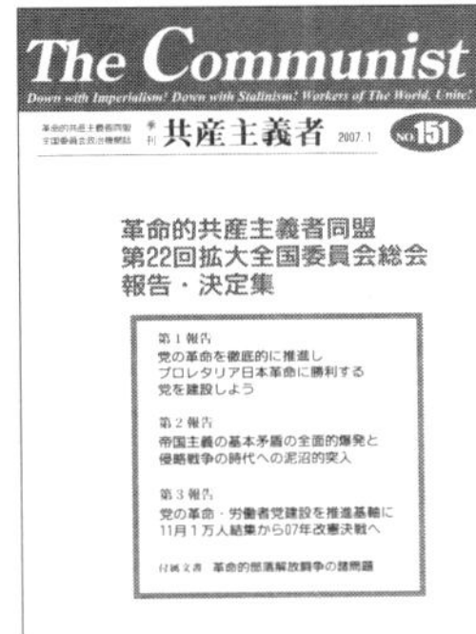

革共同全国委『共産主義者』No.151
(2007.01.01付)

反帝・反スターリン主義の旗の下、万国の労働者団結せよ!
武装
本多書記長虐殺に
復讐の全面戦争を
革命的共産主義者同盟
4
月号

革命的共産主義者同盟『武装』
通巻第15号(1975.04.01付)

『コミューン』通巻第252号
(1996.07.01付)

『国際労働運動』vol.57
(2020.06.01付)

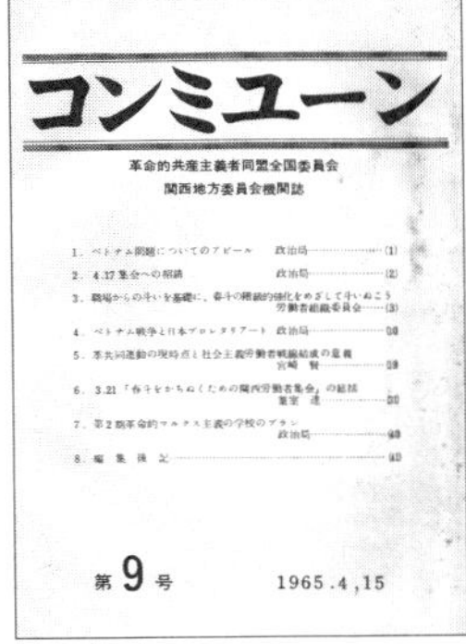

革共同全国委関西地方委
『コンミューン』第9号(1965.04.15付)

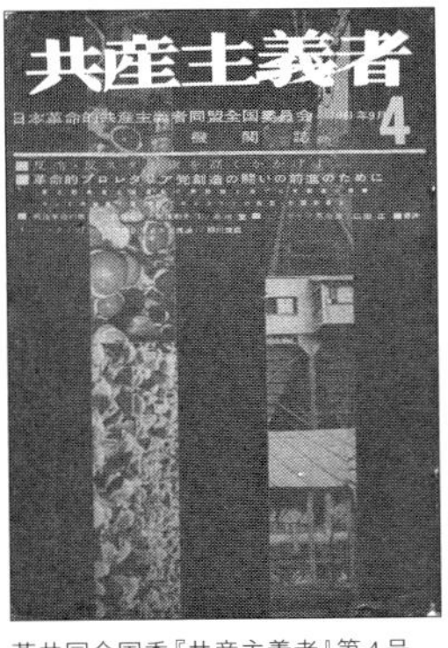

革共同全国委『共産主義者』第4号
(1961.09.25付)

ル派の歴史は立花隆『中核VS革マル』(1975年、講談社)という名著があるので詳細はそちらを参照されたい。

このようにもともと「中核派」は本多派の学生組織を指し示すことばであった。政治組織としての本多派を示すことばとしては「前進派」などがあるが、60年代後半からの学生運動全盛期における学生組織中核派の大規模な活動とともに「中核派」の名称が人口に膾炙し、政治組織としての本多派も中核派を自称するようになった。しかしながら政治組織としては対外的には単に「革命的共産主義者同盟」の名前で声明を出すことも多くあり、革共同の正統を自認している。

前に触れた通り、革マル派との分裂時、学生組織において中核派は少数派となってしまったものの、他党派とも共闘しつつ積極的に大衆的な運動に参加して学生の組織化に努めた。学生組織において多数派を形成していた革マル派によって全学連から排除されていたため、1966年10月8〜9日にはブントや社青同解放派とともに三派合同で全学連再建準備会結成大会を開催し、続く12月17〜19日の全学連大会開催を以て、「再建」した。この三派合同の全学連を「三派全学連」という。発足時は委員長にブントの斎藤克彦（明大）、書記長に中核派の秋山勝行（横国大）という体制だった。

しかし早くも2月には明大学費闘争についてブントがボス交での決着を図ったことにより、斎藤委員長が罷免され、19日の拡大中央委員会の席上で秋山書記長が新委員長に選出された。

1967年10月8日の第一次羽田事件（佐藤首相訪南ベトナム阻止羽田現地闘争）は、学生運動の画期とされる闘争であり、三派全学連は後に学生運動のトレードマークとなる「ゲバ棒にヘルメット」のスタイルで、大衆の前に登場した。この第一次羽田事件では中核派に所属する京大生の山﨑博昭が死亡した。闘争としては首相の訪南ベトナム阻止などとてもできるはずもなかったが、機動隊との衝突では優位に立ち、この闘争で激しい投石を受けた経験から機動隊はジュラルミンの大楯を導入することになる。同年11月の第二次羽田事件（佐藤首相訪米阻止羽田現地闘争）、翌1968年1月の佐世保米空母エンタープライズ寄港阻止闘争、2月の三里塚闘争や王子野戦病院開設阻止闘争と、三派全学連は各地の闘争にゲバ棒にヘルメットの出で立ちで現れ機動隊と衝突を続けていった。この期間を「激動の七ヶ月」という。しかし全学連内部では、この頃には早くも中核派とブント・解放派との対立が表面化した。7月8日には反中核派連合が全学連大会の招請を拒否し、秋山委員長罷免を決議すると、中核派は14〜16日に独自に全学連全国大会を開催。ここに今日まで続く中核派単独の全学連が誕生した。

1968年に入って、日大・東大をはじめ全共闘の動きはますます活発になり、学生運動全体が高揚していく。10月21日の国際反戦デー闘争では新宿で大規模な街頭闘争を行い、騒乱罪が適用される事態にまで発展。翌1969年1月18・19日には東京大学安田講堂ほか各校舎の封鎖解除を目的に機動隊が導入され、かの有名な東大安田講堂事件が勃発した。中核派は安田講堂のほか、東大本郷

著者所蔵生写真　機動隊導入が迫る1969年1月の東大とされる写真。中核派の隊列

著者所蔵生写真　機動隊導入が迫る1969年1月の東大とされる写真。法学部研究室（法学部3号館）に立て籠もる準備をしている中核派（上・下）

キャンパス構内の法学部研究室の建物に立て籠もり、機動隊に対して投石や火炎瓶を用いて激しく抵抗した。東大安田講堂事件の勃発前、東大への機動隊導入が時間の問題となった頃、中核派は決死隊を配備した。この決死隊のメンバーであったある中核派の学生は、1月15日にも機動隊が導入されるという話が出たため、安田講堂正面入口上のバルコニーに陣取っていたが、いざというときに機動隊の放水で飛ばされないように足に鎖を巻いていたという。なお当人は機動隊導入の前に交代となって構外へ出ており、逮捕は免れている。

街頭において機動隊と正面から闘う中核派の存在は、そのヘルメットや旗に大書された「中核」の文字も相俟って大衆に強く印象づけられていった。著名人も当時中核派に参加しており、1969年7月15〜18日の中核派全学連定期全国大会では後に作家となり東京都知事を務めた猪瀬直樹が信州大学全共闘の議長として地方報告を行っている。しかし9月の全国全共闘結成大会を目前に首都圏の学生運動は段々と退潮していく。警察の警備手法の発達によりデモや集会が押さえ込まれるようになったことや、各団体の指導的な立場にあった活動家の逮捕、更にセクトが方針をめぐって分裂したことなどが一因であるといわれる。このような学生運動の退潮期にあって、各派は過激化の途を進み始め、1970年になると赤軍派のよど号グループがハイジャック事件を起こし、街頭での機動隊との衝突でも爆弾が投げられるまでになった。この間、中核派は街頭闘争で多くの逮捕者を出し、救援部門として霜月社・関西霜月社を設けた。機関紙『救援ニュース』。

中核派も例に漏れず過激化の途を進んでいった。沖縄返還協定批准阻止闘争の一環として闘われた1971年11月14日の渋谷暴動では、中核派はこの闘争に先立つ11月8日に機関紙『前進』の号外を発行し闘争への結集を呼びかけた。この号外は表面には「渋谷に大暴動を」「批准阻止・機動隊せん滅」の大見出しが、裏面には「首都にコザ暴動を」「自ら武装せよ！敵から奪え！一切を武器に転嫁せよ！人民の敵・機動隊、デカ、自警団ら一切の反革命分子を撃滅せよ！」の見出しが踊り、当日の集会会場である宮下公園を中心に渋谷一帯の地図が掲載され、交番などの位置が記された。地図の下には「火炎ビンの作り方」と「逮捕時の心得」が載るなど、かなり力を入れて用意された一大決戦だった。この闘争では新潟県警から管区機動隊として応援に来ていた中村巡査が火炎瓶で全身に大火傷を負い殉職している。この犯人として指名手配され、2017年ついに逮捕されたのが大坂正明被告である。中核派は指名手配されていた同人を逮捕まで40年以上の長きにわたり匿っていたとみられ、世間を驚かせた。

運動の退潮・過激化の中で、1970年代以降中核派は革マル派との凄惨な内ゲバ事件の当事者として知られるようになる。それまでにも他党派解体路線をとる革マル派との間には集会などでの小競り合いや乱闘はあった。しかし1970年8月3日に中核派が革マル派の東京教育大生の海老原俊夫を拉致・監禁し激しい集団リンチの末殺害した事件を直接の契機として、双方は血で血を洗う凄惨な内ゲバ合戦に突入する。以降、1980年代初頭まで両派の機関紙はおどろおどろしい戦果報告ばかりが目立つようになる。中核派は革マル派を反革命であると規定して「二重対峙・対カクマル戦」に突入したが、1975年3月14日には中核派の最高指導者である本多延嘉書記長が革マル派によって殺害された。これに対する中核派の報復はすさまじく、1980年10月30日には路上で革マル派活動家5名を襲撃し、全員をその場で撲殺している。

中核派は内ゲバや対権力闘争を担う非公然部門として1970年代に人民革命軍・武装遊撃隊を設立しており、1973年には「軍報」編集委員会の名義で軍事機関誌『雲と火の柱』を発行した(『旬報学生青年運動』第363号(1973.10.15付))。中核派の地下活動に関する書籍としては、中核派から分裂した革共同関西派系のグループの関係者が著した高井戸政行『雲と火の柱－地下生活者の手記』(2008年、上方文化研究所)や、中核派で非公然活動を担うも後に追放された高田武の『地下潜行 高田裕子のバラード』(2018年、社会評論社)がある。1980年10月1日には自衛隊内部の組織として市ヶ谷兵士委員会が結成されたことが機関紙上で明らかにされたが、実際に自衛隊内にこのような組織が結成され、活動しているのかどうかは確認されていない(『旬報学生青年運動』第526号(1980.11.15付))。

1980年5月15日には中核派中央を批判する「公開意見書」を発表した瀬戸内高志(上口孝夫)らのグループが、10月に『勝利に向っての試練』を革命的共産主義者同盟・分派機関誌として創刊し、同誌上で「勝利に向っての試練」編集委員会の設立を宣言し、中核派から分裂した(『旬報学生青年運動』第526号(1980.11.15付))。機関誌名から試練派と通称される。同派は第四インターに接近したというがその後の消息など詳細は不明である。『勝利にむかっての試練』は中核派の最高指導者本多延嘉書記長の論文集のタイトルであった。

労働運動においては革マル派が強い影響を有する国鉄動力車労働組合(動労)で、中核派はその千葉地方本部に強い影響力を有した。1978年の開港阻止闘争以降、三里塚闘争に関する取り組みに関して動労中央と千葉地本の対立は決定的となり、1979年3月30日の千葉地本第33回臨時大会では中央本部から千葉地本執行部11名に対して下っていた執行権停止処分の拒否と、現執行部体制の維持を決定し、更にそのまま国鉄千葉動力車労働組合という新組合を旗揚げした。通称「動労千葉」。1986年には11月17日に国鉄高崎動力車連帯労働組合(動労連帯高崎)、11月19日に国鉄水戸動力車労働組合(動労水戸)が結成され、これらの組合とともに11月30日には国鉄動力車労働組合総連合(動労総連合)が結成された。国鉄分割民営化後の1987年6月7日には広島で国鉄西日本動力車労働組合（動労西日本）が結成され、動労総連合に加入した。動労西日本の結成時の執行部には中核派系の他に日本労働者党系や人民の力派系の活動家らも選出されていたという（『旬報学生青年運動』第679号（1967.07.15付））。

1989年2月26日には、全日本労働総同盟（同盟）と日本労働組合総評議会（総評）とが日本労働組合総連合会（連合）へと組織統一していく流れに反発して独自に全国労働組合交流センターを結成した。機関誌『交流センター』。以降は反戦青年委員会に代わって同組織が同派の労働者大衆組織として機能している。1993年9月の第8回臨時全国代表者会議で女性部結成が決定すると、その1年後の1994年9月23日には結成大会が開かれ、女性部が発足した。部長に兼杉美枝子。

一方で対権力闘争としては従来の機動隊との街頭戦から、「テロ・ゲリラ」路線へとシフトしていった。機動隊との街頭戦は1985年の三里塚における10・20現地闘争が最後で、以降大規模な街頭闘争は行っていない。ゲリラは主に三里塚闘争を支援する立場から空港施設や空港関連企業を標的とし、更に土地収用を妨害する目的で千葉県収用委員会の収用委員に対する脅迫や収用委員宅への放火を行い、1988年9月21日には

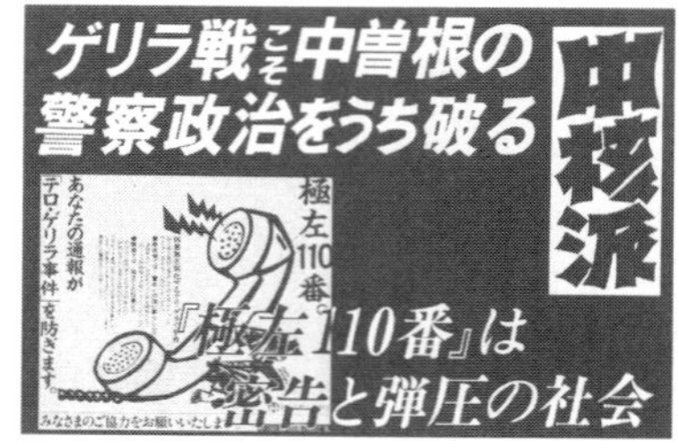

1980年代　中核派ステッカー（上・中・下）

収用委員会委員長の小川彰弁護士を路上で襲撃し重傷を負わせるテロ事件を起こした。同事件により収用委員は全員辞任し、収用委員会の機能は麻痺することとなった。同事件で重傷を負わされた小川弁護士には後遺症が残り、後に自殺している。更に1989年7月24日には収用委員会事務局の一般職員宅を狙った放火事

1985.10.20 新東京国際空港反対闘争警備

1985.10.20 第3ゲートめがけて部隊の突破をはかる中核派

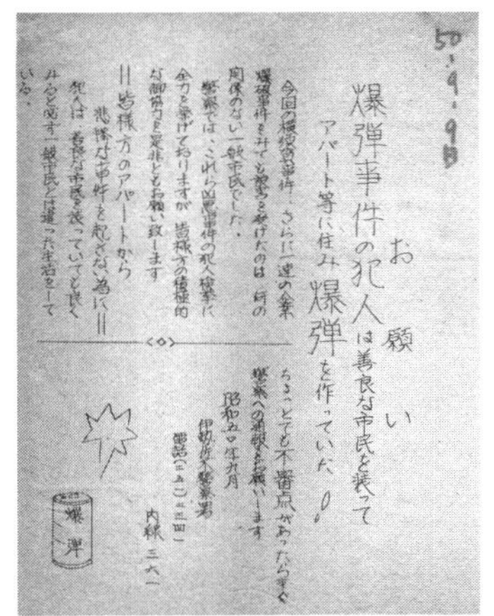

50.9.9日

お願い

爆弾事件の犯人は善良な市民を装って
アパート等に住み爆弾を作っていた!

今回の爆破事件、さらに一連の企業爆破事件をみても被害を受けたのは何の関係のない一般市民でした。
警察では、これら凶悪事件の犯人検挙に全力を挙げておりますが皆様方の積極的な御協力を是非ともお願い致します

＝皆様方のアパートから悲惨な事件を起さない為に＝
犯人は、善良な市民を装っていても良くみると必ず一般市民とは違った生活をしている。

ちょっとでも不審点があったらすぐ警察への通報をお願いします

昭和五〇年九月
伊勢佐木警察署
電話(二五二)[illegible] 内線三六一

爆弾

神奈川県警察伊勢佐木警察署「お願い」　爆弾事件の犯人は善良な市民を装ってアパート等に住み爆弾を作っていた!（1975.09 付）　警察はアパートをしらみつぶしに調べて非公然アジトを見つけ出そうと「アパート・ローラー作戦」を行う際には、この横須賀の誤爆事件を引き合いに出し、情報提供を呼びかけた。このビラは事件直後に同じ神奈川県内で配布されたもの

京都ではゲリラにより文化財が燃やされた事件を受けて、このような貼り紙があちこちにある。「東寺の文化財をゲリラから守る地域連絡会々員之章　九条警察署」（2008年著者撮影）

件を起こし、テロの標的を拡大した。

一般市民を巻き込んだ事件としては横須賀緑荘事件が知られる。これは1975年9月4日に神奈川県横須賀市のアパート「緑荘」内のアジトで製造中の爆弾を誤って爆発させた事件で、中核派活動家3名が死亡したほか、同アパートに暮らしていた無関係の母娘2名を巻き添えにし、死に至らしめた。

昭和の終わりから平成にかけては、大喪の礼・即位の礼の前後に、反天皇制を掲げて全国の皇室所縁の神社仏閣を焼くなどのゲリラを頻発させた。今でも京都に行くとゲリラへの警戒を呼び掛ける貼り紙が見られるのはこの頃の一連のゲリラ事件が原因である。この一連のゲリラ事件に対しては中核派支持者からの反発もあったといい、機関紙『前進』の編集局員であった黒田・白土・刈谷の『狂おしく 悩ましく』（2010年、私家

本）には「東北委員会のキャップ連が激しく怒りを共有し合っていた。『昔からの支持者達に、もう中核は支持しないと言われた』。『俺もそうだ、絶縁だと言われた。どうしてくれるんだ』。ゲリラへの批判を公然と口にしてやり合う姿を、私は初めて見た。」との寺社を標的としたゲリラへの当時の中核派内部での反応に関する描写がある。その他に一般に有名なゲリラ事件としては、1984年の自民党本部放火事件や、1985年の国電同時多発ゲリラ事件、同居している親族に犠牲者を出した1991年9月の外務省幹部宅放火事件などがある。また1987年の国鉄分割民営化前後には国鉄分割民営化に従った革マル派系とされる労働組合の幹部を襲撃するテロ事件も起こしている。

1990年代以降、学生運動も労働運動も低調になっていき、学生運動では各地で大学の自治会を押さえていたが、拠点校を減少させながら現在に至る。

1991年3月2日には中核派と関係のあった部落解放同盟大阪府連の荒本支部の呼びかけで全国23都府県の代表650名が荒本に結集し、部落解放同盟全国連合会準備会が結成され、これが発展して翌1992年3月2日には部落解放同盟全国連合会が結成された。全国連は「解放運動の基本姿勢において、本部派が融和主義的に変質してしまった」と批判していた。もともと中核派には部落解放運動に関する大衆団体として全国

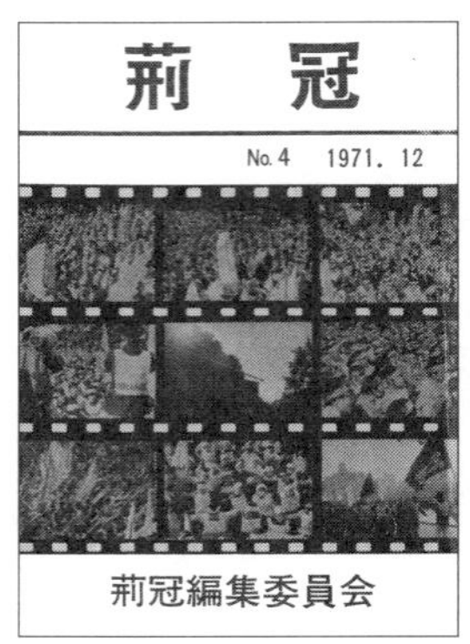

『荊冠』No.4（1971.12.25付）

1980.05.25 5・25 狭山－三里塚の結合を訴える戦闘的部落青年（全国部落研・全国部落青年戦闘同志会機関誌『荊冠』No.14（1980.07.10付））

2013.01.13 三里塚反対同盟が新年デモと団結旗開き（前進速報版（2013.01.14付））

部落研連合や全国部落青年戦闘同志会（機関誌『荊冠』）があったが、部落解放同盟全国連の結成により、これらの団体の名義での活動は徐々に減少していった。しかし2007年8月の全学連中四国合宿（10月15日の事実確認会議事録によれば中核派側はマル学同の合宿であるとしている）において中核派全学連の学生が全国連広島支部の青年に対して「住宅値上げ反対闘争は物取りだ」などとする発言を行い、これを差別発言であるとする全国連と、「物取り」発言の存在自体を否定する中核派との間で対立が発生し、2008年4月の全国連第17回大会第1号議案では「確かに革共同は、処分闘争いらい、全国連の重要な共闘団体でした。世間では、全国連＝革共同とまで見られてきました」としつつ「広島全学連差別事件」について述べた上で「全国連は、この革共同が自己批判しないかぎり、革共同との断絶を宣言します」として、中核派との共闘関係を断絶した。この第17回大会について全国連西郡支部は「部落解放同盟全国第17回大会に対する西郡支部の態度表明」を発表し、17回大会への不参加と大会議案の全面撤回を要求した。この声明で広島の事件については「革共同の組織内での論議に返すべき」とした。この西郡支部が中心となって2013年7月14日には部落解放運動の新組織として全国水平同盟が結成され、以降中核派は全国水平同盟と共闘関係にある。

2006年3月14日には、中央政治局員であり関西地方委員会議長であった与田らが党の私物化や金銭的腐敗について関西の労働者党員らによって告発・追放される「3・14決起」が発生し、この問題への対応をめぐって与田らを追放した関西の部分（以下便宜的に「関西派」と呼称する）と党中央が対立した。告発された与田らは2006年秋の第22回拡大全国委員会総会で除名され、同時に前九州地方委員会議長の平田らも分裂策動を企てたとして除名された（「特別決議 与田・遠山・西島・平田・倉沢の除名決議」『共産主義者』151号（2007.01.01付）所収）。

関西派は与田らの追放後の党中央が関西地方委員会の反対を押し切って中央直轄の「関西WOB（労働者組織委員会）」を設置したことなどに対して批判を強め、2007年10月30日の関西地方委員会の席上で関西党員集会開催を採決したが、党中央は11月6日付で「関西一部指導部の分派主義・解党主義を徹底的に粉砕し関西の同志を先頭に全党の同志の総決起を訴える」を政治局決定し、党員集会開催を認めない立場を明らかにした。しかし関西派は11月中旬に党員総会を実施し、「関西WOB」

凍結と「11・6政治局決定」弾劾を決議した(革命的共産主義者同盟関西地方委員会『革共同関西党員総会 報告・決定集』2007.12.20付、関西前進社)。党中央はこの党員集会と同日に第24回拡大全国委員会総会を開催し、関西派の中心人物である塩川・椿の両名を除名処分とし、更に12月には党中央に拠る部分によって関西党員集会が開催され、関西地方委員会を独自に再建した(『前進』2329号(2008.02.04付))ことで、分裂は決定的になった。

『革共同通信』42号
(1974.11.04付)

関西派は2008年1月1日付で独自の機関紙としてタブロイド判で『革共同通信』を発行し、同年6月には革命的共産主義者同盟全国委員会の再建をめざす全国協議会(革共同再建協議会)を結成したことを明らかにし(『革共同通信』第11号(2008.06.03付))、同年7月27日には革共同再建協議会と関西地方委員会の共催で革共同政治集会を開催した。この集会の報告を掲載した『革共同通信』第14号(2008.08.05付)を以て関西地方委員会名義での発行は終了し、第15号以下は革共同再建協議会名義での発行となった。なお革共同再建協議会の正式な名称については、「全国委員会」が早い段階でなくなっているなど、表記に揺れがあることを付記しておく。この関西地方委員会が発行した機関紙『革共同通信』の紙名は、革マル派との内ゲバの最盛期1974年に革マル派に印刷所を破壊され、ブランケット判での発行体制が取れなくなった際に『前進』に代えて一時的に発行していた機関紙の名前であった。その後2009年2月通巻26号を以て『未来』に改題し、更に題字のデザインを変更している。機関誌『展望』。

2021年3月28日には分裂した革共同再建協議会の一部のグループによって新組織「未来への協働」が結成された。機関紙『未来への協働』。機関紙『未来への協働』発刊以前には革共同再建協と全く同じ『未来』の誌名・題字で第308号(2020.12.17付)以下を「『未来』編集委員会」名義で発行しており、分裂が表面化していた。未来への協働を結成したグループによれば、2020年7月26日に開催された革共同関西地方委員会臨時総会において2019年12月30日に発生した同盟員による性暴力事件の処分に関連して、議長及び地方委員全員の辞任が決議されたが、臨時総会から4ヶ月後の11月29日になって、一部の同盟員らが革共同再建協議会総会を開催し、臨時総会における決議を「党破壊」であるとして否定する決議を行ったことが分裂を決定づけたという。未来への協働はレーニン主義との決別を掲げ、革共同関西地方委員会の解散のもとで結成されたといい（「私たちを取りまく情勢とこのかんの経過について」2021年3月28日付 https://kyodomirai.org/2022/02/18/2024年6月30日著者確認）、この組織には革共同再建協議会結成に先立って党中央から除名を受けた関西派の中心人物である椿邦彦が参加しており、椿は未来への協働結成を機に本名である茂木康名義での活動に切り替えている。茂木によれば、未来への協働は党ではなく、団体の運営は会員全員の直接民主制で行うことになっているという（茂木康「レーニン、ニーチェ、そしてカント」『共産主義運動年誌』別冊論争第10号(2001.06.08付）共産主義運動年誌編集委員会発行）。

また2022年2月の第8回全国大会を契機に東北地方委員会の一部が分裂した。党中央はこの部分を「EL5派」と呼び、これは「旧東北地方委員会所属の5人の全国委員が組織した経済主義・日和見主義の非組織的分派」（「革共同政治局の2024年1・1アピール」『前進』第3325号（2024.01.01付）所収）であるという。党中央は第8回全国大会においてこのEL5派の指導者で元中央執行委員の井上を除名した（「旧中央執行委員・井上除名決議」『共産主義者』212号（2022.04.20付）所収）。EL5派は2024年になって革命的共産主義者同盟・東北地方委員会を名乗って理論機関誌『革命　Revo』創刊号（2024.06.10付）を発行した。『革命　Revo』創刊号の巻頭言「『革命　Revo』創刊号の発刊にあたって」ではその結成時期について、「われわれ革命的共産主義者同盟・東北地方委員会は本年二月四日、地方委員会総会を開催し、四年間の同盟内闘争が切り拓いた地平の上に革共同政治局派と決別し、労働組合に拠点をもった新たな革命的労働者党の建設を目指すことを決定しました」としている。『革命　Revo』創刊号では「資料・三文書を掲載するにあたって」とする項で2022年以降の党内闘争の経過について以下の通り紹介している。これによれば2020年1月に東北地方選出の全国委員5名（井上・HK・YT・OT・SB）の連名で作成した「東北地方委員会の同志に訴える」によって2015年1月開催の革共同第7回大会の決定した路線と方針を批判し、全同盟組織に路線討議を呼びかけたことが発端であり、同文書は同年1月下旬に政治局に提出された後、2月4日に東北地方委員会総会にて賛成多数で採択されたという。東北地方委員会が同盟内でEL(EAST・LOCAL)と呼ばれていたことから、後にこの全国委員5名を「EL5」、採択された同文書を「EL5提起」と呼び、更にこれを支持する同盟員は「EL5派」と呼ばれるようになった。このEL5提起と東北地方委員会の呼びかける路線討議に対して2021年2月の第27回全国委員会総会はEL5の5名に対して「指導行為停止」処分を可決し、2022年2月の革共同第8回大会では政治局によって井上東北地方委員会議長に対する除名処分が提案され、これを可決したという。この点は前掲の「旧中央執行委員・井上除名決議」の記述とも一致している。また政治局は東北地方委員会に結集する福島県委員会に対しては福島県委員会総会の開催を要求し、この要求に応じて2022年6月12日に開催された総会では「2022年6・12福島県委員会総会提起」が出された。この提起では政治局の姿勢を批判するとともに、政治局に対して井上東北地方委員会議長除名は規約違反であって取り下げるべきであること、宮城県委員会に対する処分策動を撤回することなどが通告されたが、総会に出席した書記長は激高し、「福島、宮城は革共同の構成組織と認めない。機関紙送付も終わりだ。これで決別だ。退場する」と一方的に宣言し、これに同調するグループが退席し、これ以降政治局は東北地方委員会に結集する各県委員会をも革共同から排除したとしている。

2017年6月には動画共有サービスYouTubeに機関紙『前進』を紹介する目的で「前進チャンネル」を開設した。同チャンネルでは視聴者からの質問に答え(特別編前後編2018.07)たり、公然拠点の前進社の内部を公開し(第100回2018.06)たり、「中核」ヘルメットの視聴者プレゼントを行う(同第100回)など、支持者の拡大に努めている。2018年12月31日には同人誌即売会コミックマーケット95に「みどるこあ」(3日目・東S32b)のサークル名で参加し、マル学同機関誌『中核』(1,000円)や前進チャンネルTシャツ(1,500円)、缶バッチ(洞口朋子、赤地「中核」、白地「中核」各100円)などを頒布した。サークル参加にあたって特別に用意された品物としては1971年11月の沖縄返還協定批准阻止闘争に際して発行された機関紙『前進』号外をプリントしたクリアファイル(500円)があり、これにはおまけとしてコピー本が先着でつけられたが、早々に在庫がなくなり頒布は終了した。前進チャンネルやX(旧Twitter)など新しい媒体を用

革共同再建協『革共同通信』第25号（2009.01.20付）

革共同再建協『未来』第26号（2009.02.03付）

革共同再建協『未来』第295号（2020.06.04付）

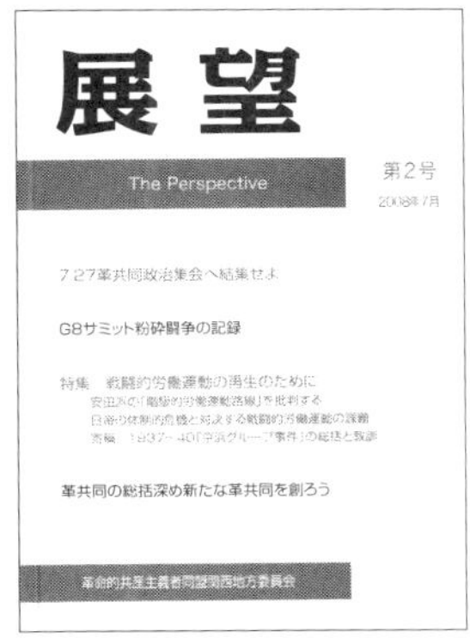

革共同再建協『展望』第2号
（2008.07.27付）

いた宣伝活動に注力している点は他の新左翼セクトにない特色となっている。

労働者組織

【名称】**マルクス主義青年労働者同盟**
【結成】1961年1月（2003年12月再建）
【機関誌】『最前線』→『Solidarity』／『教育労働者』（教育労働者委員会）

労働者組織としてはマルクス主義青年労働者同盟が存在したが、大衆労働者組織である反戦青年委員会として街頭に出ているため、マル青労同のヘルメットというのは確認できていない。一方でマル学同中核派と学生大衆組織の全学連のヘルメットは歴然とわかれている。

学生組織

【名称】**マルクス主義学生同盟中核派**
【結成】1963年2月

マルクス主義青年労働者同盟『Solidarity』Vol.2（2006.02.24付）

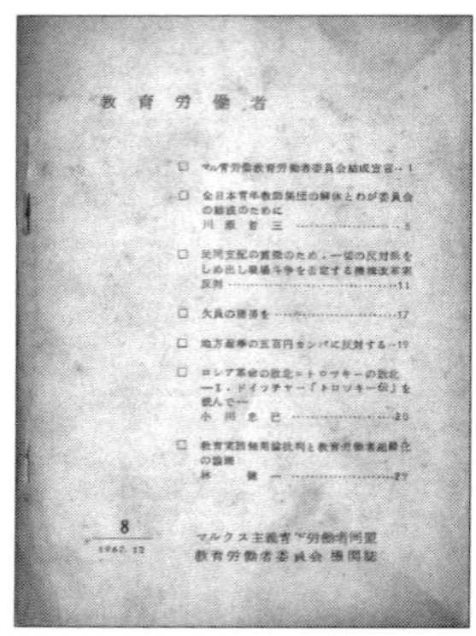

マルクス主義青年労働者同盟教育労働者委員会『教育労働者』8号（1962.12付）

【ヘルメット】白地に「中核」。側頭部に「MSL」等
【機関誌】『中核』

中核派でも革マル派でもその組織名称の語幹にあたる部分は、政治組織・学生組織それぞれ「革命的共産主義者同盟」「マルクス主義学生同盟」だが、一般的に革マル派には「日本」が冠されている一方で、中核派には「日本」が冠されていないとされる。もちろん公式にはそのようになっているのだろうが、学生組織の支部レベルではさほど厳密な区分もなかったようで、当時の旗を見ると中核旗の下の帯部に書かれた組織名称に「日本」とついているものが少なくない数見受けられる。MSLはマルクス主義学生同盟「Marxist Student League」の頭文字である。

1972年に沖縄が返還される以前には、沖縄から「本土」へ「留学」に来た学生らの学生大衆組織として1969年7月に京都で結成された沖縄闘争学生委員会（沖闘委）が存在し、中核派の大衆組織というわけではないが、中核派から沖闘委に参加するメンバーも居た。

マルクス主義学生同盟中核派『中核』No.68（1970.07.19付）

1986.04.12 解散地へ向う中核派デモの送り込み（中曽根訪米阻止労学総決起集会デモ警備）

1969.04.28 4.28沖縄奪還斗争の新橋～有楽町の闘い。燃える鍛治屋橋交番（反戦高協『反戦高協』No.15（1969.06.15付）裏表紙）

2017年4月には機関誌『中核』を復刊し、2018年10月には高原全学連委員長（当時。2021年解任）が通う東京大学でマル学同中核派東大支部機関紙『決戦』を、近年活動に注力していた京大で『THE MARXISM STUDENTS JOURNAL』をそれぞれ発刊し、更にマル学同中核派のTwitter（現X）アカウントを開設した。

高校生組織

【名称】**戦争と植民地主義に反対し、生活と権利を守る高校生協議会**
【結成】1965年7月18日
【ヘルメット】白地に「反戦高協」。側部に「AGH」、「MHL」等
【機関紙】『腕』（かいな）
【機関誌】『反戦高協』

長い正式名称はあまり使われず、単に「反戦高協」と呼ばれることが多い。機関紙でも単に「反戦高協」と書かれているのが多く見受けられる。反戦高協は日韓闘争・ベトナム反戦闘争が盛り上がりを見せていた1965年7月18日に法政大学での結成大会を以て結成された（『前進』第243号（1965.07.19付））。結成大会の主催は「ベトナム反戦闘争に結集した全都五校の先進的高校生のつくった反戦高協設立発起人会議書記局」であったという。1966年1月に大阪府委員会を結成して以降は東京・大阪の2つの拠点を中心に全国へとその勢力を拡大していったが、1969年6月の段階でも東京、大阪のほかには京都、長野、神奈川、福岡、愛知、静岡、千葉の9つの都府県委員会（反戦高協中央機関誌『反戦高協』No.16（1969.06.15付））を持つにすぎず、全国組織ではなかった。沖縄では1969年10月18日に沖縄

『反戦高協』No.15（1969.06.15付）

県反戦高校生連合（略称「沖縄反戦高連」）を名乗っていたことが確認（「大きく揺れ始めた沖縄の高校生」『アサヒグラフ』（1969.11.28付））されており、写真はマル学同機関誌『中核』66号表紙で確認できる。なお反戦高協沖縄県委員会自体は存在して（『前進』第458号（1969.11.10付））おり、大衆組織として前面に出ていたのが沖縄反戦高連とみられる。

「AGH」は反戦高協の英語名称の頭文字（「AG」は「Against War」に対応し、「H」は「High school-student」に対応すると思われるが不明。社学同の前身である反戦学生同盟の略称が「AG」でありフランス語の「Anti-Guerre」からきている可能性もあるとの指摘もあるが、詳細は不明）であり、「アゲハ」と読む。後にマルクス主義高校生同盟を結成したとされ、ヘルメットにMHL（マルクス主義高校生同盟「Marxist High school-student League」の頭文字）の書き込みが見られるほか、ビラなどでもその名前が見受けられるが組織としての実態はなかったと思われる。旗の色は「スカイブルー」だが、赤白旗の都府県委員会旗を多く見かける。

反戦高協の県委員会が結成されず、準備会がようやく発足した程度の地域においても中核派系の高校生運動は存在した。広島県では1969年1月19日に呉労働会館において広島県闘う高校生連合（広島県闘高連）の結成大会が開催された。広島県闘高連は私立修道高校において結成された修道学園闘う高校生連合を中心に2〜3の高校に下部組織を有しており、修道高校ではデモ・集会への参加を禁止する学校側に対して学内外での政治行動を認めるように要求する闘争を展開し、系列校である修道中学校にも同調者がでたという（『旬報学生青年運動』第256号（1969.03.01付））。

前掲『反戦高協』No.16所収の特別寄稿、松本圭太郎（マルクス主義高校生同盟所属）「高校生が真に七〇年闘争を担うために」が、反戦高協の結成過程とその性質の変化について詳しく、マル高同についても触れているのでこれをもとに見ていこう。途中のいくつかのパンフレットや機関紙誌の引用は、この特別寄稿に引用されているものの孫引きである。

高校生運動は60年安保闘争で高揚したが、当時の高校生組織の主流は革共同関西派＝西分派であり、その戦術はブントへの加入という形で行われた。この経緯は京都府社学同高校生委員会レフトの機関誌『イスクラ』に詳しいという（著者未見）。しかしブントの敗北後、高校生運動は放置され、残った部分はマル研、社研、新聞部等で細々とその命脈を保った。その後、関西派の分派であった労働者階級解放闘争同盟の結成時に、関西派の高校生運動はこれに参加したが、労闘同が中核派へ吸収されたことで、かつて隆盛を誇った関西派高対部も中核派に吸収された。東京ではこの部分が中心となってノンセクトが主体であった能研テスト反対高校生協議会への介入をはかりつつ1964年には高校生マルクス主義研究会（高マル研）への集約が行われたという。

そして、日韓闘争における政治的高揚は、研究サークルの集合体である高マル研では高校生たちを満足させず、これが1965年7月の反戦高協結成へとつながったという。

また反戦高協の性格の変化については、最も初期の段階では「私たちの前には非常に多くの問題があります…こういう問題は決して一人の問題でもなく、全国高校生の共通した問題であり、自分一人ではどうにもできない問題です。ここに組織の必要性が生まれます。そしてそれこそが反戦高協にほかなりません。反戦高協はまさに、多くの問題を皆で話し合い少しでも解決の方向に運動していく組織なのです。私達は本当に全国の高校生が共に連帯していくには生徒会を中心とした運動、つまり全高連（著者注「全日本高校生自治会総連合」のこと。生徒会の全国組織であり、高校生運動の大衆組織）を築き上げねばならないと考えます。今反戦高協はそうした過渡期にあるのです。つまり反戦高協の目的は、いろいろな問題を皆で考えていく組織です。そしてどの政党、党派の下部組織ではない高校生運動をつくっていくことにあるのです」（パンフレット『全国高校生へのアピール』1966年、中央書記局）として、反戦高協が党派の下部組織ではなく、またあくまでも「皆で考えていく組織」との位置づけにあって「抽象的」な存在であったが、運動の実践を経て「反戦高協が高校生運動における中核部隊として登場するにいたり…高校生運動のその大衆的高揚を勝ちとり、その中核的存在を増々深め、人数的にまだ弱体であるということを認めつつも、なお全学連－反戦青年委員会－反戦高協という闘争形態の確立を作りあげ、階級闘争におけるわが反戦高協の確固たる位置を築くことに成功した」（反戦高協大阪府委員会機関誌『ケルン』No.7所収「日本階級闘争の一翼をになう部隊として登場した反戦高協」1968年）として、その方針と任務がより具体的なものに変化したとしている。

この反戦高協の変化については、そもそも高校生運動の性質が「即時的には階級的基盤をもたない、すなわちその運動は戦争・基地等に対する小市民的危機意識を端緒とし、帝国主義教育体制下における自己喪失におちいった高校生の自己保身意識の表現」であり、反戦高協はこの高校生運動の中で生まれたが、日韓闘争、ベトナム戦争の激化、砂川闘争そして10・8羽田闘争から激動の7ヶ月へと至る闘争の過程が反戦高協に左からの圧力をかけたことで、「階級性の獲得すなわち一定の政治性・党派性の成長として結果した」という。これだけ読むとピンとこないのだが、この後の章で説かれる反戦高協の「特殊性」を考慮すると、腑に落ちる。

学生運動においてマルクス主義学生同盟は、全国の学生自治会を基礎として在った全学連を所与のものとして結成された。しかし高校生運動においては、全国の高校に生徒会はあるもののそれを束ねる運動体として構想される全高連はなかった。中核派は高校生運動の中で、高校生にとっての全学連になるであろう「全高連」の結成という大衆組織作りも重要な任務として活動しつつ、一方で党派として高校生活動家を獲得し、運動を組織する必要があった。反戦高協はその両面の性質を持った組織にならざるを得なかった。これが反戦高協の「特殊性」であり「過渡性」である。

もっとも、高校生運動における全高連の不在を脇に置いたとしても、そもそも中核派ではない他党派出身の高校生活動家たちがノンセクト主体の運動体へ介入し、緩やかな研究サークルの連合体としてまとめた高マル研を運動体として発展させた反戦高協は、その成立過程からして広く高校生が結集するための大衆組織としてしか結成することができなかっただろう。党派としての色を出したくても、そもそも中核派の隊列に入ってきたばかりの活動家を中心としている以上難しい面があったと思われる。いくつもの闘争を中核派の隊列の中で経験させ、同時に他党派が高校生組織を立ち上げて活動をはじめていくなかで、他の運動体の存在も相俟って段々と党派性を帯びていったものであり、何年もの時間をかけて活動家の入れ替わりもある中で、ようやく中核派の高校生組織としての党派性を獲得したのであろう。

そして1960年代末の運動の高揚

の中で、反戦高協という半ば大衆組織、半ば党派の下部組織という「過渡」期的な形態を解消し、マル学同に並び立つところの高校生同盟結成の必要性が説かれ、マルクス主義高校生同盟は結成された。正確な結成年月日は不明である。なおマル高同の結成に伴い反戦高協が解体されてはいない。この点について反戦高協は革命的高校生運動を担う基本的運動体であり組織体として恒久性を持っており、反戦高協の中の指導的部分はマル高同の同盟員となりつつもそのまま反戦高協のメンバーとして指導にあたるという。マル高同の結成により、学生運動におけるマル学同－全学連と同様に、高校生運動においてはマル高同－反戦高協という組織形態が確立されることになったのである。

しかしマル高同は長続きしなかったようである。1960年代末から70年代初頭にかけてその名前は機関紙誌に散見されるも、消えていってしまった。理由として考えられるのは、学生運動が大学生から大学院生まである程度の活動期間があるのに対して、高校生はわずか3年間という短い期間にすぎず、高校生同盟員という意識的な指導層を別個に確立するのが困難であり、またその必要性も学生運動・高校生運動が低調になるにつれて薄れていったからだと思われる。むしろそういった指導層となる「見どころのある」活動家は、長々とできるわけでもない高校生運動の組織化を目的として活動を行うのではなく、高校卒業と同時に学生運動を見据えて各大学に送り込まれ、マル学同の幹部候補になっていったというのが実際のところなのではないだろうか。

反戦高協長野県委員会『東雲』No.18（1966.11.20付）

さて、反戦高協に話を戻そう。マル高同結成に伴い、学生運動における全学連に相当する存在として反戦高協は位置づけられた。では前掲の『全国高校生へのアピール』で提起された全高連結成という目標はどこにいったのだろうか。高校生運動論の変遷から見てみよう。

中核派の高校生運動の運動論として最も早い時期のものとしては、長野県委員会機関誌『東雲』No.18（1966.

11.20付）に発表された白鳥純の手になる「高校生運動の今日的意義とその現実的課題＝高校生運動論ノートより＝」がある。この論文は運動論論争の口火を切った論文として白鳥論文の名で以降もしばしば引かれ、他派の高校生組織の機関誌にもその名を見ることができる。この白鳥論文で述べられている方法論を簡単に言えば、それぞれの高校において個別的な課題を端緒として運動を組織し、共通の課題（ベトナム反戦等）へつなげていくというものであり、組織の面では生徒会を獲得して各校生徒会を軸として都道府県高連を組織し、全高連を結成するというものであった。反戦高協はこのプロセスにおいて過渡期的な存在と位置付けられていた。白鳥論文によれば、この「特殊性」はどうやら反戦高協の結成アピールや趣意書（ともに著者未見）でも触れられているようである。

約2年後の反戦高協中央機関誌『反戦高協』№14（1968.08.05付）所収の反戦高協中央書記局議長吉原奈緒美による「高校生運動論」もこの方向性を維持している。1968年3月に行われた合宿で提起された生徒会運動論に基づいて、4月以降、各拠点校で指導組織にあたる「反戦会議」を結成し、メンバーは生徒会に影響力を行使できる立場のホームルーム委員になり討論を惹起するという活動が行われていたという。この頃は各拠点校の生徒会獲得が試みられていたのである。吉原論文は反戦高協の性質については、「全高連という高校生の大衆組織が確立していない過渡期の段階における運動を保証し、全高連結成を指導する活動家集団である」と定義した上で、全高連の結成の進行とともに、中心的に運動を担っていく役割は全高連に取って代わられていき、この全高連を指導する役割として「折衷的」な性格を止揚することを迫られるとしている。1969年の松本論文のマル高同結成についての部分と同じ理論ではあるが、松本論文が「反戦高協」としていた部分は「全高連」となっている。この1年ほどの間に全高連結成という目標は掲げられなくなり、代わって1969年時点でわずか9都府県にしか委員会を組織できていない反戦高協がその役割を代替するとされたことになる。思うにこの目標変更の背景にあるのは全高連のモデルである全学連の変容ではないかと思う。

白鳥論文でもわかるように結成当初の反戦高協は1960年安保闘争の隆盛を念頭に高校生版の全学連の結成をめざしていた。そして反戦高協が結成された1965年当時の全学連は党派の合従連衡の産物として存在した。しかし1968年7月に他党派との対立の末、中核派は全学連を党派全学連として確立し、事実上党派の大衆組織として純化した。中核派は中核派全学連を確立することで、他党派との寄り合いで作る単一の全学連という前提を自ら放棄した。反戦高協がめざしていた運動総体をまとめるべき「全学連」の在り方は、全高連結成を見ないうちにわずか数年で変容を遂げた。このことによる影響が高校生運動にも少なからず影響を与え、高校生版の全学連である全高連結成が見送られ、単に大衆組織としての反戦高協が用意されたのではないだろうか。

反戦高協自体は近年では法政大学の学生会館周辺での活動が確認されていたが、2004年の学館閉鎖以降の動向は不明である。当時の中核派全学連HPには反戦高協に関する記述は認められなかったが、2005年3月に法政大学のボアソナードタワーで開催された高校生討論会（テーマ：～イラク開戦から2年～「日の丸・君が代」強制と戦争を考えよう）の連絡先がhansenkokyo@hotmail.co.jpになっており、この集会が確認できた限りでは最も近年の反戦高協に関係した活動と思われる。

2020年4月6日には、月刊の機関紙『高校生のイスクラ』が発行され、創刊号では「中高生の政治運動が必要だ！」との主張のもと中高生に運動を呼びかけ、高校生のイスクラ編集部へはTwitter（現X）アカウントを経由して連絡するように呼びかけた。『高校生のイスクラ』と反戦高協との関係は不明である。

反戦高協の歌

反戦高協長野県委員会機関誌『東雲』№18（1966.11.20付）より

一、輝く太陽の下に　青い空の旗は進む
　　血潮に燃えた学生の断乎力は今ここに
　　戦争を打ち砕け
　　平和な世界築くのだ
　　起てよ起て我らが友よ　反戦高協

二、高校生の仲間のために
　　固いスクラムは進む
　　海をへだてた友情の無限の力今ここに
　　圧制を打ち砕け　平和な世界築くのだ
　　進めいざ　我らが友よ　反戦高協

三、鎖なき世界のために
　　青い空の旗は進む
　　大いなる自然の中で勝利の力　今ここに
　　生活を我らがものに平和な世界築くのだ
　　拓けいざ　我らが友よ　反戦高協

※反戦高協の結成大会では「国際学連の歌」が合唱されていた（『前進』第243号（1965.07.19付））が、翌1966年4月29日の法政大学における新入生歓迎集会では「反戦高協の歌」が歌われて（『前進』第282号（1966.05.02付））おり、この間に製作されたものと思われる。

【名　称】日本革命的共産主義者同盟革命的マルクス主義派【通称：革マル派】

【結　成】1963年4月

【機関紙】『解放』

【機関誌】『共産主義者』→『新世紀』／『ファッケル』（関西地方委員会）／『革命戦線』（沖縄県委員会）／『ケルン』（国鉄委員会）

1959年8月30日に結成された革命的共産主義者同盟全国委員会は60年安保闘争後のブントの混乱に積極的に介入し、その主要な活動家を取り込むなど勢力を拡大したが、内部ではイデオロギー重視の黒田議長らと大衆運動を重視する本多書記長らとの間の見解の相違が存在していた。この見解の相違は1962年9月下旬の第3回拡大全国委員総会（三全総）を機に決定的なものとなり、政治局少数派の黒田らが離脱し、1963年4月1日、日本革命的共産主義者同盟全国委員会革命的マルクス主義派を結成した。通称「革マル派」。公然拠点「解放社」。

革マル派の正式名称は、機関紙である『解放』の名義を基準に判断するのであれば、127号（1968.12.01付）までは「日本革命的共産主義者同盟全国委員会革命的マルクス主義派」であり、革共同全国委の分派という立場を明示していたが、続く128号（1968.12.15付）より「日本革命的共産主義者同盟革命的マルクス主義派」へと変更され、今日に至る。機関紙上にこの名称変更に関する特段の言及は見受けられなかった。

革共同革マル派『解放』340号（1974.11.18付）

革マル派『共産主義者』No.42（1976.04.20付）

革マル派『新世紀』第307号（2020.06.10付）

革マル派関西地方委『ファッケル』No.3（1974.05.20付）

革マル派沖縄県委『革命戦線』No.27（1975.07.15付）

革マル派国鉄委『ケルン』73号（1972.09付）

また革マル派結成時の副議長倉川篤は国鉄動力車労働組合（動労）の委員長であった松崎明であり、「鬼の動労」の異名を取り、激しい運動で知られたが、国鉄分割民営化においては協力的な姿勢を見せ、新左翼各派からは非難の的となった。

革マル派は中核派や解放派など他のセクトと同様に各種闘争に取り組んでいたが、東大安田講堂事件における「敵前逃亡」をきっかけに多くの闘争から排除された。この敵前逃亡とは、革マル派に割り当てられた防衛拠点である法文二号館から機動隊導入の直前に部隊の大半を引き上げたことを言う。結果として法文二号館は早々に陥落し、同所から他派が防衛する拠点に対して、警察による直接的な催涙弾攻撃が可能となったため、他のセクトから非難を浴びた。殊にこの直後に起こしたアメリカ大使館への乱入事件などいくつかの事件は「敵前逃亡」事件を引き合いに「アリバイ闘争」と揶揄されることとなった。三里塚闘争にも当初は参加したが、反対同盟の方針に従わなかったと判断され、正式に排除されている。

1970年代には中核派や解放派と凄惨な内ゲバを繰り広げ、1975年3月14日には中核派の本多延嘉書記長を、1977年2月11日には解放派の中原一書記長を殺害するなど、敵対するセクトの最高指導者を2人とも殺害したが、革マル派の黒田寛一議長は最後まで敵対党派による襲撃によって殺害されることなく、2006年6月26日に死去している。黒田議長は最高指導者ではあるものの、集会で発言することはほとんどなく、演説はテープなどに録音されたものが流されるか、代読されることが多かったという。内ゲバで珍しいものとし

1969.02.03　革マル派　アメ大侵入　A号アパート3階で検挙護送中

1969.02.03　革マル派　アメ大侵入　アメリカ大使館内、A号アパート3階屋上

1970.08.14 法大、革マル警備 中核派に変装した革マル派40名は法大内の中核派に殴り込みをかけ、六角校舎内に於て10名の学生にリンチを加える事件が発生した。革マル派の排除と阻止線を設定する隊員

1970.08.14 法大、革マル警備 法大内のリンチ現場（上）、被害学生の搬出（下）

ては、1971年6月19日未明に沖縄の琉球大学構内で日共系と争った際に、革マル派系で琉大自治会元副会長の町田宗秀が死亡した事件がある。町田君を殺害したのは日共系の沖縄人民党であるとして、この事件に抗議する革マル派学生が代々木の日本共産党本部を襲撃する事態にまで発展した。沖縄人民党は沖縄の本土復帰後に日本共産党に合流している。

中核派や革労協と異なり、迫撃弾などによる対権力闘争を頻発させることはないものの、敵対する大学・労働組合の幹部に対する盗聴や防災

1971.06.19 革マル、日共本部抗議 沖縄琉球大学学生寮内において沖縄返還闘争のイデオロギーの対立から反日共系学生が日共系学生に3階から投下される死亡事案が発生。これを日本共産党の指図によるものとして革マル派は代々木の日共本部へ押しかけ、座り込み、火炎びん、発煙筒を投てきして抗議した

松代秀樹編著『コロナ危機との闘い　黒田寛一の営為をうけつぎ反スターリン主義運動の再興を』（2020年、プラズマ出版）

無線ジャック、NHKのTV放送の電波ジャック、更には絶対不可能といわれたデジタル警察無線の傍受など非公然活動を行っている。また世間を騒がせた事件について権力の謀略を主張し、1997年の神戸連続児童殺傷事件では、これが冤罪であると主張して医療少年院などに侵入する事件を起こしている。

組織全体の動きとしては1972年の沖縄返還を受けて同年6月に沖縄マルクス主義者同盟（1967年結成）が合流し、革共同革マル派沖縄県委員会を結成したことが挙げられるが、この他には分裂・合流などなく、革マル派は他の新左翼セクトと異なり、その成立後大きな分裂を経験していないことが特徴と言える。しかし2019年初春には革マル派の一部が分裂し、日本革命的共産主義者同盟革命的マルクス主義派（探究派）が結成された。この探究派結成は、2020年7月に探究派公式ブログ（https://tankyuka.hatenablog.com/entry/2020/07/09/123719　2021年1月24日著者確認）において、探究派の中心人物とみられる松代秀樹編著の『コロナ危機との闘い　黒田寛一の営為をうけつぎ反スターリン主義運動の再興を』の刊行とともに発表された。これに対して革マル派は2022年になって機関紙『解放』2729号（2022.08.01付）上で「反革命＝北井一味を粉砕せよ！」と題する連載を開始し「二〇二〇年の七月頃から『革共同・革マル派（探究派）』を僭称する一味が、ネット上でしきりにわが同盟への誹謗・中傷を投げかけている。」「この徒輩は不埒にも『革共同革マル派の分派』などと称している。だが、もとより彼らの中にわが革共同の同盟員など一人もいない。彼らは、革命的共産主義者への自己変革に背を向けた脱落者の集まりでしかない。」などとし、分派闘争であることを否定しつつ、探究派グループを反革命規定した。

1996年10月13日の革共同政治集会では黒田寛一議長の辞任が発表され、また第20回党大会で議長の後任に植田琢磨が選出されたことが明らかにされた。『旬報学生青年運動』第929号（1998.06.01付）によれば、植田議長は1998年4月29日の四・二九反戦・反安保労学統一行動において公然と登場し連帯の挨拶を行っている。2017年には植田議長の本名が新田寛であるとのマスコミ報道があったが、革マル派はこれを否定するコメントを出している。

学生組織

【名称】**日本マルクス主義学生同盟革命的マルクス主義派**

【機関誌】『スパルタクス』／『レボルーチャ』→『レヴォルーツィア』（北海道地方委員会）／『ロドストウ』（関西地方委員会）／『熔鉱炉』（九州地方委員会）／『ザリヤー』（東海地方委員会）

【ヘルメット】白地に鉢巻状赤線に「Z」

労働者は労働者大衆組織である反戦青年委員会の名義で街頭に出ている。反戦青年委員会のほかに、マル学同革マル派も、革マル派の強い影響下にある国鉄動力車労働組合や国鉄労働組合の一部もヘルメットにそろって鉢巻状の線を入れているが、これについてヘルメットを着用し始めた1967年10月8日の第一次羽田闘争前後に革マル派に近い位置におり、後に解放派の活動家となった高原駿は著書『沈黙と軌跡』（2007年、でじたる書房）において「革マル派もやはり白ヘルだったが、後に中核派との衝突のときに区別がつかなくな

マル学同革マル派『スパルタクス』№.94（1970.10.21付）

マル学同革マル派北海道地方委『レボルーチャ』Vol.1（1969.12付）

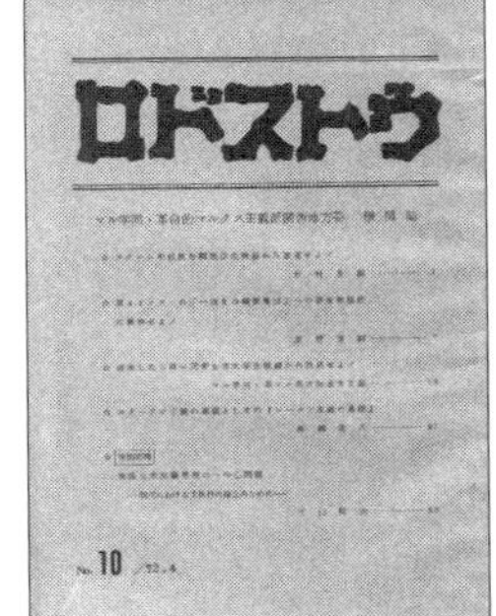

マル学同革マル派関西地方委『ロドストウ』№.10（1972.04.01付）

（左）マル学同革マル派九州地方委『熔鉱炉』No.9（1976.09付）
（右）マル学同革マル派東海地方委『ザリヤー』No.6（1973.02付）

1975.02.17 米兵、県警の警戒網をかいくぐった戦闘的労学は着弾地山頂を占拠、意気あがる山頂デモを繰りひろげた（『革命戦線』No.26（1975.03.25付））

たものと思われる。他の説として、最後の革命党だからとか、最終革命を経て残るのは革マル派だけだからいう説もあるが、与太話である。またZと言えば革マル派のことを示すほどに「Z＝革マル」の図式は確立しており、革マル派に関する書籍にはこれを書名に採用した野村旗守『Zの研究』（2003年、月曜評論社）もあるが、全学連や自治会を「Z」という略号で示すのは必ずしも革マル派に限ったことではない。例えば2012年に日共系の支配を批判し、民青全学連から脱退した東京大学教養学部自治会は、

り、赤い線を入れるようになった」と証言している。

学生組織のヘルメットとしてかの有名なZヘルを挙げたが、これをマル学同革マル派のヘルメットとすべきなのか、革マル派全学連のヘルメットとすべきなのかはっきりした根拠を持ち合わせていない。

Zの意味についてはほぼ確定しており、Zengakurenの頭文字を採っ

「TCZ」と呼ばれる。「T」は「東京大学」、「C」は「Culture=教養」を示す。単に東Cとも言う。このほか、別党派のヘルメットの後部に「Z」の文字が入ったものはいくつも確認できるし、大学によっては乱立する立て看板の中で自治会所有物であることを明示するためにベニヤの裏に「Z」を書くことが行われていたという。解放派全学連の内部文書においても、自派

の全学連を「Z」とする例が見られる。

革マル派について見てみると、このZのマークは革マル派全学連や加盟自治会に限らず、革マル派系学生大衆組織において用いられてきた。過去の写真を見ると「Z」のマークの入った旗が乱立している。これらの組織は自治会という名称でなくとも学生団体であり、全学連に何らかの形で参加している可能性がある。もしそうであれば、革マル派全学連のシンボルとして「Z」が使われているということになり、Zヘルは全学連のヘルメットと解してよいように思われる。また全学連は革マル派が強い影響力を有していた国鉄動力車労働組合の活動に連帯することがあったが、動労が車体にスローガンを書いたりステッカーを貼ったりする「スローガン列車」に「Z」の文字を書き入れることがあり、このことからも「Z」が全学連のシンボルとして扱われていたことがうかがわれる。

しかしZヘルが全学連のヘルメットだとしても、かつてはその側頭部には左右ともに「革マル」と大書されており、全学連は事実上革マル派学生組織として扱われていた。現在は側頭部に「革マル」と大書するのはやめてしまい、そのようなヘルメットの使用は全く見られない。であるならば、側頭部に大書された「革マル」に一定の意味があり、どこかの段階でそれをやめる必要が生じたことが推測できるが、その理由は不明である。

1975.05.06 ひかり号先端に大書された全学連の檄　名古屋駅(『解放』366号(1975.05.19付))

一方でその出自を同じくする中核派においては、学生組織であるマル学同中核派と大衆組織である全学連のヘルメットは歴然とわかれている。大衆組織の活動家に「中核」というあからさまな学生組織のヘルメットをかぶらせるわけにはいかないというのが理由であろうが、革マル派では部外者にはっきりと識別できるようにわかれていない。ただしマル学同中核派のヘルメットの側頭部や後頭部に「全学連」というのは見られる。これは中核派が全学連に参画している、つまりある面では全学連という集合の中に共闘組織として、または指導組織としてマル学同という集合があるとの意味合いなら整合する。

では中核派と革マル派の違いはどこにあるのかと言えば、あくまで推測ではあるのだが、革マル派にとって全学連は大衆組織と言ってもそれほど政治的に遠いものでも大衆的でもなく、革マル派組織の一部と言っても差し支えない程密接なものであろうということである。

例えば革マル派の内ゲバの戦果を伝える記事の記述を見る限りでは、その主語は革マル派の学生組織たるマル学同革マル派なのではなく、大衆組織である全学連構成員を示す、「全学連戦士」や「全学連の精鋭」であり、彼らにとって最大の敵であろう中核派本多延嘉書記長を1975年に殲滅したのもまた「全学連戦士」であるとしている（立花隆『中核VS革マル（上）』24頁以下　革マル派政治局員土門肇による本多書記長殺害記者会見）。

ちなみに中核派の内ゲバにおける戦果を伝える記事の主語は、各大学の拠点襲撃などで全学連の文字が見えるほかは、「わが部隊」とか、「わが革命的部隊」となっていて、組織的な位置づけをいちいち明らかにしていない。

なお、2010年代の浜大樹上陸訓練阻止闘争の写真において「マル学同」と書かれたヘルメットが確認されているほか、2011年6月19日に北海道で行われた屋外集会で撮影された写真がFlickr上にアップされており、集会で発言する活動家のかぶるヘルメットに「革共同」と書かれているものがあり珍しい。これは最近も使用されているようで、2022年3月5日にロシアによるウクライナ侵攻を弾劾してJR新宿駅東南口にて革マル派が街宣を行った際、同様に「マル学同」「革共同」のヘルメットを着用した活動家が確認されている。

高校生組織

【名称】**反戦高校生連絡会議全国共闘委員会**

【結成】1970年3月30日

【機関誌】『高校生戦線』『楔』（反戦高連首都圏共闘）

【ヘルメット】白地に鉢巻状赤線に「反戦高連」、「ZにTを重ねたマーク」など

高校生組織としては各高校単位の組織として反戦高校生委員会が結成され、これらの上部組織として反戦高校生連絡会議（反戦高連）が存在した。全国共闘委員会はその全国組織である。北海道では後掲の高解協があったが、1969年8月頃までに反戦高連に改組している。これらの高校生組織は、革マル派の学生組織であるマル学同革マル派に高校生組織委員会が設置され、同委員会が高校生組織を指導していた。

革マル派の高校生組織に関する資料として、おそらく1965年8月の第3回国際反戦集会にて配布されたと思われる連絡先が「全学連書記局」のビラがある。この時期で反日共系

（左）反戦高校生連絡会議『高校生戦線』No.1（1969.12.10付）
（右）反戦高連首都圏共闘『楔』No.1（発行年月日記載なし）

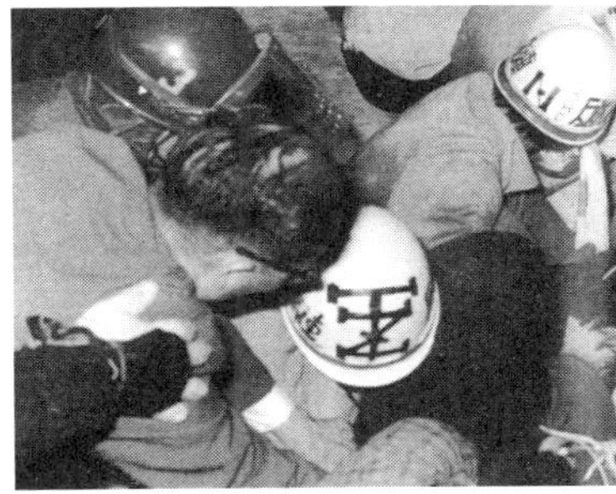

1970.06.23 首相官邸前坐りこみを貫徹する学友（『高校生戦線』No.2（1970.10付））

1969.08.31 8・31秋期闘争決起集会（38校二三〇）（『高校生戦線』No.1（1969.12付））

の「全学連」を名乗る組織は革マル派しかいないことから革マル派のものとみてよいだろう。このビラでは「『反戦高校生委員会』設立準備会」なる組織によって、「先進的高校生は反戦高校生委員会の旗の下に結集せよ」との呼びかけがなされており、文中では前月の1965年7月に結成された中核派系の反戦高協を名指しで批判している。反戦高連はこの呼びかけによって各高校で結成された反戦高校生委員会の上部組織として形成されたものと思われる。

全国組織である全国反戦高連結成大会を報じた革マル派『解放』159号（1970.04.15付）は、「革命的大衆運動の一翼として不動の位置を築きあげてきたわが反戦高連は、二年にわたる全国各地での革命的高校生運動創造の苦闘の成果を集約し、全国組織結成を圧倒的にかちと」り、「全国四五〇万高校生の階級的組織化をになう唯一革命的な部隊としての公然たる登場をかちとった」とする。

1969.09.23 清水谷公園で決起集会を開く全都の高校生教育課程審答申粉砕・高校生指導手引書粉砕全都高校生総決起集会(『解放』146号(1969.10.01付))

1970.04.28 北海道の反戦高連の旗(『極北の思想』創刊号(1970.06.05付))

北海道反戦高連ヘルメット(全北大反戦闘争委員会機関誌『戦列』vol.10(1970.06付))

撮影日不詳1971年5～6月頃 ★頑強に座り込みを続ける革マル(数寄屋橋交さ点)(警視庁警備部『あゆみ』沖縄返還協定調印阻止闘争警備特集号(1971.08.25付))

更に「革命的左翼の闘いの中で実践的にうちきたえられてきた闘争論、運動＝組織論を高校の特殊的諸条件の中に適用する闘いをとうして〈原文ママ〉、革命的高校生運動の各校における実体的担い手たる高校生委員会を創造し、公然・非公然のち密な活動の中から、全国各地において不抜の拠点をうちかためてきた」として、「大衆社会の脱イデオロギー状況にのめりこんで、自ら脱セクト化し分散していきつつあるブクロ＝高協、反帝高評、ブント＝高安闘委らの諸君－こうした部分とは決定的にことなる地平において、わが同盟の指導のもとに、闘われてきた」という。このことから明らかであるように、政治組織たる革マル派の指導下でセクトの一部としての高校生戦線を担う大衆組織として位置づけられている。

反戦高連には、「ZにTを重ねた」マークがあり、そのようなマークの描かれた旗や、ヘルメットを確認することができる。また北海道における写真の中に「ZにD」のマークが描かれ、「反戦高校生連絡会…」という組織名の表記のある赤白旗が確認できたほか、おそらく「ZにD」のマークが描かれていると思われるヘルメットも複数確認できた(全北大反戦闘争委員会機関誌『戦列』No.10(1970.06付)表紙)。更に1971年5月の沖縄返還協定調印闘争では、「ZにS」も確認しており、恐らく反戦高連の地方組織と思われるがどこの組織なのかは不明である。写真が撮影されたのが東京の数寄屋橋交差点なので、関東近郊の埼玉県組織と推測する。

【名称】**反戦高校生委員会**

【ヘルメット】白地に鉢巻状赤線に「反戦高委」

沖縄では中核派系が先に反戦高連を名乗ったため、革マル派は反戦高連を名乗らず、反戦高校生委員会を名乗った。中核派系の反戦高連については当時のアサヒグラフ（「大きく揺れ始めた沖縄の高校生」『アサヒグラフ』（1969.11.28付）所収）に沖縄県のコザ高校で行われた反戦高連結成大会の写真が掲載されており、ヘルメットのデザインに革マル派系共通である「鉢巻状の線」が入っていないことからも非革マル派系であることが推測される。

反戦高委のヘルメットについては不鮮明ながら池宮城晃・池宮城拓『沖縄返還 1972年前後』（1998年、池宮商会）47頁の写真「全軍労解雇撤回集会に支援参加した過激派同士のセクト争い。（1971年9月 琉球政府構内）」において見出すことができるほか、比嘉豊光『全軍労・沖縄闘争』（2012年、出版舎Mugen）184頁（1970年 毒

著者所蔵の生写真　1969年夏頃に北海道で行われた第7回国際反戦北海道集会の写真。演台に「高解協」のヘルメットが見える

ガス撤去県民大会）や、270-271頁見開き写真（1971年 国政参加粉砕デモ県庁前）に見ることができる。

【名称】**高校生解放協議会**

【ヘルメット】白地に鉢巻状赤線に「高解協」

　北海道では高校生解放協議会が組織されていたが、1969年8月に全道反戦高連第1回大会が開催（『高校生戦線』創刊号1969.12.10付）されており、この頃までに改組されている。

著者所蔵の生写真　1969年夏頃に北海道で行われた第7回国際反戦北海道集会の写真。壁に各地区の高解協の旗が見える

【名　称】日本革命的共産主義者同盟（第四インターナショナル日本支部）【通称：第四インター】

【結　成】1965年2月
【機関紙】『世界革命』→『かけはし』
【機関誌】『第四インターナショナル』

中核派や革マル派は革命的共産主義者同盟全国委員会が分裂してそれぞれ結成された。その革命的共産主義者同盟全国委員会は1959年8月30日に革命的共産主義者同盟から分裂した黒田寛一らによって結成されたが、第四インターはこの黒田らが離脱した革命的共産主義者同盟を前身とする。黒田ら全国委と分裂した後、何度かの分裂・合流をくり返し、学生運動が盛り上がりを見せた1968年前後は、社青同に加入戦術をとる比較的少数派のセクトとなっていた。しかし1970年代以降主要党派の中核派や革マル派、革労協が内ゲバを行う中で内ゲバ反対を掲げつつ、特に70年代後半に大きく勢力を伸張し、三里塚闘争において顕著な活躍を見せた。公然拠点「新時代社」。

第四インターは1977年3月頃から三里塚闘争の現地闘争組織として三里塚空港粉砕全国学生共闘や三里塚を闘う全国青年共闘を結成し、1978年の三里塚空港開港阻止連続闘争では、プロ青同や日向戦旗と共に管制塔占拠を行った。1983年の三里塚芝山連合空港反対同盟の分裂では戦旗・共産同らとともに熱田派支援に回ったため、北原派を支援す

『世界革命』第375号（1975.05.01付）

『かけはし』第2758号（2023.04.03付）

『第四インターナショナル』No.27（1978.04付）

1974.11.18-21 米国フォード大統領来日に伴う警備
インターを規制する部隊

1969.01.18 法文二号館屋上

週刊 世界革命

4/3(月)
第517号

青学共闘最先頭に
三月開港を完全粉砕
日本階級闘争史に輝く勝利

第八ゲートを突破し管制塔へ進撃！

三・二六開港阻止決戦
勝利報告特集号

大衆的実力闘争で
空港中枢を徹底破壊

反対同盟先頭に 完全廃港・福田打倒へ追撃しよう

『世界革命』第517号（1978.04.03付）

1974.11.18 フォード米大統領来日阻止闘争 午後2時46分　南蒲田交差点手前付近で歩道上のインターを規制する部隊

1978.03.26 第八ゲートを突破し管制塔へ進撃（『世界革命』第517号（1978.04.03付））

る中核派から度重なる襲撃を受けた。第四インターは内ゲバ反対を掲げていたため、襲撃を非難しつつも報復を行わなかった。その後2009年になって中核派から分裂した革命的共産主義者同盟再建協議会は機関紙『革共同通信』第25号（2009.01.20付）にて「1984年の第四インターに対する軍事的せん滅戦にかんする自己批判」を発表し、「軍事的せん滅戦」という手法を採ったことを自己批判したが、第四インターは「革共同（中核派）再建協議会の自己批判は受け入れられない」とする声明を機関紙『かけはし』第2584号（2009.02.23付）にて発表した。

1980年には、村岡到らが分裂して

稲妻

月2回刊
稲妻
1986 6・15
号外
政治グループ稲妻

比例代表区　日本共産党
東京選挙区　上田、中山
各地の選挙　当選する共社

同日選
ソッポをむくのは誤り
ウソつき政治に断を
ウソつき政治に慣れるな

選挙闘争も積極的に

7・20

「稲妻」の特徴

稲妻社

政治グループ稲妻機関紙『稲妻』号外（1986.06.15付）

政治グループ稲妻（準備会）を結成し、8月15日付で機関紙『稲妻』創刊準備第1号を発行したが、1996年に解散した。

1983年には三里塚現地において女性差別事件が発覚した。第四インターは『世界革命』第802号（1983.09.19付）にて「三里塚現闘団員四名の除名処分とわれわれの自己批判」を発表した。これは1982年8月に三里塚現闘団の男性活動家が三里塚労農合宿所に宿泊していた女性に対し強姦未遂行為を行ったことに端を発し、この強姦未遂行為についての組織内討論の過程で、現闘団の指導的立場にあった別の3名の男性活動家が過去に強姦または強姦未遂行為に及んでいたことが告発された事件である。除名された男性活動家4名を指してABCD問題（事件）とも呼ばれる。

この問題の一方で1985年11月には政治局員今野求が脱盟を申し出たことで組織が大きく二分される事態となった。今野が政治局の承認を得ずに『労働情報』の中央役員就任を受諾したこと、また今野が担当していた財政に使途不明金があるとして問題となった。当時の政治局多数派はこれらを批判して、今野の提出した脱退届を承認せず、第13回全国大会で同人の処分を決定することとした。これに対して、当時の政治局多数派が『労働情報』運動から召還し敵対する態度をとったことに今野脱盟の根拠をおく部分はプロレタリア派（P派）を構成し、他方、今野脱盟を財政問題とする政治局多数派の主流派はレーニン主義派（L派）を名乗った。

1987年2月の第13回全国大会では今野の脱盟を確認するとともに分派闘争の存在が明らかにされ、同盟内の分派・路線闘争が機関紙誌を通じて公表されることとなった。この第13回大会の直後にはレーニン主義派からわかれて草の根運動を重視するプロレタリア民主主義派（PD派）が正式に活動を開始した。プロレタリア民主主義派は、1984年の第12回大会が1970年代の大会を大衆運動主義・自然発生主義であったと総括した上で、レーニン主義的党建設を打ち出したことを批判した部分であった。プロレタリア民主主義派についてはプロレタリア派や女性解放グループのように最終的な分裂には至らなかったものと思われる。

1987年5月には女性差別問題について一向に事態が進展しない状態に反発した女性活動家らによって第四インター内部に、第四インター・女性解放グループが結成された。女性解放グループは第四インター中央委員会（13期3中委）に対して、女性解放グループの構成メンバーに女性差別問題発覚以降に脱盟した元メンバーを含めることや、女性解放グループは独自に同盟費や夏冬カンパを集めた上で、ここから活動に必要な分を差し引いた残りを中央に上納することなどを通告した。これに対して3中委は同盟費等に関する財務通告を無条件に受け入れることを決定し、また女性解放グループが同盟員以外をメンバーとしていることについても明確な態度を表明しなかった。

プロレタリア派のうち、この女性解放グループの財務通告を無条件に認めた中央委員会決定を、「革命党の存立基盤を根底から解体する性質のもの」と批判した部分は4中委において動議（寺岡動議）を提出し、3中委決定が同盟規約第2条に抵触するとして撤回を要求したが否決され、5中委において再び動議（島村動議）を提出し、寺岡動議否決を自己批判した上で3中委決定を撤回するように迫ったが、これも退けられた。4中委・5中委に動議を提出し、中央委員会に批判的な立場をとるこのグループは、1987年12月1日には「第四インターナショナル日本支部再建の闘いに結集することを呼びかける」を発表して第四インターナショナル日本支部再建準備グループを結成し、分裂した。1988年3月には理論機関誌『労働者の旗インターナショナル』創刊準備第1号（1988.03.10付）を発行し、1989年5月の創刊準備第5号から『労働者の旗』に改題した。2011年2月にはグループ総会を開催して政治グループ・MELTに改称し、第四インターナショナル日本支部再建を目標としないことを明らかにした。2002年からは月刊ニュースレターと称してメールマガジン『インターナショナル』を配信していたが、2017年8月31日付の通巻228号にて江

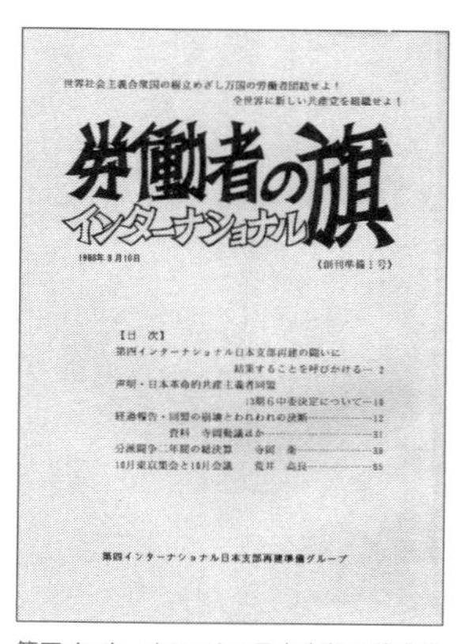

第四インターナショナル日本支部再建準備グループ『労働者の旗インターナショナル』創刊準備第1号（1988.03.10付）

藤正修の訃報を伝えたのを最後に発行は途絶えている。

1989年8月には再建準備グループが抜けたプロレタリア派が第四インターナショナル日本支部全国協議会を名乗って分派した。同派は1989年8月頃に機関紙『全国協議会』創刊準備号を発行（但し1989.09.10付）し、1989年9月10日付でこれを改題し機関紙『労働者の力』を発刊した。『全国協議会』創刊準備号上では、「日本支部協議会体制への転換を実現しよう」とする全国協議会をめざす第2回懇談会（1989.07.02付）声明が掲載され、「日本支部の新たな再出発をかちとるためには、全国党協議のシステムを過渡的体制として採用し、討論の全面的活性化による同盟再建の方向性についての共通認識を最初の一歩からつきあわせていく必要があるという結論に達し」たとした。同派は現在も活動を続けており、機関紙『労働者の力』は第232号（2009.07.10付）を以て停刊したが、同年9月の『かけはし』（1996年4月上旬の第17回全国大会において討議の上、機関紙を第1441号（1996.06.24付）から『かけはし』に改題）第2090号（2009.09.07付）より『かけはし』を共同編集・発行している。

1989年8月にはレーニン主義派によって第14回大会が開催されたが、全国協議会派は結成総会において、14回大会と大会決定を承認しないことを決定し、『労働者の力』第2号（1989.10.10付）上で声明「『第14回大会』とその決定を認めない」を発表した。この大会には女性解放グループのメンバーも参加せず、大会の後で女性解放グループは組織を離脱した。女性解放グループは1995年頃までにその活動を停止したというが詳細は不明である。

1991年2月の第四インターナショナル第13回世界大会では日本支部が女性差別問題などを理由に資格剥奪処分を受けたため、4月には日本革命的共産主義者同盟（第四インターナショナル日本支部）という組織名称を日本革命的共産主義者同盟（JRCL）に改め（七中委で改称を決定し、1991年8月の第15回全国大会で承認）、また分派である第四インターナショナル日本支部全国協議会も日本支部組織の分派という立場を改めるために、2月24日の第二期第3回運営委員会において組織名称のうち「第四インターナショナル日本支部」の部分を暫定的に括弧内に入れるという措置をとった後、同年5月末の第4回定例全国総会において国際主義労働者全国協議会に改称した。

日本革命的共産主義者同盟（JRCL）と国際主義労働者全国協議会の両派は、2009年以降の機関紙共同編集・発行開始以降、第四インターナショナル日本支部としての活動の意思をともに持ってきたが、2018年の第17回世界大会の後、2020年春に予定されていた国際委員会に対して、この両派によって構成される第四インターナショナル日本協議会を日本支部として承認することを要請した。この国際委員会は新型コロナウイルスの世界的流行により開催が中止されたが、その後第四インターナショナル・ビューローから「第四インターナショナル日本協議会」を日本支部として承認すると決定したとの連絡があったとし、HP上に共同コミュニケ「第四インターナショナル日本支部としての活動再開にあたって」を掲載し、両派が第四インターナショナル日本支部としての活動を再開することを決定したと発表した(https://www.jrcl.jp/fourth_inter/japan_branch/ 2022年11月27日著者確認)。

学生組織

【名称】**社会主義青年同盟全国学生班協議会プロレタリア国際主義派**
【結成】1967年11月
【ヘルメット】赤地に逆「☭」

第四インター系の組織としてはトロツキスト学生同盟が存在したが、インター系学生の多くは国際的な方針もあり社青同への加入戦術を行っていた。それらの学生が1967年11月に社青同から離脱し、社会主義青年同盟全国学生班協議会プロレタリア国際主義派を結成した。学生インターと通称される。この時期は機関紙『世界革命』が刊行されておらず、結成に至る経緯や結成に際してのアピールなどの資料を見つけることができなかった。

学生インターは学生運動の画期となった1967年10月8日の第一次羽田事件より後に社青同を離脱しており、離脱後確認できた中で最も早い時期の写真は、川上照代『フォト・アンガージュ』(2013年、私家本)5頁に見出すことができる。1968年2月11日に建国記念日反対を掲げて日比谷野音で行われた「東京反戦青年学生第三派統一行動集会」後のデモ行進後に東京駅で行われた総括集会の写真に写りこんでおり、南ベトナム解放民族戦線旗と同様のデザイン(白黒写真につき色不明)の旗の下

1972.03.09 立川基地反対集会デモ警備　3月9日「立川基地自衛隊移駐阻止、沖縄海兵阻止」と称し中核派1,000名、一般労組など計2,500名による集会デモ

部に「社青同　國際…」と書かれた旗を持っているのが確認できる。

この頃のヘルメットには逆☭に「4」を重ねた第四インターナショナル本来のマークに近いものを記入している例（佐々木美智子編『あの時代に恋した私の記録 日大全共闘』（2009年、鹿砦社）216頁）もあるが、他に例を見ない。一部の集団が揃いで入れたものなのか、あるいはまた別の分派かは不明である。

国際主義共産学生同盟（学生インター）
『武装』№12（1973.06.10付）

【名称】**国際主義共産学生同盟**
【結成】1969年3月29日
【ヘルメット】赤地に逆「☭」
【機関誌】『永続革命』『武装』

『旬報学生青年運動』第259号（1969.04.15付）によれば、社青同全国学生班協議会プロレタリア国際主義派は1969年3月15日に解散し、3月29日に国際主義共産学生同盟を結成した。ヘルメットは変更されていない。地方委員会のほか大学ごとに支部を置いて活動していた。1969年9月5日には機関誌『永続革命』を創刊しているが、『武装』という機関誌も確認している。『武装』が『永続革命』の改題であるかどうかは不明。

国際主義共産学生同盟『永続革命』創刊号
（1969.09.05付）

高校生組織

【名称】**全国国際主義高校戦線**
【結成】1969年10月
【機関誌】『鎚と鎌』

1969年8月10〜12日に開催された国際主義共産学生同盟第2回全国大会において全国高校生政治組織として国際主義高校戦線結成が決議された。略称FIH。これに先立って大阪で結成されていた大阪国際主義高校戦線が結成の中心軸となったものと思われる。『世界革命』第196号（1969.09.20付）には国際主義共産学生同盟高校生委員会のアピールが掲載されており、国際主義高校戦線結成までは学生インターの下に組織されていたようである。しかしながら、このアピールでは「教師に指導され『闘う』教師の支持部隊でしかありえない高校生運動と、一方街頭『全学連二軍』部隊でしかありえない高校生運動とは訣別した地点に自己の戦略を見出そうとする」とし、学生運動に従属するものではないことを明確にしている。

全国組織は1969年10月に全国国際主義高校戦線として結成され、機関誌『鎚と鎌』は1970年2月1日付で創刊された。

国際主義高校戦線『鎚と鎌』創刊号（1970.02.01付）

労働者組織

【名称】**国際主義労働者委員会**
【結成】1971年8月22日

労働者組織である国際主義労働者委員会（略称ILC）は、学生組織や高校生組織よりも遅れ、1971年8月に至ってようやく全国組織結成をみた。

労働者・学生・高校生合同組織

【名称】**日本共産主義青年同盟準備会→日本共産主義青年同盟**
【結成】1974年8月→1975年1月31日～2月1日
【機関誌】『青年戦線』
【ヘルメット】赤地に逆「☭」

1974年8月には、国際主義共産学生同盟（学生インター）は、労働者組織である国際主義労働者委員会（ILC）、高校生組織である国際主義高校戦線（FIH）とともに三組織合同の青年同盟準備会結成大会を3日間にわたって開催し、日本共産主義青年同盟準備会を結成した。この組織は全ての青年を組織対象とし、学生であれば学生班協議会（機関誌『進撃』）の指導下に入るといったように、内部で労働者や学生などにわかれていた。そしてこれとともに革共同（第四インター日本支部）も党建設の闘いを始めることとなった。

この共青同（準）は5ヶ月間にわた

闘う日本共産青年同盟（準）の隊伍（『世界革命』号外（1974.11.17付））

日本共産青年同盟 赤腕章（模索舎舎員　榎本智至氏所蔵）。「共青同」の文字は同派が社青同から分派して結成されたためか、赤地青文字白ふちとなっている（p.320参照）

日本共産青年同盟学生班協議会『進撃』創刊号（1979.04.20付）

る準備期間を経た1975年1月に日本共産青年同盟の結成を予定しており、実際に1975年1月31日〜2月1日に東京の南部労政会館において全国代表者会議を開催して正式に発足し、翌2月2日には東京の品川公会堂において結成記念集会を開催した。

共青同のヘルメットは社青同プロレタリア国際主義派以来のものを継承しているほか、「共青同」というものも確認している。

【名称】**三里塚を闘う青年共闘／三里塚空港粉砕全国学生共闘**
【結成】1977年3月
【ヘルメット】赤地に「青年共闘」／赤地に「学生共闘」

三里塚を闘う全国青年学生共闘編『管制塔に赤旗が翻った日』（1979年、柘植書房）によれば、これらの組織は第四インターの青年組織日本共産青年同盟の呼びかけにより、シンパ層も含めた現地闘争組織として結成された。組織の性格や役割をめぐって内部であらゆる意見が出て議論となったが、決着がつかないまま以下の2つの点が確認・決定された。1つ目は、青年共闘を中心として援農運動と結合しながら、現地の地理を

1978.04.02 勝利のデモかちとる青学共闘
(『世界革命』518号(1978.04.10付))

知りデモ隊列を強化する訓練を全国的に行うことであり、2つ目は学生共闘が来たるべき鉄塔決戦にむけて進撃拠点たるテント村を建設し、長期にわたる闘争体制を確立することであった。

青学共闘は訓練を通じて開港阻止決戦の中核的存在に成長し、鉄パイプやバイクヘルによる武装を行い、1977年10月には赤ヤッケと赤のバイクヘルという服装で統一された。

1985年3月30日にはこの青学共闘をもとに三里塚・反安保を闘う全国青年学生共闘が結成された(『旬報学生青年運動』第627号(1985.04.15付))。

【名称】**「婦人通信」編集委員会→社会主義婦人会議**

【ヘルメット】赤地に「婦人通信」

第四インター系の「婦人通信」編集委員会発行の『婦人通信』の旗の下、同通信編集委員会の呼びかけで1978年3月26日の開港阻止決戦に全国から結集した60名の戦闘的婦人によって集会が持たれ独自隊列が組まれた。参加した婦人たちの大半は子供のいる婦人労働者であった。菱田小学校跡で開かれた連帯する会など主催の集会に出席後、青学共闘は空港に突入した一方で、婦人通信の隊列は反対同盟主催の集会に参加するべく三里塚第一公園へデモを行った。その後1978年8月26日には社会主義婦人会議を結成した。

ヘルメットは成田国際空港株式会社による史料館「空と大地の歴史館」に展示されている。

【名　称】武装蜂起準備委員会

【結　成】1967年8月
【機関紙】『プロレタリア軍団』／『叛乱軍軍報』（関西地方委員会）／『赤衛』

武装蜂起準備委員会は日本革命的共産主義者同盟（第四インターナショナル日本支部）のうちBL派（ボリシェヴィキ・レーニン派）が1967年8月に結成した政治組織であるとされる。機関紙発行主体として「ゲバルト社」。

略称のAIPCは、直訳だが、武装蜂起準備委員会の英語訳「Armed Insurrection Preparatory Committee」の頭文字と思われる。

機関紙『プロレタリア軍団』は、そもそも武装蜂起準備委員会法政大学支部の機関紙として1968年4月1日付で創刊され、『プロレタリア軍団』No.4より武装蜂起準備委員会全国機関紙として発行された。一般的に機関紙誌の創刊号には創刊の辞や結成宣言が掲載され、自らをどのように位置づけているのか、何をめざしていくのかを広く一般大衆に向けて明らかにするのが通例であるが、武装蜂起準備委員会についてはそのような文書が見当たらない。BL派が結成した党派であるということも、一般の書籍がそのように紹介しているだけで、当の武装蜂起準備委員会の文書の中に、明確にBL派によって結成されたという記述は発見できていない。

例えば社会運動研究会編『極左暴力集団』（1975年、社会運動研究会）は、

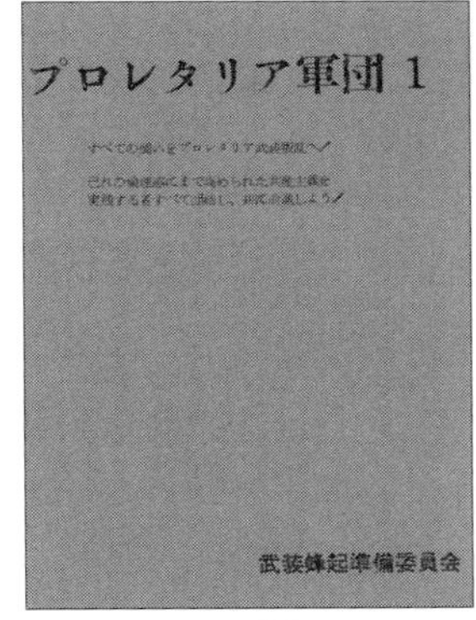

武装蜂起準備委員会『プロレタリア軍団』（1968.04.01付）

(1) Vol. 12, No. 4　編集発行人　太田　竜
万国の労働者、団結せよ！
1967年1月23日
週刊 200号
本号に限り 1部 50円（送料 20円）
世界革命
日本革命的共産主義者同盟（第4インタナショナル日本支部）機関紙
発行所 日本革命的共産主義者同盟（第4インタナショナル日本支部）大田区鵜ノ木511 池内方 南部労研気付

BL派機関紙『世界革命』200号（1967.01.23付）

武装蜂起準備委員会について、BL派が「改称」したものとし、太田は武装蜂起準備委員会を真の前衛党たる国際共産主義者同盟に発展させるべく、1970年12月に結成委員会を組織したが、指導力の低下に伴って1972年には組織は分解状態に陥り、ノンセクト化したという。

まずはこの「武装蜂起準備委員会はBL派によって結成された政治組織か」という点について資料をもとに検討したい。機関紙『プロレタリア軍団』創刊号にはBL派の指導者太田竜の「世界革命戦争と反革命戦争－レーニン、トロツキーを継承する我々の総路線と当面の諸課題－」と題した論文が掲載されている。太田はこの論文中で「六七年後半から、法政大学を中心とする革命的学生を結集し、処分反対闘争を媒介として進出した武装蜂起準備委員会法大支部は、まさに『エンタープライズをポチョムキンへ！』『ヴェトナム戦争を米本国における内乱へ！』というう革命的インタナショナリズムのスローガンをかかげる行動部隊として登場した。われわれは、思想と理論においてレーニンとトロツキーの革命的インタナショナルを継承し、世界革命運動の情況把握の作業をつづけてきたものとして、この戦闘部隊のめざす方向と主要に合致することを語り得る」と述べており、この表現からすると武装蜂起準備委員会はBL派が結成した組織ではなく、BL派の太田竜と理論的に一致していて、提携関係にあるノンセクト・ラディカルではないかと思われる。そしてその提携は運動上の共闘レベルにとどまるものではなく、武装蜂起準備委員会のメンバーを「同志」と呼ぶほどであり、創刊号の時点で「引きつづき、必要とされる戦略上の問題点について、この機関誌を通じて、および最大限可能な他の手段を通じて、急速に討論をふかめていきたい」として、より関係を深化していくことを前提としていたようである。

太田竜の自伝『私的戦後左翼史』(1985年、話の特集)にもこの推測を裏付ける記述を見出すことができた。同書によれば太田竜は1967年12月に第四インターを離脱し、その直後から「法政大学法学部第二教養部の学生たちによってつくられたばかりの『プロレタリア軍団』という黒ヘル・ノンセクトのグループとのつき合いが始まった」といい、「六七年十月八日の羽田闘争で開始されたその後の三年余の激動の時代を、私は彼らと共に、主として法政大学の飯田橋キャンパス周辺ですごした」という。そして1970年に入り「ノンセクト、黒ヘル的気分と潮流が退潮してゆくにつれて、私が一九六八年はじめ以来加わっていたプロレタリア軍団という組織の中にも変化が生まれ始めていた。一言で言えば、黒から赤へということか。アナーキズムからマルクス主義への逆もどり、とでも言うような気分がなんとはなしに力を得て来た」とした上で、韓国人原爆被爆者についての黒田勝弘のルポに触れ、またアイヌ問題に関心を持ったことを契機に、もはやプロレタリア軍団の学生たちがともに進むべき仲間ではないとして1970年末にプロレタリア軍団を離れたという。

あくまで自伝の記述によるものではあるが、太田自身は、プロレタリア軍団を全共闘が勃興した1960年代末の数あるノンセクト学生組織の一つとして認識しており、またノンセクト学生組織であったからこそ、その「黒ヘル的ノンセクト的、上からの命令によらぬ、下からの自発性にもとづく大衆運動」に魅力を感じていたという。およそ政治組織化を試みたとする前掲『極左暴力集団』の記述とは矛盾する。また太田龍記念会編『永遠の革命家　太田龍・追憶集』(2016年、柏艪舎)に太田昌国が寄稿した「近代への懐疑、先住民族集団の理想化」には、「太田龍は当時指導者然としてふるまっていた某大学の学生集団『武装蜂起準備委員会・プロレタリア軍団』に反対運動の指針を示した」という一文があり、当時太田竜に近い位置にあった太田昌国の認識としても、プロレタリア軍団はBL派の改組や発展的形態ではなかったことがわかる。なお、太田の自伝中にその後のプロレタリア軍団に関する記述は認められなかったが、太田の理論的な影響を受けてノンセクトセクト化しつつ、太田の離脱と運動の退潮によって解体したのではないかと思われる。

なおこの点について戦後革命運動事典編集委員会編『戦後革命運動事典』(1985年、新泉社)は武装蜂起準備委員会について「太田竜、近藤公平らが法大の独立社学同系残存メンバーらとともに1967年結成した」としており、また蔵田計成『新左翼運動全史』(1978年、流動出版)では太田らが武装蜂起準備委員会を結成し、社学同独立派(法大)を中心にしたプロレタリア軍団と1967年に統一したとの記述があり、細部は異なるものの、プロレタリア軍団を結成したノンセクトグループは法大のかつての独立社学同の流れをくむグループがノンセクト化したものである可能性がある。

プロレタリア軍団は先に引いた論文中にあるように「エンタープライズをポチョムキンへ！」などの非常に印象的でラディカルなスローガンや活動方針で知られるが、必ずしも他派と比べて特筆すべきような過激な事件を引き起こしたりはしていない。

しかしながら戦闘的な活動を志向していたことは間違いないようで、背叛社に結成時から参加していた牧田吉明によれば、武装蜂起準備委員会は「背叛社と同盟関係にあった」(牧田吉明『我が闘争 スニーカーミドルの爆裂弾』(1984年、山猫書林))という。この背叛社は爆弾闘争を志向しつつも誤爆事件を起こして壊滅したアナキスト組織である。

武装蜂起準備委員会とプロレタリア軍団とは、ほとんど同じ意味で使われているようであるが、この厳密な使い分けは不明である。機関紙では「学園、工場、経営に武装蜂起準備委員会を結成せよ！」といい、「革命的プロレタリア、学生諸君、プロレタリア軍団に結集」せよと呼びかけているが、両者の組織的な位置づけがはっきりしない。『プロレタリア軍団』創刊号所収の武装蜂起準備委員会法政大学支部「ブルジョア国家権力との非妥協的階級戦を組織せよ！十・八佐藤訪ベト阻止闘争の成果に依拠し、新たなる反撃戦を準備せよ！」の中には「革命軍の萌芽的現存形態としてのプロレタリア軍団」という表現があり、おそらくは政治組織として武装蜂起準備委員会があり、行動部隊としてプロレタリア軍団があるのではないかと思われる。各大学に〇〇大学プロレタリア軍団を組織していた。拠点校として、法政大、東大、立命館大など。また文京地区プロレタリア軍団のように、地区に組織する場合もあった。

学生組織

【名称】**プロレタリア軍団全国学生評議会**
【結成】1969年10月5日
【ヘルメット】黒地に「AIPC」。黒地に「プロ軍(団)」

学生組織のプロレタリア軍団全国学生評議会(準)は、AIPCの拠点校であった法政大学で結成集会を開催し、プロレタリア軍団全国学生評議会を結成した。当時の写真でもあまり見かけないので勢力は小さかったのではないかと思われる。ヘルメットを確認可能な資料として、「AIPC」はグループ69編『全共闘イマジネイション』(1984年、現代書林)の60-61頁、平沢豊『OTHER VOICES 東大全共闘・68－70』(2004年、春風社)の25枚目があり、「プロ軍(団)」は、「団」の文字までヘルメットに書かれているか不明ながら猪野健治『ゼンガクレン 革命にかける青春』(1968年、双葉社)扉にて確認できる。

高校生組織

【名称】**プロレタリア軍団全国高校生評議会**

1968.07.26　キューバ革命記念日デモ

【結成】不明
【機関誌】『高校学園階級闘争』

1969年10月5日には下部組織としてプロレタリア軍団全都高校生評議会を結成している。目標として全国高校全共闘評議会の結成を掲げていた。高校生組織としてはほかに暴力革命高校生戦線があったというが不詳。上の写真の右端にこの暴力革命高校生戦線とおぼしき旗が見える。機関誌の連絡先は法政大学第一法学部自治会気付となっていた。

高校学園階級闘争

— プロタリア軍団全国高校生評議会結成に向けて —

プロ軍高評

No.1

プロレタリア軍団全国高校生評議会(準)発行

プロレタリア軍団全国高校生評議会(準)
『高校学園階級闘争』(発行年月日記載なし)

2

共産同系

【名　称】**日本マルクス・レーニン主義者同盟**
【通称：ML派】

【結　成】1968年10月

【機関紙】『赤光』

【機関誌】『マルクス・レーニン主義』／『長征』（労働者組織委員会）

60年安保闘争を主導した共産主義者同盟（一次ブント）は安保闘争の敗北後、数派に分裂し、また多くの部分が革共同に合流した。革共同に合流せず残った部分は後に共産主義者同盟の再建へと動き、1966年に共産主義者同盟（二次ブント）を結成した。マルクス・レーニン主義派（ML派）の一部はこれに参加したものの、参加しなかった部分は独自に政治組織を立ち上げた。当時のML派は政治組織たる共産同としてはML派を名乗らなかったと思われるが、学生組織として社会主義学生同盟マルクス・レーニン主義派、労働者組織として社会主義労働者同盟マルクス・レーニン主義派を構成しており、これらを母体として1968年10月3・4日になって東京で結成大会を開催し、日本マルクス・レーニン主義者同盟を結成した。公然拠点「レボルシオン社」。議長牧村淳夫（畠山嘉克）。この

万国のプロレタリア、被抑圧民族
団結せよ！
マルクス・レーニン・毛沢東主義の旗の下
プロレタリア世界革命を遂行せよ！
日本マルクス・レーニン主義者同盟

赤〈しゃっこう〉光

1970年
9月12日
第105号

発行所　レボルシオン社

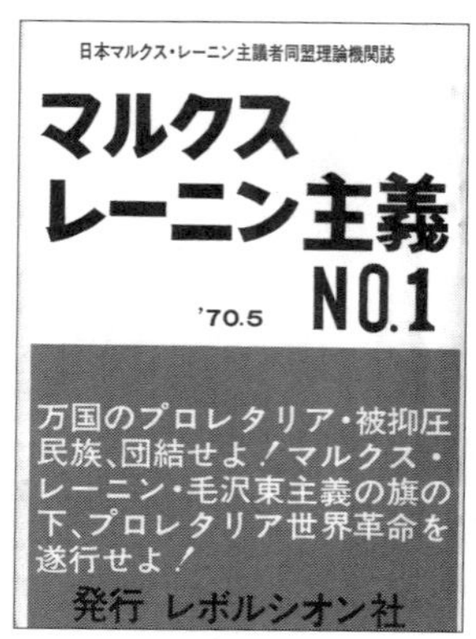
日本マルクス・レーニン主議者同盟理論機関誌

マルクス
レーニン主義
'70.5　NO.1

万国のプロレタリア・被抑圧民族、団結せよ！マルクス・レーニン・毛沢東主義の旗の下、プロレタリア世界革命を遂行せよ！

発行 レボルシオン社

長　征
1971.6 第2号

日本マルクス・レーニン主義者同盟
労働者組織委員会

（上）日本マルクス・レーニン主義者同盟『赤光』第105号（1970.09.12付）
（左）日本マルクス・レーニン主義者同盟『マルクス・レーニン主義』第1号（1970.05.30付）
（右）日本マルクス・レーニン主義者同盟労働者組織委員会『長征』第2号（1971.06.21付）

牧村議長は善隣学生会館闘争を闘った日中青年学生共闘会議（1967年3月結成）の議長も務めた人物である。

なおML同盟結成にあたって社学同ML派及び社労同ML派は共同声明を発しているため、それぞれの組織は間違いなく存在したものと思われるが、ML同盟結成への文脈で、社学同ML派に対する言及はよく見られるものの、社労同ML派に対する言及がある資料はほとんど認められなかった。これは、ML同盟の主要メンバーが学生運動出身であったためではないかと思われる。

また、社学同ML派が学生解放戦線に、社労同ML派が労働者解放戦線に改組・改称したとする資料もあるが、ML同盟結成直前の1968年7月に東京都学生解放戦線連合準備会が結成されており、それ以前から各拠点大学において学生解放戦線が発足していたとみられることから、正確な表現ではないと思われる。全国組織としては1969年9月4日に全国学生解放戦線（議長城戸浩正）が結成されている一方で、労働者解放戦線は全国組織が結成されたかどうかは確認できていない。1970年2月27日に全都労働者解放戦線が結成されていることを確認しているのみである。

ML派は60年代末の全国学園闘争から70年安保闘争期に激しい街頭闘争を闘った反代々木系セクトの中では数少ない毛沢東思想を掲げた党派である。毛沢東思想の影響を受けた新左翼には、かの有名なあさま山荘事件を引き起こした連合赤軍があるが、この連合赤軍は共産主義者同盟赤軍派と日本共産党革命左派神奈川県委員会それぞれの軍事組織の合同により生まれた組織であり、日共革左神奈川県委は、ML同盟結成前にML派から分派したグループ（機関誌『警鐘』より警鐘派と呼ばれる）が、後に日本共産党を追われた中国派系の党員とともに構成した日本共産党左派神奈川県委員会を前身としている。この警鐘派はML派の河北三男が横浜国立大学学芸学部の名称変更反対闘争を闘ったML派の学生グループを秘密裡にオルグして結成したフラクションを前身としており、警鐘派はML派中央との公然とした党内闘争を経ずに分派したが故に後年激しく対立したものの、分派当初はさほど問題にならなかったという。

警鐘派が指導理論に毛沢東思想を掲げたのは1967年6月のことだが、1967年5月10日付の社学同ML派東大本郷支部機関紙『レボルシオン』№11には、「マルクスレーニン主義の旗の下に毛沢東思想及び革命的中国人民と連帯し、反帝闘争を斗おう！」という論文が掲載されており、ほぼ同時期に毛沢東思想を受容したものとみてよいと思われる。しかし両派の毛沢東思想受容の過程は異なっており、ML派の毛沢東思想受容のきっかけとしては、後に議長となった畠山が精力的に関わった善隣会館闘争が契機となったとされ、これに対して警鐘派のそれは河北が独自に研究したものであるとされる（連合赤軍事件の全体像を残す会編『証言 連合赤軍4　毛沢東派の潮流』（2005年、情況出版））。

当時他に毛沢東思想を掲げた党派としては日本共産党からわかれた左派（親中国共産党派）の小諸派が多かったが、これらの諸派は労働者が主体であり、特に学生運動においてはまとまった運動体を形成できなかったため、ML派は中国派の結集軸として機能し、一定の勢力を誇った。毛沢東思想学院の院長大塚有章も、学院メンバーとともに東京、三里塚、横須賀、王子などの激戦の地へ「学習の旅」に行った結論として、「全学連、特に社学同M・L派や反戦青年委員会と連携して可能な限り共同闘争が組めるよう努力する」としている（大塚有章『老兵はいどむ』（1974年、『未完の旅路』刊行委員会））。

1969年1月の東大安田講堂事件においては、東大本郷キャンパスの工学部列品館に立て籠もって、ガスバーナーを改造した火炎放射器を使用し、更には機動隊に向かって劇薬の投下を行うなど強力な武器を使用した激しい抵抗を見せた。ML派側の重傷者1名を搬送するために「休戦」する場面すらあった。このような軍事面でのエスカレートは早い時期から志向されており、ML同盟結成直後の1968年12月10日に東京の大田区民会館で開かれた「十二・一〇安保粉砕・沖縄解放政治集会」では武力闘争が強調されるとともに、会場で軍事路線に関する文献として、かつての日共武装闘争路線時代の偽装誌『球根栽培法』『新しいビタミン療法』や『遊撃戦の基礎戦術』などが復刻・販売

1969.01.18　ガスバーナーを使った火煙放射器も現われ、警備車を襲った〈原文ママ〉

1969.01.18　大学生の知恵パチンコ攻撃

(上)1969.01.18　外堀通り、東京医科歯科大学(地下鉄御茶ノ水駅前)
(左)「中国五四運動五十一周年"入管体制"粉砕総決起集会」において、オブザーバーの立場で参加し、五四運動の今日にもたらす歴史的意義を、一時間にわたって報告する華僑青年闘争委員会の代表同志(3.24糾弾在日中国人青年共闘会議『下定决心不怕牺牲排除万难去争取胜利』(1970.05.20付))

されたという。

1970年1月には第3回拡大中央委員会において綱領準備委員会が発足し、同時に規約を改正して議長制を廃止するなど、組織の見直しに着手したが、同年6月の安保闘争をめぐる「決戦」では鉄パイプに火炎瓶、更には爆発物を用いた激しい街頭闘

1970.06.23 6.23総行動　火炎びんを持ち、鉄パイプで武装して会場を出発したML

争を行い、中央委員と多数のメンバーが逮捕され、大きなダメージを受けていた。この状況下で同年7月にいわゆる「華青闘告発」を受けると、8月には整風委員会を設置し、整風運動を開始している。1970年8月12日付の『赤光』第102号は、「革命派総体の大整風運動を」の大見出しを掲げて、整風運動を同盟内部にとどめるのではなく、広く「日本人民全体、すべての闘う集団」に対して提起している。続く8月22日付の『赤光』103号は、「この間提出されてきた同盟総路線の検証を『幹部批判』という方法から開始し、一度大衆闘争に最も密着している部分にヘゲモニーを握らせることをもって同盟の政治方針と大衆運動との間の本質的な矛盾を具体的に引き出す作業をわれわれは開始した」と、同盟内部での整風運動の進展を伝えた。

この整風運動は6月決戦に対する弾圧でダメージを受けた組織内に混乱をもたらした。1970年12月2日の政治集会におけるML同盟鈴木迪夫書記長の発言によれば、同盟指導部批判から整風運動を始めたために、指導方針を確立できなかったこと、それを打開するために第2回拡大整風委員会で旧幹部らとの結合を図り、その席上で議案作成委員会を選出したことが混乱の原因であるとされる。

この1970年12月2日の政治集会の集会報告が掲載された『赤光』第110号（1970.12.02付）は発行期日より遅く、12月2日よりも後に発行されたものと思われるが、一面に12月8日の「声明」が掲載され、「日本マルクス・レーニン主義者同盟は、某日、臨時執行部を選出した。したがって理在〈原文ママ〉、同盟の最高指導責任は臨時執行部にある」とした。この頃指導部で何らかの動きがあったのではないかと思われる。

『旬報学生青年運動』は、1970年6月時点でML派内には「①百パーセント中共寄りの毛沢東派、②中共理論の教条的適用に反対する反毛沢東派、③ゲバラ理論に傾斜したドブレ派の三分派」があるとしており、「豊浦清らの反毛派が実権を握り、前議長畠山嘉克らの毛沢東派は除名や権利停止などの処分を受けているもよう」であり、これに対して毛沢東派は華青闘との「密接な関係を背景に、過激な方針を打ち出して巻き返えしを図っており、その一部では別組織結成の動きがある」（以上第

286号（1970.06.15付））と内部での派閥抗争を紹介し、整風運動の「真のねらいは反対派の追放にあり、内部対立はかなり進行しているもようである。具体的には鈴木迪夫現書記長一派と畠山嘉克前議長一派との互いに『整風運動』に名を借りた実権争奪戦となって現われており、本年はじめ要職から追われた畠山一派の巻き返しも激しく、組織内部に混乱が拡大しつつある。このため機関紙『赤光』の定期発行が困難となり、都内での常時動員力が数十名程度まで落ち込んでいるもよう」（以上第295号（1970.11.01付））と伝えた。機関紙『赤光』は1970年12月の第110号まで発行が確認されており、その後発行できなくなったものとみられる。

1971年3月には畠山前議長がML同盟からの脱退を明らかにし、当時の指導部らに対して「絶縁状」を出しているが、この中では鈴木書記長のほか、拡大整風委員会での旧幹部らの行状が激しく非難されている。この「絶縁状」は『旬報学生青年運動』誌上に転載されたもので、捏造されたものとも思われないが、出処が不明の資料であることは付記しておく。この「絶縁状」と前掲の『旬報学生青年運動』が伝えるところの内部抗争とをあわせて考えると、鈴木書記長派が完全に実権を握ったとも思われるが、直後の1971年5月頃にはML派が事実上崩壊したといわれることもあり、内部抗争のもたらしたダメージの大きさがうかがわれる。

著者の所蔵する資料に1970年の6月決戦で逮捕され、東京拘置所に収監されていたML派幹部の豊浦清がNET闘争で同じく東京拘置所に収監されていた渋谷正行（脚本家として著名）に宛てたハガキがある。消印は1971年4月20日で、ML派が事実上崩壊したといわれる時期の直前の書簡である。書きぶりからして恐らく渋谷はML派同盟員ではなく、ML派が支援する闘争の当該で多少ML派と関係があった程度ではないかと思われる。

豊浦はこの書簡で「MLが開始した整風運動はいくつかの情報から分析すると、本当に『党の革命』に進む前に、『組織的混乱』に陥ってしまっているようです。私はこの整風に大変期待をかけ獄中からも何回かにわたってアッピールを行いましたが、必ずしも外の諸君は理解してくれなかったようです。LFLの幹部も整風には中途半端な態度をとって自らの革命の道を閉ざしつつあるので、最近改めて彼らに警告を発しているところです。大かたの戦士には『何が何だか分らない』という印象を与えたようですが、MLが、日本の維新以来の人民大衆の階級闘争に学び、マルクス主義の学習を外国に盲従して進めるのではなく自力更生でうちたててゆく精神がいまほど必要になっているときはないと痛感しています。」と述べている。拘置所の検閲を受ける文書であり、また渋谷がML派外の人物と思われることを考慮すれば全くの本音ではないものと思われるが、6月決戦以降収監され続けていたML派の幹部が整風運動の実際の状況についてどのような認識であったかが垣間見える。

また同様に東京拘置所収監中の渋谷正行宛に、同じく東京拘置所に収監されていたML派関係者（存命なので氏名は伏せる）から1971年5月1日に送られた書簡では整風運動について、次のように触れている。「渋谷氏は、外でこの間、MLの整風Mo（引用者注：MO＝movement＝運動）を見ておられて、どう思うでしょうか。少なくとも、獄中にいる者より、外の方が正確な情報がキャッチできるはずです。次の文章を読みましたか。①元同盟員畠山嘉が〈原文ママ〉『局外者の見解』、②延島冬生『整風運動に問われた課題Ⅰ Ⅱ、③石原幸信君の『出っぱの男』他などですが、その他いろいろあります。まだ読んでいなければ、Q対の事務所、紅灯社へ問いあわせ下さい。この整風Moは、実に深い内容をもっております。一言ではとても言いつくせませんが、少なくとも70年代の“党とは何か”ということを含んでいると同時に、われわれ“新左翼”の根本的改造を要求しています。“人間革命”というべき内容を含んでいます。この点60年代型の新左翼の頭の中を、ガラッと改造してしまう必要がありそうです。そして、今日のMLの中央に居座っている連中をも、打倒の対象として奪権闘争が数年後には行なわれるでしょう。先日、出版された労働者FLの『長征』なるパンフは、これぞ、まさしく“実権派”の手になるものです。個々の論文は、この実権派とは別ものです。」この書簡で出てくる『長征』は1971年4月創刊のML同盟労働者組織委員会機関誌『長征』と思われ、ML派が崩壊したといわれる1971年5月以降も、6月に第2号、9月に第3号が発行されており、労働者組織委員会を名乗る部分の活動は部分的ながらも続いていたとみられる。この書簡によれば、発行していた労働者組織委員会は党中央を占めた「実権派」であるという。また書簡にある①の文書は、後に転載してある畠山の声明ではないかと思われる。

また南部地区総会というものが、1972年2月頃に開かれたようであるが、南部地区はどうやら労働者がほとんどであったようで、この総会では前年に労働者組織委員会に総括文を提出したという大月隆治という人物が「京浜地区労働者階級解放闘

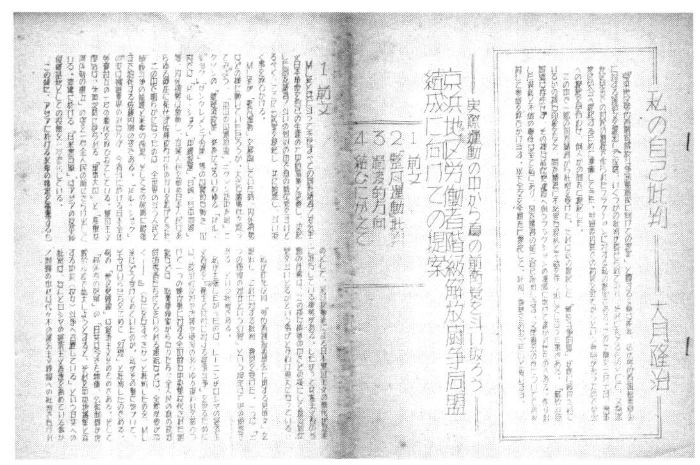
私の自己批判——大月隆治

——実際運動の中から真の前衛党を斗い取ろう——
京浜地区労働者階級解放闘争同盟結成に向けての提案

1 前文
2 整風運動批判
3 過渡的方向
4 結びにかえて

1 前文

大月隆治『京浜地区労働者階級解放闘争同盟結成に向けての提案』

争同盟結成に向けての提案」を提起し、広くSFLに拠る学生の活動家にも、労働者の中へ入っていき、この京浜地区労働者階級解放闘争同盟というフラクションに参加するように呼びかけている。しかし資料が集まっておらず、この試みがどのような経過をたどったかは不明である。また大阪でも一部の組織が残存しており、関西レボルシオン社を連絡先として記載した大阪地区労働者解放戦線釜ヶ崎解放委員会機関紙『春雷』第5号が1972年12月1日付で発行されている。この『春雷』第5号所収の山村進「徐さん支援斗争の中で」には、「私自身は常に旧MLと行動をともにしてきた」というくだりがあり、既に政治組織としてML同盟が崩壊しているとの認識があったことがうかがえる。

ML派の人脈は後に解放委員会の下に再結集を図り、更にトンデモ左翼的扱いを受けることの多いマルクス主義青年同盟を結成する。

さて、このML派、一部の人には何だか見覚えのある名前かもしれない。というのは、大学の憲法人権編では必ず取り上げられる有名判例、麹町中学校内申書事件（最判昭63・7・15）に出てくるのである。これは原告が高校を不合格になった原因が、内申書の記載内容にあるとして訴えを起こした裁判である。

原告は麹町中学校在学中、学生運動を行っていたが、高校受験の際に高校に提出される調査書に学生運動について記載されたことで、高校を不合格になってしまった。学生運動についての記載は原告の思想・信条に関するものであるから、高校に提出する対外的文書に記載することは不適当であり、思想・良心の自由を保障する憲法19条に違反し、更にこのような内申書の作成・提出を行った麹町中学校の行為は、原告から教育を受ける機会を奪い、教育上差別するものであるから、平等権を定めた憲法14条に違反する。更に教育を受ける権利を侵害するものであるから、憲法26条1項にも違反すると主張した。

高裁・最高裁判決で認定されたところによれば、この調査書の備考欄及び特記事項欄にはおおむね「校内において麹町中全共闘を名乗り、機関紙『砦』を発行した。学校文化祭の際、文化祭粉砕を叫んで他校生徒と共に校内に乱入し、ビラまきを行つた。大学生ML派の集会に参加している。学校側の指導説得をきかないで、ビラを配つたり、落書をした。」との記述があったという。

なお、この麹町中学校内申書事件の原告は保坂展人（2024年現在、世田谷区長）であり、原告側代理人弁護士の1人には民主党政権時代の官房長官仙谷由人がいた。

調査書には、当時中学生の保坂が学生のML派の集会に参加しているという記述があったとされるが、保坂自身がML派に所属していたかどうかについて明確に記載されている文献は発見できていない。Wikipediaなどには断定的に書かれているが、根拠が明らかではない。しかし保坂の著作『造反有理読本』（1987年、風媒社）48頁には保坂の中学校3年生当時の写真が載っており、撮影場所はおそらく自室と思われるが、背景の壁に「12月2日　ML同盟大政治集会」のポスターがあり、更にML派のモヒカンヘルメットが2つぶら下がっているのが見える。保坂が中学校3年生というと、1970年度にあたり、壁のポスターの大政治集会は1970年12月2日に東京・両国公会堂で行われた集会であると推測されることから、この写真の撮影時期は1970年頃と推定でき、キャプションに間違いはなさそうである。更に壁のヘルメットには「J」と思しき文字が見える。これがML派の組織を表すのであれば、「JFL」の文字の一部で、中学生解放戦線を意味するのではないかと思われる。しかしML派が中学生の組織を持っていたとする資料はほとんどなく、一部の資料にのみ、新潟において「新潟地区中学生解放戦線」名義の活動が記録されている（『旬報学生青年運動』第298号（1970.12.15付））が、これも高校生運動の中で旗が認められたとする情報にすぎず、具体的に実態を伴った活動が行われていたかなどの詳細は不明である。

麹町中学校におけるML派の活動については、ML派機関紙『赤光』106号（1970年10月2日付）に「全中共闘麹町中学で闘う」とする記事が確認できた。保坂を含め個人名の記載こそないものの、9月13日の文化祭当日に、解放戦線旗を先頭に十数名でデモを行いながら構内に突入し、屋上に2旒のモヒカン旗を掲げ、ビラを多数撒いたとする記述があり、例の内申書に記載されたとされる内容に一致する。また労働者組織委員会機関誌『長征』第2号（1971.06.21付）の裏表紙の裏にはML派公然拠点であるレボルシオン社取扱出版物がいくつか紹介されており、その中に「砦〈合本〉麹町中学全学共闘会議機関誌￥120」の記載が見られることから、ML派と麹町中全共闘との間に支援関係が存在したであろうことが推測される。

文化祭における闘争については、保坂の著書『麹町中学へ死の花束を』（1978年、たいまつ社）にもほぼ同内容の記述があり、しかもこれを1970年9月のこととしているため、ML派『赤光』106号の記事に記載されている闘争は保坂の参加したものと同一とみて間違いないと思われる。また『赤光』の見出しにある「全中共闘」についても記述があり、「ぼくらが闘争を決意したときに参加できる運動も指導力ある組織などただのひとつとしてなかった。最初の一歩からぼくらは、闘いの条件をつくりださなければならず、手さぐりでしか進めなかったのだ。全中共闘（全関東中学校全共闘連合）はこうしてつくられた一〇〇パーセント自前の組織だった」と紹介している。『旬報学生青年運動』第298号では『砦』第1号（1970.07.15付）からの引用として、「“たたかう中学生”の全国組織として結成された『全国中学生共闘会議』（全中共闘）は、反戦中協（中核系）の私物と化し、広範な学友大衆の組織化に失敗した。この教訓をふまえて、セクトによる引き回しのない“すべての中学校全共闘の連合体”である『全関東中学校全共闘連合』（新全中共闘）を結成しようと呼びかけを行なっている」との記述がある。この機関紙『砦』は「過激中学生組織の機関紙」とだけ記載されており、麹町中学全共闘の機関紙『砦』と同一かどうかは不明である。但し保坂展人『麹町中学へ死の花束を』には「七〇年四・二八沖縄闘争のさなか、後に麹町中全共闘の機関紙となった『砦』が『教育の帝国主義的再編粉砕！沖縄闘争勝利！』を掲げて、創刊された」とあり、その創刊当初は麹町中全共闘の機関紙という位置づけではなく、『旬報学生青年運動』第298号で紹介されている『砦』は保坂が発行していたものである可能性がある。また『旬報学生青年運動』第298号には麹町中学校の中学生による活動が記録されており、1970年9月15日に、「全国全共闘、全国反戦主催による『九・一五全国全共闘結成労学総決起集会』に麹町中学生数名が参加し、麹町中学全学共闘会議準備会名“権力と一体化した麹町の反革命策動を糾弾する”のビラを会場内で配布した」とある。

なお『旬報学生青年運動』第298号では、中核系とされる全国中学生共闘会議についても記述があり、中核派系中学生の同人雑誌『危機』第1号(1970.02.11付)によるものとして、埼玉の中学生や東京の麻布中学の学生ら三十数名が主体となって1970年1月11日に結成されたといい、東京・埼玉・神奈川に地区委員会をもって「制服制帽廃止」、「定期テスト廃止」、「朝礼廃止」、「卒業式粉砕」などの学内闘争に取り組んだという。『危機』には火炎瓶や時限爆弾などの製造法が図解入りで紹介されていたといい、この全中共闘がラジカルな行動を志向していたことが見て取れる。

なお、保坂の活動についての記録や、麹町中学校内申書事件に関する内申書裁判をささえる会編『麹町中学事件と内申書裁判 資料集』(1974年、内申書裁判をささえる会)(以下「資料集」)にも「麹町中全共闘」名義のものは多く見出せたが、「中学生解放戦線」あるいはML派としての活動は認められなかった。広くインターネット上を探してみると保坂を「中学生解放戦線麹町中学支部」に所属していたとする根拠不明の書き込みが見られたが、そもそもML派の下部組織としての解放戦線であれば、「麹町中学校中学生解放戦線」とすべきであろうから、この話の信憑性は薄いものと判断する。

ただ、資料集の中からは保坂がML派と密接な関係にあった可能性を示唆するものはいくつか見出せた。1つ目は、1972年7月8日付の、『被告千代田区準備書面(一)』(資料集Ⅰ 48頁)であり、ここでは保坂が校舎内の壁などに落書きした内容が記されているが、その中に「ML」「BUND」などがあったとされる。2つ目は、『麹町中学と私』(資料集Ⅰ 30頁)であり、この小文には整風運動を行っていた保坂や麹町中学の関係者が「南大阪・釜ヶ崎の工作者グループ」と交流した出来事が、別の文章を引くかたちで書かれている。その文章とは「南大阪へ行って想ったこと」といい、南大阪解放戦線『工作者』第7号に掲載されたものだという。この南大阪解放戦線はML派機関紙『赤光』第110号(1970年12月2日付)にて「大阪南部の労働者人民大衆の中に入り、地区運動の創出に向け活動している」と紹介されている組織であり、また後掲の出処・真贋不明の畠山嘉克による脱盟の声明でもML派の活動家として言及されている組織である。

また「工作者グループ」については前掲労働者組織委員会機関誌『長征』第2号（1971.06.21付）に労働者組織委員会名義の「全国に無数の『工作者グループ』をつくりだそう！」という声明が見え、「われわれは、全国に『工作者グループ』を創り、『下』からの大衆との結びつきを強める方法をとる。例えば、職場と住居が一緒になっている地域での行政闘争、要求闘争の中にある矛盾の原因と闘争の過程での階級的自覚の成長と大衆闘争機関の自主的な運動創りであるとか、職場での資本との持久的な闘い、つまり労働運動を進めるとか、基地周辺での住民闘争、公害、物価等々何でもある。」「つまりML同盟と『工作者グループ』は上下関係ではなく『ともに「党の革命」をヤロウじゃねえか』ということ」として、当時ML派内部で行われていた整風運動を念頭に置きつつ、工作者グループを実態はともかく指導関係ではなく協力関係にある大衆組織として位置づけていることが見て取れる。また『長征』第2号には南大阪解放戦線『工作者』から転載された記事が複数認められることから、保坂が交流したという工作者グループは、やはりML派と強い関係にあった組織と見てよいだろう。

保坂がML派だったとされることについて、前掲『麹町中学へ死の花束を』にはこのような記述がある。「昨年、裁判の呼びかけ人になっている某大教授がこんなことを会議の席上、自己紹介として言った。『保坂くんはML派だったそうで、いやあ私の大学でもML派の諸君には大部〈原文ママ〉苦しめられたものです。当時は学生部長をしていたもので……○○大の××と申します。専攻は教育○×学で……』。こうした男が何故ぼくの前で笑っているのだ」。保坂は自身がML派とされたことについては否定しておらず、やはりML派関係者と見るべきであろう。

なお、ML派に関係する著名人としては、ML派救対の責任者であり、東大全共闘メンバーで、のち社会党を経て民主党参議院議員を務めた今井澄、日大全共闘でビラまき中に右翼に襲撃され死亡した中村克己、手記『太陽と嵐と自由を』（1969年、ノーベル書房）を著した東大大学院生柏崎千枝子らがいる。

労働者組織

【名称】労働者解放戦線

【ヘルメット】赤地に白の縦線。横や前後に「LFL」、「FL」、「ML」
【機関紙】『東部の旗』（東部地区解放戦線）／『春雷』（大阪地区労働者解放戦線釜ヶ崎解放委員会）

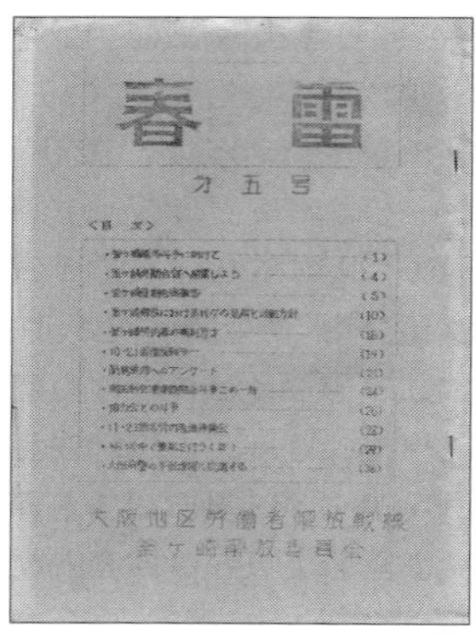
春雷
才五号
大阪地区労働者解放戦線
釜ヶ崎解放委員会

大阪地区労働者解放戦線釜ヶ崎解放委員会『春雷』第5号（1972.12.01付）

学生組織

【名称】**学生解放戦線**
【ヘルメット】赤地に白の縦線。横や前後に「SFL」、「FL」、「ML」

高校生組織

【名称】**高校生解放戦線**
【ヘルメット】赤地に白の縦線。横や前後に「HFL」、「FL」、「ML」
【機関紙】『二重権力』（東京都高校生解放戦線連合）

組織構造としては、各大学の解放戦線の全国組織として全国学生解放戦線が存在する。

ML派が社学同統一、二次ブント結成の過程でブント系では少数派となったため、拠点校は少ないが、明治大学二部全学自治会学苑会を掌握していた。

高校生組織としては『旬報学生青年運動』第229号（1967.12.15付）や第237号（1968.05.01付）に高校生社会主義研究会（高社研）の名前が見え、東京や北海道などで組織されているとの情報があるが詳細は不明である。

ML派は労働者戦線、学生戦線、高校生戦線のいずれも同じデザインのヘルメット（このデザインを俗にモヒカンヘルと呼ぶ）をかぶった。故に労働者や学生、高校生は外見上区別がつき難い。または区別がつかない。また側面に「ML」や「FL」と書いてあるだけで、学生や労働者の区別をあえて大きく表示していない例もまま見られる。

これは毛沢東思想を掲げるという点で他の新左翼勢力と大きく異なり、比較的少数派であったML派にあっては学生や労働者などの属性毎に部隊を組むことが困難であったため、混成部隊を組んだときに部隊としての一体性、個々人の匿名性が損なわれないように考慮した結果デザインが統一されたのではないかと推測する。

著者所蔵の生写真　恐らく1971年頃の三里塚闘争の写真と思われる

著者所蔵の生写真　恐らく1971年頃の天浪団結小屋と思われる。中央にML同盟旗が見える

SFLの字が入ったものは当時の写真で良く見受けられるが、LFLやHFLについては稀なので参照できる文献を紹介する。LFLにつき、川上照代『フォト・アンガージュ』(2013年)21頁(日大闘争勝利5万人集会(中大中庭))、佐々木美智子『日大全共闘　あの時代に恋した私の記録』(2009年、鹿砦社)192頁、HFLにつき同194頁。

「FL」は「解放戦線(Front of Liberation)」であり、「LFL」、「SFL」、「HFL」はこれに「Labor(集合的に「労働者階級」)」、「Student」、「Highschool(student)」の頭文字をそれぞれ冠したものであろう。先に保坂氏の写真に見られた「J」の字が「JFL」の一部であるとし、中学生解放戦線を意味するものであったかもしれないという推測をしたのにはこういった背景がある。

連合赤軍事件の全体像を残す会編『証言 連合赤軍4　毛沢東派の潮流』所収のインタビューにおいて、元ML派幹部豊浦清は、このヘルメットのデザインの考案者を明大ML派のTであるとし、このデザインについては共産同系を示す赤ヘルに征服者と戦ったモヒカン族の戦士の髪型であるモヒカン刈りを模した縦線を入れたものであり、そしてモヒカン状縦線を白色にしたのには日の丸の反対という意味合いがあったと証言した。

この「赤白赤」のデザインは旗や盾にも用いられた。旗は長手方向に「赤白赤」の3色が帯状に連なる旗で、上部の赤地左端に「SFL」または、中央の白地中央に「ML」の文字が書かれた旗が存在する。ML派の旗としては、中央に大きく「ML」、下部に「日本マルクスレーニン主義者同盟」と筆文字で染め抜かれた旗も東大正門に掲げられている写真がよく知られるが、規約上に同盟旗の規定が見当たらず、下部組織にあたる学生戦線にも同様にその規定が存在しないため、どれが正式な旗かは不明である。

なお、1968年10月にML同盟を結成する以前、ML派の時代からこのモヒカンメットは用いられていたことを確認している(川上照代『フォト・アンガージュ』6頁)。この写真にはML派時代の旗も一部映り込んでおり、「…同盟(マルクスレーニ…)」との表記が見え、「マルクスレーニン主義」のところは2段書きにされていることもわかる。

ML派の活動期間は短いが、ヘルメットは現存するものが複数知られる。著者の所蔵するもののほか、右翼に襲撃され殺害された中村克己の遺品として関係者が保管するものがあり、また一般に展示されているものとしては北海道札幌市のレトロスペース坂会館に一般的なものと防石面つきのものとが1つずつある。

『赤光』No.54(1968.10.10付)より。田村隆治編『図解日本左翼勢力資料集成』(1970年12月、中外調査会)から孫引き。

日本マルクス・レーニン主義者同盟規約
一九六八年十月五日

前　　　文
一、日本マルクス・レーニン主義者同盟は、プロレタリア世界革命の実現、日本プロレタリアート独裁権力を樹立するために闘い、その中で真の革命党建設をめざす政治同盟である。
一、この崇高な任務を果すため同盟は、マルクス・レーニン・毛沢東主義を指導理論とし指針とする。毛沢東主義は、中国革命を勝利させたのみならず、現代修正主義の反革命に対決しながら、人民戦争による革命不断革命論と革命発展段階論を弁証法的に統一し、思想方法・工作方法を確立発展させた現代最高のマルクス・レーニン主義である。
一、同盟は、パリ・コミューン、ロシア・ソビエト、中国解放区と継承されてきた国際階級闘争の教訓に学び、プロレタリアートの指導性を根拠とする自己権力を長期的に創造、対置し、二重権力的状況を通じてプロレタリアートの独裁を樹立する。
一、同盟はその目的実現のために、プロレタリアートを核心とする諸階級人民大衆を統一戦線に強固に結集しなければならない。そして当面する情勢のなかでは、とりわけ矛盾の最も集中している労働者に依拠し、これを核心にする統一戦線の構築が環である。
一、同盟の諸活動は、大衆路線を堅持して行なわれなければならない。同盟員は常に大衆と深く結びつき、人民大衆に奉仕し、人民大衆の先頭にたたなければならない。そして同時に大衆追随、自然発生性への拝跪は厳に戒めなければならない。
一、同盟はその組織において、中央集権制の上にたつ党内民主主義の確立という革命的原則を堅持する同盟の団結の根拠は、徹底したプロレタリア的献身性、階級への忠誠にあり、その表現としての綱領、規約、決議にある。

一、同盟はプロレタリア革命闘争を展開していく上で作風と規律をとりわけ重視する。そのためには思想方法と工作方法を確立することが重要な鍵である。
一、同盟は鉄の団結をめざし、分派、私党は許されない。

第一章　同　盟　員

第一条　同盟の綱領と規約を認め、その実現のために奮闘を誓う者は、第二条、第三条の手続によって同盟員となることができる。
第二条　加盟許可は細胞の推薦をうけ、一級上の機関の決定による。
第三条　中央委員会は第二条の手続きによらず同盟への加盟を認めることができる。
第四条　同盟員の資格は次の各項による。

1、同盟の団結をたえず強化すること。
2、同盟の路線、政策の実現に務め、任務を完遂する。
3、不断に人民と結びつき人民に奉仕する。
4、批判と自己批判による活動方法を身につける。
5、規律を高め、規約を遵守し、同盟活動に献身する。
6、同盟内部の問題を外部に洩らさず、問題がおきた場合は同志的討論で解決する。

第五条　同盟員の権利は次の各項による。

1、中央委員会をはじめ各級指導機関に意見を述べ質問する。
2、同盟内の選挙、被選挙権と投票権。
3、同盟内批判と同盟内討論。(但し決定遵守)
4、自己の処分が決定される会議への出席と発言。

第六条　同盟の許可なく同盟費の滞納三ヵ月に及ぶ者、同じく活動停止三ヵ月及ぶもの、並びに第四条の各項に反したる者については除名を最高とし、同盟内公開自己批判書の提出を最低とする処分を受ける。
第七条

1、処分は中央委員会代表と地区委員会代表の出席する所属細胞会議で決定する。処分は除名、除籍、権利停止(義務遂行)、同盟内公開自己批判書の提出の順位でなされ、除名は敵階級あるいは他党のスパイ又は内通分子、階級への裏切り分子に対してなされ中央委員会のみがこの決定権をもち、報復措置が併用されることがある。

2、除籍された者は、中央委員会の決定によらなければ再加盟することができない。

3、除名された者は再加盟することが許されない。

第二章　組　　織

第八条　同盟の基礎組織は細胞である。細胞は経営、学校、居住におく。

第九条　同盟組織は下級から順に細胞、地区委員会、都道府県委員会、中央委員会大会である。中央委員会における決定があるまで都道府県委員会は発足しない。

第十条　同盟の最高決定機関は大会である。大会は一年に一度定期大会を開く、但し中央委員会又は、全同盟員の過半数の要求がある場合は臨時大会を開く。

第十一条　大会は次の各項を行う。

1、同盟の政策、方針等全路線を決定する。

2、綱領と規約を採択、改廃する。

3、中央委員、中央委員候補、同盟議長、同盟書記長、政治局員を任命する。

4、中央委員会以外の人事を確認する。

5、大会から大会までの中央委員の全活動の報告をうける。

第十二条　大会と大会の間の最高指導機関は中央委員会であり、六月に一度定期的に開かれる。但し政治局又は中央委員の過半数の要求のある場合はいつでも開催する。

第十三条　中央委員会は次の各項を行なう。

1、大会の決定に則り、同盟の全路線を実現するための指導と諸決定を行なう。

2、常任指導部として政治局を設け、政治局員を大会に推薦する。

3、統制委員会の任務を兼任する。

4、機関紙誌の編集発行を行ない、その責任者を決定する。

5、同盟の財政を管理運営しその責任者を決定する。

6、その長の要請に従い4項5項並に国際部の専従者を任命する。

第十四条　同盟の各級機関にはそれぞれの長をおき、選出は各級機関で行ない一級上の機関が任命する。

第三章　財　　　　政

第十五条　同盟の資金は、同盟費、事業収入寄付によってまかなう。

同盟費は月二千円とする。

加盟費は千円とする。

付　則

1、改正は大会のみが行なう

2、各条に直接触れていない問題は中央委員会による。

3、この規約は一九六八年十月五日より発効する。

『旬報学生青年運動』第308号（1971.06.01付）にはML派議長であった畠山嘉克による声明（絶縁状とも）が転載されている。この声明の出処は不明であり、本当に畠山元議長による声明かどうかその真贋も不明であるが、当時学生運動を警戒する側から関心を持って扱われた文書であることから以下に転載する（字句は原文ママ）。

過日、ML同盟日中委より質問事項が私にあり、それは、私が脱党したという風説があるが、事実か否かという点が第一で、第二は若し脱盟しているとすれば如何なる根拠によってか、第三に、現在主張すべき政治路線があるならば明らかにしてほしい、というものであった。ここでは第三点について、日中委に解答することにする。

今、ML同盟は結成以来、最悪の事態にたち致っている。ML同は日本階級斗争に前例をみない偉大な整風運動を七〇年八月に提起し、「党の革命」をすすめたにもかかわらず、団結の名をかたる分裂主義や百花斉放をかたる意見の弾圧が横行している。それは整風以前に逆もどりしたなどといった生易しいものではなく、ML同の歴史においてもかつて登場したことのない最低の指導部によって最悪の状態となっているのである。

恥知らずな臨中を名乗る「官僚」たちは、今、思想方法、工作方法の「党」とか「批判と自己批判の党」とかおいしいことを一ぱい食卓の前にならべたて、大番振舞いを装いながら、それに手を出そうものなら、かつえた猫か犬のように意地穢く唸り声をたてて追い払っている。彼らは今や目前の影にさえ怯え、少しでも彼らに反対しそうな気運があれば、それら全てが陰謀にみえ、分裂主義者の策動にみえるしまつである。神は自らの姿ににせて人を創ったが、官僚も自らの陰謀や分裂の策動を他人に移しかえて怯えているのである。最早それは正状な神経の持主とは思えず、被害妄想による錯乱でしかない。

彼らの思想方法は疑いもなくブンド的分裂主義のそれであり、スターリン主義のそれでしかない。恥知らずの穀潰どもといえども今やML同が「八派の中」でも最低のゴミ党派でしかないことを否定することが出来なくなったが、それらの原因を、自からに求めるのではなく、“分裂策動”や反党分子、反ML分子のせいにしているが、これはスターリンの手口と一体どこが違っているのだろうか。こうしたやり口は、最後には不可避的に今、本物のブンドが醜く展開している内ゲバに「発展」(?)する論理である。

多くの細胞、解放戦線は昨年八月以来からの様々な事実を知らされず、又一部の幹部は今頃になって事態の重大なのに気がつき良心派を装い、あれも悪い、これも悪いなどと流言をいいだしている。

実権派は事実を知らせることは官憲の弾圧をまねくなどと言っているが、これは古来から代々木がよくやる方法であり、実際問題としても既に組織内のこと熟知している官権に対しては無意味な警戒である。私は、官権がML同盟のある種の会議や人脈についてあれこれの手段をもって入手し、現在も入手している確たる事実を知っており(この主たる原因は実権派によってつくられた組織の体質による)、実権派によるこの手の注意は正に頭かくして尻かくさずの観がある。

今頃になってから良心派を装っているイカサマな連中は、自からの非を深く反省する真摯な態度をとるのではなく、何とか自己批判だけはまぬがれ、やれ事実調査だとか、一パイくわされただとかいい、風向きしだいでは、革命派となって再度「官僚」の席にありつこうと浅ましい態度に終始している。この人々が考えていることは結局“政治力学”による権力争いとしてしか今日の事態をみておらず、こうした下司根性こそ心の中からたたき出すのが「整風」であることを知ろうとしない哀れな人である。

多くの組織人は、事実を知るべきであり(特に地方の人達)、今度こそ徹底的に討論をふかめ誤った思想と戦わなくてはならない。死んでもくい改めない実権派は、ほんの三・四人ほどであり、これらの穀潰しを除いて他はMLの団結を願うあまり、これらの連中の虚言にまどはされているだけである。

私のこの小論が、それら中央を占拠しつづける実権派一味との思想斗争に少しとも役だてば幸いです。獄中の豊浦氏は言っている「うち倒されない誤った思想などあるだろうか!」と。

MLが最低の組織になった原因は一それは整風が陰謀によって弾圧されたことにはじまる。整風運動が七〇年八月に提起されたことは、整風の大転換が意識的になされなくてはならない年であり、したがって、あらゆる「旧」が否定され、それを通して「新」を確立することである。七〇年代は新思想、新組織、新理論なしに一歩も前進しない。だがプロレタリア文化大革命における新思想、新文化、新習慣、新風俗の確立が激烈な旧思想、旧文化、旧風俗の破壊なしにはあり得なかったように。今日、日本社会主義戦線の大転換もあらゆる「旧」の破壊なしには一切考えることが出来ないのである。だからこそ、整風の挫折は、これからの革命の可能性を全て放棄することでしかない。

しかしながら、昨年十一月十日、全同盟員の前に提きされた整風委の総括と鈴木自己批判は、あれこれの美辞麗句を並べたてているが、ものごとの本質的解決を陰謀と恫喝によって隠蔽するためのあらゆる布石がうたれていた。総括では大衆路線の不在が経験の浅さのせいにされ、整風運動の挫折は、幹部の逃亡と日常的事務諸課題の累積のせいにされた。「我々の整風運動は七・七しゅうかいを大きな契きとして開始された」といいながら、今やその華青斗を中傷し、罵倒する声が実権派の中に横溢している。鈴木は「整風は最後迄断固として行わなくてはならない」といっており、そして十二月以後、実権派一味は整風の挫折を認めながら、他の人々が整風の継続を求めると「反党分子」「組織の団結を乱す」などといい、実権派の三下奴にいたっては「整風などという奴がいたらMLからたたき出す」とイキがっている事実は、一体前記総括、自己批判と如何なる関係からなされるのか？今や最悪のブンド的分裂主義の作風が全体を支配し、恐怖政治が幅をきかせている。「整風は本質的に新しいものの建設である。」と総括はいう。正にその通りだ！ところでMLにとって何が一体新しくなったのか。

毛沢東思想の学習が足りなかったことを発見したことが？「大事業にふさわしい風格と立派な作風」（鈴木）が必要であることを発明したことが？

実権派一味は整風運動が開始され、それが挫折した今に至るも、整風を徹頭徹尾にくみ、破壊することに躍起となっていた。整風運動が挫折した一つの大きな理由は旧幹部と称するバカ者が、拡大整風委という陰謀会議を開くまで整風運動に泥をかけ、足をひっぱりまくり、それに整風委の中の二人の茶坊主が××したことにある。旧幹部は逃亡にみせかけ、自己批判を装って、整風委の最も先進的人物に終始中傷を浴せ「あいつは学者だ、組織を指導できるはずがない」「六〇年安保の時逃亡していた」などのデマを背後にまわって飛ばし、さかんに敵愾心を煽り、人をけしかけ、前に廻っては「七一年沖縄決戦は正しい。整風はそうした政治方針とは関係ない、まず作風を論じろ」など見当違いのことをいって整風を混乱させていた。

十月に入って、八月に批判され組織的処分の対象になっていたHが旧幹部にまわりはじめ、旧幹部＋整風委内の茶坊主どもの分裂フラクを形成し、中央を乗っ取る計画を進め、その下で十月下旬拡大整風委がひらかれた。かくして反動への準備はととのった。拡整は批判されるべき旧幹部総登場の檜舞台となったのである。

だが、十一月の時点と、三月の今では情況が大きく変りつつある。実権派の野望は若い活動家と獄中の人々の戦いの前につぎつぎやぶれ、完全にお手上げの状態となっている。実権派は十二・二の政治集会で一握りの“反党分子”など粉砕できるなどと甘い見通しをたて、この集会が十二・一のかの有名な陰謀総会をこうして開催されるや「勝った、勝った」といって祝いまであげたものだ！しかし、実権派にとって世の中はそれほど甘いものではなかった。その後あらゆる恫喝にもかかわらずロクでもない方針に「踊る大衆」など一人としておらず、あせりを感じ労働者については、一月の合宿で一挙に決着をつけようと目論んだがそこで実権派内部は消耗する連中と、増々狂暴化する連中とに除々に分裂をはじめている。私などに云わせれば、この后におよんでまだことの本質を理解できないような連中などは、さっぱりと階級闘争から姿をけした方がよい。陰謀で革命など行なうことはできない。今やあ整風運動は完全に敗北に帰し、MLは分裂主義者、野心家、出世主義者、被害妄想に小心翼々とした連中の支配する、みるも無残な組織となっている。

私にとって七年間、人間の人生にとって最も活動期であり、粋であり、そして人間そのものであった七年間とは一体何であったのか。七〇年十一月に獲得した「反党」のレッテルは自分にとってかくも深刻な事態に直面しつつ、空々しい夢を七年間みつづけていたような、そのくせ現実では口の中に砂をほうり込まれ、思わずかみ下してしまった後の不快感だけが濃厚にいつまでも残りつづけている。

今、ML同盟内では政治闘争、経済闘争をめぐって様々実権派から一方的な恫喝が行なわれているようであるが、この問題は七〇年代型の革命を決定する重要な課題であるだけに、何よりも先に、実権派一味の論点を粉砕しておかなければならない。一味の見解派、両階級の激突＝攻防を「結局負けるもの」とし、「もう十一月～六月のような闘いはできない」「そんなことは関係なく大衆のふところ深く組織を拡大すべき」だとの改良主義であり、階級闘争の後退局面に必ず現われる反マルクス・レーニン主義、日和見主義である、という下手くそなドーカツ文章をみているとウンザリして胸くそが悪くなる。こんな連中につける薬を探すのは骨の折れる仕事だ。一体全体この種の人間は六七年から七〇年までの変遷過程をどのように総括したのだろうか。

たしかに「政治闘争」大衆の高い階級意識において、意識的に戦かわれなくてはならないことは明らかであり、その点は「経済闘争」とはっきり区別してかからなくてはならない。だが彼らのいっている「政治」とか「経済」とかの内容は、はなはだ歪んだものであり、六〇年代型認識をそのまま踏襲する誤りを平気で犯している。こうしたばかばかしい一般論が今日でも通用すると思いこんで、地区運動を改良主義だと罵倒している。

政治闘争の「政治」とはブルジョワ的政治過程闘争のことではなく、簡単に定義ずければ、第一に闘争課題を明確に自己の生活的立脚と対決させることによって、対権力思考性が強くうち出されている闘争であること、第二にその闘争は、常に個別的命題から出発した場合においても、恒常的、持久的戦いであり、それを基礎として今日的波及力を保持しているものでなければならない　この点から考察すれば六〇年安保闘争や六五年日韓闘争は内閣交替、政策変更を求める改良闘争であり、それがいわゆる「経済闘争」と異なっているのは全者が大衆の高次の自然発生性の反映であるとすれば、後者は大衆の低次の自然発生性の反映である。

これまで多くの日本のマルクス・レーニン主義者は、日本の階級闘争の中に、強引に導入を計って来た。今日において限らず他の帝国主義国も同様にブルジョア的政治支配はブルジョア政治過程に存在しているかのような幻想を与えつつ、実はその日常性の中に深く根ざしている。従ってどのような改良闘争であろうとも、それが長期に渡る持久的戦いであるならば疑いもなく対権力闘争へ転化し、今日的普遍性へと発展していく。これは東大闘争初期から末期までを注意深く観察すれば容易に理解が出来るはずである。こうした闘争こそ、自己の保守的思想や、生活の基盤を止揚しブルジョア政治過程的「政治」闘争のもつ、高次の自然生長性をのりこえた真の政治闘争へと導くのである。三里塚闘争の戦いの持久性と思想の強靭性、また東大闘争の中で部分的ではあるが登場した自己否定とは、まさに未来の政治闘争の真骨頂をわれわれに示唆しているではないか。

地区党、地区運動については、実権派一味は地区党を蛇蝎視し、中央集権党が依然として、これからの建党の中心であることを主張している。私はこの種の建党路線に徹底的に反対する。これは赤軍花園によれば「受動型革命論の党」としての組織体制に貫ぬかれている。中央集権党とは、既に述べたように、又、滝沢がいみじくものべているように平和的、議会主義的、カンパニア全国政治斗争を抜きにして考えることは出来ないのである。このパターンは六七～七〇年の斗争で完全に崩壊している。

七〇年代の新たな質はプロレタリア的軍事行動と大衆運動の相互の発展の時代であり、又、政治とは人民の全生活領域に深くしんとうして戦われなくてはならない。

地区斗争は、又、政治を日常的戦いとすることによって、持久的政治斗争を組織する。「公害、入管、叛軍、物価、沖縄などの各斗争は、それぞれ地区斗争にみえる。しかし、それは全国的斗争へ、中央権力との斗争へ未だ至りえていない階級斗争の弱さ、未発展を示しているのであって、決して美化すべきではないといっている。

地区斗争は政治と生活を結合させ、更にブルジョワ政治過程的スケジュール斗争から我々を救出する。

これは二つの点で戦いを我々に決定的に有利にする。

第一に闘争の場所、日時の決定はブルジョワ政治過程にあるのではなく、人民の主体にあること。第二に、政治と生活の結合は、これまでの

「政治」斗争が、党派と大衆の意識が分断されており、階級形成とは党派に入ることでしかなかったが、地区斗争の初期の直接的戦いから、持久戦に進む中で、人民の階級意識は、党の触媒的作用によって、不可避に目的意識性へ転化していくことである。

ML同盟ではバカ者ぞろいの自称「中央」とは違って現場の大衆運動を展開している活動家は、様々な独創的運動をすすめているが、その一つは「南大阪解放戦線」の戦いである。彼らの機関紙「南大阪の旗」第六号で釜ヶ崎越冬対策のことが具体的に取り上げられている。

党と軍事については、第一に、七〇年型党は軍事と密接不可分の関係において登場する。だが、党も軍も、絶対に六〇年代平和革命型の延長に存在しない。しかし、実権派はこの事について全く無知覚である。

「解放戦線の軍事的機能を強化し、より明確に同盟の指導下に再編」とかけ声だけは「軍事を組織する党」などと立派だが、六〇年代後半で棍棒一つまともに握ったこともない連中が「軍事、軍事」と騒ぐのは見苦しいかぎりである。この連中は棍棒カンパニアと生死をかけた軍事を混同しているから、まことに安直に軍事などといっているのであり、許すべからざることである。

ところで、我々はかつて「党ー軍—統一戦線」を論じてきたが、七〇年代は、これの再検討を要求している。何故ならこの党ー軍の関係は、専ら中国の実践から学んだものであり、それを引き写しにして語られてきたからであり、今日の日本では、はなはだ正当性を欠いでいる。

日本では軍事は党の目的意識性を顕わし、大衆運動は党が人民の自然発生的階級意識を徹底的に惹き起す作用をなす。軍事と大衆斗争は矛盾し対立するが、党は究極的にこれを統一しなければならない。軍事行動派大衆運動の発展なしに考えられず、大衆運動は軍事の領導性なしに、又発展しない。

統一戦線に関して、中央を占拠しつづける実権派一派は、統一戦線の方向についてもいいかげんな方針をうち出している。

彼らは連合戦線なしに統一戦線はないなどといっているが、平易にいえばボス交政治抜きに統一戦線はないと思っているらしく、ここでも七・七集会の思想的総括は放棄されている。

新左翼における統一戦線政策の不在は、二つの要因が相互にからみあったものである。第一は、綱領上の最大限綱領主義であり、第二はポッダム民主主義的統一戦線の経験主義的克服である。統一戦線はその役割として、主要には共同対敵を任務とし、次には統一戦線総体が階級形成の学校でなくてはならない。

反戦、全共斗から学ぶべきものは何か、これは一言で説明できる。反戦、全共斗は、これまでの他律的結束を自律的結束としたところに最大の革命的意義がある。

日中運動については日中国交回復を目的とした統一戦線であるが、MLはこの面についても六七年以来の総括と根本的転換が必要とされている。

MLは六七年の善隣斗争を経過する中で、日中運動に参加し、これまで新たな日中運動を創造するために努力して来た。そのなによりの思想的出発は、日中運動を通じて毛沢東思想を喧伝することに最大の目標がおかれていた。だが、この観点は今日重大な再検討が要求されているのではないだろうか。理論上からいえば、この観点は六七年までの日共の日中運動、それを無批判に継承した「左」派の日中運動と少しも異らない政治的利用主義の観点である。実は抽象的には毛沢東思想の喧伝といいつつ、具体的には「左」派なりMLなりが党派的に理解した毛沢東思想を喧伝しているのであって、これが日中時限でも口に出されるところに問題があるのである。

第一に統一戦線の共同対敵の原則は、そこで活動する党派の政治宣伝に主要な目標があるのではなく、そこでの共通の目標の解決に最大の目標があること。

第二に党派はこの第一の目標を献身的に戦うことによって、そこから得る人民大衆の信頼をもとに、自派の政治喧伝を強めなくてはならないのである。

これまでの日中運動は、この二点を混同するか、完全に誤ってとらえて来た。日中に参加する多くの大衆はかならずしも社会主義者である訳ではなく、ほんとうに中国を愛する人、日本と中国の友好を深めることを実現しなければ日本の将来がないと思っている人達が主流であり、したがって彼らは毛沢東思想のMLと「左」派の解釈論議を聞きにきたのではない。一体どちらの毛沢東思想のとらえ方が正しいかは、どちらが真面目に日中友好運動を展開するかにかかわる問題があって、それを飛び越えて解釈論議が先行するのは、大衆を失望させ、かつ大衆不在の日中に堕落さすことになる。

今日、日中運動は特殊に重要な位置にある。それは労働者合宿の基調にあるような諸斗争の一つなどといった軽々しいものではない。中国問題は疑いもなく、日本人の思想を右は自民党から左は新左翼までを二分し、国論を二分するであろう。

今、自民党や公明党のペースで日中運動は右からの急激な再編が行なわれている。左翼が間抜けな空論を展開していたため、多くの大衆は、左翼に失望し、自民党の下の日中友好に期待をかけようとしている。私個人についても、三好一などのインチキな左翼よりも、松村謙三氏の真摯な中国への熱愛の方がはるかに受け入れやすい。友好を基調とした回復は請願を主体とした運動などとは無縁であるはずだ。日中運動はこれから自民党左派との統一戦線さえも考慮してすすめなくてはならないであろう。

【名　称】解放委員会

【結　成】1972年8月
【機関誌】『解放通信』

解放委員会は、ML派が幹部らの大量逮捕に伴って1971年5月頃内紛の末に事実上崩壊した後、1972年8月になって元メンバーらによって結成された組織である。機関誌発行主体として「紅灯社」。解放委員会はものの文献では「全都解放委員会」とされることが多いが、機関誌の名義も、後にレーニン研究会と合同して結成されたマル青同（準）の機関誌『共産青年』でも、「解放委員会」と紹介されているので、ここでは正式名称は「解放委員会」として紹介する。

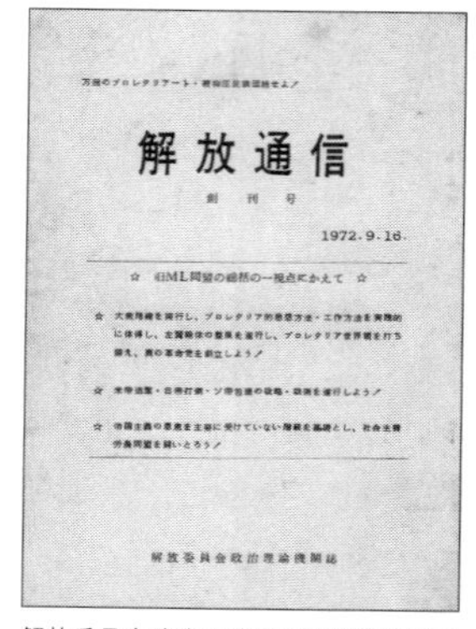
解放通信
創刊号
1972.9.16.
解放委員会政治理論機関誌

解放委員会政治理論機関誌『解放通信』創刊号（1972.09.16付）

解放委員会は機関誌『解放通信』創刊号（1972年9月16日付）の巻頭言において「現在、解放委員会に関係している少くない同志が過去、日本マルクス・レーニン主義者同盟（以下、ML同盟と略す）に関係しており、不十分ながらも、我々の今日は旧ML同盟の活動の総括のなかから存在していると考えます」とし、ML同盟については「革命的左翼総体に整風運動を提起しつつも、自ら七〇年代の厳しい階級闘争の地平に応えきれず、多くの矛盾を内包しつつ自己崩壊し、明確な総括らしきものを何ら全人民に提起することさえできず、不信と虚無観を残してその短い生命を終え」たという認識を明らかにした。また解放委員会は中心人物の多くをML同盟崩壊時の獄中メンバーであるとしていた。

巻頭言の直後には「通信・感想欄」を設け、「日本左翼戦線を“分裂の歴史から団結の歴史”へ更なる闘いの前進をはかっていきたい」とした上で「我々はかつて旧ML同盟又は労学高解放戦線に何らかの関係のあった同志、友人諸兄よりの連絡・交流を強く願う」として、解放委員会への結集を訴えていた。この「通信・感想欄」は解放委員会学生戦線の機関紙

『照星』にも設けられていた。

『解放通信』創刊号に発表された論文「我ら不死鳥のごとくはばたこう！」では第5章でその組織方針を明らかにした上で、「解放委員会」「協議会」という機関と、「独自の党の三本柱」について論じ、解放委員会は「各地区・各単産・各大学等において我々の思想を宣伝し…大衆運動を構築し…新しい潮流を作り出す任務を実践する組織形態」と定義され、「整風推進部隊」として位置づけられた。協議会は大きく2種類が想定され、1つは党建設を考え実行している他党派と相互的に活動を点検し、政策を統一していくための討論の場として設けられるもの、もう1つは各地区・各単産・各大学の解放委員会には結集しないものの、大衆運動の場で共同行動をとるために設けられるものと定義された。そして、これらの機関をもとにして「規律があり、マルクス・レーニン・毛沢東主義の理論で武装し、自己批判の方法をとる、人民大衆と結びついた党…党に指導される軍隊…党に指導される革命的諸階級・革命的諸党派の統一戦線」の3つを建設することを党建設とした。

解放委員会は赤軍派や反戦共闘(レーニン研究会)、赤色戦線派らとともに1972年8月25日に8・25インドシナ革命戦争支援集会を開催し、この集会の実行委員会は8・25共闘会議という運動体に発展した。後に8・25共闘内のレーニン研究会と解放委員会の組織合同によりマル青同が誕生し、マル青同と後から8・25共闘に参加した烽火派との対立で、8・25共闘の枠組みは崩壊することとなる。

学生組織

【名称】**解放委員会学生戦線**
【結成】不明
【機関紙】『照星』

「解放委員会学生戦線」名義の機関紙・三里塚闘争におけるビラ、8・25共闘会議に関するビラを確認している。かつてのML派学生組織「学生解放戦線」を引き継いだ解放委員会の学生組織ではないかと考えられるが、資料に乏しい。機関紙『照星』によればヘルメットは赤色だったという。

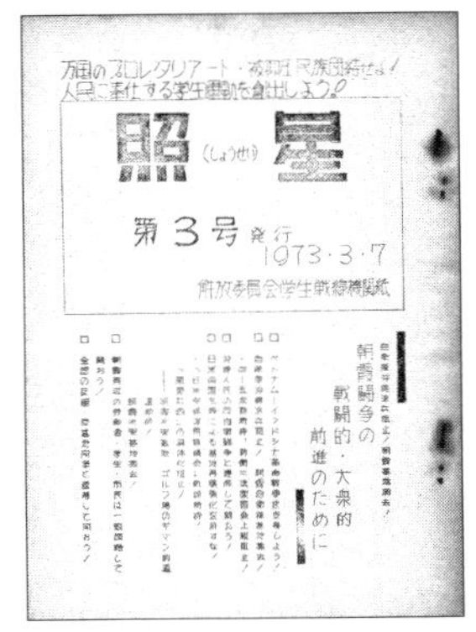

万国のプロレタリアート・被抑圧民族団結せよ！
人民に奉仕する学生運動を創出しよう！
照（しょうせい）星
第3号 発行 1973・3・7
解放委員会学生戦線機関紙
朝霞闘争の戦闘的・大衆的前進のために

解放委員会学生戦線『照星』第3号
(1973.03.07付)

帝国主义的労仂運動を粉砕し、国際主义の潮流を構築せよ!

解放委員会労働戦線

解放委員会労働戦線ビラ　帝国主義的労働運動を粉砕し、国際主義の潮流を構築せよ!

9.16の地平を打ち固め10.21全国から日比谷へ!

解放委学生戦線

解放委員会学生戦線ビラ　9.16の地平を打ち固め10.21全国から日比谷へ!

解放委員会部隊(『解放通信』第2号(1972.12.13付)表紙

なお、ビラ「8☆25共闘会議の革命的前進を勝ち取ろう」では解放委員会について「インドシナ革命戦争支援集会をもって公然と大衆的に登場しました」としている。

労働者組織

【名称】**解放委員会労働戦線**

【結成】不明

機関紙は確認できておらず、解放委員会労働戦線名義のビラのみ確認している。ML派労働者組織「労働者解放戦線」を引き継いだ解放委員会の労働者組織ではないかと考えられる。興味深いのは「労働者戦線」ではなく「労働戦線」となっている点である。

【名　称】京都大学レーニン研究会→レーニン研究会

【結　成】1970年10月
【機関紙】『闘う意志』
【機関誌】『ボルシェヴィズム通信』

レーニン研の結成過程に関する資料はあまり見出せていない。唯一記述を見つけることができた松岡利康・垣沼真一『遙かなる一九七〇年代－京都』（2017年、鹿砦社）は、「レーニン研・C戦線は、全京大スト闘争委員会の流れを受けて、故吉國氏、K氏などの赤軍派分派前の旧社学同の若手が、とにかく内輪もめはやめて、みんなで反帝闘争を大衆的に展開しようとして、当時分派闘争でごちゃごちゃしたブント系の中でさわやか大衆組織として自己規定して集まったのだろう。七〇年の十月には名乗りを上げていた。かなり私党の色彩は強かった。福ちゃん荘の直前に逮捕された赤軍派からの帰還組の佐野茂樹氏も指導部に入ったりした」としており、本書ではこれを根拠として結成年月を記載した。

万国の労働者階級・被抑圧民族は団結せよ！

ボルシェヴィズム通信　増刊号 1972.3.15

自衛隊沖縄派兵実力阻止・天皇訪沖阻止／

レーニン研究会政治機関誌

レーニン研究会『ボルシェヴィズム通信』増刊号（1972.03.15付）

なお、『ボルシェヴィズム通信』創刊号（1971.02.03付）の発刊名義は「京都大学レーニン研究会」となっていたが、第5号（1971.09.18付）から「レーニン研究会」に変更されており、元は京都大学の組織として始まった組織が、後に全国化していったことが見てとれる。

大衆組織としては東京に基盤を置く反戦共闘会議を持つ。機関紙『反戦通信』（但し『反戦通信』の発行主体は変遷しており、第7号（1972.04.15付）では京浜反戦共闘事務局となり、第11号（1972.12.15付）では学生反戦共闘となっている。第11号では「労働者反戦共闘機関紙『闘う労

反戦共闘会議『反戦通信』創刊号（1971.12.01付）

働者』を読もう！」という記載もあり、途中で労学で機関紙がわかれたとみられる）。『旬報学生青年運動』第330号（1972.05.15付）によれば、反戦共闘結成大会は1972年4月2日に東京の亀戸勤労福祉会館において阪神反戦労働者青年共闘会議、労働者反戦共闘（準）（本集会の連帯挨拶において発展的に京浜反戦労働者青年共闘会議を結成すると宣言）、京大C戦線らが参加して開催された。機関紙上でかつての日共偽装誌を転載し非合法活動の方法を紹介する「非合法活動入門」という連載を行っており、非合法活動も志向するという意味では全くの大衆組織とも言えないかもしれない。

関西においては上で名前の挙がっている京大C戦線（教養部戦線）を大衆組織としており、C戦線は1972年5月には熊本において自衛隊沖縄派兵阻止を掲げた集会後に警察の放水車2台に火炎瓶を投擲するなどして逮捕者を出している。またC戦線は立命L戦線や同志社大全学闘などとともに1971年5月12日に全京都学生連合会（京学連）を結成している。京学連は赤軍派以降解体していた学生戦線を再建しようと、12・18ブントが関西各大学にオルグを行い、これとブント系ノンセクト諸派との協働で結成されたものである（生田あい「内ゲバ－その構造的暴力と女性・子ども」、いいだもも他『検証 内ゲバ』（2001年、社会批評社）所収）という。

レーニン研は解放委員会や赤軍派、赤色戦線派らとともに1972年8月25日に8・25インドシナ革命戦争支援集会を開催し、この集会の実行委員会が発展して形成された運動体である8・25共闘会議に参加し、解放委員会との組織合同によりマルクス主義青年同盟を結成することとなる。8・25共闘会議は縦書きの場合は「八・二五共闘会議」とし、横書きの場合には「8.25共闘会議」とするのが正しいようであるが、本書では横書きの場合でも「・」表記とした。

8・25共闘会議の正確な結成時期は不明であるが、「八・二五インドシナ革命戦争支援集会 基調報告」（8.25共闘会議『8.25共闘会議基調報告集』（発行時期不詳）所収）では「これが本集会の最も重要な意義であるが、本日の闘いを出発点に革命的左翼の混迷と分散を止揚しうる新たな革命的政治潮流の形成に向うことである。」「日本革命運動の本格的たい動を切り開く舞台として登場しなければならない。」としており、8・25共闘会議という名前はまだ出ていないものの、「潮流」を形成することが既に志向されていた。レーニン研究会の大衆組織である京浜地区反戦労働者青年共闘会議による「寄稿　革命的政治潮流の勝利をめざして8・

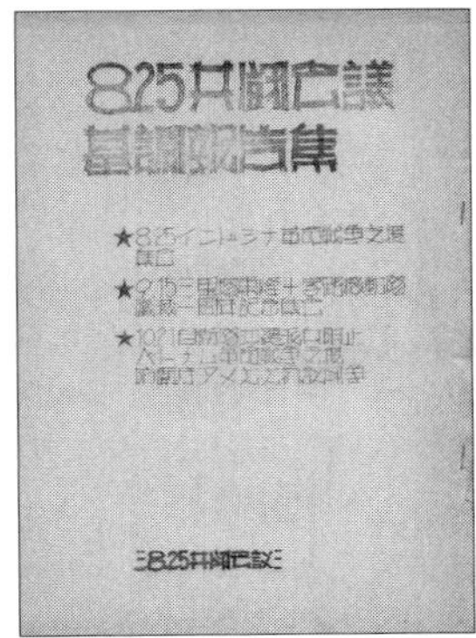

8.25共闘会議『8.25共闘会議基調報告集』(発行年月日記載なし)

25共闘会議の旗の下、闘う諸団体・諸個人は総結集しよう!!」(レーニン研究会政治機関誌『ボルシェヴィズム通信』第8号（1973.02.01付）所収）によれば、集会開催の後、実行委は相模原の米軍戦車搬出阻止闘争を闘い、更に東峰十字路事件から1周年で行われた反対同盟青年行動隊主催の「九・十六三里塚を闘う人民大集会」と、それに先立って行われた「九・十五東峰機動隊殲滅戦一周年集会」へ結集し、「九・十五〜十六を闘ったのち八・二五集会実行委員会は8・25共闘会議へと改編されました。これは単なる集会実行委から、恒常的な共同闘争機関へと発展するために行なわれたもの」であるとしている。一方でこの段階で8・25共闘会議の在り方については現に存在していたと見られる批判を交えて論じており、8・25共闘会議を「基本的な情勢把握や戦術上の意志統一を基礎に共同行動を追求する共同闘争機関であると考えてい」るとしつつ、「8・25共闘会議は革命党建設の場であるべきなのに現在の8・25共闘会議はその努力を行なっていない」という批判を引き合いに出して、これを「無媒介に党建設と党的基準を持ち込むことは重大な誤り」「8・25共闘会議そのものを党建設の為の協定機関とすると、原則的かつ大衆的な闘いを破壊して大衆運動にきわめて有害な影響を与えるのみならず、そのようにして建設された『党』なるものは思想的基準において連合的性格を帯びざるを得ない為に、規律そのものが官僚的しめつけに堕し、合法主義大衆運動主義的偏向を必ずはらむに違いない」と断じた。これはマル青同結成後の旧レーニン研系排除を予言するかのような内容である。

【名　称】マルクス主義青年同盟

【結　成】1973年10月28日
【機関紙】『党旗』
【機関誌】『共産青年』→『党人』

1974年1月27日に東京の千駄ヶ谷区民会館において結成報告集会が開かれ、解放委員会とレーニン研究会との組織合同によってマルクス主義青年同盟（準）が結成されたことが明らかにされた。結成日についてはっきりと書かれた資料は見当たらなかったが、結成時点の規約第29条に「本規約は一九七三年十月二十八日より効力を持つ」とあるため、この日を結成日とした。名称の「（準）」については「準備会」を示すのが通例であるが、結成声明によれば準備会を示すものではないとしており、また結成報告集会において基調報告に立った元ML派の平田勝生が「組織名称を（準）にしたのは、まだ結集していない八・二五グループを再度結集させることを目的としているためである」と発言している（『旬報学生青年運動』第371号（1974.03.01付））。この「（準）」は1974年8月の第3回大会で組織が確立されたとして外され、機関紙『党旗』では第4

『党旗』No.1
（1974.05.09付）

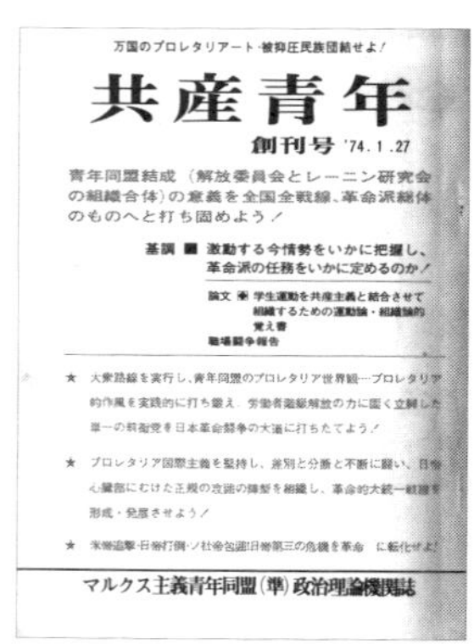
万国のプロレタリアート・被抑圧民族団結せよ！
共産青年
創刊号 '74.1.27
青年同盟結成（解放委員会とレーニン研究会の組織合体）の意義を全国全戦線、革命派総体のものへと打ち固めよう！
基調 ■ 激動する今情勢をいかに把握し、革命派の任務をいかに定めるのか！
論文 ■ 学生運動を共産主義と結合させて組織するための運動論・組織論的覚え書
職場闘争報告
★ 大衆路線を実行し、青年同盟のプロレタリア世界観―プロレタリア的作風を実践的に打ち鍛え、労働者階級解放の力に固く立脚した単一の前衛党を日本革命闘争の大道に打ちたてよう！
★ プロレタリア国際主義を堅持し、差別と分断と不断に闘い、日帝心臓部にむけた正規の攻撃の陣形を組織し、革命的大統一戦線を形成・発展させよう！
★ 米帝追撃・日帝打倒・ソ社帝包囲！日帝第三の危機を革命に転化せよ！
マルクス主義青年同盟（準）政治理論機関誌

マルクス主義青年同盟（準）『共産青年』
創刊号（1974.01.27付）

1.27青年同盟結成報告集会に結集しよう！
全国の闘う同志・兄弟はマルクス主義青年同盟（準）に結集しよう！
1・27マルクス主義青年同盟（準）結成報告集会
■日時　一月二十七日午後二時（一時半結集）
■基調報告
「青年同盟結成の意義と基本的方向」
■あいさつ
■場所　千駄ケ谷区民会館
主催　マルクス主義青年同盟（準）

マル青同（準）結成報告集会ビラ

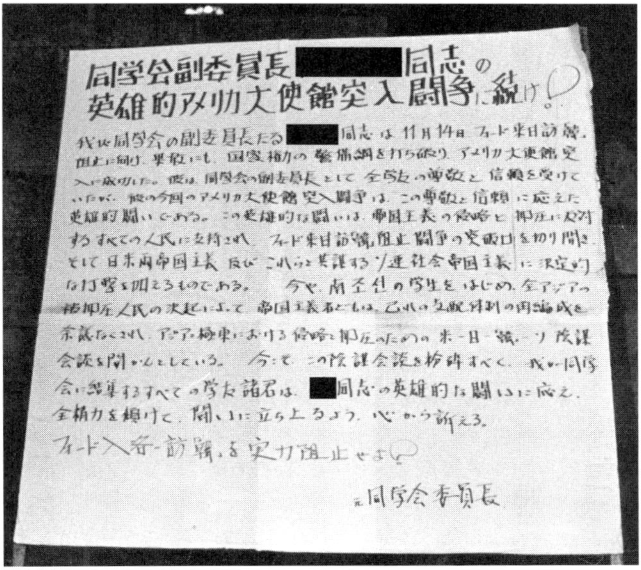

著者所蔵の生写真　「マル青同」とは書かれていないが、フォード来日阻止を掲げて11月14日にアメリカ大使館に突入したということはマル青同の突入闘争のことであろう。この立て看板に書かれているアメリカ大使館突入の京大同学会副委員長はレーニン研系ではないかと思われる。名前は著者にて黒塗りとした

号（1974.09.01付）より修正され、この時機関紙の発行元も紅灯社から党旗社へ改められた。また理由は不明だがこの第4号だけ『党旗』の題字が異なったデザインのものになっていたが、第5号以降では元に戻っている。

マル青同は8・25共闘における烽火派と解放委・レーニン研の間の主導権争いを直接の契機として結成され、両者の間での理論的な合意もないまま組織合同を行ったといい、両者の組織構成は労働者主体の解放委と学生主体のレーニン研という違いがあったという（『旬報学生青年運動』第515号（1980.06.01付））。

両者の対立は早くも1974年3月のマル青同第2回大会において、組織建設優先の解放委系と政治闘争主義のレーニン研系という方針の違いとして表面化し、8月の第3回大会では解放委系が組織活動優先方針を決定してレーニン研系の排除が開始された。劣勢に立たされたレーニン研系は米ソ両大使館等への武装闘争を敢行し、11月14日には東京のア

メリカ大使館とソ連大使館を、22日には福岡のアメリカ領事館を火炎瓶や鉄パイプなどを携えた数名の部隊で襲撃した。14日のアメリカ大使館襲撃では隣接するホテルオークラ13階のベランダからも2名の男が火炎瓶を投げ込んでおりこの2名は現行犯逮捕を免れて逃走している。22日のアメリカ領事館襲撃では国旗掲揚台から星条旗を降ろして放火したほか、窓ガラスを割り、スローガンを書いた懸垂幕を掲げるなどのアピールも行っている。いずれも「青年同盟」の赤ヘル姿であったといい、隠密裡に攻撃対象を破壊することを企図したものではなく、宣伝的な意味合いが強い闘争であったことがうかがわれる。この闘争でレーニン研系は多くの中堅活動家を失い、マル青同の主導権は解放委系が完全に掌握することとなったという。しかしこの米ソ両大使館襲撃をレーニン研系側の動きとする見方は『旬報学生青年運動』第515号上に示されているものであり、マル青同ではこの闘争をレーニン研系の動きとして否定的に言及するようなことは後年に至るまで見受けられない。

マル青同結成に関する記述としては、後年マル青同が発行した『転向挫折の鉄鎖断て！　1975年5・25岡山闘争決算報告書』(1982年、党旗社)所収の「5・25岡大闘争公判冒頭意見陳述」「(2) 岡山反戦共闘の歴史とマル青同への結集および、それをめぐる活動家集団の革命的分岐 (Y (著者注：実名が示されているが、本筋と関係しないので伏せる。以下同じ) 文責)」があり、「解放委員会は七〇年以降新たな党建設のための闘争に着手し…七〇年以降の解党的無党派的潮流の中にあってもっとも戦闘的に闘いぬいていたレーニン研究会を党として責任をとって組織するために併合してマル青同 (準) を結成した。だからその結成には最初から党建設そのものをめぐる激しい対立と闘争が存在していた。」とし、対等の組織合同ではなく組織化のための併合であるとの認識を示しているが、これはマル青同結成に関する“解放委系史観”とでも言うべきものであろう。

マル青同 (準) 結成の直後にはレーニン研系の幹部が粛清を受け、吉國恒雄、佐野茂樹らがリンチを受け負傷し、更にこの両名は死刑宣告も受けたとする資料 (松岡利康・垣沼真一『遙かなる一九七〇年代―京都』(2017年、鹿砦社)) もある。これは先に触れた解放委系によるレーニン研系排除の中で生じたものと思われる。なお吉國がいつ頃マル青同から排除されていたのかを調査してみたところ、1974年9月24日に東京の豊島公会堂で開催されたマル青同政治集会において吉國恒雄が登壇して狭山闘争に関するアピールを行って(『旬報学生青年運動』第386号(1974.10.15付))おり、また1975年3月18日に東京北大塚の喫茶店で吉國恒雄、穂積亮次他5名の幹部が記者会見を行い、きねぶちみわ子の東京都知事選立候補を声明しており、後者の時点で吉國はマル青同政治連盟の責任者となっていたという(『旬報学生青年運動』第397号(1975.04.15付))から、1975年頃までは吉國はまだ排除されていなかったようである。なおマル青同を追われた佐野は独自の政治組織を作ることなく、後に環境保護活動へ転じたという。

マル青同では、最高指導機関を全国代表大会とそれによって選出される中央委員会(規約9条)とし、中央委員会は幹部会(中央委員会の閉会中権限を行使する機関(規約12条))と中央委員会の正副議長を選出する(規約11条)ものとされていたが、これらの中央集権的な機構はレーニン研系排除によって崩壊し、代わって最高幹部戸田政康と参謀穂積亮次らが主導する幹部会が指導部を担った(『旬報学生青年運動』第518号(1980.07.15付))という。

戸田と穂積はいずれも解放委の前身にあたるML派の活動家であったことが確認できている。

1970年6月13日に明治公園で開かれたML派の「六月決戦貫徹、機動隊せん滅、六〇年安保六・一五=十周年人民総武装大決起大会」において、戸田は全国学生解放戦線書記局員として開会を宣言し、「わがML同盟は、中核派の日和見主義を排撃し、六月決戦の先頭に立って、日本階級闘争の発展のため武装闘争をおこなう決意である。十四日から闘争には死力をかけてたたかう」と述べ(『旬報学生青年運動』第287号(1970.07.01付))、その後「6・14の戦闘を先頭にたって最後まで闘い、ついに官憲機動隊に逮捕された」(ML派機関紙『赤光』第99号(1970.06.22付))という。また穂積はML派の高校生組織である高校生解放戦線に所属していたとインタビューに答えている(小林哲夫『高校紛争1969－1970』(2012年、中央公論新社))。戸田も穂積も解放委員会時代の活動状況は不明だが、ML派崩壊後解放委員会結成に加わり、更にそのままマル青同に所属した解放委系のメンバーとみてよいだろう。

マル青同は宣伝活動に注力し、街頭では揃いのカーキ色の戦闘服に身をつつみ、赤地に「青年同盟」と大書したヘルメットをかぶって、マイクロバスの街宣車を用いて街宣右翼さながらの行動をとった。この街宣車は後述の岡山大学事件にて学生を轢殺する際にも用いられたが、もともとは学生を轢殺するための武器とし

ブルジョア階級を恐怖させ、小ブル階級を統制する、わがプロレタリア階級独裁の眼をみよ！新宿東口、4月12日8時5分、愛国党・機動隊の襲撃に敢然と武装対峙する中央突撃隊！（マル青同政治連盟『党旗』週刊版第2号（1975.05.01付））

川崎・東芝トランジスタ工場前にひるがえる反帝・反社帝旗（マル青同『党旗』第10・11合併号（1975.05.01付））

て導入されたわけではない。街宣車の導入は前年の1974年11月であり、『党旗』第7号（1974.12.01付）はその導入を「党の宣伝・煽動に強力な武器」と題した記事で誇らしげに報じている。なお、岡山大にて学生を轢殺した街宣車は、警察から返却された後、京大熊野寮にてマル青同が依頼した神主によってお祓いが行われたとの証言（市田良彦「『俺が党だ』－ポスト〈68年〉の理論的悲哀」『情況』2018年秋号所収）がある。

2015年になって若手の共産趣味者がこのマル青同のカラー写真を「発見」し、Twitter（現X）上で報告したことで話題となった。当該写真が含まれていたのは、国籍は不明だが恐らくは欧米の人物が1979年に訪日したときの写真群で、Flickr上にアップされていた。その中に5月1日のメーデー集会の写真が含まれており、そのうち2葉の写真でマル青同が確認できる。

この写真の存在で左上腕部に腕章をしており、その腕章の赤白赤という色合いが、ML派のモヒカンメット、あるいは学生戦線であるSFL旗・ML旗の色合いを継承していることが確認された（ML派の旗としては、中央に大きく「ML」、下部に「日本マルクスレーニン主義者同盟」と染め抜かれた旗のほか、赤白赤の色合いの旗の中央の白の部分に「ML」と黒く書かれた旗も存在する）。

機関紙を通じた宣伝活動にも取り組み、特に日本共産党を除名された椎野悦郎の思想を取り入れ、獄中細胞づくりに取り組んだとされ、1977年1月24日には『党旗（獄中版）』を発行し、一般刑事犯にまでオルグの

週刊版

第1号

マル青同政治連盟
編集・発行人 吉国恒雄
東京都豊島区巣鴨1−24−8
ビラ京404号
電話 (03) 945−9581

1部 100円

帝国主義打倒!
社会帝国主義打倒!
万国の労働者、被抑圧民族団結せよ!

マル青同政治連盟

マル青同政治連盟『党旗』週刊版第1号(1975.04.01付)

対象を広げた。この他、機関紙『党旗』には様々な種類があり、週刊版や郵政版、電通版、国鉄版、都職版、石播版、三井造船版、川鉄版、東芝版、キヤノン版などが存在したという(『旬報学生青年運動』第518号(1980.07.15付))。1975年4月の東京都知事選挙ではマル青同政治連盟からきねぶちみわ子が出馬し、「今こそ、『国難』に内乱で対峙せよ」「挙国体制を拒否する者はわが連盟に投票せよ!諸君のもとに、今日は投票用紙を、明日は銃を与える!!」などという勇ましいスローガンを掲げて選挙戦を戦い落選したが、これも宣伝活動の一環とみられる。

この五候補が、各々どの階級の利益を代表してて、いかに行動したのかに注目せよ!(マル青同政治連盟『党旗』週刊版第2号(1975.05.01付))

しかしながら1987年末に突如として路線を転換した。1987年11月1日の日米軍事同盟打破・反ファッショ統一の基本政策を協議する11・1集会においてマル青同の名称を民主統一同盟に改めることを発表し、また1987年秋頃から公然拠点党旗社入り口の鉄格子の扉をガラス戸に改造し、更に1階の照明を明るくして入りやすくしたほか、従来の戦闘服のような制服をベージュ色のブレザー上下に変更し、ソフト路線への転換を図った(『旬報学生青年運動』第695号(1988.04.01付))。1988年1月には機関紙『党旗』を『民主統一』と改題し発行(改題第1号、通巻第107号1988.01.31付)した。創刊号では「民主統一同盟機関紙」と大書しながらも連絡先は「マル青同中央本部」となっており、続く改題第2号(1988.03.01付)より修正された。

機関紙『民主統一』創刊号では、マル青同の民主統一同盟への改組の意義を、「きわめて困難な統一の事業のために党派的生存をかける組織体制をとるということである」としている。これだとよくわからない。

5月、マル青同本部の建設（マル青同『党旗』第12号（1976.01.01付））

後に民主統一同盟機関紙『民主統一』紙上に掲載された石津美知子「民主統一同盟への主体的参加の道　新たな民主主義の先進闘士にむかって、マル青同をどう決算してきたのか」（『民主統一』第122号（1989.05.01付））によれば、1984年頃から路線転換が問題となり、1985年5月の合宿で正式に「旧綱領の廃絶と新綱領の確立」が提起され、戸田によって党内の説得が続けられたが反発は大きかった。しかしその後1987年3月までに路線転換が決定し、戸田は正式に指導的会議から全面的に解任され、同月の3・8集会でマル青同解散が提起されたという。

同じく後に民主統一同盟機関紙『民主統一』紙上に掲載された戸田政康「民主統一同盟の凡人的発展の特性を語る！（三）マル青同の形成過程の特異性をかえりみて思うこと」（『民主統一』第121号（1989.04.01付））及び「民主統一同盟の凡人的発展の特性を語る！（四）マル青同の形成過程の特異性をかえりみて思うこと」（『民主統一』第122号（1989.05.01付））によれば、1983年の日本共産党中央委員会声明「民族の岐路にかかわる日本型ファシズムと“日米軍事同盟体制国家”づくりの危険な事態について訴える」を契機に、戸田は中曽根政治との闘争の中でマル青同として「反日共・非日共」の思考・スタイルを捨てることを決意し、公然活動に復帰したという。そして中曽根政治と闘う革新政党ブロックの人々への無条件支持を続けていくこととしたが、党内の反発が激しかったことから、戸田は別の組織機関として、反共分裂主義とたたかう反ファシズム統一戦線のための九・八集会実行委員会を結成し、戸田らマル青同決算派がこれを指導することによってマル青同解散・民主統一同盟への「脱皮」を進めていったとする。

民主統一同盟の結成報告集会は、反共分裂主義と手を切った民主勢力の結集をよびかける7・17集会として1988年7月17日に開催された。同集会の賛同人には穂積亮次の実父穂積七郎が「元衆議院議員」の肩書で名を連ねていたことが確認できる(「7・17集会賛同人一覧(第一次集約分、6月29日現在)」『民主統一』第112号(1988.07.01付)所収)が、当時後述の岡山大学事件で獄中にあった穂積亮次の存在が関係しているのかどうかは不明である。

がんばろう、日本!国民協議会の街宣風景(2008年著者撮影)

墨田区八広に遺るマル青同政治集会の落書き(2019年著者撮影)

マル青同は民主統一同盟への改称前後から日本共産党やその影響下にある革新系諸団体への接近を図ったが、日本共産党はこれを拒否し、機関紙『赤旗』上で幾度となく批判した。この批判は後に書籍にまとめられ『「マル青同」=「民主統一同盟」その本質と策動』(1989年、日本共産党中央委員会出版局)として刊行された。

民主統一同盟はこの後、「がんばろう、日本!」国民協議会を結成し、2001年9月23日には「がんばろう、日本!」国民協議会全国大会を開催した。同大会で基調報告を行った戸田の肩書は、「がんばろう、日本!」国民協議会と民主統一同盟両方の「代表」となっていた。機関紙『民主統一』は第263号(2001.03.01付)より題字の「民主統一同盟」の下に「がんばろう、日本!」国民協議会の名を併記し始め、通巻第271号(2001.11.01付)で『日本再生』へと改題した。またこの改題時に題字下の「民主統一同盟」の字を「がんばろう、日本!」国民協議会より下にする変更を行った。この後民主統一同盟は活動上の名義を主に「がんばろう、日本!」国民協議会に移したものと見られる。民主統一同盟から「がんばろう、日本!」国民協議会へは両組織が併存しているため、改組ではないが、その後民主統一同盟が解散したのかどうかは不明である。この「がんばろう、日本!」国民協議会は活動のメインを野党の地方議員や国会議員を招いた講演会の開催などに移し、日共の応援路線から非自民党政権樹立へと活動の路線を変更したが、2020年以降は機関紙活動以外に目立った活動が見られなくなっている。

マル青同の痕跡は、結成報告集会のステッカーが京大吉田寮に残っており、恐らく熊野寮にもあるのではないかと思われる。街頭の痕跡としては東京都墨田区八広の京成線八広駅からほど近いガード下に「マル青同政治集会」の落書きが残り、ステッカーのかけらと思しきものも確認できる。

マル青同最高幹部であった戸田政康は現在も「がんばろう、日本！」国民協議会の代表であり、機関紙の発行人でもあるが、参謀と目された穂積は、2024年時点では組織を離れているようである。その穂積が中心となって起こしたとされる事件が、かの有名な1975年5月25日の岡山大学事件である。

岡山大学事件は、当時岡山大学構内にあった北津寮がマル青同に襲撃されたとされる事件で、寮生や学生に多くの負傷者が出たほか、襲撃の最中にマル青同のマイクロバスに轢かれた学生の大沢真君がマル青同によってその場から連れ去られ、数日後に岡山市郊外の山中で遺体となって発見されている。この事件は新左翼間の内ゲバではなく、新左翼セクトが一般の学生を襲撃し殺害した事件として記述されることが多いが、マル青同とその後継団体である「がんばろう、日本！」国民協議会はこの見方を否定している。この事件は一部ではその概要だけが有名であるが詳細については不確かな部分が多い。この事件後逃亡を続けていた穂積亮次とYが1981年10月にマル青同本部で逮捕された後、この両名連名の「5・25岡大闘争公判冒頭意見陳述」を主体としたパンフレット『転向挫折の鉄鎖断て！ 1975年5・25岡山闘争決算報告書』（以下『報告書』）が1982年6月に出版された。以下当時の新聞報道やこのパンフレットなどをもとに事件の流れを追っていく。なお同事件の一方当事者である寮自治会は事件後の1975年6月5日に『故大沢真君追悼　人民葬に向けて』と題するパンフレットを公表した（『読売新聞』岡山版 昭和55年6月6日付）とされるが、入手することができず参照できていない。

〈事件の経過〉

事件の経過については裁判所の認定事実がわからないため、1975年5月29日〜6月15日付の朝日新聞岡山版を参考にまとめると以下の通りである。なお、事件当日5月25日16時頃から大沢君の遺体発見までに至る時系列については、岡山大学30年史編纂委員会編『岡山大学史　昭和44年〜昭和54年』（1980年、岡山大学）

（以下『岡山大学史』）の記述も当時の朝日新聞の報道と概ね一致している。

1975年5月25日16時20分、マル青同20名以上が岡山大学北津寮に出向き、寮の運営権を要求したうえで活動に加わるようオルグを行い、これに反発した寮生のうち寮長のK君に暴行して重傷を負わせた。18時45分にはこのことを大学側が警察に通報し警戒を要請したため、これに応じて機動隊が招集され、私服警官が大学周辺に配置についた。19時30分頃ヘルメットに竹竿姿の寮生約30名が構内でマル青同抗議デモを開始し、70名にまで増えた。20時前には警察が大学に対し機動隊出動要請を求めたが、大学は「学部長会の最中」として要請を行わなかった。20時10分にはマル青同が再び大学構内に入り、北津寮から約300ｍの教養部C棟近くで横浜ナンバーのマイクロバスを先頭に寮生らのデモに突っ込み、鉄パイプなどを振りかざして乱闘を行った。寮生の負傷者は16名で後にうち2名が入院した。乱闘の後ぐったりした男性が横浜ナンバーのマイクロバスに連れ込まれるのが目撃されている。マル青同は北津寮に移動して用意していた背広に着替えた後、20時35分にマイクロバス2台（横浜ナンバーと足立ナンバー）と乗用車2台で学外に出た。翌26日9時10分に足立ナンバーのマイクロバスに乗っていたマル青同6名が鉄パイプなどを所持していた軽犯罪法違反の現行犯で、中国自動車道美作ICで逮捕された。しかし6名は完全黙秘で、負傷した16名の寮生も警察への協力を拒否していた。

27日午後には岡山大学の学生課長が捜索願を出して、大沢君が行方不明になっていることが発覚した。翌28日から警察犬6頭と機動隊員100名で捜索が始まった。血痕を発見した砕石場の従業員からの通報を受けて岡山市玉柏の砕石場周辺を捜索したところ、29日10時20分に砕石場の急斜面にある雑木林の中で遺体が発見された。遺体は全裸で、鉄パイプでメッタ打ちにされたため全身に打撲骨折があり、顔は大きな石のようなものでめちゃめちゃに潰されて判別できない状態だった。検視の結果、後頭部の傷跡や盲腸の手術痕、血液型などから遺体は大沢君であると断定された。31日には警察が押収していた横浜ナンバーのマイクロバスの車軸や4つの車輪全てから血痕が発見され、警察はこのマイクロバスで轢殺されたとほぼ断定した。6月5日には岡山大学北津寮が事件の経過をまとめて文書で公表し、このなかで5月23日にも寮生3名がマル青同に負傷させられていたことを明らかにした。またこの頃逮捕されていたマル青同6名のうち氏名不詳の1名が供述を始め、「北津寮学生への襲撃は革命理論に沿ったもので、正しい行動である」「寮長を負傷させたのは失敗だった。彼は殺すべきだった」などと証言したという。14日には岡山大学学生会館で大沢君追悼人民葬が営まれた。

〈事件の影響〉

この事件はマル青同に大きな動揺をもたらしたとみられる。既に月刊化されていた機関紙『党旗』の第10・11号（1975.05.01付合併号）に続く第12号は翌年の1976年1月1日付であり、半年以上にわたり機関紙の発行すら滞る状況であったことがうかがわれる。しかも事件後初めて発行された『党旗』第12号は、「プロレタリア的団結の強化と党内闘争の問題について 逃亡・脱党の誤りを犯した党員諸君、ただちに帰党せよ！」という幹部会声明を掲載しており、この頃までに多くのメンバーが離脱していたものと思われる。同声明のいう「党内闘争」は岡山大学事件以前の機関紙『党旗』第10・11号にも掲載されており、恐らくは旧レーニン研系排除のことを言うものと思われるが、必ずしも党内闘争だけが問題となったのではなく、事件を理由に離脱した者もあったのではないかと推測する。またこの事件に関連したものかどうか不明であるが、1975年7月29日には神奈川のマル青同活動家3名が恐喝未遂の容疑で逮捕されている。この活動家らは街宣の際に通行人のポケットやカバンから身分証明書を抜き取り、後で押しかけて「組織に入らなければ友人、家族の命は保証しない。」などと申し向け、組織加入や活動資金を脅し取ろうとしていたという（毎日新聞朝刊1975.07.30付）。この記事はにわかには信じがたく、フレームアップではないかとすら思える内容である。しかし事件の影響で組織が動揺し、また警察からのマークが厳しくなり切羽詰まって来た状況下で一線を越えたか、あるいは上部からの統制が弱まり、たがが緩んだとすればあり得ない話ではないのかもしれない。

マル青同については同じ1975年5月に「分裂、解体状態を迎えた」とする資料（高沢皓司『歴史としての新左翼』（1996年、新泉社））や、「五月にマル青同分裂」とする資料（蔵田計成『新左翼運動全史』（1978年、流動出版））があるが、恐らくこの事件による組織的動揺や活動の停滞を示すと思われる。分裂に伴う新組織の結成は確認できていないが、分裂と言ってよいほどの組織的な離脱があったのかもしれない。

笠井潔、絓秀実『対論 1968』（2022年、集英社新書）に聞き手として参加していた外山恒一の手になる新左翼の「系統図」ではマル青同から日本学生戦線が分岐したと表現されており、注では「日学戦は、マル青同の結成に参加してすぐ離脱した斎藤まさしが上智大ノンセクトを母体に新たに結成した党派」とされている。この斎藤まさしとは市民の党代表を務める人物である。荒岱介編『破天荒な人々』(2005年、彩流社)で斎藤本人の語るところによれば、日学戦は斎藤が1974年に結成を呼びかけ、全国代表者会議議長を務めた組織であり、京大、同志社大、立命館大、北大、岩手大、東北大、九大などのノンセクトが結集して結成されたノンセクト連合で、組織名称を持たない地下グループまでも有していたという。1979年には機関紙『アカハタ』を立志社より発行(1980年に『新生』に改題)した。なお、同書で斎藤は日学戦結成当時の自分を「僕は一貫してノンセクト」「赤系ノンセクト」としており、マル青同に関わったという発言はしていない。日学戦結成についての当人以外の資料としては前掲『新左翼運動全史』があり、「ノンセクト系の法大J戦線、立教大、医学連などは一〇月に日学戦(日本学生戦線代表者会議)を結成」としている。

アカハタ
第2号
1979.2.15
編集・発行
立志社
〒143東京都大田区大森北
1-16-8大森朝日ビル
☎03-766-4179(代)
関西支社
〒532 大阪市淀川区木川東2-14-21
☎06-305-5079
東北支社
〒980 仙台市新寺小路23-1-302
☎0222-95-4370
郵便振替
東京0-70702
銀行振込口座
平和相互銀行大森支店
0925356
1部 200円
12回〒共2,000円

立志社『アカハタ』第2号(1979.02.15付)

前掲『遙かなる一九七〇年代—京都』にはマル青同の岡山大学事件で逮捕されたI氏について、山陽新聞の記述として「Iさんの兄でマル青同の設立にかかわったI(S)」や、その後のIの消息として「Iさんは実兄がマル青同を離れて設立した立志社でポルポトなどのレーニン/スターリン的な思想に依拠した活動を京都でしようとしたそうだ」という記述があり、これを信頼するのであれば、Iの兄は斎藤まさしであり、兄弟そろってマル青同に加わっていたということになるが、記述自体が伝聞調であり、断定はできない。

マル青同と日学戦に関する最近の証言としては、週刊『読書人』での外山恒一の連載「もうひとつの"東大闘争"『東大反百年闘争』の当事者・森田暁氏に聞く③」中の「——マルクス主義青年同盟と日本学生戦線——」(『読書人』第3293号(2018.06.14付))がある。この中で森田は「駅前で"行進"したりしてて、号令かけて、『ナントカに敬礼!』とか、やってましたよ。どうもあれは、わざとそういう集団を一方で作っておいて、他方で“学生運動の組織”として日学戦が作られたんじゃないかという気がするんですよね。」と推測を語っているが、根拠は示されていない。いずれにしても真偽不明であることは明記しておく。

75年4月第一次中突、岡山大学へ登場(『報告書』)

〈事件の背景〉

『旬報学生青年運動』第515号(1980.06.01付)によれば、この時期は旧レーニン研系を排除したことで傾いた学生戦線の建て直しに注力していた時期で、マル青同は岡山大だけでなく、弘前大や福島大、明治大、上智大、大東文化大、京都大、広島大、熊本大などへ中央突撃隊と称するオルグ部隊を派遣していたという。『報告書』47頁には「75年4月第一次中突、岡山大学へ登場」とキャプションのついた写真が掲載されており、この「中突」が中央突撃隊の略称と思われ、岡山大学に派遣された部隊が中央突撃隊であったことは間違いなさそうである。中央突撃隊は「宣伝・扇動工作部隊であり、党の指示のもとに、人民大衆に共産主義綱領を普及させ、彼らのあいだでのプロレタリア組織の結成を助けるとともに、政治警察・反革命分子、その他の敵対者、妨害者から党を防衛し、これらをうち砕く戦闘組織」(前掲『報告書』55頁)と位置づけられていた。

『岡山大学史』には、事件以前の岡山大学におけるマル青同の活動に関する記述がある。これによればマル青同が初めて岡山大に登場したのは1975年4月16日のことで、11名の部隊がヘルメットに戦闘服姿でビラ貼りや昼休みにはマイクロバスで演説を行い、以降ほぼ毎日同様の状態が続き、教養部建物への落書きや工学部前の道路での竹竿を携行しての集団訓練なども行われた。これに対し大学側はビラ貼りを制止し、マイクを使った演説を止めるよう注意したがマル青同は従わなかったため、22日になって学内での鉄パイプ、竹竿などの携行その他不法な行為を禁止した1973年6月6日付の学長告示を改めて全学に掲示してマル青同に警告を与えた。25日には教養部でマル青同による授業妨害があったが、26日からは一度姿を消した。5月14日に再び現れると、そこから3日間、以前のようなビラ貼りや演説などが続き、特に今回は教養部の教室に押しかけアジ演説を行って授業を妨害する行為が目立ち、16日には授業妨害を行うマル青同を担当教官や学生が排除した際に教官2名が暴行を受ける事件も起きていた。

〈「外部」による犯行〉

『岡山大学史』はこの事件を「外部から意図的に大学に侵入し、過激な言動を弄して学生を煽動した上取りかえしのつかない暴力による犯罪をおかして刑法に問われた特異な事件であった。」としており、マル青同を「外部」のものとしている。また岡山大学事件翌年の1976年4月に岡山大学に赴任した学生部次長の安間恒保は、「岡大に来てから一番感じたのは、大学側の話題の中に必ず『マル青同』が入っていること」「マル青同が“部外者”だっただけに、事件後は、学内での活動は一切見られない」「『見さかいのない暴力はよくない』という点で一致しながらも、一面では、キャンパスは、その方向を定めかねているようにもみえる」と、事件から1年後の学内の様子を振り返って（安間恒保『安さんの学園紛争体験記』（1990年、エム・ビー・シー21））おり、事件後に岡山大学に赴任した安間にすらマル青同が「外部」のものであったという見方が共有されていたことが示されている。

しかし『岡山大学史』にも記述があるが、逮捕されたマル青同関係者には岡山大学の学生が5名含まれ、これとは別に元学生2名も逮捕されていることから、マル青同が全く「外部」のものであったという見方には違和感があり、学内に拠点を置く運動体として周囲に受け容れられるほどの時間を置かずに事件を発生させたというのが正しいだろう。マル青同には岡山大学内に何らかの人的関係はあったものと思われ、当時の新聞報道ではマル青同のアジトとして使用されていた教育学部本館近くの岡大部落解放研究会のボックスが警察に捜索を受けたほか、マル青同と行動をともにして事件後に行方をくらませている学生4名の部屋も捜索を受けて（岡山日日新聞夕刊1975.06.17付）おり、マル青同は学内に一定の拠点を有していたようである。もっともマル青同のアジトとして捜索を受けた部落解放研究会のボックスについては、「彼らが勝手に使った解放研の部屋、これも勝手に不法に占拠しちゃった」（日本共産党神谷信之助参院議員の発言　第75回国会 参議院地方行政委員会 第10号（1975.06.03））という話もあり、部落解放研究会がマル青同の影響下にあったとは断言できず、既存の学内の組織の拠点を占拠したというのが事実であれば、なるほど外部から来た組織という評価は的を射ている。

なお岡山大学におけるマル青同の人的関係については後にマル青同が出した『報告書』で一定の主張が確認できている。

〈マル青同の主張＝「決算報告書」〉

『報告書』巻頭言で「わが党幹部会は、この公判闘争を七〇年代の総決算と第二段階の共産主義の正規の社会化闘争のために全面的に利用することを決定した」と宣言している通り、『報告書』所収の冒頭陳述はおよそ事実関係を争う趣旨のものではなく、マル青同が絶対的に正しく、そのマル青同が寮委員会と闘争状態にあって発生したのが岡山大学事件であるとし、大部分をその政治的・思想的な正当性を語ることに費やすだけで、事実関係や時系列についての記述は全くと言っていいほどない。政治的な正当性については判断するべきものではないので措くとして、マル青同の主張するところの岡山大学との関わりや、事件の直接的契機などにしぼって引いていく。なお、この冒頭陳述には文中に「Y同志は床にひき倒され、足げにされた。わたしもまたそれ相応のとり扱いをうけた」という記述があることから、冒頭陳述については、特に「Y文責」の明記がある部分以外は穂積の手によるものと見られる。

●事件の性質

マル青同は『報告書』巻頭言にて岡山大学事件について「七五年五・二五闘争事件とは、岡山大学構内で、マル青同部隊と、大学北津寮を拠点にしていた一部の政治グループ（無党派的、あるいは半党派的政治活動家）及び、それによって扇動され、組織された学生集団が衝突し、その中で一人の寮生が死亡したことによって、当時大きな『センセーション』をまきおこした『事件』である」（5頁）としており、一方的襲撃という見方を否定し、マル青同と北津寮を拠点とする政治グループの衝突であったとしている。

また冒頭陳述でも「七五年五・二五闘争は、ブルジョア階級によって喧伝されているような、『マル青同対寮生』の衝突でもなければ、マル青同による寮生に対する『一方的襲撃』でもない。また、マル青同が寮の使用権をめぐって寮生と争ったというものでもない。」（64頁）としている。

そしてこの事件の位置づけについては「五・二五闘争は、政治的衝突であり、組織的集団戦であり、大衆的行動である。この戦闘におけるわれわれの目的は、個々の寮生の肉体に危害を加えるということなのではなく、彼らの組織性を粉砕し、彼らの集団抵抗力を奪い、彼らの反マル青同－反共産主義の戦意を挫き、味方の部隊を保存することである」とし、更に「戦争」の意義について述べた上で「この場合でいえば、第一次戦闘では、寮の一部をすみやかに占拠し、寮からマル青同員を組織的に排除しようとする一部グループの策動を無力化することであり、第二次戦闘では、この一部グループによって扇動され、組織され、マル青同に対して向けられた集団、部隊、組織を解散させ、彼らからその能力を失わしめることである」とする。マル青同はこの事件を「戦争」と位置づけ「昔からいわれるように、戦争行為というものを、一般的刑事法規で裁くことはできはしない」(以上39頁)と主張している。

●大沢君の死に関する認識

冒頭陳述では「五・二五戦闘の状況をつぶさに観察するならば、そこでは死にいたった人が大沢真だけではなく、(あるいは彼ではなく)他の人、われわれの党員でもあったとしても何の不思議もない状況だったことが分かるだろう。」(18-19頁)とし、マル青同が大沢君の死を目的としておらず、またその「戦闘」の激しさを考えればマル青同側に死者が出た可能性すらあるとしつつも、「わが党に反対し、わが党に敵対し、わが党に対峙しようとする諸君たちは、少なくとも、それだけの覚悟をもってもらいたいものである」(19頁)とし、マル青同の敵対者に対しては死という結果をも許容する考えを示した。

●岡山反戦共闘とマル青同

冒頭陳述のうち「(2) 岡山反戦共闘の歴史とマル青同への結集および、それをめぐる活動家集団の革命的分岐(Y文責)」では、岡山大学事件の「主軸」として、マル青同に合流した岡山反戦共闘の存在が言及されている。この存在こそが、マル青同側の逮捕者に岡山大学の学生や元学生がいたことの理由と思われる。岡山反戦共闘とは、「六〇年代後半の革命的大衆行動の結果から生まれてきた活動家集団」であり、「特定の党派からの分離によって形成されたのではなく、この結成に参加した成員は、六〇年代後半の闘争における個々の闘争領域もちがい、革命的左翼の諸党派との関係も異なっており単一の思想的統合の軸ももっていなかった」といい、その性質は「新たな党建設のための闘争に着手していくのではなく、己の使命を、前衛党出現の暁にはそこへ結集すべしと規定したことによって、実際上の無党派主義サークルであった」という。この岡山反戦共闘は、マル青同の前身である解放委員会の機関紙『解放通信』に、その創刊号の頃から思想的な影響を受け、マル青同結成後はその機関紙誌の影響を受けてそれまで控えていた公然活動を開始した。岡山反戦共闘は学生も労働者も組織しており、岡山大学はその主要な活動領域であったという。この時点ではマル青同と岡山反戦共闘との関係は機関紙以外には何ひとつなかったが、岡山反戦共闘は学生たちの教育にマル青同機関紙『党旗』を用いていたため、他の党派やグループからはマル青同の指導下にある政治サークルであり、その主要メンバーはマル青同の秘密党員であるとみなされていたという。そして1974年の10・21闘争にはマル青同部隊へ組織のメンバーを派遣し、また12月のマル青同学生合宿にも参加するまでになった。

岡山反戦共闘はマル青同への接近を深め、その後一部はマル青同に集団入党し、また一部は合流を拒否して岡山反戦共闘はその組織活動を終えたという。またマル青同に集団入党した部分も即座に入党した第一次集団入党の部分と、入党について条件を与えられ、岡山歴史研究会を名乗って入党に向けた活動を行い、その後入党を認められた第二次集団入党の部分があり、第二次集団入党の後に岡山においてマル青同の組織活動が開始されたという。冒頭陳述のうち「三、七五年五・二五岡大闘争の性格とその教訓」では、「五・二五事件は、マル青同の岡山や岡山大学への登場とともに始まったといっても過言ではない。マル青同が、岡山で公然と登場し、活動しだしたのは七五年の春からである」としており、これは前掲『岡山大学史』の記述を裏付けるものとなっている。

●北津寮におけるマル青同

このように開始されたマル青同の組織活動は「マル青同へと結集していった岡大北津寮及び女子寮の革命的翼と北津寮委員会に巣喰う無党派主義グループとの非和解的対立を急速に激化」させたとし、岡山大学事件の発端を、寮生や大学が「マル青同による『寮の占拠』」であるとしていることに反論し、マル青同が「前衛活動に対する協力を求めて、寮生にマル青同党員であった寮生の居室との入れ替えを要求し、自主的に転室してもらった」ことを、寮委員会が「セクト主義」「横暴」と非難し、「マル青同の寮内立入禁止を決議し」、「マル青同との武装対決も辞さぬ構えをとり、そのために寮生大衆をも動員した」ことにあるとしている。

そして寮委員会グループがマル青同を排斥した理由を思想的対立に求め、「五・二五闘争とは検察諸君の主張するように『マル青同対北津寮生』の衝突ではなく、寮の占拠と寮の防衛とをめぐる闘争でもなく、それは共産主義理論の寄食的取得の革命的清算及び撲滅の闘争をつうじて理論を共産主義的に取得しなおしていくのか、それとも私的・寄食的・資本主義的取得を美化・正当化し、延命のために術策をめぐらして反共突撃を試みていくのかをめぐる闘争」であると主張した。

〈論点整理〉

• 「外部」の解釈

マル青同が岡山大学に公然と登場したのが1975年春であったことは、マル青同の主張と『岡山大学史』の双方が一致している。大学側やその周辺がマル青同を「外部」と主張する理由はその公然登場から大沢君殺害に至るまで約2ヶ月しか経っていないことが理由であろう。マル青同が学内に登場してすぐに事件を引き起こし、そして事件後すぐいなくなったというのであれば、関係者からすれば「外部」という表現はしっくりくる。

しかし逮捕者に岡山大学の学生・元学生が複数含まれているという事実からすれば全くの外部とも言い難い。そしてマル青同の言うように岡山大学周辺のマル青同シンパ組織を吸収したというのが事実であれば、「外部」という主張はあたらない。ただその活動が公然化していないまま事件が生じたために、「外部」から来たように見えたものと思われる。どちらの主張にも理由があり、一概に否定しがたいところである。

• 「寮生」に対する「襲撃」の意味

マル青同の主張をまとめると、①事件の相手方は「寮生」ではなく「大学北津寮を拠点にしていた一部の政治グループ」＝「寮委員会グループ」、②「一方的襲撃」ではなく「衝突」、「闘争」または「戦争」、③事件の原因は「寮の使用権」をめぐるものではなく「共産主義理論の取得をめぐる非和解的対立」ということになる。

そもそも「襲撃」ということばをどのように定義するかという問題があるが、恐らくは無抵抗の無辜の一般学生を一方的に攻撃して死に至らしめたのではないと主張したいものと思われる。しかしこのマル青同の主張の当否は評価できるだけの材料を持ち合わせていない。というのは新聞報道や『岡山大学史』にはこの主張の当否を判断するに足る記述が全くなく、また寮自治会側の主張に関する資料は今回手に入れることができなかったためである。ここではマル青同の主張を紹介するにとどめる。

• 内ゲバ事件としての評価

かつて学生運動がどの大学にもある程度存在した頃は、セクト同士の衝突というのは当事者の多寡や怪我の程度に差はあれ一定数見られる事象だったという。五・二五事件はそのような内ゲバ事件と比較して評価してみたい。

寮自治会がどれほどの武装をしたのか、また対するマル青同もどれほどの準備をしていたのかはこれも資料が乏しくわからないが、街宣車を武器として集団に突っ込ませたという行為の態様には特異性があると考える。大型の車両を生身の人間に向かって突っ込ませるというのは明らかに人の死を許容している。中核派や革労協と革マル派の内ゲバや、革労協現代社派と赤砦社派の内々ゲバのように機関紙誌で双方が宣戦布告をし、「対カクマル戦争」と呼ぶほどのまさに戦争状態に入って殺し合いをしていたような特異な状況を除けば、新左翼グループが起こした事件としては他に例がないと思われる。一般的には角材や鉄パイプを用いて殴る程度で、その暴行がエスカレートして偶発的に死に至らしめた例もあるが、これは直接に殺害を目的としていない。用いられた武器が相手に怪我を負わせること以上に、殺害を許容している点で特異である。

加えて被害者を衝突の場から連れ去り、見つからないように山中に遺体を埋めたという例は、この事件を除いては寡聞にして著者は知らない。中核派が殺害した海老原君、革マル派が殺害した川口君もその遺体は病院の前に遺棄されている。病院前に遺棄すればよいというものではないが、仮に殺害を直接の目的とせず偶発的に死に至らしめたとしても、そのまま死体を見つからないように遺棄するというマル青同のやり方は特異であったといえる。内々ゲバで殺害された革労協の永井啓之がトンネルに遺棄されていたことが類例として挙げられるが、生死も不明なまま誰にも見つからないようにと、山中にその遺体を埋めるということは明らかに特異である。山中に見つからないように遺棄した事例は連合赤軍の山岳ベース事件があるが、山岳ベース事件は仲間内でのリンチ殺人事件であるので、一般的な内ゲバとは区別するべきであろう。

内ゲバを「戦争」と称し、意図的な殺人に手を染めた党派からすれば、敵の殺害は誇るべき「戦果」であって、決して隠すべきものではない。大手を振ってやったはずの「戦争」において、敵の死という「大戦果」をなぜ隠したのだろうか。

〈後継組織の見解〉

民主統一同盟への改組後しばらくして、機関紙『民主統一』上で、代表の戸田政康による連載が組まれた。この連載で戸田はマル青同の歴史に触れつつ、岡山大学事件とその影響について以下のように述べた。

岡大事件（この件についての政治的総括等は、別の機会で述べる）は、マル青同の情勢と任務及び組織規律性からみて、説明のできない「闘争」である。

マル青同内的に、この事件を政治上処理しようとすることは、きわめて簡単である。機関決定無視、最高指導部の許可なく部隊を編成し、同盟破壊のための行動をとったという、文字どおり釈明の余地のない事実によって除名処分である（この事件の責任者は、当時の若き穂積君である）。だがその処置は、一時代にわたる自己批判として、同盟内にとどまるという性格におちついたのである。

（注・岡大事件が派生した構造の、思想－政治傾向の性格は、鮮明である。ブンド、赤軍、労働党くずれ及び七十年代無党派主義者と「左」右の組織観念論の、異常なまでのミエとつっぱりとはりあいをバネにした活動スタイルなどが交差したなかで生じたものである。北条論文（引用者注：日本共産党『赤旗』上に掲載されたマル青同を批判する記事）が指すところのニセ「左」翼構造であり、私達の組織内用語でいうところの穂積構造－煉獄の確信問題の政治的浮上の第一発目である）

だが岡大事件は、徹底した政治警察の、マル青同壊滅作戦の直接的経路を与えたのである。

当時、『朝日』を先頭とするマスコミでさえも、「鉄の規律マル青同、五百の部隊も一夜にして百を割り込み壊滅か」と称された、すさまじい攻撃をうけたのである。

この攻撃の十字砲火の中で、マル青同中央委員会は、文字どおり壊滅したのである。

あとに残ったのは、若き同盟員大衆諸君と、政治警察との関係で活動の自由を奪われた私を含めて数名の、中央委員会の抜け殻同様な人々だけであったのである。

（戸田政康「民主統一同盟の凡人的発展の特性を語る！（二）　マル青同の形成過程の特異性をかえりみて思うこと」『民主統一』第120号（1989.03.01付）所収）

戸田のこの記事は、前掲の『報告書』に収録された穂積らの冒頭陳述には見当たらない、穂積の独断専行によって発生した事件であるとの見解を示し、マル青同中央の意思によるものではないとした。この岡山大学事件を起こしたマル青同部隊が機関決定無視で派遣されていたという主張は、裁判中からなされ、争われていたようである（石津美知子「民主統一同盟への主体的参加の道　新たな民主主義の先進闘士にむかって、マル青同をどう決算してきたのか」（『民主統一』第122号（1989.05.01付）所収））。

そしてその事件を勝手に起こした穂積については、除名に代えて、自己批判することで組織にとどまることを許したという。またこの書きぶりからすれば、当時まだ獄中にあった穂積はマル青同が民主統一同盟に改組した後も同盟員であったようだ。

2006年には週刊文春3月16日号が「前原民主を支援する元極左テロ集団」と題する記事を掲載し、これに対して「がんばろう、日本！」国民協議会代表戸田政康の名義で「週刊文春（3月16日号）掲載の誹謗中傷記事に抗議する」との抗議声明がHP上に掲載（http://www.ganbarou-nippon.ne.jp/bunsyun.html 2020年5月1日著者確認）された。この抗議声明はマル青同から民主統一同盟、「がんばろう、日本！」国民協議会のつながりを否定するものではなく、岡山大学事件について「戸田はその決定にも過程にもいっさいかかわっていない。このことは公判においても認定されており、また検察側が共同共謀正犯での立件を断念したことからも明らか」として自らの関与を否定した上で、「事件の状況は、岡山大学学生寮の主導権を握る寮委員会の相当数の学生がヘルメット、角材、投石用の石などを大量に準備して集合しているところへ、マル青同の部隊が入っていったというものである。寮委員会側が圧倒的多数というなか、衝突ではマル青同側に死者が出ても不思議ではない状況であり、とうてい『襲撃』というものではない」とした上で、「当記事は『がんばろう、日本！』国民協議会について、元極左テロ集団が『偽装転向』したものであると印象づけ」るものだとして抗議している。

刑事事件の公判資料を手に入れることができていないため、声明でいわれているように公判で認定された事実かどうかは、著者は確かめることができていない。「襲撃」の意義については概ね『報告書』の主張を踏襲しているものと思われる。また声明内容はあくまで偽装転向との「印象づけ」に抗議しているだけである。偽装ではなく本当に転向したのだと言いたいのか、あるいは転向などしていないと言いたいのか不明であるが、週刊文春の当該記事を確認したところ、代表の戸田は取材を拒否しており、事務所で記者に応対した機関紙編集長の石津美知子は、記者の「マル青同のときから考え方は変わっていないのか。」という問いに「考え方は変わってません」と答えたとされているから、記事を信頼するのであれば転向はしていないと考えるのが妥当だろう。

事件が戸田の主張する通り、マル青同の機関決定無視によって穂積の独断で行われたものであるならば、あの『報告書』は何なのだろうか。公判では主張されたようだが、少なくとも事件後数号の機関紙上でそのような主張は見当たらないし、穂積は冒頭陳述で自分の独断であるというような主張はせず、むしろマル青同として事件の正当性を得々と語っている。仮に穂積らの冒頭陳述が組織の意に反するものであるならば『報告書』としてマル青同の機関紙発行主体である党旗社から何の注釈もなく発行されるはずはない。あの『報告書』の発行は、岡山大学事件が穂積の独断であったとしてもそれを追認する役割を果たしている。

「がんばろう、日本！」国民協議会のHPを確認した限りでは、前身にあたるマル青同が引き起こした事件で1人の学生を死に至らしめた件について、上掲の通り記事に対する抗議声明は見つけることができたが、代表である戸田自らが事件に関係していないと強調することばはあっても、亡くなった学生を悼むことばは一言も見られなかったことは付記しておきたい。

またこの記事については週刊文春の発売以前に「がんばろう、日本！」国民協議会の知るところとなり、「メルマガ♯がんばろう、日本！」号外（2006.03.08付）（http://www.ganbarou-nippon.ne.jp/mailmagazine/082a.html 2020年5月1日著者確認）にて石津美知子の名義でメルマガ読者に向けて発売前に告知がなされているが、この中で「越谷の選挙、鳳来町－新城市の選挙、都議選（当選後）などで、この類のキャンペーンが行われてきた。しかしそれによって、主権者運動の確信がぐらついたことはなかった。（鳳来－新城の選挙：岡大事件の当事者である穂積の町長選挙、市長選挙。いわゆる『マル青同・岡大』キャンペーンが張られたが、いずれの選挙も圧勝。市長選では警察がキャンペーン当事者に『バカなことはやめろ』と説教したくらい。）」と、もはや過去に人を死に至らしめていようと、その死体を山中に遺棄しようと関係ないといわんばかりの記述があるので、あわせて紹介しておく。しかも、同メールマガジンでは週刊文春の取材活動について、政治的妨害の意図があると批判した上で、この記事が機関紙拡大のチャンスになるので活用せよとまで書いている。

ここで言及されている「鳳来―新城の選挙」とは、市町村合併前の愛知県南設楽郡の鳳来町長選挙及び合併後の新城市長選挙のことである。もちろん「穂積」は先に紹介した穂積亮次のことであり、これらの選挙戦に勝利し、2021年11月まで鳳来町長・新城市長を務め、最後は市長選に不出馬で引退した。

〈事件後の穂積〉

岡山大学事件で服役し、出所した穂積は、1997年に父方の郷里である愛知県旧鳳来町へ移って林業に携わり有限会社穂積林業を設立、自ら代表取締役に就任した。1999年からはNPO法人穂の国森づくりの会専務理事となって活動し、2003年4月の統一地方選挙で愛知県議会選挙北・南設楽郡区（定数1）に立候補したが、落選。翌年の旧鳳来町長選挙に立候補して当選し、町長として市町村合併に取り組み、旧鳳来町と旧新城市、旧作手村の合併に伴い新新城市が発足したことで失職した。新しく発足した新城市長選に出馬して勝利し、初代市長に就任。以降2009年、2013年、2017年の市長選にも勝利し4期16年を務めた。

穂積が初めて挑み、唯一敗れた愛知県議会選挙の前には、穂積とその実兄の学生運動の活動歴について一部に虚偽も交えて詳細に記した中傷ビラがまかれ、穂積はこの中傷ビラの配布中止・禁止を求めて、同じ選挙区の現職自民党県議の後援会支部役員3名を相手取って仮処分を申請している。この仮処分申請については、裁判所の示した和解案に基づいて和解したという（中日新聞朝刊東三河版2003.02.28付・2003.03.07付）。

まずは穂積が自身の学生運動歴や岡山大学事件についてどのように語っているか、確認できた限り紹介してみよう。

「『主義』に生きた若き日々（百年のこと 第1部家族写真：2）」（朝日新聞朝刊 1999.01.03付）では岡山大学事件についてこのように回想している。

「七五年（昭和五十年）、岡山大学寮で内ゲバ事件が起きた。寮を取り囲むピケと、それを突破しようとするセクト系のマイクロバスが押し合いを繰り返した。一瞬、微妙な均衡が崩れた。街宣車が一人の学生をひいた。『行け、突っ込め』。車の上で、指揮をしていたのが亮次さんだった。」

この記事では岡山大学事件において現場でマル青同を指揮していたのが穂積自身であることを認めている。ただこの記事では死体遺棄については触れていない。

「（いま、大切なもの：4）公職の重み、刻む時計　政界に回り道の人生／愛知県」（朝日新聞朝刊　名古屋版2012.01.05付）でも岡山大学事件については「1975年の内ゲバ事件」とだけ紹介されている。この記事によれば、実刑判決が確定したのが1990年、出所したのが1992年2月だという。

書籍では、前掲『高校紛争1969－1970』でインタビューに答えている。ML派の高校生組織である高校生解放戦線に所属していた穂積は、都立小石川高校中退後に職業活動家となり、マル青同に所属。1975年に岡山大学で対立するグループとの間で死者を出す衝突事件を起こしてからは6年間逃亡し続け、1981年に逮捕。

実刑判決を受けて服役し、1992年に釈放されたとしている。この書籍でも死体遺棄については触れられていない。穂積は「私を担いだことで嫌な思いをするかもしれない。それでも担いでやろうという人がいるならば、私はそれに応えていきたい」と述べている。

いずれの記事でも事件後6年にわたって逃亡し、逮捕された穂積が、逮捕後どのような主張をしたのかは触れられていないが、これまで見て来た通り『報告書』所収の冒頭意見陳述では穂積は一切悪びれることなく、マル青同のメンバーとしてその正当性を主張している。死体遺棄に触れていないのは穂積がその罪では有罪になっていないからかもしれない。穂積が傷害致死以外にどのような罪に問われ、どのような判決を受けたかは不明である。『報告書』所収の穂積自身の手による「過渡期世界における回路なき転向・挫折 文明の集積期としての七〇年代社会構造の泥沼的破局の進行、それとどう闘うか！」には、逮捕直後の穂積の獄中からの手紙が掲載されており、長期の潜伏期間を経た後も意気軒昂な様子がわかる。1981年10月の逮捕後、実刑確定までに10年弱を要していることからかなり争ったものと思われ、仮に保釈されていなければ未決勾留を引いても更に約2年服役したということになり、10年前後の有期刑という重い刑に服したものと思われる。服役し、また釈放後林業に携わってからこの事件をどのように捉えるようになったのか、やはり冒頭陳述の主張を維持しているのかどうかは本人が語っておらず不明である。

岡山大学事件の舞台となった岡山大北津寮は廃寮になって久しいが、岡山大学の構内には大沢君の追悼碑が残っている。この慰霊碑は1975年6月21日に建立されたものだという（「岡山大学学生寮年表」岡山大学学生寮同窓会『想い出』（1994年、岡山大学学生寮同窓会）所収）。かたわらには仏像もあるが今は世話をする人もないようで、2019年に著者が訪問した際には周囲には雑草が生い茂っていた。追悼碑の表面には「大沢真君追悼」の文字が見えるが、詳しい説明書きはなく、近くを通り過ぎる学生たちもこの追悼碑が何なのか知らないどころか、そこに石碑があることすら気づいていないように見えた。この追悼碑の存在はネット上への北津寮の出身者らの書き込みで知ったが、詳しい場所はわからず、一度は岡山大学構内を歩き回って見つけられずに帰ったこともあった。今回何とか探し当てて手を合わせることができた。訪れる人もあるかもしれないので詳細な場所を紹介する。場所

岡山大学構内の大沢君慰霊碑
（2019年著者撮影）

岡山大学構内の大沢君慰霊碑
拡大（2019年著者撮影）

は岡山大学津島地区東キャンパスにある陸上競技場の北西の端の木陰であり、そばには数台分の駐車スペースがある。2つの一般教育棟と、陸上競技場、野球場が面する十字路に面しているので、近くまで行けばわかるだろうと思う。事件に関わった穂積や当時代表であった戸田がここを訪れたことがあるのかは寡聞にして知らない。

『共産青年』創刊号（1974.1.27付）より

マルクス主義青年同盟（準）結成声明
——青年同盟結成＝旧解放委員会・旧レーニン研究会の組織合体＝の意義について——

マルクス主義青年同盟（準）の結成－それに先だつ旧解放委と旧レーニン研の組織合体－には、階級闘争－歴史発展上の根拠がある。青年同盟（準）は、決して階級闘争の発展と無縁な、主観主義者の恣意的な行動の単純な結果として生じたものなどではない。それは、何よりも革命的左翼の、階級闘争の深化・発展が要請したこと、言ってみれば“時代が投げかけた問い”に真剣に、実践的に回答を出そうと云う陣痛の苦しみの中からこそ生み出されたものである。

我々は、日本階級闘争と日本における“時代の要請”に答えるべく奪闘している真摯なるマルクス主義者－党派、そして日々帝国主義の圧政に抗して闘い続けている労働者・勤労人民、革命的青年学生たちにとっての合体－結成の意義とは何かを明らかにしたいと考えている。意義の共有化の責任を果すべきだと考えている。

結論的に言えば、合体－結成の意義は、大略して以下の三つの点に集約することができると考えている。

すなわち、合体－結成は、

一、分裂の歴史から団結の歴史への、現実的には小さな一歩、しかしながら〈原文ママ〉思想的には巨大な一歩前進であること。

二、階級闘争－歴史発展の象徴的な、しかしながら揺ぎない内実をもった一つの帰結であること。

三、日本における真の単一の前衛党建設へむけての一定の灯—特に党と人民にとっての暗黒の時代を小さいながら輝し出す灯を創出したこと。

である。これらの集約的見解に踏まえて、分裂の歴史への分析を中心として総括的に、合体－結成の意義について述べてみたいと思う。

敗戦後、日本のマルクス主義者は、その主観的苦闘にもかかわらず、客観的には、労働者・勤労人民の自己解放のための組織と運動を分裂させつづけねばならないと云う歴史－自己矛盾の過程－を歩んできた。その結果、敗戦後二八年経た現在、労働者階級の「前衛」を名乗るマルクス主義政治組織－党派が数え切れぬほど存在することとなり、日本階級闘争の前進に、常に一種の混乱を持ち込む主体的要因となってきた。

日本階級闘争は、敗戦後から高揚と低滞〈原文ママ〉を数回にわたって繰り返し、現在、世界的規模での資本主義の下部構造における矛盾の激化に規定された日本帝国主義の危機の深刻化にともなって、新たな高揚期に突入している。それは、階級対立の非和解性が、日帝のそれを包み隠そうと云う懸命な努力にもかかわらず至るところで憤出してくると云う性質をもったものであると云う意味において、まさに高揚期の内実を持つものである。その軸は、労働運動が、そして農・漁民－勤労人民の闘いが、部落解放運動が形成している。そして、さらにこの軸に学生・高校生の運動が糾合しつつある。

この日本階級闘争の新たな昂まりに、分裂の歴史の結果としての諸党派の苦闘が、主要ではないまでも何らかの形で貢献していることは疑いないことである[*1]。

＊1　この意味からすれば、分裂も日本階級闘争の前進にある種の活性的条件を与えていると分析し得るであろう。

だが、階級闘争一歴史（その哲学としての唯物史観－弁証法的唯物論）発展のダイナミズムは、日本的分裂に関する分析を、このような側面においてのみ把握することに警鐘を鳴らしている。何故なら分裂が生み出した諸要素が、今や、日本階級闘争の革命的現実へのさらなる一歩前進にとっての桎梏となってきているからである。そして、その諸要素とは以下のものである。

①日帝の下部構造からの危機の進行による革命の客観的条件の成熟がますますハッキリしつつある中で、日本階級闘争に対する「前衛党」の、より系統的・計画的、全般的・組織的な強固な指導性が必要不可欠なものとなっているにもかかわらず、分裂は指導的核心部隊を切り縮めることによって－当然にもこれは生産点・地域・学園における運動に反映する－その主体的条件を自ら押しのけていること[*2]。

＊2　それ以前の革命とは異なり、プロレタリア革命（当然、ロシア革命以降の民族解放－社会主義革命も含んでいる）は、階級闘争の自然成長の単純な結果として成功することはなく、労働者階級の内部に深く深く押し込められているそれまでの人

類社会を本質的に止揚する物質的・精神的力量を引き出し、結実させると云う意識性－この組織的表現としてあるのが前衛党である－による主体的条件の指導が不可欠である。言ってみれば、プロレタリア革命とは、客観的条件と主体的条件の充分な結合なくしては不可能なのである。

②本来ならば“成長の泉”たるべき党派闘争が、極端な暴力的形態をとることによって人民内部の矛盾を正しく処理する機能を失ない、諸党派間の党的相互止揚の契機たり得なくなっていること。同時に、このことの深い思想的影響が暴力一般にまで及び、多数の活動家を、革命における暴力の問題に対するマルクス主義の厳密な立場を右と「左」に不断に溶解させる“堕落”した思想に引きずり込んでしまっていること。

③下部構造から進行しつつある危機を乗り切るために日帝は、ますます「分裂させて支配する」と云う陰謀的階級政策への依存度を強めており、分裂はこの支配の論理の強化の恰好の客観的条件とされていること。－フレームアップやキャンペーンが、“暴力”と“分裂”に集中されていることを見よ－

④日本階級闘争にますます重要な役割を果すようになってきた多数の無党派活動家に、分裂にともなう多側面にわたる不毛性が悪影響を及ぼし、それが“補導の強化”の名においてなされるために、彼らの間に“指導一般”に対する抜きがたい不信感を与え、孤立主義・無政府主義的傾向を助長させていること。

ところで、この分裂の歴史の主要な担い手は、いわゆる「革命的左翼」である。そして、革命的左翼こそは、五〇年代後半以降「日本共産党」が現代修正主義の党へと純化していくことと最も真剣に闘い、マルクス・レーニン主義の旗を掲げて革命的大衆運動を闘い、それを支えてきた活動家集団だったのである。他のどのような部隊よりも日本階級闘争の最前線において苦闘してきた主体である彼らは、他の誰よりも血塗られている。だが、この血は闘争の歴史と不可分なものであり、その意味で彼らは、矢張、五〇年代後半以降の闘いの最良の成果である。最良の成果が、分裂の歴史を同時に刻印し、新たな高揚期への突入にともなって桎梏物へと転化しつつあるということ、ここに日本階級闘争がもつ深刻な事態があるのである。革命的左翼の主要な傾向は未だに“分裂”である。だが、最も良く闘う者、最も良く実践から学ぶ者は、七〇年代に入ってから時代の発展が闘う主体に何を要求しているのか少しずつ理解し始めた。このように階級闘争の発展の素朴な結果として生みだされた部分は、なお余勢を駆って突き進む分裂の潮流に押し流されながらも敢然とそれに逆らい少しずつ新しい潮流として日本階級闘争に根を張りつつある[*3]。

＊3　連合赤軍は、この潮流の初めの具体的表現であった。そして、彼らは時代の要求に未分化（素朴な結果として生みだされた部分が、もたざるを得なかった特徴である）なまま対応することによって分裂の潮流に抗し切れず押し流されてしまい、後に続くものに、党の思想建設と組織論（軍事問題を含む）、運動論上の欠陥をあの衝撃な崩壊の中で激烈に輝し出すことによって、未分化の内容が何であるのかを明らかにした。連赤の粛清事件が、日本階級闘争の深刻な矛盾の内容を端的に証明している。

青年同盟（準）の組織母体である旧解放委と旧レーニン研は、革命的左翼の隊列下にあった党派であり、分裂の歴史の申し子である活動家たちによって組織されていた党派である。そして、旧解放委は旧ＭＬ同盟の「整風運動」が勝利し得ぬままに瓦解していく中でＭＬ派の最も戦闘的分子を中心とした、さらなる整風運動の推進の過程で形成され、旧レーニン研は関西の地から諸党派の指導がマルクス主義的指導の内実をもった指導たり得ない状況下で京大闘争、三里塚闘争、沖縄闘争を革命的大衆運動として闘い抜く苦闘の中から形成された党派である。従って、我々は革命的左翼諸党派の誰もが受けている血の洗礼を同じように受けており、同時にその洗礼の痛み－分裂の歴史の不毛性を思い知らされてもいた。我々の党派活動は、この出発点において我々に刻印されたものとの闘いなしでは有り得なかった。従って、我々の闘いとは、とりもなおさず以下のようなものでなければならなかった。

①実践の混乱－分裂の歴史をもたらしている－の真只中から、この実践の混乱の克服を追求するべきであって、この現実から昇天したり、それを自己とは無縁のものとして外在化することは許されないこと。②どんなに小さな運動から出発するにしても左翼反対派の立場に陥いらないことを自己に課し、あらゆる運動の中で大胆に共産主義を組織し帝国主

義の要塞の「正規の攻囲の陣型」構築を目指すこと。③徹底した大衆路線にもとづく大衆運動の創出を前提とした「指導」の健全たる回復－指導を指導たらしめると云うこと－を追求し、新たな建党路線－団結の道すじを明らかにし、この過程においてトロツキズム・反スタ「マルクス主義」を克服すること。－日共－現代修正主義の党は粉砕の対象である。④以上の各点に規定されることを前提として、闘いの中で指導（部）の堅実な集中を一歩一歩確実になしとげること[*4]。

＊4　すでに分析してきたように日本にはマルクス主義政治組織－党派が数え切れぬほど存在しており、それらがそれぞれ単一の前衛党をめざしている。この現実を承認できず、この現実から党建設の道すじを追求しないものは、必らず自己絶対化と云う誤まりを犯し、かつ諸大衆運動－組織の絶対的系列化と云う謬論に陥るのである。建党路線における同心円的拡大論は小ブル急進主義の産物であり、観念論以外の何ものでもない。この立場からこそ党建設のヘゲモニー争いと、大衆運動とその組織の系列化争いを媒介として暴力的党派闘争が生み出されるのである。我々は、現実を承認し、かつ単一の真の前衛党を建設するために、革命的大衆運動への打ち込みを前提として、この中で批判と自己批判を貫徹する立場を確立し、党的相互止揚を通じて団結の必然性を相互に見出し得た部分と、綱領的立場・組織・戦術・階級的立場・作風の共有化を追求することによって指導の堅実な集中を一歩一歩確実になしとげることが必要だと考えている。

以上の観点は、それぞれ別個な形成過程をもつ党派であるにもかかわらず、その総括－理論作業の中から、旧解放委、旧レーニン研が共に導き出したものである。それは、両組織の旧機関誌『解放通信』『ボルシェヴィズム通信』において鮮明に打ち出されている。

この共通の観点を、具体的・実践的に相互に結びつけ、8・25共闘会議とその運動に結果し、それに先だつ建党の重要な環としての全国協議会に結集する媒介となったものが、他ならない連合赤軍事件であった。我々は、連赤事件直後の衝撃と混乱－全てのマルクス主義者、政治党派の階級的立場・思想的－路線的内実が根底から全人民の政治的に未分化な注視（良い意味でも悪い意味でも）のもとで洗い直されている時期に、相互に、相手が相対的に秀れた姿勢を堅持しているのを見出したのである。大多数の党派とマルクス主義者が、とりわけて全国的な組織的影響力を有する全国的政治機関紙を発行し得るような党派が、日帝がこの時とばかりに自己の自由にできる宣伝・煽動機関の全能力を傾けて展開した反連赤フレーム・アップとキャンペーン＝これは、とりもなおさず暴力革命を主張する全ての部分に対して仕かけられた敵の側からの徹底した思想闘争の内実をもつものだったのだが＝の前で、あわてふためいて自己の無実潔白を証明するべく（従って思想闘争などはじめから問題にならなかった）日共－現代修正主義の党ともども極めて低次元の連赤批判の大唱和を行っていた時[*5]、我々は他の余り多くはない党派、マルクス主義者とともに、このようなキャンペーン、フレームアップが敵階級のヘゲモニーになる思想闘争であることを見抜けないという浅薄な傾向と闘っていたのである。

＊5　それは、連赤事件を非常に乱暴に概括して路線問題一般の不充分性、誤りに帰着させるものであった。日共と革マルはこの立場の双壁であり、他の革労協や第四インター等も大同小異であった。連赤の無惨な敗北が、分裂の歴史の結果混迷している日本における建党問題、実践的混乱の克服、日帝国家権力をいかなる具体的方法で粉砕し、労働者・勤労人民をプロレタリア独裁の旗の下に結集させる道すじ－すなわち共産主義をどのように組織するのか、等々の問いとの死闘、まさに死闘との結果であることに少しでも気づいていたなら、せめてもう少し慎重な総括上の立場を－例えば黙示の挙に出た革共同中核派ぐらいの立場を守るべきではなかったのか!?大唱和に参加し、敵の目論見にまんまと乗せられた革命的左翼と自称する諸君は、自己と日共の違いを必らず全人民の前に明らかにする必要がある。それは、日帝の危機が加速度的に進行する現在、なお一層緊要なこととして問われている。

我々は、未だ大衆運動の、従って実践的検証を受けない段階ではあったが、連赤事件が投げかけたものを綱領的立場・組織・戦術、・階級的立場、作風と云う全面性から検討し、そして帝国主義の要塞の「正規の攻囲の陣型」を構築することを極めて目的意識的に追求する場として、他にも若干の党派、マルクス主義者を加えて全国協議会をもった。8・25共闘とその運動は、この我々の姿勢を大衆運動の烈火で検証する場として、文字通り、七二年八月二五日、世界革命と国際共産主義運動の現在における最前衛の闘いを担っているベトナム―インドシナ革命戦争に連帯し、サイゴン蜂起二七周年を記念することを出発点として結成された。そして、このことは当然のことながら、この運動に結集する者の思想的立場を一定の内容において規定した。それは、現在段階における世界革命と国際共産主義運動の最前衛を、中－朝－インドシナ三国人民の闘いに象徴される民族解放社会主義革命であることの承認、ひるがえって、そのことが今や帝国主義心臓部での革命闘争の大胆な前進を要求していることの確認、及び、日本革命運動の混迷を真の国際主義潮流の建設によって止揚すると云うことを、8・25共闘会議自体が全体としてハッキリと打ち出していたが故に、ロシア革命以降の世界革命における民族解放運動が持っている意味を頑迷に理解しようとしない反レーニン主義的な単純な先進国革命論者や、前述の諸内容を敵視するか、あるいは利用主義的にしか位置づけられないトロツキズム、反スタ「マルクス主義」批判とを前提とする思想内容であった。この様な方向性を堅持した8・25共闘会議とその運動、及びそれに先行する全国協議会は、我々旧解放委と旧レーニン研の四つの観点を、この一年数ヵ月にわたって厳しく検証した。我々は、8・25共闘会議に結集する他の同志・友人たちと、熾烈な諸闘争から昇天することなく何回かの曲節を経ながらも8・25共闘会議を立派に運営し、昨年10・21闘争には革命的左翼諸組織の中で最大の二千有余人（我々は、どこかの党派のように動員数を水増しにするなどと云うことはしない）を雨中で結集させ、新たな国際主義潮流としての統一の基調を貫徹させたのである。8・25共闘運動の一年数ヵ月は、全協の指導性の内実を、遺憾無く問うた。旧解放委と旧レーニン研は、独自の歴史的形成過程と独自の組織体制をもつ党派であるから、どのように相手を基本的姿勢において評価・承認していたにしても、独自の組織活動を相互の関係において解消したりすることは、当然のことながらできない。従って、旧解放委と旧レーニン研の間には、党派闘争が存在し、それは、相互の諸側面における共通項が多ければ多いほど、現象面的にはともかく内面においては極めて厳しいものであった。何故なら、両組織の活動の場は、いろいろな意味で共通だからであり、それは、特に党派の路線の物質化にとって絶対的要素である新しい活動家を組織体制に結集させると云う、党派にとって非常にリアルな問題に関して多大な矛盾を持ち込まざるを得なかったからである（諸党派は、ほとんどこの事を媒介として一度は暴力的党派闘争をしているはずであり、なお続いている暴力的党派闘争の、それは変らぬ原因の一つとなっているのだ）。だが、我々は、ある種の戦線でこの矛盾を激化させたことはあったが、結局のところこの矛盾をも相互止揚してきた*6。

＊6　このことは現在の暴力的党派闘争が、党派闘争Iに関するマルクス主義の普遍的原則とは一切関係のない小ブル観念論の産物以外の何ものでもないことを端的に証明した。

そして、それは両組織の、四つの観点の実現と、“成長の泉”たるべき党派闘争における原則性の回復の追求、と云う目的に対する真剣な打ち込みによってのみなし得たことなのである。我々は、四つの観点は未だに実現過程にあると把握しているし、それは、まだ端緒に着いたばかりであるとも把握している。だが、第四の観点は、我々に指導（部）の堅実な集中を一歩一歩確実になしとげる、と云う課題を与えていた。そして、すでに、旧解放委と旧レーニン研は、相互にその存在、その姿勢に実践的にも理論的にも、かつ思想的にも充分な点検を加えており、しかもその結果は満足のいくものであった。第四の観点に真面目であるなら、我々は、指導の堅実な集中のために合体するべきことが問われていた。何か理由をつけて合体を引き延ばすことは、七三年の夏以降では、すでに不自然であり、かえってセクト主義の誤りに陥いることを意味していた。

我々は、このような把握に基づいて夏以降、合体のための諸活動に精力的に前進した。そして、昨秋10・21闘争を組織しつつ、旧両組織の最後の整理を行い、×月×日正式に組織合体し、続いて、同一の思想的立場、同一の政治・組織路線、単一の中央－地方指導部よりなる、連合組織ではない新たな政治組織、マルクス主義青年同盟（準）を結成した。（準）は、従って、準備会と云う意味ではない。（準）は、我々の建党路線上、組織論上の必然的な帰結であり、それらの内容がいかなるものであるかを証明するものである。すなわち、（準）とは、前述した四つの観点が未だ実現過程であり、しかもその端緒に着いたばかりであり、指導（部）の堅実な集中の一歩一歩の獲得のその一歩を踏み出したにすぎない、と云うことの組織形態の一表現である、と云うことなのである。青年同盟としての組織活動を準備会として展開すると云う意味ではなく、さらに四つの観点の実現のために苦闘し、その過程で多くの真摯なるマルクス主義者、党派と指導(部)の堅実な集中を一歩一歩確実になしとげる、と云うことの決意表明であり、真摯なるマルクス主義者、党派を自負する多数の同志たちに対する、団結して共に、現状の混乱を克服しよう、と云う熱烈な呼びかけを、青年同盟として行なっている、と云う意味なのである。旧解放委と旧レーニン研がそうであったように青年同盟(準)も、また、分裂の歴史の不毛なる刻印との闘いを展開しなければならないのである。そして、青年同盟(準)は、この刻印との闘いの初歩的勝利の結果、結成されたのである。この意味で、旧解放委と旧レーニン研の組織合体、マルクス主義青年同盟(準)の結成は、何よりもまず、①分裂の歴史から団結の歴史への一歩前進の組織的表現、②階級闘争－歴史発展の象徴的な一つの帰結、③日本における真の単一の前衛党建設へむけての一定の灯となり得ること、と云う、(現在の日本階級闘争の客観的情勢の発展・深化と裏腹な主体的条件の否定的現状にあっては、)とりわけて強調されるべき意義があるのである。

以上

(http://www.ganbarou-nippon.ne.jp/bunsyun.htmlより　2020年5月1日著者確認)

週刊文春(3月16日号)掲載の誹謗中傷記事に抗議する

2006年3月10日
「がんばろう、日本！」国民協議会
代表　戸田政康

週刊文春3月16日号掲載の「前原民主を支援する元極左テロ集団」とのタイトルの記事は、「がんばろう、日本！」国民協議会の活動に関する社会的信用、ならびに代表である戸田政康の名誉を著しく傷つけようとの悪意にみちた中傷記事であり、ここに断固として抗議する。

1. 当記事では何人かに取材したという体裁をとっているが、週刊文春記者の取材に対して「がんばろう、日本！」国民協議会ならびに戸田の活動について「まじめな主権者運動であり、信頼している」旨を答えた人たちの取材内容はいっさい反映されていない。

当初より「結論ありき」の意図が明白であり、極めて悪意に満ちたものである。

2. 岡山大学の事件について、記事では戸田が当事者であるかのように書かれているが、事件当事者の公判で認定されている事実は以下のとおりである。

一、この事件は、当初京都での活動を予定していた者らが、彼らの一存で岡山に向かったところから起こったものであり、戸田はその決定にも過程にもいっさいかかわっていない。このことは公判においても認定されており、また検察側が共同共謀正犯での立件を断念したことからも明らかである。

二、事件の状況は、岡山大学学生寮の主導権を握る寮委員会の相当数の学生がヘルメット、角材、投石用の石などを大量に準備して集合しているところへ、マル青同の部隊が入っていったというものである。寮委員会側が圧倒的多数というなか、衝突ではマル青同側に死者が出ても不思議ではない状況であり、とうてい「襲撃」というものではない。

3. 当記事では、「公安関係者」なる記述がたびたび出てくるが、公務員たる者が、その職務上知りえた情報をマスコミ関係者に漏らすことはありえないのであって、週刊文春が「公安関係者」からいかなる方法、手段で情報を得たのか、適法性が大いに疑われる。

また、戸田が株式会社ポーラスター投資顧問の株主である、との記述があるが、このことについてもいかなる手段、方法でこれを知りえたのか。株式会社ポーラスター投資顧問は一般には知られていない非上場企業である。投資業務に通じた者以外にはさほど知られていないこの企業について、週刊文春がどのようにして知りえたのか。また取材記者は、持ち株数まで挙げて確認を求めたとのことであるが、このような情報をいかにして知りえたのか。これらの点についても、適法性が疑われるところである。

4. 当記事は「がんばろう、日本！」国民協議会について、元極左テロ集団が「偽装転向」したものであると印象づけ、そのことによって民主党執行部を揶揄せんとの意図の下に書かれたものである。このように政治の現状を揶揄し、中傷し、国民の政治不信を煽るところから生まれるものは何か。それこそ、小さき自己責任さえ絞殺する、ソドム社会の総無責任にほかならない。それを営利活動として行うに至っては、亡国の所業と言うべきである。

政治はまじめな信条である。「がんばろう、日本！」国民協議会は、有権者、国民が目先の損得を越え、パブリックのために主権者としての責務を果たそうとする主権者運動である。「がんばろう、日本！」国民協議会ならびに戸田が営々として築いてきたこうした活動を誹謗中傷することで、いったい何を得ようというのか。

大新聞がなかなか取り上げない不条理を追及することが、本来、週刊誌報道に求められていることであるはずだ。週刊文春は、田中金脈の追及で社会に大きな問題提起をした時期もあった。「ペンの力」は巨悪や社会的不条理に立ち向かうためのものであって、政治不信を煽り、まじめな信条を誹謗中傷するためにあるのではない。

このような無責任な誹謗中傷を並べ立てることは、昨今とみに問題となっている報道被害ともあわせ、マスコミの存在意義そのものを自ら葬る行為であることを知るべきである。

「メルマガ#がんばろう、日本！」号外（2006.03.08付）
（http://www.ganbarou-nippon.ne.jp/mailmagazine/082a.htmlより　2020年5月1日著者確認）

電子瓦版（転送はご自由にどうぞ）
ー・ー・ー・ー・ー・ー・ー・ー・ー・ー・ー・ー・ー・ー・ー・ー・
メルマガ#がんばろう、日本！　　号外（06.3.8）
ー・ー・ー・ー・ー・ー・ー・ー・ー・ー・ー・ー・ー・ー・ー・ー・

●緊急告知
あす（3/9）発売の週刊文春に「前原民主を支援する『極左テロ集団』」というタイトルで、「がんばろう、日本!」国民協議会および戸田に対する中傷記事が掲載されます（4ページ）。
（ご丁寧に「極左……」の前に小さく「元」といれてある）

内容は、
①民主党は「ガセメール」どころではない爆弾を抱えている。それは「がんばろう、日本!」国民協議会との関係だ、との書き出しで、民主党議員が何人も機関紙に登場、なかには政治献金を受け取っている者もいる。
②「がんばろう、日本!」国民協議会とはなにものか。じつは元マル青同でこれは極左、そのうえ岡山大学で「内ゲバ」を起こした。←このあたりは「公安筋によると」とか、極左に詳しいジャーナリストの話、としている

③平野貞夫、中西輝政、愛知和男秘書などに取材した話をいろいろ並べて「うさんくさい団体」というストーリーをつくり
④極左の「偽装転向」「潜り込み戦術では」とし、「相手をよく調べもせずに政治献金までもらっているセンセイ方、これでは第二の永田事件が起きても不思議ではない」としている。

●こちらで把握している事実経過

3/4（土）に東大和に文春の記者を名乗るものが「戸田の話を聞きたい」と来訪。
3/6（月）に同編集部「中村」なる記者が東京事務所に来訪。取材を断る。週末にあちこちに「取材」をかけていたことが、それぞれの人からの連絡で判明。東京のみならず地方にも「取材」に出向いており、相当大掛かりにやっている。月曜日には議員会館を回り歩いたもよう。同夕、再び別の記者（氏名不詳）が来る。
3/7（火）朝。取材依頼のファックス。ここで「民主党とがんばろう～の関係」を記事にしようとしていることが判明。同じ記者が来訪、取材を断る。
3/8（水）ゲラ入手

●この件の政治組織性格について

永田メール事件をきっかけに、民主党をおもしろおかしく揶揄しようとしていたところに、「がんばろう、日本!」国民協議会という「格好の材料」をみつけて飛びついた、というところだろうが、戸田の活動をつかって政治不信を煽る――「政治はまじめなもの」「小さき無償の戦い」というところにようやくきている基盤をふみにじろうとする、という悪質極まりない所業。
これだけ大掛かりな「取材」を（地方にも出向き、議員や知事にもファックスを送り、学者、専門家のところまで出向き）しているところからすると、「がんばろう」および戸田の活動が社会的な認知を得ることに対する、政治的妨害の意図、ジェラシー、反発が相当渦巻いていると思われる。
自民党でもうちの活動を分っているほうは、「政治文化を変える」ことは与野党をとわず共通の課題でありその土台があってこそ政党政治が機能

すると考えているから、協力する意思はあっても妨害する政治意思は働かない。与野党問わず、それが分かっていないほうから妨害の政治意思は生まれるし、「主権者の責務」を分りたくない無党派分解からジェラシーや反発が生まれる。それらが、何かの意図があって、ではなくて相互連鎖でうごめいている。
一方で有権者のなかからも政治不信にならずに、「コモンズ」「パブリック」ということに主体的に反応する社会的条件が生まれつつあるからこそ、こうした相互連鎖のうごめきが、「反動」として顕在化した（きっかけはメール事件）。

03年総選挙（民主党・比例バブル）の前後から、一定の主権者の前進に対して、それに水をかけるように、うちの活動を使ったこうした「反作用」が幾度か繰り返されてきたが、今回は「地域」「対象」を限定せずに、国会議員も含めたその他大勢を巻き込んだキャンペーン。「がんばろう」の活動に対する直接的な打撃（講演会講師の辞退など）とともに、民主党内でも陰に陽に執行部批判の材料にも使われることだろう。

以上が、週刊文春事件の政治的組織的性格。

●これは「がんばろう」をさらに社会的に広めるチャンス！！
逆にいえば、この件への反応を見ることで、主権者運動の基盤整備というコモンズに対して、本当にまじめなのは誰か、口では「まじめ」でもこうした無党派主義の罵詈雑言に対して「自己防衛」になり「口をつぐむ」のは誰か、パブリックの活動を地位や損得でしか見ていないのは誰か、そういうことをはっきりさせるリトマス試験紙になる。

「世のため、人のため」「パブリック」ということに何かを感じている人、戸田の生きざまに何かを感じている人は、今回の「取材」にも応じていないか、きわめて原則的に対応（主権者運動だ。機関紙を読めばよいetc）している。つまり、こうしたゲスの勘ぐりに巻き込まれないだけの主体性は持っている。あるいはそれなりの会社経営くらいをしていれば、「われわれの世代にはこうした活動をしていた人は大勢いる。私だってそうですからね。過去がどうこうではなく、今の人として私はお付き合いしているんです。これからももちろんですよ」と答えるだけの主体性は、世代の知恵として持っている。

しかし、生まれはじめた「主権者意識」は、無党派主義・政治不信と戦ってここまできたのではない。総無責任連鎖の行き着く先を垣間見て「あれじゃいけない」と思い、自分も少し反省しなければ、ということでしかない。それが、無党派主義・政治不信がまきちらす不条理と戦う力（小さき力）にまでなれるのか、その試練として受けて立つ以外にない。

残念ながら、これだけの誹謗中傷記事でも、取材に応じた人たちが全員「自分の言ったことと違う」と証言するようなことでもなければ、名誉毀損にも何にもならないだろう。「マスコミ」をカサにきた卑怯きわまりない所業であるが、これは社会－主権者によってしか裁けない犯罪だ。

この間にも、越谷の選挙、鳳来町－新城市の選挙、都議選（当選後）などで、この類のキャンペーンが行われてきた。しかしそれによって、主権者運動の確信がぐらついたことはなかった。（鳳来－新城の選挙：岡大事件の当事者である穂積の町長選挙、市長選挙。いわゆる「マル青同・岡大」キャンペーンが張られたが、いずれの選挙も圧勝。市長選では警察がキャンペーン当事者に「バカなことはやめろ」と説教したくらい。）
今回はこれが地域や対象を限定せず、国会議員も含めてその他大勢を巻き込む形になった。ここで、「バッジをつけない主権者」全般が飛躍する－政治不信・無党派主義の撒き散らす不条理と戦う小さき力になる－かどうかが問われている。「内なる政治不信との戦い」ではなく、パブリックのための活動を蹴散らそうという不条理と戦うこと、それなくして政治不信・無党派主義を断ち切ることはできない。コモンズの悲劇は「自分がやらなくても誰かがやってくれるだろう」というところから始まるのだから。

●乞うご期待

わざわざ「文春」を買って読むのはあまりにもバカらしい。原文を読みたい人にはファックスで送りますので、その旨連絡をください。こんな記事で販売部数が増えることほど、くだらないことはないので。

文春のおかげで、これまで戸田および「がんばろう」を知らなかった人も知ることになります。これは機関紙拡大のチャンスですから、ぜひ活用しましょう。

3月14日の講演会では、時間が許せば（格差問題は重要なので、時間がギリギリになるかもしれない）戸田代表がこの件についてコメントします。また二次会もありますので、乞うご期待！

＝＝＝＝＝＝＝＝＝＝＝＝＝＝＝＝＝＝＝＝＝＝

石津美知子　ishizu@ganbarou-nippon.ne.jp

「がんばろう、日本！」国民協議会

http://www.ganbarou-nippon.ne.jp

TEL：03-5215-1330　FAX：03-5215-1333

【名　称】共産主義者同盟【通称：二次ブント】

【結　成】1966年9月
【機関紙】『戦旗』
【機関誌】『共産主義』

60年安保闘争を闘った共産主義者同盟は、その敗北とともに分解した。まだ中核派と革マル派とに分裂する前の革命的共産主義者同盟全国委員会はこれに介入し、多くの共産同の活動家を吸収した。後に中核派の指導者となる清水丈夫や同じく中核派幹部で『反戦派労働運動』の著作で知られる陶山健一、その実兄で革マル派幹部となった森茂らはこの頃革共同に合流した元ブント活動家である。

革共同に合流しなかったブントの活動家らは、ブント統一をめざして活動を続けていき、大きく共産主義者同盟（統一委員会）（いわゆる統一派）と共産主義者同盟（黎明）（いわゆるマル戦派）の二潮流に整然化し、両派によって共産主義者同盟統一再建準備委員会が結成され、1966年9月25日に共産同再建第6回大会において両者が合同し、ついに共産主義者同盟は統一された。この統一された共産主義者同盟を二次ブントと呼び、これに対して60年安保闘争時のブントを一次ブントと呼ぶ。この二次ブントに参加しなかった共産同の流れを汲む部分として、ML派のうち統一に参加しなかった少数派や林紘義（栗木伸一）らによる共産主義の旗派らがある。ML派の少数派は後に毛沢東思想を受容し日本マルクス・レーニン主義者同盟を結成した。

共産主義の旗派は、他のブント諸派と直接交わることなく、独自の路線を歩んだ。1961年12月に日本共産労働党結成を呼び掛け、翌1962年4

黎明
編集発行人　杉村宗一
黎明社
東京都文京区湯島2丁目3-3
加藤ビル内
電話（812）3489番
振替（東京）26110番
購読料20回に付
1部400円（〒共）
2部700円（〒共）
3部以上1部に付300円
本号1部　20円
迫り来る世界危機を日本革命へ！
日本革命をアジア革命の勝利と
世界革命の突破口とせよ！
労働者共産党を直ちに組織せよ！
共産主義者同盟

共産主義者同盟
『黎明』第73号
（1966.09.05付）

☆反帝闘争を
プロレタリア日本革命へ！
☆日本革命をアジア革命の勝利と
世界革命の突破口とせよ！
共産主義者同盟

10月15日
第112号
一部　20円

戦旗

戦旗社

☆反帝闘争の旗の下侵略と抑圧に抗し
生活と権利を実力防衛せよ！
☆プロレタリア永続革命の旗の下
共産主義者同盟に結集せよ！

1967年10月15日　第112号

共産同『戦旗』第112号（1967.10.15付）

月に結成するが、同年12月には共産主義者同盟に改称した。議長・林紘義。更に1963年12月にはサークル組織として全国社会科学研究会を結成し、1972年7月に至って政治組織としてのマルクス主義労働者同盟に移行した。1984年には社会主義労働者党に改称したものの、党としての実態を欠くとして2002年にはマルクス主義同志会へ移行し、再び2017年になって労働の解放をめざす労働者党を結党した。この間、1992年11月には新しい労働者党をめざす全国協議会が分裂した。機関紙『ワーカーズ』。しかし1994年末にはここから半数近くが離脱し、ワーカーズ・ネットワークを結成した。機関紙『Workers』。更にグループ95やイング・ネットワークなどがワーカーズやワーカーズ・ネットワークから分裂している。

二次ブントは設立の経緯からかつての統一派とマル戦派の間で内部対立を抱えていたが、1968年3月に開催された共産同第7回大会で対立は決定的となり、マル戦派のごく一部の同盟内残留グループを除いてそのほとんどが大会2日目をボイコットして共産主義者同盟から離脱した。離脱した旧マル戦派グループからは後に怒濤派や前衛派が結成されている。

旧マル戦派の離脱後に残った部分を便宜上旧統一派と呼ぶが、この旧統一派も分裂を繰り返していくこととなる。そもそも、マル戦派と合同した統一派は一次ブント解体後ほぼそのまま残っていた関西派と、それ以外の東京の諸派（以下「関東派」）からなっており、それ自体一枚岩とは言えなかった。第7回大会では関西派が指導的な部分を占め、議長に佐伯武（佐野茂樹）が就任したが、1968年12月の第8回大会では関東派の仏徳二が議長に選出され、関西派の力が弱まることとなった。

1969年には関西派の中の最も先鋭的な部分が赤軍派を立ち上げ、6月12日付で機関紙『赤軍派通達』を発行し、分派活動を開始した。これに対し旧統一派は7月2日付の共産主義者同盟政治局の機関紙『プロレタリア通信』上に「反同盟解体分子『赤軍派』の動向と問題の基本的組織対応について」とする論文を掲載し、「政治局は現在の赤軍派の策動の質が、党内における政治主張貫徹のための正規の党内闘争ではなく、あきらかに、わが同盟の組織原則を一切無視し、これに敵対する分派活動であることを確認し」たとして、赤軍派に「解体と自己批判を要求」することを明らかにした。同紙上では赤軍派による同盟内の混乱等への対応として、全都の地区代表者や学生細胞代表者らによる合同代表者会議を開催することが予告されていた。会

発行・1978年7月　**地鳴り**　第13号　30円（1）

『地鳴り』第13号（1978.07付）

プロレタリア独裁

69年秋期政治斗争の総括と
70年斗争における我々の任務

社会主義学生同盟早大全学委員会『プロレタリア独裁』創刊準備号（発行年月日記載なし　1969年末頃か）

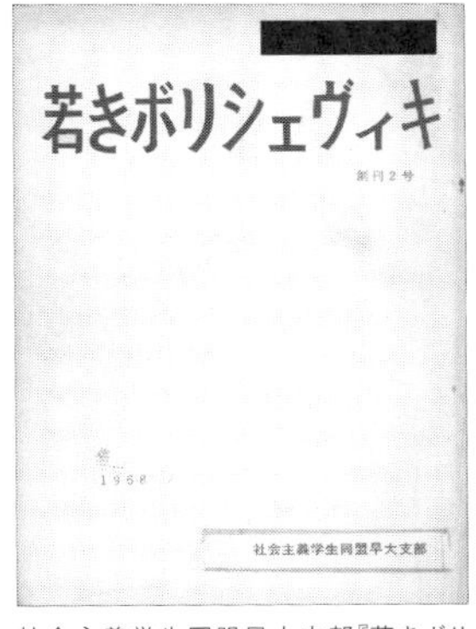

社会主義学生同盟早大支部『若きボリシェヴィキ』創刊2号（1968.04.25付）表紙に個人情報があったため黒塗りとした。

議の開催日時や場所は伏せられていたが、これが7月6日に明大和泉校舎で開催されることをつかんだ赤軍派は、6日未明にこれを襲撃し、前日から泊まり込んでいた議長の仏徳二らにリンチを加えた。途中で警察の介入があったために赤軍派は重傷を負った仏を明大和泉校舎に隣接する築地本願寺内に放置して逃走したため、破防法で指名手配中だった仏は逮捕されることとなり、赤軍派は同志を権力に売り渡したと非難されることとなった。その後の詳細は赤軍派の項を参照のこと。1969年8月に明大生田校舎で開催された共産同第9回大会で塩見孝也や高原浩之ら赤軍派幹部13名は正式に除名処分となった。この大会では仏が再び議長に選出されている。

赤軍派の分派活動が開始されたのとほぼ同じ頃、1969年6月中旬の書記長佐々木和雄（渥美文夫）の出獄をきっかけに6月末には書記局や機関紙編集局を拠点とするフラクションBL（ボルシェビキ）派が結成された。しかしこのBL派は10月21日の国際反戦デー闘争に関する闘争戦術をめぐって早々に分裂し、機関誌『理論戦線』に拠る社学同グループが独立した。この社学同グループの分裂によりBL派は崩壊し、残余部分は後に共産主義者同盟《地鳴り》団を結成した。機関紙『地鳴り』、機関誌『地鳴り』。

1969年4月に逮捕されて以来獄中

にあった社学同委員長の荒岱介は1970年1月に保釈されると、当時多数派の早大全学委員会（政治機関紙『プロレタリア独裁』）と大下、本多ら少数派のレジデンス・フラクションに分裂していた早大の社学同グループ（社会主義学生同盟早大支部政治理論誌として『若きボリシェヴィキ』）をまとめ、更に東京の学生グループや東大闘争の保釈組を糾合していった。この時の結集軸としては新たに発足した青年学生組織委員会が担ったが、内部では世田谷区烏山の村木屋2階に「妖雲亭」という名のアジトを作り、妖雲亭グループとして意志統一し、フラクション活動を行った（荒岱介『破天荒伝』（2001年、太田出版））。この妖雲亭フラクションを中心とした『理論戦線』に拠る社学同グループが、後に情況・叛旗派との分裂や、12・18ブントとの分裂を経て戦旗派を形成していくこととなる。

この段階で旧統一派内部の状況を後の分派ごとに整理すれば、右派に情況派、叛旗派があり、中間派にBL派、理論戦線派（戦旗派）があり、左派に烽火派（関西派）、鉄の戦線派（蜂起派）、神奈川左派があり、最左派に赤軍派があった。

1970年3月28日に明治学院大で行われた社学同第10回全国大会では、諸派連合のうち右派と中間派・左派の対立が公然化し、内ゲバが発生したという。この大会では社学同と共青同を解散し、6月か7月に新しく共産主義青年同盟を結成することが明らかにされた（『旬報学生青年運動』第282号（1970.04.15付））。6月初旬には右派のうち情況派幹部2名が除名され、11日の中央政治集会では情況派・叛旗派と中間派・左派の間で内ゲバに発展して情況派・叛旗派が会場から放逐され、7月の第8回中央委員会では叛旗派幹部2名が除名された。

1970年7月24日には中野南部公会堂で共青同と社学同を改組統合した新しい共産主義青年同盟（略称「KIM」）が結成された。翌25〜26日には葛西公会堂（1日目）、両国公会堂（2日目）で結成大会が開催され日本反帝戦線（略称「AIF」）が結成された。議長米田隆介、書記長本多正也。

1970年12月には鉄の戦線派、神奈川左派、烽火派などが反主流派連合を結成し、18日に独自に共産同政治集会を開催して分裂し、ここに二次ブントは崩壊した。議長浅田隆治（関西派）、副議長仏徳二（鉄の戦線派）、書記長村田能則（神奈川左派）。拠点として中央戦旗社を設立し、機関紙は正統を自認して独自に『戦旗』第250号（1970.12.18付）以下、第264号（1971.09.15付）までを発行した。

青年組織

【名称】**共産主義青年同盟**
【結成】1969年3月
【機関誌】『キム』

共青は規約前文において「民主的中央集権制を組織原則とする自主的大衆的かつ戦闘的な青年組織」と自らを位置づけ第1条(イ)において同盟員を「十五才から二十八才までの青年男女」としている。学生や労働者などに限っていない。つまり学生組織である社会主義学生同盟と、その組織化の対象が重複している。

この時ブントは「党派闘争の堅持を前提とした政党間協定による三派の緊密化」を掲げて党派共闘の枠組みを前提に、当時分裂状態にあった「反戦、全学連の下からの連合更に単一機関化」や、後に全国全共闘連合として結実する「全共闘拠点闘争の連合、単一化」とともに、自派内の組織再編として「階級・階層を越えた全人民的部隊の組織化」「労働者、学生、高校生の単一部隊たとえば、共青、社学同、社高同の単一化」を構想していた。共青はこの構想の第一歩として設立された組織であるために組織化の対象が重複している。

学生組織

【名称】**社会主義学生同盟**
【ヘルメット】赤地に「社学同」
【機関誌】『理論戦線』

社学同のこの頃の闘争で印象的なのは1968年10月21日の国際反戦デー闘争の一環として闘われた防衛庁突入闘争ではないだろうか。興味深いのは防衛庁突入闘争の写真で

共産主義青年同盟『キム』1号
(1969.04.24付)

社学同全国委員会『理論戦線』9号
(1970.06.15付)

「赤地に『C』」のヘルメットが見えることである。後年の中大ノンセクト通称「赤C」のヘルメットに酷似している。中大ノンセクトの赤Cは、二次共産同分裂後の叛旗派の影響下にあった中大新聞会などの潮流のブントがノンセクト化したものであるという。そもそも叛旗派は中大独立

1968.06.21 明大前通りのバリケード構築

1968.10.21 警備部隊の検挙活動

ノンセクト「赤C」ヘルメット　1980年代（模索舎舎員榎本智至氏所蔵）

1969.01.18 医学部屋上から投石　機動隊員の頭上へ

1982.02.28 二・二八立川基地解体闘争、青ヘル先頭に立つ！ 宗派グループの敵対許さず闘いぬく！（『プロレタリア革命』第9号（1982.04.01付））

社学同の系譜に属するのであるから、この「赤地に『C』」のヘルメットは中大（大学のマークが「C」）の社学同に独自なものだったのかもしれない。著者の所蔵する赤ヘルにも、正面に「C」が書かれていた跡が残るもの（口絵写真3・4枚目「ブントの赤ヘルメット」）がある。当時の明大の活動家に聞いたところによれば、この「赤地に『C』」のヘルメットは中大全中闘（中央大学全学中央闘争委員会＝中央大学の全共闘）のヘルメットだという。

なお社学同が反帝全学連を形成していた時期には赤ヘルの「全学連」が存在した。

高校生組織

【名称】**高校生安保闘争委員会**

【ヘルメット】赤地に「高安闘委」

社学同には高校生委員会が設置されており、その指導下にシンパ層も含めてあったのが高安闘委であろうと思われる。写真は佐々木美智子編『あの時代に恋した私の記録 日大全共闘』（2009年、鹿砦社）114頁を参照。ブント系の高校生組織としては、『旬報学生青年運動』第229号（1967.12.15付）や第237号（1968.05.01付）に社会主義高校生同盟（社高同）や高校生会議といった名称が見られ、東京、大阪、静岡、兵庫などで組織され、拠点校として立川高校、大泉高校、天王寺高校、灘高校などの名前が挙げられているが詳細は不明である。

『共産主義』第８号（1966年10月）より

共産主義者同盟六回大会規約（一九六六年八月）

共産主義者同盟規約

第一章　同盟の目的と任務

第一条　わが同盟は、資本主義的生産、並びに一切の階級対立と階級搾取の廃止、世界共産主義社会の実現を終局目的とする。

第二条　この目的の実現のため、わが同盟は、日本おけるブルジョア支配の打倒、プロレタリア独裁の樹立を当面の任務とする。

第三条　このため、わが同盟は公認の「共産主義」指導部及びあらゆる類の社会民主主義指導部から自らを明確に区別し、それらと非妥協的闘争をとおして新たな革命的労働者党の結成を目指す。

第二章　同盟員

第四条　同盟の規約を認め、同盟の一定の組織に加わって活動し、規定の同盟費を納入するものは同盟員となることができる。

第五条　同盟への加盟は、二名の同盟員の推薦により、所属細胞が決定し、上級機関の承認を得て確認する。

第六条　同盟員の義務は次の通りである。

（イ）同盟の目的に合致した生活様式と活動。
（ロ）同盟の決定の実践。
（ハ）同盟員の獲得と機関紙・誌の拡大。
（ニ）規定の同盟費の納入。
（ホ）共産主義理論の学習と研究。
（ヘ）同盟の機密の保持。
（ト）同盟以外に関係している一切の組織、団体に関する詳細な報告。

第七条　同盟員の権利は次のとおりである。

(イ)同盟各機関に対する所定の選挙権及び被選挙権。

(ロ)同盟の会議、刊行物での「自由な討論」。

(ハ)同盟各級機関と組織及び個人に対する意見の提出。

第三章　同盟の組織と機関

第八条　細胞は、同盟の基礎組織であって、三名以上の同盟員で構成する。原則としては、経営、学校毎に作り、過渡的には産業別地域別につくる。

第九条　同盟の基本組織は、「細胞」－「地区委員会」－「都道府県委員会」－「地方委員会」－「中央委員会」－「大会」である。

第十条　大会は最高決定機関であり、年一回以上、中央委員会又は、1／3以上の都道府県委員会の要求によって招集される。大会は、中央委員会及び代議員によって構成され、次のことを行なう。

(イ)中央委員会の報告の審議と賛否の決定。

(ロ)綱領と規約の決定及び改正。

(ハ)中央委員の選出。

(ニ)その他中央委員会が請求する事項。

第十一条　中央委員会は、大会の決定に基づき大会から大会までの期間同盟の指導を行なう。

第十二条　中央委員会は、年四回以上、政治局又は1／3以上の中央委員の要求によって招集され、次のことを行なう。

(イ)政治局報告の審議と賛否の決定。

(ロ)議長並びに政治局員の選出。

(ハ)同盟組織と各級機関の創設・改廃の決定。

(ニ)その他、規約が定め政治局が請求する事。

第十三条　政治局は、中央委員会の方針を具体的日常的に実践し、政治指導を行なう。

第十四条　政治局は必要に応じて専門部局を常設することができる。

第十五条　同盟の各地方組織は、中央委員会の決定に基づき、各地方の実情に応じ、指導機関を設置する。

各地方組織は、中央の決定に異議のある場合は、再審議を求めることができる。

第十六条　同盟外組織の被選挙機関に二名以上の同盟員がいる場合、各級指導機関の下にグループを作り責任者を選出する。
第十七条　同盟のすべての会議は、全体の過半数の出席をもって成立とし、出席者の過半数以上の賛否で決議される。

第四章　同盟の規律

第十八条　第六条の同盟員の義務を守らず、同盟員の権利をおかし、或いは、大衆を裏切る行為をなすものは、最高除名にいたる処分をうける。
第十九条　正当な理由なく三ヶ月間続けて、同盟活動を放棄し、同盟費の納入を怠るものは権利停止を通告される。
第二十条　同盟員に対する処分は、同盟員が所属する細胞が決定し、各級指導機関の承認を経て、中央委員会の確認をうけなければならない。
第二十一条　同盟の中央組織に属する同盟員の処分は、中央委員会の決定を経て、大会で承認されねばならない。
第二十二条　処分を受けた同盟員は、大会に至るまでの各級機関に異議申請を行なうことができる。

第五章　同盟の財政

第二十三条　同盟の財政は、同盟費を基礎とし、その他の事業収入寄附等をもってまかなう。
同盟員は、毎月原則として、収入のある者はその五％以上とする。但し、学生同盟員は月一〇〇〇円。

第六章　付則

第二十四条　この規則に定められていない問題については、中央委員会が規約の精神に基づいて処理する。中央委員会は、このために細則をつくることができる。ただし、細則は大会で確認されねばならない。

【名　称】共産主義者同盟赤軍派【通称：赤軍派】

【結　成】1969年8月28日
【機関紙】『赤軍』
【機関誌】『赤軍』

共産主義者同盟諸派では最も知名度の高い党派であろう。1969年6月『赤軍派通達』の発刊と同時に共産主義者同盟内のフラクションとして積極的活動を始めた赤軍派は、関西ブントの活動家を主体とするグループであった。当時のブント主流派（以下「旧統一派」）からは7月2日付の『プロレタリア通信』上で解体を通告されたため、同盟地区代表者会議と社学同全国支部代表者会議の合同会議のために明治大学和泉校舎に泊まり込んでいた共産同議長の仏徳二を7月6日未明に襲撃した。しかしこの襲撃を警察に察知されたため赤軍派は隣接する築地本願寺内に重傷を負った仏を放置して逃走し、当時指名手配中の仏は逮捕されてしまった。羽山太郎（佐藤秋雄）によれば、この事件で入院に至ったのは仏と羽山の2人で、この際に仏は全身骨折し、顎には針金を入れるほどの重傷であったといい、羽山自身も重傷を負い全身打撲、肋骨・腕・足などを骨折したという（「ブントから武装闘争へ」（三浦俊一編『追想にあらず』（2019年、講談社エディトリアル）所収））。

旧統一派の報復は素早く、同日中に赤軍派の拠点があった東京医科歯科大を襲撃して塩見ら赤軍派メンバー29名を捕らえ、捕虜とした赤軍派メンバーをデモの隊列の中に押し込んで警戒中の機動隊の目を欺き、

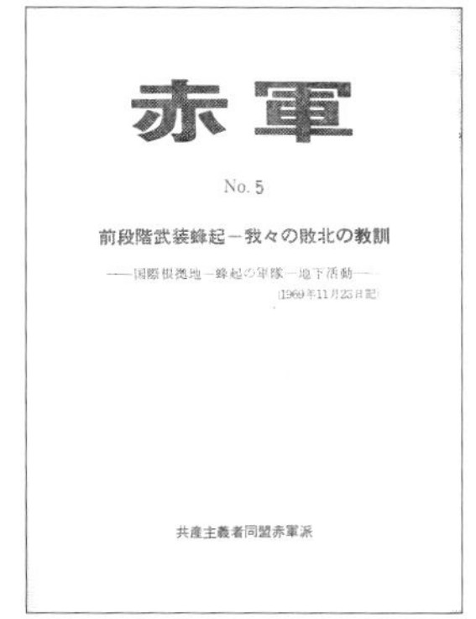
赤軍

No. 5

前段階武装蜂起—我々の敗北の教訓

——国際根拠地—蜂起の軍隊—地下活動——

（1969年11月23日記）

共産主義者同盟赤軍派

共産主義者同盟赤軍派『赤軍』No.5（1969.11.23付）

★ 前段階武装蜂起から
世界革命戦争へ！
★ 世界同時革命！
★ 世界党—世界赤軍—世界革命戦線を創出せよ！

赤軍

共産主義者同盟赤軍派
赤軍編集局発行
連絡先
TEL (045) 311-7456
(075) 441-6172
(06) 621-1186

創刊第一号
昭和44年(1969) 9月20日
週刊
一部 20円

共産主義者同盟赤軍派『赤軍』創刊第1号（1969.09.20付）

中央大学2号館まで連行した。このうち自己批判に応じた25名は解放されたが、塩見孝也、花園紀男（早大）、望月上史（同志社大）、物江克男（滋賀大）の幹部4 名は1号館4階法学部長室に監禁された。この拉致を行ったのは池亀ら医学連と中大のグループだったという。旧統一派は塩見らの解放と引き換えに、赤軍派残存部隊の自己批判と武装解除を要求するも、拠点を関東学院大学に移した田宮高麿（大阪市大）らはこれに取り合わなかった。この段階で後に連合赤軍の指導者となる森恒夫は赤軍派から逃亡している。監禁された赤軍派幹部は7月24日に外壁を伝って脱出したが、この際に望月上史が転落し同年9月29日に死亡した。

翌月になって塩見らは自己批判書を旧統一派へ提出するも受け取りを拒否され、8月22日の共産同第9回大会では赤軍派幹部13名に除名の処分が下った。これを受けて赤軍派は8月28日に結成総会を開催し正式に共産主義者同盟赤軍派を発足した。

9月3日には分派闘争を闘った共青同・社学同内の赤軍派を統合して共青同赤軍派を結成し、4日に葛飾公会堂で結成集会を開催した。5日には全国全共闘結成大会において数にして3倍の共産同主流派の部隊を打ち破って遂に公然と姿を現した。

一方で9月中には22日の大阪（京都）戦争や、30日の東京戦争など交番焼き討ちを主とするゲリラを実施した。10月には首相官邸襲撃計画を立て、この計画にむけて山梨県塩山市（現甲州市）の大菩薩峠において軍事訓練を行うため山小屋福ちゃん荘に結集するも、これを察知した警察によって一網打尽にされ53名が逮捕された。11月5日に発生したこの事件を大菩薩峠事件という。大菩薩峠事件では主要メンバーのうち赤軍派政治局員八木健彦、上野勝輝が逮捕され、花園紀男も事後逮捕された。

1970年1月16日の集会では、後のよど号ハイジャック事件など国際的な事件を起こす理論的基礎となる

1969.09.30 赤軍派本富士署所長室ゲリラ

1969.11.05 大菩薩峠　福ちゃん荘前

国際根拠地論が提起された。またこの頃森恒夫が赤軍派に復帰している。『旬報学生青年運動』第279号(1970.03.01付)によれば、2月14日に札幌で開かれた共産同赤軍派北海道政治集会では「今春われわれは国外に脱出し、軍事訓練をうける。そして必ずやあらゆる手段で今秋は帰ってきて武装蜂起ののろしをあげる」との表明がなされたといい、よど号ハイジャック事件が暗に予告されている。3月15日には赤軍派議長塩見孝也、中央委員前田裕一が逮捕され、中心メンバーのほとんどが逮捕されてしまった。このような情勢下で30日には後に連合赤軍あさま山荘事件で逮捕され、超法規的措置にて釈放され、現在も国際指名手配中の坂東國男が中央委員に任命された。

3月31日には、かの有名な日航機よど号ハイジャック事件を起こした。そもそもは塩見や前田らも参加して行われるはずであったが、両人の逮捕で延期されていた。先に逮捕された塩見の手帳にはハイジャックを意味する「HJ」の文字があったが、警察はこの意味を読み取ることができなかった。

中心メンバーのほとんどが逮捕され、また残る活動家もよど号事件へ参加したことで、指導部は空洞化した。このため、よど号事件の直後に高原浩之は川島宏、堂山道生、山田孝、物江克夫、和田千声、森恒夫を政治局員とする第二政治局を立ち上げていたが、新参のメンバーが多く、6月7日に高原浩之が逮捕されたことで赤軍派草創期の政治局は壊滅するに至った。しかも逮捕時に高原が持っていた資料に、PBM作戦の記載があったことで、警察は警戒を一層強めた。PBM作戦はP・B・Mの3つの作戦のことで、P(ペガサス)作戦は逮捕されていた塩見議長の奪還を図る作戦、B(ブロンコ)作戦は日米同時テロを行う作戦、M(マフィア)作戦は金融機関を襲撃し活動資金を得ようとする作戦のことをいう。これに対する取締りの強化から山田、物江、川島らの中央委員や多くの赤

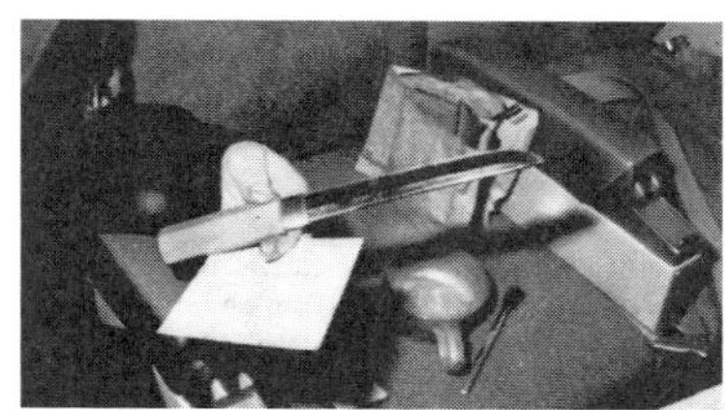

1970.03.31 よど号ハイジャック事件　証拠品

1970.04.28 赤軍派現れる!ふく面して集会に参加

軍派関係者が逮捕され、堂山や物江らは運動から遠ざかり、政治局には森恒夫だけが残ることになった。

森は日共革命左派と接触を重ねたほか、1971年1月には路線の違いを理由に梅内恒夫を、また出国計画（2月28日にレバノンへ出国。PFLPへ派遣され、のちに日本赤軍を結成）を理由に重信房子を排除した7人委員会を設置して支配を強めた。森は資金獲得のためのM作戦を実行し、7人委員会も大阪、名古屋、東京の3ヶ所に分散したが、すぐに逮捕者が続出し、崩壊した。赤軍派最強とうたわれた大阪の部隊も高田英世ら幹部の逮捕で1971年6月までに壊滅した。

PFLP（パレスチナ解放人民戦線）との関係においては1971年に若松孝二監督によって『赤軍・PFLP—世界戦争宣言』が制作され、同年9月30日以降全国各地で上映された（『旬報学生青年運動』第319号（1971.11.15付））。

このような後退を強いられる中、赤軍派は7月13日に革命左派との間で「統一赤軍」の結成に合意し15日に発足した。機関誌『銃火』。しかし「統一」という表現について当時獄中にあった日共革命左派川島議長が反対し、約1ヶ月後に「連合赤軍」に改称され、改称は8月18日に両派の間で確認された。この「連合赤軍」はあくまでも両派の軍事部分の連合と位置付けられたもので、連合赤軍発足後も、日共革命左派・赤軍派の両派は存続していたが、連合赤軍内部において1971年12月21日に路線問題を残したまま新党結成に合意し、政治組織としても組織合同を行った。

連合赤軍とほぼ同時期に救援部分においても両者は提携を行い、1971年8月にもっぷる社を設立して活動を開始し、1971年12月18日には東京の板橋区民会館にて一二・一八赤色救援会復権、柴野虐殺弾劾一周年追悼集会を開催し、戦前に存在した同名の日共系組織の復活という形で、日本赤色救援会の結成を明らかにした。

その後連合赤軍は1972年2月にあさま山荘事件を引き起こし、崩壊するが、連合赤軍に加わったのは赤軍派の非公然部分であり、公然部分

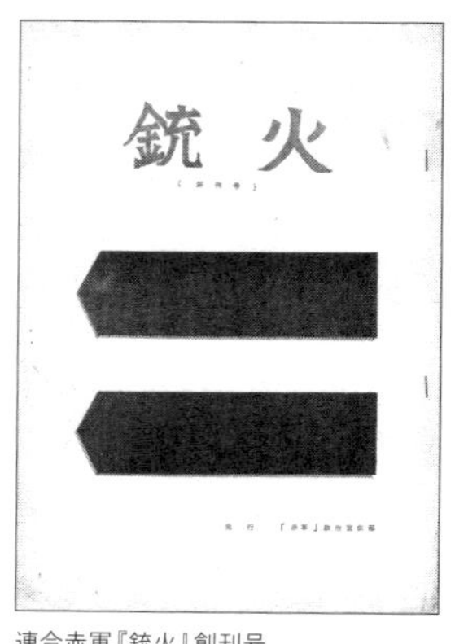

連合赤軍『銃火』創刊号
（発行年月日記載なし）

統一された「赤軍」（共産主義者同盟「赤軍派」中央軍 日本共産党（革命左派）人民革命軍）の下に結集し、徹底的に遊撃戦を斗い、日本革命戦争の大飛躍を！

「赤軍」総司令部

全国のプロレタリア兄弟諸君！
先進的学生、知識人諸君！
一九七一年七月十五日、共産主義者同盟赤軍派中央委員会、並に日本共産党（革命左派）神奈川県常任委員会は、各々の中央軍、人民革命軍の組織合同を決定した。
この決定は、六〇年代日本階級闘争の革命的伝統を継承、飛躍させた画期的地平にからとられた。この画期的地平とは、六〇年代後半の日本プロレタリア人民の偉大な国際主義的暴力闘争の昂揚と、それを担った大衆的軍団、行動隊を、「人民の軍隊がなければ、人民のすべてはない」プロレタリア人民の軍隊に発展させた、「プロレタリア革命の魂」の復活ともいうべき地平であった。共産同赤軍派、日本共産党（革命左派）の「党の軍隊」として建設された中央軍、人民革命軍は、この画期的地平を自ら切り開き、歴史的な〝武装〟と〝遊撃戦〟を確立した。大阪・東京戦争——大菩薩闘争——米軍基地連続爆破闘争——H・J闘争、こそ、日本階級闘争に於ける「プロレタリアートの武装した国際主義」の歴史的復権、革命戦争の大胆な登場をもたらしたのである。
十二・一八下赤塚交番襲撃闘争——日本プロレタリア人民と、世界プロレタリア人民を固く結びつけた「烽号」H・J闘争後の、敵権力の気狂いじみた弾圧をはねのけて貫徹された、この英雄的闘争は、中央軍——人民革命軍を「革命戦争——遊撃戦」の一本の赤い糸で固く結びつけた。ここにはじめて、「プロレタリア革命の利益＝革命戦争の利益」の為に、日本プロレタリア人民の利益の為に闘う「盟友」、新しい〝革命的団結〟がかちとられた。
産声を上げた「遊撃戦——革命戦争」の赤い炎を守り発展させる勇気と確信をもって、二・一七銃奪取、二〜三月連続資金奪取闘争への前進が続けられた。それは、アジア武装人民の米帝国主義侵略軍、カイライ政府軍に対する大勝利と共に前進したのであり、アメリカ帝国主義の後退——戦略転換——日本帝国主義の進出、という新たな攻防関係の煮つまりの中で、帝国主義ブルジョアジーに対する「台風の目」であった。日本帝国主義権力は、この赤い炎を全力で絶滅せんとし、プロレタリア大衆はさまざまな形態でこの火を押し包み、その下に結集していった。六・一七機動隊殲滅戦、七・一〇三里塚マイト闘争といまや革命戦争は日本プロレタリア人民の中にはっきり定着しようとしている。中央軍——人民革命軍の統一、この壮挙は、これら血と勇気によって色どられた闘いの歴史的総括であり、新しい出発である。
統一された革命軍は、プロレタリア世界革命の革命的伝統を打ち樹てたロシア赤軍、中国赤軍にならい、その名称を「赤軍」とする事に決定された。「赤軍」は、世界各地で闘うプロレ

統一された「赤軍」(共産主義者同盟「赤軍派」中央軍　日本共産党（革命左派）人民革命軍）の下に結集し、徹底的に遊撃戦を斗い、日本革命戦争の大飛躍を！（表）

タリア兄弟の革命戦争とその利益を全く同じくし、プロレタリア世界革命戦争の一翼を担う。米帝国主義をはじめとし、日本帝国主義、西独帝国主義を支柱とする世界帝国主義ブルジョアジーの国際反革命戦争を絶滅し、全世界プロレタリア人民の真の解放——世界プロレタリア独裁、世界共産主義建設——をかちとる事、これが「赤軍」の任務である。

プロレタリア兄弟諸君！
統一された「赤軍」は、日本帝国主義と闘う全ての人民、労働者、学生、農民、在日諸民族人民の闘争を支持し、その利益の為に闘うと同時に、アジア被抑圧人民に対する侵略、抑圧、反革命同盟を再編、強化しようとする日本帝国主義——米帝国主義を打倒する闘いを貫徹する。
「赤軍」は、遊撃戦を徹底的に闘い、革命戦争の大飛躍をかちとる中で、日本——アジア人民を分断、対立させる策動、アジア——アメリカ人民を対立させようとする全ての野望を粉砕し、日本・米帝国主義の侵略、抑圧、反革命軍を解体する。
「赤軍」は、プロレタリア革命党の指導の下に、世界革命、暴力革命、プロレタリア独裁、永続革命等、マルクスが提起し、レーニンが創造的に発展させたプロレタリア革命の原則的観点、毛沢東が提起した持久戦戦略とその陣型、及び遊撃戦争の戦略問題の教訓をもって武装されたプロレタリア軍隊であり、帝国主義ブルジョアジーを打倒すること——プロレタリア人民を革命戦争に組織すること——マルクス・レーニン主義を創造的に発展させること、を同時一体的に闘いとることによって成長する革命軍である。
「赤軍」は、世界——日本革命戦争に献身的に参加しようとする全てのプロレタリア人民に、その門戸を開放している。
「赤軍」こそ、開始された日本革命戦争を代表する、プロレタリアートの「武器」であり、「赤軍」の成長こそ、日本革命戦争を前進させる「力」である。
武装し、闘うプロレタリア人民と一体化した「赤軍」は、遊撃戦の全面的展開の中で全人民総蜂起の陣型をかちとる推進力である。
「赤軍」は、全人民総蜂起——日本革命戦争の勝利から、休むことなく米帝国主義打倒、ソ連社会帝国主義打倒——世界革命戦争勝利へ前進し、世界プロレタリア人民の軍隊＝世界赤軍の中核を担うだろう。

全国のプロレタリア兄弟諸君！
「赤軍」は、ここに最初のアピールを送る。
「銃火」と名ずけられた赤軍機関紙は、これ以降かわることなく日本帝国主義権力との闘争の最先端から諸君の手元に送り続けられるだろう。

統一された「赤軍」の下に結集し、大胆に遊撃戦を闘い抜こう！
統一された「赤軍」の下に結集し、世界——日本革命戦争の勝利をかちとろう！

発行「赤軍」政治宣伝部

統一された「赤軍」(共産主義者同盟「赤軍派」中央軍　日本共産党（革命左派）人民革命軍）の下に結集し、徹底的に遊撃戦を斗い、日本革命戦争の大飛躍を！（裏）

もっぷる社『赤色救援会の復権に向けて』
（1971.08付）

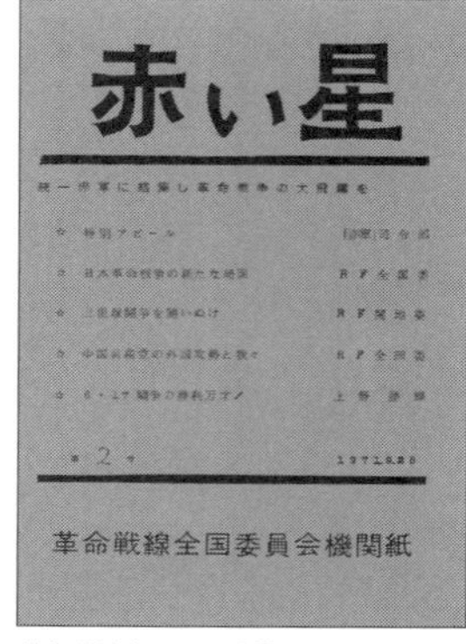

革命戦線全国委員会『赤い星』第２号
（1971.09.25付）

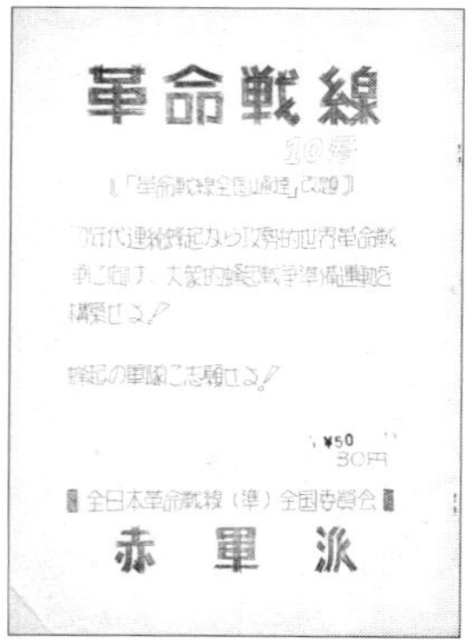

全日本革命戦線（準）全国委員会機関誌
『革命戦線』10号（発行年月日記載なし）

共産同赤軍派『偉大なる人民の戦士』
（1972.03.01付）

や獄中の幹部は残存していた。この部分が赤軍派再興に向かって動きだすことになる。

青年組織

【名称】**日本革命戦線**

【結成】不明

【ヘルメット】赤地に「革命戦線」

【機関誌】『革命戦線全国通達』→『革命戦線』／『赤い星』（革命戦線関西地方委員会→革命戦線全国委員会）

革命戦線とは「世界党－世界赤軍に領導されつつ、世界人類自然史から真の人類史への不可避の時代＝世界革命戦争の時代における、全てのプロレタリア人民の武装権力機関である」（赤軍派政治理論機関誌『赤軍』№.7（1970.01.30付））とされ、プロレタリア人民の闘う組織そのものが改組されて、全人民が組織されて結成されるものであり、故に古い組織を残さないように原則として個人加盟の組織であるとされた。革命戦線は地区制であり、地区委員会－支部委員－班として組織された。

1970年1月16日の世界革命戦線日本委員会準備会結成大会を皮切りに2ヶ月間にわたって全国各地で革命戦線（準）の結成集会が開かれ、4月1日に全国組織である全日本革命戦線（準）結成大会が日比谷公会堂で開催された。名称から「（準）」が外れた時期は不明であるが、1971年1月25日付の「三里塚闘争連帯アピール」（機関紙『赤軍』第8号（1971.03.05付）所収）では未だ付されており、6月に関西地方委員会が機関誌『赤い星』第1号を発刊した段階では取れていることから、この間に（準）が外れたものと思われる。

赤軍派の再建

あさま山荘事件後も赤軍派の公然部分は残存していたが、指導部を喪失し、崩壊しかけていた。赤軍派としての機関紙誌は1971年3月5日発行の『赤軍』8号を最後に発行が停止されていた。あさま山荘事件の直後に赤軍派はパンフレット『偉大なる人民の戦士』を発行し、あさま山荘事件の戦果を誇示したが、その直後に発覚した山岳ベースにおけるリンチ殺人事件の衝撃は赤軍派に今までにない政治的なダメージを与えた。この事件に関する総括問題は、その後の赤軍派再建の中で大きな争点となった。

1972年5月30日に後の日本赤軍がテルアビブ空港乱射事件を引き起こし、自立する前後から、残った赤軍派系の活動家らが赤軍派の再建運動に取り組み始めた。この頃大菩薩峠事件の被告たちも相次いで出獄しこの運動に加わった。再建運動の軸となったのは地方委員会として再建された東京都委員会と関西地方委員会であった。1972年4月に赤軍派東京都委員会を名乗る部分がパンフレット『再生に向けて』その1を発刊し、自らを第三次赤軍と規定した。同パンフでは1969年9月の赤軍派結成から1970年6月のPBM作戦の失敗までを第一次赤軍、その後の中央軍のゲリラ軍への改組から連合赤軍結成、あさま山荘事件までを第二次赤軍と定義した。そして1971年末から1972年にかけて結成された新党としての連合赤軍について「我々の全く知らない間に行なわれブル新で始めて〈原文ママ〉知ったものであり、絶対に認められない」として否定した。この第三次赤軍を構成する自らについては「共産同赤軍派に所属しながら連合赤軍＝中央軍には任務分担の相異、個人的事情、意見の相異などによって参加していなかった部分である。いわゆる『革命戦線』と呼ばれる部分であるがこれは昨年末に中央軍によって解散が決定され我々も討論を通じ確認した」としている。

このパンフでは連合赤軍の一時的解散と、あさま山荘事件及び山岳ベース事件についての総括の開始を明らかにし、この問題を「赤軍派、日共革命左派が何よりもまず責任を負うべき問題であるが、ただ単に一党派

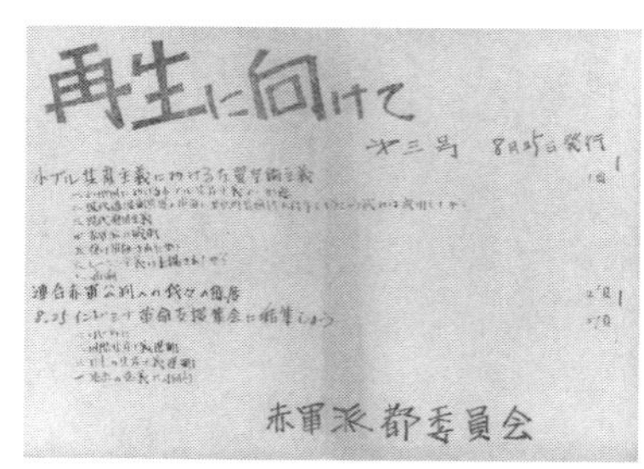
再生に向けて
第三号　8月25日発行
赤軍派都委員会

赤軍派都委員会『再生に向けて』第3号（1972.08.25付）

だけの問題ではなく全部の革命的左翼に共通したものが含まれている」として連合赤軍総括を左翼全体の問題として提起した。また山岳ベースにおけるリンチ殺人事件に関与したメンバーについては自ら処罰することも明らかにし、『再生に向けて』第4号では、高原浩之の公開質問に対し答える中で「赤軍派指導部の処分は党大会によってのみなされうると考える」「党大会で処分できるのは、当然のこととして、赤軍派同盟員だけである」とし、日共革命左派に対する処分を否定し、代わりに「真剣な総括作業と又、左翼空論主義・軍事力学主義・テロリズムの克服を要求する」とした。なお東京都委員会は他に『赤い通信』というパンフレットを発行している。

1972年8月16日には京都大学講堂においてパレスチナ人民・インドシナ人民連帯日本二戦士追悼国際集会が開催された。これは1972年5月30日にイスラエルのテルアビブ近郊のロッド国際空港において日本赤軍の奥平剛士、安田安之、岡本公三の3名が行った自動小銃の無差別乱射事件において死亡した奥平・安田の2名を追悼する趣旨のものであった。なお、逮捕された岡本は捕虜交換によりレバノンに出国し、日本による国際指名手配を受けたまま2024年現在も同地に滞在している。この集会の主

パレスチナ人民・インドシナ人民連帯日本二戦士追悼国際集会ポスター

催は八・一六集会実行委及びテルアビブ闘争支援委員会となっていたが、実態は京大レーニン研や赤軍派の上野らによるものであった(『旬報学生青年運動』第338号(1972.09.15付))。そしてこの機運から反戦共闘(レーニン研究会)や旧ML派(この頃解放委員会を結成)、赤色戦線派らとともに8月25日に東京の千駄ヶ谷区民会館において8・25インドシナ革命戦争支

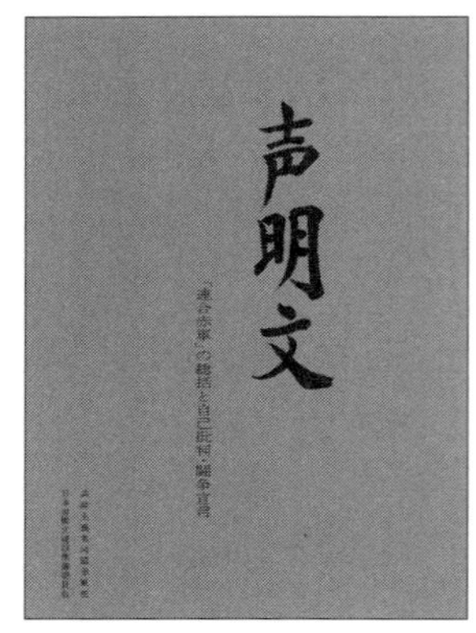

（左）共産主義者同盟赤軍派関西地方委員会『人民の軍隊』№1（1972.09.01付）
（右）共産主義者同盟赤軍派日本労働党建設準備委員会「声明文『連合赤軍』の総括と自己批判・闘争宣言」（1972.10.30付）

援集会を開催し、公然面での活動を活発化させていった。この集会の実行委員会は後に8・25共闘会議という運動体に発展した。

1972年9月1日には関西地方委員会がパンフレット『人民の軍隊』№1を発行した。巻頭の「『人民の軍隊』発刊にあたって」によれば、これは東京都委員会での系統的な総括論争の提起をうけたものであるという。執筆者として上野勝輝、八木健彦らの名前が見える。同誌上では上野勝輝が「〈我々の党〉共産主義者同盟赤軍派＝世界共産党＝日本労働党」という記事を寄せており、「日本労働党」という党名の「科学的に基礎づけられた綱領と規約を持つ、統一された労働者階級の党を世界－日本に早急に創る」ことを呼びかけている。ここでの日本労働党とはもちろん1974年結成の中国派のそれとは別である。日本労働党については、東京都委員会も『再生に向けて』第4号（1972年10月21日付）掲載の、赤生隆文名義の記事「綱領論争を開始しよう！経済主義批判」で、赤軍派の再建として「日本労働党」という名称の新党結成の呼びかけをしている。この「日本労働党」という新党についてどの程度具体的な行動が起こされたのかは不明であるが、1972年10月30日には共産主義者同盟赤軍派日本労働党建設準備委員会の名義で花園（前之園）紀男によって「声明文　『連合赤軍』の総括と自己批判・闘争宣言」が出されている。この花園紀男の共産主義者同盟赤軍派日本労働党建設準備委員会は赤軍派再建に向けた党内グループであったが、主流派による臨時総会開催を否定して独立し、日本共産党（正統）神奈川県大和市地区委員会名義で機関紙『民族の旗』第1号（1975.05.10付）を発刊した。同紙上で「日本共産党（正統）は共産主義者同盟赤軍派日本労働党建設準備委員会がそのまま党の名称を変えたものである」として改称を公表した。

しかし総括論争の深化の中で、赤軍派再建をめざしていた部分は1972年夏から年末にかけて、赤軍派東京都委員会などに拠る大菩薩峠事件被告人らの主流派と、東京の赤色救援会（もっぷる社）に拠る連合赤軍路線堅持を主張する反主流派とに大きく分裂した。これは主流派が従来の路線の清算を掲げたのに対し、反主流派は武装闘争の堅持を主張したことによる。日本労働党結成の構想は、この分裂によって中断されたと思われる。資料に乏しくはっきりとは言えないが、1974年6月の第2回臨時総会で提起されるも却下されたという。

1973年3月、主流派は赤軍派東京都委員会と関西地方委員会とで臨時中央組織を立ち上げ、共産主義者同盟赤軍派中央委員会を名乗って第1回臨時総会を開催した。臨時総会の開催日は明らかにされておらず、査証編集委員会編『増補「赤軍」ドキュメント』（1978年、新泉社）は3月としているが、後掲の8月4日の中央政治集会での発言から4月22日であろうと思われる。以降この主流派グループは臨総派と通称されるようになる。総会では「連合赤軍事件に関する特別報告」が採択され、リンチ殺人により殺害されたメンバーの名誉回復が図られ、また同時に当時の幹部が除名処分された。

臨総派のうち関西地方委員会は、当初は武装闘争堅持を主張していた部分であったが、その多くを占める学生グループは後に東京都委員会に接近して清算路線へと移ったという（高幣真公『釜ヶ崎赤軍兵士 若宮正則物語』（2001年、彩流社））。1972年12月18日に東京の千駄ヶ谷区民会館において開催された十二・一八柴野虐殺弾劾武装派政治集会では、赤軍派関西地方委員会の代表者が出席し、12月15日の8・25共闘会議主催の集会にて配布された赤軍派東京都委員会と関西地方委員会連名のビラに「革命左派との共闘は完全に清算した」との趣旨の内容が書かれていたことについて、「都委側の一方的なデッチ上げである」と発言（『旬報学生青年運動』第346号（1973.02.01付））しており、この段階では後の臨総派が掲げた清算路線に対して反対する部分が関西地方委員会の内部にあったことがわかる。

同じく1973年3月中旬には反主流派が赤軍派再建準備委員会を名乗って『獄中通信』再刊第1号を発行した。同誌上では獄中幹部7名からの書簡

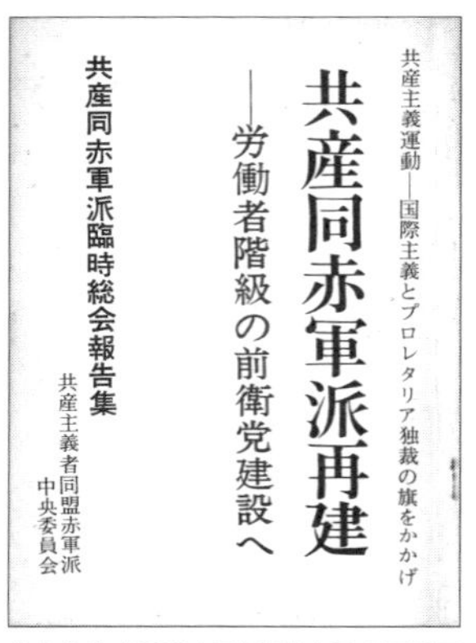
共産主義運動—国際主義とプロレタリア独裁の旗をかかげ

共産同赤軍派再建

—労働者階級の前衛党建設へ

共産同赤軍派臨時総会報告集

共産主義者同盟赤軍派
中央委員会

共産主義者同盟赤軍派『共産同赤軍派再建ー労働者階級の前衛党建設へ』
（発行年月日記載なし）

が紹介されたが、主流派支持をしたのはわずかに松浦順一（松江相互銀行米子支店襲撃事件で逮捕）のみであったという。赤軍派再建準備委員会は前掲の12月18日の集会にもアピールを寄せていることから、主流派との分裂直後には既に結成されていたものと思われる。

1973年8月4日には主流派の主催で、東京において八・四共産同赤軍派中央政治集会が開催され、ここには反主流派も招かれた。反主流派の釜ヶ崎地区委員会が登壇し発言をしたが、主流派と反主流派の従来からの路線問題をめぐって物別れに終わり、8月10日に大阪で開催が予定されていた関西政治集会は中止となっている。

第1回臨時総会ののち、1974年5月には反主流派の赤軍派再建準備委員会が大きく2派に分裂した。多数派は赤軍派（革命戦争編集委員会）を名乗り1973年6月17日付で機関誌『革命戦争』を発刊していた。少数派は闘争編集委員会を名乗り1973年5月27日に機関誌『闘争』を発刊していた。これらのグループのうち多数派は後掲の共産主義者同盟赤軍派日本委員会を結成し、少数派は消滅したとみられる。

反主流派の一部グループとして若宮正則らの赤軍派釜ヶ崎委員会（準）があった。若宮らは清算路線に反対し、機関誌『釜ヶ崎通信』上で都委員会を批判していたが、若宮が大阪水崎町交番爆破事件で逮捕されている最中の1974年4月、残る部分が機関誌『銃火』を創刊し、同誌上で釜ヶ崎地区委員会の解散を発表した。

また独立した部分として、指名手配を受け逃亡していた梅内恒夫があり、『共産同赤軍派より 日帝打倒を志す、すべての人々へ』を発表したが、その後消息を絶ち、現在でもその行方は知られていない。

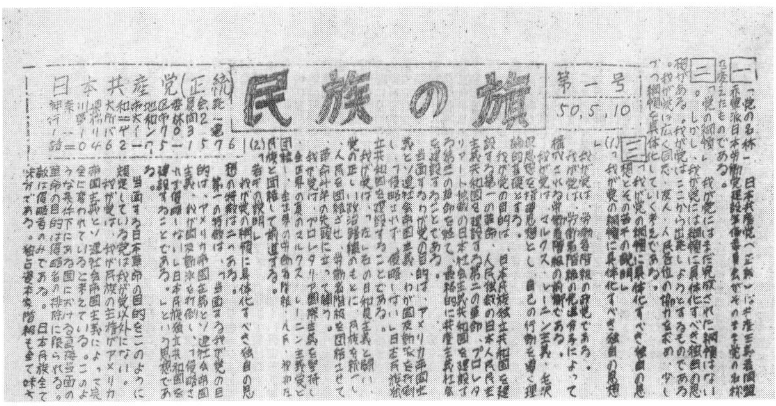
日本共産党（正統
神奈川県大和市地区委員会発行
事務所＝大和市林間2－1－1リバゲイン703 電話＝0462－75－1576

民族の旗

第一号
50,5,10

日本共産党（正統）神奈川県大和市地区委員会『民族の旗』第1号（1975.05.10付）（ねあ氏提供）

【名　称】共産主義者同盟赤軍派日本委員会

【結　成】1974年7月15日
【機関紙】『赤軍』／『軍令』

赤軍派再建の動きの中で共産主義者同盟赤軍派（革命戦争編集委員会）に拠る、かつての赤軍派大阪部隊の幹部高田英世らが、「共産主義者同盟赤軍派日本委員会」を名乗って、赤軍派機関紙『赤軍』復刊の形で機関紙『赤軍』9号（1974年9月4日付）を発行し、同紙上で7月15日を以て赤軍派の再建を宣言した。「共産主義者同盟赤軍派日本委員会」という名義は、赤軍派機関紙が停刊となった1971年3月の『赤軍』8号の発行名義と同一であり、発行名義を踏襲しまた機関紙の番号を連続させることで正統性を示したのではないかと思われる。

日本委員会派は連合赤軍路線を支持していたが、東アジア反日武装戦線狼の三菱重工爆破事件を支持する声明と、爆弾闘争継続を先導するアピールを機関紙『赤軍』11号（1974年10月20日付）で発表したことから、高田英世が爆発物取締罰則4条違反（爆発物使用の教唆・煽動）で指名手配（のち1977年5月8日逮捕）され、その他の主な活動家も地下に潜ったことから、実質的な活動は停滞に陥りその後顕著な活動は見られなかった。

1976年7月以降に機関紙『赤軍』№.13〜15を『世界気象観測報告書』1〜3号（発行元：気象観測協会 WRA）として冊子の形式で偽装発行したことで知られる。『赤軍』№.13上で発表された中央軍事組織部（中央軍）による「この間の武装闘争に於ける誤

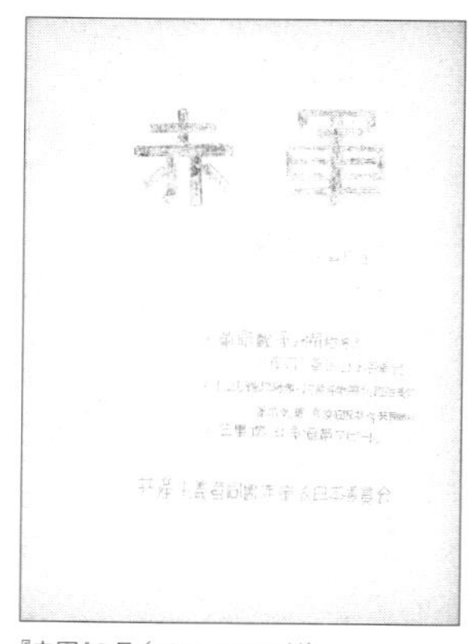
赤軍

『赤軍』8号（1971.03.05付）

1974年9月4日発行　赤　軍　(1)
☆ 帝国主義 ― 社会帝国主義を世界革命戦争で打倒し、 世界プロ独を樹立せよ！
☆ 世界同時革命勝利！
☆ 世界党 ― 世界赤軍 ― 世界革命戦線建設！
赤軍
9号
（復刊号）1974年 9月4日 特価150円
共産主義者同盟 赤軍派日本委員会 宣伝局

共産同赤軍派日本委『赤軍』9号（1974.09.04付）

つた傾向について」では、「敵をマヒさせる全ゆる戦術を駆使するのである。謀略電話（ウソの通報）やニセ爆弾はまだまだ有効だし、中核派、カクマル派の戦闘がこの間明らかにしたように、鉄パイプ、バール、マサカリで、四ー五人からあるいは数十名で、街頭のド真中で人を殺すことも可能であり、家居に夜中突入して殺せばよいのであり、この戦術を、武器を、将に敵の頭上にふりおとせば良いのであり、まずもって政治警察の公安のイヌどもの一人一人を街頭でしん室で襲えば良いし、帝国主義ブルジヨアジーや反動罪人達を、バールでメッタ打ちにすれば良いし、爆弾でやるよりその方が確実に殺せる」「はっきりいおう。もう宣伝の為の爆弾は必要でなくなった」「今や、確実に敵を殲滅する軍事が問われる時代である。一人一人、ひとつひとつを確実に、いかなる手段でも殺し、解体する時代である。武器は何でも良い。バールでもマサカリでも、ホウチヨウでも何でも良い。敵が一人になる時を狙え。敵の少ない所を襲え。ハリガネ一本でもやれるし、石でもなぐり殺せる。爆弾を一発やって後は市民社会へ逃げ込むなど、敵がその逃げ込む市民社会を支配しているのだから、無抵抗でパクられるしかない」と主張した。

この主張は、日本委員会派が支持した東アジア反日武装戦線が本格的な爆弾闘争を開始してから最終的には1年と持たずに一斉に逮捕されて壊滅したことと、それに比べて当時激しくなっていた個人テロの応酬としての中核派・革マル派の内ゲバ合戦が爆弾よりも有効な戦術として映ったという同時代的な背景があるものと思われる。

更に『赤軍』№13に続けて『軍令』第十八号を1976年7月30日付で「赤色殲滅戦宣言」と題して一部報道機関に発送した。これは大阪市内にて8月19日の午後に投函されたことが判明している。内容は「赤軍派中央軍およびその指導下の全武装部隊」に対して「完全殲滅戦」を行うように指示するものであり、殲滅戦の対象として、天皇在位五十周年式典やロッキード事件の関係者、報道犯罪人が挙げられていたが、日本委員会派は組織実態としては指名手配者を含め数名程度の活動家集団にすぎないと見られており、資金獲得活動か宣伝活動が主と推測されていた（『旬報学生青年運動』第433号（1976.11.01付））。

また1978年9月末頃から出回り始めた『赤軍』№15上で発表された宣伝局による、「公然大衆闘争の武装展開で、三里塚現地闘争に進軍す！」では同年3月末に開港が予定されるも、管制塔占拠などの一連の実力闘争の結果、5月20日に出直し開港した成田空港の反対闘争について、日本委員会派の同盟員たちが大衆戦線の各部署を組織・煽動して「ある者は組合有志として、ある者は青年部として、そしてある者は市民運動として、また個人として、三里塚に結集し政府打倒の闘いに参加する事を明確にし、それへの支援参加を訴え組織し抜いた」とし、更に開港後の闘争戦術として、「たった一回の電話や、小包み、消火器で飛行機は止まり、あるいは警備部隊の行動を拘束できた」「我が党は、今後確実に三里塚空港を巡って闘われるであろう全ゆる形態をもってしてのゲリラ－革命戦争に対して、更なる全ゆる人々の創意工夫に満ちた『戦争参加』を望むし、その後方からの援護を切に要請する。敵は謀略電話やニセ爆弾に対してはその対処すべき術を知らないのである」と、「誰にでもできるゲリラ」を呼びかけ、更にその具体的な「技術」についても触れている。

また『赤軍』No.15には北川明名義の「『世界革命戦争戦略』＝反帝プロレタリア革命戦争論序説」が掲載されたが、これについて『旬報学生青年運動』第480号（1978.11.15付）では、「これまでの活動の経緯から同人と日本委員会とが直接接触をもったという事実がなく、発行者が、“為にした”名儀〈原文ママ〉利用」という見方をしている。ここで名前の出ている北川明とは、出版社第三書館の代表であり、日本赤軍のメンバーとしてスウェーデンで逮捕され強制送還された北川明のことであるが、それと誤認させる名義を日本委員会派が勝手に用いたものと見られているということである。

また共産主義者同盟赤軍派関西地方委員会を名乗る部分が1977年3月に機関紙『関西赤軍』を発行している。これは日本委員会派の分派といわれるが詳細は不明であり、当時の『旬報学生青年運動』でもそれ以上の分析はされていない。

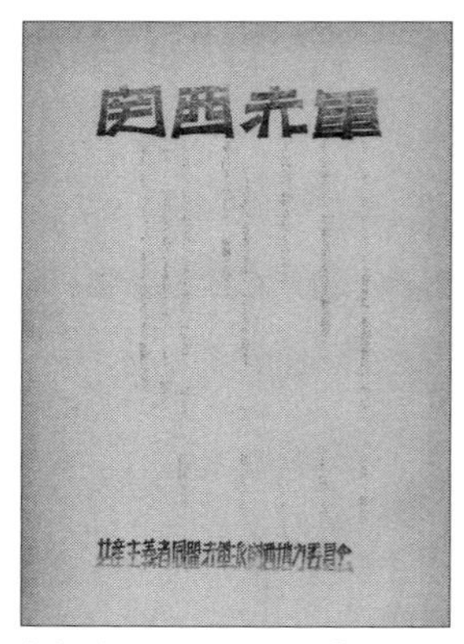

共産同赤軍派関西地方委員会『関西赤軍』（1977.02.11付）

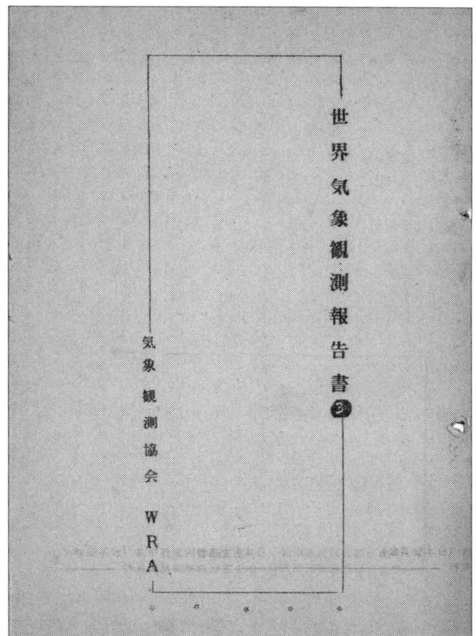

共産同赤軍派日本委『赤軍』№.15（発行年月日記載なし）1978年頃発行　『世界気象観測報告書』の偽装誌名で発行された

共産主義者同盟赤軍派日本委員会機関紙『赤軍』9号（復刊号）1974.09.04付より
革命戦争－赤軍に結集せよ！　小ブル日和見主義の粉砕・小ブル急進主義の止揚とプロレタリア革命派赤軍への大道　一九七四・七・一五　共産主義者同盟赤軍派日本委員会

赤軍再建宣言

『赤軍』が革命的に再建された。世界革命戦争の日本－世界を貫く革命主体＝革命軍－赤軍が再建されたのだ。同盟赤軍派結党以来五年、連合赤軍結成以来三年、そして連合赤軍敗北以降二年有余の、その全てを背負い、継承すべき組織として我々は我々の全勢力〈原文ママ〉を注ぐのである。72年同盟敗北以降の同盟に巣喰った種々の解党主義－経済主義・サークル主義そして無政府主義、それら一切との烈火の如き党内－分派闘争の中で、とりわけ同盟内最右派であり、しかし最大多数であった、いわゆる「臨総派（臨時総会開催グループ）」分派を名実共に解体させ、それと同時一体としての同盟内全分派との闘争－解体－再編そして結合を通じて、我々は世界革命戦争を闘い抜く、プロ独－革命戦争＝プロレタリア革命派の党としての我が組織の再建を勝ち取ったのである。

我々は、この事を全世界人民全同志、とりわけ今日も苦闘の中で日本に於ける社会主義革命戦争を闘い抜かんとしている、そしてその闘いの日々を続けている無数の戦士達に宣言する。

赤軍が、革命の軍隊の中核が、再建されたのである。我々はいかに少数であろうとも、プロ独－革命戦争＝プロレタリア革命派への道を闘い取る革命主体として武装した党として自己を堅持し続けるし、党としての路線的正当性を、将に実践たる日本に於ける革命戦争の闘いの中で検証し、深め、今日獲得されている綱領的基盤を、より緻密な実体として発展させるし、そしてなによりも、帝国主義の侵略・抑圧・反革命－差別・分断支配攻撃＝破防法体制～なし崩しファシズム体制の中で、革命軍＝赤軍を維持し発展させ全人民の武装・革命軍建設の任務を、徹底した敵との闘争を、我々が「生存」し続ける事でもって貫徹するであろう。このプロ独－革命戦争を闘う党の建設、一切の大衆闘争－反帝闘争－民主主義闘争を、その先頭で闘いかつ、その内部に於いて政治闘争＝権力闘争としての世界革命戦争－世界プロ独の共産主義運動の内実を確立する地下労働者秘密細胞＝赤軍細胞の建設、すなわち武装した職革の党の建設、この闘いを革命戦争－その端初としての遊撃戦＝ゲリラの闘いの中で貫徹する事こそが、我が同盟の全歴史の継承と止揚であり、かつ生きた総括である。

我々は我が同盟の敗北、そしてそれ以降二年有余のより根底的敗北を今日明確に止揚・克服するその第一歩に着手したのだ。この二年有余の痛苦の敗北に比して、我々のこの出発がいかに遅きに失したものであれ、我々はこの負債を、今日すでに開始されている革命戦争の組織的闘争の中で、確実に血肉化してゆくであろう。

全国－全世界の同志、兄弟達！我が同胞達！我が赤軍は帝国主義打倒－プロ独樹立の闘いを最后まで闘い抜く。我々は革命戦争の中で発展・成長する。全世界の革命的兄弟達－友人達と戦場の中で結合し団結を深める。

同志、兄弟達！同胞達！共に世界革命戦争の勝利へ向け闘い抜こうではないか。戦争の中での我々の友情と団結を確認しようではないか。相互を打ち鍛える党内－分派－党派闘争とは、この戦場の中での我々の団結でしかない。

同志、兄弟達！全戦線で攻撃せよ！プロレタリアートの武装力、団結力を敵ブルジョアジーに知らしめよ！全戦線を武装せよ！全戦線に革命軍事組織を建設せよ！全ゆるものを武器とし、敵に確実なる打撃を与えよ！

同志、兄弟達！全世界の革命的同志と結合し、世界革命戦争を日本に於いて闘い抜け！侵略・抑圧・反革命－差別・分断支配攻撃を粉砕し革命戦争を闘い抜け！革命戦争の戦場の中で、帝国主義支配下の奥深く、我が赤軍は同志、兄弟達と確実に結合する！戦う同志、兄弟達とは必ず確実に地下に於いて我々赤軍は出会い、結合する！

全ての同志、兄弟達！我が同胞達！武装を堅持し赤軍に結集せよ！

共産主義者同盟赤軍派（日本委員会）に結集せよ！

世界革命戦争勝利！

世界党－世界赤軍－世界革命戦線建設！
［7・15は再度記念すべき日となった。第一回目は一九二一年七月十五日の日本共産党（第三インターナショナル日本支部）結成の日であり、第二回目は一九七一年七月十五日の革命軍「赤軍」結成の日である］

1プロ独－革命戦争の勝利への前進
（以下省略）

【名　称】共産主義者同盟赤軍派プロレタリア通信派

【結　成】1974年頃
【機関誌】『プロレタリア通信』

　プロレタリア通信派は、臨時総会中央委員会に属していない東京の同盟員が集まって「中央書記局」を自称したグループで、1974年8月に会合を開いたものの、1974年中には自然消滅したとされる。この頃おそらく同派が発行したと思われるガリ版刷B4版の機関誌『プロレタリア通信』創刊準備号の存在を確認している。この機関誌は共産主義者同盟赤軍派中央書記局の名義で開拓社から発行されているが、発行年月日は記載がなく不明である。興味深いことに、発行直前までこの機関誌の名称は決まらなかったようで、この機関誌の位置づけについての記述の中で機関誌名『プロレタリア通信』の部分は空白のまま印刷され、後から手書きで補充されている。

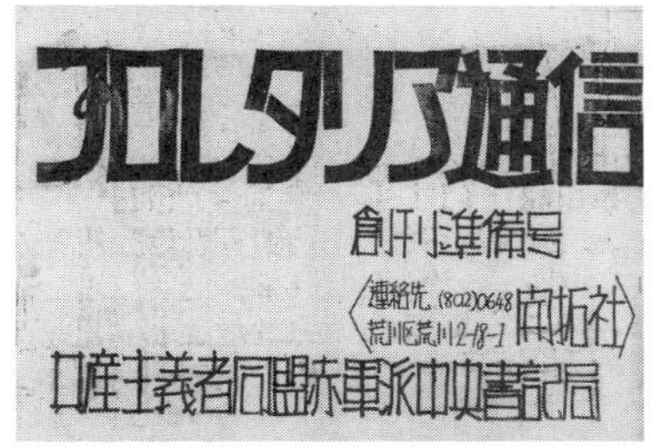

共産同赤軍派『プロレタリア通信』創刊準備号
(発行年月日記載なし)

　このプロレタリア通信派は公安調査庁『過激派集団の概要』(昭和54年5月版／昭和57年7月版）の年表では、1974年7月に分裂した臨総派のうちの大久保文人グループによって1974年11月に結成された党派で、1975年5月に機関誌『プロレタリア独裁』を創刊し、プロレタリア独裁編集委員会を名乗ったとされている。著者のHPでもこの記述に拠って紹介していたが、元赤軍派でこのプロレタリア通信派の第1回会合にも参加したことがあり、後にプロレタリア独裁編集委員会にも所属していたとする関係者から、この記述は事実誤認であり、両派につながりはないとの指摘があったため、本書ではこの関係者からの情報をもとに記載した。

【名　称】**共産主義者同盟（プロレタリア独裁編集委員会）**
【結　成】1975年5月頃
【機関紙】『プロレタリア独裁』
【機関誌】『プロレタリア独裁』

1974年7月には、臨総派が再建路線をめぐって八木健彦グループと大久保文人グループに分裂した。大久保文人グループは大久保ら旧中央委員3名と関東、関西の同盟員によって活動を開始していたものの、方針論議、綱領草案作成などに半年ほど時間を要し、翌1975年5月になって機関誌『プロレタリア独裁』を創刊し、組織名称を共産主義者同盟（プロレタリア独裁編集委員会）とした。8月には機関紙『プロレタリア独裁』を創刊（1975.08.10付）したが、1976年3月には、「共産同全国委員会（ボルシェビキ）」と合同して、「共産主義者同盟（紅旗）」を結成した。

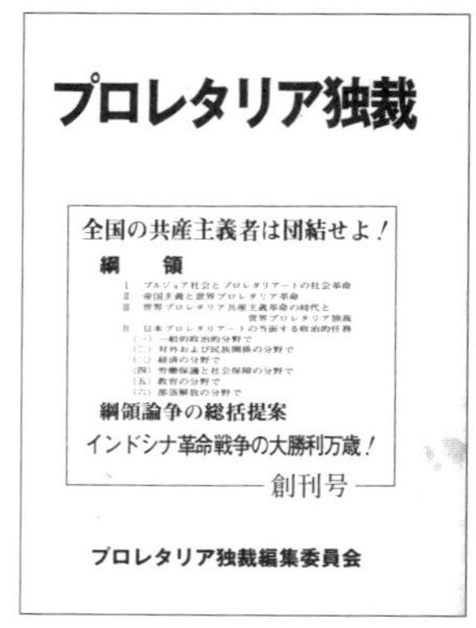
プロレタリア独裁

全国の共産主義者は団結せよ！
綱　領
I　ブルジョア社会とプロレタリアートの社会革命
II　帝国主義と世界プロレタリア革命
III　世界プロレタリア共産主義革命の時代と世界プロレタリア独裁
IV　日本プロレタリアートの当面する政治的任務
（一）一般的政治的分野で
（二）対外および民族関係の分野で
（三）経済の分野で
（四）労働保護と社会保障の分野で
（五）教育の分野で
（六）部落解放の分野で
綱領論争の総括提案
インドシナ革命戦争の大勝利万歳！
創刊号

プロレタリア独裁編集委員会

『プロレタリア独裁』創刊号（1975.05.01付）

1975年8月10日
NO.1
プロレタリア独裁
プロレタリア独裁編集委員会
編集・発行人　大崎 圭

わが党建設上の直面する諸問題

全国の共産主義者は団結せよ！
綱　領
綱領論争の総括提案
インドシナ革命戦争の大勝利万歳！
プロレタリア独裁 創刊号　頒価 400円

『プロレタリア独裁』No.1（1975.08.10付）

【名　称】共産主義者同盟赤軍派（プロ革）
【通称：プロ革派】

【結　成】1974年11月
【機関紙】『赤軍』
【機関誌】『赤軍』

11月になって八木健彦グループは機関紙『赤軍』再刊準備1号（1974.11.10付）を発行し、「共産主義者同盟赤軍派（プロ革）」を名乗った。機関誌発行主体として燎原社。プロ革派は獄中の赤軍派元議長塩見孝也を指導者とし、赤軍派結成当時の路線に基づく組織再建を企図していた。機関誌『赤軍』再刊準備1号は、『塩見孝也論叢』No.1〜8を引き継ぎ『論叢』No.9として発行され、これには八木健彦、獄中の永田洋子、植垣康博、酒井隆樹らが参加した。

1975年にはよど号裁判の公判闘争戦術をめぐって塩見と対立した高原浩之らのグループが分裂し、後述の共産主義者同盟赤軍派『マルクス・レーニン主義』編集委員会を結成した。

赤軍
再刊準備1号
第一次綱領草案
共産主義者同盟赤軍派(プロ革)

共産同赤軍派（プロ革）『赤軍』再刊準備1号（1974.12.18付）

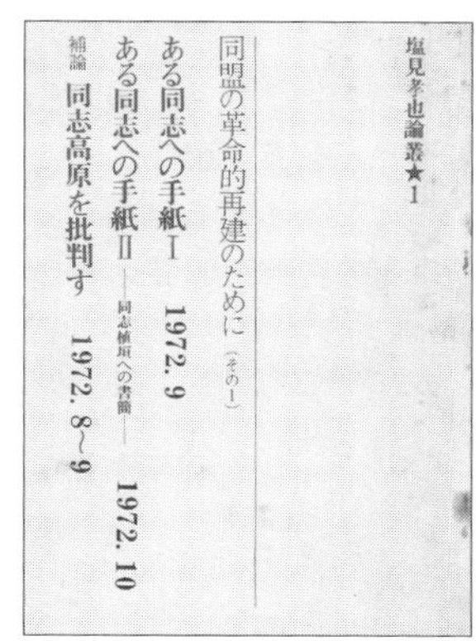
塩見孝也論叢★1
同盟の革命的再建のために（その1）
ある同志への手紙Ⅰ　1972.9
ある同志への手紙Ⅱ　——同志植垣への書簡——　1972.10
補論　同志高原を批判す　1972.8〜9

『塩見孝也論叢』★1（1972年）

(1)　1974年11月10日
★ 世界プロレタリアート独裁 世界共産主義樹立！
★ 反帝反社帝 世界革命戦争勝利！
★ プロレタリア革命主義の旗の下 反帝反米反社帝プロ独・社会主義革命戦争の大道を前進せよ！
赤軍
月刊
再刊準備1号
1974年11月10日
共産主義者同盟赤軍派(プロ革)
定価 150円

共産同赤軍派（プロ革）『赤軍』再刊準備1号（1974.11.10付）

1976年6月15日には宮下公園で開催された「反安保16周年集会」において、西田戦旗派や全国委派、游撃派、竹内ブントなどとともに侵略反革命阻止全国政治共闘を結成したが、1977年には機能停止に陥った。

1977年春頃からは島根大学を拠点として活発に活動を行っている新興勢力が台頭し、主導権を握った。『旬報学生青年運動』第463号(1978.03.01付)によれば、この勢力は1975年頃に吸収した島根大学の底辺委員会の若手メンバーで、これに対して塩見らを中心とする旧幹部グループは1977年秋頃から主導権奪回のために、共産同マルクス・レーニン主義派に協力を求めていたという。

1978年1月下旬に開かれた全党会議では武装闘争路線に批判的な塩見らの「除名騒ぎ」が持ち上がったといわれ、この頃から両者の対立が鮮明化し、2月4日に塩見の自宅を島根大グループの男女5〜6名が襲撃し、塩見の妻に暴行し、書類を奪って逃げる事件が発生したことで両者の対立が決定的となった。塩見らを中心とする旧幹部グループが実力追放され、水田恵・町田明比古らを指導者とする島根大学グループが組織を掌握した。同グループは、1977年に結成された山谷統一労働組合を影響下に置いていた。機関紙『寄せ場』。山統労は1994年に解散し、一部メンバーは1990年発足のNPOに移行している。政治党派としては自然消滅したものと見られる。

街頭闘争では従来からの赤地に「赤軍」のヘルメットを着用していたものと思われる。三里塚闘争を担う大衆組織として三里塚闘争支援労働者青年共闘会議(略称「三支共闘」)を持っていた。

共産主義者同盟赤軍派(プロ革)機関紙『赤軍』再刊準備1号(1974.11.10付)より

全国、全世界のすべての同志はプロレタリア革命主義の同盟再建に総結集せよ！
プロ革派結成宣言

全国・全世界の同志諸君！

革命的労働者諸君！

七一年秋から七二年初頭における、プロレタリア革命戦争とプロレタリア革命主義の党への飛躍をかけた連合赤軍－「新党」の闘いが挫折し、敗北した後の二年半の間、わが同盟は深刻な動揺、混乱、分解の中で激しいイデオロギー的理論的戦闘の時期を経験してきた。この中で、わがプロレタリア革命派創生の闘いは、なだれをうって洪水のように押し寄せた「左」右の清算主義、日和見主義に対する、同志塩見議長を中心とする果敢なイデオロギー的理論的戦闘によって貫徹され、つくりだされてきた。

連合赤軍－「新党」の前進飛躍をかけた闘いの挫折と敗北の根底を、なによりも思想問題としてえぐりだし、マルクス主義に固く立脚して今日の共産主義革命運動の基本的思想－政治路線をうちたて、それを更に党建設の組織路線・プロレタリア革命戦争の武装と陣型、当面する日本革命の政治綱領にまで具体化していく闘いは、まぎれもなく、連赤－新党志向の歴史的意義を継承し、「新党」にあってプロレタリア革命主義を体現しつつあった殺された十二名の立場と「銃によるせん滅戦」の地平を継承し、発展させ、再新党へときたえあげていく闘いであった。この闘いは、いうまでもなく一方では連赤－「新党」の革命戦争と非合法党建設の闘い、そのプロレタリア革命主義への前進・飛躍の苦闘そのものを清算し、逃亡していく、右からの清算主義・日和見主義に対する闘いなしにはありえなかった。かつ同時に、他方では、連赤－「新党」の苦闘と挫折の教訓をなんら真剣に総括することもなく、なにひとつ学ばず、その根底にある思想問題を切開せず、ブルジョア、小ブルジョア思想を温存し、反スタ・トロツキズムやスターリン主義－毛教条主義（エセ毛派）に回帰し、十二名の同志を政治的に抹殺していった「左」からの清算主義・日和見主義－エセ武闘派に対する闘いなしにはありえなかった。

とりわけ、この半年有余「左」右の清算主義・日和見主義の思想的、政治的、組織的破綻が明白となり、白日のもとにさらけ出され、中間主義も行き詰まり、それに照応して、同志塩見議長を中心とするプロ革派創生の闘〈原文ママ〉の基本的正しさと勝利的前進が明らかになった。我々の批判の武器はおおいにみがきあげられ、真に先進的な革命的階級－プロレタリア階級を偉大な解放闘争へ導く、真に前衛的な革命的理論が打ちきたえられ、確固たるものとなった。これは、真の戦闘のための不可欠の前哨戦たるイデオロギー的戦闘であったのであり、真の戦闘のための武器－批判の武器をうちきたえる闘いであったのだ。この闘いは、根本的にブルジョア世界観とプロレタリア世界観、資本主義の道とプロレタリア階級独裁の道の二つの道の闘争にほかならず、前者のブルジョア的な種々の変種、種々の中間形態、種々の残存形態と闘い、後者をうちきたえ、発展させ、革命的プロレタリアートの党的独立を確保しぬく闘いであったのだ。

かくて今、我々は、赤軍派（プロ革）の結成によって、この闘いに最初の巨大な勝利を闘いとったことを報告し、宣言する。もはや動揺と混沌、混迷の時は終った。今、我々は「左」右の清算主義・日和見主義の沼地から截然と事故を分離しぬき、確固たる地盤の上に立ったのである。我々はこの勝利をしっかりと握りしめて前進しなければならない。

我々は、今やここから次の闘いに出陣しなければならない。批判の武器を武器の批判へと物質化する闘いへ、真実の戦闘へ出征しなければならない。

今我々の課題となっているのは、連赤－「新党」の挫折、敗北を実践的にのりこえてゆくこと。新党志向－十二名の立場－銃によるせん滅戦の地平を実践的に継承し、発展させ、再新党へきたえあげていく闘いである。すなわち、プロレタリア革命戦争とプロレタリア革命主義の同盟再建－非合法党建設の大道をきりひらき、実践的にきたえあげていくことである。

この二年半余、同盟赤軍派と連合赤軍の闘いを継承し、教訓化し、発展させる闘いは、アラブ赤軍の同志達をはじめ地下と獄中で苦闘を続けている革命的なプロレタリア戦士達によってねばり強くおし進められてきた。我々はこれらの同志達と単一の党とプロレタリア革命戦争の戦列への結束を必らず闘いとらねばならない。

折りしも今日の世界情勢は、世界革命戦争の持久的対峙の闘いの前進を示している中国をはじめとするアジア三国の継続革命、根拠地化の闘いと、第三世界の民族解放－社会主義革命戦争、両者の結合された世界社会主義革命戦争の発展と一大進攻態勢の前進を明らかにし、帝国主義、社会帝国主義の諸矛盾の激成、危機の深まりと争奪戦の激化という、天下大動乱をくっきりと浮きぼりにしている。この情勢は、帝国主義諸国のプロレタリア革命派に対して〈自己を反帝反社帝世界プロレタリア革命戦争の隊列として打ち固め、反スタ・トロツキズムと毛教条主義を止揚し、革命的マルクス主義に立脚した非合法党建設と、プロレタリア革命戦争の正規の進攻－建軍・攻撃的蜂起の陣型の組織化〉を緊急の任務として課し、その有利な条件をつくりだしている。

事実、日本においても、日帝は国際帝国主義の危機を集中的に、先行的に受け、戦後日本の政治・経済体制の歴史的破綻と根底からの動揺・危機の成熟をあからさまにし、労働者階級と勤労大衆の闘いは広範に、不屈に燃え広がり、進攻の機運が発展しつつある。日帝の矛盾を労働者大衆へ犠牲的に転嫁することによってのりきらんとする、国際＝国内反革命と一体のなしくずしファシズムの大攻撃の策謀は、一層激烈で根本的な階級的諸衝突を煮つめざるをえない。このことは、それだけ、日本の革命的プロレタリアート＝プロレタリア革命派に、アジア三国の継続革命－根拠地化の闘い、第三世界の民族解放－社会主義革命戦争としっかりと団結し、プロレタリア革命党を創建し、プロレタリア革命戦争を再開し、正規の進攻－建軍・攻撃的蜂起の道を大胆に切りひらき、その陣型をきたえあげていく任務を焦眉のものとしているのだ。

我々はこれらの歴史的任務を自己の双肩に担って、堅忍不抜におし進めていく闘いを開始した。我々は「左」右の清算主義の小ブル日和見主義に対する闘争を一層敢然とおし進め、反スタ・トロツキズムと毛沢東教条主義（エセ毛派）を批判改造する党派闘争を一層敢然とおし進めていくであろう。

我々はマルクス・レーニン主義を一層しっかりと学びとり、我々の思想的政治的水準を高めて、正しい思想的政治的組織的作風を勝ちとるマルクス主義整風運動を貫き、自己をマルクス主義党として純化し、うちきたえていくであろう。

我々はマルクス主義にしっかりと立脚した全国政治新聞によって、革命的プロレタリア政治を組織し、領導していくだろう。

そして何よりも、我々の綱領－戦略的総路線の集中的な、かつ実践的な体現として、マルクス主義非合法党の思想的・政治的・軍事的・組織的中核体たる中央軍＝職業革命家の軍隊を組織し、きたえあげ、これと一体に、思想・政治・軍事・経済闘争を担う地下細胞を労働者階級の深部に組織し、革命戦争の根拠地を築きあげ、反帝反米社会主義革命戦争を推進していくであろう。

我々はこの実践体系をもって、今日の自然発生的労働運動の昂揚、ありとあらゆる革命勢力の闘いを支持、支援し、かつ、それをこの実践体系に結合させていくであろう。

かくして我々は、第三世界の民族解放・社会主義革命戦争、プロレタリア諸国の共産主義継続革命－根拠地化の闘いと固く手を携えて、反帝反社帝世界プロレタリア革命戦争を発展させ、世界党・世界赤軍・世界革命戦線の陣型を組織しぬき、帝国主義、社会帝国主義を打倒・絶滅し、世界プロレタリアート独裁・世界共産主義を実現しぬくであろう。

☆労働者階級の経済的隷属賃金奴隷制からの解放！

☆プロレタリア共産主義革命万歳！

(後略)

【名　称】**共産主義者同盟赤軍派『マルクス・レーニン主義』編集委員会→共産主義者同盟マルクス・レーニン主義派**

【結　成】1975年7月

【機関紙】『革命通信』

【機関誌】『マルクス・レーニン主義』

1975年にはよど号裁判の公判闘争戦術をめぐって塩見と対立した高原浩之らが共産主義者同盟赤軍派プロレタリア革命派から分裂し、共産主義者同盟赤軍派『マルクス・レーニン主義』編集委員会を結成した。戦後革命運動事典編集委員会編『戦後革命運動事典』(1985年、新泉社)によれば、中心的なグループはプロ革派の神奈川県地区フラクションであったという。同派は1977年2月の第1回大会では綱領草案・規約の採択と同時に組織名称変更を決議し、「共産主義者同盟マルクス・レーニン主義派」に改称した。この名称変更決議は連合赤軍、赤軍派を含めたブントの総括と第三次ブント結成への体制づくりを企図したものだったという。

同派は游撃派、怒濤派、紅旗派などに組織統合のための呼びかけを行い、これに応じた游撃派と1979年7月に組織合同し、「共産主義者同盟(革命の旗)」を結成した。

共産主義者同盟マルクス・レーニン主義派『マルクス・レーニン主義』第2号(1979.02.25付)

(左)共産主義者同盟赤軍派「マルクス・レーニン主義」編集委員会『革命通信』創刊号(1975.09.25付)
(右)共産主義者同盟マルクス・レーニン主義派『革命通信』第12号(1977.04.01付)

【名　称】**日本社会科学研究所**
(マルクス・レーニン主義、毛沢東思想)

【結　成】1979年3月
【機関紙】『労農通信』
【機関誌】『マルクス主義』

プロ革派から追放された旧幹部グループは、1979年3月になって「日本社会科学研究所(マルクス・レーニン主義、毛沢東思想)」を結成し、塩見の控訴審支援闘争に取り組んだ。永田は準所員、植垣は所員となっていたが、1980年には塩見と永田、植垣が対立し、塩見は永田・植垣の両名を除所し、『労農通信』第24号(1980.12.01付)上にて公表した。

労農通信
24特別号
1980.12.1
今ふたたび連合赤軍の総括を!
日本社会科学研究所(マルクス・レーニン主義、毛沢東思想)

日本社会科学研究所『労農通信』第24号
(1980.12.01付)

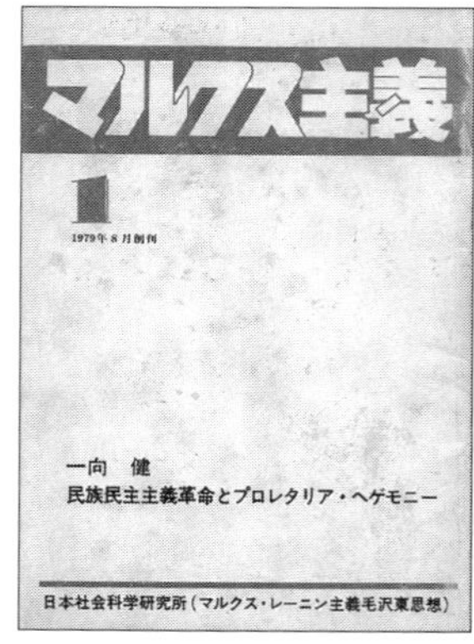
マルクス主義
1
1979年8月創刊
一向　健
民族民主主義革命とプロレタリア・ヘゲモニー
日本社会科学研究所(マルクス・レーニン主義毛沢東思想)

日本社会科学研究所『マルクス主義』創刊号
(1979.08.15付)

【名　称】共産主義者同盟【通称：叛旗派】

【結　成】1970年6月
【機関紙】『叛旗』／『希望』（関西地方委員会）
【機関誌】『叛旗』

旧統一派末期の組織実態はブント系諸派の連合であった。右派に情況派・叛旗派があり、これに対置される最左派に赤軍派があり、後の戦旗派や12・18ブントが中間派から左派としてあった。

1970年6月初旬には共産同第7回拡大中央委員会で情況派幹部松本礼二ら2名が除名された。これが契機となって叛旗派・情況派と主流派との対立が鮮明になり、1970年6月11日の豊島公会堂における中央政治集会において、最後の発言者である叛旗派の三上治の合図で中間派・左派と叛旗・情況派が衝突し、中間派・左派が勝利して分裂が決定的になった。

翌7月の第8回中央委員会では叛旗派幹部である共産同中央委員の三上治（味岡修）、神津陽（薬師神忠昭）の2名が除名された。機関紙『戦旗』第233号（1969.07.17付）で公表された除名の理由は6月11日の中央政治集会に情況派らを引き込んで集会の破壊を目論んだことであった。

情況派・叛旗派ら右派が除名され、分裂した理由は、当時の共産同主流（中間派・左派）が武装闘争を重視したことに対して、大衆運動重視を掲げたからであるといわれ、叛旗派について報じた前掲『戦旗』第233号にも、「昨年4・28敗北後の同盟内論争において、三上、神津は、松本、一条（除名）らと共に右翼反対派を形成し、なかんづく、〈軍事を組織する党〉〈軍団建設〉に執〈原文ママ・脱字「執拗」か〉な反対を繰り返してきた」とある。

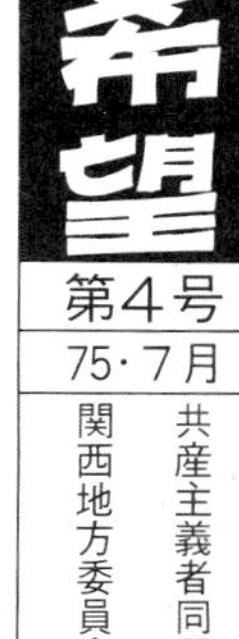

共産同関西地方委『希望』第4号（1975.07付）

共産同「叛旗」編集委『叛旗』第53号（1973.07.05・20付）

しかしながら叛旗派と情況派の関係は必ずしも良好だったとは言えない。叛旗派は「はじめに明らかにしておく。『戦旗』二二七号以降、反革命分子として粉砕の対象とされている『情況』派なるものは存在しないし、しうべくもない。そもそも左翼ジヤーナリズムの一隅を示める〈原文ママ〉にすぎない『情況』を基軸にしてフラクや分派が形成される訳がない。」「我々は、いわゆる『叛旗』派内から右翼反対派を産出し、彼等が『情況』にもたれかかることにより…『情況』誌自体も駄目にしたことを残念に思う。我々は『情況』に物質的に、亜イデオロギー的にもたれかかつた部分が、党内斗争もまともに展開せずに逃亡し、ついに共産同再建準備会をデツチ上げたことを弾劾する」として情況派批判を展開した上で、自己批判をして叛旗派に帰順するか、あるいは組織基準・結集基準を鮮明にして叛旗派の党派闘争の対象となる一セクトとして登場するかを迫った（共産主義者同盟『叛旗』編集委員会「党内－分派闘争の現局面と我々の態度」機関誌『叛旗』5臨時号（1970.07付）所収）。

叛旗派指導者であった三上治によれば、1970年5月に三上が保釈されて活動に復帰すると、周囲は1969年11月の行動以降生じた叛旗派と情況派の分裂状態の収拾を期待していたように見えたといい、情況派の面々からは議長に松本礼二、書記長に三上治という体制で両派を統一してほしいとの要請があったという。三上は「政治グループは維持できてもこれでは魅力に欠ける」とこれを拒否した（三上治『1970年代論』（2004年、批評社））。

叛旗派は自らについて「首都圏を中心とした大衆的学生運動の蓄積の上に、マル戦派の逃亡後68年春より再建された三多摩地区委の実践と理論を中軸に自然的に形成されたグループが、68年10月～69年秋期決戦過程でのブント内論争を経て意識的に再編され、結成された」（『叛旗』53号 1973.07.05・20付合併号）としている。中心人物の三上や神津はいずれも中央大学出身だが、中大のブントは一次ブントが四分五裂していくなかで独立社学同として残った独自の系譜を持っており、叛旗派はこの流れに属する。思想的には吉本隆明の影響を色濃く受けているとされる。

また神津や三上は中大卒業後は三多摩地区で活動を行っており、神津は卒業後1年経った1968年春に国立に、三上も1968年に国分寺富士本町に移住した。三多摩地区では、先に明大学費闘争で退学処分となった明大学生会中執元委員長の中沢満正が地元小金井に戻っており、また同じく明大ブントの鬼塚隆文らが小金井反戦を作っており、大衆事務所として三多摩バラの会が置かれており、活動の素地ができていた。1968年11月に発行された三多摩地区委員会機関誌『叛旗』創刊号の奥付記載の住所は、小金井市の中沢気付となっている。移住した神津は、三多摩地区全域の学対を担当し、三多摩学生行動委員会を旗揚げし、また1968年秋には三多摩地区委員会委員長も中沢から引き継いでいた。

街頭では労働者も学生も統一して赤地に「叛」のヘルメットをかぶったものとみられる。旗にも「叛」の文字が書かれた。反帝戦線を組織しており、反帝戦線のヘルメットの側頭部に「叛」と書いてあるものがあるが、これが叛旗派のものかどうかは不明。

機関誌は、もともと共産主義者同盟三多摩地区委員会の機関誌だった『叛旗』が叛旗派幹部2名の除名を受けて、1970年5月の臨時号（実際の発行は6月11日の集会後）より、共産主義者同盟叛旗編集委員会による「全同盟的な討論を組織しうる政治理論誌」となった。機関紙『叛旗』はこれより後の1971年1月20日に創刊されている。当初の発行所は大久保プロであったが、1972年7月20日を以て移転し、以降最後まで蒼氓社が担った。

1975年9月には叛旗派の指導者であった三上治が叛旗派から離脱し、これは機関紙『叛旗』第97号（1975.10.15付）上で明らかにされた。同紙によれば9月24日の大会で三上治が「総括と展望」と題する文書を提出したが、討議の上でこの文書の撤回と思想・指導上の総括を要求されると、

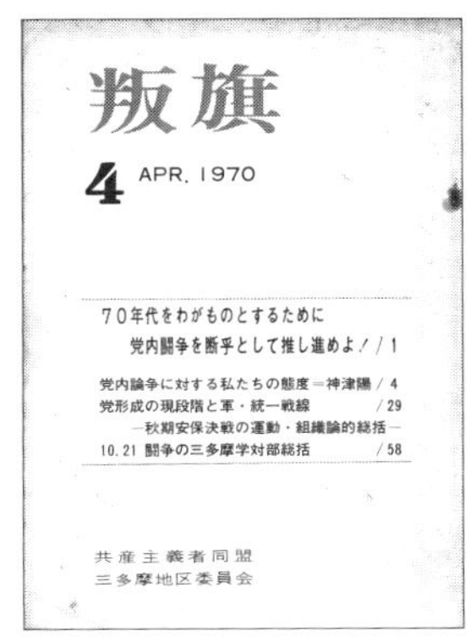
叛旗

4 APR. 1970

70年代をわがものとするために
党内闘争を断乎として推し進めよ！/1

党内論争に対する私たちの態度＝神津陽 / 4
党形成の現段階と軍・統一戦線 / 29
―秋期安保決戦の運動・組織論的総括―
10.21 闘争の三多摩学対部総括 / 58

共産主義者同盟
三多摩地区委員会

共産同三多摩地区委『叛旗』第4号
（1970.04付）

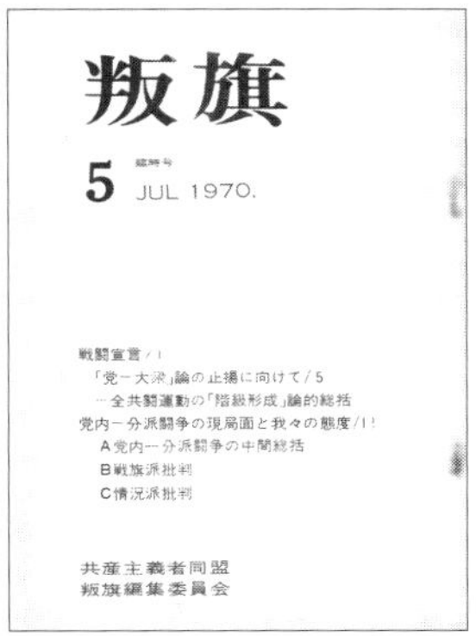
叛旗

5 臨時号 JUL 1970.

戦闘宣言/1
「党ー大衆」論の止揚に向けて/5
―全共闘運動の「階級形成」論的総括
党内ー分派闘争の現局面と我々の態度/11
A党内ー分派闘争の中間総括
B戦旗派批判
C情況派批判

共産主義者同盟
叛旗編集委員会

共産同叛旗編集委『叛旗』第5号
（1970.07付）

三上は期限付権利停止を申請し、「突然一切の対内、対外政治表現、活動の停止を宣言し…大会は止むなくこれを了承した」が「大会後三上治は…唯一人の脱落を分派闘争、別党として強弁せんと恥の上塗りを重ね」たという。

離脱した三上は1976年に乾坤社を設立し、雑誌『乾坤』を発刊したが、叛旗派と三上との対立は以降も続き、1976年6月18日に三上が個人として主催した集会に叛旗派のメンバーが押しかけて妨害演説を行い一部では摑み合いや殴り合いに発展した（『旬報学生青年運動』第427号（1976.08.01付））という。この集会について叛旗派は『叛旗』第113号（1976.06.15付バックデイトしているものとみられる）では「基本的に粉砕した」と述べ、集会の経過を詳細に記述している。

その後機関紙『叛旗』は第116号（1976.09.01付）で発行停止となり、1976年10月24日の共産同大会で同盟は事実上解体され、12月の「叛旗解体」政治集会において全出席者で叛旗派解体が合意されて、叛旗派は1977年を目前に解体した。菅原則生や立花薫らのグループは1977年7月に雑誌『最後の場所』を発刊したが、同誌の発行や叛旗派解散後の資金の用途をめぐって争いがあったようである。

なお、叛旗派の関係者は解散から50年近く経つ今もなお「叛旗互助会」を構成して交流を保っており、これは他のセクトに見られない特徴である。

【名称】全国反帝戦線連合

【機関誌】『吶喊』

『乾坤』創刊号（1976.08.30付）

全国反帝戦線連合『吶喊』第2号（1974冬）

【名　称】共産主義者同盟（再建準備委員会）【通称：情況派】

【結　成】1970年6月
【機関誌】『ROT』

情況派の結成までの流れについては、情況派幹部であり、後に遠方から派の結成に参加した石井暎禧の証言をまとめた石井暎禧・市田良彦『聞書き〈ブント〉一代』（2010年、世界書院）に沿って見ていく。叛旗派との関係などについては情況派側からの一方的な見方になっている可能性があることに注意されたい。

情況派の源流は1967年の二・二協定締結後に松本礼二（高橋良彦）に近しい東京のブントが構成した右派フラクションにあるという。1967年2月に明大学費闘争を決着させた二・二協定は他のセクトからはボス交による決着として非難を浴び、当時三派全学連委員長の職にあったブントの斎藤克彦（明大）は罷免された。この二・二協定による決着はブント外のみならずブント内部でも批判の的となった。ブントは前年の1966年9月25日に共産同再建第6回大会において統一されるまで大きくマル戦派と統一派にわかれており、ブントが統一した第6回大会で選出された議長松本礼二は、統一派のうち東京の部分であったが、マル戦派や統一派のうちの関西派などからの批判により、松本は二・二協定締結の責任をとる形で議長職から降ろされ、1968年3月の共産同第7回大会では国際部長の閑職に追いやられた。代わって議長には関西派の佐伯武（佐野茂樹）が就任した。この大会では統一派とマル戦派との対立が決定的になり、マル戦派はそのほとんどが大会2日目をボイコットしてブントから離脱している。議長職を降ろされた松本に近しい東京のブントは巻き返しを図って右派フラクションを形成し、松本の就任時には名ばかりであったブント国際部の活動に注力して、1968年8月3日には中大講

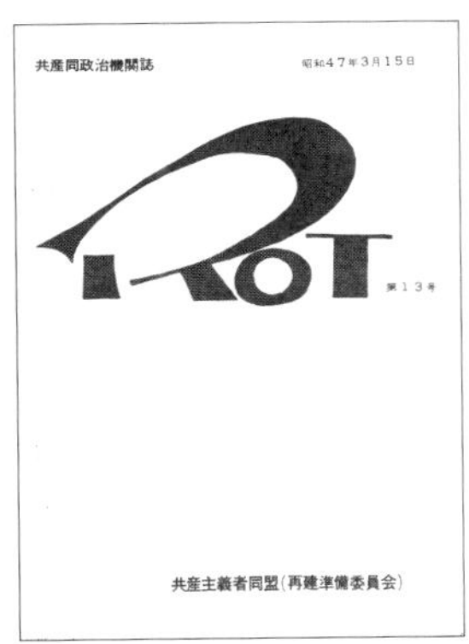

共産同政治機関誌
昭和47年3月15日
ROT
第13号
共産主義者同盟（再建準備委員会）

共産同（再建準備委）『ROT』第13号
（1972.03.15付）

堂でアメリカやフランスの社会運動組織から代表を集めて国際反戦会議開催を成功させている。

1969年7月6日に赤軍派が明大和泉校舎に泊まり込んでいたブント議長の仏徳二（1968年12月の第8回大会で選出）らを襲撃した七・六事件では、右派の池亀ら医学連と中大のグループが赤軍派の塩見らを逮捕・監禁した。右派は10月に大久保の東京バレエ劇場に事務所を構えたが、内部では神津陽（薬師神忠昭）らが後に叛旗派になる部分を形成し始めていた。しかしその後も情況派と叛旗派は右派連合を構成してブント中央に対抗していた。

1970年6月初旬の第7回拡大中央委員会では、副議長松本礼二、中央委員一条信治（池亀信）の情況派幹部2名が除名された。機関紙『戦旗』第227号（1969.06.05付）で公表された除名の理由は1969年秋の安保決戦において自己の戦闘部署を放棄し、戦場から蒸発してしまったことであり、この2名を「底なしの右翼日和見主義分子」と罵倒した。このうち「一条信治」の姓名の表記については、『戦旗』第227号上で「一条」（本文）と「一條」（見出し）で表記ゆれが生じているが、本文中の記載を採用した。しかし後に同人の編著で発行したパンフレット『七二年沖縄返還＝第三次琉球処分と全軍労斗争』（発行年月日記載なし。情況派機関紙『ROT』第3号（1971.02.01付）に広告が掲載されていることから発行時期はこの頃と推定される）では名前が「一条信路」となっている。自派で発行した出版物の記載の方が正確性は高いものと思われ、表記は「一条信路」が正しいと思われる。6月11日の豊島公会堂における共産同政治集会では、叛旗派が情況派の了解なくブント中央にゲバルトを仕掛けたことでブント中央と右派との分裂が決定的となり、またこの衝突を直接の契機として情況派も叛旗派と袂を分った。

情況派はこの事件の後、叛旗派を除いた右派で共産主義者同盟（再建準備委員会）を結成した。このメンバーに1968年に雑誌『情況』を創刊した古賀暹（二・二協定に関与して1967年にブントから除名）がいたことから、叛旗派から蔑称として情況派と呼ばれることになったが、古賀自身は党派が「情況派」と呼ばれることについて迷惑だったと回想している（荒岱介編『破天荒な人々』（2005年、彩流社））ほか、当時情況派の幹部だった石井暎禧も「組織としてのブントとはなんの関係もない創刊」（前掲『聞書き〈ブント〉一代』）としている。その他には長崎浩、篠田邦雄らが情況派に加わっており、これに松本、石井を加えた4名が後に遠方から派を構成した。

遠方から派と游撃派との分裂は、長崎が提起した「共産主義者同盟を大衆政治同盟へ転換せよ」との方針について、実際にどのように考えたらよいのか様々な受け取り方がされたために混乱し、組織的に迷走が始まったことが背景にあったという。長崎の提起する大衆政治同盟への転換は「『大衆政治同盟』と『秘密結社』の二重性をもった組織」という趣旨であったものの、当時の情況派内でも理解されず、游撃派はこの二重性のうち、大衆政治同盟の方へ純化した部分であったという。

情況派は1971年の冬頃から、それまで直接的な内ゲバを行っていなかった戦旗派と衝突することとなる。もともと情況派は生田校舎、戦旗派は駿河台・和泉校舎という棲み分けがあり、これとは別に法学部自治会のみを解放派が握っていた。両者の内ゲバのきっかけは情況派が影響下に置いていた生協と、戦旗派が仕切っていた学生会（明大の一部全学自治会）との対立であったという。この党派闘争の性格について、機関誌『ROT』第13号（1972.03.15付）は、生協運動に対する戦旗派の献金要求とこれを拒否したことに対する報復としての生協運動の妨害、戦旗派による明大駿河台・和泉校舎での恐怖政治などを理由として挙げている。

情況派は当時のブント内の左派に比べれば比較的活動は過激ではなかったと思われるが、街頭闘争も行っており、東峰十字路事件における東峰統一被告団『三里塚東峰十字路裁判 最終弁論要旨』第一分冊所収の第二部 事実関係－第二章 事実経過－第二「九月一六日の行動－小屋場台終結から県有林（いわゆる御幸畑）まで」によれば、「小屋場台に終結した支援団体の人数およびヘルメットの色は、次の通りである。…ブンド情況派 約三〇名 赤色」とあるから、ヘルメットをかぶって街頭闘争に参加していたことは間違いないと思われる。

また情況派分裂後の游撃派も赤ヘルをかぶっているので、なにがしかの赤ヘルをかぶっていたと推測される。情況派のヘルメットが確認できないのは、情況派が活動していた1970年代初頭はブント諸派が分裂で入り乱れていた時期であり、しかも二次ブント以来の反帝戦線等の組織名を継承したがために、ヘルメットだけでは情況派かどうか確認できないためと思われる。

【名　称】「遠方から」編集委員会【通称：遠方から派】

【結　成】1974年8月
【機関誌】『遠方から』／『遠方からの手紙』

1974年8月、共産主義者同盟（再建準備委員会）から游撃派が分裂した後、組織名を「遠方から」編集委員会に改称した。遠方から派は、松本礼二（高橋良彦）のほか、石井暎禧、長崎浩、篠田邦雄の計4名で構成されたグループであった。遠方から派は松本の住まいの近くに設置された松本礼二事務所を拠点としていた（石井暎禧・市田良彦『聞書き〈ブント〉一代』（2010年、世界書院））。

「遠方から」の意味するところについては、『遠方から』創刊号（1974.11.01付）の編集後記において「われわれはこの雑誌を闘いの『現場』からでなく、闘いから『遠くへだたった場所』から送る。いらだたしさと、悔しさと、そして、ここからしか本質に迫る語りかけはないという自信をこめて。多くの新旧左翼の諸君は、闘いのまっ唯中に居ると信じ、あるいは信じようとしている。このことの虚妄はやがて事実によって、否応なく知らされることが確実である。」としている。

遠方から派は小派ではあったが、他の新左翼セクトとは異なる独特の活動をしている。

1978年5月頃から、三里塚闘争において空港反対派住民と政府との話

遠方から

第三号
1975年6月10日発行
遠方から　編集委員会
松本礼二　責任編集

統一地方選挙と＜第三勢力＞の形成	「遠方から」編集委員会
「ポツダム労働組合」解体 ～日本共産党の戦略転換～	編集部
ブントについて —(2)—	正木真一
日本国家物語　—議談「2・26事件」—	咲谷　謙

『遠方から』第3号（1975.06.10付）

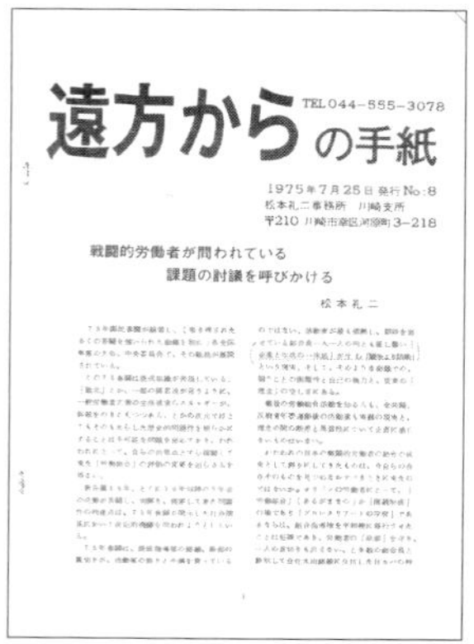

遠方からの手紙

TEL 044-555-3078

1975年7月25日発行 No:8
松本礼二事務所　川崎支所
〒210 川崎市幸区河原町3-218

戦闘的労働者が問われている
課題の討議を呼びかける

松本礼二

『遠方からの手紙』No.8（1975.07.25付）

し合いの仲介を担ったことは、その代表的な活動の一つである。1978年3月30日に開港を予定していた新東京国際空港（現成田国際空港）は、開港直前の3月26日には第四インターや戦旗派などにより管制塔を占拠・破壊され、開港延期を余儀なくされて反対派や支援党派の激しい闘争をしのぎ切って約2ヶ月後の5月20日になんとか開港にこぎつけた。この出直し開港直前の5月の時点で、遠方から派は既に三里塚闘争を対政府交渉に乗せるべきだとの結論に達し、動き始めていた。遠方から派はこの後約1年にわたって話し合いによる空港問題解決のための仲介役を担ったが、最終的にはこの動きがリークされて頓挫し、支援党派からは非難を浴びた。しかしこの動きについては反対同盟の島事務局次長や石井青年行動隊長をオルグして行い、あらかじめ支援党派の第四インター、中核派などには説明していたという（前掲『聞書き〈ブント〉一代』）。この交渉の経過は長崎浩「三里塚『話し合い路線』当時の松本礼二」（「高橋良彦遺稿・追悼集」編集委員会編『一大衆政治家の軌跡』（1988年、彩流社）所収）に詳しい。

また「地方党」運動を展開し、「水戸四人組」と呼ばれた民族派の右翼（吉野詮、青木哲、飯島勇、木暮）らと協調して茨城地方党結成準備委員会を結成し、1975年4月の茨城県知事選挙に独自の候補を擁立した。この運動には草莽社の吉川誠らのグループも合流し活動したが、落選した。

遠方から派がいつ頃まで活動を継続していたのかは不明である。

【名　称】**共産主義者同盟【通称：游撃派】**

【結　成】1974年8月

【機関紙】『游撃』

【機関誌】『ボルシェヴィキ』

共産主義者同盟（再建準備委員会）は、旧統一派からの分裂当初は積極的な活動を行っていたが、次第に機関紙上の活動に軸足を移し、大衆的な行動からは遠ざかっていった。このような組織のあり方に危機感を覚え、より積極的な活動を志向した部分が「行動する党」を掲げて1974年8月に分裂して結成した。機関紙『游撃』より游撃派と呼ばれる。

この時分裂した游撃派は古賀暹や中井正美らに指導されていたが、荒岱介編『破天荒な人々』（2005年、彩流社）で古賀自身が語るところによれば、当時雑誌『情況』を出しつつ情況派の参与のようなことをしていたが、明大OBで政治局員の篠田が「三里塚問題での全面妥協を謳ったビラ」を撒くように指示してきたことに反発し、古賀は若手の活動家30名ほどを率いて組織を割って出た。分裂後はとても一人では雑誌と活動とを両立できないため、思想的には情況派と関係のない専修大の中井正美を呼んで游撃派を結成したという。しかし中井正美から『情況』を廃刊し、党活動に専念するように強く主張されたため、古賀は1976年に游撃派を離脱した。

『游撃』3号
（1974.12.15付）

1976年6月15日には宮下公園で開催された「反安保16周年集会」において、西田戦旗派や全国委派、赤

『ボルシェヴィキ』創刊準備号（1975.07.20付）

1977.04.17 共産同系デモ併進規制中の三機部隊 三里塚空港粉砕全国総決起集会デモ警備

（上）1975.10.21 機動隊を押しまくり進撃する赤ヘル権力闘争派部隊（『游撃』14号（1975.12.01付））
（下）1975.09.30 無題（『游撃』12号（1975.10.15付））

軍派（プロ革）、竹内ブントなどとともに侵略反革命阻止全国政治共闘を結成したが、1977年には機能停止に陥った。その後もブント諸派の結集に努め、1979年7月には赤軍派の系譜に属する共産主義者同盟マルクス・レーニン主義派と組織合同し、共産主義者同盟（革命の旗）を結成した。

労働者組織

【名称】**関東労働者共同闘争委員会**
【ヘルメット】赤地に「労闘委」

学生組織

【名称】**全都学生活動者会議**
【ヘルメット】赤地に「都学活」

労学組織

【名称】**共産主義革命戦線**
【結成】1976年4月11日
【ヘルメット】赤地に「革命戦線」

都学活と労闘委を統合、改組して結成した。略称CRF。これに先立つ1975年9月には社学同の再建を行ったが、1976年3月15日の再建第2回大会において社学同の解体と共産主義革命戦線への合流を決議した。共産主義革命戦線の結成によって、綱領・組織・戦術の一体性を獲得し、戦闘陣型の一元的指導を可能としたとする。

マル戦派の分裂

1966年に統一された共産主義者同盟（二次ブント）は、設立の経緯からかつての統一派とマル戦派の間で内部対立を抱えていた。この対立は1968年3月23〜24日に開催された共産同第7回大会で決定的となり、マル戦派はごく一部の同盟内残留グループを除いてそのほとんどが大会2日目をボイコットして共産主義者同盟から離脱した。

よど号ハイジャック犯の1人赤木志郎は、1968年3月に後に赤軍派を結成する塩見孝也や高原浩之、田宮高麿らが多くの関西ブントの活動家を引き連れて上京したこと、また田宮が自己批判的に語った証言として、上京した関西ブントの活動家らが東京の一部のメンバーとともにマル戦派活動家の下宿を襲い活動できないようにしてから共産同第7回大会を持ったことなどを証言している（「赤軍前史」（三浦俊一編『追想にあらず』（2019年、講談社エディトリアル）所収））。

また後に蜂起左派を結成した羽山太郎（佐藤秋雄）は、第7回大会をマル戦派がボイコットするに至った理由として、関西ブントの田宮高麿らが、第7回大会直前に社会党本部で開催されていた東京反戦青年委員会世話人会議の席上からマル戦派の望月彰を拉致し中央大学学生会館に監禁したことや、関西ブントの学生らが第7回大会1日目に演壇上に駆け上り、書記長でマル戦派の水沢史郎に暴行を加えたことなどを挙げている（「ブントから武装闘争へ」（前掲『追想にあらず』所収））。

離脱した旧マル戦派は共産主義者同盟労働者革命派結成準備会を設立し、5月には機関紙『労働者革命』を発行するも既に単一の組織の体をなしておらず、浜下武志・静間順二らがブントに復帰するため離脱したほか、7月には一部が岩田理論を批判しレーニン主義者協議会を結成した。機関誌『レーニン主義』。

労仂者革命
第1号 40円
共産主義者同盟労仂者革命派結成準備会
連絡先：東京麻布郵便局止
政治経済研究所
1968年
5月1日
☆共産主義者同盟労仂者革命派結成準備会アッピール……(1)
☆ベトナム「和平」の幻想とわれわれの任務……(9)

共産同労働者革命派結成準備会『労働者革命』第1号（1968.05.01付）

レーニン主義者協議会は川上浩、松井透、清井礼司、高橋博史らが中心となって結成され、労革派の高校生は全てこれに合流したが、早くも1969年7月には解体状態に陥ることとなった（府川充男「『六八年革命』を遶る断章」（さらぎ徳二編『革命ロシアの挫折と崩壊の根因を問う』(2002年) 所収))という。しかし1971年東大入学の森田暁は「旧ブントのマル戦(マルクス主義戦線派)系で、『L協』っていう、『レーニン主義者協議会』(六八年七月結成) というのがまずいました。そこが駒場を拠点にしてて、駒場で"ブント"と云えばレーニン主義者協議会のことでした。」と証言(週刊読書人ウェブ上に連載された外山恒一連続インタビューシリーズ「日本学生運動史」①「もうひとつの"東大闘争"『東大反百年闘争』の当事者のひとり・森田暁氏に聞く」(https://dokushojin.com/article.html?i=5456 2020年5月1日著者確認)) しており、1971年頃まで一定の規模でL協を自認する部分が残存し、東大駒場で存在感を示していたと見られる。

L協離脱後の労革派は1968年8月にはこれまでのマル戦派の総括をめぐって更に大きく2つに分裂した。一方は旧来からのマル戦派主流を擁する指導部を中心とするグループであり、水沢史郎(服部信司)、嵯峨一郎、杉村宗一らが属していたが、数では少数となった。このグループは「前衛」編集委員会を名乗って1968年9月に機関紙『前衛』を発行したことから「前衛派」と呼ばれる。もう一方のグループは労革派の多数を占めていた学生らであり、かつての三派全学連副委員長成島忠夫や石田寿一らが属しており、前衛派に対して多数派を形成した。このグループは1968年9月に労働者共産主義委員会を結成し、10月20日に創刊された機関紙『怒涛(怒濤)』から「怒涛(怒濤)派」と通称される。この他に柿沼ら愛知のグループはどこにも参加せず独立したという。

【名　称】「前衛」編集委員会→共産主義者党【通称：前衛派】

【結　成】1968年8月頃
【機関紙】『前衛』
【機関誌】『現代革命』／『世界革命』

前衛派は機関紙発行主体として「前衛」編集委員会を置いていたが、政治組織は1973年になって共産主義者党を結党するまでは存在せず、機能は「前衛」編集委員会が代替していたとみられる。便宜的にこの約5年間の政治組織を「共産主義者同盟前衛派」と呼ぶ。署名記事で見ていくと、中央委員会の場合は中央委員の除名について単に「中央委員会」とのみ記載している（『前衛』第51号（1970.09.01付））一方で、神奈川県委員会の「党内社民分子」の追放をその実名を挙げて伝える記事の署名は「『前衛』神奈川県委員会」となっている（『前衛』第54号（1971.02.25付））。

前衛派は1960年代末の全国学園闘争時期の街頭闘争には、大衆組織である安保粉砕共闘会議として参加していることが確認されている。安保共闘の結成年月日等は不明だが

反合反帝の工場闘争をプロレタリア日本革命へ！
世界革命
インフレ・ゼネスト・人民戦線
国民ゼネストか階級ゼネストか
高まる労働者階級の怒りと工場闘争の現段階
インフレ・ゼネスト・人民戦線
ゼネスト春闘を工場占拠ゼネストへ
チリにおける革命と反革命
三度目は？劇か
人民戦争の統一戦線
自衛隊の仮想敵は何か
6　1974.4
共産主義者党中央機関誌

共産主義者党『世界革命』第6号（1974.04.10付）

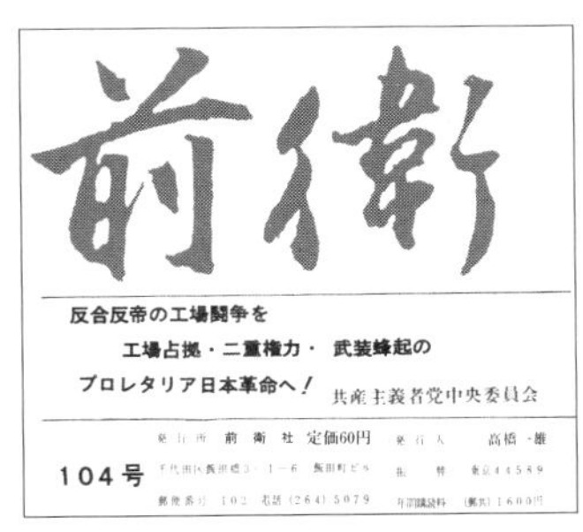

共産主義者党『前衛』104号（1975.06.01付）

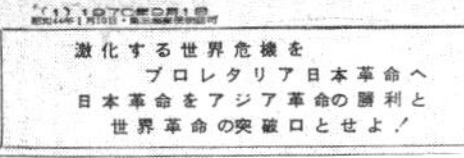

激化する世界危機を
プロレタリア日本革命へ
日本革命をアジア革命の勝利と
世界革命の突破口とせよ！

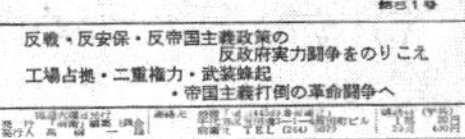

共産同前衛派『前衛』第51号（1970.09.01付）

著者所蔵の生写真　機動隊導入が迫る1969年1月の東大とされる写真。安田講堂正面に「安保共闘」の懸垂幕が見える

著者所蔵の生写真　機動隊導入が迫る1969年1月の東大とされる写真。遠くに安保共闘の旗と隊列が見える

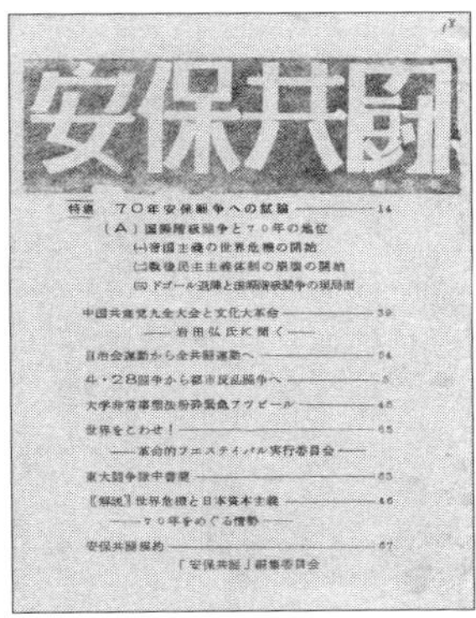

『安保共闘』創刊号(1969.05.25付)

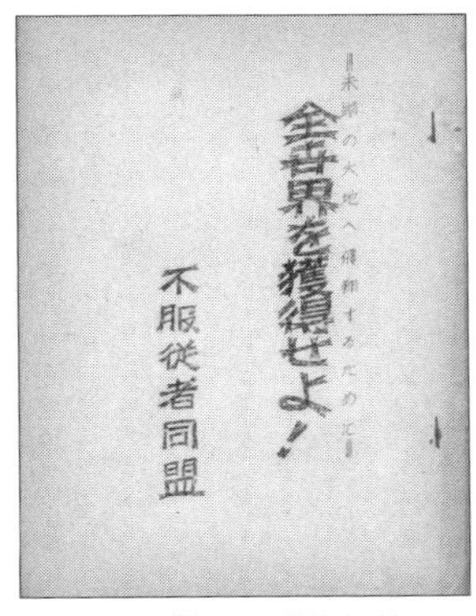

不服従者同盟『全世界を獲得せよ!』
(発行年月日記載なし)

1968年末のビラが確認されているほか、東大安田講堂事件直前の安田講堂正面に安保共闘の懸垂幕が掲げられており、機関誌『安保共闘』創刊号(1969年5月25日付)にも、「東大闘争の烈火の中から、安保共闘は“反乱者”としての生命を宿した」との一文がある。

社会問題研究会編『全学連各派－学生運動事典－』増補改訂'70年版(1969年、双葉社)によれば、前衛派の大衆組織または関連組織としては、安保粉砕行動委員会や不服従同盟、山谷解放同盟、キリスト者同盟などがあったという。近似した名称の不服従者同盟『未踏の大地へ飛翔するために　全世界を獲得せよ』(発行時期不詳)によれば、不服従者同盟は不服従者連合戦線に改組されているが、どうやらノンセクトラジカルのようで、前衛派と関係があったとしても大衆組織とは言い難いと思われる。なお、前掲『全学連各派－学生運動事典－』増補改訂'70年版には、アナキズム系諸団体の章に「不服従者連合戦線」の名があるが、特段の説明がなく詳細は不明である。

学生運動では明治学院大や大正大、立正大、神奈川大などに青年組織である共産主義武装行動委員会の班が置かれたが、1974年から1975年頃にかけて、これが大学ごとの行動戦線へと改組されたようである。具体的な時期やその理由は資料がそろっておらず不明である。学生運動における勢力は余り大きくなかったが、1969年8月には勢力伸張を目的として中核派の一大拠点法政大学への進出を目論み、約300名の部隊で法大六角校舎や自治会室の中核派を襲撃

1970.04.19 明治公園内での内ゲバ 派閥のちがう学生同士が乱斗・負傷者が出る

1970.04.19 安保共斗（旧マル戦前衛派）と共学戦（旧マル戦ドトウ派）との内ゲバによる乱斗

したが、すぐに逆襲に遭って撤退した。

出版反戦青年委員会を組織し、指導していた藤倉は当初からこの対中核派闘争に反対していたが、闘争失敗の責任を負わされ、会議の席上、党からの排除とその存在の抹殺を宣告されたという（藤倉孝純『魂の語り部ドストエフスキー』（2023年、作品社））。

労働運動では工場闘争－職場闘争を担う自立的な闘争組織として労働

者行動委員会が置かれた。この行動委員会は地区ごとに行動委員会連合としてまとまったが、一大工業地帯である首都圏での反乱を構想し、1973年3月18日には首都圏行動委員会連合（首行連）が結成された。機関紙『連帯』。更にこの首行連や首都圏に集中する党組織を直接指導する任務を負う組織として首都圏委員会が創設された。

1970年夏には『前衛』No.40（1970.05.04付）の福原論文を直接の契機として「第一次党内革命」が発生した。これは「党内部に浸透した反政府実力カンパニア路線と、その指導部としての党という思想との内部闘争」であり、「事実上結党時の党指導体制の解体をもたらし」たという。この時に党から離脱したグループが前衛・労革委を結成したのではないかと思われる。

1973年4月上旬には第2回党大会を開催し、共産主義者党が正式に発足したほか、規約及び戦略戦術テーゼが採択された。1978年には3月に開港が予定されていた成田空港の開港阻止決戦に向けて、主体と変革派、共労党赤色戦線派、共産同プロレタリア派らとともに、開港阻止首都圏労働者現地行動調整委員会を結成している。

この後、機関紙『前衛』は、No.290・291合併号（1984.08.01付）では編集が「共産主義者党中央委員会編集局」となっていたのが、No.297（1985.01.15付）では「『前衛』編集委員会」に変更されていることから、この頃に機関紙としての位置づけを改めたものと思われ、更に1987年10月15日には『前衛』を『ネットワーク』に改題し第1号を発行した。共産主義者党は、同誌上で「共産主義者党は、各地、各戦線のゆるやかなネットワークとしてそれぞれの実践を主体としたグループに転換する」と発表し、事実上の解党を発表した。

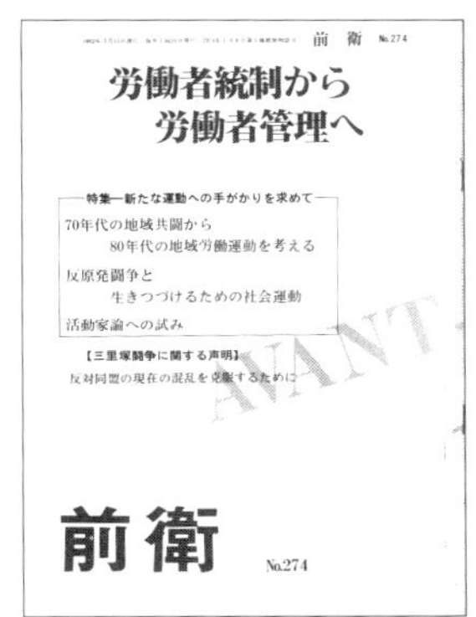
前衛 No.274

労働者統制から
労働者管理へ

—特集—新たな運動への手がかりを求めて—
70年代の地域共闘から
80年代の地域労働運動を考える
反原発闘争と
生きつづけるための社会運動
活動家論への試み

【三里塚闘争に関する声明】
反対同盟の現在の混乱を克服するために

前衛 No.274

共産主義者党『前衛』No.274（1982.03.15付）

青年組織

【名称】**青年共産同盟**

【結成】1968年9月

【機関誌】『武装』

1968年9月には青年組織として青

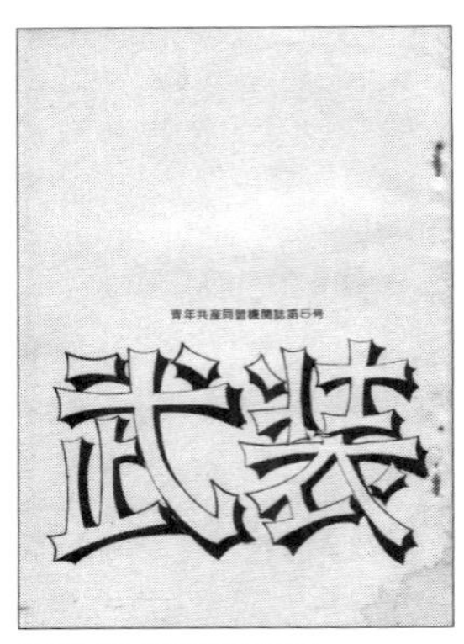

青年共産同盟『武装』第５号
（1970.10.25付）

年共産同盟を結成した。青共同には高校生委員会が置かれ、高校生の活動家はこれに所属し、神奈川青共同高校生委員会は希望ヶ丘高校の全共闘運動を主導した。青共同は1970年代初頭、1973年頃までに共産主義武装行動委員会に改組された。機関誌は『武装』を継承している。

大衆組織

【名称】**安保粉砕共闘会議**
【結成】1968年頃
【機関誌】『安保共闘』
【ヘルメット】銀地に「安保共闘」

　前衛派の大衆組織と思われ、東大安田講堂事件の時点では銀地に「安保共闘」のヘルメットをかぶっており、これは著者も写真で確認している。警視庁資料のヘルメット一覧（「ゲバスタイル総説」の項を参照）でも確認できる。その後については、著者は確認できていないが、かつてブログにAF氏から寄せられた情報によれば、ヘルメットの色は銀色で、労働戦線は首都圏行動委員会連合で「行動委員会」、学生戦線は首都圏行動戦線連合で「行動戦線」の文字を入れており、ヘルメットの後ろには「前衛」と入っていたという。

『前衛』創刊号(1968.09.10付)より
前衛発刊の訴え

全国の労働者、学生諸君!
激化する世界危機、それをめぐる世界階級闘争の真只中で、日本階級闘争は、安保闘争をむかえつつある。真の革命的前衛党の結成は、いまや、日本労働者階級の火急の課題となった。
この課題にこたえるため、われわれは『前衛』を発刊し、諸君におくる。
基地包囲・街頭制圧・工場占拠・学園占拠の安保粉砕ゼネストをプロレタリア日本革命の突破口とするため日夜奮闘しつつある全国の労働者、学生諸君!
われわれは諸君に、固い同志的連帯の挨拶をもって訴える。
『前衛』こそは諸君の機関紙である。
『前衛』に結集し、革命的前衛党結成の大業のためにともに闘おうではないか。

激化する世界危機を世界革命へ!
プロレタリア日本革命をアジア革命の勝利と世界革命の突破口とせよ!

一九六八年九月十日
「前衛」編集委員会

『安保共闘』創刊号（1969.05.25付）より

安保粉砕共闘会議規約
結成アツピール
全国の労働者、学生、市民諸君！

フランス一〇〇〇万労働者の五月工場占拠ゼネストと金ドル体制の全面崩壊は、世界・危機の開始をつげた。

その中で、日本資本主義の本質問題である「安保」をめぐる全社会的対決は、今や急速ににつまりつつある。資本家政府ブルジョワジーは「安保堅持」の名どう喝手段〈原文ママ〉とする「法と秩序」の強権的維持体制－官僚執行権力独裁体制－への移行に全生命をかけている。学園の帝国主義的強権支配と職場支配の強化、合理化と財収奪、機動隊と自衛隊の強化、沖縄核付返還・自衛隊核武装、ベトナム侵略加担とアジア侵略、これら一切の攻撃が「安保堅持」の名のもとに、労働者、学生、市民の頭上に加えられつつある。

こうした政府支配階級の安保攻撃に対して、労働者、学生市民は、各地で自主的同争組織をつくりつつ、街頭制圧、学園占拠、職場占拠の闘いに起ちあがりつつある。

既成の「革新」指導部、なかんづく日共民青は、こうした実力大衆闘争に対して公然と「組織された暴力」をもつて敵対し、ブルジョワ秩序の維持者、第二機動隊として、自己の本質を暴露しつつある。

全国の労働者、学生、市民諸君！

資本家政府支配階級の、国家権力を総動員した安保攻撃、それを補完する日共民青の攻撃を固い連帯と不屈の闘志の前に粉砕しよう。

工場占拠、学園占拠、街頭制圧、基地包囲のゼネストで安保を粉砕しよう！

全ての工場、職場、学園、地域に大衆行動委員会を組織しよう！

大衆行動委員会の中に、実力防衛隊を組織しよう！

安保粉砕ゼネストを、日本人民解放、世界の全ての被抑圧人民解放の突破口としよう。

安保粉砕共闘会議に結集しよう！

規約

一、安保粉砕共闘会議(略称安保共闘)は、ベトナム、フランス、チェコをはじめとする全世界の全ての被抑圧労働者階級人民の闘いと連帯し、学園占拠、街頭制圧、工場占拠のゼネストで安保粉砕を闘う。

二、安保共闘は、思想、信条のいかんを問わず、すべての工場、職場、学園、地域で安保粉砕のために闘う団体および個人を結集する大衆的共闘組織である。安保共闘の成員は会員と準会員(オブザーバー)とからなる。

三、安保共闘の最高決定機関は各団体および個人の代表者会議である。代表者会議に、議長および事務局長を選出する。

四、安保共闘は、国家権力および日共民青右翼等の暴力的闘争破壊に対して敢然と闘う。そのために安保共闘は内部に実力行動隊(行動隊)を組織する。

五、安保共闘の会員(団体および個人)は、所定の会費を納める。

機関紙『前衛』第79号（1973.05.01付）より
共産主義者党規約

前文

共産主義者党は労働者階級の前衛党である。

労働者階級は、すべての勤労人民大衆をひきいて、帝国主義の国家権力とそれを補完する種々の支配権力を全世界的に粉砕し、労働者階級の世界独裁を樹立すること、更にすべての階級搾取と階級支配を廃絶し、世界共産主義社会－各成員の自由で自覚的な結合を可能にする人類の目的意識的共同体を実現することを全人類に対する自らの歴史的任務とする。

共産主義者党は、この労働者階級の普遍的、世界的な任務を常に最も鋭く代表し、全ての階級闘争をこの歴史的任務の遂行に向けて組織し、指導し、おしすすめることを労働者階級に対する自らの独自的任務とする。

共産主義者党の党風、組織の基準、規律、運営は、全てこの目的と任務によって貫徹され、規定される。

共産主義者党は、現代帝国主義の不断の支配・攻撃に対し不屈に英雄的にたちあがる労働者人民大衆と固く結合し、指導し、共に闘わなければならない。

共産主義者党は、また、自らの革命的健康を保つため、ブルジョワ的諸関係が組織内部に流入することに最大限の警戒心をはらい、たえず党風をただしていかなければならない。

大衆との結合と不断の整風をとおしてこそ、党は限りない生命力をわがものとし、目的を実現することができる。

共産主義者党は、党の目的のもとに結集し、党の定める綱領・規約にもとづき、革命の勝利のため、党に献身する共産主義者によって構成される。

党員は党の目的に忠実であることを要求される。それは、第一に、決意を固め、犠牲をおそれず、党の任務の遂行に献身することであり、第二に、党の革命的健康を保つため、不断に、かつ自発的に、党の運営に参加することである。すべての党員がこうした任務にこたえることによってのみ、党は共産主義者の真のよりどころとなり、労働者階級の武器となりうる。

共産主義者党は、日本革命を断固として遂行しつつ、世界革命の勝利をめざす。

日本帝国主義の国家権力を打倒するために、党組織は、工場占拠・ソビエト革命の戦略に基き、工場細胞を基本とする党組織であることを第一の原則とし、更に中央集権国家とのたたかいに耐えうる全国党であることを第二の原則としなければならない。第三に、党組織は、革命的権力闘争の指導部として、非合法党であることを大前提とし、合法・非合法のあらゆる分野での活動を担いうるものでなければならない。

共産主義者党の党員は、全生涯をかけて、みずからに課せられた任務を果し、万難を排して、革命の勝利を闘いとらなければならない。

一、党の名称

共産主義者党と称する。

二、党員

共産主義者党の綱領・規約を認め、党の一定の組織に属して積極的に活動し、党の規律を守り、党費をおさめる者は、党員として受け入れられる。

入党を申請する者は二名の党員の推薦をうけて細胞に志願書を提出する。

党員の承認は党細胞が行い、地区委員会が確認する。

三、党の構成

党の構成は、工場細胞を中心とする諸細胞を基礎とした全国党として実現される。

党は、党の任務の遂行と党組織の発展に応じて、細胞と中央組織の間に各級の党委員会、すなわち、地区委員会、地方委員会等々を組織しなければならない。

その構成は、

イ　全国的領域では、党大会－中央委員会

ロ　地区的領域では、地区党大会－地区委員会

ハ　個々の工場・事務所・職場・学園では、細胞会議－細胞委員会

各級党機関は、党の各級組織の意思決定とその実践的遂行の全責任を負う。

なお、各級党委員会は、党の任務遂行のため、機関紙誌、労働運動、学生運動等の専門部及び戦線委員会を置く。

四、細胞

党の基礎組織は、工場細胞を中心とする諸細胞である。

細胞は三人以上によって成り立つ。工場などに一－二名の党員しかいない場合、これらの党員は近接の工場細胞などに所属する。工場等で仕事をしていない党員も原則として近接の工場細胞に所属する。

細胞は党の基本的任務の遂行機関であり、その活動の場は工場大衆の中にある。細胞は工場内支配機構、国家権力に対する大衆の反乱を導き出し、これと一体となり、その先頭に立って、指導権を確立する。

細胞は、そのために、共産主義の宣伝煽動を行い、新入党員を獲得し、党文章の作成配布、工場新聞発行、工場内の労働者教育等の活動を不断に行い、工場内に不抜の政治勢力を築くため全力をつくす。

細胞は、その指導部として細胞委員会を選ぶ。

五、地区委員会

地区委員会は、地区の工場細胞を基礎として、自らを構成する。地区委員会はその地区の党組織全体の指導部である。

地区委員会は工場細胞の活動の調整、新たな工場への工作、地区レベルでの政治勢力のためのフラクション活動等の任務を遂行するため、常任委員会をおき、また必要に応じて、専門部及び戦線委員会をもうける。

地区委員会は定期的に地区党大会をおこなう。

六、党大会

党大会は原則として年一回中央委員会により召集される。また必要に応じて臨時党大会が開かれる。代表の基準は中央委員会もしくは全国協議会により定められる。

党大会は、イ.党綱領及び党規約に関する諸問題、ロ.一切の全国的な政治的組織的諸問題、ハ.党財政に関する諸問題の決定を行い、ニ.中央委員会を選出する。

七、中央委員会

中央委員会は党の最高指導部である。

中央委員会は党を代表し、政治的組織的活動全体を指導し、中央機関紙誌の編集局を設置し、党財政を管理する。

中央委員会は党大会によって決定する。

中央委員会は、任務遂行のため、常任委員会をおき、また必要に応じて、専門部及び戦線委員会をもうける。

なお、中央委員会は必要に応じて、全国協議会を開催する。

八、党の運営

党は革命的集中制を原則とする。

党は、革命的ヘゲモニーをもつ指導部の指導のもとに任務を遂行し、意思統一をおこなう。指導部は、適切な方針の提起と指導によって同志的信頼を固め、党員の自発性を最大限に引き出さなければならない。そうしてこそ、全党員の任務の断固たる遂行を保証し、また十分な協議を通した固い意思統一を保証することができる。

党の任務の遂行及び意思統一に際しては、少数は多数にしたがい、下級は上級にしたがい、全地区は中央にしたがうという原則をもたなければならない。

党の指導部は、常に党員に接して意見を聞き、最も厳しい点検を受けなければならない。

党員は、党組織の決議にたいし異議があれば留保することができ、上級機関に批判と提案を行うことができる。

自由な主張・批判・提案と、規律ある態度・行動とは、全ての党員が党の目的を自覚し、たがいに同志的信頼をもち、努力してつくりださなければならない党風である。

九、党の規律

党の規律は、党規約前文を最高原則として実現される。

党の任務遂行にあたって、その資格を問われる者には、それぞれ細胞・地区委員会・中央委員会・党大会のレベルにおいて、党譴責、公開譴責、地位罷面〈原文ママ〉、観察、除名等の措置がとられる。

観察期間中の党員は、再教育を受け、党員としての諸権利をもたない。

除名は原則として党機関紙上に公開される。

十、党財政

党の基本財政は党費、特別募金、党事業収入その他によりまかなわれる。

党費の額は党大会ないし中央委員会によって決定される。

党費の納入は党員資格の重要な要件である。

【名　称】**前衛・労働者革命委員会→共産主義者同盟（前衛・労革委）**

【結　成】1971年8月

【機関誌】『革命権力』

「岩田路線の徹底的な全面切開と根本的止揚－同時に我々の自己批判的自己止揚的総括－と、それに基づく再出発」として、1970年初頭から前衛派内で形成された水沢史郎らによるフラクションをもとに1971年8月に結成された。機関誌発行主体として黎明社。水沢らが批判する岩田路線とは、特に『前衛』40号福原論文以来「①新左翼主要打撃論、②党派闘争第一主義、③『反乱か、カンパニアか』の二者択一のおしつけ、④岩田原則綱領による党としての独善的自己区別、⑤処分と除名による党組織路線」などとして現れてきたものを示すという。

また水沢らのように労革委として前衛派を離れたグループ以外には、「屈服」した中間派があり、更に中間派以外には、「問題を曖昧にさせる役割を演じ」た「三多摩のS」や、「前衛四〇号及び岩田路線に対する党内闘争において、途中でそれを放棄し裏切」り、「岩田派への闘争の貫徹を志していた多くの神奈川内の同志たちを、理由にもならない理由で除名」し、岩田派に「癒着し吸収され」た「神奈川Sグループ」、「岩田路線の先兵でありながら、その路線上の破綻が明々白々となるや、今度はその批判に回って破綻の責任回避にきゅうきゅうとし」ている「共武行のB」などの「個人的グループ」が存在した（「岩田路線の破産とその隠蔽工作中間派の再屈服をのりこえて前衛・労革委に結集し前進せよ！！」（機関誌『革命権力』2号（1972.05.27付）所収））といい、これらも労革委派によって批判されている。

1973年8月には、前衛派の分派であることのみを明らかにしていた組

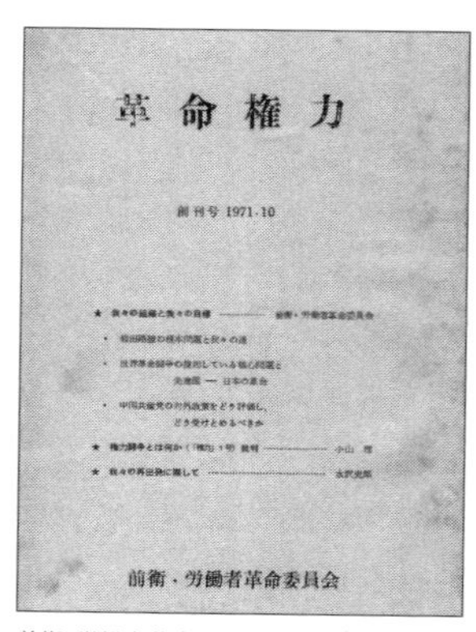

前衛・労働者革命委員会『革命権力』創刊号（1971.10.21付）

織名称を改め、マル戦派及び第6・7回大会以来の共産主義者同盟の組織的継承を明確にして党建設を推し進めることを決意し、共産主義者同盟（前衛・労革委）に改称した。これは労革委派が、岩田路線及び前衛派総体の根本問題を、共産主義者同盟の清算とその組織継承性の切り捨てにあったととらえ、これを批判したことによる。

労革委派は、1972年の段階で三多摩地域と関西に地区委員会を有し、1973年には三多摩統一労働組合において前衛派と争うなど、主に労働運動に注力していたようであるが、1974年より後の動向は不明である。

【名　称】**労働者共産主義委員会【通称：怒濤派】**

【結　成】1968年9月

【機関紙】『怒濤』

【機関誌】『共産主義革命』／『THE PROLETARIAN CORRESPONDENCE』

L協離脱後の労革派は1968年8月に指導部を中心とする少数派グループと、労革派の多数を占めていた学生らの多数派グループとに大きく分裂した。前者は前衛派を結成し、後者は1968年9月東京で結成大会を開催し、労働者共産主義委員会を結成した。機関紙『怒濤』より怒濤派と呼ばれる。結成宣言によれば、労共委は、将来的に労働者共産同盟（仮称）という同盟への発展をめざして結成されたものであるという。1968年末には学生組織として共産主義学生戦線を建設する前段階として、共学戦結成連絡会議を結成した。学生組織に共産主義学生戦線、労働者組織に共産主義労働者戦線という体制を構想したが、共学戦は結成したものの共労戦は建設することができず、1971年2月には共学戦を改組し労働者を含む組織として共産主義戦線全国連合（略称「共戦」）を結成した。もっとも全国連合以前に各地域に共産主義戦線は建設されていたものとみられ、福岡県共産主義戦線機関紙『共産主義戦線』創刊号は1970年8月6日付で発行されている。

1971年7月には盧溝橋事件34周年の7・7集会にあたり、影響下にあった東京水産大学自治会がアピールを発し、このアピールのもとに結集し

怒濤
第4号
1月20日
発行所
東京都板橋区大矢口北町
6番地
怒濤社
電話（972）3336
振替東京147121
編集発行人　中川
月刊　1部　20円
20回400円（郵共）
◉世界革命の旗の下、万国の労働者団結せよ!!
◉民族防衛主義、議会主義を打破し、安保条約破棄・サンフランシスコ条約第三条破棄・米軍基地撤去を闘いとれ!!
労働者共産主義委員会

労働者共産主義委員会『怒濤』第4号（1969.01.20付）

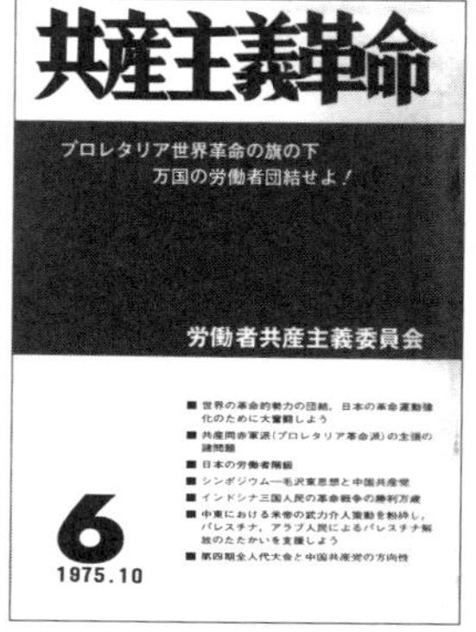

労働者共産主義委員会『共産主義革命』6号（1975.10付）

た大衆団体によって七・七アピール連絡協議会（通称「七・七連協」）が結成され、大衆団体の共同機関として活動した。機関紙『赤い手紙』。

パレスチナ支援運動にも積極的であり、1973年7月8日には影響下にあったパレスチナ支援組織のパレスチナ人民支援センターが第1回全国総会を開催し活動方針や規約を採択している。機関誌『支援センターニュース』。同支援センターの中心勢力は静岡大のパレスチナ・アラブ研究会であったといい、労共委はこれに先立つ1971年12月に静岡大の学生3名を日本アラブ友好協会が引率するアラブ観光旅行団に加えてアラブ入りさせ、PFLP（パレスチナ解放人民戦線）やエチオピアのエリトリア民族解放戦線と接触の糸口をつかんだとされる（『旬報学生青年運動』第357号（1973.07.15付））。

1975年9月には天皇訪米阻止闘争の一環として「九・一五自衛隊攻撃闘争」が企図されたが、東京北区の自衛隊補給処十条支処付近で、自動車の中で時限式鉄パイプ爆弾を誤って爆発させてしまう事件を起こし、死者・重傷者を各1名出し、重傷者は逮捕された。この誤爆事件を契機に警察の取締りが強まり、当時の労共委中央は指導責任をめぐって混乱に陥り、労共委を離れるメンバーも出てきた。

後の中央委派による「わが闘争史の偉大な教訓」（機関誌『共産主義革命』第7号（1979年、怒濤社）所収）によればこの混乱による労共委分裂の過程は次の通りである。

この混乱の中で「プロレタリア革命戦争路線」と全党地下化による戦争体制の即時採用を要求して「臨時中央委員会」を名乗った成島忠夫を中心とするグループ（臨中派）がクーデターに出た。当時の中央委員会はこの臨中派に接近したが、主流派の批判を浴び、主流派は独自に第5回中央委員会総会（五中総）を開催して当時の中央委員会メンバーを罷免し、新たな中央委員会を選出して結束を図り、中央委派を形成した。中央委派の形成を受けて臨中派は分裂し、関西方面に活動拠点を置いた。臨中派は釜ヶ崎働く仲間の会を結成し、以後は釜ヶ崎の寄せ場を中心に活動を行った。機関誌『釜ヶ崎通信』（1977年11月創刊）。

この間、関東学院大学グループを中心とする神奈川県委員会による田野井利明ら少数派は、中央委派と臨中派との対立による分裂の回避を主張し、1976年7月には党内機関紙『斗いの旗』を発行し、党内闘争として収拾を図ろうと試みた。もともと神奈川県委員会は東京都委員会とともに、五中総において当時の中央委員会メンバーの罷免と暫定指導部の選出に

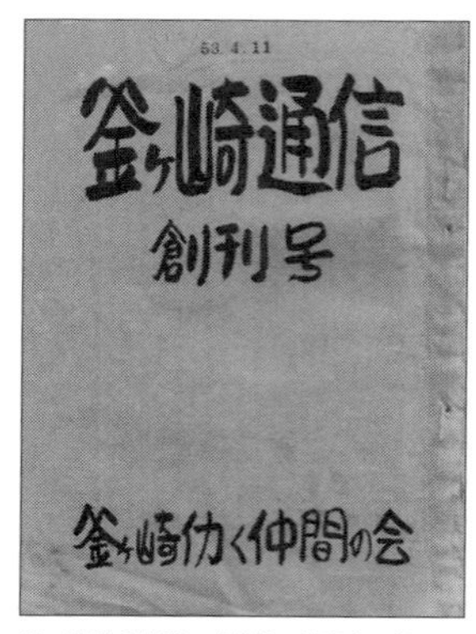

釜ヶ崎働く仲間の会『釜ヶ崎通信』創刊号
（1977.11付）

労働者共産主義委員会神奈川県委員会
『プロレタリア革命』準備号（1977.11付）

は同意していたが、選出された新たな中央委が暫定という限定条件を逸脱したとして中央委派を批判した。この間、臨中派に対しては質問状を出すなど党内論争の深化に向けた活動を行ったが、中央委派からは敵視され、結果として分裂した。中央委派によれば臨中派に接近したという。機関誌『プロレタリア革命』は1977年11月発行の準備号から1979年4月発行の第2号まで確認されているが、その後の動向は不明である。

五中総は、党の中央集権的指導体制を確立し、爆弾闘争に端を発する取締りへの反撃体制を堅持し、九・一五闘争とそれ以降の党内闘争を総括して、新たな革命理論、組織・専横体制の構築を完成させることを任務としていたが、未だなお抽象的であり、臨中派との闘争においても十分な指導を行うことができなかった。この状況下で中央委派は労共委第7回大会を開催して新たな中央指導部を選出し、従来の活動を否定的に総括し、当面の政治的目標を掲げて活動方針を明確化した。

しかしながらこの過程で旧中央委員望月彰や旧東京都委・旧中央委員候補白川武士、野原秋典らを中心とするグループ（東京都委員会派）は第7回大会決議を否定し、労働者共産主義委員会中央委員会（再建）を名乗って1977年7月分裂した。機関紙は『怒濤』第155・156合併号（1977.08.28付）より独自に発行し、第159・160合併号（1977.12.28付）まで発行したのち、1978年5月15日に改題して『労働新報』（通巻161号）を創刊した。中央委派は機関紙『怒濤』第156号（1977.08.28付）上で望月ら3名の除名を公表した。東京都委員会派の以降の活動状況は不明である。

また愛知細胞に拠る部分は、1975年に集団離党し、1977年6月12日に至って日本革命党を結成した。機関紙『進路』。同派は1987年に活動を停止し、2018年に活動を再開したが、機関紙『進路』復刊第1号（2018.03.20付）によれば、もともとこの愛知細胞に拠る部分は、1973年に成島忠夫に接触してグループごと怒濤派に合流したという経緯があり、その後、「フォード来日訪韓阻止闘争逮捕者の救援と裁判闘争の中で、『組織運営の不透明性』『暴力至上主義への傾斜』などへの疑問が生じ、怒濤派中央委員会に意見書を提出した。しかし、意見書に対して論議ではなく統制が加えられ」たため離党したとしている。

その後中央委派は第9回大会を開催し、満場一致で日本共産党（マルクス・レーニン主義）全国委員会への合流を採択し、更に同派と団結大会を開催した。これらは『怒濤』第178号（1979.09.01付）上にて1979年9月1日付の日本共産党（マルクス・レーニン主義）全国委員会との共同声明ともに公表され、『怒濤』は第179号（1979.10.01付）を以て廃刊となり、日共（ML主義）全国委に合流した。

下部組織

【名称】**共産主義学生戦線**

【ヘルメット】赤地に鉢巻状白線「共学戦」

1970.04.28 警備部隊に突撃態勢

【名称】**共産主義戦線**

【ヘルメット】赤地に鉢巻状白線「共戦」

『怒濤』第4号(1969.01.20付)所収の「全国すべての大学に共産主義学生戦線を組織せよ」によれば旧黎明系(旧マル戦派系)学生と共産主義学生組織として共産主義学生戦線の建設を確認し、そのための連絡会議を結成したという。この共産主義学生戦線結成連絡会議は1968年12月の発足とされる(「全国共産主義戦線連合結成大会に向けて」『怒濤』第27号(1971.01.15付)所収)。一方で共産主

1970.05.15 愛知外相訪ジャカルタ阻止闘争

2月28日公団へ向け進撃する共戦の部隊(『怒濤』第31号(1971.03.15付))

共产主义战線 創刊号 '70.8.6 福岡県共产主义战線

八・九大村収容所撤去、入管法粉砕斗争に決起し、在日外国人との国際主义的連帯をかちとれ！

伝習館斗争の階級的、政治的質の強化をかちとれ

福岡県共産主義戦線『共産主義戦線』創刊号（1970.08.06付）

義労働者戦線については、その結成が提起されたものの、労共委第2回大会（時期不明ながら恐らく1969年9月頃と推定される）の政治報告では、その建設が具体的に着手されていないことが明らかにされている（「政治報告」第三章第四節「共労戦・共学戦運動の想像」『怒濤』第13号（1969.11.01付）所収）。そして『怒濤』第18号（1970.05.01付）に至って、「世界プロ独樹立をめざし全ての職場学園地域に共産主義戦線を組織せよ！」の声明が掲載され、「われわれは、この一年有余にわたって組織してきた『共学戦』及び、これまで組織してこなかった『共労戦』の組織路線に関する根底的な総括を基礎に『共戦運動』の組織化へと止揚しなければならない」とし、共産主義戦線への改組発展を提起した。共戦の結成と共学戦からの共戦への改組は同時並行して各所で進められたと見られ、1970年12月19〜20日には共戦・共学戦全国会議が開催され、共学戦を共戦へと再編することが要請され、全国共戦連合結成が決議された（『怒濤』第27号（1971.01.15付））。そして1971年2月15日に共産主義戦線全国連合を結成した。

『怒涛』第1号(1968.10.20付)より
結成宣言

全国の革命的労働者学生諸君!
我々はここに労働者共産主義委員会の結成を宣言し、諸君の結集を呼びかける。
我々は約六ヵ月間、旧共産主義者同盟黎明系の同盟員として、本年三月の「共産主義者同盟第七回大会」における統一・関西派に対する敗北として結果した我々自身の自己崩壊的過程の理論的・組織的総括を「共産主義者同盟労働者革命派結成準備会」のもとで追求してきた。この総括の主体的深化こそが、革命運動をあくまで推進せんとする我々に課せられた第一の、そして絶対的な任務であった。そのため我々は、この間における諸闘争を組織的に推進してゆくのではなく、まだこの第一の任務の貫徹に全力を注がざるをえなかったのである。
今、新たに出発するにあたって、かかる理由からとはいえ、我々が現実の階級闘争から、この半年間にわたって召還していたことに関して、全国の労働者学生諸君に対し、まずはっきりとした自己批判を行うものである。
しかし、このことは、我々が階級闘争と無縁なところに安住していたことを意味するのでは断じてない。我々は、約半年間の困難に満ちた総括活動のうえに、いまや新たな政治組織をもって、現実の階級闘争の渦中にみずからを革命党建設に向けて鍛え上げんとしているのである。
われわれは、かかる実践的政治組織としての出発を“準備会全体の討論をつうじる一致による労革派結成”をもって実現することを目指してきた。この作業の各段階は、機関誌「労働者革命」第一〜三号となってすでに公表されているとおりである。
しかし、この“全体的一致による労革派結成”は、いまや不可能となったことを、われわれは率直に明らかにしなければならない。それは、直接的には、われわれの総括討論の過程で自己保身的に、破産した旧黎明路線にしがみつき、論争に敗北し孤立していった一部旧指導メンバーの準備会からの逃亡によってもたらされたものである。準備会と自己との組織的な、また内容的な関係についてまったく頬かぶりし、しかも準備会全体になんらの釈明をも行なうことなく、突如“機関紙”を発行しはじめた自称「前衛」編集委員会の無責任一派がそれである。その主張とは、いまや世界危機がはじまった。危機における日帝の生存条件は対米依存、安保堅持である。したがって、安保闘争は実質上すでに権力樹立の闘争になっている。しかも既成指導部既成大衆組織は無力化し桎梏となっている。したがって、組合、自治会とは別に、個人加盟の大衆行動組織を作り、それをソヴィエトにしなければならない。党の任務はそれを宣伝、煽動し、徹底化するという愚劣なしろものである。

それは旧黎明系の誤謬をグロテスクなまでに極端化した小ブル急進主義以外のなにものでもない。われわれは、組織原則的にも、内容的にもまったくデタラメなこの準備会逃亡分子との徹底した闘争を展開するであろう。

しかし、われわれはかかる破廉恥な部分の逃亡を直接的契機にした労革派の“結成準備会”としての破たんについて決して彼らに一切の責任を転嫁するのではなく、われわれ自身の問題として主体的にうけとめていくであろう。

それは第一に準備会の組織化自体の問題である。われわれは「第七回大会」における敗北として結集したわれわれの自己崩壊の一応の認識にもかかわらず、その認識の甘さゆえに、まずわれわれの解体と敗北の事実確認から着手し、その根拠を解明していくという明確な方向性ではなく、むしろ総括を一般的理論上の問題にずらしてしまい、そのようなものとして準備会活動を開始したのであった。

そのため、総括論争の進行とともに、現在「前衛」編集委員一派となって組織的に表現されている傾向の憶面もない登場を許してしまったということである。

そして他方、かかる準備会のあり方は、準備会に積極的に参加していなかった旧黎明系同盟員一定の部分の準備会に対するいっそうの外在的関わりを生み出していった。

第二に、かかる傾向との闘いにおけるわれわれ自身の内容上の未熟さである。われわれは、旧黎明系路線における戦術の客観主義的解釈論への歪曲、実際上の組織戦術の欠落に焦点をあてつつ、それを克服するために、プロ独論の深化＝「ソヴィエト」型国家論の確立、それを担う階級としてのプロレタリアートの組織化としての“党”の戦術、を提起してきた。

しかし、それは旧黎明系の「危機の展望、その克服策としての革命」なる戦略論の確信における客観主義的、即物主義的誤謬を暴き出し、それを克服するものとしての戦略論の再構築を行なうという目的意識性を確立しえず、旧戦略論の修正という範囲をなかなか脱しきることができなかった。そしてそのことが、総括論争において完全な優位を占めつつも、主体的総括とはまったく無縁な地位で愚劣な“危機”アジりを行なう部分を完全に暴露し、粉砕しきれない根拠となっていたのである。

われわれは、このように「共産同第七回大会」に至るわれわれの組織的解体の進行、大会における敗北、そして準備会の破たん、これらの事実を根本的には、旧黎明系路線の実践上の破産と、これを総括し乗りこえるだけの路線を再構築しえなかったわれわれの弱さの一連の結果として、自己批判的に総括しなければならない。

我々は、このような過去の一切の諸事実を自らの理論的、思想的、組織的強化の糧として主体的にうけとめてゆく党風を確立し、前進してゆくであろう。

全国の革命的労働者学生諸君！

いまや日本ブルジョワジー支配階級は、国際階級闘争の激化のなかで、彼らの帝国主義的攻撃の当面の基本路線、すなわち日米軍事同盟の強化産業再編成（資本の集中合併合理化）の道をひたすら突き進んでいる。労働者階級は、これに呼応する労働組合の右翼的再編成によって生産点における組織的闘争の道を次第に困難にされ、みせかけの賃金上昇にあざむかれつつも、大衆収奪と労働強化のなかで、闘争のエネルギーを蓄積させている。

そして、かかるエネルギーは安保を焦点とする政治闘争のなかに学生運動の実力闘争に触発されつつ、噴出している。

このような情勢ゆえに、安保闘争は、この力を集中したラヂィカルな闘いとして展開される可能性を秘めている。

われわれは、このような可能性を徹底的に現実化することをめざさなければならない

だが、それでは、この労働者階級の力を、いまだに否定し難い非組織性のまま街頭にひきだすことを方針とし、そしてそれが生産点に還流することを無条件に期待することは正しいであろうか？否である。

なぜならば、第一に、かかる安保闘争の展開は、労働者階級、人民を「安保」を契機とする急進的闘争として組織しえたとしても、そのままでは「安保」そのものに対する明確な階級的認識に貫かれた闘いではない、ということに無自覚だからである。

第二に、労働運動内部における産業再編成、組合右翼化に対し、安保闘争を単純に対置することのみをもって革命的であるとは決して言いえない。たしかに政治闘争の外部からの影響や、たとえ非組織的であろうとも労働者の政治闘争への参加は、生産点における政治闘争の展開、左翼的バネ形成の契機となりうるであろう。しかし、もしかかる戦闘的労働者が街頭カンパニア的政治闘争参加の単純再生産以外に方針をもたず、生産点における敵の攻撃と闘う路線をもたないならば、それはまったく微力なものにとどまらざるをえないのである。

労働者階級内部に新たな革命党の基礎をしっかり建設し革命にむけて労働者階級を組織せんとする者は、現在の階級情勢にふまえ、かかる無批判的な労働運動の展開、安保闘争方針の誤謬と闘いつつ、断固とした前進をかちとらなければならない。

我々は、かかる観点から「労働者共産同盟」（仮称）の結成をめざし、労働者共産主義委員会を組織する。

実践にふまえた理論上の一層の深化、また現在をうわまわる革命的労働者学生諸君の結集とそれによる力量強化をもって、我々は「同盟」への発展をかちとり、革命への道を驀進するであろう。

我々は、みずからの弱点を隠蔽することによって何ものかが得られるとは考えない。我々の目指すものは、ただ革命の利益のみである。

我々は、総括をとおして獲得した地点において、自己の微力を認めつつも、なおかつ新たなる革命党建設への道はわが労働者共産主義委員会の前進をおいてないことを確信する。

我々は、我々自身の総括作業のなかで矮小なセクト根性や、大言壮語による「結集政策」の百害あって一利なきことを今まで以上に知ることができた。我々は、一切の「党派の病」から解放され、最も原則的な道を、ただ革命の利益のみを基準とし、人間解放の大義を目指して前進するであろう。

我々は、その道の険しく、厳しいことを知っている。だが我々は前進するであろう！

全国の革命的労働者学生諸君！わが労働者共産主義委員会に結集し、共に闘わん！

一九六八年九月　東京

労働者共産主義委員会

結成大会

12・18ブントの成立と分裂

1970年6月に情況派・叛旗派が戦旗派から分裂した後も、戦旗派は一枚岩ではなかった。戦旗派内では二次ブントの各委員会の機関誌が結集軸となり、戦旗派内主流派（以下「戦旗中央派」）に対して批判的なフラクションが形成されていた。それらの戦旗派内フラクションは、それぞれの結集軸となった委員会の機関誌名－東京南部地区委員会＝『鉄の戦線』、神奈川県委員会＝『左派』、関西地方委員会＝『烽火』－をとってそれぞれ「鉄の戦線」派、「左派」派、「烽火」派またはそれぞれ単に「鉄の戦線派」、「左派」、「烽火派」と呼ばれた。なお「左派」は「神奈川左派」とも呼ばれ、「鉄の戦線派」は指導者である仏（さらぎ）徳二の名前から「仏（さらぎ）派」とも呼ばれた。

そもそもこの戦旗派内のフラクションの分立、党内闘争の公然化は、神奈川県委員会に拠る「左派」フラクションが、その名前の由来となった神奈川委員会機関誌『左派』1号を1970年2月に発刊したことに始まった。

この動きは党内に波及し、8月には関西地方委員会もかつての関西地方委員会機関誌『烽火』（1968.09.30付『烽火』11号を以て廃刊）を再刊する形で党内闘争に本格的に参加し、10月には南部地区委員会『鉄の戦線』もこれに続いたことで、共産主義青年同盟（KIM）に拠る戦旗中央派、神奈川県委員会「左派」フラクション、関西地方委員会及び非合法部門を中心とする「烽火」フラクション、東京南部地区委員会「鉄の戦線」フラクションの計4フラクションを中心とする党内闘争に突入した。もっとも規模が大きかったのがこの4フラクションであり、小フラクションも多くあったという。

これらのフラクションは党内闘争を続ける中で、大きく戦旗中央派と反中央派連合に整然化し、この反中央派連合が1970年12月18日に戦旗中央派との絶縁を宣言して、共産主義者同盟政治集会を独自に開催した。本書ではこの反中央派連合を以下単に「12・18ブント」と呼ぶ。但し、12月14日に大阪の桜宮公会堂で開催された反帝戦線全関西総決起集会が12・18ブントによる事実上初めての集会であり、この集会で主流派の解体・放逐が決議された（『旬報学生青年運動』第301号（1971.02.15付））という資料も存在する。またその翌日から2日間にわたって開催された中央委員会では議長浅田隆治（関西派）、副議長仏徳二（鉄の戦線派）、書記長村田能則（神奈川左派）の執行部を選出していたという。拠点として中央戦旗社。

これに対して戦旗中央派は中央委

員会と中央統制委員会の連名で反中央派連合の幹部であった共産主義者同盟第9回大会中央委員13名を翌19日付で除名（戦旗中央派機関紙『戦旗』252号1970.12.23付で公表）し、これによって名実ともに旧統一派は分裂した。

この時除名された反中央派連合幹部13名の内訳は、鉄の戦線派が仏徳二、垂水俊介、杉田正夫、羽山太郎の4名、烽火派が三谷進、榎原均、野崎進、高見沢洋一、永井武夫、竹野厳の5名、神奈川左派が稲沢徹、鈴本路彦の2名、そして独立グループが中島二郎の1名となっている。除名者のうち鈴本については12・18ブントが発行した機関誌『共産主義』14号に「宇野学派の共産主義理論の誤謬と日向共産主義論の破産の根拠」の筆者としてその名前が見えるが、二次ブントが発行した社学同機関誌『理論戦線』6号、7号（ともに1968年）には鈴木路彦という名前が見え、いずれかが誤植であり、同一人物の可能性がある。

また独立グループの中島二郎については調査したものの当初はどういった活動家かわからなかった。しかし中央から他の12・18ブント幹部らと並んでその名を挙げられていたことから見て無視できない勢力であったと考え、12・18ブントが独自に発行した機関誌『共産主義』14号（1971.02.01付）に寄稿していた東北地方委員会グループではないかと推測し、中島は反帝戦線東北委員会あるいは共産同東北地方委員会の幹部ではないかと考えていた。

しかし『情況』2020年冬号（2020.01.18付）に掲載された井ノ川陽一「ある赤ヘルノンセクトの系譜」でこの中島二郎が共産主義者同盟東部地区委員会の指導者であり、本名の「米山」から米山ブントと呼ばれるグループを構成していたことがわかった。中島の名前は文献ではあまり確認できず、わずかに羽山太郎『ブント－その経験の一断面－』（2019年、JCA出版）に、1967年2月2日に明大学費闘争がブントのボス交で決着した直後の2月7日に、当時の学対垂水俊介の依頼で羽山が原宿の喫茶店で会った相手が明大の米山だったとのエピソードが見える。

小山健ほか『叛旗派・武装闘争小史』増補改訂版（2014年、叛旗派互助会・神津陽事務所）所収の小山健「高槻さんの思い出から」では、1969年夏時点でのブント党内のフラクション分立状況の解説の中で、「赤軍系の竹内派（中島二郎ら）」として名前が挙がっており、少なくとも除名される前年夏時点では後に共産同プロレタリア派を形成する竹内らのグループに近い位置にあったようである。前掲「ある赤ヘルノンセクトの系譜」

によれば、この米山ブントは1974年7月には明治大学R戦線、立正大学R戦線、武蔵大学青年会議、大正大学全学闘争委員会の学生らを結集して沖縄海洋博粉砕！CTS粉砕！首都圏青年連絡会議を結成し、その指導は早稲田大学の日本沖縄研究会が担ったが、当時の実態はノンセクト学生の寄り合い所帯であり、共産同の分派という意識は既になかったという。この米山ブントは1975年7月12日に青年連絡会議メンバー4名が皇居に突入する闘争を行ったことをきっかけに解体したという。

話を戻そう。以降、この反主流派連合は戦旗中央派からは「12・18野合ブント」「野合右派」などの蔑称で呼ばれ、この3派は自らを「連合ブンド」と称した。

戦旗中央派と袂を分かった12・18ブントは正統を自認して独自に機関紙『戦旗』第250号（1970.12.18付）以下、及び機関誌『共産主義』14号（1971.02.01付）以下を発行した。機関紙『戦旗』第251号（1971.01.15付）上では第9回中央委員会決定として、戦旗中央派の日向翔（荒岱介）、野田晋の両名の除名を発表した。

機関誌『共産主義』14号の冒頭に収録された「八派共闘解体蜂起をめざす単一党建設を」は、1971年1月の共産主義者同盟第10回中央委員会で採択され、共産主義者同盟中央委員会、即ち12・18ブント名義で発表された文書であるが、これによれ

☆帝国主義国、後進国、「労働者国家」
三ブロック階級闘争を
世界プロ独一世界共産主義の勝利へ！
共産主義者同盟

12月18日
第250号
編集発行人
井村和夫
1部 60円

戦旗

戦旗社
中央戦旗社 TEL 03 (901) 1215
東京都中央郵便局本所分局私書箱 号
振替番号 番
神奈川支局 044 (53) 7650
千葉支局 0474 (72) 3230
愛知支局 052 (361) 6075
京都支局 075 (701) 0025
大阪支局 06 (921) 1457

12・18ブント『戦旗』第250号（1970.12.18付）

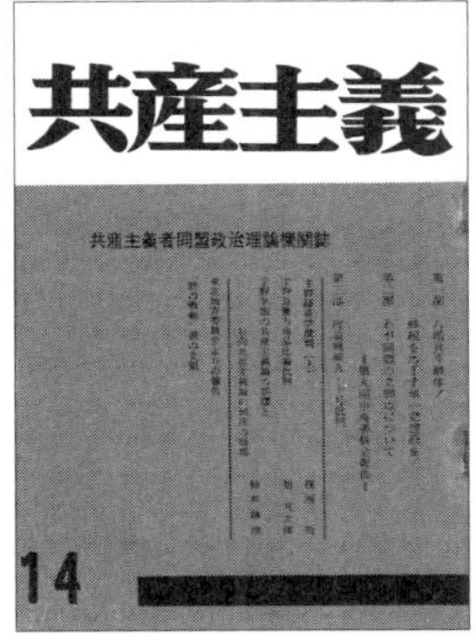

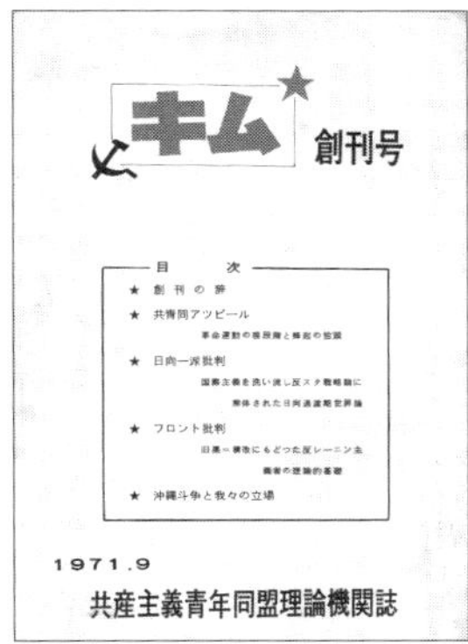

（左）12・18ブント『共産主義』14号（1971.02.01付）
（右）12・18ブント 共産主義青年同盟『キム』創刊号（1971.09.25付）

ば神奈川左派と烽火派は5ヶ月間にわたる組織的討議と厳格な統一文書を通して統一し「左派」フラクションを形成していたといい、この左派フラクションを「支配的グループとした『鉄の戦線』に依るいわゆる『さらぎ派』との連合ブンド」が12・18ブントなのだと自称する。この12・18ブントの正式な見解によれば、厳密には12・18ブントは戦旗中央派に対して批判的な神奈川左派、烽火派、鉄の戦線派の3派が同格に連合しているブントというわけではなく、2＋1派ということになろう。

この12・18ブントの構成については、鉄の戦線派が12・18ブント崩壊の事実を機関紙上で明らかにした『蜂起』16号（1971.11.10付）でも確認されている。

12・18ブントは、反中央派の立場をとる活動家やノンセクトを含めた各グループを巻き込み蜂起戦争派を名乗って翌1971年4月28日の沖縄デー闘争で集会を持ち、集会後戦旗中央派と衝突するも敗走した。この戦旗中央派との衝突に対する評価が原因となって12・18ブントは分裂。分裂後の議論が紛糾する中で神奈川左派は分解し一部は烽火派に合流、概ね鉄の戦線派と烽火派に整然化していく。

同年9月には戦旗中央派の日向翔（荒岱介）が襲撃される事件が発生した。荒の自伝『破天荒伝』（2001年、太田出版）によれば東京都調布市仙川の緑橋付近で5〜6名のYシャツにネクタイ姿のサラリーマン風の男達に襲撃され、太いゴムホースに鉛をつめた鈍器でめった打ちにされたという。荒はこの「サラリーマン風の男達」について「関西派のRG部隊だと思う…ブントが軍事を組織しようとしたとき、赤軍派に対抗して関西地方委でつくられた『党の軍隊』を名乗った行動部隊である」と推測している。田中正治によれば、この荒襲撃は田中が責任者となってRG部隊を指揮して行ったもので、荒の他に「情況派の理論家」であった廣松渉も鉛棒で襲撃したという（「一九六八年『革命』と内ゲバ」（三浦俊一編『追想にあらず』（2019年、講談社エディトリアル）所収））。

廣松へのインタビューでは襲撃された時期を1970年5月としており、テロの理由については、「いや、よく分からないんだけど、要するに大ブント構想なんて悪いことして、それでブントの組織をがたがたにした張本人はお前だっていうふうな、そういう認定があったのかな。僕の方はそう感じました。」（廣松渉、小林敏明編『哲学者 廣松渉の告白的回想録』2006年、河出書房新社）としている。

同じく9月には当時12・18ブントにより、後に共産同（全国委）を経て赫旗派立ち上げに参加した生田あいの自宅が襲撃される事件が発生している。事前に正体不明の電話があり生田とその娘は脱出できたが、直接の襲撃に失敗した戦旗中央派と見られる活動家らによって自宅は荒らされ、「電話、電気線は切られ、内部のガラス戸・ガラス類はビー玉ぐらいに粉々にされ、テレビ・書籍、写真や手紙に至る私物・貴重品を含むほとんどのものは運び去られ、娘のベビータンスの一つ一つの引き出しが開けられ、台所にあったその夜の夕食に娘と二人食べた残りの味噌汁、醤油、油などがかけられ、衣類は引きちぎられ」るという惨状だった（生田あい「内ゲバ－その構造的暴力と女性・子ども」（いいだもも他『検証内ゲバ』（2001年、社会批評社）所収））という。「運び去られた荷物類は、獄中から出てこられた前議長の佐野茂樹の仲介で、遠く離れたわたしの実家に一部は返された」というから、ブント内の内ゲバであったことは間違いないだろう。

この間、12・18ブント機関紙としての『戦旗』は9月15日号を最後に発刊できなくなり、デモや集会といった大衆行動では関西に拠点を置く烽火派が1971年10月21日の国際反戦デー闘争で東京には未結集となったことで、事実上12・18ブントはその終焉を迎えた（鉄の戦線派機関紙『蜂起』16号（1971.11.10付））という。

そしてその12・18ブント瓦解の原因は、鉄の戦線派によれば神奈川左派と烽火派が統合した部分（これを『蜂起』16号で鉄の戦線派は「合同関西派」と呼称する）内部の分解・崩壊にあって、合同関西派と鉄の戦線派の連合という点に問題が生じたわけではないとしている。

その上で合同関西派が内部崩壊した原因は、鉄の戦線派との連合を通じて行動を共にする中で、鉄の戦線派の政治イデオロギー的・軍事的路線、現実の政治組織路線の正当性を目の当たりにし、追い詰められたが故に崩壊したのだとする。より具体的には、神奈川左派と烽火派が統一して合同関西派となった時点での理論に不充分な点があり、簡単に言えばひとつの政治組織が公然面と非公然面という一時的にその任務に違いがある部分を内包するという組織形態を採ることを志向しておきながら、これら2つの部分を貫く体系的理論が薄弱・不十分であったために、蜂起戦争派としての行動の中で「二派糾合・八派解体」を掲げた闘争を行った際に、合同関西派は組織としての一体性を維持できず、非公然部分は京浜安保共闘や赤軍派の武装闘争を蜂起戦争派として支持する中でより軍事的な方向へと引き付けられ、一方で公然部分は八派共闘を破った中核派に引き付けられてしまい、合同関西派としての方針が動揺し、路線をめぐって争いとなり内部崩壊した、即ち理論の脆弱性と外的な要因の2つが相俟って内部崩壊に至ったのであるとしている。なおここでいう「八派」とは、1969年に全国全共闘に結集した新左翼八派、即ちブント（社学同）、中核派、ML派、解放派、統社同、第四インター、共労党（プロ学同）、社労同（共学同）のことをいう。「二派糾合」については、その具体的内容は不明ながら、共産同全国委機関紙『烽火』265号（1971.11.01付）には「二派止揚八派解体」、「二派の組織的解体と糾合」といった語が見え、また「二派（日共革命左派神奈川県委、赤軍派）」との記述があることや、その武装闘争を支持していたことなどから、のちに連合赤軍を結成するこの両派を三次ブントに取り込もうとする考えのことを言うものと思われる。

【名　称】共産主義者同盟【通称：鉄の戦線派／蜂起派】

【結　成】1970年12月
【機関紙】『蜂起』
【機関誌】『鉄の戦線』／『共産主義』

鉄の戦線派は、旧統一派から叛旗派・情況派が分裂した後に成立した戦旗派内のフラクションであった。共産同南部地区委員会機関誌『鉄の戦線』を結集軸としたため鉄の戦線派と呼ばれた。鉄の戦線派には東京の労働者のほかに専修大学の学生や慈恵医大、昭和医大、東邦医大などの医学生が結集した。1970年12月には反中央派で一致した烽火派や左派とともに12・18ブントを構成した。

1971年11月10日には機関紙『蜂起』第16号を共産主義者同盟機関紙として発刊し、同時に共産主義者同盟の正統を自認する立場から機関紙『戦旗』の廃刊を宣言した。同紙上では合同関西派が内部分解・崩壊したことにより烽火派や左派との連合（12・18ブント）が「終焉」を迎えたことを明らかにした。この機関紙『蜂起』は、もともとは鉄の戦線派の影響下にある共産主義青年同盟の機関紙であった。

合同関西派からの独立時から組織名称としては単に「共産主義者同盟」を名乗った。公安調査庁『過激派集団の概要』昭和54年5月版では、1972年10月に鉄の戦線派から蜂起派に改称したとされているが、機関紙上の名称は単に「共産主義者同盟」のままとなっており、10月前後の機関紙『蜂起』上にも組織名称変更に関する声明などは認められない。機

共産主義者同盟蜂起派『鉄の戦線』5号（1980.01.01付）

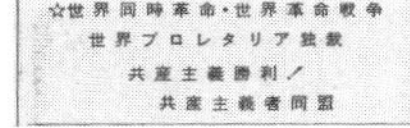

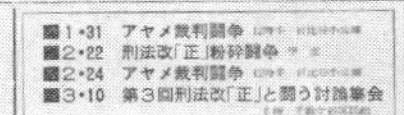

共産主義者同盟『蜂起』第61号（1975.02.10付）

関紙『蜂起』上では10月より早い時期に既に蜂起派を自称しており、例えば第29号(1972.06.10付)に掲載された記事「6・15　蜂起戦争派は清水谷へ大結集を」では「わが共産主義者同盟蜂起派は」との文言が認められ、この頃から自称していることが確認できた。公然拠点「蜂起社」。

機関誌『鉄の戦線』では、1973年7月の第4号より「共産主義者同盟蜂起派政治理論機関誌」の副題が付されるようになっており、同誌には共産同蜂起派弾対の署名記事があるほか、巻頭の「四号刊行にあたって」では、「蜂起戦争派の中で独自の地歩を占めた共産同蜂起派」との記載が認められる。なおここでいう蜂起戦争派とは1971年4月28日の沖縄デー闘争の際に清水谷公園での集会に結集した部分を言い、具体的には12・18ブント(烽火派、左派、蜂起派)と京浜安保共闘、赤軍派の三派及び京大C戦線、立命L戦線、同志社大全学闘ら赤ヘルノンセクトの総称である。また蜂起派は12・18ブント(烽火派、左派、蜂起派)と京浜安保共闘、赤軍派の三派を指して特に「蜂起戦争三派」と呼んでいる。

1972年5月7日には熊本県で陸上自衛隊西部方面総監部を狙って時限式鉄パイプ爆弾を用いた爆弾事件を起こすも、この事件がきっかけとなって1973年9月には羽山太郎(佐藤秋雄)らが分裂し蜂起左派を結成している。この爆弾事件の責任者として逮捕起訴された岩崎司郎の当時の獄中書簡は『はるかなる「かくめい」』(2015年、彩流社)にまとめられている。武装闘争を志向し、1974年5月15日には東京で爆取攻撃粉砕反弾圧集会を京浜安保共闘と共催し、武闘派の総結集を訴え、以降は京浜安保共闘とともに武闘派共闘を構成した。

1983年の三里塚闘争での反対同盟分裂では北原派支援となり、現在に至っている。

機関紙『蜂起』は、通巻342号を以て改題され、2001年1月1日付で『赤星』1号(通巻343号)を発刊し、2009年3月には共産同首都圏委員会、共産同プロレタリア通信編集委員会及び諸個人とともに、「新しい左翼の極」・統一戦線として共産主義者協

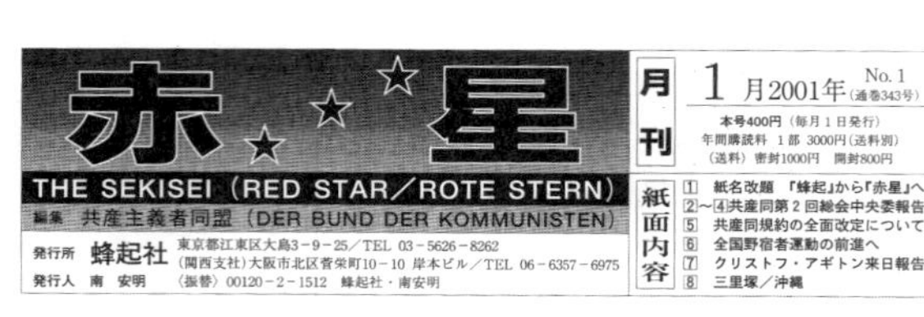

共産主義者同盟蜂起派『赤星』No.1(通巻343号)(2001.01付)

No.1 2009年3月　プロレタリア(無産者)の共同政治新聞

THE RED PROLETARIAN
赤いプロレタリア

●編集:共産主義者協議会●発行所:レッドプロレタリア社 東京都千代田区富士見2-2-2東京三和ビル303 スペース303 TEL・FAX03-3264-2735／郵便振替00130-7-638910●年間購読料:1部2500円(送料込)本号500円(隔月発行)

No. 93　2020年1－2月　全てはプロレタリアの解放のために!

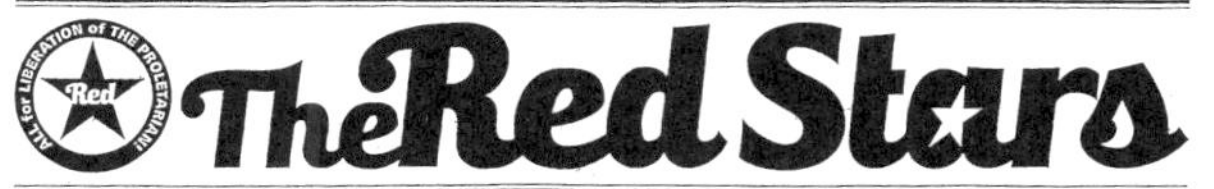

●編集・発行:蜂起社／東京都江東区大島3－9－25●本号200円(隔月発行)年間購読料:1部2000円(送料込)

(上)共産主義者協議会『赤いプロレタリア』No.1(2009.03付)
(下)『The Red Stars』No.93(2020.01-02付)

議会を結成し、機関紙『赤星』を2009年1月付のNo.72(通巻414号)で休刊とし、共同政治新聞として『赤いプロレタリア』を創刊した。休刊していた『赤星』は2016年1月に『The Red Stars』に改題され再刊されている。

【名称】**蜂起反帝戦線**
【ヘルメット】赤地に「反帝戦線」、後ろに「蜂起」など

現在も活動を続けているが、ヘルメットを着用するのは三里塚闘争に関係したデモ・集会でのみ見られる。

1993.04.25 式典にむかう天皇主義右翼街宣車を包囲し、機動隊と対決する沖日労と沖縄解放共同闘争委の部隊(4月25日／糸満)(『蜂起』第259号(1993.05.10付))

1993.03.28 三里塚全国集会に決起する反帝戦線(3月28日／東峰)(『蜂起』第259号(1993.05.10付))

『鉄の戦線』第3号（1971年10月）より

鉄の五大規律

（一）権力に対する攻撃を正規軍の質において闘いうること。
（二）権力の攻撃に対し完黙をもって党を防衛し抜き、七年以上の獄中生活に耐えうること。
（三）いつ、いかなる時でも、非合法生活に直ちに転換し党活動に耐えうること。
（四）共産主義の論理的任務と歴史的任務を、以上の基準においてイデオロギー的に獲得していること。
（五）キム同盟員に対し、自己の獲得した基準をもって対決し変革させうる意志と力をもちうること。

以　上

【名　称】共産主義者同盟蜂起左派

【結　成】1973年9月
【機関誌】『蜂起左派』

1972年5月の陸上自衛隊西部方面総監部爆弾事件後に、蜂起派が合法的な大衆運動主義に回帰したと批判して分裂し、結成された。機関誌発行主体として赤砦社。指導者は羽山太郎（佐藤秋雄）。蜂起派を指導者仏徳二の名前をもじって揶揄し「ほとけ派」と呼んでいた。

蜂起左派は「革命戦争の第二期を切り開くために（2）」（機関誌『蜂起左派』4号（1974.08.20付））において「青年同盟・AIF・大衆戦線といった合法主義は粉砕されなければならない…党に準ずる組織であっても、敵政治警察の面前に組織をさらすべきではない…大衆運動主義が階級闘争と党建設の前進をもたらすものではない」とし、その上で「政治警察に党の構成メンバーと、その同調者・諸グループ（組織）を知らせることなく、いつでもどこでも敵に知らせることなく攻撃できる党を建設しなければならないのである。それは、現下において敵との闘いは機動遊撃戦（爆弾破壊せん滅戦）なのであ」るとし、一切の大衆運動を否定して、爆弾闘争の貫徹を主張した。

後の羽山の証言では、羽山は1968年10月21日の国際反戦デー闘争で防衛庁を攻撃した際に「催涙弾を投げ返せ、不発弾を50メートルではなく、30メートル、20メートルから投げ返せ」というアジテーションをしたとして凶器準備結集罪に問われて逮捕され、その後1969年5月末に釈放されてからは非公然活動に従事していた。しかし「仲間をどう防衛するか、つまり、どう食べるかに苦心した」といい、「1976年には、全面的な賃労働、労働者運動の展開へと方針転回」した（羽山太郎『ブント－その経験の一断面－』（2019年、JCA出版））という。しかし1976年5月には1971

蜂起左派

6（'75·4）

共産主義者同盟蜂起左派

共産主義者同盟蜂起左派『蜂起左派』6号（1975.04.20付）

年秋に発生した東京都内交番連続爆破事件の犯人蔵匿事件に関与した容疑で羽山が逮捕され、また他のメンバーも次々と逮捕されたことで蜂起左派は壊滅状態に陥った。

なお、蜂起左派の中心人物であった羽山は釈放後の1980年9月より活動を再開し、1986年2月11日にはこれを公然化して『プロレタリア通信』編集委員会を名乗って機関紙『プロレタリア通信』を創刊した。この共産同プロレタリア通信派には多くの二次ブントの活動家が結集し、公然拠点の豊島文化社は「大衆運動団体に開かれた事務所となってきていた」(『プロレタリア通信』67号(2016.09.10付))といい、プロレタリア通信派は「いわゆる第2次ブント的であった」という。『プロレタリア通信』71号(2017.09.20付)を以て廃刊し、同派は解散した。

プロレタリア通信

71号

2017年
9月20日

発行人　共産主義者同盟プロレタリア通信編集委員会
発行所　豊島文化社　〒171-0031
東京都豊島区目白2-18-15　目白コンコルド101
TEL&FAX　03-6328-9457
郵便振替口座　00110-0-773588
年間購読　発送費込　一〇〇〇円　一部　二〇〇円

共産同プロレタリア通信編集委員会『プロレタリア通信』71号(2017.09.20付)

【名　称】共産主義者同盟神奈川県委員会 【通称：神奈川左派】

【結　成】1970年12月
【機関誌】『左派』

神奈川左派は、旧統一派から叛旗派・情況派が分裂した後に成立した戦旗派内のフラクションであった。叛旗派・情況派が分裂した後の戦旗派内の党内闘争の口火を切って神奈川県委員会機関誌『左派』を発行したため「左派」または「神奈川左派」と呼ばれた。特に神奈川左派と呼ばれたのは烽火派との二派で形成していた左派フラクションと区別するためと思われる。

12・18ブントが沖縄デー闘争で戦旗中央派に破れて以降は烽火派に合流した者や、烽火派を通して赤報派に合流した者もいて、神奈川左派は自然消滅したといわれる。

しかしながら共産主義者同盟神奈川県委員会名義の機関誌『左派』再刊1号（1972.02.15付）が確認されており、この中では烽火派（共産同全国委）を「軍事反対派＝右翼日和見主義者－八木沢一派（烽火）」、烽火派から分裂したRG派（共産同（RG））を「解党主義者＝脱走兵集団－高見沢一派（赤報）」と呼び、両者を批判している。

烽火派に対しては、烽火派が「全党軍事化を否定し、非合法軍事組織

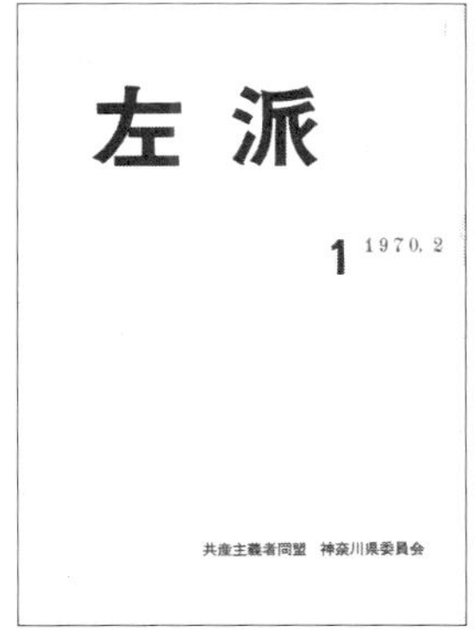

共産主義者同盟神奈川県委員会『左派』
1号（1970.02付）

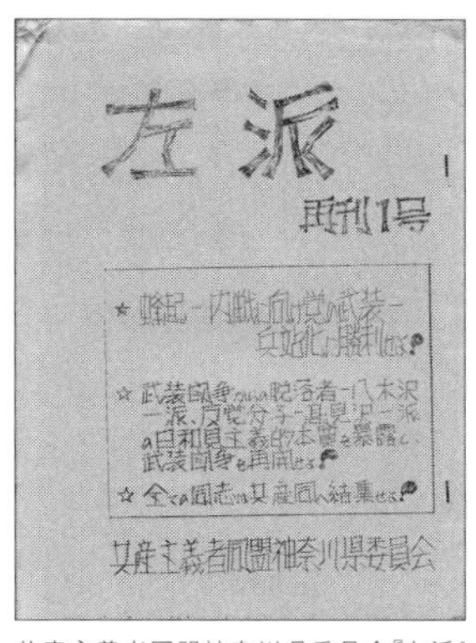

共産主義者同盟神奈川県委員会『左派』
再刊1号（1972.02.15付）

の解体を要求し」たことを批判しており、これはRG派が機関紙『赤報』第1号（1971.11.15付）上で烽火派に対して行った批判（「全党軍事組織化、非合法軍事組織の解体を要求し」）と全く同じである。

RG派に対しては、「反革命集団＝八木沢一派を産み出し“党的危機”の中にあって自らの学生インテリとしての小ブル性をバクロして、某政治局員に対する反発から自から党を分っていった」としている。この某政治局員とは、RG派が機関紙『赤報』第1号（1971.11.15付）上で「10月×日の政治局における伊曽政治局員の『伊曽政治局員への全権委任か、七人委員会による指導か』という提案は、同盟の12・18路線の実践による検証が日程にのぼり、解党主義者＝八木沢一派が登場した現時点において、党内闘争を回避し、隠弊〈原文ママ〉するところの組織日和見主義であり、なおかつ同盟を破壊し、脱走しようとするものである」と神奈川左派を批判した部分の伊曽政治局員のことと見てよいだろう。

神奈川左派は機関誌『左派』再刊1号発行の時点で「非合法軍事組織を党の中核においた組織構造の建設に成功した」として武装闘争を強く志向しており、また当時あさま山荘事件を引き起こす直前の、結成されたばかりの連合赤軍について、「我々は彼ら“連合赤軍”との統一を否定するものではなく…反米愛国、毛沢東思想の京浜安保共闘とはもちろんのこと、赤軍派とも我々の思想的立脚点、政治的路線、党派政策組織戦術戦闘方法は異るが…相互に同志的批判をし、相互に止揚していくことは不可能ではないし、必らずや新たな党的飛躍を克ち取ることができると確信している」とするなど、連合赤軍との連携にまで強い意欲を見せていた。

この後の神奈川左派の動向については資料が集まらずわからなかったが、連合赤軍あさま山荘事件の後に発覚した山岳ベースにおける内ゲバ殺人事件が神奈川左派に与えた影響は小さくないと考える。内ゲバ殺人事件によって動揺し、党派としては解体状態に陥ったものと推測する。

街頭においてはヘルメットを着用し隊列を構成したことはあると思われるが詳細は不明。恐らく戦旗派分裂前からの赤ヘルをそのまま使用したものと思われる。『左派』再刊1号を発行した1972年の時点では、全党軍事化を達成したとしており、大衆的な武装闘争を否定する立場からして、ヘルメットをかぶって機動隊と衝突するような闘争は行っていないと思われる。

【名　称】共産主義者同盟全国委員会【通称：烽火派】

【結　成】1971年11月1日
【機関誌】『烽火』

烽火派は、旧統一派から叛旗派・情況派が分裂した後に成立した戦旗派内のフラクションをもとに結成された。関西地方委員会機関紙『烽火』を結集軸としたため「烽火派」または「関西派」と呼ばれた。公然拠点として大阪戦旗社。

本書では名称は「共産主義者同盟全国委員会」としたが、これは独自に発行した機関紙『烽火』第265号から数号の組織名称として表記されていたものをそのまま採用したものである。その後いつ頃からか定かではないが「共産主義者同盟（全国委員会）」に表記を変更している。但し、『烽火』第265号の段階で論文の名義は「共産主義者同盟（全国委）政治局」となっており、括弧の有無にそれほど深い意味はないものと思われる。

烽火派につながる関西地方委員会に結集したフラクションは、叛旗派・情況派が分裂した後に戦旗派内の党内闘争の口火を切った神奈川左派と、1971年1月頃までに5ヶ月間に及ぶ組織的討議と厳格な統一文書を通して統一し、「左派」フラクションを形成し、更にこれにさらぎ派が合流して12・18ブントが形成された。

12・18ブントが沖縄デー闘争で戦旗中央派に敗れて以降は、空中分解に陥った神奈川左派の一部を吸収して、1971年11月1日に単独で共産主義者同盟全国委員会を名乗って機

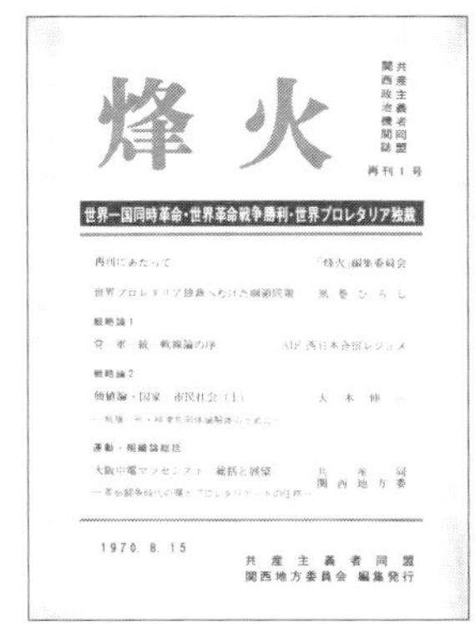
烽火
共産主義者同盟
関西政治機関誌
再刊1号
世界一国同時革命・世界革命戦争勝利・世界プロレタリア独裁
再刊にあたって　「烽火」編集委員会
戦略論1
戦略論2
1970. 8. 15
共産主義者同盟
関西地方委員会 編集発行

共産同関西地方委『烽火』再刊1号（1970.08.15付）

☆帝国主義の侵略反革命、社会帝国主義の武装反革命を粉砕し、世界革命戦争—世界プロ独を組織する世界単一党を国際階級闘争の最前線に組織せよ！
1月31日
第314号
一部 150円
烽火
NOROSHI
共産主義者同盟（全国委員会）
■ 大阪戦旗社　大阪市大淀区本庄東2丁目2の31 とみやビル15号 ☎（06）371—3706
■ 東　京　新宿北郵便局　私書箱　2018号
■ 沖　縄　那覇東郵便局　私書箱　2016号

共産同（全国委）『烽火』第314号（1978.01.31付）

関紙『烽火』265号を発行し、同紙上にて共産同機関紙『戦旗』の一時停刊と、全国政治新聞としての『烽火』発行を宣言した。この共産主義者同盟全国委員会は、単に関西地方委員会の後継ではなく、12・18ブント結成直前に神奈川左派と形成した「左派」フラクションから中間派と神奈川左派の一部を除いた部分の後継を自認していた。

しかしながら10月の中央委員会における対立を経て、RGに拠る部分が分裂した。この部分はRG派または機関紙名から赤報派と通称される。

以下の部分は資料が少ないことから共産同全国委機関紙『烽火』第301号（1976.04.20付）の記述に拠る。一方的な見解・表現になっているおそれがあることに注意されたい。

共産主義者同盟全国委員会を結成した烽火派は、党建設の新たな段階を切り開くべく「第二段階論」を提起していたが、1973年初め、後に紅旗派結成に加わる加納英二（久松俊一）が提出した「部落（上）論文」は綱領問題をめぐる党内論争を巻き起こし、また党の指導の立ち遅れを指摘する地方委員会の理論的根拠となって、組織の分散的傾向に拍車をかけた。これに対し1973年春の総括として提出された「中央書記局通達No.8」は同論文を批判するも、中央書記局の永井は「綱領的内容を指導部が提出する迄は下部党員は大衆運動の指導に責任をもつべきである」とする「指導責任論」を提起し、論争を未決着のまま収拾した。

このような事態収拾の結果、党内には中央指導部に対して批判的な、首都圏委員会を中軸とするグループと、永井や加納、本田、上原らを擁する中央書記局内の一部グループが発生した。

1974年6〜7月にはマル青同との党派闘争を契機に東北地方委員会と首都圏の一部のメンバー（伊集院一派）が革命戦争路線を主張して反中央の立場を公然化させ、8月上旬には烽火派から分裂し、9月に共産主義者同盟（全国委員会）マルクス・レーニン主義派を結成したが、赤軍派の一分派との合流を主張する伊集院グループと、園内グループとに更に分裂した。

烽火派内部では1974年8月の伊集院一派の分裂に対して、伊集院光秀及び園内悟、林正信、原田大三郎の4名の中央委員と、中央委員候補野本純一の除名を決議し、『烽火』第299号（1974.10.05付）上で公表した。この分裂に対する総括をめぐって党内闘争は本格化し、特に1974年9月の中央委員会は紛糾し、永井は総括について議案を提出したものの強い批判にさらされ、撤回を要求されるとともに最高指導部から解任され

1977.08.06 本蒲田公園から出発するブンド共闘デモ 総理ASEAN首脳会議出席阻止闘争警備

た。代わって中央委員会では「プロ通－３号決議」が採択され、1973年8月以降の論争の決着を、プロレタリアの武装蜂起を組織する中央集権非合法党建設をめぐる路線論争として止揚しようとした。

この決議に反発する加納・本田・上原らのグループ（加納一派）は、中央書記局内部にあった党中央への不満を利用し、同時に1974年8月頃から開始された女性差別問題（Tという当時26歳の男性活動家がアジトなどにおいて複数の女性を強姦したとして糾弾された事件に端を発する問題。Tは1972年当時の兵庫県委員会キャップであった。当初強姦された女性活動家の声を関西地方委員会は無視し、無視された女性活動家らは「女性解放委員会」を組織し、糾弾に出たという）に関するT査問委員会から政治局の排除を画策し、女性差別への屈服を政治局、即ち指導部の腐敗として結論付けようと試みたため、10月の中央委員会では「プロ通－３号決議」について中央と加納一派の間で激しい闘争が続いた。

1975年2月下旬、最高指導部から解任されていた永井が××機関の一部を取り込んで永井フラクションを宣言し、加納一派との連携を企図した。このような中で2月には議長の八木沢二郎（新開純也）、続いて最高幹部清田裕一郎も組織を離れた。八木沢は後に株式会社タカラブネの社長になっている。3月初旬になって永井フラクションは中央委員会を開催しようとするも失敗し、加納一派は機関会議のボイコット、多方面へのオルグを行い、5月5日の第9回T糾弾会を新党結成大会にしようとしたがこれも阻止されて分裂し、共産主義者同盟全国委員会（ボルシェビキ）を結成した。

1976年6月15日には宮下公園で開催された「反安保16周年集会」において、西田戦旗派や赤軍派（プロ革）、游撃派、竹内ブントなどとともに侵略反革命阻止全国政治共闘を結成したが、1977年には機能停止に陥った。

2004年に共産主義者同盟戦旗派（西田戦旗派）と合併し、共産主義者同盟（統一委員会）を結成した。烽火派は三里塚闘争では反対同盟熱田派を支援したが、反対同盟北原派を支援する西田戦旗派との統合後は北原派支援党派となった。

下部組織

【名称】**全国労働者政治委員会**
【ヘルメット】赤地に「労政」

1983年9月18日にはタカラブネ労研や電通労研、高槻労研を核として全国労働者政治委員会が結成された。通称「全国労政」。

全国労政は「プロレタリアートの大群を、武装蜂起とプロレタリア独裁の敵視的主体として獲得していく任を負った単一の武装せる革命の伝導路組織」（機関紙『烽火』第352号（1983.10.10付））と位置づけられた。

【名称】**反帝戦線（全国委）**
【ヘルメット】赤地に「反帝戦線」

【名　称】共産主義者同盟（全国委員会）マルクス・レーニン主義派

【結　成】1974年8月
【機関紙】『マルクス・レーニン主義通信』
【機関誌】『鉄鎖を砕け』

1974年6〜7月のマル青同との党派闘争を契機に共産同（全国委）の東北地方委員会と首都圏の一部のメンバーが革命戦争路線を主張して反中央の立場を公然化させた。8月上旬（後の反帝戦線東北地方委員会を名乗る部分によれば8月3日であるという）には遂に烽火派から分裂し、9月に共産主義者同盟（全国委員会）マルクス・レーニン主義派を結成した。

しかし共産同（全国委）ML派機関紙『マルクス・レーニン主義通信』No.5（1975.02.08付）によれば、ML派は東北地方委を中心とするグループと、東京の中央指導部を核とするグループとに更にわかれたといい、これは1975年1月8日のI氏とK同志の会談で確認されたという。以後ML派はKら東京の中央指導部を核とするグループによって担われ、Iら東北地方委を中心とするグループは離脱した。Iは伊集院を示すと見られ、このグループは反帝戦線（全国委）ML派東北地方委を名乗り、後に反帝戦線東北地

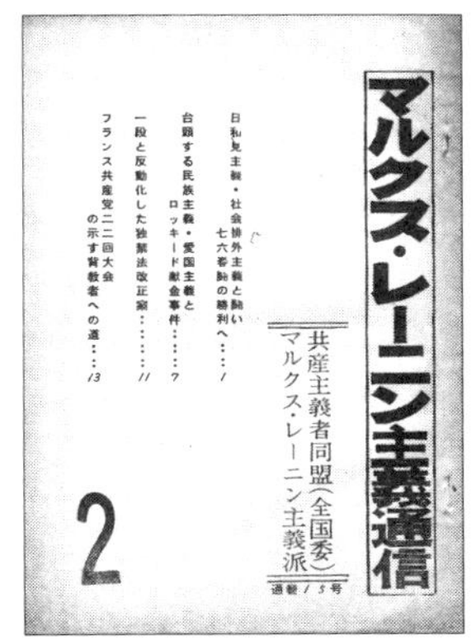

共産主義者同盟（全国委）マルクス・レーニン主義派『マルクス・レーニン主義通信』通巻15号（1976.02.10付）

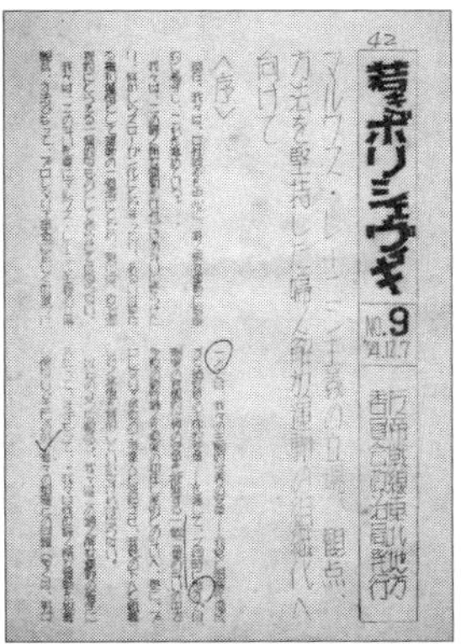

反帝戦線東北地方委員会『若きボリシェヴィキ』No.9（1974.12.07付）

方委員会政治局名義で機関誌『若きボリシェヴィキ』を、また反帝戦線東北地方委員会名義で機関紙『赤炎』を発行したが、ML派離脱後の活動状況の詳細は不明である。なお機関紙『赤炎』は第4号（1975.06.01付）まで発行が確認されている。烽火派はこのML派分裂について、赤軍派の一分派との合流を主張する伊集院グループと、園内グループとの分裂であるとしている。

ML派の活動は機関紙『マルクス・レーニン主義通信』第142号（1988.08.10付）の発行まで確認されているが以後の状況は不明である。

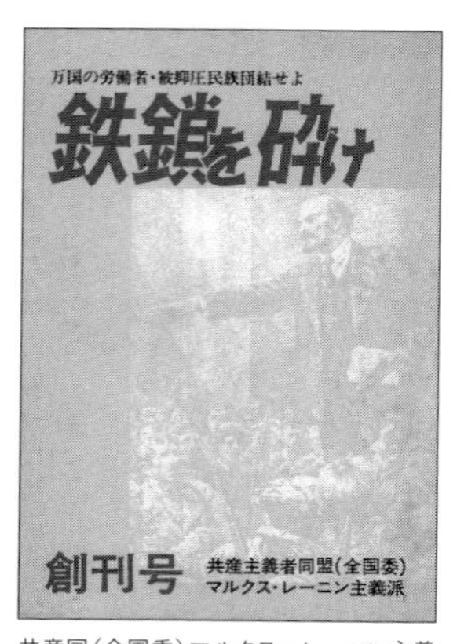

共産同（全国委）マルクス・レーニン主義派『鉄鎖を砕け』創刊号（1977.05.25付）

反帝戦線東北地方委員会『赤炎』第4号（1975.06.01付）

【名　称】共産主義者同盟全国委員会（ボルシェビキ）

【結　成】1975年5月5日
【機関紙】『プロレタリアの旗』
【機関誌】『マルクス主義』

1975年5月5日の第9回T女性差別糾弾会において、烽火派中央を占める西―北原一派を放逐し、共産主義者同盟全国委員会の組織名称を改めたことにより発足したとし、全国委員会派の本流を自認した。1975年7月6日には学生組織として共産主義学生同盟（準備会）を結成した。機関誌『共学同通信』。

1976年3月には共産主義者同盟（プロレタリア独裁編集委員会）と組織合同し、共産主義者同盟（紅旗）を結成した。組織名称は、創刊号では題字も本文も「ボリシェビキ」となっているが。第2号以下では「ボルシェビキ」となっているため、名称は「ボルシェビキ」を採用した。

共産同全国委（ボルシェビキ）政治理論機関誌『マルクス主義』2号（1975.09.20付）

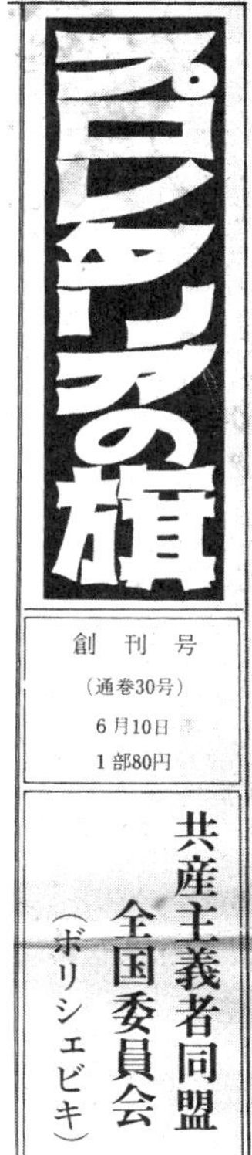

共産主義者同盟全国委員会（ボリシェビキ）『プロレタリアの旗』創刊号（1975.06.10付）

【名　称】共産主義者同盟（RG）【通称：RG派／赤報派】

【結　成】1971年11月5日
【機関紙】『赤報』
【機関誌】『共産主義』

12・18ブントが分裂する中で、もともと共産同関西地方委員会に拠ったうちのRG（エル・ゲー「共産主義突撃隊」）の部分が共産主義者同盟（RG）を名乗って独立し、12・18ブントが発行していた機関紙『戦旗』の改題の形で、機関紙『赤報』を1971年11月15日付で発刊した。RG派または機関紙名称より赤報派と呼ばれる。

『赤報』の創刊号を確認する限りでは、12・18ブントからの直接の分裂という形式をとっていない。除名の対象が神奈川左派と烽火派中央（赤報派は「八木沢一派」と呼んだ）であること、更には「旧神奈川左派」という用語を使用しているところから、鉄の戦線派と袂を分かった後、神奈川左派も分裂状態に陥った後の、もともとの烽火派に神奈川左派の一部が合流した部分から分裂したとの認識であると考えられる。また分裂に当たっては「共産主義者同盟」という組織名称を変更して「共産主義者同盟（RG）」と名乗ったとしており、ブントの正統を自認した。

後に蜂起派を経て蜂起左派を結成した羽山太郎によれば、そもそも二次ブントにおいてRGは赤軍派が仏議長らを襲撃した1969年7月の7・6事件を契機に結成された組織であったという。BL派、関西派（後に烽

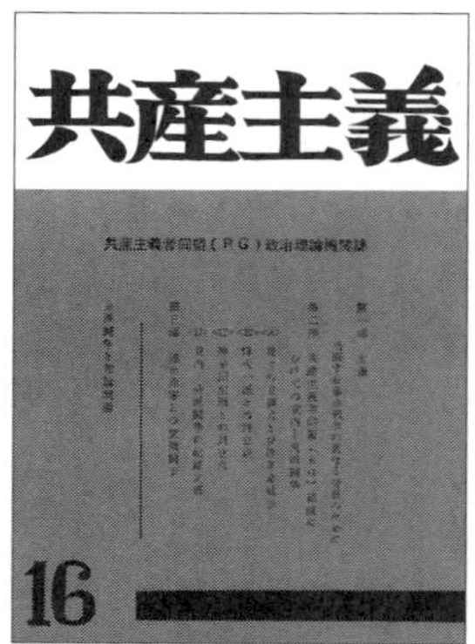

共産主義者同盟（RG）『共産主義』16号（1973.04.30付）

スターリン主義打倒、反スタマルクス主義止揚、革命的マルクス・レーニン主義復権の旗を更に高く掲げ、国際非合法党を建設せよ！

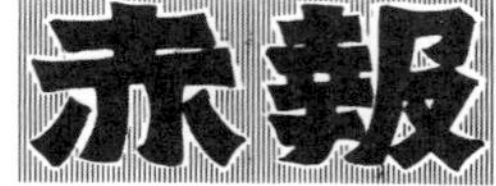

1988年9月1日　発行
共産主義者同盟（RG）
第47号　250円　発行人　野村　忠

共産主義者同盟（RG）『赤報』第47号（1988.09.01付）

火派・神奈川左派・赤報派に分裂)、地区党・労働者派(南部地区委=鉄の戦線派・三多摩地区委=叛旗派)の各フラクションがそれぞれ1名の軍事委員を出して軍事委員会を構成し、委員長はBL派の軍事委員が担った。軍事委員会の下でフラクションごとにRGが結成されたが、BL派は早い段階で分裂したためか、羽山はBL派のRGを確認しておらず、鉄の戦線派のRGと関西派のRGのみで8月22日の第9回大会を迎えた。鉄の戦線派の軍事委員は岩崎司郎であり、RG隊長を兼務した。11月には関西から柳田健を迎え軍事委員長とした(佐藤秋雄「岩崎司郎はこうして甦る」(岩崎司郎『はるかなる「かくめい」』(2015年、彩流社)所収))。

当時関西地方委員会でRGを結成し、後に赤報派の指導者となった榎原均(竹内毅)によれば、関西派のRG隊長は大森昌也が担い、榎原自身もこれに参加したという(「建軍の時代——体験的振り返り」(三浦俊一編『追想にあらず』(2019年、講談社エディトリアル)所収))。1970年末の12・18ブント結成後もこの各派のRGはそのまま引き継がれ、榎原は関西地方委員会の一員として活動したが1971年秋に独立し赤報派を結成した。

赤報派を結成した部分は、分裂以前から散発的なゲリラを行っており、1976年10月から11月にかけて逮捕された榎原均らメンバー11名の容疑は、赤報派結成前後の1971年9月から11月にかけて行われた都内交番等の連続爆破事件に関するものであった。この逮捕で赤報派は壊滅状態に陥った。

RG救対
ニュース No.3

『RG救対ニュース』№3(1977.03.10付)

赤報派の活動家の手記としては中野正夫『ゲバルト時代』(2008年、バジリコ)がある。新宿の歩行者天国での火炎瓶投擲についての準備段階から実行までの様子や、赤報派幹部の命を受けて暴力団関係者に大麻を売りに行く話などが綴られている。

赤報派は特に非公然活動部隊をその創設時の母体としていたため、おそらくヘルメットを着用して公然と機動隊などと衝突するようなことはなく、デモや集会においても独自の隊列を構成したことはないのではないかと考えられる。

※以下の文書は「連合赤軍服務規律」として流布されているが、『情況』2022年冬号（2022年、情況出版）で赤軍派関係者により連合赤軍のものではないと確認された。

『RG資料集』（共産主義者同盟（RG）（1979年3月30日付））より
共産主義者同盟RG服務規律（一九七一年）

服務規律
第一節　　総則
第一章　三大規律
(1) 党員は綱領と規約を承認し、党派闘争を行う能力をもつ。
(2) 党員は細胞を建設し、自力で組織を建設する能力をもつ。
(3) 党員は技術を扱う能力をもち、政治警察に対して攻撃的に組織を防衛する。

第二章　六大原則
(1) 党は自立した革命家の集団である。
(2) 指導・被指導は自立した革命家相互の分業関係である。
(3) 家族・財政は、党に一元化される。
(4) 自由な討論の保障と、行動は完全に指揮によること。
(5) 党の財政を作る能力をもつこと。
(6) 党決定、規約に違反した場合、最高死に到る処罰を受ける。

第二節　　党生活
第三章　住居
(1) 党生活の具体的開始は、住居の設定をもって着手される。これを非合法活動の第一歩として、非公然に維持すること。
(2) 住居の借り方は自然なものとして演出すること。次の諸事項に注意する。
　(イ) 服装はこざっぱりした格好で。余りめかしこんではならない。
　(ロ) 予算額を明らかにし、必ず一度は値切り、且つ渋ってみること。
　(ハ) 若夫婦、学生は怪しまれる。工夫せよ。
　(ニ) 勤務先を必ず考えておき、よどみなく明らかにすること（実在しなくてもよい）。

（ホ）出来る限り実在する偽名で借りること。
(3) 住居は二階を選び、ドアは強固なものを選択し、脱出経路をあらかじめ用意する。
(4) 住居は、K（引用者注：Kに○印）と他党派、党内下級機関に対し、非合法、非公然として維持する。
(5) 各部屋はコード名、合図方法を決め、それ以外では開けない。
(6) 家具には、戦闘に使用できる家具－カサ、包丁、くぎぬき等を用意し、自然のままにおいておく。
(7) 隣人とは特別愛想よくもせず、無愛想にもしない。
(8) 住居は二人以内で住む、如何なる場合があろうとも軍外部の人間を宿泊させない。
(9) 住居が公然化、合法化された場合、その住居者は直ちに住居を非公然に新設し、K（引用者注：Kに○印）から防衛する全責任を負う。
(10) 施錠は、必ず行なうこと、ＫＥＹは、番号ＫＥＹは使用しない。
(11) 住居は清潔に保ち、整理整頓する。

第四章　生活
(1) 生活は一般民と同じ形で行ない、無政府的、小ブルの無規律的生活と闘争する。
(2) 特別の党務がない場合、早寝、早起を厳守する。
(3) 特別の党務がない場合、平日はＡＭ一〇時までに家を出、帰宅はＰＭ五時以降とする。
(4) 部屋には書籍と、一人ノート一冊（学習用に限る）のみを許可する。
(5) 個人が文書を保管することを禁ずる。
(6) メモ、内部文書は如何なるものと言えども全て焼却すること。
(7) 喫茶店を使用する場合は、住居より少なくとも、電停国電、地下鉄、私鉄にして二駅以上離れること。
(8) 同一の喫茶店を恒常的に使用することを禁ず。
(9) なるべく数多くの喫茶店を開発し、移動すること。
(10) 時と場所に応じた服装をすること。
(11) 靴をみがき、髪を整え、つめを切り、ひげは必ずそり清潔なズボン、ワイシャツを使用すること。
(12) 持ちものはなるべく持たない。必要最小限にする。
(13) 言葉使いに注意し、外では無駄話しをしない。特に関西弁、左翼用語(消耗・ナンセンス・ＥＴＣ)は使用しない
(14) 部屋の内は、二人以上いず、大声で話さない。
(15) 各隊で身分証明書を偽造し、各人持つ。
(16) 上級機関は、兵舎、服装、その他生活全般に汎て必要に応じて強制点検する。

第五章　交通
(1) 電環内は例外を除いて使用しない。
・私鉄・地下鉄・バスを利用す。
・(首都圏の交通網に習熟せよ。乗り換え場所ＥＴＣ)
(2) 絶えず権力の尾行、敵対党派の有無に注意し、電車は少人数の場合は最後尾車輌の最後のドアーより、三〜五人以上の場合は、最前車輌より乗降する。
(3) 乗る場合は、発車直前、車掌が発車合図を完了し、発車ベルが鳴り終わって数呼吸
(4) 昇降は、その間際まで気配を見せない。
(5) 車内では一ヶ所に固まって、大声で話し合ったりしない、先導者を一人決め、バラバラに行動せよ。
党派の紙・誌は、原則として兵舎以外の場所で読まない。
(6) 切符は目的地と同じ値段をもつ、他の駅名を告げて購入する。最小値段の区間を買っても良い。
(7) 街頭、交通機関、その他で敵対党派の活動家を発見したら、アジト及び自宅まで追跡、尾行すること。尾行が発見された場合は直ちに攻撃することを義務づける。
(8) 駅の出入口は少し遠回りでも、一番利用者の少ない個所を使うこと。
(9) 停留場は、住居より徒歩で10分以上離れた所を使用し、住居、事務所への行き帰りは、日々出来るだけ多様なルートを使い分け、単純に同じルートに固定化しないこと。

(10) バスを使用する場合、乗客（同じ駅、又はそれに前後して二・三の停留場）は限定されているので、乗客の顔を記憶し、注意すること。
(11) 目的地まで、最低一回の乗り換えを行い、到達すること。

第六章　衛生
(1) 敵と闘う頑強な肉体を維持、創ることが戦士の第一の義務である。三ヶ月に一回の定期健康診断を組織的に行う。
(2) よく走り、よく運動せよ。
(3) 早寝、早起、七時間睡眠を厳守せよ。
(4) タバコ、酒は程々にし、薬に頼らず、野菜、肉類をバランス良く摂取せよ。
(5) 一日一回の室内清掃、フトン、シーツ、食器の日干しを行え。
(6) 散髪は月一回（長髪禁止）、入浴は週二回以上、洗濯は週一回以上、下着洗濯はヒンパンに励行せよ。
(7) 食物の腐敗には気をつけ、あぶないと思ったら棄てよ。
(8) 休日は日に当り、散歩せよ。
(9) 簡単な医学知識を学ぶこと。
(10) 重大な肉体的危機に陥った場合、権力の介入から防衛し、隊長及び上級機関の指示あるまで、不用意な言動を慎しむこと。

第七章　家族
(1) 家族は基本的には同志であり、同盟員に準じて取り扱うものとする。
(2) 家族関係は、隊長及び上級機関の承認をえ、承認されない家族は存在しない。
(3) 家族は、最低限兵站として積極的に組織し、教育せよ。
(4) 上記にふれない異性関係は、各人の責任において行動すること。

第八章　指揮・行動
(1) 行動は指揮に従う。次の原則を守る。
　(イ) 個人は組織に従い
　(ロ) 小数〈原文ママ〉は多数に従い
　(ハ) 下級は上級に従い

(ニ) 全党は中央に従う

(2) 簡政精兵。指揮系列の基本単位は(ＰＢ－政治部－〈隊長〉隊)であり、全ての問題はこの系列内で処理する。

(3) すべての問題に関し、政治局に指導される指導部が、最高決定権を持つ。緊急時に関しては、隊長の裁量で決定し、上級に報告するに止める。

(4) 会議は、必要最低限にとどめ、問題は全て会議に持出し、討議の上決定する。

(5) 会議での発言は、簡単明瞭に行い、無意味な問題提起や心情の吐露「危惧の表明」等は慎しむ。

(6) 一旦決定されたことは例外を除いて、むしかえして討論せず、指揮の下実行される。

(7) 指揮系列に外れた行動や陰口は処罰の対象となる。

(8) 上級機関へ直接意見を述べたい場合は、文書で提出する。

(9) 隊長が指揮を取れない場合は、自動的に速やかに副隊長が代行する。

(10) 会議はイ(引用者注：イに〇印)上級機関よりの指令、ロ(引用者注：ロに〇印)隊長の判断、ハ(引用者注：ハに〇印)隊員の多数の要求によって開かれる。

(11) 会議は例外を除き、三〇分以上の遅延を認めず、遅延者は、参加権を停止する。(但し、会議の決定には従う。)

(12) 行動中の指揮系列遵守の点検を事後の会議で厳格に行なう。行動直前、行動中の批判は認めない。

第九章　連絡

(1) 一隊は最低、一司令部、一電話、一車を持つ。一兵舎住居二人以内とする。

(2) 上級機関への必要な連絡は隊長を通して行なう。

(3) 電話はどんな場合でも、どんな顔見知りであっても、必ずコード、ネームは単純なものから徐々に複雑に、三ヶ月を周期として変え、厳格に守ること。

(4) 規則以外の電話の受け応えは、決して行なわない。

(5) 電話の防衛の為に、雑踏の市中からはなるべくかけない。かける場合、番号を盗み見されないように、周囲を確かめ、ダイヤルを回す時、体でカバーし、小声で話すこと。

(6) 番号は、全部暗記しておき、メモ等決してしないこと。記憶外のＴＥＬは局調べか、電話局にまかせ、電話メモ等持たないこと。

(7) 組織の内外を問わず、特に家族への連絡は、各隊員の秘密防衛責任において行う。その際、自分の所属組織・任務は何人にも明らかにしてはならない。

(8) 隊長は連絡内容、方法に関して報告を受け、点検、監督する。(連絡先への投函、内容、消印までも含む)

第十章　機密

(1) 機密の防衛の第一原則は機密の集中であり、その分散と闘うことである。

(2) この原則のためには、まず不必要な事柄について「知りたがらない」「知らせたがらない」ことである。

「知る」「知らせる」の範囲は、基本的に指揮系統と同一である。(家族へのおしゃべりは厳につつしむ。)

(3) 党内文書は、読んだらその場で必ず焼却。

(4) 名前はイ(引用者注：イに〇印)本名、ロ(引用者注：ロに〇印)組織名、ハ(引用者注：ハに〇印)軍事組織名の三種類を使い分ける。軍事組織名は軍内部でのみ用い、他の同盟内組織にも明らかにしない。

(5) 名前は任務、場所に応じて柔軟に使い分け、混用をさける。

(6) 名前の変更は、組織的承認を受けること。

(7) 自分の戦闘歴、身の上話し、本名等は定められた上級機関への報告以外には具体的には喋らない。特に軍外部の者への自慢話は厳禁。

(8) 秘密防衛の失敗、怠慢のために発生した事故は無条件の除名の対象であり、その意識的な売渡しは、最高死に致る報復を受ける。

第十一章　対捜査

(1) 機知とブルジョワ的権利を最大限活用して、損害を最少限(ママ)に止めよ。

(2) 部屋に入れる前に、出来るだけ時間をかせぎ、身につけ、又は隠す。
(3) 捜査令状は一字一句を別紙に写し取り、誤記ある場合は拒否する。
(4) 立会人以外は氏名を明らかにせず、敵の質問にも一切答えず外に出る。
(5) 敵の顔、名前を知ることの出来るチヤンスである。叩き込もう。
(6) 敵は立会人の態度、顔色を見て捜査を進める。立会人はブルジョア的権利を主張しながらも、冷静、こうかつに対処し、押収品、逮捕を最少にとどめよ。

第十二条（ママ）　訓練
(1) 体練は、軍の基礎であり、計画的、恒常的に行なう。例外を除き、月１／４以上の訓練日を設ける。（一訓練日は最低二時間とする。）
(2) 体練は、総務の要求・計画以外は隊内で行なう。それについては政治部が厳格に点検する。
(3) 体練の正課は、基礎体練－キックボクシングとする。補助として、合気道、タックル、しめを学ぶ。
(4) 基礎体練に日々努めること。又、隊の判断で正規に技術を可能な限り学ばすこと。
(5) 体練場は、隊で非公然に開発すること。
(6) 隊員は全て、運転技術を修得し、例外を除き、運転免許をとる。
(7) 免許取得は、目標を三ケ月とし、隊で計画的に免許を取らせる財政、訓練プランを作る。

第十三章　自動車
(1) 自動車は、ＰＢ－総務の所属とする。（運用については若干考慮する。）
(2) ＰＢ－総務より貸与された車は、運転員、隊長の責任の下に管理する。紛失、破損ＥＴＣは、右責任者の責任において原型にもどす。（修理、新規購入）
(3) 不注意による事故、損害保障〈原文ママ〉、右上と同様である。
(4) 車は、車検切れの時に総務に原型のまま返却し、新しい車を貸与される。
(5) 運営費は、一定額ＰＢ－総務より支給される。不足分は自力更生。

(6) 車は、最低一ケ月に一回は、内部を点検修理し、永持ちするよう維持、管理する。

(7) 権力、他党派に、車種・ナンバーを知られないようにする。

（イ）車をおく場合、住居地より徒歩５分以上離れた所におく。

（ロ）必要以外の場合、法規を守り、警察に捕まらないようにする。

（ニ）日常的には、車には出来る限り二人以内でのることを原則とする。

（ホ）戦闘に際し、車のナンバーを分りにくくする等、創意、工夫する。

（ヘ）指紋削除、証拠類隠滅のため、週一回以上の内外の洗車を行なう。

(8) 購入名儀（ママ）については、最小限警察に知られておらず、有事の際に党を防衛出来る者をえらぶ。

(9) それ以外、車の徴発に関するルート、及び技術を修得せよ。

第十四章　彼女

(1) 彼女の開発、製造、運搬、保管は自力更生を原則とする。

(2) 一切の彼女は部長の所属とし、通常各課に与えられているものとする。

(3) 保管は住居と分離して行ない、いついかなる時にも商業体制に直に移項出来るようにする。

(4) 防衛的彼女は家具の一部として改良し、居住地に保管しておく。

(5) 彼女開発に関する基礎学習、訓練、実験を課の責任でで〈原文ママ〉行ない蓄積する。

(6) 材料、製品、兵站等を開発し蓄積する。

(7) その成果は、質、量、所在などは部長に報告し、徴発に応じる。

第十五章　財政

(1) 軍の財政は雇用兵意識との闘争を前提として、自給自足と均等分配を原則とする。

(2) 自給自足の原則の確立のために、ありとあらゆる創意工夫せよ。但し、月１／４以上の労働日をもつ。

(3) 私有財産を認めない。その組織への完全公開と必要な献財をやりぬくこと。課の剰余収支は部長へ報告しなければならない。

(4) 課員の不当な財政生活は遠慮なく暴き出し、それと徹底的に闘うこと。組織の承認を得ない「公費」の転用使い込みは処罰の対象となる。
(5) 家族を兵站として、組織するよう努めること。
(6) 個々の課員間での金銭の貸借りは原則として認めない。
(7) 党及び車の財産は厳しい節約精神をもって大切にすること。
(8) 党が経常的に支給する財政範囲は以下に限られる。その他は戦闘に限って支給。

兵舎　家賃＋千円（月一万円を限度とする。）

車　ガソリン代＋維持費（月一万円）

(9) 個人の余剰収支は、全額、隊へ返還すること。
(10) 自炊を励行せよ。
(11) 週一回、財政生活の些細な点検会議をもつこと。

第五節　処罰

第十七章

(1) 処罰の系列は、指揮系列と同じである。各隊内で小ブル・ルンプロ思想と闘争せよ。
(2) 処罰の実施は、出来る限り隊内で解決し、上級機関の承認を得て行なう。不服のある場合、上級機関に提訴することが出来る。
(3) 処罰は、ある種の政治責任であり、処罰されたら革命から逃亡するという思想と日々闘え。
(4) 逆に処罰は、反革命に転じた場合を除いて、絶えず党に復帰するべく、党を支持する層として、党の成熟度に応じた政治指導を行なえ。
(5) 処罰は三段階ある。イ（引用者注：イに○印）自己点検、自己総括　ロ（引用者注：ロに○印）権利停止　ハ（引用者注：ハに○印）除名。除名においては、死、当該放逐がある。他は格下げ処分を行なう。
(6) 処罰は事件の起こり次第、速やかに規律に照らして行なう。上級の政治指導や路線に責任を転嫁し、曖昧にすることは厳禁、それ自身も処罰の対象。
(7) 再び正規の隊員として採用する場合は、隊内で資格審査し、上級機関に承認を得ること。

戦旗派の分裂

1973年4月に最左派の国際主義派が分裂し、6月に更に三分裂したことで、共産同戦旗派は四分裂した。国際主義派の分裂の理由や経過については国際主義派の項を参照のこと。

6月に分裂した三派はそれぞれ指導者の名をとって西田戦旗または両川戦旗派（西田輝。本名：両川敏雄）、日向戦旗または荒戦旗派（日向翔。本名：荒岱介）、城山戦旗または本多戦旗派（城山徹。本名：本多正也）と呼ばれた。特に前二者は三里塚に党派として有していた団結小屋所在地の集落名を冠して、それぞれ「岩山戦旗」、「横堀戦旗」とも呼ばれ、また本多戦旗派は機関紙『プロレタリア戦旗』から「プロレタリア戦旗派」または「プロ戦派」と呼ばれる。これら三派のうちプロ戦派は、西田戦旗からも日向戦旗からも敵対視されていたことが両派の機関紙から見て取れるものの、分裂当初「共産主義者同盟（戦旗派）北海道地方委員会」を名乗ったことからもわかるように地方組織が分裂した小党派であり、また分裂当初のプロ戦派の文献を収集できていないことから、ここでは主に西田戦旗と日向戦旗の分裂に焦点を絞って見ていくこととする。

警察はこの分裂の発端を1972年5月13日の神田武装遊撃戦で128名の逮捕者を出したこととしており、この事件の指導責任をめぐって対立し、武装闘争重視の西田派と組織建設重視の日向派に分裂したとしている（田代則春『日本共産党の変遷と過激派集団の理論と実践』（1985年、立花書房））。しかしこれだけではよくわからない。

分裂の一方当事者である日向戦旗派の指導者であった日向は、「当初は病床にあった私に代わって組織を指導していた部分が、軍事組織の見切り発車的な武装闘争を押さえられなかった問題に端を発していた。私は仕方なく、強引に軍事組織を解散させた。」「私たちの組織の分裂劇の真相は新左翼運動の中でも謎とされている。このあたりは今でも多くを書けない闇の部分がある。私は病床にあったのでわからない部分も多い。その当時の人間が墓場まで持っていくべきことなのかもしれない。」「きっかけが軍事組織の一人歩きにあったことは事実だが、そこでの分裂劇は若手への権力の移行をめぐる人事問題に端をはっしていた。」（荒岱介『破天荒伝』（2001年、太田出版））と回想している。荒は2011年に死去し、“真相”は墓場まで持っていってしまった。前半の軍事組織の強制解散の部分については国際主義派の項で検討している内容を指すものと思われるのでそちらを参照してほしい。日向戦旗派、西田戦旗派の分裂に直接的に関係しているのは残る人事問題の方であろう。警察の見解にある「指導責任」が日向の言う「人事問題」と同じ話なのかもしれないが、なんとも曖昧でよくわからない。なおもう一方の当事者である西田戦旗の西田輝は日向のような回想本は出していない。

分裂の経過について見ていこう。西田戦旗が機関紙『戦旗』第340号(題字横は1973.12.20付だが日付欄は1973.12.05付)において共産同戦旗派中央委員会(多数派)の名義で発表した声明「解党派粉砕し同盟の再生を」によれば、1973年6月の12CC(著者注「中央委員会」のこと)以降、日向派は「逃亡を開始した」としており、6月に中央指導部を分裂させ、8月に多数派による同盟統一を目標とする党協議会設置の提起がなされるとこれに反対し、9月下旬には連絡会議を以て協議会の代わりとしたが、11月にはこれからも「逃亡」したとする。また7月には部落解放闘争組織委員会を、8月には中央学生組織委員会をそれぞれボイコットし、大衆闘争機関・反帝戦線を分断したとする。以上の経過の中で機関紙『戦旗』については10月下旬に「編集局会議の決定なしには戦旗は発刊しない」と確認しつつも第338号を日向派独自で発行し、これを追及されると10月下旬自己批判したため、第339号(1973.11.05付)は合同編集局によって発行したが、10月29日には編集局会議をもボイコットしたため、これ以上の「同盟破壊」「解党的行為」を許すことはできないとして日向派の放逐を決定したとしている。

西田戦旗の主張としては、戦旗派が直面していた「①軍事武装闘争の推進、②非合法党、中央集権党建設の推進、③革命勢力の強化・拡大のための指導の強化、一切の排外主義の克服、④『総路線』の確固とした確立」という課題について四人委員会は克服を試みたとする。四人委員会は党内闘争を組織化することで11CC路線を確立し、これによって「カクマル主義的偏向を内包していた恒武論は敗北」したが、四人委員会はこれを徹底することができなかったために党内闘争は挫折し、日向らとの妥協を許してしまったという。そして日向は、11CC路線の徹底が自らの理論体系の破産につながるのではないかと予感し、予防措置として1972年6月に日向派が中央派を結成したことで戦旗派内の分派闘争が開始されたとしている。

一方の日向戦旗派の主張を見ていこう。日向戦旗機関紙『戦旗』第344号(1974.04.05付)によれば、大下、城山、西田らが、1971年10月21日〜11月19日の国際反戦デー闘争から沖縄返還協定批准阻止闘争の間の戦術的失敗と、1972年1月の日向の入院を契機に、四人委員会なるフラクションを作って、戦旗派の「右翼的路線転換をはかるために11CC開催に向けた分派活動を始めた」とする。そして日向戦旗派は、「右翼日和見主義分派」四人委フラクションの「見解に対し、徹底して論破し、弾劾し、同盟の武装闘争路線を守り抜いた」とし、「同盟内論争は、右翼日和見主義に対する圧倒的勝利の下に十一CC路線の確定をもって決着づけられていった」とする。しかし「あくまでも自己の右翼日和見主義に固執する城山、そして当の城山も『俺を政治的に利用した』と憤激させた、タダの『分派屋』大下、西田の卑劣にして醜悪な、正真正銘の右翼日和見主義者共は、失地回復と官僚的自己保身のための再度の分派づくりを画策し」、「それが『足立商会』派なる分派である」とする。更に党内論争に敗北した四人委フラクは、「『部隊がなければ話にならない』と、あくまで自己の右翼的路線転換を画策し、脱走兵集団の形式を陰然と押し進め」、「路線論争の存在も、又そこで自からがとった立場と見解も一切を陰蔽し、全くのデマとウソで何も知らない下部を欺き、脱走兵集めを行った」。そして、「こじつけやケチつけ批判をもって、『アレも問題コレも問題』と何か自分が全ての問題を解決する魔法の鍵をもっているかのように振舞い、不平不満の『上』からの創出を押し進め『足立商会』なる秘密アジトにたむろし、脱走兵集団作りに奔走し」、「一定の『部隊づくり』を実現した彼らは、七三年六月十二CCをもって分派闘争の公然化をなし」たという。

両者の主張を比べてみると、11CC路線自体の肯定的評価は共通している。しかし、その11CC路線の担い手を四人委員会とする西田戦旗派と、四人委員会以外がその担い手であったとする日向戦旗派とで見解が異なる。四人委員会の「四人」とは西田輝、米田隆介、大下敦史、城山徹のことを指すとされ、指導者であった日向が入院していた際に集団指導体制をとっていたのではないかと思われる。

分裂の経過を以上のように機関紙上で追うことはできたが、その実態は不明である。

【名　称】**共産主義者同盟（戦旗派）**
【通称：西田戦旗派／両川戦旗派】

【結　成】1973年6月
【機関紙】『戦旗』
【機関誌】『同志』

1973年6月にプロレタリア戦旗派や日向戦旗派との分裂によって誕生した。公然拠点である千代田区三崎町の戦旗社は西田戦旗派が掌握したものの、機関紙の発行に関する部分では日向派側に渡った部分もあると思われ、分裂前の第339号と多数派名義の第340号とを比べると、紙質やフォントの面で相違が見られる。

1976年6月15日には宮下公園で開催された「反安保16周年集会」において、烽火派や赤軍派（プロ革）、游撃派、竹内ブントなどとともに侵略反革命阻止全国政治共闘を結成したが、1977年には機能停止に陥った。

西田戦旗派は1983年の三里塚芝山連合空港反対同盟の北原派・熱田派分裂では北原派支援党派となり、1987年11月の木の根、1989年12月の東峰団結会館の強制撤去に際しては団結小屋に立て籠もり、強制収用を行おうと迫る機動隊に対し火炎瓶

（左）共産主義者同盟（戦旗派）『同志』第5号（1982.05.20付）
（右）1989.10.23「東峰団結会館を死守するぞ」「強制収用を阻止するぞ」要塞化に勝利し決意も新たにシュプレヒコール

☆帝国主義国、後進国、「労働者国家」
三ブロック階級闘争を
世界プロ独—世界共産主義の勝利へ！
共産主義者同盟（戦旗派）
3月5日
第341号
一部 50円
戦旗
戦旗社
今号の内容
＜政治主張＞今春期三大任務について……（1面）
……（2面）
過渡期世界論の深化とカクマル主義者との訣別（序）……（3面）
三里塚、本山の闘い……（4面）

共産主義者同盟（戦旗派）『戦旗』第341号（1974.03.05付）

などを用いた実力闘争を展開した。

1987年7月には第1回反帝学生青年集会を開催し、共産主義青年同盟学生班協議会を結成した。理論機関誌『キム』(1993.04.01付)(『旬報学生青年運動』第814号(1993.06.01付))。学生による組織としては学生闘争委員会連合(略称「学闘連」)があったといい、1989年の東峰団結会館死守戦の時点でやぐらに「学闘連」の文字が見えることから、この頃には既に結成されていたものと思われる。共青同との区別は不明ながら、共青同が学生組織、学闘連が学生大衆組織ではないかと推測する。

西田戦旗派が起こしたゲリラとして有名なものに1975年7月17日の白銀病院・ひめゆりの塔事件がある。白銀病院事件は当時の皇太子夫妻の車列に対し火炎瓶や石、鉄骨等を投げつけた事件であり、ひめゆりの塔事件はひめゆりの塔に参拝する皇太子夫妻に火炎瓶を投げた事件である。

この事件について西田戦旗派の日本反帝戦線菊池新一議長は17日夕方に那覇市内の与儀公園で会見し、「沖縄解放同盟、日本反帝戦線、沖縄反帝戦線の共同闘争で行った」と発表(『朝日新聞』朝刊 昭和50年7月18日付)しており、一連の闘争が沖解同と西田戦旗派の反帝戦線によって実行されたものであるとしている。現にひめゆりの塔事件において、沖解同活動家は黒ヘル、西田戦旗派は「反帝戦線」の赤ヘルを着用していたことが当時の報道写真から確認できる。文字が「反帝」であったとする報道(『朝日新聞』朝刊 昭和50年7月18日付)もあるが、

1985.10.20 別コースで会場を出発し、デモ本体と合流する戦旗派デモ

皇太子(アキヒト)沖縄上陸決死阻止
七・一七、姫百合・白銀決死隊員糾弾状
沖縄解放同盟(準)本部
海洋博粉砕沖縄—「本土」共闘
仮連絡先
反権力反弾圧沖縄人民救援会(〇九八八—五四—二〇八四)
領価二〇〇¥(含カンパ)

(左)沖縄解放同盟(準)本部　海洋博粉砕沖縄—「本土」共闘『皇太子アキヒト沖縄上陸決死阻止　七・一七、姫百合・白銀決死隊員糾弾状』(発行年月日記載なし)
(下)西田戦旗派『戦旗』特別号(1975.07.20付)

別の報道写真（『読売新聞』朝刊 昭和50年7月18日付）を見る限り、「反帝戦線」と書かれた赤ヘルで間違いない。

この二つの事件は沖縄解放同盟（準）の活動家2名に、「本土」青年である西田戦旗派の活動家2名が連帯して決死隊を編成して行われたが、この時の戦旗西田派の活動家として白銀病院事件を起こした内の一人が川野純治である。通例活動家は氏名等までも黙秘するが、当時の沖縄解放同盟（準）などが刊行した資料において実名で「糾弾状」を公開しており、また西田戦旗派が後に共産同全国委と合併して結成した共産同統一委のHP上でも自身が実行犯の一人であると認めている（「4・29『昭和の日』反対！ 大阪集会が開催される」http://www.bund21.org/struggle/struggle2009/struggle090429-osaka.html　2022年12月2日著者確認）ため、ここでも実名で表記する。

川野純治が白銀病院事件の西田戦旗派の実行犯であることは沖縄解放同盟（準）本部、海洋博粉砕沖縄―「本土」共闘『皇太子アキヒト沖縄上陸決死阻止 七・一七、姫百合・白銀決死隊糾弾状』から見ても間違いなく、そもそも沖解同（準）が本土と沖縄とで出自を区別していることがその声明文からも明らかで、鹿児島県出身で「地縁・血縁はなかった」（2010年9月13日09時42分『沖縄タイムス』「移設ノーに追い風　名護市議選」）川野が沖解同（準）の活動家になる余地はないのだが、川野が市議に当選した時にこの事件について最初に言及した産経新聞が「当時の報道や関係者の証言」を根拠に川野が沖解同（準）活動家だと言い張ったため、今日に至るまで影響力の大きいWikipediaでも川野が沖解同（準）の元活動家だということになっているが明確に誤りである。

下部組織

【名称】**叫革青年同盟**
【結成】1981年10月10日
【機関誌】『叫革通信』

結成集会の基調によれば、「部落民共産主義者の組織として」結成され「今日の混迷せる部落解放運動を領導し、闘いの再々度の高揚を部落

叫革青年同盟・全国部落青年活動者会議『叫革通信』第8号（1981.05.15付）

解放同盟の革命的再生を闘いとるべき前衛部隊」と自己規定している。

【名称】**侵略反革命と闘う障害者青年同盟**
【結成】1981年10月21日
【機関誌】『炎』(ほむら)

西田戦旗派が障害者解放闘争に着手して5年目の1981年に結成。

【名称】**三里塚闘争勝利！二期阻止・空港廃港を闘う全国共闘**
【結成】1983年6月26日

【名称】**全国労働者共闘会議**
【ヘルメット】赤地に「労共闘」

【名称】**日本反帝戦線**
【ヘルメット】赤地に「反帝戦線」
【機関誌】『反帝戦線』

西田戦旗派は2004年5月には共産主義者同盟(全国委員会)と組織合同し、共産主義者同盟(統一委員会)を結成。機関紙名称は『戦旗』としつつも、共産同(全国委)の活動を尊重し、機関紙『烽火』第321号を足して新『戦旗』は第1217号(2004.05.05付)として刊行された。機関誌『共産主義』。三里塚闘争においては、共産同全国委は熱田派を、西田戦旗派は北原派をそれぞれ支援していたが、両者が組織合同した共産同統一委は北原派を支援している。

(1)　1965年3月8日第3種郵便物認可　(5日、20日発行)　第1531号　2018年8月5日

第1531号　2018年8月5日
☆帝国主義国、植民地従属国、「労働者国家」の階級闘争を
世界プロ独ー世界共産主義の勝利へ！
共産主義者同盟(統一委員会)

戦旗

発行所 戦旗社
編集発行人 鹿島 拓
東京都足立区綾瀬7-2-11
電話03 (6876) 6136
郵便振替 00180-4-176133
http://www.bund21.org
今号6頁 200円
年間購読料(送料共)
開封6,300円 密封7,000円

今号の内容
3面：美杉同志の急逝を悼む　共産主義者同盟(統一委員会)政治局
4面：安倍改憲を阻止するために　高城誠一
6面：2018東京都総合防災訓練に反対しよう「防災」口実の戦争動員ー治安管理粉砕

共産主義者同盟(統一委員会)『戦旗』第1531号(2018.08.05付)

日本反帝戦線『反帝戦線』第2号(1980年春)

共産同統一委『共産主義』21号(2015.07付)

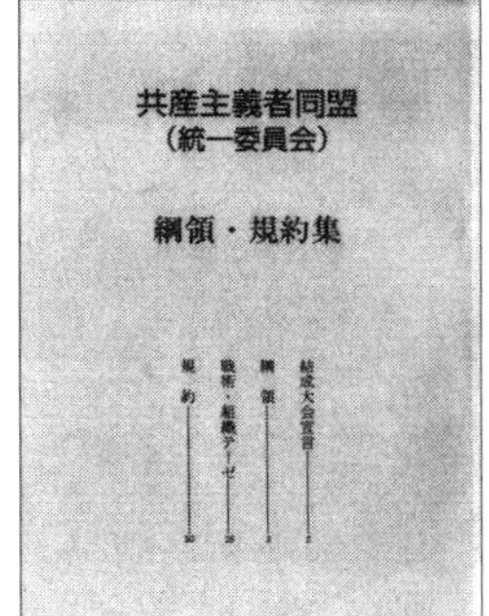

共産主義者同盟(統一委員会)『綱領・規約集』(発行年月日記載なし)

【名　称】共産主義者同盟（戦旗派）
【通称：日向戦旗派／荒戦旗派】

【結　成】1973年6月
【機関紙】『戦旗』→『SENKI』→『Senki』→『Actio』
【機関誌】『理論戦線』

日向戦旗派は西田戦旗派などとの分裂当初は比較的少数派であったというが、三里塚闘争に積極的に取り組み、1978年の開港阻止闘争では第四インターや共労党とともに共同で管制塔占拠事件を起こすなどし、党勢を拡大していった。戦旗・共産同時代の公然面の活動家の生活について綴った書籍としては早見慶子『I LOVE 過激派』（2007年、彩流社）がある。非公然活動ではアメリカ大使館や成田空港関連施設などにM22やM53などと名付けた迫撃弾を撃ちこむなどゲリラを積極的に行い、それらの闘争を『武装闘争と権力弾圧 1983～1986』（1986年、戦旗社）、『武装闘争と権力弾圧 86～89』（1989年、戦旗社）及び、『武装闘争と権力弾圧

1974年4月5日　第344号
☆帝国主義国、後進国、「労働者国家」
三ブロック階級闘争を
世界プロ独一世界共産主義の勝利へ！
共産主義者同盟（戦旗派）
4月5日
第344号
戦旗
戦旗社
今号の内容
1面　4.19日「韓」反革命体制粉砕へ
2面　3.17—18本山現地へ全国から2000名
3面　右派、脱走兵集団足立分派の歴史と存在
4面　決戦的段階の狭山闘争　4.19学生革命

日向戦旗派『戦旗』第344号（1974.04.05付）

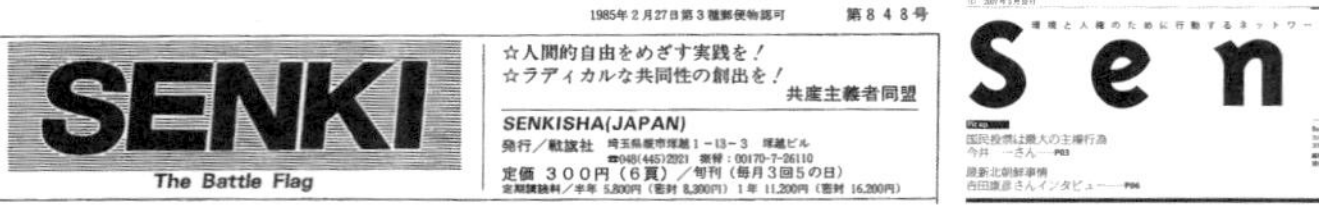
1985年2月27日第3種郵便物認可　第848号
SENKI
The Battle Flag
☆人間的自由をめざす実践を！
☆ラディカルな共同性の創出を！
共産主義者同盟
SENKISHA(JAPAN)
定価　300円（6頁）／旬刊（毎月3回5の日）

共産主義者同盟『SENKI』第848号（1995.09.05付）

環境と人権のために行動するネットワークを
Senki

Bund『Senki』第1243号（2007.05.10付）

1971.04.28 闘いの先頭にたつ鉄マスク部隊　野合右派を完全粉砕（『北西風が党を鍛える』第一部）

1978.03.26 戦旗ひるがえし、空港へ猛然と進撃（東峰）（『北西風が党を鍛える』第一部）

（左）一般社団法人アクティオ『Actio』通巻1316号（2011.06.20付）
（右）戦旗・共産同『理論戦線』第19号（1985.08付）

1990〜2000』（2001年、せんき社）の3冊にまとめて刊行した。またこれらのゲリラについては後年、同派指導者であった日向自身の手によって本名の荒岱介名義で『大逆のゲリラ』（2002年、太田出版）にまとめられた。

1980年2月には『戦旗』第413号（1980.02.15付）上で名称が他と紛らわしいことを理由として「八〇年代の初頭にあたり、われわれは組織名を『戦旗・共産主義者同盟』と改称することを決定した。」と発表し、「戦旗派の一分派ではなく、共産同の一分派として、あくまでも第三次ブント建設」をめざすと表明した。紛らわしいという他党派とはもちろん西田戦旗派のことである。更に1993年8月には『戦旗』779号（1993.08.25付）上で、8月12〜14日に北海道富良野市で開かれた合宿において、共産主義者同盟への改称を決定したことを公表した。これについて同派は「今や組織的内実をともなったブント（BUND）は、唯一われわれのみとなったといえる。われわれこそがブントなのであって、他のどこかに自称以外の実体ある人民的革命勢力を有したブントがいるわけではない。六〇年・七〇年の安保闘争を領導したブント、その革命的伝統を継承し体現しうる政治勢力は、いまやわれわれ以外にいないのだ。」とした上で、改称の理由を「九〇年代日本階級闘争を名実共に領導する勢力として自己形成していく決意ゆえにほかならない」と説明している。1997年3月30日には臨時大会において組織名称をブント（BUND）と改めた（『旬報学生青年運動』第905号（1997.05.15付））。『旬報学生青年運動』第905号には機関紙『SENKI』第903号（1997.04.15付）に掲載された「組織名称の変更にあたって―ブントのマニフェスト」が転載されているが、この中では「これまでのような『マルクス・レーニン主義』の枠組み自体の止揚、『マルクス・レーニン主義』そのものの枠組みの再検討と自己刷新が必要」との認識を明らかにし、この改称を「そうした歴史的課題に挑戦し二一世紀にむけたマルクス主義の創造的・適用的発展をめざす私たちの決意表明であり、闘争宣言」であるとしている。この組織名称の変更の際に戦旗派は自らの位置付けを従来の新左翼党派から脱共産主義の環境NGOへと転換した。

1983年の三里塚芝山連合空港反対同盟の分裂に際しては熱田派支援についた。熱田派支援セクトとしては最大であったが1986年9月の9・14現地闘争における基調報告で反対同盟熱田派の菅沢事務局長が政府との話し合いによる解決の途を示唆したことに戦旗派が抗議すると、熱田派は集会や現闘本部への立ち入りを禁止したため両者の関係は急激に悪化した。戦旗派は3ヶ月後の12月28日になって現闘責任者佐脇正祐の名義で「一、反対同盟の指示に従います。一、反対同盟と考えが違った時は反対同盟と相談します。一、反対同盟が指示に従わないと判断した時は現地から出ていきます。」という3項目からなる確約書を提出し、関係はひとまず修復された。

しかし1989年になって戦旗派が1989年5月31日付の声明で6月の芝山町長選挙への反対同盟員の「応援」を批判したことがきっかけとなり、反対同盟は1986年の確約書に違反するものとして6月14日の幹部会で共闘関係の凍結を決定。更に7月20日の総会で満場一致のもと共闘関係の断絶が採択されると、戦旗派はこれを「条件闘争化への変質の一段階を示すもの」と批判した。反対同盟から追放された戦旗派は1989年9月17日に新たに大衆組織として三里塚二期阻止・土地収用を許さない全国運動を旗揚げすると、熱田派内の徹底抗戦派を独自に支援する形での取り組みを行うようになったが、その後も機関紙上では熱田派の取り組みをしばしば批判していた。

1989年10月21日には全国学生共同行動結成集会を東京外語大で開催し、広く学生運動を担う団体・個人を糾合した大衆団体として全国学生共同行動を発足させた。全国学生共同行動はその行動綱領において「自治活動、サークル活動、政治活動等、あらゆる学生の主体的活動の連絡機関」と定められた(『旬報学生青年運動』第734号(1989.12.01付))。

1997年7月16日には新宿のトークライブハウス、ロフトプラスワンにおいて、かつて日向戦旗派の活動家であった佐藤悟志に対して殴る蹴るの暴行を行う事件を起こした。これはその約1週間前の7月8日に「飛翔主義と若者の俯仰」と題してロフトプラスワンで行われた新右翼団体一水会代表の鈴木邦男とブントの荒岱介との対談において、佐藤から厳しい批判がなされ、また荒を批判する内容のビラが撒かれたことに対応するものであったと見られ、8月6日には「襲撃を許さないロフトプラスワン常連客有志」の名義で「ロフトプラスワン襲撃を許さない共同声明」が発表された。インターネットが一般に普及し始めた時期であり、「内ゲバ」という言葉が適切かどうかは不明ながら、セクトの暴力がインターネット上に記録された初めての例ではないかと思われる。更にブントは2000年6月15日に再び同じロフトプラスワンにおいて佐藤に対する暴行事件を起こした。この日は1997年7月以来初めて荒岱介がロフトプラスワンに登壇した日であり、佐藤はロフトプラスワンのルールに則った上で、店の冊子にブントを批判するビラをはさんで配布したところ、ビラを見たブントのメンバーが集団で佐藤を暴行したもので、制止に入った客やスタッフも暴行を受けた。

同派はこの後、アクティオ・ネットワークを経て一般社団法人アクティオとなり、もはや新左翼党派ではなくなった。しばらくは機関紙『Actio』を発行していたものの2013年頃に発行を停止し、2009年に開始した環境問題や人権問題、平和運動などに取り組む団体・個人を対象とした助成事業を行うのみとなっている。

『1997 ロフトプラスワン襲撃を許さない共同声明 全記録』(1999.09.09付)

下部組織

【名称】**日本反帝戦線**
【結成】1970年7月25日
【ヘルメット】赤地に「反帝戦線」

【名称】**叛軍行動委員会**
【結成】不明
【ヘルメット】赤地に「叛軍」

【名称】**全国労働者共闘会議**
【結成】1973年
【機関誌】『闘う労働者』
【ヘルメット】赤地に「労共闘」

【名称】**社会主義学生同盟**
【結成】1980年6月21日再建
【ヘルメット】赤地に「社学同」

1980年6月21日には社学同再建集会を開催し、かつて共産主義青年同盟結成時に改組吸収された社会主義学生同盟を再建した。

【名称】**筑波体制粉砕共闘会議**
【結成】1977年8月7日
【ヘルメット】赤地に「筑波共闘」

1981.10.11「おれについてこい!」、小川源氏の不屈の闘魂に応え「第二の三・二六」めざす決意を示しぬく@三里塚第一公園(『北西風が党を鍛える』第二部)

【名　称】共産主義者同盟（「プロレタリア戦旗」編集委員会）【通称：プロレタリア戦旗派】

【結　成】1973年6月
【機関誌】『プロレタリア戦旗』

共産同戦旗派から分裂して結成。分裂の理由などについては、日向戦旗派の項を参照。指導者は城山徹（本多正也）。日向戦旗派によれば、城山は労働組合運動を基軸とし青婦協への介入を路線化した『北海道委意見書』を提出したとされる。

指導者の城山が戦旗派の北海道担当であったため、札幌大を中心に一定の活動家を擁していた。1978年3月26日の三里塚空港開港阻止闘争にも参加し、当時の札幌大学自治会委員長が逮捕されている。

当初は共産主義者同盟（戦旗派）北海道地方委員会を名乗り、共産主義者同盟（戦旗派）の地方委員会による一派閥であることを明示していたが、1976年3月の第6回総会にて分裂が固定化され組織的統一性の確保が困難になったとして、分派闘争に終止符を打ったことを明らかにし、北海道共産主義者同盟へ改称した。更にその後、主要な活動領域が北海道から首都圏へと拡大していったことを反映し、1979年4月の第9回総会にて共産主義者同盟（「プロレタリア戦旗」編集委員会）へ改称した。この改称に際して北海道反帝戦線も組織

共産主義者同盟（戦旗派）北海道地方委員会『プロレタリア戦旗』No.9（1976.04.20付）

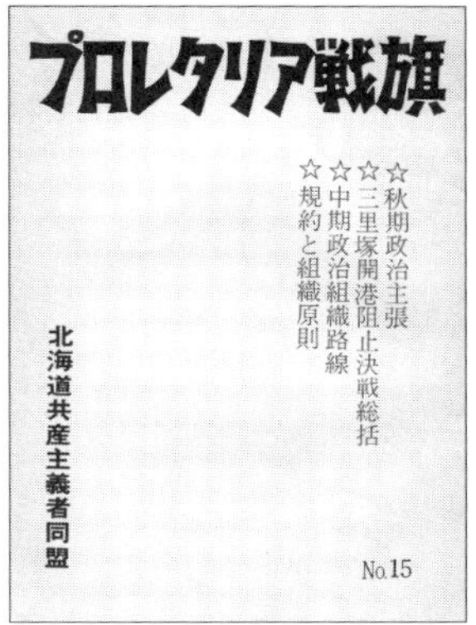

北海道共産主義者同盟『プロレタリア戦旗』No.15（1978.09.25付）

名称を変更している。

その後の組織の消息は不明であるが、2001年の『共産主義運動年誌』第2号にメンバーが署名記事を寄稿していることから、少なくともこの頃までは組織は存続していたと見られる。

街頭闘争に参加しており、ヘルメットを着用していたと思われるが、どのようなものか不明。反帝戦線を有していたため、恐らくは反帝戦線のヘルメットを着用していたと思われる。

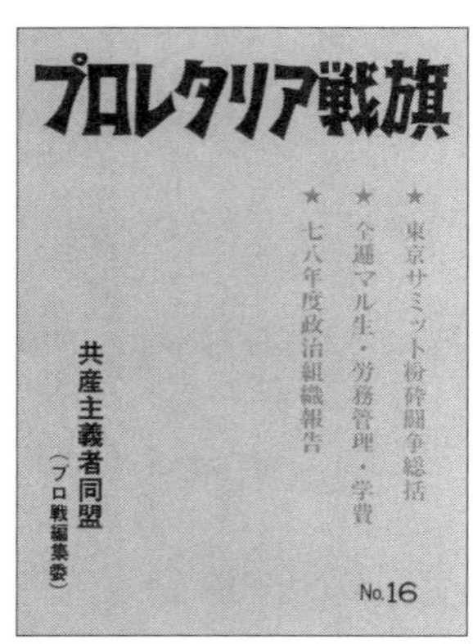
プロレタリア戦旗
★東京サミット粉砕闘争総括
★全逓マル生・労務管理・学費
★七八年度政治組織報告
共産主義者同盟
(プロ戦編集委)
No.16

共産同(プロ戦編集委)『プロレタリア戦旗』No.16(1979.08.05付)

『プロレタリア戦旗』No.10（1976.07.25付）より
声明　組織名称変更について　北海道共産主義者同盟

全道および全国の同志諸君！労働者・学生諸君！すべての共産主義者諸君！我々は三月の第六回総会において旧来の「共産主義者同盟（戦旗派）北海道地方委員会」から「北海道共産主義者同盟」への組織名称変更を決定した。我々はこの措置によって従来の活動内容と全道反帝戦線との関係を何ら変更するものではないが、七三年分裂した戦旗派における分派闘争に終止符を打ち、小ブル革命主義をのりこえたプロレタリア革命派の結集のために、新たな一歩を踏み出す決意である。

今我々に問われている二つの大きな任務がある。一つは北海道における労働者・人民諸階層の社会的生産＝生活過程の深部から、政治・社会斗争の前進と共産主義運動の発展を克ち取ることである。他の一つは全道における我々の組織的実践の成果を理論的に反省し、全国的な階級斗争と共産主義運動の理論的＝実践的発展のために組織的な斗いを繰りひろげることである。

これら二つの事を同時に実現していくことは非常にむつかしい事であるが、理論と実践の媒介的統一、全国的斗争と地方的斗争の相互的発展、そして共産主義運動の組織的統一を、主客の条件をふまえて歴史的に構築していこうとする我々にとっては、やりがいのある事業といえよう。この機会に、あらためて反帝戦線の同志諸君と多くのシンパ諸君に、この事業への参加と共同の斗いを訴えたい。

戦旗派における分派斗争は、七三年六月十二中委を前後して公然化した。それは当面の路線をめぐる見解の対立が、同盟内論争に付されることなく、官僚主義的統制で隠蔽され続けた事に対する、我々の正当な態度表明であった。しかし客観的な事態の推移は同盟活動の統一性を弱めていった。我々は地方委員会機関誌『プロレタリア戦旗』を発刊し、同盟内分派斗争を組織化せんとしてきたが、日向派と西田派によって二つの中央機関誌『戦旗』の発行が固定化されるに及び、もはや組織的統一性の確保は困難となった。

これは直接的には戦旗派の前衛組織論に規定されていた。赤目猫蔵（＝

日向）の『一歩前進、二歩後退』（レーニン）ノートに示されているような、官僚主義的組織観の非実践的性格が、同盟内分派斗争の組織化を無意味化し、分裂主義を許容していったのである。そこには上意下達の命令系統は存在しても、前衛組織を創造する民主主義的中央集権主義の思想が欠如していた。

しかしそれは単に組織本質論の理解にとどまらず、党組織建設路線とそれを規定する情勢把握・政治路線に特殊的要因があり、それが戦時の命令系統最優先を思考させたともいえるのであった。我々は七二年十一中委より主張してきた。蜂起＝権力奪取の前段という情勢把握と恒常的武装斗争という蜂起の準備としての政治路線の廃棄がなされていないからこそ、同盟内民主主義が重要視されず官僚主義化してしまったともいえるのであった。

これは不幸な事であった。新しい条件の下では、旧い活動方法を生かす事をこころがけながらも、新しい方法で階級斗争を行なわなければ発展は望めない。組織建設も例外ではない。活動の転換をめぐって、組織内外での広汎な論争を行ない英知を結集すべき時にそれを避け、保守的な自己保身を戦旗派は計ってしまったのだ。

このことにより、六〇年代後半の革命的な斗いを領導した新左翼は、大きな停滞を余儀なくされたといって過言ではない。常に大衆運動のダイナミックな展開と共に、新鮮な感覚と問題意識を提起し、政治のリアリズムを人民自身のものとするよう努めてきたブントの中で、責任ある地位を獲得した戦旗派は、閉鎖的な体質を打ち捨てる義務があったのだ。

党派斗争は自党派の密教的空間を濃縮し、外部世界からの思想的超越を計るために行うものではない。「やつは敵だ、やつを殺せ」の「憎悪の哲学」は、今や旧左翼のみならず新左翼にも浸透し、左翼の相互変革の立場は喪失しつつある。しかしこの自らの試練に打ちかつことなくして、スターリン主義を真に乗り越えることはできない。

こうした我々の態度は、現代の小ブル急進主義・革命主義者のセクト主義的傾向・大衆運動主義的偏向に対し、その理論的・思想的基礎を批判的に検討する時間をしばらく我々に強制した。それは戦旗派の一員として我々の最後の重要な課題となった。だがそれは今、基本的に成しとげられつつある。

かいつまんでいえば、第一に戦略を戦術論的に構成し、国家権力と諸階級・階層・民族の全体的な相互関係のうちに基礎づけられた情勢把握に依拠すること。これは戦略を「未来」論化し、原則綱領の意義を曖昧化した点の反省と、政治・社会分析をないがしろにした経済情勢分析への偏向の修正を意味する。

第二に、共産主義社会という未来へ原則綱領を一面化することなく、行為的現在における共産主義思想の創造的発展を意図すること。これはプロレタリアートによる現実の生きた思想的問いを放棄し、科学主義の立場に立って教条的イデオロギーに身を委ねたことの反省を意味する。

第三に、実践的な人間主体としての認識論を確立し、下向・上向という思惟の方法を場所的現実において正しく適用すること。これは、下向と上向を完全に切り離し、抽象的本質を具体的個別・感性的現実からまったく遊離させた方法論上の総括を要請する。

これらの理論的核心点は、戦旗派のガイストを崩壊させるものであり、また同時にこの理論的抽象性の究明に止まることなく、具体的現実を実践的に把握する作業に向うべきことを我々に教えた。我々の機関誌はまさにそれを体現してきたし、何よりも我々の組織的実践がそれを証明している。

ロッキード闘争・労働組合運動・学生運動そして反「公」害闘争・反差別闘争へのとりくみとその理論的解明の前進は、真剣に生きようとするすべての人々の共感を獲得しつつある。そしてこれらの社会的不正と階級闘争をもって闘いながら、限りない人間の連帯を求めて歩まんとする労働者共産主義の思想は、我々をして諸君と共に歩み続けることを誓わせるであろう。世界共産主義万歳！プロレタリア独裁万歳！革命的労働者党を建設しよう！

一九七六年七月

『プロレタリア戦旗』№.16（1979.08.05付）より
組織名称の変更と行動綱領の改訂に関する報告
共産同（プロ戦編集委）

全国の同志諸君！労働者・学生・市民諸君！すべての共産主義者諸君！我々は四月の第九回総会において、旧来の「北海道共産主義者同盟」から「共産主義者同盟（プロレタリア戦旗編集委員会）」への組織名称変更を決定した。我々はこの措置によって従来の活動内容と全道反帝戦線の関係を何ら変更するものではなく、更にそれを深化し豊富化をはからんものとするものである。

「北海道共産主義者同盟」の発足にあたって、我々は二つの大きな任務を確認した。一つは北海道における労働者・人民諸階層の社会的生産＝生活過程の深部から、政治・社会斗争を組織し、階級斗争の前進と共産主義運動の発展を克ち取ることであった。他の一つは全道における我々の組織的実践の成果を理論的に反省し、全国的な階級斗争と共産主義運動の理論的＝実践的発展のために組織的な斗いを繰りひろげることであった。

この三年間にわたるかかる斗いは、我々を幾度かの試練に追いやり、革命的共産主義者としての理論的＝実践的自己変革を通して、政治＝組織的指導の質を高めることを我々に要求した。そして中期政治組織路線の決定を媒介として、我々は一つの大きな試練を突破し、組織的前進を今実現しつつあるといってよいだろう。その成果こそ我々の主要な活動領域が北海道にとどまらず首都圏へと拡大したところにあらわれているといっても過言ではない。それはいまだ全国的とはいえず二つの地上的活動にすぎないとはいえ、中央集権的位置を有する首都圏での活動は、我々の地方的・地域的生産＝生活点的活動に全国政治斗争の活力を与えるに違いない。

このような我々の組織活動の場所と規模のひろがりは、一地方組織としての実態に根拠づけられた名称たる「北海道共産主義者同盟」の変更を余儀なくさせている。そこで今回「共産主義者同盟（プロ戦編集委）」［略称］への名称変更が決定されたのであった。それは『プロレタリア戦旗』を通じて、我々の革命的実践活動を理論的＝組織的に方向づけると共に、新左翼の現代革命をめぐる論争を推進し共産主義労働者革命潮流の形成をはかるうえでふさわしい名称ということができよう。

ところで名称変更と共に、我々は中期路線の決定に基く行動綱領の改訂を以下のように行った。そして同時に北海道反帝戦線の名称変更と行動綱領の改訂についても別個に提案し、各支部の検討と承認を求めている。その結果は次号で報告されることとなろう。

行動綱領　　　　　　共産主義者同盟(プロ戦編集委)

〈目的と性格〉

1. 我々は、資本主義の打倒と共産主義革命の実現という、プロレタリアートの世界史的任務を担う共産主義者の組織である。

2. 我々は、日本階級斗争を世界革命へむけた国際共産主義運動の一環として前進させるべく、世界的な国家独占資本主義経済体制に立脚した、日本帝国主義政府＝独占資本と社会帝国主義者の打倒を通し、プロレタリアート独裁の樹立をめざして闘う前衛組織である。

3. 現代帝国主義の反共国民主義的支配攻撃に対し、あらゆる有効な手段をもって労働者階級と被圧迫人民を防衛し、日和見主義をのりこえる彼らの思想的・運動的成長を、各地区反帝戦線と共に計る。

4. ブランキズム・社民・スターリニズム等、「左」右の日和見主義との党派斗争を通じ、従来の新左翼を批判的に止揚する理論的・実践的任務を重視し、共産主義労働者革命潮流の創造をめざして斗う。

〈組織構成〉

5. 同盟は細胞を基礎組織とし、細胞は三名以上の同盟員(候補を含む)によって構成される。

6. 同盟は各細胞から常任委を選出し全体的指導を委任する。同盟員(および候補)は細胞を通じてＡＩＦを指導すると共に、常任委に報告し適切な指示を受けなければならない。

7. 同盟は年一回以上総会を開催し、方針・行動綱領・人事等の最高決定を行なわねばならない。総会において同盟員は議決権を候補は評議権を有する。

〈義務と権利〉
8. 民主主義的中央集権主義にのっとり、同盟員は相互批判の自由をもつが、決定を遵守し行動の統一を守らねばならない。
9. 同盟の加入には、同盟員2名以上の推薦と候補活動における細胞審査の合格が条件となる。同盟員の資格に欠ける行為を行なった者は訓告・権利停止・脱退を勧告され、除名は総会で承認される。
10. 同盟員(および候補)は収入の五%以上を毎月、一時金を年二回同盟に納入せねばならない。常任委員は活動費・生活費を支給される。

一九七九年四月一〇日改定

『プロレタリア戦旗』№15（1978.09.25付）より
共産主義者同盟（戦旗派）北海道地方委員会　規約草案

第一章　同盟員
1　同盟の規約を認め一定の組織に参加して活動し、規定の同盟費を納入するものは同盟員となることができる。
2　同盟への加盟は規定の候補期間を経た候補から選抜され、二名の同盟員の推せんにより所属細胞が決定し上級機関の承認を得て確認する。

第二章　同盟員候補
3　加盟希望者は全て候補期間を経なければならない。この候補期間は候補としての細胞活動を通じて候補者に同盟の基本精神を教え、同盟員としての適性を審査する目的を持つ。
4　候補への採用は二名の同盟員の推せんにより当該細胞が決定し上級機関の承認を得て確認する。
5　候補期間は原則としてこれを一年とする。
6　候補者は所属機関の会議に評議権をもって出席する権利を有する。
7　候補者は規定の同盟費を納入する。

第三章　同盟の組織構成
8　同盟の組織構成の指導原理は民主主義的中央集権制である。
　　イ 上級機関の路線や方針に対し、同盟員は反対意見の表明ないしは意見の保留を行なうことができ、討論の完全な自由が保障されるが、決定の遂行段階において行動上の完全な統一が保障されなければならない。
　　ロ 同盟員はその意見書を上級機関に提出し大会を含むあらゆる同盟諸機関にそれを原文のまま配布するように要求することができる。提出された上級機関が一定期間それを実行しないとき提出者はその責任において候補をふくむ全同盟員に意見書を配布する権利を有する。
9　同盟は民主主義的中央集権主義に基き地方的［自治］原則に従って構成される。同盟の基本構成は、大会－中央委員会－地方委員会－地区委員会－細胞であり、この系列に従って指導がなされる。同盟員及び候補はその相互の意見交換・交流を特別の場合を除いては自由に行なうことができるが、それは組織系列を通じることを基本とし、特殊に系列を超えてなされるときは所属組織及び上級機関に報告しなければならない。同盟は特に必要とされる場合、全国協議会を設けることができ、党大会に準ずる権限を与える際は同盟総会によってそれが過半数の承認を得なければならない。指導上必要な場合、同盟は中央及び地方機関に産別指導部を設置できる。

10　同盟の全ての会議は全体の過半数の出席をもって成立し、出席者の過半数の賛否で議決される。

11　同盟の全ての指導部は当該同盟組織の選挙によって選出する。

12　一定の地方で活動する組織は、この地方の一部において活動する全ての組織の最高のものとみなされる。

13　全ての同盟組織は地方的諸問題の決定を自主的に行なうことができる。

第四章　細胞

14　細胞は同盟の基礎組織であって三名以上の同盟員で構成される。原則として工場・学園ごとに作り、過渡的に産業別・地域別につくる。

15　細胞は指導的同盟機関とその地方の労働者大衆とを結合する組織である。細胞の任務は次の通りである。

イ 指導機関の提起する方針その他の諸問題の討論・決定・実行。

ロ 当面する大衆運動の諸課題の相互討論を通じた運動・組織作りと同盟員の獲得。

ハ 機関紙の配布とその拡大

ニ 同盟内理論＝思想闘争の組織化とそれによる同盟の強化。

16　細胞はその代表者を定期的に選出する。

17　同盟員候補のみ、もしくは一人又は二人の同盟員と候補のみが存在する工場・学園においては細胞の結成は許されず、当該同盟委員会の直接指導の下、候補細胞として承認され同盟活動を行う。その場合、候補細胞は規約上の諸権利を完全には持たない。

第五章　同盟大会

18　大会は最高決定機関であり、定期大会は年一回とし、中央委員会がこれを召集する。臨時大会は中央委員会又は同盟員の1／3以上の要求によって召集される。大会は全同盟員によって構成されその1／2以上の出席をもって決議をなしうる。大会はその召集と日程を一カ月前に全同盟に公表しなければならない。

19　中央委員会が定められた期間内に又は召集要求にもかかわらず大会を召集しないとき、召集を要求する組織は大会召集に関する中央委員会の全権利を有する組織委員会を選出し形成する権利を有する。

20　大会は次のことを行う。

イ 中央委員会の報告の審議と賛否の決定

ロ 綱領規約の決定及び改正

ハ 中央委員・同候補の選出

ニ 各同盟組織ないしは同盟員が請求する議題の審議決定

第六章　中央委員会

21　中央委員会は大会の決定に基き、大会から大会までの期間、同盟の指導を行なう。中央委員候補は評議権をもって中央委員総会に出席する権利を有する。

22　中央委員会は年四回以上政治局又は1／3以上の中央委員の要求によって召集され次のことを行なう。

イ 政治局報告の審議と賛否の決定

ロ 議長並びに政治局員・書記局員の選出

ハ 同盟各機関の創設・改廃の決定

ニ 政治局ないし中央委員が請求する議題の審議決定

23　政治局は中央委員会の方針を具体的日常的に実践し政治組織指導を行う。

24　政治局は必要に応じて臨時の専門部局を設置することができる。

第七章　地方委員会

25　地方委員会は当該地方の同盟員の総会において選挙される。

26　地方委員会は中央委員会の指導下にその地方の範囲における種々の同盟機関を組織し、この活動を指導し、地方委員会の統制の下に地方機関誌紙を発行し、その財政を管理する。
27　地方委員会からその同意なしに委員を排除し、又新委員を参加させる権利を中央委員会はもたない。

第八章　同盟の規律
28　厳格な同盟規律は全ての同盟員と全ての同盟組織との最高の義務である。同盟決定は迅速かつ正確に遂行されねばならない。同時に同盟内における同盟活動の諸問題の討論は、それが決定されるまでは完全に自由である。
29　正当な理由なく三ヵ月間続けて同盟活動を放棄し、同盟費の納入を怠るものは、権利停止を通告される。
30　同盟の規律を犯し同盟内理論＝思想闘争を妨げ、あるいは大衆を裏切る行為をなすなどの過失は次の如き結果をともなう。同盟員の譴責、同盟の責任ある仕事からの一時解任、同盟員としての権利停止、同盟からの除名、ただし、同盟員から候補への格下げは処罰として認めない。

第九章　同盟の財政
31　同盟の財政は同盟費を基礎とし、その他の事業収入・寄附等をもってまかなう。同盟費は毎月原則として収入のあるものはその5％以上とする。ただし、学生同盟員は月千円。
　七三年夏　執筆

『プロレタリア戦旗』No.15（北海道共産主義者同盟1978.09.25）より

行動綱領　北海道共産主義者同盟

〈目的と性格〉

1　我々は資本主義を打倒し共産主義革命を実現するというプロレタリアートの世界史的任務を担う共産主義者の組織である。

2　我々は北海道および日本階級闘争を、世界革命へむけた国際共産主義運動の一環として日和見主義（社・共）と対決しつつ、日本帝国主義・独占資本の打倒とプロレタリア独裁の樹立めざし闘う前衛組織である。

3　帝国主義者の支配攻撃に対し、あらゆる有効な手段をもって労働者階級・被圧迫人民を防衛し、彼らの思想的・運動的成長を各地区反帝戦線と共に計る。

4　「左」右の日和見主義との党派闘争を通じ、従来の新左翼を批判的に止揚する理論的・実践的任務を重視し、その革命的統一めざして闘う。

〈組織構成〉

5　同盟は細胞を基礎組織とし、細胞は三名以上の同盟員（候補を含む）によって構成される。

6　同盟は各細胞から常任委を選出し全体的指導を委任する。同盟員（および候補）は細胞を通じてＡＩＦを指導すると共に、常任委に報告し適切な指示を受けなければならない。

7　同盟は年一回以上総会を開催し、方針・行動綱領・人事等の最高決定を行わねばならない。総会において同盟員は議決権を候補は評議権を有する。

〈義務と権利〉

8　民主主義的中央集権主義にのっとり、同盟員は相互批判の自由をもつが、決定を遵守し行動の統一を守らねばならない。

9　同盟の加入には、同盟員２名以上の推薦と候補活動における細胞審査の合格が条件となる。同盟員の資格に欠ける行為を行なった者は訓告・権利停止・脱退を勧告され、除名は総会で承認される。

10　同盟員（および候補）は収入の５％以上を毎月、一時金を年２回同盟に納入せねばならない。常任委員は活動費・生活費を支給される。

一九七七年三月二〇日改定

【名　称】**共産主義者同盟国際主義派**

【結　成】1973年4月

【機関紙】『プロレタリィ通信』

1972年12月頃から戦旗派内の極左派としてフラクションを形成し、「桑の実グループ」（由来不明。但し後掲の国際主義派パンフに記載があることから自称と考えてもよさそうである）、「渋谷グループ」（同派の拠点赤心社の所在地である渋谷、または機関紙『プロレタリィ通信』創刊号記載の編集発行人渋谷健児に由来か）などの別名で呼ばれた。1973年4月『案山子みたいながらくたを頭の中から掃除せよ！』と題する荒批判のパンフレットを発行し、戦旗派から独立したとされる。この何ともインパクトのある『案山子みたいながらくたを頭の中から掃除せよ！』と題する文書は、共産同国際主義派発行のパンフ『前進のために』（1973年9月1日付）では『案山子のようなが

プロレタリィ通信

戸村闘争とその教訓

7/2明大中庭に百名結集

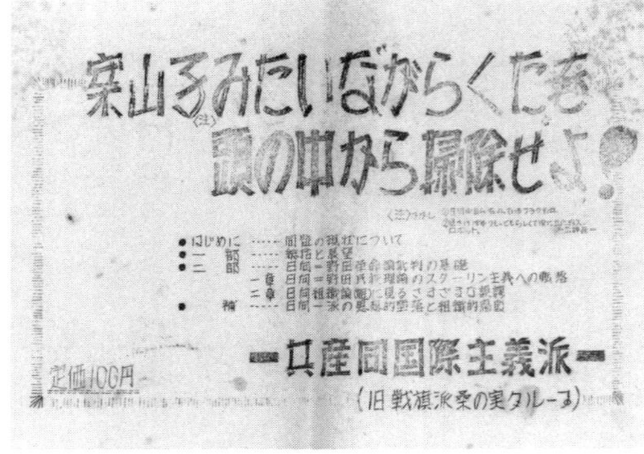

案山子（注）みたいながらくたを頭の中から掃除せよ！

●はじめに……同盟の現状について

●一部……総括と展望

●二部

●補

一共産同国際主義派一

定価100円

（旧戦旗派桑の実グループ）

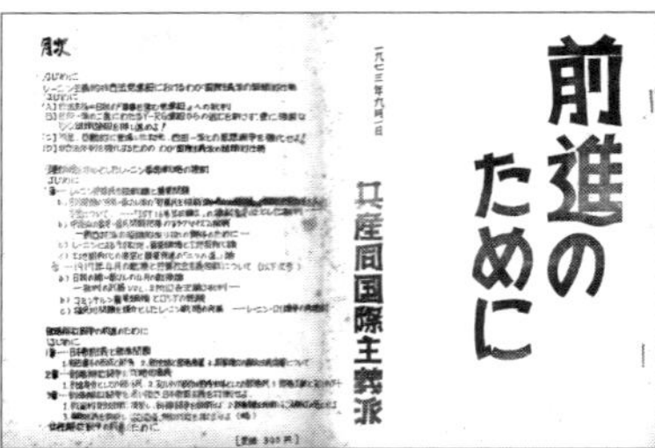

前進のために

共産同国際主義派

（左）共産同国際主義派『プロレタリィ通信』創刊準備号No.2（1974.07.10付）

（右）共産同国際主義派『案山子みたいながらくたを頭の中から掃除せよ！』（発行年月日記載なし）

（下）共産同国際主義派『前進のために』（1973.09.01付）

らくたを頭の中から掃除せよ!』という題名とされ、対立関係にあった戦旗派が買い占めたという。このパンフは長年の探究書であったが、つい最近入手が叶った。このパンフには発行年月日の記載がなく、前述の発行時期が正しいかどうかは確認できなかった。パンフの名義は「共産同国際主義派(旧戦旗派桑の実グループ)」であり、桑の実グループは戦旗派の一フラクションとしての名前だったと思われる。また題名の「案山子」には注釈がつけられ、「かかし ①日向が自ら名のっているフラク名称 ②見かけばかりもっともらしくて役に立たぬ人。ロボット。=広辞苑=」とある。これは日向らを共産同戦旗派の「頭」=指導部から除去せよという意味になろう。

また分裂直前の1973年8月には国際主義派が『見かけだけで役にたたないものはとりのぞかねばならない』(共産同国際主義派『革命戦争への驀進か革命戦争への敵対か』(1974年、赤心社)29頁)を発行したとされる。このタイトルも『案山子みたいながらくたを頭の中から掃除せよ!』と意味合いとしては同じものとおもわれる。

前掲『前進のために』によれば、国際主義派の分派闘争と、ほぼ同時期に起こった西田戦旗派、北海道地方委員会(のちプロ戦派)などの分裂とは直接の関連はないようである。国際主義派は一般的な分派闘争のような「理論・組織をめぐる対立を指導の問題として、同盟中央指導の再編をめぐる分派斗争として組織するというよりは、集団脱盟という非原則的形態をとらざるをえなかった」としており、この理由として「われわれの分派指導部が同盟全体を認識=総括しうる位置=中央委に存在しない」という背景があったという。しかも「全体的な政治の進行については全く無知であったし、日向によってすら『限界を抱えた』ものとして総括される同盟の公然部門の活動についてはなおさらである」としており、また「日向(ヒナタ)により強硬的に貫徹されつつあった非合法部門の密葬に対する次善の策としてわれわれの分派斗争はあった」というから、国際主義派は戦旗派が解体しようとした非公然部分=RGが反発し離脱したものとみてよさそうである。

国際主義派の日向戦旗派との対立点は軍事問題であり、より具体的には共産同9回大会以来の正規軍(RG)建設を、その結果に動揺した日向戦旗派が放棄し、合法主義路線に転じたことにあるという。その上で従来日向戦旗派が掲げていたY-RGという組織体系を批判し、本来表裏の関係であるべき公然面と非公然面を分離・分権する体制をとっていた日向戦旗派の組織構成を批判した。なお

1975年7月15日 熱血のコマンド

熱血のコマンド

VOL.2,NO.3
編集発行 明大レーニン主義研究会
千代田区神田駿河台1の1 明治大学
10円

明大当局―国家権力の強弾圧体制暴露さる

7/23 四号館実力解放斗争に全学の総決起

明大レーニン主義研究会『熱血のコマンド』（1975.07.15付）

これは余談だが、前掲『前進のために』では「YIRG」なる用語が頻出するが、これは活字拾い上のミスによる誤記であり、表紙に手書きで記載されている通り「Y-RG」と見るべき（同様に「KNM」は「KIM」であり、キリル文字表記の「ＫИМ」の誤記）である。これはY（軍事委員会）-RGという組織構成を示し、意味としては「党中央直轄の軍隊」である。国際主義派は全同盟員の非合法化とRGの下に自衛武装遊撃隊を創設することを主張した。

独立当初の指導者は、元共産同中央委員でRG隊長であり、1970年7月に結成された日本反帝戦線の中央書記局員であった蒲原広であったといわれるが、その後、松原博志が実権を握った。松原が明大出身であったためか、明大レーニン主義研究会（機関紙『熱血のコマンド』）を影響下に置いていたほか、上智大にも活動家がいたとされる。

独立当初の指導者とされる蒲原広についての情報は色々調べたのだが正直わからない。本名はここでは記載しないが、本名で調べてもわからなかった。ただ、恐らくは中島修『40年目の真実 土田・日石爆弾事件』（2011年、創出版）にて実質的な著者とされる川原と同一人物ではないかと推測している。

同書によれば、川原は二次ブント分裂時に、後の日向戦旗派になるフラクションによって「分派闘争専従部隊」として結成され、分派闘争終結後はそのままRGへと改組した組織のリーダーであった。この川原率いる日向戦旗のRGが土田・日石爆弾事件を起こしたもののRGは事件後に活動停止となり、1972年6月に解散となったという。RG解散後、川原は関西に配置転換になり、上部機関に無断で関西を離れたことで査問対象となって除名され、分派闘争に走った。分派した後で警察の手が一度は日向戦旗派に迫ったため、川原が権力の手に落ちたときに完全黙秘を貫くかどうか日向は懸念したものの、1973年3月14日の警察会見後に日向戦旗派への捜査が止んだというものである。

同書の内容を検証してみると、①蒲原と川原とはまずRG隊長であったという点で一致する。しかしこの「RG」が日向戦旗派のRGなのか、2次ブントのRGなのかでは全くの別物なので、これだけでは決定打に欠ける。しかし②1976年2月に共産同国際主義派のアジトが家宅捜索を受けた際に押収された除草剤が、1971年に日向戦旗派のRGがゴルフ場から盗み出したものであるとしており、これがどのようにして日向戦旗派のRGから国際主義派に流れたかは当該書籍でははぐらかされているが、川原が分派闘争の過程で結成したのが国際主義派であったならば、なぜその除草剤が国際主義派に流れたか、そしてそのことを川原が知っているのか、辻褄が合う。③あくまで補強的な根拠だが、川原という仮名は著者曰く「適当につけた仮名」だというが、他の「適当につけた仮名」の人物を見ると、四人委員会のメンバーの表記「木下、良介、城山、西田」のうち組織名で表記されている「西田」「城山」を除く2名の本名は、それぞれ「大下」「(米田) 隆介」であり、字形や音が似ている仮名を当てている。「蒲原」は組織名だが、実行犯である関係上仮名とし、「川原」という仮名を「蒲原」をもとに作成したのではないかと推測する（なお著者の中島修は戦旗派の活動家だったという。同姓同名の人物が1972年7月13〜14日の日本反帝戦線第3回定期全国大会で書記次長に選出されているが、同一人物かどうかは不明）。

1974年11月1日に発行された機関紙『プロレタリィ通信』創刊号では、発行名義は共産主義者同盟国際主義派、発行所は赤心社となっていたが、1976年10月25日に『プロレタリィ通信』5号を長期間の停刊を経て再刊したときには発行名義は共産主義者同盟（国際主義派）、発行所は新生ジャーナル社となっている。

その後、一体なにをきっかけにどのような理由で接近したのか不明であるが、日本マルクス・レーニン主義運動（日本共産党〈プロレタリア革命派〉）に接近し、1979年7月15日に開催された日本共産党再建準備会議に傘下の明大レーニン主義研究会とともに参加し、1980年7月15日に日本マルクス・レーニン主義運動（日本共産党〈プロレタリア革命派〉）と組織合同して日本共産党（行動派）を結成した。組織合同に至る経緯については共産同国際主義派機関紙『プロレタリィ通信』を直接確認できてはいないが、日共プロ革派機関紙『人民の旗』に孫引きされたもので確認している。詳細は日共行動派の項を参照。

【名　称】**共産主義者同盟プロレタリア派**
【通称：竹内ブント】

【結　成】1974年3月

【機関紙】『プロレタリア』

公安調査庁『過激派集団の概要』によれば、二次ブントの幹部竹内陽一は、二次ブント内では赤軍派に近い左派であったといい、実際に赤軍派結成に参加するも後に離脱し、ブントの党内闘争が収まった後の1973年頃に戦旗派内で発生した党派闘争に乗じて、戦旗派内の明大出身幹部の一部を巻き込んで新組織立ち上げを企図した。この際「プロ通派」の名称まで用意したものの叶わず、1974年3月に独自に結成したのがこのプロレタリア派であるという。指導者竹内の名をとって「竹内ブント」とも呼ばれた。

関西方面ではブント系ノンセクトの京大労働運動研究会とつながりがあったというが、詳細は不明である。

1977.08.06 解散地大師橋緑地にデモを送り込む三機部隊 総理ASEAN首脳会議出席阻止闘争警備

1976年6月15日には宮下公園で開催された「反安保16周年集会」において、共産同全国委、西田戦旗派、赤軍派（プロ革）、游撃派らと共闘機関として侵略反革命阻止全国政治共闘を結成するも、1977年には機能停止に陥った。

1978年には3月30日に開港が予定されていた成田空港の開港阻止決戦に向けて、党派間の現地共闘組織として、主体と変革派、共労党赤色戦線派、共産同前衛派らに呼びかけ、開港阻止首都圏労働者現地行動調整委員会を結成した。

労働運動では東京都交通局の労働組合である東京交通労働組合（東交）に一定数

プロレタリア
NO. 4
月一回発行
1976・4・15
定価 100円
共産主義者同盟
プロレタリア派

共産主義者同盟プロレタリア派『プロレタリア』No.4（1976.04.15付）

首都青年労働者社会主義研究会『労働者』(発行年月日記載なし)

1985年頃　'85年学費値上げ阻止闘争(明大新入生歓迎実 1985年度パンフレット)

1997年頃　5.27狭山中央闘争を闘う明大糾弾共闘ら(第47回和泉祭パンフレット)

の活動家を有し、東交社会主義研究会を結成しており、労働者大衆組織の首都青年労働者社会主義研究会(首都社研)はこれらの活動家を中心に立ち上げられたとされる。機関誌『労働者』。

学生組織は反帝学生戦線(略称「AISF」)。明治大学二部文学部自治会(通称「駿台文学会」)を掌握し、その他に中大にも活動家がいた。1990年代末に革労協の内々ゲバが発生すると、革労協とともに明大から放逐された。明大から放逐された後は中大で一部の活動家が活動を行っていたというが、それ以降の消息は不明である。

学生組織

【名称】**反帝学生戦線**
【ヘルメット】赤地に「反帝学戦」、側面部や後部に「AISF」、「明大」、「BUND」。

明治大学二部文学部自治会(駿台文学会)としては赤地に「駿台文学会」のヘルメットをかぶっていた。

【名　称】**三里塚闘争を支援する労働者の会**
【通称：三支労】

【結　成】1973年9月
【機関紙】『ひろば』

赤軍派の関東における残存部分が結成したのが三里塚闘争を支援する労働者の会ではないかと推測している。この点は竹内ブントと同様である。竹内ブントからの分派という情報もあり、竹内ブントのように「渡辺ブント」という俗称がある。また同様に京大労働運動研究会とも関係があったものと思われる。結成は1973年9月頃である（大沢治男『10・8羽田闘争 10周年記念講演』（1978年、10・8集会実行委員会））という。

1983年9月にはひろば編集委員会の名義でフォトニュース『ひろば』を発刊。

『ひろば』創刊号（1983.09.15付）

京大労働運動研究会との関係でいえば、同研究会の論文集『京大労研論文集1』は労働運動研究会の名義で1982年5月に発行されているが、フォトニュース『ひろば』創刊号（1983.09.15付）には同じく労働運動研究会発行の『マルクス－レーニン主義の復権に向けて』の広告が掲載されており、「首都青年社研との論争の中で、マルクス・レーニン主義の歪曲と闘うために、このパンフは作られた。」といううたい文句が記されている。この首都青年社研は竹内ブントの大衆組織である首都青年労働者社会主義研究会と見て間違いないであろう。発行元の労働運動研究会はごく普通の名前であり、偶然の一致の可能性もあるが、連絡先となっている横浜鶴見の郵便局の私書箱は同一であり、しかも三支労も同じ私書箱を1970年代から連絡先としているのだから、この時点で京大労研を前身に持つと思われる労働運動研究会が三支労系の団体として存在したとみてよい。

インターネット上では対外的に三支労の名前を用いつつ、内部では復権派と称していたとの記述が見られるが、三支労名義の発行物で例えば1974年に発行された『ボリシェビキを国会へ』は発行元が復権社となっており、これが由来ではないかと思われる。

三支労は三里塚闘争では木の根団結小屋を拠点とし、団結小屋を改造し現在の木の根ペンションを建設したのも同派であるという。1983年の反対同盟分裂では熱田派支援となった。現在の活動状況は不明。

【名　称】共産主義者同盟（紅旗）【通称：紅旗派】

【結　成】1976年3月
【機関紙】『紅旗』
【機関誌】『紅旗』

1976年3月に赤軍派再建を企図した大久保文人による共産主義者同盟（プロレタリア独裁編集委員会）と、烽火派から分裂した加納（久松）を中心とする共産主義者同盟全国委員会（ボルシェビキ）とが組織合同して、共産主義者同盟（紅旗）を結成した。公然拠点「紅旗社」。

しかし組織合同後間もなく、1977年2月に大久保・松平・生田らのグループと、加納・本田らのグループに分裂した。形としては大久保らのグループが主流となり、第2回大会において加納らのグループの活動家、加納、本田、上原、岡、田中らを「党乗っとりの陰謀」があったとして除名している。

除名された加納らは、あくまで組織問題に関する党内闘争にすぎなかったにもかかわらず、大久保・松平・生田らの「経済主義三人組」が分裂行動を無制限に拡大したがため

1977.07.24「年内開港粉砕!」機動隊を撃破して進撃する三里塚闘争（1977.08.10付 紅旗派中央機関紙『紅旗』第17号）

紅旗　創刊号

発刊にあたって　1
統一を熱望してわれわれの提案

綱領・規約

現代修正主義批判（第1部）

北方領土問題とわが党の態度　58

党の労働運動の戦術テーゼ
共産主義婦人解放運動のテーゼ
「障害者」解放運動のテーゼ（草案）

紅旗派機関誌『紅旗』創刊号（1980.08付）

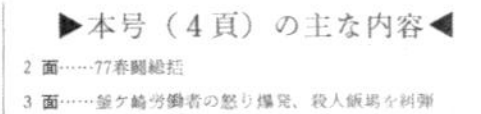

▶本号（4頁）の主な内容◀
2 面……77春闘総括
3 面……釜ケ崎労働者の怒り爆発、殺人飯場を糾弾
4 面……関東大震災・朝鮮人大虐殺弾劾・他
「綱領解説」は今号は休ませて戴きます。

紅旗
共産主義者同盟（紅旗）中央機関紙

第 17 号
1977年 8月10日
月刊＝毎月10日発行
本号4頁 1部 120 円
20回分（送料共）3,000円

発行 紅旗社
編集発行人・高橋 薫
大阪市福島区大開
1-19-13 副島ビル
06（462）7030

紅旗派機関紙『紅旗』第17号（1977.08.10付）

に分裂に陥ったとして、再統合を呼びかけつつ離脱したが、組織の大半は大久保らに従ってとどまった。

また紅旗派は1980年1月10日に共産主義者同盟（労働者組織委員会）を吸収したが、同派の詳細は不明である。『旬報学生青年運動』第513号（1980.05.01付）は、これについて「全労活『労働情報』系の構成員数十名に満たない小グループのことで、紅旗派にとってはそれほどの組織強化につながらないとみられることから、紅旗派が新年特集号の一～三面を使ってこの組織統合を大々的に宣伝した裏には、近い将来革命の旗派との統合が具体化した際、自派を優位に導くための腹づもりがあるのではないかとみられている。」という分析をしている。

このグループについては以上のように、ブントを名乗っているものの、ブントの潮流ではないという見方があり、一説には構改派系で、フロント系だとも、共労党がノンセクト化したものともいわれる。

1981年9月には共産主義者同盟（革命の旗）と合同し、共産主義者同盟（通称「赫旗派」）を結成した。

機関紙『紅旗』第1号(1976.03.25付)より

声明　　共産主義者同盟(紅旗)中央委員会

全国の共産主義者は、共産主義者同盟(紅旗)に結集せよ。

一九七六年三月×日、共産同(紅旗)第一回大会は、綱領・規約を採択、旧共産主義者同盟(プロレタリア独裁編集委員会)と旧共産主義者同盟全国委員会(ボルシェビキ)の組織統合を戦取、ここに共産同(紅旗)が創建された。

大会は、共産同(紅旗)が、日共にかわる革命党建設の大道へ、真実、踏み出すことを自己の任務と宣言した。中央委員会は、共産同(紅旗)第一回大会の名をもって、全国の共産主義者と労働者に、わが綱領の下に結集し、団結することを呼びかける。

綱領は、我々の基本的な政治的宣言であり、戦闘宣言である。我々は、この綱領を、日本共産主義運動の混迷・分散・動揺の「第三期」を清算する公然たる戦闘的旗印として提起する。

全国の共産主義者、労働者諸君。日本階級闘争の混迷と分散の一時代—「第三期」を清算し日本社会主義革命に勝利せよ。

世界プロレタリア共産主義革命の勝利万歳！　万国の労働者団結せよ！　万国の労働者、被抑圧民族団結せよ！　全国の共産主義者は共産同(紅旗)に結集せよ！　共産同(紅旗)の創建万歳！

『第一回大会報告決定集』(1976.07.15付)より

規約

第一章　同盟員

一、同盟の綱領と規約を認め、同盟の一定の組織で活動するものは同盟員である。

二、同盟員は、機密を保持し、同盟費を納入し、中央委員会および同盟組織に全活動および人員構成を報告する義務を負う。

三、同盟員は、その意見を原文のままで、中央委員会または大会に伝達するよう要求する権利がある。

四、同盟への加盟は、加盟を希望するものが二名の同盟員の推せんを受けて申し込む。加盟の決定は中央委員会の定める組織においておこなう。加盟許可の後、所定の期間は同盟員候補とする。

五、同盟員候補は、同盟員とともに活動し、責任をともにする。ただし、被選挙権、決議権をもたない。同盟員候補の期間は、原則として六ケ月とする。候補期間を過ぎたものについては、同盟員とすることの可否を審査したうえで承認する。審査において適格と認められないものはさらに候補期間を延長するか、加盟を取り消す。

六、除名されたものの再加盟は、中央委員会が決定する。

第二章　同盟の組織

七、同盟の会議は、全体の過半数の出席をもって成立し、特に規定のある場合を除き、出席者の過半数の賛否で議決される。

八、大会は同盟の最高議決機関である。大会は原則として年一回開催される。大会は、中央委員、中央委員候補、代議員によって構成される。大会は中央委員会が招集し、その代議員の選出方法と比率は中央委員会が決定する。大会は同盟員の三分の一以上の要求がある場合、開催されねばならない。大会は、綱領と規約を改正し、中央委員および中央委員候補を選出することができる。

九、中央委員会は、大会から次の大会までのあいだ、大会の決議を執行し、党の全活動を指導する。

十、中央委員会は、前条の規定にもとずき、主として次のことをおこなう。

（イ）大会の決定を全同盟の実践によって検証し発展させる。

（ロ）中央、地方の同盟組織・機関を創設し、改廃することができる。

（ハ）同盟の財産・資金を管理する。

十一、中央委員会は、中央委員会議長を一名選出する。中央委員会に欠員ができた時、また特殊の事情のもとでは、中央委員会は、中央委員候補を中央委員にすることができる。中央委員候補は議決権をもたない。

十二、中央委員会の任命を受けた同盟組織は、一定の地方、もしくはその委任された一定の機能に関する業務をおこない、その任務の遂行において中央委員会の決定に従う。全ての同盟組織は、中央委員会に報告の義務を負う。

第三章　同盟の規律

十三、綱領の諸原則から逸脱し、規約に違反するものは、最高除名にいたる処分を受ける。

十四、処分の決定は、中央委員会が定める組織においておこなう。

十五、中央委員会に属する同盟員の処分は、大会で決定されなければならない。特殊な事情のもとでは、中央委員会の三分の二以上の多数決によって決定し、次の大会で承認をうけなければならない。

十六、同盟員にたいする処分をおこなう時には、原則として、処分をうけるものに十分弁明の機会をあたえる。処分をうけた同盟員は、処分に不服であるならば再審査を求めることができ、中央委員会および大会にいたるまでの上級機関に異議を申請できる。

第四章　付則

十七、この規約に定められていない問題は、中央委員会が綱領と規約の精神にもとずいて処理する。

【名　称】共産主義者同盟（革命の旗）【通称：革命の旗派】

【結　成】1977年7月
【機関紙】『革命の旗』
【機関誌】『長征』

共産主義者同盟赤軍派（プロ革）から1975年に分裂し、結成された共産主義者同盟マルクス・レーニン主義派が游撃派、怒濤派、紅旗派などに組織統合のための呼びかけを行い、これに応じた游撃派と1979年7月に組織合同し、結成されたのが共産主義者同盟（革命の旗）である。

しかし早くも1981年9月23日には共産主義者同盟（紅旗）と合同する旨の共同声明を発し、共産主義者同盟（通称「赫旗派」）を結成した。

革命の旗
共産主義者同盟
（革命の旗）
中央機関紙
第 36 号
1981・3・20
6頁 200円
（毎月5日、20日発行）
発行人　北　沢　晋
発行所　赤　流　社
電話　(03)787-7699
東京都世田谷区千歳
郵便局　私書箱4号
振替（東京）7-86947
定期購読料（22回分）
手渡し3000円
開封3500円（送料共）
密封4000円（〃　）

共産同（革命の旗）機関紙『革命の旗』第36号（1981.03.20付）

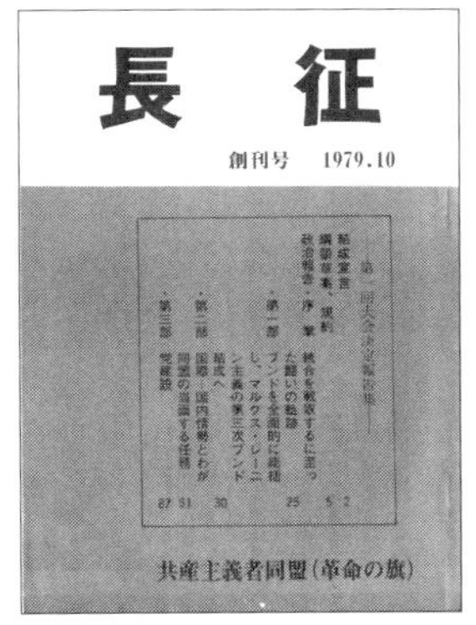
長　征
創刊号　1979.10
共産主義者同盟（革命の旗）

共産同（革命の旗）機関誌『長征』創刊号（1979.10付）

『革命の旗』創刊号（1979.08.10付）より
共産主義者同盟（革命の旗）第１回大会
結成宣言

全国の共産主義者諸君！　革命的労働者諸君！　革命的農民・学生諸君！

我々は、心からの歓びと革命的決意・情熱をもって共産主義者同盟（革命の旗）が結成されたことを報告する。

一九七九年七月×日、共産主義者同盟（革命の旗）第一回大会は、綱領草案・規約・政治報告を採択し、旧共産主義者同盟游撃派と旧共産主義者同盟マルクス・レーニン主義派との統合を実現し、共産主義者同盟（革命の旗）を戦取した。

＊　＊　＊

共産主義者同盟（革命の旗）は、ブントの「現代修正主義に転落した日本共産党から訣別し、トロツキズムの革共同に反対してきた。」（綱領草案）革命的伝統を継承し、「日本プロレタリア階級のマルクス・レーニン主義党を創建し、プロレタリア階級の世界軍の一部隊として、すべての国々の共産主義者と共に、世界共産主義革命の勝利を目指して闘う。」その途上にあって、日本革命、つまり日本帝国主義打倒・米帝国主義追放・プロレタリア階級独裁・社会主義革命の実行を当面の任務とする。」（同）

＊　＊　＊

共産主義者同盟（革命の旗）は、ブントの急進民主主義を清算し、マルクス・レーニン主義を獲得し、〈分派闘争の時代から統合へ〉と転換するブントの新たな時代の中核・先蜂隊〈原文ママ〉である。

我々は、この闘い取られた地歩を打ち固め、マルクス・レーニン主義の第三次ブントの結成へと前進していかねばならない。

しかも我々の党建設の闘いは、この段階に留まるものではない。「修正主義・現代修正主義と仮借なく闘い、日本プロレタリア階級を組織し、支配階級へ高めあげるマルクス・レーニン主義党を創建しなければならない。」（綱領草案）

この壮大・不可欠な任務は、今まさに、新たな地平へと押し上げられた。

＊　＊　＊

今日、新たな戦争と革命の時代が始まりつつある。嵐の時代の序鐘は打ちならされている。こうした中で日本帝国主義の体制的危機は始まり、激化している。帝国主義戦争と社会主義革命の接近という情勢の中で、プロレタリア階級は、様々な細流・水路を通じて反抗を強め、資本の専制支配との対決を強め、拡大している。

こうした闘いの一切の現われを我々は、マルクス・レーニン主義党の創建に結びつけ、プロレタリア階級の指導を通じ、貧農＝半プロレタリアと同盟し、中農・都市小ブルジョア階級をひきつけて社会主義統一戦線を結成し「暴力革命で日本帝国主義、つまりブルジョア階級独裁を打倒すると同時に、米帝国主義を追放し、プロレタリア階級独裁を樹立し、資本主義的生産関係を社会主義的生産関係にとってかえる」（綱領草案）一大会戦へと進撃していかねばならない。

＊　＊　＊

共産主義者同盟（革命の旗）綱領草案は、ブント総括を基礎とし、マルクス・レーニン主義の原則を復権し、反スタ・トロツキズムを批判し、反帝・反社帝の毛沢東思想を支持し、アジアの社会主義国、民族解放闘争と結合し、日帝打倒・米帝追放・プロ独・社会主義革命の日本革命と反ソ反米反覇権の国際人民闘争を結びつけて推進することを簡潔に、しかも力強く示している。我々は、この綱領草案を日本共産主義運動の再編・統一に向けた公然たる戦闘旗として提起する。

＊　＊　＊

五九年のブント結成以来、特に六九年七・六事件以来のブントの苦難の分派時代、その困難な条件の中で、なおブントの革命的伝統を守らんとし、志なかばに倒れていった多くの同志がいた。彼らこそ旧共産主義者同盟マルクス・レーニン主義派と旧共産主義者同盟游撃派の統合の真の組織者・原動力であった。

＊　＊　＊

全国の同志諸君！　闘い取った地歩を固めよ！　絶対不屈の確信を呼びおこせ！　この地歩は、全国の各地で異なった諸条件の下で活動している全ての共産主義者、革命的労働者、革命的農民・学生の共通の地歩となるべきものであり、又ならねばならない。たとえかって異なった地点から出発し、異なった歩みを進んできたとしても、わが綱領草案と固く結びつくことによって共に前進する地歩をつかみとることができるであろう。

我々の事業は、決して革命的気分をもったインテリゲンチャの小群を統合することにあるのではない。我々の事業は、今日革命的勃興を示しつつあるプロレタリア運動の全ての先進闘士、全国の先進闘士を、厳格な原則に基づいて単一の党へと統合することである。我が綱領草案は、原則的厳格な統合のための力強い基盤をつくり出し、その旗印とならねばならない。

＊　＊　＊

全国の共産主義者諸君、革命的労働者諸君、革命的農民・学生諸君！

今こそ真の長征に出発せよ！七十年代の一時期にわたる苦闘によって準備され、戦取されたこの統合を礎とし、「革命の旗」を掲げ、マルクス・レーニン主義の単一の全国的な革命党を創建する新たな長征に出発せよ！史上三度目の戦争と革命の時代の様相がますます公然たるものとなり、社会主義革命に向けた革命情的情勢〈原文ママ〉がくっきりと刻印されている現在、アジアの社会主義国、民族解放闘争と結合して、日帝打倒・米帝追放・プロ独・社会主義革命を実行するマルクス・レーニン主義の単一の全国的な革命を〈原文ママ〉速かに、立派に無駄なく創建し抜くことは、最も緊要の任務であり、この真の長征を共通の事業としなければならない。

この事業において、今後我々に襲いかかってくることがどれほど苛酷であろうとも、最後の勝利は我々のものである。

全国の共産主義者諸君！　革命的労働者諸君！　革命的農民・学生諸君！

共産主義者同盟（革命の旗）に結集せよ！

共産主義者同盟（革命の旗）結成万才！

日帝打倒・米帝追放・プロ独・社会主義革命万才！

『長征』創刊号（1979.10.08付）より

共産主義者同盟（革命の旗）　　規　約

第一章　同盟員

第1条　同盟の綱領と規約を承認し、同盟の一定の組織で活動するものは同盟員である。

第2条　同盟員は同盟の機密を保持し、同盟費を納入し、決定に従い、所属する同盟組織に全活動を報告する義務を負う。

第3条　同盟員はその意見を原文のまま、中央委員会または大会に伝達する権利を有する。

第4条　同盟への加盟を決意した者は、二名の同盟員の推薦に基づき、当該同盟組織の三分の二以上による決議と、中央委員会の承認を得て、同盟員となれる。

第5条　同盟細胞は同盟員候補の加入を決定できる。加入方法は加盟に準じ、上級機関の承認を得て、中央委員会に報告しなければならない。
同盟員候補は、同盟員とともに活動し、責任をともにするが、議決権を有しない。候補の期間は六ヶ月とし、中央委員会の承認を得て、同盟員となれる。

第6条　獄中同盟員は同盟員としての資格は継続するが、権利と義務の一部は凍結される。
獄中における加盟も、第4条の精神にのっとり、一定の条件の下でこれを承認する。

第二章　組織

第7条　同盟は大会、中央委員会および政治局の中央組織と、地方委員会および細胞の地方組織の機関をおく。

第8条　大会は同盟の最高機関である。
大会は中央委員会が招集し、原則として年一回開催される。ただし同盟員の三分の一以上の要請がある場合、中央委員会は大会を招集する義務を負う。

第9条　大会は、中央委員、中央委員候補、地方委員会および中央委員会により設置された同盟機関の代議員によって構成される。代議員選出の比率は中央委員会がこれを定める。

第10条　大会は中央委員会を選出し、大会から大会までの間、大会決定の執行と同盟活動の指導に中央委員会をあたらせる。

第11条　中央委員会は議長、副議長および政治局員を選出し、中央委員会から中央委員会までの間、同盟活動の恒常的指導にあたらせる。
中央委員会は中央委員候補を任命することができる。中央委員候補は議決権をもたない。

第12条　中央委員会は、一定の地方もしくは一定の専門機能に関する任務を遂行するための地方組織・専門組織の機関を設置し、委任することができる。
地方委員会は同盟細胞を組織するとともに、必要に応じて地区委員会をおくことができる。

第13条　同盟の会議は全体の三分の二以上の出席をもって成立し、特に規定のある場合を除いて、出席者の過半数の賛否で議決される。

第三章　財政

第14条　同盟の財政は同盟費、カンパおよび同盟が組織する特別の事業によってこれを行う。

第四章　規律

第15条　綱領から逸脱し、規約に違反するものは、権利停止を含む最高除名に至る処分を受ける。

第16条　処分は当該組織の三分の二以上による決議と、中央委員会の承認を得て、決定される。
処分を受けた同盟員は再審査を要求することができる。また除名された同盟員の再加盟は中央委員会がこれを決定する。

第五章　付則

第17条　規約に定められていない問題については、中央委員会が規約の精神にのっとり処理し、解決する。

【名　称】共産主義者同盟【通称：赫旗派】

【結　成】1981年9月
【機関紙】『赫旗』
【機関誌】『赫旗』

1981年9月に共産主義者同盟（紅旗）と共産主義者同盟（革命の旗）とが合同し結成されたのが、共産主義者同盟である。公然拠点「赤路社」。組織名称は単に共産主義者同盟といい、括弧書きで「赫旗」の文字を添えるということはしておらず、「赫旗派」というのは機関紙誌名からの通称である。読みは「せっき」。

1983年には明治大学における生協移転問題に端を発して、自治会を握る革労協狭間派と対立する。赫旗派は二次ブント崩壊後のブント分裂の歴史の中にあってこれらブント諸派の統合を進めるべく結成された党派であったが、この明大問題をめぐって内部分裂に陥り、1983年9月には反主流派が共産主義者同盟（赫旗）首都圏協議会を結成して分裂した。分裂に至った経緯については首都圏協の項を参照。公安調査庁『過激派集団の概要』昭和62年3月版によれば、分裂した反主流派は、統合前の革命の旗派のうち旧游撃派の部分であったという。

赫旗派は共産主義者の組織が四分五裂していた当時の状況を克服しようとする共産主義者の建党協議会の提唱党派のひとつであった。なお、建党協が正式に発足したのは発足総

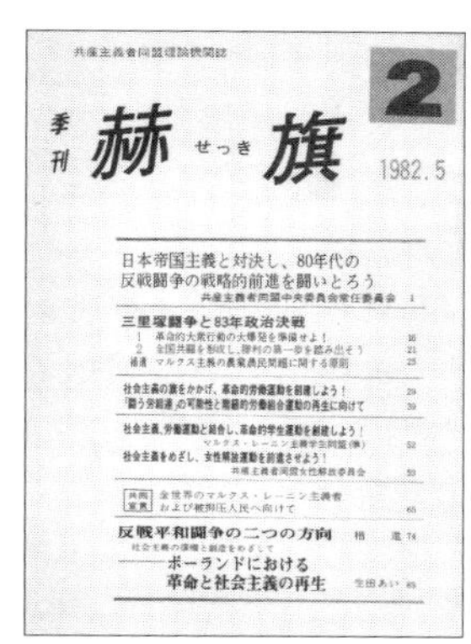
季刊
赫　せっき　旗
2
1982.5

日本帝国主義と対決し、80年代の反戦闘争の戦略的前進を闘いとろう
共産主義者同盟中央委員会常任委員会　1

三里塚闘争と83年政治決戦

社会主義の旗をかかげ、革命的労働運動を創建しよう！

社会主義、労働運動と結合し、革命的学生運動を創建しよう！

社会主義をめざし、女性解放運動を前進させよう！

反戦平和闘争の二つの方向　74

——ポーランドにおける革命と社会主義の再生

『赫旗』第2号（1982.05.31付）

万国の労働者、被抑圧民族団結せよ！　　社共にかわる革命的労働者党を創建しよう！

1987年　9月1日
＜毎月1日発行＞
第102号 8頁 300円
定期購読料（1部22回）
手渡し 3000円／開封 3500円／密封 4000円

赫　せっき　旗
共産主義者同盟中央機関紙

（1980年2月28日第3種郵便物認可）
発行 赤路社
三面…三里塚・パレスチナ情勢
四面…韓国の階級闘争（上）
五面…学生運動の任務（下）
六・七面…労働運動シリーズ③
八面…農業解体攻撃と労働者の任務
東京都下谷郵便局私書箱180号
（関西）大阪市港郵便局私書箱40号

『赫旗』第102号（1987.09.01付）

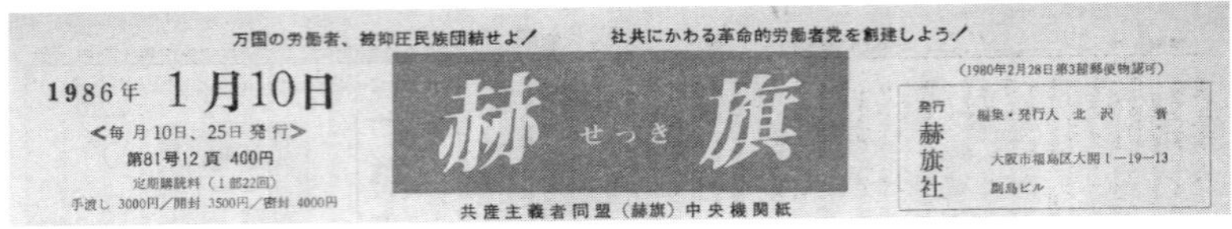

万国の労働者、被抑圧民族団結せよ！　社共にかわる革命的労働者党を創建しよう！

1986年 1月10日
<毎月10日、25日発行>
第81号12頁 400円
定期購読料（1部22回）
手渡し 3000円／開封 3500円／密封 4000円

赫 せっき 旗

共産主義者同盟（赫旗）中央機関紙

（1980年2月28日第3種郵便物認可）

発行 赫旗社
編集・発行人 北沢 晋
大阪市福島区大開1−19−13
副島ビル

『赫旗』第81号（1986.01.10付）

会の開かれた1986年5月であるが、1983年1月には準備会議予備会議が発足して本格的準備活動が始まっており、それ以前の下準備は1981年に着手されていた。機関紙『建党』。

1985年秋には建党協を提唱する少数派の生田あいなどのグループが秋の第3回大会をボイコットした。多数派は第3回大会のボイコットと同盟活動からの脱落を理由に生田あいに対して権利停止処分を決定し、同盟組織への復帰を呼びかけたが、更に大会終了後6ヶ月を経過しても復帰しない場合に除名とすると決定した（機関紙『赫旗』第83号（1985.11.25付））。しかし少数派は同盟へ復帰せず、独自に機関紙『赫旗』第81号（1986.01.10付）以下を発行し正統を自認した。この少数派の機関紙『赫旗』は、当時の多数派の赫旗が黒地白抜きであったのに対して、赤地白抜きで発行されたため、特に「赤赫旗」と呼ばれ、これに対して多数派を特に「黒赫旗」と呼ぶことがある。なお、赤赫旗として独自に発行した機関紙『赫旗』第81号（1986.01.10付）では題字の下の組織名称は「共産主義者同盟（赫旗）」となっており、この点に黒赫旗との違いがあった。題字下の組織名称だけではなく、同号1面に掲載された生田あいの「私たちの決意」という記事でも、生田の肩書きは「共産主義者同盟（赫旗）中央委員会議長」となっていた。また生田ら赤赫旗は、黒赫旗を「分裂した『清算派』」と称している（「『清算派』による同志への襲撃を弾劾する」（機関紙『赫旗』第83号（1985.11.25付）所収））。

多数派は『赫旗』第90号（1986.06.25付）上で少数派による生田のほか、梨田、高田、木田、田村の計5名に対する除名決定を公表した。この多数派は1999年6月には日本共産党（マルクス・レーニン主義）と統合して労働者共産党を結成した。機関紙『プロレタリア』。

一方の生田ら赫旗派少数派は建党協の活動を進め、山川暁夫らの建党同盟との分裂を経て、1999年6月に共産主義協議会・未来を発足させた。略称「コム・未来」。機関誌『未来』。2008年5月11日には全日本建設運輸連帯労働組合関西地区生コン支部に結集する労働者によって思想・政治集団として2004年12月11日に結成された関生コミュニスト同志会らとともに「革命21」準備会を発足させ、後に革命21を結成した。機関誌『コモンズ』。

また赫旗派からは首都圏協や生田あいらの少数派の他に、全国一般神奈川地連川崎地域支部第一環境分会を結成した少数派が分裂しており、この部分は八木健彦の解雇撤回闘争を行っていたという（公安調査庁『過激派集団の概要』昭和62年3月版）が詳細は不明である。

【名称】**共産主義者同盟（赫旗）首都圏協議会→共産主義者同盟（赫旗）首都圏委員会→共産主義者同盟首都圏委員会**
【結成】1983年9月

論叢 No.1
赫旗「臨時党大会」派の
日和見主義と召還主義を批判す
―赫旗派党内闘争における我々の立場―
共産主義者同盟（赫旗）首都圏協議会

共産同（赫旗）首都圏協議会『論叢』No.1
（発行年月日記載なし）

【機関紙】『論叢 リーフレット版』→『風をよむ』
【機関誌】『論叢』→『風をよむ』

以下は主に赫旗派から分裂して結成された共産主義者同盟（赫旗）首都圏協議会が1983年頃に発行した『論叢No.1 赫旗「臨時党大会」派の日和見主義と召喚主義を批判す－赫旗派党内闘争における我々の立場－』の記述に基づき、適宜機関紙『赫旗』を参照しつつ記載しており、一部に一

共産主義者同盟首都圏委員会『風をよむ』第5号（1989.07.20付）

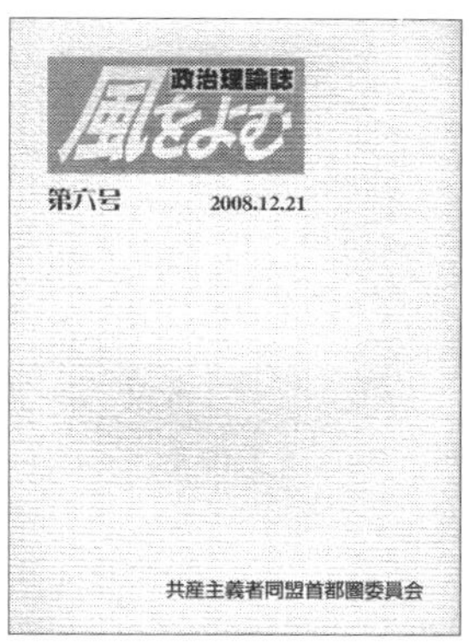

共産同首都圏委政治理論誌『風をよむ』第6号（2008.12.21付）

方的な見解・表現があることにご留意いただきたい。

明治大学当局が100周年記念事業の一環として旧駿河台ホテルと8号館（旧学生会館。当時は大学側によって封鎖され学生会館としては使用されていなかったが、生協は1階で営業していた）の敷地交換を決定したことに伴い、生協は当時営業していた8号館からの移転を迫られた。生協理事会も生協労組も移転それ自体には反対せず、生協と当局との交渉は移転先での店舗面積を従来規模で確保することと、移転先の指定を焦点に続けられていた。

しかしこの交渉とは別に1982年8月31日に大学当局と、解放派を中心とする党派連合自治会として在った学生会中執が移転に関する確認書を取り交わし、生協と当局とのそれまでの交渉の全てが反故にされてしまった。学生会中執はこの確認書について生協に承認を迫り、対する生協は9月12日に確認書撤回要求を出したが、学生会側はこれを拒否した。

学生会側は明大生協理事会理事長に対して団交に応じるように要求し、また糾弾の声を強めたため、理事会も徐々にこれに応じるようになった。一方の生協労組は生協理事会を通じた交渉ではなく、労組として明大当局との直接団交を要求するに至った。この間生協側と学生会側の関係は悪化し、生協労組員が学生会中執によって就労を妨害されるようになった。生協労組は都労委に提訴し、都労委での事情聴取の際に労組側弁護士が資料として就労妨害の暴行現場を示す写真を委員に見せたが、このことが学生会を構成する解放派から生協労組による権力への売り渡しとして糾弾され、「テロ宣言」と、「就労闘争グループ内の赫旗派を除名し、そのことを赫旗紙上で公表せよ。」という要求がなされた。なお労働委員に見せた写真は個人の特定ができないものを選び、また告訴戦術はとらないことが事前に生協労組内では申し合わせられていたという。

赫旗派中央委員会多数派はこの解放派の要求に従い、1983年4月24日の常任委員会－中央委員会の場で「4・24決議」を提案した。これは「明大からの一時的党的撤退もやむなしの態度で、解放派との全面的党派戦争への突入を回避するために全力を挙げる。」というものであって、都労委の写真提示問題については「階級的誤りを冒した生協争議には、すでに闘争の大義は失なわれた」と断じて解放派の主張を追認した。そして中央委員会の席上では明大細胞の責任者を呼び意見を聞くべきだとする主張を行った組織担当の中央委員は無視され、4・24決議は賛成多数で可決され、それとともに赫旗派明大細胞には「対外活動禁止指示」までが出され、明大生協争議は敗北的収束を余儀なくされた。この決議の採択後、反対派の中央委員は党大会の開催と、更に論議を尽くすべきであると主張したが、多数派は必要なしとしてこの提案を退けた。

このことについて首都圏協は、細胞を党の基本組織とし、工場や地域の中に作り出すことを党建設上の柱としてきた赫旗派が明大細胞を切り捨てたのだと指摘する。

4・24決議に対して、首都圏協によれば関東の実に8割に達する細胞で反対の決議があげられ多くの党員が意見書を提出したが、中央委員会多数派は中央委員会の承認なしでの意見書の党内配布を禁止し、提出された意見書を1ヶ月以上も党内に公開せずにいた。多数派はこの措置について、決議に関する党内論争が混乱をもたらすものであり、決議が執行されたのちに総括討議の素材として扱うとした。このような態度に反発した一部の党員は自らの責任において意見書を党内に配布すると宣言し実行したが、多数派は通達を出してこのような行動を禁じ、彼らを解党主義であると決めつけ「行動の統一の破壊者」であると非難した。しかし首都圏協は行動の統一の破壊、例えば解放派との党派交渉の破壊といった挙には出ず、あくまで党内問題として扱ってきたと反論する。

なお中央委員会多数派に与するものとしては、一部の党員が臨時党大会に先立って「決議支持意見書」を出し、決議反対派を批判する動きがあった。これについて首都圏協は、「『決議』を巡る論争を旧分派間の派閥抗争としてしか把え」なかったとし、「党を派閥連合として固定化し、よって今日の赫旗派の分裂を招いた原因の一つである」と批判した。

中央委員会多数派は反対意見が続出する中で7月に臨時党大会を強行開催した。この党大会は1981年9月の第1回大会以降初めての大会であった。多数派は中央委員会の場でも確認されていない臨時党大会の「位置づけ」を内部通達で展開し、「4・24決議」の追認の場として提起した。これに対しては決議追認の場であり反対派を批判することが前提とされている以上、もはや党大会ではなく党内の私的フラクションの全国会議であるとして、首都圏の8割に達する細胞が臨時党大会不承認の態度を表明し、代議員選出を拒否したが、これらの細胞に対して中央委員会多数派は旧分派の人脈を駆使して「代議員」をねつ造して「4・24決議」執行の追認を行った。この臨時党大会では決議執行の追認と明大問題の総括を分離し、決議執行の追認をセレモニー的に行い、明大問題総括は何一つ明らかにされなかったという。『赫旗』第44号（1983.08.25付）掲載の臨時大会報告特集でも明大問題の指導総括は「略」とされ、掲載されなかった。

臨時党大会での「4・24決議」執行の追認を以て中央委員会多数派は「党内闘争に決着」（『赫旗』第43号1983.08.10付）を一方的に宣言した。

しかし臨時党大会不承認、臨時党大会選出の新指導部の辞任を求める声はなお強く、多数派は反対派を「党内の党外分子」として一切の党内交通関係を断絶するに至った。

この間中央委員会多数派に反対する動きとしては、神奈川県では県委員会を中心に全細胞・党員が一丸となって反対にまわった一方で、東京では都委員会が多数派の先兵として都の党組織のフラク化と反対する細胞の解体に手を染めたため、部分的には細胞の瓦解すら始まっていたが、過半数の党員が都委員会に対して不信任を表明し、都委員会に代わる指導機関として東京地方党協議会を形成した。

そして神奈川・東京での戦いを結合し、「4・24決議」に関する党内闘争の発展と、中央委員会多数派が放棄した東京・神奈川での指導体制を確立するものとして1983年9月には共産主義者同盟（赫旗）首都圏協議会が党内に結成された。首都圏協はその党内分派としての結成を中央委員会多数派に通告したが、それに対する反応はなかったという。

首都圏協はこの分裂について「赫旗派の破産とは…旧分派間の党的融合の失敗ということだけに示されているのではない」「70年代型党派運動を内在的に超克せんとして出発した赫旗派が、他ならぬ70年型党派運動の最も悪しき現われたる『内ゲバ主義』に屈服した」とまとめている。

共産主義者同盟（赫旗）首都圏協議会は機関誌『論叢』を発行し活動を行った後、1985年9月に組織改編し共産主義者同盟（赫旗）首都圏委員会を形成。機関誌『論叢』を引き続き発行し、更に1986年3月に機関紙として『論叢 リーフレット版』を創刊。1988年には第5回総会において赫旗派と決別し、赫旗派の分派としての活動に終止符を打つとして共産主義者同盟首都圏委員会に改称した。機関紙『風をよむ』、機関誌『風をよむ』（『論叢』改題）。第5回総会の開催時期は明らかにされていないが『論叢リーフレット版』の発行名義が№9（1988.06.15）まで共産主義者同盟（赫旗）首都圏委員会となっており、№10（1988.10.25）から共産主義者同盟首都圏委員会に変更されていることから、この間に開催されたものと見られ、更に第8回総会Ｉ号議案では首都圏委員会への改称を決定した第5回総会報告を1988年8月としていることから、恐らく総会の開催と改称の決定はこの頃と思われる。なお改称を含めた第5回総会報告はやや遅れて機関紙『風をよむ』創刊号（1988.11.10付）で公表された。その後第8回総会において機関紙の性格に起因する制約性を問題とし、№.27（1993.07.15付）での当面の休刊を決定し、より開かれたメディアの発行を志向したが果たすことができず、№.28（1995.12.15付）で復刊した。この時から編集は従来通り共産主義者同盟首都圏委員会としつつ発行主体がウインドベル・ファクトリーになった。なお機関誌においてはやや早く、『論叢』を改題発行した『風をよむ』第5号（1995.11.10付）より発行主体がウインドベル・ファクトリーになっている。

その後2009年3月には蜂起派らとともに共産主義者協議会を結成し、共同政治新聞として『赤いプロレタリア』（発行所レッドプロレタリア社）の発行に関与し、2010年には特別号（通巻№.95）（2010.01.30付）を以て機関紙『風をよむ』を停刊したが、2015年には「青年・学生のための政治新聞」として『radical chic』を創刊し、再び独自編集の機関紙を持つようになった。

風をよむ 青年学生のための政治新聞
radical chic
創刊第1号
頒価100円
発行 ラディカルシック編集委員会

学生・若者の政治勢力の形成を通じて既存の国家・社会を根本から粉々に打ち砕き新たな時代に向かって大胆に飛び出そう！

『radical chic』創刊第１号
（発行年月日記載なし）

3

社青同系

社青同の歴史

日本社会主義青年同盟（社青同）は1960年10月15日に第1回全国大会を開催し発足した。機関紙『社青同』（275号（1968年1月1日付）より『青年の声』に改題）。結成の中心となったメンバーの多くは日本社会党の党員として青年部での活動歴を持ち、1959年頃から結成へ向けて準備活動を行っていた。また結成に加わった活動家の多くはこの頃盛り上がりを見せた60年安保闘争と三池闘争の2つの闘いの経験を持っていた。このことから社青同は「安保と三池から生まれた」といわれる。

1960年12月15日には社青同の下部組織として全国学生班協議会が結成された。翌1961年秋には早くも東大教養学部自治会選挙で正・副委員長を獲得しており、1962年5月10日には社学同・構改派とともに改憲反対を主張して自民党総裁室前で座り込みを行い全員が逮捕される事件を起こした。この中には社会党の江田三郎議員の息子である東大教養学部自治会の江田五月委員長（後、民主党→民進党参院議員。連合赤軍最高幹部永田洋子死刑囚獄中死当時の法務大臣。2016年政界引退）がいた。

全国学生班協議会結成直後から社青同内部には、①1960年に社会党書記長江田三郎が提唱した、構造改革論を主軸とする所謂「江田ビジョン」を主張する構改派（江田派）、②社会党内の労農派マルクス主義研究集団である社会主義協会の影響下にある協会派、そして③ローザ・ルクセンブルクの革命理論を採る解放派の三潮流が存在した。当初社青同全体のヘゲモニーは構改派が握っていたが、一方で学生班の部分のヘゲモニーは早い段階から解放派がとり、構改派が主導する中央の方針に批判的な立場をとっていた。1961年の第2回大会では構改派指導部により組織拡大に重点をおく“大衆化路線”が決定されたが、反構改派色の強い学生班はこれに反発した。1964年2月の社青同第4回大会ではついに協会派を中心とする反構改派が構改派を排除した執行部を樹立し、「改憲阻止・反合理化」をスローガンとして決定、『基調』を確立した。しかし派閥争いは収まらず、1964年11月の第5回大会では執行部を握る協会派が、それまで反構改派で共同歩調をとっていた解放派との対決姿勢を打ち出

部数変更は総局
納金は本部に
11.11
1974
青年の声
No.632
日本社会主義青年同盟中央機関紙

日本社会主義青年同盟『青年の声』No.632（1974.11.11付）

し、対立が顕在化した。これを受けて解放派は1965年4月に「学生解放派の声明」を発表し、公然と分派活動を開始した。両派の緊張は1966年9月3日の社青同東京地本第7回大会で最高潮に達し、大会は解放派と協会派の衝突で流会した。これを「九・三事件」と呼ぶ。緊急中央委員会の決定で東京地本は一旦解散し12月に再建されたが、東京地本の解放派はこの事件により事実上独立した。

また1967年には社会主義協会が向坂派と太田派に分裂した。この協会派内の対立も相俟って1969年9月の社青同第9回大会では見解が鼎立した。これらは提出順にそれぞれ第一見解、第二見解、第三見解と呼ばれる。第一見解は協会向坂派（中央執行委員会少数派）、第二見解は反戦派（解放派、第四インター、主体と変革派等）、第三見解は協会太田派（それ

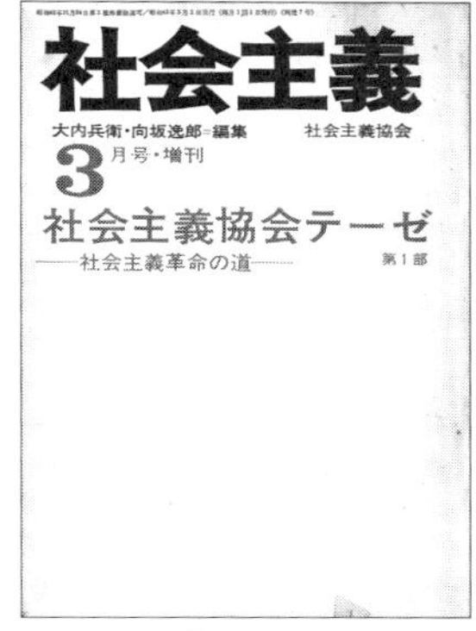

社会主義協会『社会主義』3月号・増刊（1968.03.01付）

1969.11.26 総理の帰国に際しても革新諸団体の抗議集会が行われた

までの歴代委員長や中央執行委員会の多数派）であった。

第一見解は兵庫・東京・福島地本等の支持を受けていた。社会党や総評が今は弱くともいずれは強くなるという考えの下で、改憲阻止青年会議（個人加盟の組織）に批判的で、あくまで班（職場、地域、学園に置かれる社青同の最も小さい単位）が宣伝を積み重ねることを主張した。反戦青年委員会については、青年部の団体共闘とするべきだとした。第二見解は社会党と総評の解体を主張した。第三見解は第一見解とは逆に改憲阻止青年会議の組織化を強調した。これは第４回大会の『基調』にうたわれたもので、『基調』の堅持を主張した。

第9回大会後は第一見解の協会向坂派によって執行部の多数が占められた。反戦派も解放派以外は執行部に代表を送ったが、1年もたたないうちに辞任した。協会太田派は執行部に代表を送らず、公然と分派活動を始めた。

学生運動が盛り上がりを見せたこの時期、協会派は改憲阻止学生会議や改憲阻止青年会議として活動しており、一部はヘルメットをかぶって街頭に出ていた。

1971年2月12〜13日には協会向坂派が第10回大会を開催した。同大会の開催については、太田派がそもそも大会の開催に反対し、反戦派は大会粉砕を掲げた。太田派は向坂派による開催自体が規約に反するものであることを問題視し、反戦派は向坂派執行部が大会の招集状において名指しで解放派が結成した革労協を排除する意向を示したことに異議を唱えた。大会に反対して1月30日には宮城、埼玉、群馬、栃木、石川、大阪、徳島、鳥取の８地本が連名で「『社青同第十回定期全国大会』に関する声明」を発表した。同大会は当初東京の日本教育会館を会場として3日間の日程で招集されたが、反向坂派系の妨害が予想されたために直前に変更され、千葉市の労働福祉会館において２日間に短縮して開催され、全国39地本から120名の代議員・特別代表が結集した。

同大会では「革労協、第四インターに関する決議」が採択され、「第四インターナショナル日本支部および革命的労働者協会の構成員は、即刻除名とする」「第四インター及び革労協の系列下にある組織（反帝学生評議会、行動委員会等、「プロレタリア統一戦線」傘下の諸組織）に関わっていた同志は本決議を認めず、そこから離脱しない場合には同様に対処する」として、解放派と第四インターの排除が決定された一方で埼玉地本などを拠点とする主体と変革派に対する処分はなされなかった。また協会向坂派に反発し第10回大会に結集しなかった地本については、特に革労協の影響を受けた部分について解散・再登録を辞さない強硬姿勢を示しつつ、その他の協会太田派については統一の呼びかけをすることとしたが、協会太田派は本大会以降完全に袂を分かつこととなった。太田派はのちに社青同全国協を結成した。

排除された解放派及び主体と変革派は2月12日当日に東京の礫川公園に結集し、当初日本教育会館で開催される予定であった協会向坂派による大会粉砕の実力行動を行った。また「『社青同第十回定期全国大会』に関する声明」を発表した8地本のうち群馬、栃木、徳島、鳥取の解放派系4地本は全国社青同再建に向けた各県地本連絡会議を結成し、全国社青同再建を呼びかけた。

学生組織

【名称】**改憲阻止学生会議**

【ヘルメット】白地に「反独占」

改憲阻止学生会議以外に改憲阻止青年会議も同じようなヘルメットで街頭へ出ているかもしれないが確認できていない。写真での確認が可能な文献として茜三郎・柴田正美『全共闘』(2003年、河出書房新社) 136-137頁、渡辺眸『東大全共闘1968-1969』(2007年、新潮社) 16頁がある。後者は東大駒場における写真であるが、社青同東大班は「脱落協会派」がイニシアティブを握っていた(「社青同全国大会開催をボイコットしたの

十七日午後九時に新宿の交差点で坐り込み(社青同『青年の声』No.459(1971.06.28付))

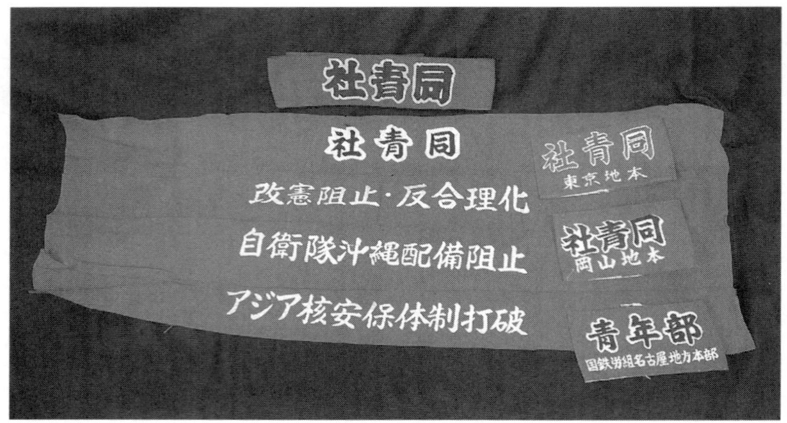

社青同のはちまきと腕章。東京地本の腕章は解放派活動家の旧蔵品。手ぬぐいは向坂派協会派関係者の旧蔵品

は誰れか」（社会主義協会編『社会主義』231号（1971年、協同文化社）所収））というので、後者の写真に写るヘルメットは向坂派のものといってよいと考える。

宮嶋義勇監督の映画『怒りをうたえ』第1部の1968年10月21日の映像では、渋谷東急前を占拠し集会を開く東大C改憲阻止学生会議ほか協会派の真新しいヘルメットの隊列が見えるが、この中には白ヘルに単に「反独占」と書いてあるものと、「反独占」の字の横辺りから鉢巻状に線が書いてあるものとが混在している。線の入っているタイプは比較的少数派なので、こちらが東大で主導権をとっていない協会太田派ではないかと推測する。また太田派が脱退した後に機関紙『青年の声』に掲載された向坂派のヘルメットの隊列の写真では「反独占」以外に「社青同」などのヘルメットも確認できる。この向坂派の写真を見ると線の入っているタイプは見受けられないので、やはり線の入っているものが太田派なのではないかと推測する。

社青同は規約で旗について赤地青文字白ふちとすることを定めており、腕章やはちまきもそれに準じたデザインとなっている。国労名古屋地本青年部の腕章も同デザインであり、社青同影響下の組織かもしれない。『過激派集団の概要』によれば、人民の力派は国労名古屋地本に活動家を有していたというので、同派が関係している可能性がある。

【名　称】**日本労働者階級解放闘争同盟**
【通称：人民の力派】

【結　成】1971年7月15日

【機関誌】『人民の力』／『赤い鉄路』（国鉄委員会）、『レーニン主義の旗の下に』（全国学生委員会）

日本労働者階級解放闘争同盟、通称「人民の力派」はその直接的な出発点を1967年6月の社会主義協会第8回大会としている。この大会は社会主義協会が、向坂派と太田派に分裂した大会として知られる。向坂派は理論学習の重視を唱えたが、太田派は理論にとどまらず、実践として実際の運動を重視すべきであると主張した。この両派の対立は、直接的には規約第2条の修正問題として争われた。向坂派は修正に反対したものの、太田派に対して少数であったため叶わず、向坂逸郎や大内兵衛らが代表を辞退して離脱した。離脱した向坂派は社会主義協会再建準備会を名乗って社会主義協会の「再建」をめざす声明を発表（同年8月13日）し、同年11月4・5日に箱根で再建大会を開催して、社会主義協会を独自に「再建」した。

太田派は、「日本社会主義革命の達成にとって不可避の課題である日本社会党の革命政党への変革に向けて、協会がその運動を組織的に集中する」（社会主義協会編『社会主義』1967

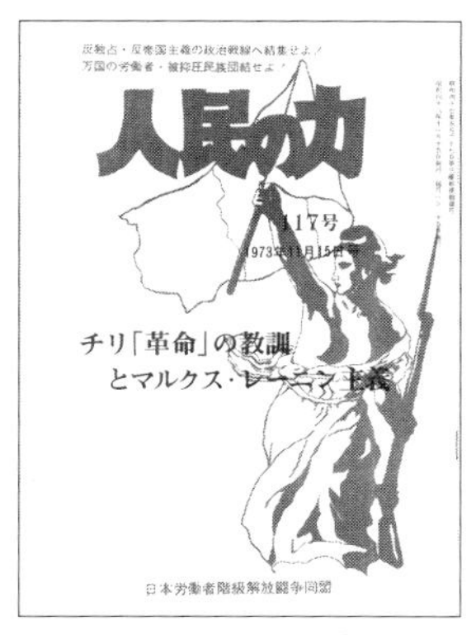

日本労働者階級解放闘争同盟『人民の力』117号（1973.11.15付）

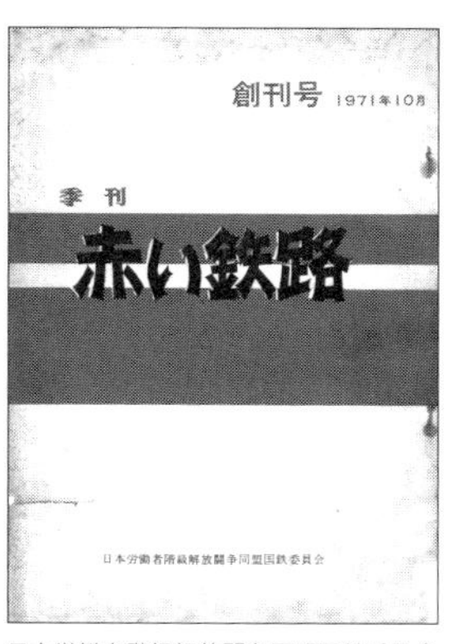

日本労働者階級解放闘争同盟国鉄委員会『赤い鉄路』創刊号（1971.10付）

年、協同文化社）として、実践を重視しつつも、独自の政党を確立するのではなく、運動を通して日本社会党を変革する路線を志向していた。

しかし社会党を変革していくのではなく、社会主義協会を独自の革命政党に発展させることをめざしていた勢力が太田派内部に存在していた。この勢力のうち神奈川県を本拠とする部分は1968年4月、創立大会を開催して社会主義協会神奈川県支部として旗揚げし、「マルクス・レーニン主義の旗の下に協会の党性を確立し、日本の社会主義革命にむけて前進」する決意を明らかにした。この神奈川県支部グループは6月1日付で機関誌『人民の力』を創刊し、協会内フラクションとして大衆運動の展開と政治潮流としての基礎づくりに努めた。翌1969年3月には第2回大会を開催し、創立2年目の基調を「大胆に大衆の中へ！」とし、更に理論の体系化と今後の路線に関する基本的命題をまとめた『新たな飛躍を準備せよ！』を発表した。同年9月の第3回大会では反独占政治戦線の建設が提起され、続く1970年1月の第

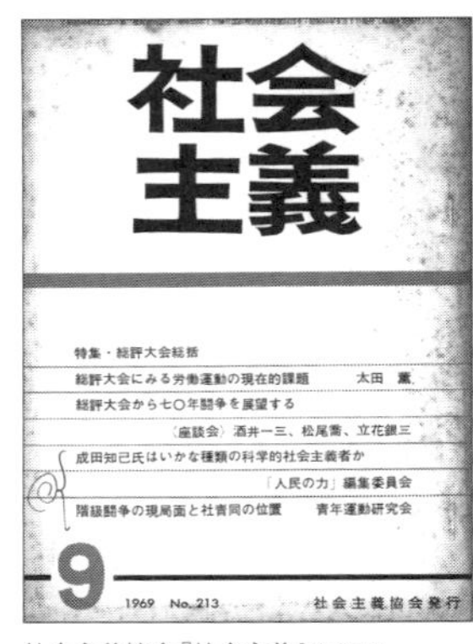
社会主義

特集・総評大会総括
総評大会にみる労働運動の現在的課題　太田薫
総評大会から七〇年闘争を展望する
〈座談会〉酒井一三、松尾喬、立花銀三
成田知巳氏はいかな種類の科学的社会主義者か　「人民の力」編集委員会
階級闘争の現局面と社青同の位置　青年運動研究会

9　1969 No.213　社会主義協会発行

社会主義協会『社会主義』No.213
（1969.09.01付）

日本労働者階級解放闘争同盟全国学生委員会『レーニン主義の旗の下に』創刊号（1972.04.10付）

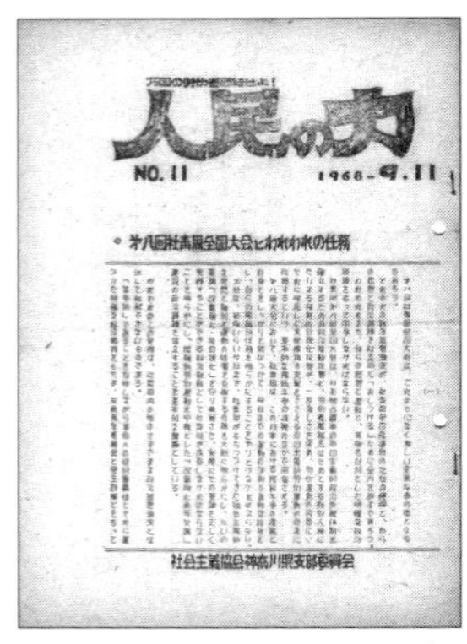
人民の力
NO.11　1968-9.11
第八回社青同全国大会とわれわれの任務
社会主義協会神奈川県支部委員会

社会主義協会神奈川県支部委員会『人民の力』No.11（1968.09.11付）

4回大会では大衆的政治闘争機関としての反独占政治戦線の確立と、生産点における大衆政治工作を通じて政治ストライキを中軸とした大衆政治闘争の展開を行うこと、更に神奈川県支部の組織を質・量ともに飛躍的に強化し、マルクス・レーニン主義に立脚する全国的な革命政党の建設をめざすことも定められた。

1970年5月の社会主義協会第10回大会における中央常任委員会「議案書」は、社会党変革路線という従来の路線と、協会の政治方針はあくまで社会党・社青同・労働組合・改憲阻止青年会議などにおける活動と、その影響力を通じて具体的に展開する以外にないことを確認した。この太田派主流の方針に対して神奈川県支部代議員団は、革命政党の樹立と、戦術としての反独占政治戦線の建設を骨子とする「意見書メモ」を提出し、対立は公然化した。この対立は7月の中央委員会（第2中委）で決定的となり、神奈川支部グループは協会内での活動から、協会からの決別へと方針を変更した。

1970年7月18・19日、『人民の力』編集委員会の呼びかけ・主催の下に第1回全国代表者会議が横浜市において開催された。神奈川県支部グループ以外に4つの県と1つの労組のグループが参加し、日程の都合上参加できなかったが3つの県のグループがこれを支持した。この第1回会議では太田派主流との対立が非和解的になったことが確認され、革命派の全国的結集をすすめ、全国政治学校の開催など全国組織体制の確立を図ることを決定した。

同年9月には神奈川県支部グループの第6回政治大学と合体した全国政治学校を東京で開催し、この期間中に第2回全国代表者会議が持たれた。この会議では協会からの公然・正式の決別までの革命派の名称を社会主義協会革命派全国協議会（略称「革全協」）とすること、神奈川県支部の『人民の力』を当面の全国理論誌とすること、各県代表と『人民の力』編集委員会を以て臨時幹部会を設置し、その書記局を神奈川県支部に置いて当面の全国指導に当たること、各地方における基本的な組織・反独占政治戦線の建設を進めることが決定された。

11月には第3回全国代表者会議を開催し、これは全般的全国代表者会議とも呼ばれた。これは当時革命派としての結集が考えられた全ての組織・グループに呼びかけて開催されたという意味で、前2回の代表者会議とは異なり、全国的政治組織結成のための第1回会議の性格を持つものであった。この第3回会議では全国組織結成のための具体的事項、即ち、①マルクス・レーニン主義にもとづく革命綱領と組織規約、②基本組織・グループ組織・諸機関、③全国的政治新聞・理論誌等、④財政、⑤合法的外郭組織の設置、⑥本部事務所・印刷所等の設置、⑦全国的政治組織結成への日程などが確認され、全国組織結成に至るまでの革命派の組織の暫定的名称を「共産主義統一委員会」とすることや、合法的外郭組織として中央・地方に現代政治研究所を設置すること、1971年1月1日を以て社会主義協会から最終的に決別すること、新たな全国政治組織は1971年7月を目途に建設することなどの方針を決定した。

この動きに対して太田派主流は革命派の13名に対し、中央統制監査委員会への喚問状を送付したが、革命派はこれを拒否し、社会主義協会中央常任委員会及び中央統制監査委員会に対して、「今日の社会主義協会の組織と運動は、労働者・人民の解放の事業に正しく応え得るものでない」という主旨の統一文面の「訣別状」を送付した。更に革命派の各組織・グループは太田派中央と革命派との路線上の対立点を明らかにした統一的「訣別文」を社会主義協会中央常任委員会に送付し、1970年末までに完全に離脱した。

離脱した革命派は共産主義統一委員会の第1回全国委員会（1971年1月）、第2回全国委員会（同3月下旬）、第3回全国委員会（同5月下旬）を経て、1971年7月に予定通り「日本労働者階級解放闘争同盟」を結成し、翌1972年2月には同盟の全国学生委員会を結成した。大衆組織として反独占・反帝国主義政治戦線（略称「反独占政治戦線」）を持ち、反独占政治戦線全国委員会の下に全国学生委員会、全国産別委員会を置いた。

人民の力派内部では1972年9月の第2回大会で早くも党建設と活動方針をめぐり、主流派である第一潮流（労働運動重視の国労青年部によるグループ）と、反主流派の第二潮流（九州グループ・京都グループ・学生グループ）の間で対立を生じていた。人民の力派は国鉄労働組合の青函地方本部、名古屋地方本部、長野地方本部に一定の勢力を有するほか、全国の国労に活動家を有していた。この大会では学生運動と政治闘争の停止（但し労組としては参加）という労働運動重視の方針を決定して同盟と反独占政治戦線の両方の学生委員会を解散し、また合流を求めていた協会内の革命派フラクションである愛知グループの結集拒否を決定した。この愛知グループは協会内ではもともと第二潮流に近い位置にあったが、協会内に未だ多数の戦闘的労働者がいることを理由に協会からの離脱をある程度評価しつつも、離脱は時期尚早とし人民の力派結成には加わらなかっ

1972.06.01 無題 人民の力派の反独占政治戦線の部隊（6・1安保廃棄、自衛隊沖縄配備阻止西日本青年婦人労働者総決起集会＠熊本）（福岡県評青年協議会編『6・1青年集会写真集［1968-1988］』（1988年））

1973.10.14 10・14 横須賀独自闘争に決起した関東三県反独占政治戦線（『人民の力』117号（1973.11.15付））

1973.10.10 10・10 総評青年協主催 横須賀闘争を闘う先進的労働者（『人民の力』117号（1973.11.15付））

1973.10.31 10・31反戦闘争に決起した中部地区国鉄労働者（『人民の力』第117号（1973.11.15付））

たグループで、太田派主流が組織の引き締めを図ったため、1972年に協会を離脱していた。愛知グループの結集拒否の背景には第二潮流に近いグループを組織内に合流させたくないという主流派の思惑があったとされる。また第2回大会ではこの方針決定に反対した反主流派内の少数派である学対のW・機関誌担当のK両名が反中央陰謀活動を理由に除名された。1975年7月には残りの反主流派内多数派が除名され、この部分は日本労働者階級解放闘争同盟全国協議会を結成した。機関誌名『戦線』より「戦線派」と通称される。

1990年代前半には組織名称を「人民の力」に改めたが、正確な時期は資料が集まらず不明である。近年では2005年6月に人民の力派の一部が分裂して人民の力改革全国協議会（以下「大道派」）が結成され、6月25〜26日には結成集会が開催された。7月1日には機関誌『大道』を発刊している。分裂当初の大道派側の資料を入手できていないため、以下の記述は人民の力派の資料に拠る。

『人民の力』第814号（2005.07.15付）にはこの新組織旗揚げについて「『改革』された人が『改革』を説き『道に反した』人が『大道』を語る」と題する人民の力全国委員会声明が掲載された。同声明によれば、大道派は亀高照夫と瀬尾英幸らを中心とする20人余りのグループであるといい、2002年初めに当時人民の力派中央常任委員であった亀高が人民の力派の一部メンバーに隠密裡に行った「働きかけ」が露見し、他の中央常任委員に

非暴力・連帯・共生・協働・自律
大道
Taidou
第 180 号 2020 年 6 月

「大道」編集委員会『大道』第180号（2020.06付）

批判され反省するように忠告されたことに始まったとしている。瀬尾はこの忠告を受け入れるどころか逃れようとし、2002年5月の第85回全国委員会以来、中央事務所の移転に関して「言いがかり」をつけて、人民の力派全国委員会代表の常岡に対して誹謗中傷を加えた。更に自らの本拠である岡山のメンバーを指揮して全国問題化を図ったところ、北海道の瀬尾英幸らがこの動きに加わり、瀬尾らは『青山通信』と題する機関紙を発行して常岡への誹謗中傷を行ったという。2004年5月の第87回定期全国委員会や同11月の第88回臨時全国委員会では亀高や瀬尾らに率いられたグループが会場に押しかけ、横断幕を広げてのアピールや全国委員や会議場の撮影、更に発言を求めて議長席に迫るなどの行為を行い、また宿泊場所であった人民の力長野事務所に隣接する私有地に侵入し、横断幕を掲げシュプレヒコールを上げるなどの抗議活動も行ったという。人民の力派はこれらのグループの動きについて「亀高・岡山・瀬尾問題」と名付けて対応しており、大道派分裂の直前に開かれた2005年5月22日の人民の力第10回全国大会の大会宣言においても「人民の力の同志心を崩壊させ、組織性を踏みにじり、全国人力への混乱と破壊をめざした卑劣な行動」と厳しく批判し「断固として毅然たる態度をと」るとしつつ、一方で「これからもその腐敗と妄動を改心し、再生を遂げてくる同志の出現をいつまでも待ちつづけます」と、対立解消に向けた呼びかけをしていた。

また大道派が結成に際して各所に送付した機関誌『大道』創刊号及び同号外を受けて、協同・未来全国調整委員会が機関紙『未来』第62号（2005.06.27付）上で「『人民の力改革全国協議会』結成！わたしたちはこれを支持します」との声明を発表し、「亀高・岡山・瀬尾問題」について、「『人民の力』内部で3年間もの長い論争と内部闘争が行われていたこと、のみならずそこでの『教育的指導措置』『排除と粛清』による〈原文ママ〉『岡山県委員会・道央組織』が、丸ごと切り捨てられていた」との認識を示した。これに対して人民の力派は

『人民の力』第816号（2005.09.01付）上で「協同・未来全国調整委員会の最高責任者『いいだ・もも』さんへのお便り」及び「『いいだ・もも』様『生田あい』様　七月三〇日付『お便り』への返信」を公表し、協同・未来が大道派支持の声明を発表する前に、人民の力派へは事実関係の確認に関して何らの資料提供や聞き取り等がなされなかったこと、ただ一方的に大道派の主張や大道派の提供する資料のみで、人民の力派を「排除と粛清の組織」と規定する声明を発表したことを強く批判した。更に『人民の力』第823号（2005.12.15付）上で「他山の石　『いいだ・もも』『生田あい』両氏下の『協同・未来』宛の私たち『人民の力』からの批判書の全てを公表します」を発表し、改めて協同・未来を批判するとともに、人民の力派による批判や問いかけに対して協同・未来側から何らの反応もないことを明らかにした。

日本労働者階級解放闘争同盟全国学生委員会機関誌『レーニン主義の旗の下に』創刊号（1972.04.10付）より
日本労働者階級解放闘争同盟規約

日本労働者階級解放闘争同盟はプロレタリア的規律で自覚的に結ばれた共産主義者の政治組織である。

同盟の目的は日本の労働者階級と被抑圧人民を解放するために、全世界の労働者階級と被抑圧人民の社会主義と民族独立をめざす闘争と固く連帯して、日本独占を中核とするブルジョアジーの帝国主義支配と闘い、ブルジョア国家権力を打倒し、プロレタリアート独裁をうちたて、共産主義社会の実現をめざして闘うことにある。

同盟はその目的を達成するために、日本の労働者階級の前衛党の建設をめざしてたたかう。

同盟はマルクス・レーニン主義を行動の指針とする。マルクス・レーニン主義のみが労働者階級の解放を実現する道筋を正しく指し示すものである。同盟はマルクス・レーニン主義の原則をゆがめる、あらゆる形の教条主義、修正主義といっさいの日和見主義とたたかい、その創造的発展のために全力をつくしてたたかう。

同盟は労働者階級と被抑圧人民の当面する諸要求の実現のために献身的にたたかう。とくに労働運動の階級的発展につとめる。

同盟の組織原則は批判の自由と行動の統一を基本とする民主主義的中央集権制である。同盟の生命力は同盟員の自発性と創意性の発揮によって保障される。

第一章　同盟員の基本条件

第一条　同盟員は同盟の綱領と規約を認め、同盟の一定の組織に所属し、同盟費を納め、同盟の方針にもとづいて活動しなければならない。

第二条　同盟員の権利と義務は次のとおりである。

（1）同盟の規約を守り、同盟の活動に加わって同盟の方針や政策の作成に参加し、その実現のために活動しなければならない。

（2）同盟員は同盟の方針にもとづき、大衆の中で活動し、大衆の利益を守り、大衆運動の発展のためにたたかわなければならない。

(3) 同盟員は別に定める同盟費および同盟の決定する諸活動資金を納入しなければならない。

(4) 同盟員は同盟の機関紙誌を学習し、ひろめ、同盟の拡大につとめなければならない。

(5) 同盟員はマルクス・レーニン主義をまなび、その創造的発展のためにたたかわなければならない。

(6) 同盟員は同盟と大衆に対して誠実であり、批判と自己批判を通じて、誤りをただし、その生活態度は高潔でなければならない。

(7) 同盟員はその個人生活を同盟の政治生活に従属させなければならない。

(8) 同盟員はいかなる場合も同盟の決定を無条件に実行しなければならない。

(9) 同盟員は、住居と職業の選択、変更に関して、同盟の組織の承認を受けなければならない。

(10) 同盟員は敵の陰謀や弾圧に対し、つねに警戒し、同盟の機密を守り、同盟組織の防衛のためにたたかわなければならない。

第三条　同盟員の加盟

同盟員の加盟は、同盟員二名の推薦を必要とし、委員会で審議したうえで決定し、一級上の機関によって承認されなければならない。

第四条　特別な理由もなく、六ヶ月以上、規定の同盟費を納めなかった同盟員、または、三ヶ月以上同盟組織との連絡を行わなかった同盟員に関して、その同盟員が所属する委員会が一級上の機関の承認をへて除籍することができる。

第五条　離籍

同盟員はその自由な意志にもとづき、同盟を離籍することができる。

第二章　同盟の組織原則と組織構成

第六条　同盟の組織原則は民主主義的中央集権制である。その内容は次のとおりである。

(1) 同盟の指導機関は同盟員の選挙によってつくられる。

(2) 同盟の指導機関は、それを選出した同盟組織に対してその活動を定期的に報告し、承認をうけなければならない。

(3) 同盟の指導機関は、つねに下級組織と同盟員の意見や創意を積極的にくみあげ、その経験を集約・研究し、提起されている問題に対して正しい指導を行なう。

(4) 同盟の下級機関は、上級の指導機関に対して、その活動を定期的に報告するとともに、その意見を上級機関に反映する。同盟の下級機関は、上級機関の決定に従わなければならない。

(5) 同盟員は同盟の決定がなされる前まで、自己の意見を同盟の会議で自由にのべ、同盟組織内において全同盟員に公開で発表することができる。同盟の決定に同意できない場合も、自己の見解を留保し、指導機関に対して意見をのべることができる。ただし、いかなる場合も決定は無条件に実行しなければならない。

第七条　同盟の基本組織は次のとおりである。

(1) 同盟の最高機関は全国大会であり、大会から次の大会までの指導機関は全国委員会である。

(2) 都道府県組織の最高機関は都道府県大会であり、大会から大会までの指導機関は都道府県委員会である。

(3) 地区組織の最高機関は地区大会であり、大会から大会までの指導機関は地区委員会である。

(4) 基礎組織の最高機関は職場（または地域・学園）委員会大会であり指導機関は常任委員会である。

第八条　新しく職場（または地域・学園）委員会、地区委員会、都道府県委員会をつくる場合には、上級指導機関の承認をえなければならない。

第九条　同盟はその目的とする活動を効果的に推進するために、基本組織を補完するグループ組織を必要に応じてつくることができる。

第一〇条　すべての機関の会議は構成員の過半数で成立し、議決は多数決による。

第三章　中央組織

第一一条　全国大会は全国委員会の議をへて全国委員会議長によって招集され、一年に一回開かれる。なお、全国委員会は必要に応じて、大会延期および臨時大会を行なうことができる。

三分の一以上の都道府県委員会の要請があった場合、全国委員会は全国大会を招集しなければならない。

第一二条　全国大会は次のことを行なう。

(1) 全国委員会および中央統制監査委員会の報告をうけ、討議し、承認する。

(2) 同盟の方針および政策を決定する。

(3) 全国委員会議長、書記長、中央常任委員、全国委員および中央統制監査委員会を選出する。

(4) 同盟の綱領規約の改廃を行なうことができる。

第一三条　全国委員会は次のことを行なう。

(1) 全国委員会議長は、同盟を代表する。

(2) 全国委員会は全国委員会議長、書記長、中央常任委員および全国委員によって構成される。

(3) 全国委員会は全国大会から次の全国大会まで、全国大会の決定を実行し、同盟の全活動を指導する。

(4) 全国委員会は中央常任委員会の議をへて全国委員会議長によって招集され、一年に三回以上開かれる。

(5) 全国委員会はその諮問に応ずる諸委員会を大会の承認をへて設置することができる。

第一四条　中央常任委員会は次のことを行なう。

(1) 中央常任委員会は、全国委員会議長が主宰し、書記長、中央常任委員によって構成され、中央における日常業務を執行する。

(2) 中央常任委員会は、政治局、組織局、機関紙局、調査研究局、総務財政局を設ける。

(3) 中央常任委員会は書記局を設け、書記局員を任命し、日常業務を処理する。

第一五条　中央統制監査委員会は別に定める規定にもとづき、同盟の規律の審査、財産の監査を行なう。

第四章　同盟の地方組織

第一六条　都道府県委員会

(1) 都道府県組織はその組織名称を都道府県委員会とする。

(2) 都道府県委員会大会は、その指導機関たる都道府県委員会を選出し、全国大会の決定事項をその地方に具体化する。

(3) 指導機関たる都道府県委員会は当該地方の同盟活動を指導する。

(4) 指導機関たる都道府県委員会は日常活動を執行する常任委員会を設置する。

(5) 地方組織の運営細則は中央規約等に準拠し、各地方において別にさだめる。

第一七条　地区委員会

(1) 地区組織はその組織名称を地区委員会とする。

(2) 地区委員会大会はその指導機関たる地区委員会を選出し、全国大会および都道府県大会の決定事項をその地区に具体化する。

(3) 指導機関たる地区委員会は当該地区の同盟活動を指導する。

(4) 指導機関たる地区委員会は日常活動を執行する常任委員会を設置する。

第五章　同盟の基礎組織

第一八条

(1) 同盟の基礎組織は、職場、地域および学園に組織される。

(2) 基礎組織はその組織名称を職場（地域・学園）委員会とし、その指導機関を常任委員会とする。
(3) 職場（地域・学園）委員会は上級機関の方針を当該職場（地域・学園）に具体化する。

第一九条　職場（地域・学園）委員会の任務は次のとおりである。
(1) 同盟の方針にもとづき、大衆の中で活動し、大衆と固く結びつき、大衆闘争を組織するためにたたかう。
(2) 規則的に委員会会議を開いて同盟の方針を具体化し活動方針を決定し、実行する。
(3) 同盟費を規則正しく集め、定められた期日までに上級機関に納入する。
(4) 同盟の機関紙誌をひろめ、配布する。
(5) 着実に同盟員を拡大し、委員会を強化する。

第六章　同盟の活動資金

第二〇条　同盟の財政は、同盟費、同盟の事業収入、寄付金によってまかなう。

第二一条　同盟費の細目は全国大会によって決定する。

第七章　同盟の規律

第二二条　すべての同盟員は、同盟の規律を固くまもらなければならない。同盟員の基本条件に違反し、同盟にいちじるしい損害を与えた同盟員は規律違反として処分される。

第二三条　同盟員に対する処分は、その同盟員の所属する委員会が三分の二以上の多数決で決定し、上級機関の承認をえなければならない。承認した上級機関は、その結果について中央統制監査委員会に上申しなければならない。

第二四条　中央統制監査委員会は上申にもとづき、事実を正確に調査し、慎重に審議したうえ、その結論を全国大会に報告し、承認をうける。

第二五条　処分には違反内容の軽重により機関からの罷免、権利停止、除名がある。
第二六条　処分対象者は十分な弁明と弁護の機会を与えられる。
第二七条　統制監査に関する詳細な運営規定は別に定める。

付　則
第二八条　この規約に定められていない問題および本規約に関する疑義が生じた場合には全国委員会が、規約の精神にもとづいて処理することができる。
第二九条　規約の改廃は全国大会において三分の二以上の議決を必要とする。
第三〇条　この規則は一九七一年七月〇〇日から効力をもつ。

【名　称】レーニン主義者委員会

【結　成】1973年8月
【機関誌】『労働者解放』

人民の力派から分裂した部分が1973年8月に結成大会を開催し結成された。10月には東京都委員会の第1回大会が開催された。

機関誌『労働者解放』1号（1973年9月1日付）に掲載された8月開催の結成大会報告によれば、レーニン主義者委員会結成の前段として3ヶ月間の準備会としての活動期間があったといい、恐らくは1973年4〜5月頃に結成準備会が発足していたものと見られる。結成大会に結集したのは、県名は伏せられているものの結成準備会発足時点で具体的な活動を開始していた2つの県委員会準備会と、結成準備会発足後に建設された1つの県委員会準備会であり、わずか3県委員会準備会を以てレーニン主義者委員会は発足した。結成大会では、「日本階級斗争の今日的混迷状況は、とりもなおさず、マルクス・レーニン主義の革命的理論で武装された真の『革命的前衛党』の不在によって規定されているものである。したがって我々の任務は、マルクス・レーニン主義の革命的理論で武装された『革命的前衛党』を建設することである。」として自らの任務を規定し、その上で組織方針として「中央集権主義と『鉄の規律』に貫かれ一切の敵権力の弾圧と党派斗争に勝利しえる徹頭徹尾、レーニン主義的な政治組織」を建設すると明らかにした。

レーニン主義者委員会『労働者解放』1号
（1973.09.01付）

人民の力派については、革命的前衛党建設の闘いを実質的に中止したとして批判している。1972年9月の人民の力派第2回大会での学生組織の「解散」を批判していることから、恐らく分派結成の直接の契機となったのは同大会における学生運動と政治闘争の停止という方針をめぐる対立であろうと思われる。しかし学生組織について機関誌上にほとんど言及は見られず、『労働者解放』3号に掲載された東京都委員会第1回大会の報告において組織方針で取り組みを行うことが簡単に触れられているだけで、具体的な活動内容は明らかにされていない。また大会には国鉄委員会（準）や他の県委員会からはアピールは寄せられているものの、学生組織からのアピールが認められないことから、学生組織は事実上存在しなかったのではないかと思われる。分裂時期が近接している1972年9月の人民の力派第2回大会で除名されたWやK、結集拒否された愛知グループとの関係も不明である。

同時期の『人民の力』を手元にある限りで確認したが、分派に関する言及はなかった。このレーニン主義者委員会については、機関誌『労働者解放』が第3号（1973年11月1日付）まで発行されたことは確認できているが、その後の動向は不明である。

【名　称】日本労働者階級解放闘争同盟全国協議会 →労働者階級解放闘争同盟【通称：戦線派】

【結　成】1975年7月20日
【機関紙】『戦線』→『連帯』
【機関誌】『戦線』

1975年7月に人民の力派から反主流派内多数派が除名され、日本労働者階級解放闘争同盟全国協議会が結成された。結成日は規約付則第34条の効力発効日とした。機関誌『戦線』より「戦線派」と通称される。別項で詳述の共産主義研究会のうち、もともと人民の力派の反主流派内少数派で、先に人民の力派から除名されていたWやKを中心とする部分は、指導部内での討議のみでの戦線派との統合を求めたものの、愛知グループが充分な討議を求めてこれを拒否したため、共産主義研究会は分裂し、WやKを中心とする部分は戦線派に合流した。

人民の力派の学対で戦線派の結成に参加した佐久間真一は、人民の力派からの分裂と戦線派結成の経緯について、後年「社会変革の旗を掲げて」(『握りこぶしの中に』出版編集委員会編『握りこぶしの中に－『戦線』と『連帯』の時代』(2010年、オリジン出版センター) 所収) に記している。佐久間によれば分裂の直接的な契機は1972年6月の自衛隊沖縄派兵阻止北熊本闘争であり、この闘争の際に右翼の襲撃に備えて竹竿や鉄パイプを用意したことが指導部から内ゲバを指導したとして非難され、議長や書記長から学生組織の解散や三里塚闘争や

1972.06自衛隊沖縄派兵阻止北熊本現地闘争(『握りこぶしの中に』出版編集委員会編『握りこぶしの中に－『戦線』と『連帯』の時代』(2010年、オリジン出版センター))

新聞 連帯 THE RENTAI

1983年 11月15日 第121号 本号2頁 100円

労働者階級解放闘争同盟機関紙
発行所 現代通信社
東京都杉並区高円寺南1-18-14 丸江ビル3-B
電話(03)312-6013 郵便振替 東京6－58827

購読料 ■四頁二百円 ■二頁百円 ■三カ月九百円 半年千八百円 年間三千六百円
送料 一部四十円(密封百二十円)

定期購読を
新聞「連帯」の拡大運動を進めています。読者の皆さんの定期購読をお願いします。

労働者階級解放闘争同盟『連帯』第121号(1983.11.15付)

1976.06.01 無題 戦線派の部隊。同年3月に結成されたばかりのL学同の旗が見える(6・1アジア核安保体制打破、軍事基地撤去、ロッキード汚職糾弾、原船「むつ」廃船、三木内閣打倒、総選挙勝利、青年婦人総決起集会集会@佐世保)(福岡県評青年協議会編『6・1青年集会写真集[1968-1988]』(1988年))

狭山闘争への不参加方針が出されたため、これに強く反対すると学対を解任されたという。指導部は学生や九州、関西のグループを「最初から人民の力派に潜り込み、組織を乗っ取ろうとしてい」たとして追い出しを図り、その後同年の第2回大会で活動が職場・産別単位の組合活動者集団＝反独占活動者会議に限定されたことで路線的な対立が鮮明になったという。第2回大会では中央書記局員の除名、学生委員会の解散、拠点職場であったY硝子の組織処分、九州三県委員会への政治処分が続き、更に1974年10月の第17回全国委員会と翌1975年初頭の第18回全国委員会で、九州三県委員会の組織解散処分と全国委員の除名処分が決定されたことで分裂は決定的になり、1975年2月に反主流派が京都において「革命派全国代表者会議」を開催して結集を図り、この動きが同年7月の日本労働者階級解放闘争同盟全国協議会結成として結実し、翌8月には中央政治機関誌『戦線』が創

1978.06「原子力船むつ」佐世保入港阻止闘争(『握りこぶしの中に』出版編集委員会編『握りこぶしの中にー『戦線』と『連帯』の時代』(2010年、オリジン出版センター))

刊（1975.08.20付）された（第82号（1985.11.30付）にて終刊）。

その後戦線派は1976年3月学生組織としてレーニン主義学生同盟（準）（通称「L学同」。1984年に「学生連帯全国委員会」に改称。機関紙『奔流』、機関誌『組織者』→『学生連帯』）を結成、同年9月の第2回大会では「新たな政治同盟への第一歩」として、組織名称を労働者階級解放闘争同盟に改めた。1982年の第4回大会では「新しい労働者戦略の獲得」が確認され、マルクス・レーニン主義の相対化・思想的模索が始まると、1984年の結成10周年討議の重要なテーマには「新たな転換」が提起され、これは2年間の討議を経て1986年11月の第5回大会で「新しい社会形成とわれわれの改革プラン（草案）－労働と生活の変革のために」として採択された。この改革プランによって組織活動は低迷し組織的な分散化が進んだことで、1988年10月に予定されていた第6回大会の開催は見送られた。そして1989年11月のベルリンの壁崩壊とその後の冷戦体制終結を受け、1991年9月に解散を決定した。

労働者階級解放闘争同盟の機関紙『戦線』は、第75号（1981.09.20付）で"新聞"へと切り替わり、第80号（1981.12.01付）で『連帯』に改題した。機関紙ではあるが、「働くもののネットワークづくり、労働者に開かれた新たな政治新聞を目指し発行」されていたものであった。著者が所蔵する『連帯』第181号（1988.01.01付）では「労働者階級解放闘争同盟機関紙」の記載がなくなっており、もともと情報紙の色彩が濃かったが、この頃には完全に機関紙としての位置づけを喪失したものと見られる。同紙上には学園祭などの報告記事もあるが、佐賀大の自治会や、武蔵大、大東文化大などの学内サークルに影響力を有していたようである。『連帯』は第225号（1991.12.31付）にて休刊した。

戦線派も社青同の系譜で白ヘルを着用していたようで、1978年頃の朝霞観閲式粉砕闘争で白地に「全自」（全学自治会の意か）、「反帝」等のヘルメットを確認している。その他、協会以来の「反独占」のヘルメットをかぶっていたという証言もあるがこれは未確認である。同派は武蔵大学の全学自治会を掌握していたとされるため、武蔵大学図書館所蔵の武蔵大学新聞縮刷版を確認したが、残念ながら発見には至らなかった。なお、武蔵大学はそもそも人民の力派結成当初からの拠点校で、反独占政治戦線全国学生委員会の結成大会は武蔵大学で行われている。

【名　称】共産主義研究会

【結　成】1972年10月
【機関誌】『大道』

人民の力派から除名されたW・Kらを中心とする反主流派内少数派は、愛知グループとともに1972年10月、共産主義研究会を結成した。共産主義研究会はその結成大会において、綱領的立場を「進め共産主義の大道を」として明らかにし、ボルシェヴィキ綱領を基軸とした結集軸を形成し、マルクス・レーニン主義の原則のもと、1960年代末の安保・学園闘争を闘った戦闘的諸グループの統合をめざした。

この大会では組織活動の基本内容を列挙した「四つの課題・四つの実践」という組織方針を採択している。

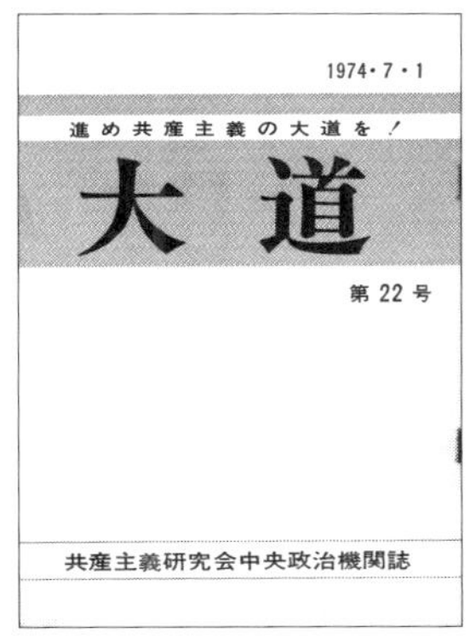

共産主義研究会『大道』第22号
（1974.07.01付）

これは4つの課題、即ち①レーニン主義組織体制確立の課題、②綱領によるイデオロギー統一と革命的理論展開の課題、③大衆闘争展開能力の獲得の課題、④職業革命家の形成と有能な共産主義的幹部育成の課題、についてそれぞれ4つずつの実践を定めたものである。例えば①の課題については、「各級指導機関の確立」「定期的な会議の開催」「定期的で迅速な機関紙配布体制の確立」「財政定期納入体制」を実践として掲げており、更にそれぞれの項目に意義と具体的内容を定めていた。

1973年3月には学生組織として共産主義学生協議会が結成され、4月には機関誌『レーニン主義の旗の下に』が創刊されている。この機関誌名は、かつての日本労働者階級解放闘争同盟全国学生委員会機関誌と全く同一である。

1975年7月に人民の力派から反主流派内多数派が除名され、日本労働者階級解放闘争同盟全国協議会が結成されると、共産主義研究会のうち、もともと人民の力派の反主流派内少数派で、先に人民の力派から除名されていたWやKを中心とする部

共産主義学生協議会『レーニン主義の旗の下に』№1（1973.04.10付）

分は、指導部内での討議のみでの戦線派との統合を求めたものの、愛知グループが充分な討議を求めてこれを拒否したため、共産主義研究会は分裂し、反主流派内少数派は戦線派に合流した。

戦線派との統合をめぐって分裂した共産主義研究会は、組織の転換をめざした。そもそも人民の力派への合流を拒否されて結成した共産主義研究会は、他派との統合の可能性を常に残していたが、これを改めて独自の党派形成をめざす組織へと転換することを志向した。この分裂後の路線を提出したのが1975年11月の第6回大会であり、この大会においては、先に述べた「四つの課題・四つの実践」が「形式主義であり、組織的任務を、政治的任務から規定していない」として破棄され、組織転換の方針により、「進め共産主義の大道を」が破棄された。

更に政治闘争を闘う組織として青年闘争委員会が結成され、三里塚闘争や狭山闘争に参加し、前衛派や三支労などとの共闘戦術をとった。しかし青闘委が闘争組織として機能する中で、共産主義というそもそもの理念が副次的なものになってしまったことに対する対策として、共産主義を結集軸として据えることで青闘委を青年同盟として機能させ、今までのように、新たに集まってきた活動家をストレートに共産主義研究会に結集させるのではなく、青闘委で社会主義的に教育することとした。

1977年6月には共産主義研究会が凍結された。これは当時の共産主義研究会が、中央のみ機能しており、中央書記局から各地区の青闘委へ指導をするという政治闘争指令部的な位置にとどまっており、更に政治闘争の中で建設された青闘委組織の方が、政治闘争の中で先進的に動ける体制にあったためである。最終的に1980年には共産主義研究会は解散した。

1980年には青闘委が青年共産主義者同盟（準）に改組された。機関誌『マルクス・レーニン主義をかかげて』→『国際主義』。三里塚闘争では熱田派支援党派であった。1987年に至って、党を持たない青年同盟という体

青年共産主義者同盟（準）『マルクス・レーニン主義をかかげて』第6号（1983.08.25付）

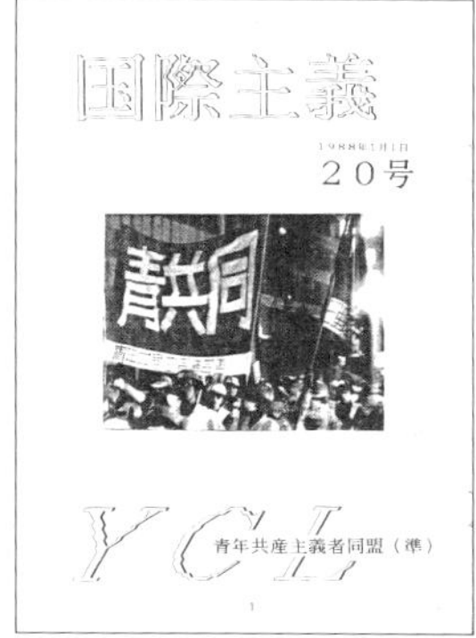

青年共産主義者同盟（準）『国際主義』20号（1988.01.01付）

制を改め、革命路線形成に向けた任務を「政治サークル」として遂行するべく、政治闘争からの撤退を決定した。1991年には、青年共産主義者同盟第3回大会において青共同を解散し、『国際主義』編集会議（略称「IEG」）を結成した。機関誌『国際主義』。

青闘委や青共同（準）は社青同の系譜で白ヘルではなく、赤ヘルを着用していたようだが、写真等は確認できていない。

【名　称】革命的労働者協会（社会党・社青同解放派）

【結　成】1969年9月
【機関紙】『解放』
【機関誌】『解放』／『赤砦』（学生委員会）／『ローテ・ファーネ』（弾圧対策部）

1969年9月、社青同解放派は革命的労働者協会（社会党・社青同解放派）を結成した。括弧内も含めて組織名称である。公然拠点「現代社」。機関紙『解放』は日本社会主義青年同盟学生班協議会解放派機関紙『革命』を1969年10月1日付の第40号を以て改題・継承したものである。解放派は、ローザ・ルクセンブルクの革命理論を採っていることが特色である。

そもそも革労協とはなにか。機関紙上の表現を用いれば「社民の内部から革命的潮流の徹底的純化を目ざす然たる〈原文ママ〉組織内分派」（革労協（社会党・社青同解放派）議長吉田信弘「革命的労働者人民は革労協に結集せよ！」機関紙『解放』40号1969.10.01付所収）であり、「社会党の中の革命的労働者の分派組織」（「日本社会党の歴史的転換にあたり全党員労働者諸君に訴える」機関紙『解放』号外（討論資料 社

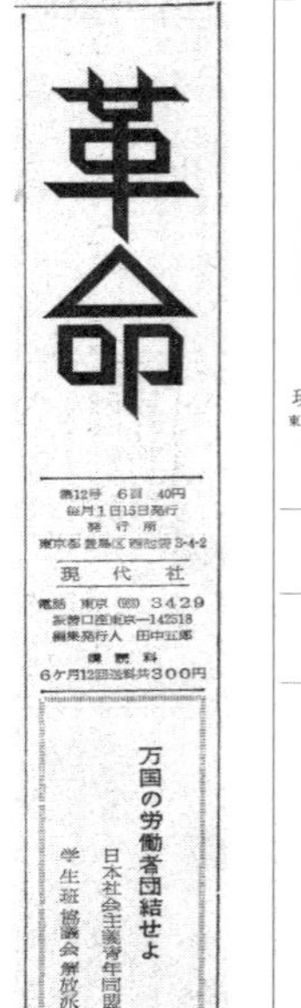

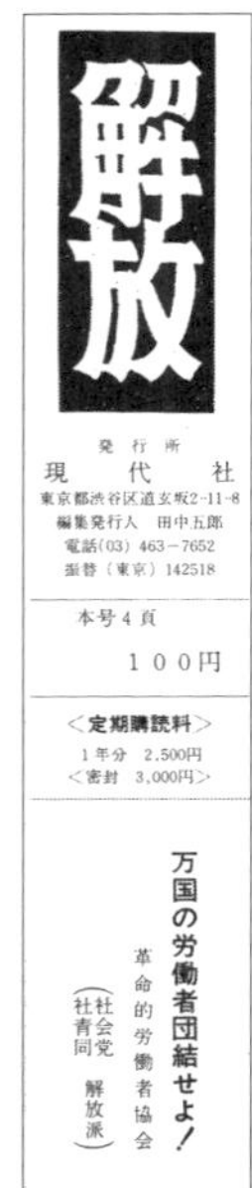

(左)日本社会主義青年同盟学生班協議会解放派『革命』第12号（1968.04.01・15付）
(右)革命的労働者協会（社会党社青同解放派）『解放』169号（1975.10.15付）

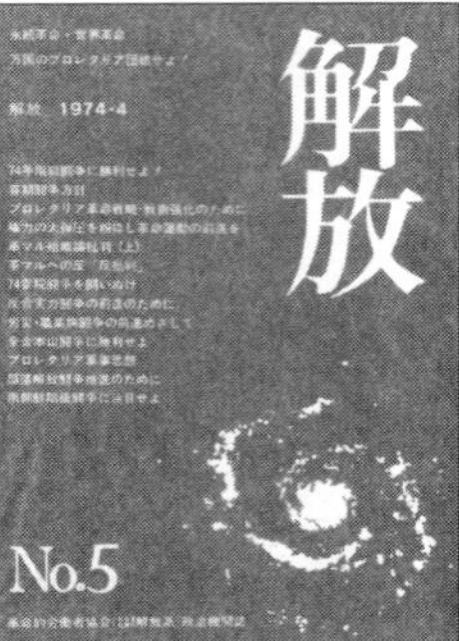

革労協政治機関誌『解放』No.5（1974.04付）

革労協学生委員会『赤砦』第2号（1976.09.01付）

会党都本部・全国大会緊急特集号）1970.04.10付所収）である。

以上の表現と、革労協創設の目的（暫定規約1条）、最高機関である総務委員会の下に社会党委員会・社青同委員会が組織され分派闘争を推進するとの規定（同7条）を勘案して整理すれば、革命的労働者協会（社会党・社青同解放派）は、①社会党内の解放派社会党員と、②社会党の事実上の労働者・学生組織である社青同内の解放派同盟員によって構成され、それぞれの分派闘争を指導し、労働者階級を独立した党へ組織していくために結成された組織ということになる。社青同と革労協との関係性は「支持共同関係」といわれ、革労協はその「党的主軸」であるという。

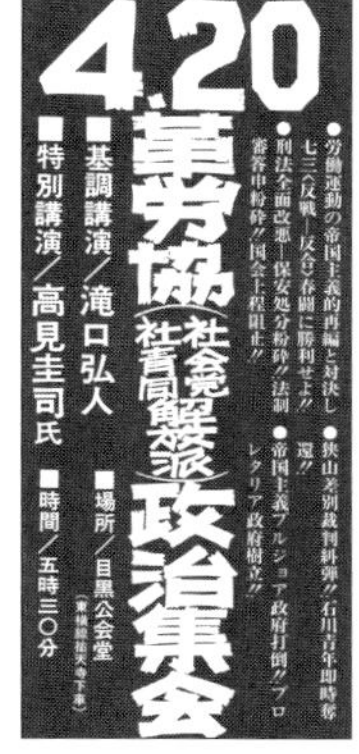

革労協（社会党・社青同解放派）政治集会（1973.4.20）ステッカー

解放派は1971年2月の社青同第10回大会で遂に社青同から排除されたが、協会向坂派が開催した第10回大会を認めず、9月18〜19日に独自に社青同第10回再建全国大会を開催。28県からの結集を勝ち取り、ここに「解放派の」社青同が誕生した。委員長樋口圭之介（東京）、副委員長宮口三郎（鳥取）。機関紙『団結の砦』、機関誌『建設者』。全国全逓班協議

（左）社青同中央委員会機関誌『建設者』2号（1978.03付）
（右）日本社会主義青年同盟全国全逓班協議会『先駆』№30（1976.06.30付）

プロレタリア統一戦線の旗の下
労働者政府を樹立せよ！
万国の労働者団結せよ！
団結の砦
日本社会主義青年同盟中央本部機関紙
第47号 1974年4月25日
昭和47年5月2日第三種郵便物認可
編集責任者 中田一郎
東京都渋谷区道玄坂2―18 阿部ビル
青年文化社 電話（03）462―5597
振替口座 東京 107404
定価 50円 毎月10日・25日発行

日本社会主義青年同盟中央本部『団結の砦』第47号（1974.04.25付）

会機関誌として『先駆』。社青同名義の刊行物の発行主体として青年文化社。

私見だが、社会党との関係や社青同向坂派等との関係を理解しにくくしているのは、協会派などの他派と社青同に共存していた時期の解放派も、独自に社青同を再建し、完全に関係が断たれた後の解放派も、同じ「社青同解放派」の名前で呼ぶからであろう。協会派などと共存していた時期の社青同を構成する解放派を「社青同解放派」、社青同を独自に再建した後の解放派のみによって構成される社青同を「解放派社青同」と呼ぶことを推奨したい。

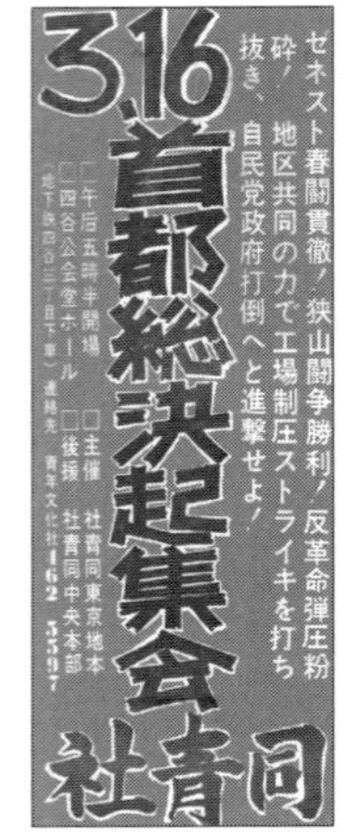

解放派社青同首都総決起集会（1974.03.16）ステッカー

学生組織は大学を単位とする反帝学生評議会（反帝学評）であり、全国組織である全国反帝学生評議会連合は1967年12月17〜18日に結成され

全学連定期25回全国大会（1973.07.15-18）全学連（北条委員長）ポスター

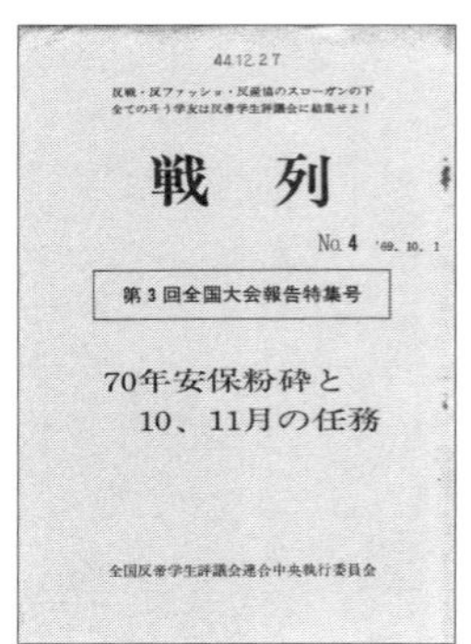
44.12.27

反戦・反ファッショ・反産協のスローガンの下
全ての斗う学友は反帝学生評議会に結集せよ！

戦列

No.4 '69. 10. 1

第3回全国大会報告特集号

70年安保粉砕と
10、11月の任務

全国反帝学生評議会連合中央執行委員会

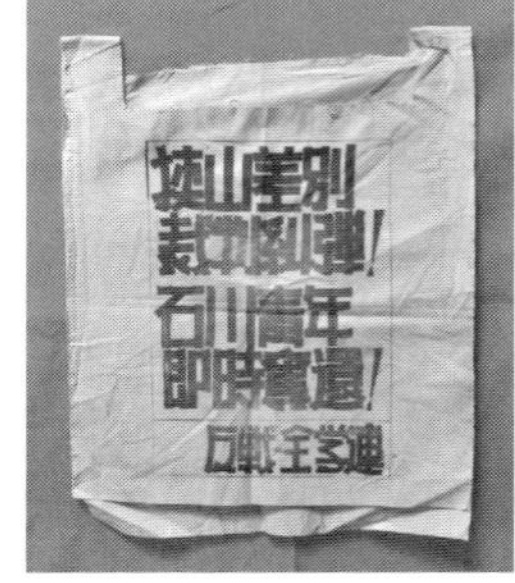

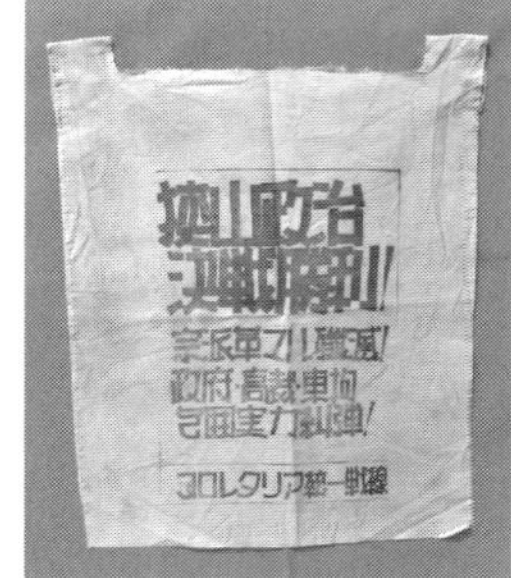

（上）解放派反戦・全学連のゼッケン（1970年代初頭）（表・裏）
（左）全国反帝学生評議会連合『戦列』No.4（1969.10.01付）

ている。機関誌『戦列』。結成大会では全国反帝学生評議会連合の旗が採択された（機関紙『革命』第7号（1968.01.01・15合併号））が、実際に闘争において用いられている場面は確認できていない。各大学における反帝学生評議会運動は、1964年に早大や東大、法大を中心に開始されていたという（機関紙『革命』第16号（1968.06.15・07.01合併号））。1969年7月には単独で全学連大会を開催し事実上の解放派の学生大衆団体としての解放派全学連が発足した。

高校生組織は反帝高校生評議会（反帝高評）であり、全国組織である全国反帝高校生評議会連合は1970年3月20〜22日に結成された。機関誌『レーテ戦士』。

1971年には反戦青年委員会の結成を担った高見圭司が三里塚・沖縄

参院全国区 第2・第3の三里塚を! 議会へゲリラを!! 70年代戦線 高見圭司ポスター　1971年

全国反帝高校生評議会連合『レーテ戦士』創刊号（1971.04.24付）

を闘う七〇年代戦線を運動母体として参議院全国区に無所属で出馬し、落選しており、解放派は当時この選挙を支援していた。

革労協は1969年の結成から今日に至るまでの間で何度か分裂を経験している。この分裂について記載のある資料は少ない。新左翼研究ではしばしば見られる現象ではあるが、一般に参考文献としての価値を認められないWikipediaが、当時を知ると思しき人物の記載によって記述が充実しているほどである。ここでは主に公安調査庁『成田闘争の概要』（1993年）の記述を軸に分裂過程を見ていく。

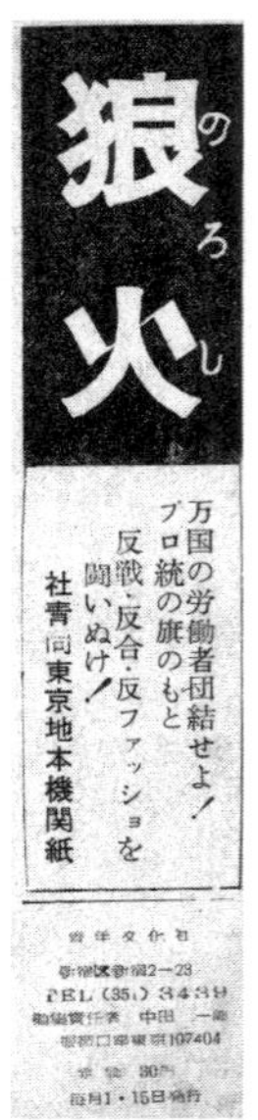

社青同東京地本『狼火』第112号（1970.08.15・09.01合併号）

そもそも革労協はその成立経緯から、学生出身のグループと労働者出身のグループと大きく2つの人脈・派閥があり、発足間もない時期から竹海衆（狭間嘉明）ら急進的な軍事優先路線を主張する学生出身グループ（以下「狭間派」）と、滝口弘人（佐々木慶明）ら大衆運動重視を主張する労働者出身グループ（以下「労対派」）との対立があったという。もっとも解放派の学生戦線の出身で、革労協結成時には獄中にあり、保釈後に労働戦線に移った高原駿は、公安調査庁の見方とはやや異なる見方を示している。高原のいた都職労周辺の労働者部隊では革労協結成自体の評判がそもそも良くなかったという。分裂した社青同東京地本を中心に全国の社青同組織を解放派として再編しあるいは結成していく党的な活動を実施的に担っていた社青同では、革労協は「『老人クラブ』よばわりをされ、実践部隊をもたないサークルのような見方をされていた」という。一方の学生戦線では学生運動の司令塔として革労協学生委員会が位置づけられたため、革労協内部では実践部隊を持たない労働者戦線と実践部隊を有する学生戦線とで差が生じてしまい、相対的に学生戦線が重みを持ってしまった。その学生出身グループや学生戦線の主流を占めた軍事優先路線は革マル派との内ゲバが激化する中で公然と提起されたものだったという（高原駿『沈黙と軌跡』（2007年、でじたる書房））。「老人クラブ」呼ばわりされていたという通り、労働者戦線と学生戦線での中核的な指導層の世代的な差もあったものと思われる。

1977年2月に総務委員会書記長で最高指導者であった中原一（笠原正義）が革マル派によって殺害されると、比較少数派の狭間派は労対派から路線転換を迫られた。狭間派は中原が殺害された原因が組織内にスパイがいたためである（いわゆる「ヨーロッパ問題」）と主張し、スパイ摘発

同志中原虐殺の復讐戦に総決起せよ（1977年頃）

を口実に労対派の追い落としを図り組織の実権を掌握した。更に1978年10月には狭山事件を題材とする映画『造花の判決』の上映運動を行う解放派系の大衆団体（「造花の判決」目黒地区上映実行委員会）が宣伝ビラで「百歩譲って石川『黒』だとしても」と記載したことが部落解放同盟品川支部に差別容認であると指摘される事件（目上委差別ビラ事件）が発生すると、これを風車問題と名付けて組織内部での糾弾闘争（内糾闘争）を展開した。この目上委は労対派の影響下にある大衆団体であったといわれ、狭間派が主導する徹底的な内糾闘争によって狭間派と労対派との対立は一層深刻なものとなった。労対派は狭間派が主導する内糾闘争について「差別糾弾闘争の政治的利用、小ブル的権力闘争への手段化をもって解放派潮流の宗派的制圧をおし進めんと」したと批判している（労対派機関誌『プロレタリア革命』6号（1982.01.01付））。

1980年9月には狭間派が三里塚闘争に向かう労対派活動家を襲撃し、また三里塚現地においても労対派活動家を襲撃する内ゲバ事件が発生し、1981年6月14・15日に反安保闘争に関して両派が別個の集会を行ったことで革労協は名実ともに分裂した。1983年の三里塚闘争における反対同盟分裂に際しては、労対派が熱田派を、狭間派が北原派をそれぞれ支援することとなった。

分裂当初は幹部クラスの大半が労対派についたことで、狭間派は劣勢になったといわれるが、公然拠点である東京の現代社本社、神奈川支社及び九州支社を支配下に置いて機関紙『解放』を継続発行しながら立て直しに注力し、1982年7月には1980年12月以来労対派が押さえていた関西支社も奪還した。また全学連も狭間派が押さえており、1981年7月19～21日には第33回定期全国大会を開催した。しかし一方で1982年4月9日には№2の総務委員永井啓之が、同年5月7日には最高指導者の狭間嘉明が逮捕されたことにより大きな打撃を受けた。狭間の逮捕容疑は改造けん銃と米国製ペンシルガンの所持容疑であり、狭間の逮捕を革労協は「デッチ上げ」であるとして抗議声明を発表した。

革労協は中核派と同じく革マル派と内ゲバをするかたわら非公然活動に注力しており、狭間は1974年以来地下に潜って非公然活動を指揮していたと見られていた。革労協は1977年には非公然活動のマニュアルとして偽装誌『暮しの手帖』を発行している。労対派との分裂後の狭間派は軍事を優先する傾向を更に強め、ゲリラ事件を頻発させた。特に大規模なものとしては、1989年2月3日の

ガードフェンスの設置状況　右向うは革労協現代社（警視庁警備部『昭和58年下半期主要警備記録』）

東郷神社本殿爆破事件や、同月24日の大喪の礼の当日に、昭和天皇の葬列が武蔵陵墓地に向かう経路上にある中央自動車道の法面を爆破し土砂を道路上に流出させた中央自動車道切り通し爆破事件、即位の礼直前の1990年11月1日の警視庁新宿警察署清和寮爆破殺人事件などがある。革労協の公然拠点現代社は杉並区下高井戸に所在し、首都高速道路4号線の高架に近接していたため、1983年の国営昭和記念公園開園に伴う昭和天皇行幸時に首都高速4号線が行幸時の経路の候補となると、天皇の車列へのゲリラを防止する目的で中央分離帯上に長さ120メートル、高さ2.5メートルに及ぶガードフェンスを設けており警備当局が革労協を強く警戒していたことがわかる（警視庁『昭和58年下半期主要警備記録』（1983年））。

　しかし狭間派内部も一枚岩とは言えず、軍事優先の狭間と、大衆運動にも一定の重要性を認める永井とが路線上の相違から対立を深め、1988年1月には永井が除名された。更に1989年6月25日未明には永井が妻と暮らしていた埼玉県川口市内のアパートから拉致され、その後茨城県牛久市内の路上で死体となって発見される内々ゲバ事件が発生した。狭間派は6月28日に現代社の前で記者会見を行って声明を発表し、「今回の事態の全責任は、権力に屈服し売り渡しをおこなったのみならず、逃亡・破壊をくりかえした永井本人にある。」「死という結果は、目的としてはなかった」「永井は、九・一四－一五（一九七三年、反革命革マルによる神奈川大学夜襲＝白色テロと、革マル反革命分子二名の死）公判、銃刀法公判等に関して、同志の売り渡しによりわが党によって除名され、その後も党と革命運動の反階級的・反革命的な破壊をくりかえしてきた。」「この問題を利用した権力・革マル等の介入の封殺をふくめた組織防衛上の活動は当然であった。」として殺害を目的としたものではないとしつつ、永井殺害を認めた。除名後の永井は1989年4月頃から山谷のドヤに住み土工として働いていた（永井啓之『仁王のように立ちて』（1990年、社会評論社））という。また事件前日の6月24日夜には永井は自宅アパートにシンパの活動家数十名を集めて会合を開いていたとし、この殺害事件は永井派活動家への見

1988.10.27-28 本館バリケード封鎖―占拠闘争を闘いぬく全学実の学友"駿河台から皇居へ進撃せよ""今こそ天皇制をなくせ"の声 駿河台に轟きわたる(第109回駿台祭パンフレット)

1992年 PKO法案粉砕!自衛隊海外派兵阻止!にむけ6.5～6和泉・駿河台ストに勝利する(第111回駿台祭パンフレット)

せしめではないかといわれていた(『旬報学生青年運動』第726号(1989.08.01付))という。この事件を機に永井を支持していた革命軍の一部や神奈川県下の一部活動家が集団で離脱した。更に1989年11月には元総務委員門根健二の闘争資金着服問題や女性問題(いわゆる"メディア問題")が表沙汰になった。門根の持つ資金収集能力や活動実績に配慮した中央は穏便な処分にとどめたが、これを不服とする関西地方委員会が門根の除名処分を要求した。しかし中央は三里塚現闘の活動家が子の病気を理由に無断で郷里に戻った問題(いわゆる"バード問題")を持ち出して、これに関与したとされる関西地方委員会幹部西原学の責任を追及したため、

1991年3月には関西地方委員会の西原を支持する活動家らが現代社関西支社を放棄して集団離脱する事態となった。『旬報学生青年運動』第798号（1992.09.15付）によれば、西原グループは1991年12月には部落解放同盟各県連青年部等に宛てて革労協中央との決別を宣言する文書を送付したほか、1992年3月8日に浦和市内で開催された部落解放同盟埼玉県連主催の狭山第二次再審闘争勝利集会では革労協中央の活動家と西原グループとが罵声を浴びせあって対立する場面も見られたという。1992年8月21日には西原グループの活動家

1992年　PKO法案粉砕！自衛隊海外派兵阻止！にむけ6.5～6和泉・駿河台ストに勝利する（第111回駿台祭パンフレット）　駿河台でのピケッティングの様子

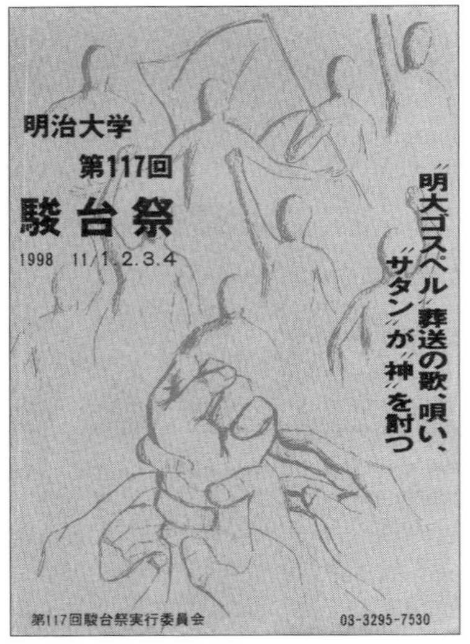

第117回駿台祭パンフレット（1998.11付）

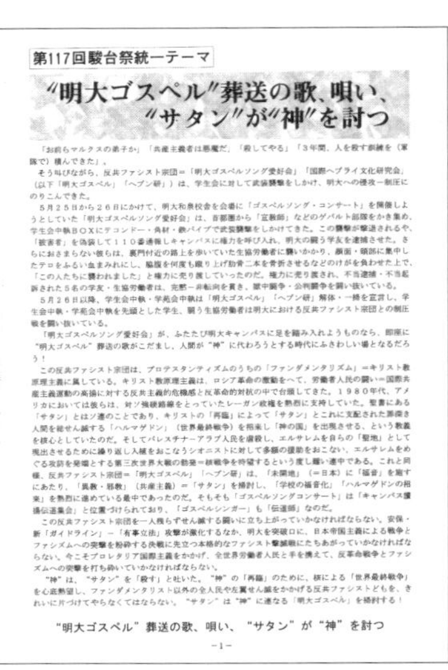

第117回駿台祭統一テーマ

"明大ゴスペル"葬送の歌、唄い、"サタン"が"神"を討つ

「お前らマルクスの弟子か」「共産主義者は悪魔だ」「殺してやる」「３年間、人を殺す訓練を（軍隊で）積んできた」。

そう叫びながら、反共ファシスト宗団＝「明大ゴスペルソング愛好会」「国際ヘブライ文化研究会」（以下「明大ゴスペル」「ヘブン研」）は、学生会に対して武装襲撃をしかけ、明大への侵攻―制圧にのりこんできた。

５月２５日から２６日にかけて、明大和泉校舎を会場に「ゴスペルソング・コンサート」を開催しようとしていた「明大ゴスペルソング愛好会」は、首都圏から「宣教師」などのゲバルト部隊をかき集め、学生会中執ＢＯＸにテコンドー・角材・鉄パイプで武装襲撃をしかけてきた。この襲撃が撃退されるや、「被害者」を偽装して１１０番通報しキャンパスに権力を呼び入れ、明大の闘う学友を逮捕させた。さらにおさまらない彼らは、裏門付近の路上を歩いていた生協労働者に襲いかかり、顔面・頭部に集中したテロをふるい血まみれにし、脇腹を何度も蹴り上げ肋骨二本を骨折させるなどのけがを負わせた上で、「この人たちに襲われました」と権力に売り渡していったのだ。権力に売り渡され、不当逮捕・不当起訴された５名の学友・生協労働者は、完黙―非転向を貫き、獄中闘争・公判闘争を闘い抜いている。

５月２６日以降、学生会中執・学苑会中執は「明大ゴスペル」「ヘブン研」解体・一掃を宣言し、学生会中執・学苑会中執を先頭とした学生、闘う生協労働者は明大における反共ファシスト宗団との制圧戦を闘い抜いている。

「明大ゴスペルソング愛好会」が、ふたたび明大キャンパスに足を踏み入れようものなら、即座に"明大ゴスペル"葬送の歌がこだまし、人間が"神"に代わろうとする時代にふさわしい場となるだろう！

この反共ファシスト宗団は、プロテスタンティズムのうちの「ファンダメンタリズム」＝キリスト教原理主義に属している。キリスト教原理主義は、ロシア革命の激動をへて、労働者人民の闘い＝国際共産主義運動の高揚に対する反共主義的危機感と反革命的対抗の中で台頭してきた。１９８０年代、アメリカにおいては彼らは、対ソ強硬路線をとっていたレーガン政権を熱烈に支持していた。聖書にある「サタン」とはソ連のことであり、キリストの「再臨」によって「サタン」とこれに支配された罪深き人間を総せん滅する「ハルマゲドン」（世界最終戦争）を招来し「神の国」を出現させる、という教義を核心としていたのだ。そしてパレスチナ－アラブ人民を虐殺し、エルサレムを自らの「聖地」として現出させるために繰り返し入植をおこなうシオニストに対して多額の援助をおこない、エルサレムをめぐる攻防を発端とする第三次世界大戦の勃発＝核戦争を待望するという度し難い連中である。これと同様、反共ファシスト宗団＝「明大ゴスペル」「ヘブン研」は、「未開地」（＝日本）に「福音」を施すにあたり、「異教・邪教」（共産主義）＝「サタン」を掃討し、「学校の福音化」「ハルマゲドンの招来」を熱烈に進めている最中であったのだ。そもそも「ゴスペルソングコンサート」は「キャンパス獲得伝道集会」と位置づけられており、「ゴスペルシンガー」も「伝道師」なのだ。

この反共ファシスト宗団を一人残らずせん滅する闘いに立ち上がっていかなければならない。安保・新「ガイドライン」―「有事立法」攻撃が激化するなか、明大を突破口に、日本帝国主義による戦争とファシズムへの突撃を粉砕する決戦に先立つ本格的なファシスト撃滅戦にたちあがっていかなければならない。今こそプロレタリア国際主義をかかげ、全世界労働者人民と手を携えて、反革命戦争とファシズムへの突撃を打ち砕いていかなければならない。

"神"は、"サタン"を「殺す」と吐いた。"神"の「再臨」のために、核による「世界最終戦争」を心底熱望し、ファンダメンタリスト以外の全人民や左翼せん滅をかかげる反共ファシストどもを、きれいに片づけてやらなくてはならない。"サタン"は"神"に連なる「明大ゴスペル」を掃討する！

"明大ゴスペル"葬送の歌、唄い、"サタン"が"神"を討つ

－1－

第117回駿台祭パンフレット（1998.11付）1頁 革労協の拠点であった明大では、学園祭のテーマにも明大ゴスペル愛好会と革労協が対立する当時の状況が反映された

が就寝中に鉄パイプ等を持った複数の男に襲撃され、骨折など全治2ヶ月の重傷を負う事件も発生している。

1996年5月14日には神奈川県横浜市の國學院大學たまプラーザキャンパス付近の路上で革マル派活動家7名を襲撃し、元早大生の五十嵐修を殺害する事件を起こした。

1998年5月には革労協狭間派の一大拠点であった明治大学において、明大ゴスペルソング愛好会との対立が激化し、衝突に至り、革労協側に複数の逮捕者を出した。この明大ゴスペルソング愛好会は、韓国系のキリスト教右派系の組織であった。10月18日には革労協の非公然組織革命軍はこの明大ゴスペルソング愛好会を指導する立場にあったという教会の牧師を武装襲撃する報復に出た。

明大ゴスペルソング愛好会と革労協との対立が一層深まる最中の1999年5月には、革労協の学生グループを主体とする木元（山田茂樹）らと革労協指導部の狭間らが、明大ゴスペルソング愛好会との関係の処理をめぐって対立し、分裂した。狭間らは公然拠点現代社を確保し従来通り機関紙『解放』の発行を続け、対する木元らは9月15日に独自に拠点として赤砦社を設立し、革命的労働者協会（解放派）を名乗って機関紙『解放』を「再刊」した。一般に狭間派を主流派、現代社派と言い、木元派を反主流派、赤砦社派という。現代

1998年　反共ファシスト＝「明大ゴスペルソング愛好会」「国際ヘブライ文化研究会」解体・一掃！　6.2全学集会に決起した明大生（第48回和泉祭パンフレット）

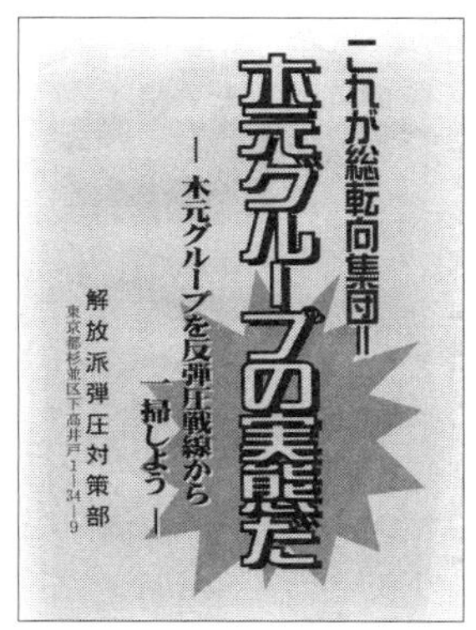

現代社派『これが総転向集団＝木元グループの実態だ』（2001.02.20付）

（1）2010年12月2日　解　放　（毎週木曜日発行）　第953号

万国の労働者団結せよ！
革命的労働者協会（解放派）

解放

本号8頁 250円
編集発行 赤砦社
東京都台東区入谷2−6−6
ナイスアーバン入谷 503号
電話 03−3873−3606
郵便振替 00160−4−182531

赤砦社派『解放』第953号（2010.12.02付）

1999.01.22　反動的学生管理支配体制打倒にむけ、1・22北条千秀追悼集会の成功をかちとる（明大新入生歓迎実 1999年度パンフレット）

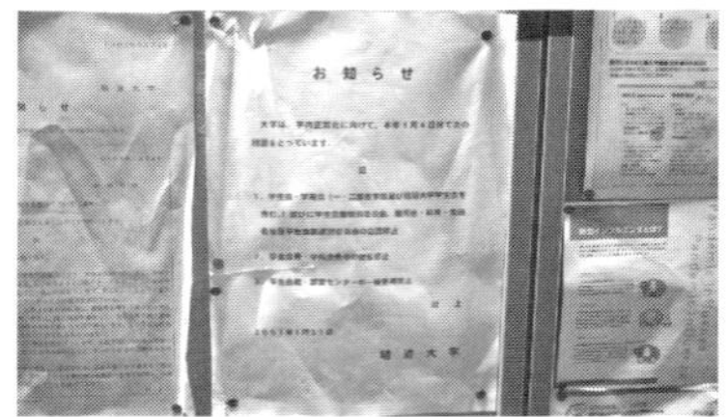

自治会の非公認化に関する明大当局のお知らせ（2012年著者撮影）

革労協の排除に伴ってヘルメットや角材の持ち込みや無許可集会が禁じられた（2009年著者撮影）

明治大学では革労協関係者と思われる個人について名指しで立ち入りを禁じていた（2008年著者撮影　氏名は著者にて加工し黒塗りとした）

社派と赤砦社派は路上、電車内、駅構内などで出刃包丁などの凶器を用いた内ゲバ合戦に突入し、多くの死傷者を出した。このような内ゲバは2004年まで続いた。

この現代社派、赤砦社派の内ゲバ合戦で革労協が拠点としていた明大が事件の舞台となったことや、明大生協の理事や職員が殺害されたことで明治大学当局は明大からの革労協排除に乗り出し、拠点となっていた自治会やサークルの非公認化、生協の解散に至った。2000年代以降は革労協関係者と思われる個人について名指しで構内への立ち入りを禁止する旨の看板が明大関連施設の各所に設置され、これは2010年代半ば頃まで設置され続けた。

分裂後の赤砦社派は非公然部門を継承したものとみられ、迫撃弾を用いたゲリラを活発に続けた。しかし三里塚闘争においては内ゲバを三里塚闘争に持ち込み、現地闘争拠点を襲撃するなどしたとして2000年2月27日付で反対同盟北原派から排除された。対する現代社派は分裂後長らくゲリラ事件を発生させていなかったが、2008年3月1日には、現代社派が赤砦社派との分裂後初めてとなる成田空港への迫撃弾によるゲリラ

革命軍

在日米海軍横須賀基地に
革命的迫撃弾攻撃を敢行
9・12

革命軍より軍報が寄せられたので、これを公表する。

軍報

わが革命軍は九月十二日、午後十時二十分、神奈川県横須賀市にある在日米海軍横須賀基地（在日米海軍司令部）に対して日米軍基地警備部隊・警察治安部隊の厳戒態勢を突破し、二門の革命的迫撃弾攻撃を敢行、在日米軍中枢機能を徹底破壊－壊滅的打撃を強制した。

この闘いは、反革命戦争の戦略兵器たる原子力空母「ジョージ・ワシントン」（G・W）の九・二五横須賀初配備（母港化）を実力で阻止する革命的ゲリラ攻撃である。

本戦闘は、二〇〇七年、米陸軍第一軍団前方司令部移転爆砕の在日米陸軍司令部・キャンプ座間攻略一・一二戦闘につづく、間断なきわが革命的建軍武装闘争の革命的精華である。

米帝は、イラク労働者人民を大量に虐殺しつづけ、アフガニスタンへの米軍増派を目論み、今、朝鮮民主主義人民共和国（北朝鮮）の「急変事態への軍事対応策（概念計画5029）」をもって、朝鮮反革命戦争の"口火"をきらんとしている。

まさに「ジョージ・ワシントン」空母打撃群の日本初配備こそ、日米反革命階級同盟の強化をテコに、朝鮮反革命戦争突入をみすえたものである。

わが革命軍は、日帝・自公政府によるまやかしの「空自イラク撤収」をみぬき、日米反革命階級同盟の強化－自衛隊海外派兵恒久化のための、海自インド洋派兵継続をなんとしても爆砕する。

世界大恐慌の切迫下、帝国主義の暴力的世界支配と決死対決する全世界労働者人民と国際連帯し、日帝足下、本格的権力闘争の武装的飛躍を闘いとり、プロレタリア世界革命に勝利する。

九月十二日
革命軍

2008年9月12日の米海軍横須賀基地に対する迫撃弾戦闘の軍報（赤砦社派『解放』第871号（2008.10.01付））

事件を発生させた。3月3日に発見された発射装置は2つあり、付近住民も2回の爆発音を聞いていたが、迫撃弾は同7日に成田空港航空技術センターの敷地内で1発が見つかったのみで、もう1発は見つからなかった。このもう1発かどうかは不明ながら事件から10年後の2018年9月13日にA滑走路付近で工事関係者によって迫撃弾が発見され、滑走路が封鎖される騒ぎとなった。事件当初に発見された迫撃弾が着弾していた航空技術センターはこのA滑走路から400メートルほどの距離であるから、2018年に発見された迫撃弾が2008年の現代社派のゲリラによるものである可能性がある。しかし2008年のゲリラ事件の直後、2008年5月には組織犯罪処罰法により活動家7名が逮捕されて現代社派は大きなダメージを受け、以降ゲリラを行っていない。

新左翼各派は2000年代にかけてHPを開設していったが、革労協現代社派・赤砦社派の両派はなかなかHPの開設もせず、ブログすら作らなかった。先にHPを開設したのは現代社派で、2011年5月頃全学連のHPとして開設した。同年8月には赤砦社派が機関紙『解放』のHPを開設した。

下部組織

【名称】**日本社会主義青年同盟**
【結成】1971年9月18～19日
【ヘルメット】青地に「社青同」、後部に「プロ統」

「プロ統」は「プロレタリア統一戦線」の略称。プロレタリア統一戦線の定義について「プロレタリア統一戦線のための、革命的な学生の闘う全国政治機関紙が出発するに当って人間らしく闘おうとする学生は『結合した目』をもとう！」（社青同学生班協議会解放派機関紙『革命』創刊号（1967.09.15付）所収）は、「プロレタリアートの独立した党によって階級

著者所蔵の生写真　1970年代前半の三里塚における反帝高評

的政治的に秩序づけられた、労働組合をはじめとし、現在の階級的立場をすてた農民、学生、それにブルジョアジーの一部さえも含むプロレタリアートの党と諸大衆組織の闘う統一体である」としている。

【名称】**全国反帝学生評議会連合**
【結成】1967年12月17～18日
【ヘルメット】青地に「反帝学評」、後部に「プロ統」または「AISC」

「AISC」は「Anti-Imperialism Student Council」の頭文字と思われる。

【名称】**全国反帝高校生評議会連合**
【結成】1970年3月20～22日
【ヘルメット】青地に「反帝高評」、後部に「プロ統」

【名称】**手話講座実行委員会**
【結成】1979年7月
【ヘルメット】黒地に「手話実」

【名称】**三里塚を闘う全国「障害者」解放委員会**
【ヘルメット】黒地に「『障害者』解放」、後部に「三障委」

【名称】**全国部落解放青年同盟**
【結成】1984年5月
【機関誌】『戦民』

全国部落解放青年同盟『戦民』第2号（1986.10付）

「部落青年をはじめとし、部落解放運動を闘う青年の闘争組織」として「党組織ではありませんが、革労協－社青同解放派の路線・戦略・思想に共感し、連帯し、この階級社会でもっとも抑圧され虐げられている労働者階級人民の利害によって闘う組織として」結成された。機関誌『戦民』はかつての全国水平社青年同盟機関紙『選民』を受けて名付けられたものと思われる。

【名称】**反安保労研全国センター**
【結成】1975年
　反安保労研全国センターは、解放派の呼びかけで開かれた全国労働運動研究交流集会を土台に、1975年に結成された。1981年には労対派との分裂に伴って反安保労研も分裂したが、狭間派によって1983年3月に第11回集会を以て再建された。現代社派と赤砦社派の分裂に伴って再度分裂し、両派それぞれにて反安保労研全国センター名義での活動が認められる。
　革労協は寄せ場での運動に注力しており、労働組合をはじめ大衆団体を複数影響下に置いている。

【名称】**福岡・築港日雇労働組合**
　現代社派、赤砦社派それぞれが影響下に置いており、現代社派系の福日労は黒地に「福日労」のヘルメットを着用している。

【名称】**反戦・反失業を闘う釜ヶ崎労働者の会**
【ヘルメット】青無地

【名称】**東京・山谷日雇労働組合**
【ヘルメット】青地に「山日労」
　1997年11月24日には全国日雇労働組合協議会（日雇全協）から山谷争議団のうち革労協を支持する部分が脱退し、東京・山谷日雇労働組合（山日労）を結成した。山日労の結成アピールでは分裂の直接の理由を映画『山谷 やられたらやりかえせ』の上映をめぐるものとしている。
　赤砦社派はナショナルセンターとして2012年6月24日に全国労働組合運動交流会（全労交）を結成。機関紙『全労交通信』。

機関紙『解放』第40号(1969.10.01付)より
革命的労働者協会(社会党社青同解放派)　〈暫定規約〉

第一条　本協会は、労働者階級の保護・発展および完全な解放をめざして、労働者階級の自然発生的な運動を結び付け、統一し、それを共同のものにすることを目的として、日本社会党・社青同の内部から、日本における革命的労働者階級の一構成部分として、小市民的諸勢力との癒着を断ち切る分派闘争を通じて、労働者階級を独立した党へと組織するために創立されたものである。

第二条　本協会の名称は「革命的労働者協会」(日本社会党・社青同解放派)とする。

第三条　本協会は、毎年○月都道府県の代議員からなる定期大会を開催する。定期大会は、本協会の総務委員会を選出する。必要な場合には、総務委員会は定期大会のほかに臨時大会を召集することができる。定期大会は、総務委員会の一年間の活動に関する公式の報告を受ける。大会は、労働者階級の共同の努力を明らかにし、本協会の活動の成功に必要な方針を討議し、決定する

第四条　総務委員会は、東京におく。総務委員会は、事務処理の必要に応じて、議長・書記などのような役員を互選する。総務委員会は、本協会の全国中央部であり、諸組織の全国的な結び目として、一地方または一部門の労働者が、他の地方、他の部門の同じ階級の状態や運動の情報にたえず通じ、本協会の一組織で提出した全般的に利害関係のある問題を、すべての諸組織の検討に移し、共同の実際的措置が必要とされる時は、各組織が一致して行動を起こすように活動すべきである。総務委員会は、必要だと思われる時はいつでも、本協会の諸組織にしめすべき提案を発議するものとする。総務委員会は、機関紙・誌、通信、通達を発行する。

第五条　本協会の成員は、三名以上をもって細胞を構成し、各細胞は、細胞の代議員からなる定期大会で選出される都道府県委員会および地方委員会によって代表される結合を持つ。ただし、北海道委員会および東京都委員会は、地方委員会として取扱うことができ、また、必要に応じて、総細胞・地区委員会の組織や機関を持つことができる。各委員会は、議長・書記などのような事務処理に必要な役員を互選する。本協会の各成員・各組織・各機関は、直接、東京の総務委員会と連絡することを妨げられないのは、自明のことである。

第六条　総務委員会は、労働者の産別委員会・学生委員会・農民委員会などを組織する。産別委員会は、労働組合が労働者階級の解放に向って進むあらゆる社会的、政治的運動を支持し、利己的なものどころか、ふみにじられた大衆の解放のために、階級として行動するように推進し、学生委員会・農民委員会などは、学生運動・農民運動などを革命的労働者階級に結びつくよう、推進しなければならない。

第七条　総務委員会は、労働者階級を独立した党へと構成するために、社会党委員会・社青同委員会を組織して、本協会の全成員の全国的な分派闘争を推進し、日本共産党やその他の小市民的諸党派との党派闘争の展開とともに、労働者階級が小市民的諸勢力の政治的尻尾になりさがっているような結び付きを断々固として拒絶してゆくよう推進しなければならない。

第八条　本協会のすべての成員・組織および機関は、資本の絶え間ない攻撃に抗して、相互の競争を団結にかえようとし、この団結において一人一人が発展せんとしている労働者の真剣な運動、すなわち、「行動委員会運動」を普及させ、それらを結び付け、発展せしめるために最大の努力を行なうべきである。

第九条　本協会への加入と成員の行動の責任については、都道府県委員会が責任を負うものとする。本協会の原則を承認し擁護し、加入を認められたものは、本協会の大会が決めた一定の加入金と会費を納めなければならない。本協会の成員は、誰でも、被選挙権がある。

第十条　対外政策のための闘争は、労働者階級解放のための一般的闘争の一部を構成する。本協会は、労働者階級の国際的協力のために邁進しなければならない。

第十一条　この暫定規約は、一年間の闘いの経験によって、その正しさを検証し、一九七〇年〇月の定期大会で確定規約を制定するものとする。

機関紙『解放』第40号(1969.10.01付)より 革命的労働者協会(社会党社青同解放派) 結成宣言

労働者諸君!

日本の戦闘的な労働者、人民がベトナム人民抑圧戦争に反対する闘争の国際的協力のなかから成長してきた一〇・二一国際反戦統一行動を、日米安保とNATOの同時的粉砕に向けて戦いつつ、一一月佐藤訪米を実力で阻止せんと突進しているいま、われわれは、革命的労働者協会が結成されたことを、ここに公然と宣言する。

「対外政策のための闘争は、労働者階級解放のための闘争の一部を形成する。万国のプロレタリア団結せよ!」と呼びかけた国際労働者協会＝第一インターナショナルが創立されて、すでに百年余経つ。また、「世界共和国であった」といわれるパリ・コミューンの烽起百周年が目前に近づいている。すでに「解放派」の名で知られてきたわれわれは六〇年安保闘争とその敗北後一〇年の苦闘をかみしめ、全世界の傷つき倒れた無数のプロレタリア大衆の遺灰を受けつぎつつ、今日における産業合理化と帝国主義的ナショナリズムの突撃のための七〇年安保、すなわち「アジア、太平洋圏」安保を粉砕してゆく闘争を、働く階級の政治的支配能力を獲得する闘争として全面的に発達した人間になるための闘争として、プロレタリア解放闘争として、戦いぬき、国際労働者協会の原則を、この現在において革命的に蘇みがえらせ貫き通さんとする精神をもって、ここに「革命的労働者協会(社会党、社青同解放派)」〈原文ママ〉という全国的団結にむすばれている。

わが革命的労働者協会＝解放派は、労働者階級を安保粉砕の行動に奮起せしめなければならない。もしわれわれがこの義務をおこたるならば、支配階級は途方もなく強化拡大した国際的抑圧の同盟によって、戦争とファシズムを突き付けつつ労働者にさらにおそるべき搾取と隷属を強いるであろう。そして、この歴史的闘争の真只中で、労働者を政治的尻尾におとしめんとするすべての党派が、労働者階級の巨大な体軀をもってする直立によって足もとから打ち破られ、戦う巨万の労働者大衆を革命的に独立した党へと構成し、それとともに万国の労働者階級の同盟を推し進め、かくして、労働者階級による政治権力の獲得と奴隷化せしめられた労働の解放をなし遂げてゆかねばならぬ。日本の戦う労働者を心底から鼓舞した「フランスの五月」の労働者階級は、新たな復活の兆候をすでに見せんとしている。次は、日本の労働者階級が国際労働者階級の心をゆさぶらなければならない。日米安保とNATOは、こうして労働者階級の国際的協力によって同時的粉砕に向う関連にあり、それはまた、「社会主義」諸国や後進諸国の労働者階級の顕在化を、強力に促さずにはおかない。

労働者階級が明確な姿で国際的な連帯を結べば結ぶほど、それは、腐れ果てた旧社会に対して一つの新社会が抬頭しつつあることを証明するものである。この新社会の開拓者こそ、あの国際労働者協会がそうであったように、わが革命的労働者協会でなければならない。

この抬頭する新社会とは何か？ それは、今日の戦いを戦いぬかんとする労働者にとって、何を意味するのか？ いったい、労働者は何故に戦うのか？ 自らの労働を自ら支配するために！ 奴隷化された労働から労働を解放するために！ 労働者の社会的隷属状態を終らせ、あらゆる人が労働者となり、階級支配を廃止するために！

今日、工場制度そのものの帝国主義的改編のもとで、労働者のあらゆる個人的自由が消し去られ、この恐るべき強制労働の牢獄は、労働者にとって、もはや耐え難い点にまで達しつつある。「自分の労働を自分で支配する」！ ――これは、すでに労働者の反戦闘争、すなわち対外政策のための闘争のなかから突き出され、今日のプロレタリア的反安保闘争のモットーとなろうとしている。だがこれは、労働者が現実的衝動を意識して戦いぬくためのものとして、「自分たちの共同による自分たちの労働の支配」を意味するものとして、いまこそ鮮明に引き出されなければならない。

まず第一に、こういうことがある。自分の労働に立脚する私有、すなわち自分の所有する生産手段を自由に使用する労働者、「自営」の生産者は、いたる所で打ち亡ぼされて、驚くべき資本の集中、生産手段の集中が突き進んでいる。それはこうだ。協業形態でのみ現実の労働たり得る労働、生産手段の多数の労働者の社会的結合にとってのみ生産手段たり得るものへの転化、それとともに、世界市場網への諸国民の組み込みと

「資本主義体制の国際的性格」(マルクス) が発達する。

この資本主義体制の国際的性格は、「社会主義世界体制」によって破壊されるどころか、今日ではこの「世界体制」そのものが、個々の「社会主義」諸国の独立化、さらに、それら諸国内部でも諸器官、諸企業の独立化と大規模な交換によって媒介されるに至り(「市場制社会主義」!)、ついには貿易依存度の高いチェコの離反へソ連、東欧五ヵ国軍を繰り出して、タガをしめ直させる程のものである。個々の労働者から引き離され、て個々の労働者に敵対せしめられ今や耐え難いまでの苦痛を強制しつつある「社会的労働」、「社会的労働手段」の恐るべき発達。それとともに「資本主義体制の国際的性格」がますます強烈に発達する－これこそが、SDR発動に見られる戦後の国際的信用制度の劇的な動揺に表現されている国際貿易に媒介された国際分業の再編成＝拡大再生産として、全世界の労働者階級におびただしい窮乏と労働苦を蓄積せしめているものである。七〇年安保は、まさにそのためのものに他ならない。

こうして今日、無数の労働者大衆から引き離されかつ彼らに敵対せしめられているこの世界的規模での生産力が、しかもいまや単に後進諸国のみならず先進諸国の労働者大衆にも耐え難いまでの苦痛を強制するに至りつつあるのだからこそ、歴史がまさしく現実に労働者革命の時代に突入しつつあることを告げ知らせているのである。だから、「戦後世界体制の根底的動揺」という能う限りの大ゲサな文句を使いながら、実は、そのなかに私的特殊利害、または民族的利害の衝突しか見ず、結局の所「競争の外観」をなでまわしているに過ぎぬ見解を吐露することによって、労働者をも、自分の労働力は自分で勝手に売るのだという労働力商品の流れにそのまま乗っかって闘わせ、それを「自立」だなどと夢想させようとする小市民的思慮浅薄を思っても見よ!

したがって、第二にこうである労働者が「自分の労働を自分で支配する」ということは、自分の労働力を自分で勝手に処理することでは決してなく、労働者が「自営」の生産者になることでは、なおさらない。ところが、かの世界に首までつかっている人達にとっては、結局の所それこそが至上の理想であり、彼らを前に駆りたてる当のものである!

彼らの坊主主義的な組織主義と一匹狼的な個人主義の無限の葛藤を見

よ。これに反して自分の労働力を自分で勝手に売る「自由」を放棄し、自分たちの労働力を自分たちの共同によって処理しようとする団結、このプロレタリア的団結を開始する賃金労働者を前に突き進めるものこそ、「自分たちの共同による自分たちの労働の支配」であり、雇傭労働を自由な共同労働に変えんとする人間の現実的衝動である。

この「自分たちの共同による自分たちの労働の支配」は、いかなる戦いとして展開せざるを得ないのか？この道こそ、戦術的には、断乎たる団結による突出した戦いであり、戦略的には、自由な共同労働の実現をさし当り国民的規模で開始せんとするからこそ不可避となるところの、現存国家（多数のものの労働を少数のものの富にする状態の永遠化のための）との真向うからの衝突と、その所産としての労働者階級の政府、すなわちコミューンの樹立、その発展がもたらすところの労働者大衆の世界的団結による世界的生産力の獲得、これである。労働者階級の普遍的な政治的社会的運動に向うところの、この「自分たちの共同による自分たちの労働の支配」、「自分たちの共同の意志のもとでの労働」に駆られる闘争は、現在の直下で、すでに精力的に開始された。七〇年安保粉砕に開かれた反産学協同の学園バリ・ストとして。反産業合理化の労働者ストライキ実行委員会として。さらに労・学連帯委員会として！それに駆られつつしかも決して個別的に実現されることのできない自由な共同労働！労働者・学生の資本のもとへの社会的隷属状態に抗する闘争が、この状態を永遠化するための国家権力との血みどろの衝突に至るに、何の不思議があろうか！そして労・学共闘のはらんでいるものこそ、自由な共同労働への衝動であり、精神的諸力能が労働者から分離し敵対せしめられている状態を、連帯において止揚せんとする傾向である。

いまや、公的暴力による大学制圧は全く一般的となりそれは労働者の上に急速に拡大せんとしている。「挑発」は、一時的に公的暴力の顕在化を引き出すことしかできない。それは政治的反動、密集した敵を生み出すことはできない。政治的反動は、個々の偶然的な要因によってではなく、革命的階級の反抗の所産でのみあり得る。賃金労働者階級が「自分たちの共同による自分たちの労働の支配」への現実の衝動を強めるとともに、これに火を点ぜんとするものへの徹底的な戒厳令が引き出される。

地下に追われた「全く何もできない」もぐらを見つめて、支配階級は自分が打倒されるべき対象であることを、全労働者階級の前にあからさまな姿で名乗り出さしめられる。かくて、戦後の「議会制民主主義」は、「なしくずしファシズム」などではなくて、ファシスト国家へと劇的に転化する時点へと急速に近づきつつありまた所有階級の諸国の深まりゆく対立にも拘らず階級闘争の革命的爆発に対抗せんとする限り反革命階級同盟の拡大再生産によって国際的な人民抑圧戦争を準備しつつある。今日の「共産党」は、一方では「反動」を嘆きながら、他方それを引き出した「挑発分子」こそが悪いとすることによって、その反ファシズム＝民主主義は密集した敵を生み出す真の階級闘争に対抗しているのだということを、自ら証明しているのである。

「自分たちの共同による自分たちの労働の支配」を推進的動機とし規定的目的とする今日のわれわれの戦いは、それ故に、単に佐藤内閣打倒ではなくて、日本帝国主義ブルジョアジー（日本独占ブルジョアを中心とするブルジョア階級）の支配の打倒、そういうものとしての自民党政府の打倒、簡単化して「日本帝国主義ブルジョア政府の打倒」でなければならない。現在の「自民党政府打倒」論は、つまるところ「安保堅持の自民党」を打倒するというものであってブルジョアジーの支配の打倒を意味せず、また現在の「日帝打倒」論は、日本帝国主義ブルジョアジーの支配の打倒（その意味でのみ正しい）と、日本における金融資本段階にある資本主義そのものとしての日本帝国主義の打倒（その意味では誤りであり、資本主義体制の国際的性格からしてこれは世界革命によってのみ実現される）とをあいまいに重ね合せているものである。現在の戦いのラディカル（根本的）な性格こそが資本家階級の政府の打倒を実際の目標に据えつける必要を突き出しているのだ。

そして「自分たちの共同による自分たちの労働の支配」の戦いを原動力とした闘争によるこの資本家階級の政府の打倒は、それ故にこそ、自由な共同労働の実現を国民的規模で開始してゆくべき労働者階級の政府を樹立してゆかなければならぬ。ことに現在ブルジョアジーの支配の終りがファシズムの始りたろうとする歴史的瞬間が近づきつつある時、労働者階級はこのファシズムへの転化を許さない唯一の戦いとして、ブルジョア政府の打倒にすぐ引き続くプロレタリア政府の樹立を明確に展望して戦いぬかなければならぬ。この政府の樹立は、かつてブルジョアジーが政治権力を獲得した時のように、出来あいの官僚的軍事的統治機構をそのまま手に入れてこれを利用しさえすればよいというわけにはゆかない。この機構を破壊して武装した労働者大衆によるコミューンを実現しなければならない。このことは単に「議会制民主主義」の有無によるのではなくて労働者革命の本性に由来するものである。すなわち、自由な共同労働は、自分たちの労働を自分たちの共同体の、他人との共同の意志のもとにおくことである。だからこそそれは精神労働と肉体労働の分離を止揚するものである。

本質的に労働者階級の政府であるコミューンは働く階級が同時に支配する階級なのだからこそ決定と執行を分離できないものでありそれ故に労働を解放することをまさに余儀なくされている。かくして「コミューンはどこまでも発展性のある政治形態であった」し「生産者の政治的支配と、生産者の社会的隷属状態とは併存できない」(マルクス)。

「自分たちの共同による自分たちの労働の支配」の欲求とそれを実現してゆく全面的に発達した人間への傾向は、今日の工場制度のもとで芽生える。それは資本に対抗する労働者のしんけんな団結において育つ。ただ他人との共同においてまた共同を通じてのみ労働者諸個人はその資質をあらゆる方面にわたってのばす可能性を手に入れる。労働者は世界史的存在として発達しなければならない。革命的労働者協会は自由な共同労働のためのそうした団結である。「アジア太平洋圏」安保粉砕を働く階級の政治的支配能力を獲得する闘争として戦いぬこう!「各人の自由な発展が万人の自由な発展の条件となる新たな協働体」は、永続革命=世界革命の戦いの団結において、すでに現在の直下にある!

一、産業合理化反対!産学協同反対!

一、安保粉砕!沖縄人民解放!

一、日本帝国主義ブルジョア政府の打倒!プロレタリア政府の樹立!

一、永続革命=世界革命!

万国のプロレタリア団結せよ!

一九六九年九月

この規約は、規約草案として1977年の社青同第十四回大会に提出され、討議の後に確立されたものである。
社青同機関誌『建設者』No.2(1978.03付)より
日本社会主義青年同盟改正規約

第一章　総則
第一条　日本社会主義青年同盟は、労働者階級・人民の政治的・経済的解放のために闘う日本における革命的青年同盟である。同盟は、プロレタリア革命＝ソビエト権力樹立を目的とし、青年労働者を中心に被差別青年大衆・学生・農村青年などあらゆる青年の統一と団結を強化するために闘う。又、世界の全ての青年労働者・被抑圧人民・学生との連帯を強化する。
同盟員は、プロレタリア解放の革命理論としてのマルクス主義を闘いの中で学習し、プロレタリア解放の推進者としての自己を鍛えあげつつ同盟の綱領と規約のもとに団結して闘う。
同盟員は、国家権力・右翼ファシスト・宗派の如何なる弾圧・敵対・組織破壊攻撃にも断固として闘う。
第二条　日本社会主義青年同盟は、中央委員会事務所を東京におく。

第二章　同盟員
第三条(加盟の資格)
(1) 同盟の綱領と規約を認め、同盟組織に所属して闘おうとする満十五才から三〇才までの青年男女は、同盟員となることができる。
(2) 同盟員が三〇才をこえた場合、中央委員会の承認を得て同盟員の資格を継続することができる。

第四条(加盟手続き)
加盟を希望する者は、同盟員二名以上の推せんとともに加盟申込書を班に提出し、班で審議し決定し、支部委員会の確認を経て県委員会の確認をもって同盟員となる。県委員会はすみやかに中央委員会に報告しなければならない。班がない場合等は、直接上級委員会に申し込むことができる。

第五条（同盟員の義務）
(1) 綱領・規約を守り、定められた会議に参加し、決定を実行する。
(2) 国家権力・右翼ファシスト・宗派から同盟を守り闘う。
(3) 定められた同盟費を納入する。
(4) 中央機関紙・誌を読み、拡大に努力する。
(5) マルクス主義の理論を学習する。
(6) 同盟員の拡大に努力する。

第六条（同盟員の権利）
(1) 同盟の各級役員の選挙権ならびに被選挙権を有する。
(2) 同盟の定められた会議や出版物で、同盟の方針について討論し、提案することができる。
(3) 同盟のあらゆる上級機関に対し意見書等を提出し回答を求めることができる。
(4) 任務の変更に対し意見を述べることができる。

第七条（同盟員の脱盟）
同盟を脱盟しようとするものは、理由を明らかにし、所属組織・各級機関の審査をもとにした中央委員会の承認を得なければならない。

第三章　組織
第八条（同盟組織、活動原則）
(1) すべての同盟員と同盟組織は、全国大会、中央委員会の決定に基いて行動する。
(2) 同盟の各級機関の決定は、上級機関の決定が優先する。
(3) 同盟の各級役員（班長も含む）は、すべて選挙によって選出され、各級役員は選出された組織に活動の報告をしなければならない。
(4) 選出された各級役員は上級機関に報告されなければならない。
(5) 同盟組織の努力にかかわらず、六ヵ月以上同盟活動にくわわらず、又六ヵ月以上同盟費を納めない者は、除籍する事ができる。同盟組織が同盟員の除籍を行う場合は、その同盟員の所属する班で討議し、県委員会に報告し、そこで決定する。それはすみやかに中央委員会に報告し、承認をえなければならない。

第九条（同盟の基本組織）

(1) 同盟の組織は、班－支部委員会－都道府県委員会－中央委員会として構成される。

(2) 三人以上の同盟員をもって支部委員会の承認のもと基礎組織、班をつくることができる。

(3) 都道府県委員会の承認のもと支部委員会をつくることができる。

(4) 中央委員会の承認のもと都道府県委員会をつくることができる。

(5) 中央委員会は、全国大会によって選出された中央委員によってつくる。

第十条（同盟の機関）

各級組織の最高機関は班の場合は班総会。支部組織、都道府県組織、中央組織は大会である。

第十一条

各級大会は、大会から大会の最高機関として各級委員会を選出する。班総会は班長、または班委員会を選出する。

第十二条（大会）

(1) 各級大会は各級委員会が招集する。班は班長、または班委員会が招集する。各級組織の三分の一以上の同盟員の要求があった場合はすみやかに大会を招集しなければならない。

(2) 各級大会の代議員は、同盟員数に比例して選ばれる。特別代議員は、各級委員会が大会の討議に必要と認めた同盟員を指名する。但し、大会の承認を必要とする。

第十三条

(1) 各級大会、委員会、総会は、議決権を有する代議員の二分の一の出席で成立する。

(2) 大会・委員会・総会の決定は、議決権を有する代議員の過半数の賛成により成立する。

第十四条（地方協議会）

中央委員会の承認のもと地方協議会を設置することができる。

第十五条（班協議会）

(1) 中央委員会、都道府県委員会の統轄・指導のもと、労働運動・学生運動の全国的階級的強化と統一のため、班協議会を設置することができる。
(2) 班協議会の目的は、産別的運動等の統一と強化を通じた同盟の地区活動の強化である。
(3) 班協議会は、中央委員会の指導・承認のもと班協議会総会を年一回開催し、議長等を選出することができる。又班協議会通信等を発行することができる。

第十六条（被差別青年協議会）

(1) 同盟に結集する部落民、沖縄青年をはじめ、被差別青年は、差別・抑圧に対決し解放をかちとるためのそれぞれの大衆的闘争組織に所属し、その階級的推進をなすことを任務とする。
(2) この闘いの推進のため、同盟に所属する部落民・沖縄青年をはじめ、被差別青年を結集し、部落青年協議会、沖縄青年協議会など被差別青年の協議会を中央委員会の指導のもと設置することができる。
(3) 青年協議会は、それぞれの闘いの状況について中央委員会に報告・提起し、全同盟的普及をはかるとともに、それぞれの闘いの根底的運命に関わる問題に関しては青年協議会の同意なしに中央委員会で決定できない。

第十七条（対策委員会等）

基本組織の強化と反帝大衆運動の強化のために、必要に応じ、中央委員会、各級委員会の指導のもとに、対策委員会、現地闘争本部等を設置す

郵便はがき

料金受取人払郵便

麹町局承認

6918

差出有効期間
2026年10月
14日まで

切手を貼らずに
お出しください

102-8790

102

［受取人］
東京都千代田区
飯田橋2－7－4

株式会社 作品社
営業部読者係 行

|l|l·|··|·l|''l|'l|·|||··||·|·|··|·l|'|·|'|·l|'|·l|'|·|'|·l|'|·l|'|·l|'|·l|'||·|

【書籍ご購入お申し込み欄】

お問い合わせ 作品社営業部
TEL 03(3262)9753／FAX 03(3262)9757

小社へ直接ご注文の場合は、このはがきでお申し込み下さい。宅急便でご自宅までお届けいたします。送料は冊数に関係なく500円（ただしご購入の金額が2500円以上の場合は無料）、手数料は一律300円です。お申し込みから一週間前後で宅配いたします。書籍代金（税込）、送料、手数料は、お届け時にお支払い下さい。

書名	定価 円	冊
書名	定価 円	冊
書名	定価 円	冊
お名前	TEL （ ）	
ご住所 〒		

フリガナ
お名前　　　　　　　　　　　　　　　　男・女　　　　歳

ご住所
〒

Eメール
アドレス

ご職業

ご購入図書名

●本書をお求めになった書店名

●ご購読の新聞・雑誌名

●本書を何でお知りになりましたか。

イ　店頭で

ロ　友人・知人の推薦

ハ　広告をみて（　　　　　　　　　　）

ニ　書評・紹介記事をみて（　　　　　）

ホ　その他（　　　　　　　　　　　　）

●本書についてのご感想をお聞かせください。

ご購入ありがとうございました。このカードによる皆様のご意見は、今後の出版の貴重な資料として生かしていきたいと存じます。また、ご記入いただいたご住所、Eメールアドレスに、小社の出版物のご案内をさしあげることがあります。上記以外の目的で、お客様の個人情報を使用することはありません。

ることができる。

第四章　中央委員会　中央常任委員会

第十八条（全国大会）

(1) 全国大会は、同盟の最高機関であり、少くとも二年に一回は開催されなければならない。

(2) 中央委員会を選出し、その活動報告組織方針を討議し、決定する。

(3) 中央常任委員会の選出を承認する。

(4) 綱領・規約を検討し、変更することができる。ただしその場合は、第十三条、(2) にかかわらず議決権を有する出席代議員数の三分の二以上の賛成を必要とする。

第十九条（中央委員会）

(1) 全国大会の決定にもとづき、大会によって決定、方針等を具体化し、同盟を統轄・指導するとともに同盟を代表する機関として、中央委員会を設置する。

(2) 中央委員会は、少くとも六ヵ月に一回開催される。

(3) 中央委員会は、中央常任委員会を互選する。

(4) 書記局を設け、書記局員の任免について承認する。

(5) 中央機関紙・誌を発行する。

(6) 規約に定められた任務とともに、同盟と階級闘争の発展のため設置された機関、組織を統轄・指導する。

第二〇条（中央常任委員会）

(1) 中央委員会の決定にもとづき、活動に責任を持つ機関として、中央常任委員会を設置する。

(2) 中央常任委員会は、委員長、副委員長、書記長、中央常任委員若干名により構成される。

(3) 委員長は、中央委員会を代表し、中央委員会、中央常任委員会を招集する。

第五章　都道府県委員会　支部委員会

第二十二条

都道府県委員会、支部委員会は、中央委員会の指導のもと、全国大会の決定を具体化し、都道府県、地区等において活動する。

第二十二条〈原文ママ〉

都道府県委員会、支部委員会の最高機関は大会であり、少なくとも一年に一回は開かねばならない。

第二十三条

(1) 委員会の報告をうけ、中央委員会の方針にもとずき、次の大会までの方針を決める。
(2) 委員会を選出する。
(3) 一級上の大会代議員を選出する。
(4) 常任委員会の選出を承認する。

第二十四条

(1) 大会と上級機関の決定を具体化し、活動計画をたて実行する。
(2) 常任委員会を互選する。
(3) 下級組織と、その期間の活動を統轄・指導・援助する。
(4) 下級組織の活動状態や意見・批判を上級組織に反映する。
(5) 機関紙・財政・学習等、必要な活動をする。
(6) 同盟の未組織な工場・職場・地区等に班を組織する。
(7) 上級委員会に定期的に活動報告を行う。
(8) 班を支部委員会に、支部委員会を都道府県委員会に集中する組織活動を行う。
(9) 同盟の加盟審査、処分、その他本規約に定められた活動、及び、同盟の組織と階級闘争の前進のために必要な活動を行う。

第二十五条

(1) 都道府県委員会、支部委員会の日常活動に責任を持つ機関として、常任委員会を設置することができる。
(2) 常任委員会は、委員長、副委員長、書記長、常任委員若干名によって構成される。
(3) 委員長は、委員会を代表し、委員会、常任委員会を招集する。

第六章　班
第二十六条
(1) 同盟の綱領・規約決定に従って、工場・職場・地区・学園において、支部委員会に集中し、労働者・人民の最先頭にたってプロレタリア解放のために闘う基礎組織である。
(2) 上級機関の決定・決議を具体化し、班員全員の任務を決め、その達成のため活動する。
(3) 中央機関紙を拡大し、同盟の規律を守り、同盟費を徴収し、完納する。
(4) 上級委員会に定期的に活動報告を行う。
(5) 同盟員の拡大に努力し、加盟申請を受理し、審査を行い上級機関に送付する。

第七章　特別委員会
第二十七条
同盟組織の防衛、維持、発展と階級闘争の防衛と発展のため、中央委員会の統轄・指導のもとに、特別委員会を設置することができる。(特別委員会の位置、基本組織との関係等は別に定める。)

第八章　処分
第二十八条
(1) 同盟の綱領・規約に違反し、又、労働者階級の利益に著しい損害を与える行為を行った同盟員は処分を受ける。
(2) 処分は、警告、権利制限、除名の三種類とする。ただし、権利制限の期間は一年を越えないものとする。
(3) 処分は慎重に取扱い、僅かな過失、悪意のない誤りに対しては、同志的忠告と学習によって誤りをくり返さないようにする。

第二十九条

(1) 同盟員の処分は、班でよく討議し、決定し、支部委員会の承認を経て、都道府県委員会に報告し、その決定を得て効力を発生する。この決定は、中央委員会に報告されなければならない。

(2) 各級機関の役員の処分は、所属機関の三分の二以上の多数で決定し、上級機関の決定を経て効力を発生する。この決定は、役員を選出した機関の大会で承認されなければならない。又、この決定は中央委員会に報告されなければならない。

(3) 処分を受けた同盟員、役員、又は、他の機関、同盟員が、その処分について別の意見をもっている場合には、中央委員会、及び、大会に対して、その処分の当否を検討し決定を行うよう上申することができる。上申を受けとった場合、中央委員会、及び、大会は、その処分について調査し、処分の再検討を指示することができる。

第九章　財政

第三十条

同盟の財政は、同盟費、同盟加盟費、同盟の事業収入、同盟への寄付金などで確立する。

第三十一条

同盟費は、月額　　　円とし、その配分は、中央委員会　　　円、都道府県委員会　　　円、支部委員会　　　円、班　　　円を基準とする。

第三十二条

同盟員で長期にわたる争議、などの理由がある場合、中央委員会上納費を免除、減額することができる。

第三十三条

同盟に新たに加盟する者は、加盟費として　　　円を中央委員会に納める。

第三十四条

各級委員会は、機関維持費を同盟費の他に徴収することができる。ただし、額については、各級大会の承認を必要とする。

第十章　同盟旗

第三十五条

同盟旗は、赤地とし、社青同の文書を紺色白枠で、日本社会主義青年同盟の文字を白色で入れる。

日本社会主義青年同盟中央本部『建設者』
創刊号（1971.10.25付）

社青同東京地本 腕章（1970年代初頭）　社青同規約の定める同盟旗の規定通り赤地に紺色白枠で「社青同」の文字が入っている

【名　称】**革命的労働者党建設をめざす解放派全国協議会**

【結　成】1985年12月
【機関紙】『プロレタリア革命』→『連帯』
【機関誌】『プロレタリア革命』

1977年2月11日に革マル派によって革労協指導者の中原一が殺害された後、内部では内ゲバ・軍事路線重視の中原直系といわれる竹海衆（狭間嘉明）を中心とする学生運動出身活動家グループ（以下「狭間派」）と、労働運動・大衆闘争重視の滝口弘人らを中心とする労働者グループ（以下「労対派」）とが対立した。狭間派は多数派の労対派から路線転換を迫られていたところ、1978年8月に目上委差別ビラ事件（「風車問題」）が発生した。これは狭山事件を題材とする映画『造花の判決』の上映運動を行う解放派系の大衆団体（「造花の判決」目黒地区上映実行委員会）が宣伝ビラで「百歩譲って石川『黒』だとしても」と記載したことが部落解放同盟品川支部に差別容認であると指摘された事件であり、狭間派は解放派内部に内糾中央対策委員会を設置して責任者らの査問を行い、更に労対派の幹部や活動家を糾弾して追い落としを図った。また狭間派が革マル派との内ゲバを継続した結果、労対派との亀裂は深まり、1980年9月15日の三里塚現地闘争で狭間派が労対派に対して暴力行使を行ったことによって分裂は決定的なものとなった。

労対派と狭間派が互いに中間派の

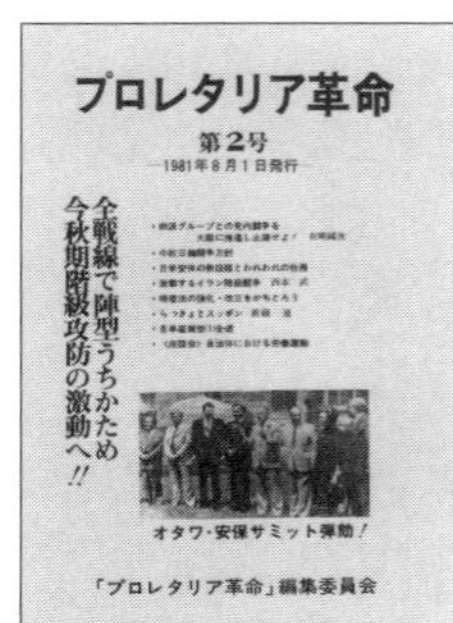

『プロレタリア革命』第２号（1981.08.01付）

『連帯』第270号（2008.09.01付）

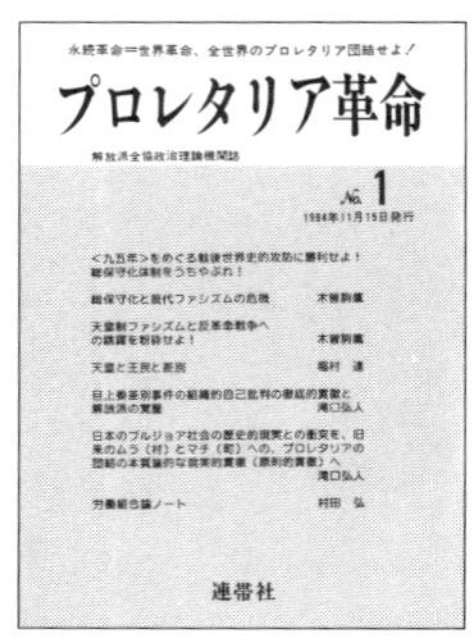

政治理論機関誌『プロレタリア革命』No.1（1994.11.15付）

抱き込みや相手側の切り崩しを図った結果、幾度かの内々ゲバ事件に発展し、1981年6月15日の反安保闘争において両派が別々に集会を行ったことで革労協は名実ともに分裂した（田代則春『日本共産党の変遷と過激派集団の理論と実践』（1985年、立花書房））。労対派は同7月1日には機関紙『プロレタリア革命』を創刊している。労対派は狭間派を「宗派グループ」「解放派脱落グループ」と呼び、狭間派は労対派を「社民的サンジカリスト極小グループ」などと呼んだ。

1981年1月には労対派が全国社青同中央再建委員会結成総会を独自に開催。4月には革労協再建首都圏活動者会議が呼びかけられ、1982年4月には革命的労働者協会（社会党・社青同解放派）再建全国連絡会議が結成された。1981年11月には解放派（再建委員会）の公然拠点として連帯社が開設されている（機関誌『プロレタリア革命』第6号（1982.01.01付））が、解放派（再建委員会）という組織がどの組織のことを示しているのかは不明で、恐らくは労対派総体のことを示しているものと思われる。

この後、革労協再建全国連絡会議と社青同中央再建委員会の2組織が発展的に解消して、1985年に革命的労働者党建設をめざす全国協議会と共同の場の形成をめざす全国協準備会が結成され、更に同年12月に第1回大会を開催して革命的労働者党建設をめざす解放派全国協議会が発足した（公安調査庁『成田闘争の概要』（1993年））。

1981.06.15 宗派グループの弱々しい敵対を粉砕し、宮本公園に登場（『プロレタリア革命』第4号（1981.10.15付））

1981.12.11 12・11神大登場の「四・二〇実行委」と再建委の部隊（『プロレタリア革命』第6号（1982.01.01付））

1981.12.11 12・11神大に登場した再建委部隊（『プロレタリア革命』第6号（1982.01.01付））

学生戦線にも多少のメンバーがいたとみられるが、主な活動は労働戦線で行われた。三里塚闘争における1983年の反対同盟分裂では熱田派支援党派となった。

【名　称】**主体と変革派**

【結　成】1969年5月
【機関紙】『プロレタリア』
【機関誌】『主体と変革』

主体と変革派は社青同の構造改革派から派生して誕生した党派である。社青同構造改革派は1964年2月の社青同第4回大会で協会派らなどの反主流派に敗れるまでは社青同の主流派であり、社会党書記長江田三郎が提唱した構造改革論を主軸とする「江田ビジョン」を支持する部分であった。もっとも、学生班では早いうちからヘゲモニーを失っており、労働者が主力だったようである。第4回大会以降、野に下った構造改革派の勢力は大きく減じたが、その構造改革派の中で各地に大衆的な基盤を持っていた一部のグループが、構造改革派の「戦闘的再生」を試みた。このグループは1965年に日韓闘争・ベトナム反戦の動きの中で結成された反戦青年委員会の活動に注力し、砂川・羽田・佐世保・王子・三里塚などの主要な街頭闘争を闘った。1969年4月の全国反戦青年委員会の再建の試みにあたっては後に主体と変革派となる村上明夫が世話人に選出されるなど、当時の反戦青年委員会の活動の中では存在感を示していたことがうかがえる。5月には主

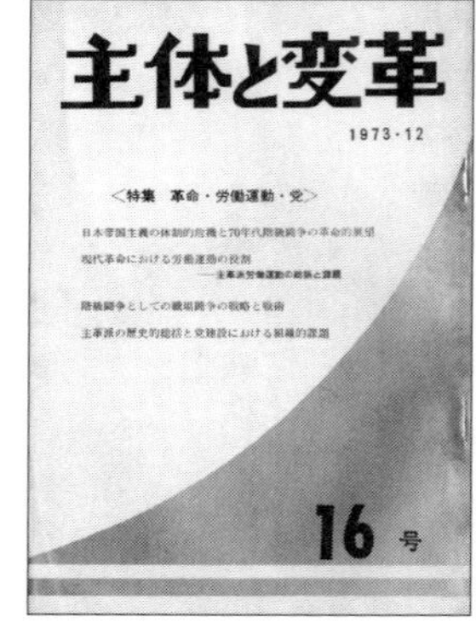

主体と変革派『主体と変革』16号
(1973.12付)

1976年4月10日(毎月1回10日発行) 昭和48年2月6日第3種郵便物認可　第43号

プロレタリア

日帝のアジア侵略・反革命
阻止、帝国主義政府打倒!!

主体と変革社　編集発行人　遠　山　四　郎
東京都新宿区愛住町23　TEL (357) 0056　一部100円(〒25円)半年750円

主体と変革派『プロレタリア』第43号
(1976.04.10付)

体と変革派を結成し、機関誌『主体と変革』を発刊した。公然拠点「主体と変革社」。8月には長野で第1回全国理論合宿を開催した。

構造改革派の流れを汲むとして主体と変革派が名指しした別のグループとしては、後に解放派に合流する高見圭司らが中心となって発刊した雑誌『根拠地』による労働者政治委員会を名乗るグループがあったが、主体と変革派はこれを、「(構造改革派を) あいまいなノンセクト的グループに転落させようとする」解党主義であるとして批判していた。

『主体と変革』創刊宣言の中では、①生産点からの反戦闘争の構築、②労働運動の左への転換、③反戦・反合理化闘争を通じての構造からのプロレタリアヘゲモニーの創出という3つの課題を掲げ、1970年代の大衆闘争の中からこれらを実現していくことをめざした。そしてその第一歩として、「総評－社会党ブロックがそのまま革新され、日本の前衛集団になりえないとしても、それでもなお将来の前衛集団の巨大な一翼をこの労働者本隊のなかに準備していかねばならない」として、社会党－総評ブロック内部に青年労働者を組織し、運動を展開していくことをめざした。

1969年5月の結成時から70年安保決戦を見据えて、11月の佐藤首相訪米阻止闘争へ注力しており、①スト拠点の構築と生産点からの決起、②生産点と街頭闘争の一体化、全国各地の街頭闘争の展開、③羽田現地への圧倒的動員の3点を掲げて取り組んだ。生産点と街頭との一体化とは、生産点での実力闘争が街頭での質の高い闘争につながり、戦闘的な街頭闘争がより強固な生産点での闘争につながって、相互に連関して拡大していくというものであり、更にはこの中で党派として労働戦線に登場し、社会党－総評中央の指示がなくても、各生産点の労働者の支持を集めて佐藤訪米阻止の政治ストライキに打って出るというものであった。主体と変革派は1969年5月の結成を、「一応の党的結集」と認識しており、佐藤訪米阻止闘争という実際の闘争の中で党派の確立をめざした。

主体と変革派の言によれば、1969年11月の佐藤訪米阻止闘争では、大阪電通巽分会・埼玉全逓・日放労において政治ストライキを実施しつつ、街頭では11月15日から17日の3日間銀ヘル1000人の部隊を東京に動員して実力闘争を闘ったという。この時の党派に組織された軍団と大衆とを有機的に結合させた統一闘争として実力闘争を闘ったことこそが、「社民のわく内で闘うのか」それとも「主革派の方針で闘いぬくのか」ということを活動家に迫る「党派性」であり、社民との「熾烈な党派闘争」であったという。

社青同との関係においては、1969年9月の社青同第9回大会では解放派、第四インターらとともに、反戦派（第二見解派）を形成し、解放派が中執に代表を出すことを拒否した一方で、主体と変革派は大阪・埼玉の各地本から各1名を出し、第四インターによる宮城地本、桜木派による福岡地本からの各1名とともに反戦派4名の代表を出し、協会向坂派9名とともに執行部を構成した。しかしこれら反戦派執行部も間もなく辞任し、協会向坂派は独自に社青同を担うことになる。主体と変革派系執行部の辞任には、社会党－総評ブロック内での分派闘争を志向する「内部革新論」と、別個に組織作りを進める「独自の党派性の確立論」との路線問題が1970年8月の第3回全国理論合宿において決着し、「独自の党派性の確立論」をとることが明確化されたという背景がある。1971年2月に開かれた向坂派の社青同再建大会に対しては解放派と主体と変革派が合同で反対デモを持ったが、その後は解放派と袂を分かったという。

主体と変革派の組織作りについての理論は、先に触れた「生産点と街頭闘争の一体化」の延長線上にあり、党的組織を即ち不抜の職場拠点とし、党派組織をあくまでも生産点に置くことを重視したことに特色がある。

1972年頃からは従来重視してきた大衆闘争至上主義の方針を改めた。これには情勢の変化があり、1969年頃の街頭闘争が活発に行われていた時期は、街頭へ労働者を動員し、同時に職場での闘争を行いオルグしていくという方法をとっていた。しかし1970年以降は街頭闘争が抑え込まれやすくなり、職場闘争もこれに応じて支配されていくなかで、今までのような「やればいつでも勝てる状況」ではなく、労働者の中に無力感が蔓延して運動が後退したことが一因だという。これを克服するために、新たな質の大衆闘争を創造し、更にこれと並ぶ車のもうひとつの車輪としてイデオロギー闘争を定めた。従来的な運動重視では大衆を思想的に獲得していく部分が弱かったとの総括に基づくものであった。

理論学習の強化を目的に1973年には大阪に労働者教育学習センターを設置し、その後北海道、埼玉、石川、福井などにも展開している。これらの地域は社青同の中で主体と変革派がヘゲモニーをとっていた労組の地本の所在地であった。大阪では大阪水道、大阪市職、大阪豊中市職、全逓大阪西、大阪電報、大阪電話、埼玉では全逓浦和、全逓大宮、全逓与野、石川では電通石川、福井では

無題（『主体と変革』20号（1976.09.20付））

電通福井通信部等の労働組合を影響下に置いていた（『旬報学生青年運動』第331号（1972.06.01付））。

1975年以降特に強化されたセンター運動では多くの青年労働者の結集に成功したが、一方で新規に獲得した労働者がサークル主義的傾向に陥り、生産点での労働組合運動などとの共同がおろそかになってしまう傾向を産み出した。この傾向を改めるために党の強調が図られたが、党建設を強調することによって、党が全国的・組織的に大衆闘争を指導しきることができない弊害を生み出してしまった。

運動面では職場解放研を組織して狭山闘争に注力したほか、三里塚闘争では、共産同前衛派、共産同プロレタリア派、共労党赤色戦線派らとともに、開港阻止首都圏労働者現地行動調整委員会に結集して活動を行っていた。主体と変革派は1960年代末以来銀色のヘルメットを着用していたとされるが、不詳。札幌における10月21日の国際反戦デー闘争では全逓・国労が銀ヘル部隊を組織し、石川における10月10日の小松基地撤去・自衛隊沖縄派兵阻止の集会では全電通が銀ヘル部隊を組織する（機関紙『プロレタリア』第2号（1972.11.10付））など、影響下にある労働組合で全国的に銀ヘルが着用されていたようである。

また1980年代中頃までは一大拠点であった埼玉全逓が銀ヘルを着用し首都圏各地の闘争に参加していたといい、行動パターンとしては過激な行動はとらないものの、静観するわけでもない中間的な行動をとり、警備にあたった警察からは「不気味」と評価されていた。

主体と変革派に関係する著名人としては、NHKの労働組合である日本放送労働組合（日放労）長崎分会の元分会長の鈴木達夫がいる。鈴木は佐世保のエンタープライズ寄港阻止闘争を闘った後、日放労長崎分会時代に自身の配置転換をめぐる労働争議の過程で逮捕され、最終的に解雇されている。

山下弘文によれば、1968年1月に米原子力空母エンタープライズの佐世保寄港が決まり、寄港阻止闘争が全国的な盛り上がりを見せる中で、地元長崎の寄港阻止の動きが鈍いことに焦りを感じた長崎地区労加盟団体中の最左派である日放労、三菱長船労組社会主義研究会、全逓の一部支部らが中心となって長崎地区反戦行動委員会が結成され、議長に山下弘文、事務局長に日放労の鈴木達夫が就任した。当時長崎には社会党青年部や社青同を中心にベトナム反戦青年委員会が既に組織されていたため、社青同と関係していた山下は九州大学の川口武彦ら協会派学者グループにも相談し同意を取り付けた上で既存の反戦青年委員会を刺激しないように「行動委員会」を名乗ったという。この行動委員会には広く中核派や革マル派、解放派、第四インターなども参加し、寄港阻止の実力闘争を闘った。そしてこの行動委員会は後に長崎地区反戦青年委員会と改称したため、第二反戦青年委員会を組織したということで山下は「トロツキスト」呼ばわりされたという（山下弘文の自伝『諫早に死す』（2001年、南方新社））。

この寄港阻止闘争直後の8月、鈴木は異動の内示を受けた。この鈴木の人事異動に端を発する日放労長崎分会の労働争議について日放労史編纂委員会編『日放労史』（1981年、日本放送労働組合）は「長崎問題」と題して扱っている。同書に基づいて概要を見ていこう。

1968年8月の定期異動では当時長崎分会長であった鈴木達夫及び長崎反戦青年委員会事務局長であった久野嘉資の両名が東京への配置転換を内示された。この人事異動を地域労働運動に対する挑発として拒否した日放労長崎分会の主張に応えて、日放労は組合として取り組み、発令延期を勝ち取り、内示撤回を迫る闘争を行ったが、その過程で長崎分闘（著者注：正式名称は不明。前掲『諫早に死す』に記述のある「長崎分会闘争委員会」と思われる）の闘争方針が実力による発令阻止戦術であり、他分会や九州支部の全体と一致しなかったことや、この闘争に支援として参加した長崎地区労、県評、長崎反戦青年委員会、長崎べ平連などの外部団体の中に戦術としての受信料不払いを呼びかけたり、日放労の組織的闘いを否定したりするものがあったため、日放労や支援の間に対立が生じ、この対立は1968年10月の第48回定期中央大会で表面化した。大会では「組織内で権利闘争をたたかう場合の原則は、組織の統一と団結を前提とする」ことを確認した上で、まず長崎分会が分会内の統一と団結を回復し、長崎分会と九州支部・九州の各分会が共同歩調をとれるように話し合うことが要請された。しかし対立はその後一層激化し、10月19日未明の九州支部緊急分会長会議では、長崎分会の組合員が22名連署での分会脱退届を持参して、分会運営の非民主性等を訴える事態に発展した。10月28日の臨時九州支部大会では長崎分会25名の署名による分会脱退届が提出され、また長崎分闘とこれに同調する代議員合わせて7名が途中退場するに至って大会は「九州全体としてのたたかいは不可能」と結論づけるとともに鈴木長崎分闘長らに対する制裁決議を可決し、この大会後長崎分会は分闘派と反分闘派に分裂した。

日放労中央は九州支部の決定を重く見つつもこれを一時棚上げし、組織分裂回避のために分闘派への日放労復帰を呼びかけ続けたが、10月31日には鈴木・久野両組合員の異動が発令された。更に11月7日には鈴木分闘長ら長崎分会の7名に対して、勤務中の職員に対する暴行脅迫や職場秩序を乱したこと等を理由として停職1～4ヶ月の懲戒処分が通告された。これに対し分闘派は7日夜に抗議集会を開き、約30名の組合員が、長崎反戦青年委員会及び長崎大学反帝学評ら約50名とともに放送会館前に座りこみ、23時過ぎには鈴木分闘長らが会館5階の局長室隣の会議室に団交を求めて乱入し、局長室に通じるドアを長机で破壊しようとしたため警官隊が出動し、鈴木分闘長ら12名が逮捕された。警官隊の導入に対して組合は反発し、全分会団交、時間外一斉拒否、30分間の全面ストライキを実施した。この一連の事態を重視した総評はあっせんに乗り出し、11月21日に総評の岩井事務局長が配転問題の処理や財政問題の取り扱い等について4項目の意見書を示した。これを長崎県評、地区労、日放労中央、九州支部、長崎分会が受け入れて問題を収束し、これら5組織で対策委員会を設けて、唯一起訴された鈴木分闘長の公判闘争を進めることとなった。10年に及ぶ公判闘争の末、1978年5月の長崎地裁判決では実刑を求める検察の主張を退けて、罰金1万円の判決が言い渡された。この判決を対策委員会は実質勝訴と受けとめて公判闘争の終結を決定した。後に1982年に最高裁で判決が確定し、鈴木達夫は解雇されている。

前掲『諫早に死す』の記述も大筋で同じだが、『諫早に死す』では、鈴木ら12名の逮捕についてNHK側とのもみあいの中でガラスが破損したことを口実に警察権力が介入したとしており、また公判闘争については、寄港阻止闘争以来高揚した運動の広まりを恐れた共産党系組合が、長崎反戦青年委員会をトロツキスト集団と規定して問題視したため、支援活動は一審判決までという制約がかけられてしまったという。

後に鈴木達夫は弁護士として動労千葉や法大闘争の弁護に携わり、2014年の東京都知事選に出馬・落選した。更に同年に衆院選、2016年に参院選に出馬したが全て落選している。いずれも中核派中央派の強い後援を得ており、中核派中央派の政治局員であるとの情報もあったが不明。2020年1月14日死去した。

鈴木は主体と変革派の関係者とされるが、中核派機関紙『前進』3110号（2020.02.24付）所収の葉山岳夫「鈴木達夫同志を追悼する改憲阻止、反戦闘争と労働運動に生涯を捧げた革命家弁護士」に付された鈴木達夫の略歴は「64年にNHKに入社。長崎局に赴任。日放労（NHK労組）長崎分会委員長に。革命的共産主義者同盟に結集し、68年原子力空母エンタープライズ佐世保寄港阻止闘争の先頭に立つ。」とあるから早い段階から中核派に結集していた可能性がある。

鈴木と中核派との関係について『旬報学生青年運動』第322号（1972.01.15付）は鈴木達夫を「中核派系」と名指ししている。また『旬報学生青年運動』第331号（1972.06.01付）には鈴木達夫と中核派との繋がりについての記述がある。同誌は1971年5月と6月に発生した中核派と解放派との統一集会における内ゲバ事件を契機として、6月17日沖縄返還協定調印実力阻止中央闘争以降、全国県反戦代表者会議が反中核派連合と、中核派・第四インター・主体と変革派連合に大きく分裂したことについて、「それまで構造改革左派路線の立場をとり続けてきた主革派が、反戦戦線上で過激派諸集団中盟主格を誇り、しかも当時過激戦術をとつていた中核派にあえて接近し、同グループの一翼を担うに至つた経緯については、一説によれば現在でも主革派の論客でもあり、また八府県反戦代表者会議の代表世話人をつとめる元日放労長崎分会の活動家鈴木達夫（NHK）のテコ入れがあつたともいわれている。」と伝え、鈴木の存在が中核派系へ接近させた一因との説を紹介している。また長崎県の反戦青年委員会が中核派と主体と変革派によって担われていると紹介されており、もともと鈴木の地元の長崎県では中核派と主体と変革派の間での協力関係があったようである。

さて、ここまで主体と変革派の概要についてまとめてきたが、自分で読んでもいまいちもの足りないというか表面的でしかない。参考にした文献は『主体と変革』誌だが、この機関誌は調査した限りでは公共の図書館にほとんど所蔵がないようで、滋賀県立大学や法政大学大原社会問題研究所に多少の所蔵があるのみである。機関紙としては、前掲『旬報学生青年運動』第331号には『全国通信』の名が見え、「中央委員会で決定した当面の方針、指示・通達事項を掲載して会員への意思伝達を図つており、現在二十七号まで発行されている。」という記載があるが、確認できていない。細々と数年にわたってたまに市場に出る機関紙誌を買い続けてきたが、文献調査としては今のところはこれが限界であるとギブアップしたい。今後も蒐集を続け、機会があれば追補したいと思う。そして重大な問題として、主体と変革派はどのような終焉を迎えたのか、ということがある。これについても調べてもわからなかったが、試みに主体と変革社の電話番号をインターネットで検索すると、2008年に新宿で開店し、後に恵比寿へ移転したラーメン店が出てくるので、遅くともその頃までには解散したとみるべきであろう。

4

構改派系

構改派の概要

1958年の日本共産党第7回大会において、綱領にあたる「党章」草案が提案されると、党章派（党中央）と、これに反対する反党章派との対立が起こった。第7回大会では「党章」中の規約部分を切り離して採択され、綱領部分については次回の第8回大会まで引き続き討議すべきものとされ、党内での対立は続いた。

1961年7月25日からの日本共産党第8回大会を前に、党中央統制監査委員会議長の春日庄次郎は党の新綱領草案に反対して7月7日（8日とする文献もある。春日の追悼文集ですらはっきりしない）、「日本共産党を離れるにあたっての声明」を発表し、脱党した。これに同調した同じく反党章派に属する中央委員の山田六左衛門、西川彦義、内藤知周、亀山幸三、中央委員候補の内野壮児、原全五の6名は7月14日に連名で「党の危機に際して全党の同志諸君に訴える」とする共同声明を発表し、党中央はこの6名を除名した。

10月には春日と除名された6名が全国世話人となって創立総会（7～9日）を開催し、社会主義革新運動準備会を結成した。議長春日庄次郎、副議長山田六左衛門・西川彦義、事務局長内藤知周。機関紙『新しい路線』。しかし社革（準）は発足の時点で、構造改革（イタリア共産党のトリアッティ議長が唱えた理論）路線の下で政策提起集団としての機能確立を重視する山田・原らサークル派と、前衛党結成を目標に綱領を作り組織整備をしようとする西川・内藤・内野ら綱領派の対立があった。春日は

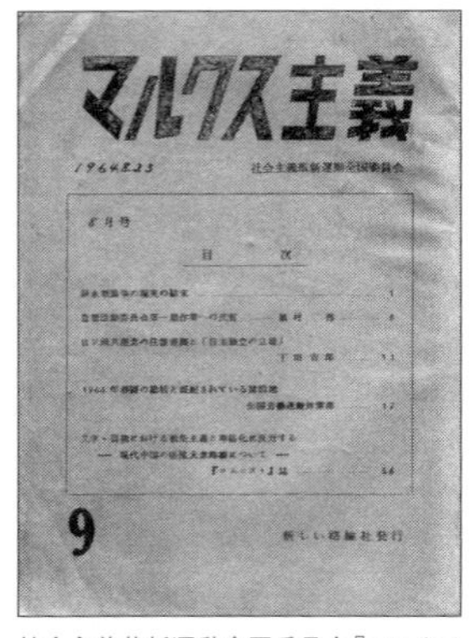

社会主義革新運動全国委員会『マルクス主義』8月号（1964.08.25付）

社会主義革新運動神奈川県組織委員会『先駆』№15（1963.09.08付）

中立の立場をとっていたが思想的には前者を支持していたとされる。この対立により創立大会直前まで名称や趣意書、規約が決まらない状態が続き、創立大会に至っても収拾がつかず、当日に大会を退席する者まであったという。

1962年2月の社革（準）第3回全国

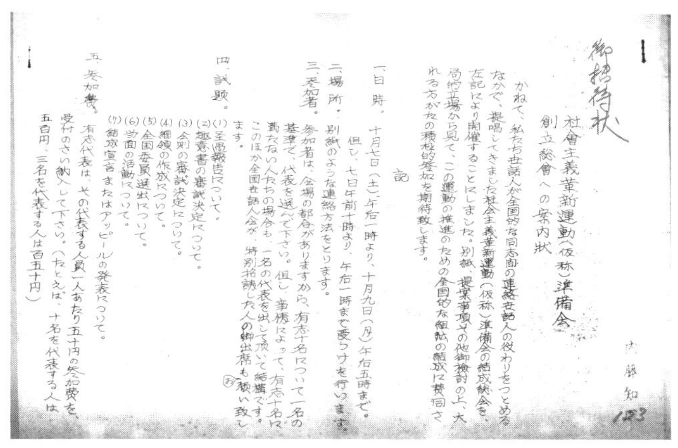

御招待状

内藤知

123

社會主義革新運動（仮称）準備会
創立総會への案内状

かねて、私たち世話人が全国的な同志間の連絡世話人の役わりをつとめるなかで、提唱してきました社会主義革新運動（仮称）準備会の結成総会を、左記により開催することにしました。別紙、提案事項その他御検討の上、大局的立場から見て、この運動の推進のための全国的な組織の結成に賛同される方がたの積極的参加を期待致します。

記

一、日時。十月七日（土）午后一時より、十月九日（月）午后五時まで。
但し、七日午前十時より、午后一時まで受つけを行います。

二、場所。別紙のような連絡方法をとります。

三、参加者。参加者は、会場の都合がありますから、有志十名について一名の基準で、代表を選んで下さい。但し、事情によって、有志十名に満たない人たちの場合も、一名の代表を出して頂いて結構です。このほか全国世話人会が、特別招請した人の御出席もお願い致します。

四、議題。
(1)経過報告について。
(2)趣意書の審議決定について。
(3)会則の審議決定について。
(4)綱領の作成について。
(5)全国委員選出について。
(6)当面の活動について。
(7)結成宣言またはアッピールの発表について。

五、参加費。有志代表は、その代表する人員一人あたり五十円の参加費を、受付のさい納入して下さい。（たとえば、十名を代表する人は五百円、三名を代表する人は百五十円）

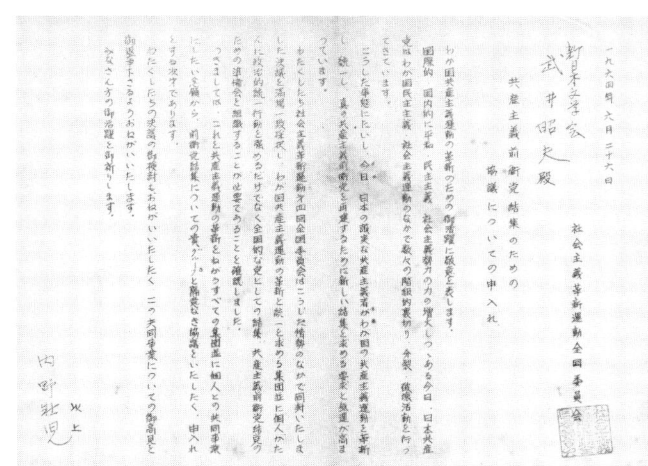

一九六四年六月二十六日

新日本文学会
武井昭夫殿

社会主義革新運動全国委員会

共産主義前衛党結集のための
協議についての申入れ

わが国共産主義運動の革新のための御活躍に敬意を表します。

国際的、国内的に平和・民主主義・社会主義勢力の力の増大しつゝある今日、日本共産党はわが国民主主義・社会主義運動のなかで数々の階級的裏切り、分裂・破壊活動を行ってきています。

こうした事態にたいし、今日、日本の誠実な共産主義者がわが国の共産主義運動を革新し統一し、真の共産主義前衛党を再建するために新しい結集を求める要求と気運が高まっています。

わたくしたち社会主義革新運動第四回全国委員会はこうした情勢のなかで同封いたしました決議を満場一致採択し、わが国共産主義運動の革新と統一を求める集団並に個人がたんに政治的統一行動を強めるだけでなく全国的な党としての結集、共産主義前衛党結党のための準備会を組織することが必要であることを確認しました。

つきましては、これを共産主義運動の革新をねがうすべての集団並に個人との共同事業にしたい念願から、前衛党結集についての貴グループと隔意なき協議をいたしたく、申入れとする次第であります。

わたくしたちの決議の御検討をおねがいいたしたく、この共同事業についての御高見を御返事下さるようおねがいいたします。

みなさん方の御活躍を御祈りします。

以上

内野壮児

（上）1961.10 社会主義革新運動（仮称）準備会創立総会への案内状
（下）共産主義前衛党結集のための協議についての申入れ（社会主義革新運動全国委員会）（1964.06.26付）

委員会では、内藤の参院選立候補と党建設問題をめぐってサークル派と綱領派に分裂し、春日はこの際にサークル派についた。サークル派は4月に社革（準）を離脱し、社革（準）の議長には西川が就任した。離脱したサークル派は5月3日に全国総会を開催して統一社会主義同盟を結成した。以降の統社同については統一社会主義同盟の項を参照のこと。社革（準）は、1963年9月の第3回全国総会で、組織名称から（準）を取って社会主義革新運動に改称し、また西川が健康問題を理由に議長を辞任し、後任として事務局長であった内藤が選出された。機関誌『マルクス主義』。この第3回全国総会では結党運動を進めることが明確にされたが、これに反発する部分が脱会している。社革は広汎な共産主義者の結集をめざし、かつて袂を分かったサークル派が結成した統一社会主義同盟にも政治的統一行動の申入れを行った。翌1964年6月の第4回全国委員会では「結党運動の発展のために」を全会一致で採択し、「共産主義前衛党結集のための協議についての申入れ」を諸団体・個人に送付し、従来から続けてきた結党運動への参加を呼びかけた。

1964年には部分的核実験停止条約批准に賛成して日本共産党を除名された志賀義雄らによって日本のこえが結成された。日本のこえが1965

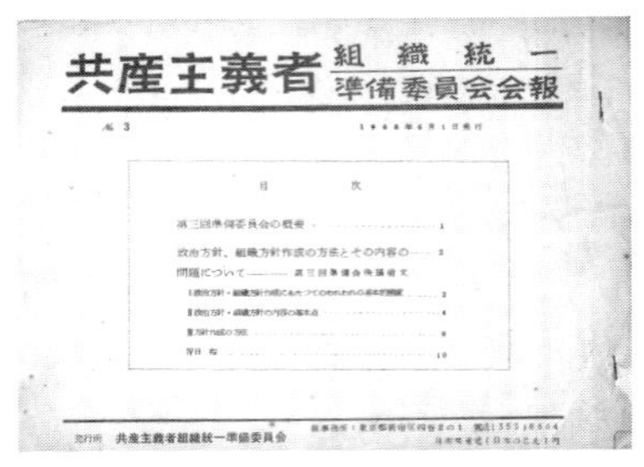
共産主義者 組織統一準備委員会会報

No. 3

目次

第三回準備委員会の概要……1

政治方針、組織方針作成の方法とその内容の……2
問題について

発行所　共産主義者組織統一準備委員会

『共産主義者組織統一準備委員会会報』No.3
（1966.06.01付）

年10月に構改派系政治組織の統一を呼びかけると、社革はこれに賛同し、統社同からもこれに賛同する春日らの社会主義統一有志会が同調した。これらの統一賛成派によって1966年3月21日から3日間東京で共産主義者の結集と統一をめざす全国会議が開かれ、共産主義者組織統一準備委員会が結成された。委員長志賀義雄。機関紙『共産主義者組織統一準備委員会会報』。

この組織統一準備委員会の活動の末、1967年2月に共産主義労働者党が結成されたが、志賀・神山らの日本のこえ派首脳部はソ連が新党結成に難色を示したことから共労党結成直前に統一準備委員会を離脱し日本のこえにとどまった。また社革でもこの組織統一に反対していた西川前議長は共労党に参加せず、中村丈夫は社革を脱退して後に社会主義労働者同盟を結成した。

【名　称】統一社会主義同盟→日本共産主義革命党→フロント（社会主義同盟）

【結　成】1962年5月
【機関紙】『平和と社会主義』→『先駆』
【機関誌】『団結』／『反帝医療戦線』（医療労働者委員会）

社会主義革新運動（準）が結成当初から抱えていた組織の位置づけをめぐる対立において、社革（準）を各グループの連絡協議組織と位置づけ、構造改革論を主柱に据えて日共や社会党などから同調者を糾合しようとする春日庄次郎らサークル派が脱退して、1962年5月に結成したのが統一社会主義同盟である。代表委員春日庄次郎、山田六左衛門、書記長村田恭雄。公然拠点「現代社」（のち「先駆社」）。統社同結成と同時に学生組織として社会主義学生戦線を結成した。通称「フロント」。川上徹

反独占構造改革の旗の下、新しい大衆的前衛党の創出にむけて労働者・学生・知識人はわが同盟に結集せよ！
180
9月18日
1969年(昭和44年)
平和と社会主義
統一社会主義同盟全国委員会機関紙

統一社会主義同盟『平和と社会主義』180号（1969.09.18付）

万国の労働者団結せよ！
マルクス・レーニン主義の旗のもと
日本共産主義革命党に結集せよ！
228号
(改題45号)
2月28日
1971年
先　駆

日本共産主義革命党『先駆』228号（改題45号）（1971.02.28付）

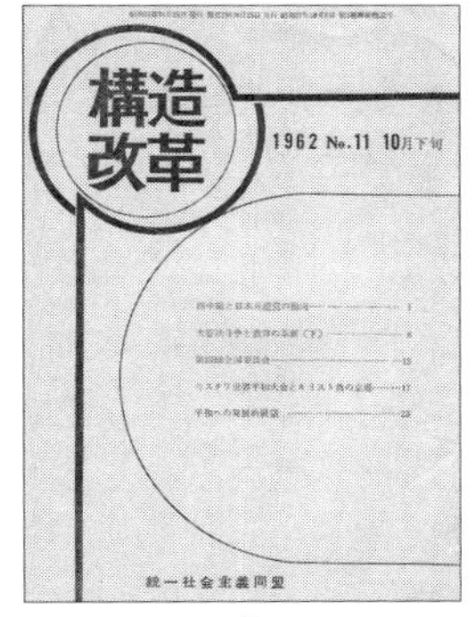

統一社会主義同盟『構造改革』No.11（1962.10.25付）

日本共産主義革命党『団結』第4号（1974.12.20付）

日本共産主義革命党医療労働者委員会『反帝医療戦線』第3号（1971.04.04付）

によれば、この社会主義学生戦線はそもそも1960年には日本共産党東大学生細胞の指導下に既に組織されていた日共系の学生組織であったが、1961年の日共東大学生細胞の分裂に際して日共から排除され、排除されたフロントのメンバーが統社同結成に参加したことにより統社同の学生組織をフロントが担うこととなったという（川上徹『戦後左翼たちの誕生と衰亡』（2014年、同時代社））。

また時期は不明だが、統一社会主義同盟結成に加わった元日共党員のうち、佐藤昇らは脱退して日本社会党に加入し、この際大教組幹部など労組の幹部グループも社会党へ合流しているという（機関誌『団結』第7号所収「われわれのきりひらいた道」）。

1965年の日本のこえ派による構改派系政治組織統一の呼びかけには、統社同からは春日庄次郎や原全五らが社会主義統一有志会を結成してこれに同調し、1966年3月に結成された共産主義者組織統一準備委員会に参画した。この組織統一準備委員会の活動の末、1967年2月に共産主義労働者党が結成されると、春日庄次郎らはこれに参加した。

1960年代後半の学生運動の盛り上がりの中で、社会主義学生戦線を中心に徐々に先鋭化していくと、1969年5月の第7回大会は指導部と学生らとの激しい対立により、方針を討議できないまま流会した。この大会では書記長の安東仁兵衛が辞任し、全国委員会が提出した組織総括案についての撤回要求決議が可決されると、全国委員会は不信任を受けたものとして以降の大会運営を議長団に委任し、機能を停止した。機能停止に陥った全国委員会に代わる指導部として、臨時に都道府県代表者会議が設置され、この代表者会議の下で全面的な組織総括と同盟の路線・方針を確立させる第8回大会への準備がなされた。また第7回大会の流会以降、都同盟総会では学生組織委員会が組織され、7月の関西地方大会では3府県の委員会を統合して関西地方委員会が結成された。

8月の第3回都道府県代表者会議では、第8回大会に提出する議案書の草案が提出、決定され、機関紙『平和と社会主義』第177号（1969.08.18付）上で公表され、議論に付された。1969年9月の第8回大会では社会主義学生戦線に拠る若手活動家グループが構造改革路線を実質的に放棄し、世界革命論へ転換するとの主張を掲げ、名実ともに組織の実権を握った。山田六左衛門議長は辞任し、山田ら組織の創立メンバーは組織を離れた。代わって議長に小寺山康雄、書記長に高田麦が選出された。またこの際に機関紙局が大阪から東京に移転し、編集局は書記局直轄の組織として位置づけられた。機関紙名称も改題が提案され、第一候補として『最前線』への改題が決定したが、中核派の青年労働者組織であるマルクス主義青年労働者同盟の機関誌が同名の『最前線』であったことから、統社同政治局及び編集局はマル青労同の了承を得るべく折衝を行うこととなった。しかしながら折衝の過程で、マル青労同において新聞の形態での機関紙『最前線』の発行構想があることが明らかとなったため、第2候補の『先駆』への改題が決定した。他の案としては『前線』『嵐をついて』(『嵐をついて』は後に反戦青年委員会(森川世話人)救対部・社会主義学生戦線救対部の機関誌名称に採用された)などがあった。機関紙『平和と社会主義』は通巻184号(1969.10.28付)を以て『先駆』へと改題された。

また9月18日には統一社会主義同盟の学生組織である社会主義学生戦線全国協議会と、共産主義労働者党の学生組織であるプロレタリア学生同盟が秋期安保決戦を前に組織統合による統一学生同盟結成に関するアピールを発した。9月26〜27日にフロント・プロ学同統一結成大会を開催することを予定していたが、実際に開催されたのかどうかは不明である。しかし10月1日には社会主義学生戦線全国協議会中央書記局とプロレタリア学生同盟中央政治局との間で統一問題について「今日的段階では統一学生同盟実現の条件が未成熟であり、秋期政治決戦以前では不可能と判断し、今後もその条件の獲得のために理論的・組織的・実践的統一と共同作業を通じて、今秋期以後の統一実現のために努力することを確認」した(機関紙『平和と社会主義』第182号(1969.10.08付))。しかし結果的には統一学生同盟の結成には至っていない。この学生組織統一の動きについて統社同は、東京都学生組織委員会及び関西地方委員会学対部連名の「学生戦線の闘いと学生同盟の新たな強化について(下)」と題する声明(機関紙『平和と社会主義』第180号(1969.09.18付))において、上部組織である統一社会主義同盟と共産主義労働者党の組織統一を視野に入れたものであることを明らかにしていた。なお大衆組織部分は学生組織統一の動きに先立つ7月15〜16日に両派と両派の影響下にある全共闘によって安保粉砕全国学生共闘会議(安保全共闘)が結成され、事実上統一されていた。

11月30日には早くも議長であり関西地方委員会書記長であったが小寺山康雄が離脱し、除名された。これは11月30日の関西地方委員会の席上、関西地方組織の独立と組織分離を提案したことが理由とされており、『先駆』第188号(1969.12.08付)で明らかにされた。除名された小寺山は統一労働者同盟準備会を結成したが、1977年の社会主義理論政策センター設立時に解散し、統一労働者同盟は結成には至っていない。更に小寺山は1986年12月には社会主義懇談会の設立を提唱し、これは1992年8月に自治・連帯・共生の社会主義をめざす政治連合として結成され小寺山は共同代表に就任したが、これには改称した後の統社同の後継組織も参加している。小寺山が第8回大会において議長に就任したいきさつについて、当人は「クーデター派は学生に毛が生えた程度の年齢ということもあって、アンジン（引用者注：安東仁兵衛のこと）を追い出したあとの組織運営に自信がなかったのだろう。かれらより少し年長のわたしを議長に据えようとした。また、アンジンや大森誠人ら東西の『おとな』たちも、ここまできたら統社同を壊滅させるわけにはいかないというので、渋るわたしをむりやり議長に就かせようとした。」と回想している（「50年余の同志の死を悼む」『現代の理論』第6号（2015.11.01付）所収）。

また『旬報学生青年運動』第290号（1970.08.15付）によれば、1970年7月13〜14日に都内で開かれた統社同第6回全国委員会では統社同が直接指導する青年同盟を結成するための方針が決定されたといい、この青年同盟の結成は、1971年8月の社会主義学生戦線のレーニン主義青年同盟への改組によって実現されたものと思われる。

1970年12月の第9回大会では日本共産主義革命党へ組織名称を変更し、綱領と規約、テーゼを採択した。名称変更に関する決議では、「綱領の内容をプロレタリアート・人民に、もっとも鋭く明瞭に示すことを要請され」、「この要請にこたえるためには、新しい綱領の内容にふさわしく党名を変更することが最良の方法である」と判断したことが名称変更の理由とされている。1971年3月には、第9回大会で全国委員会により提案され、中央委員会によって成文化された「情勢と戦術に関するテーゼ」を土台に、反軍国主義戦術を定めた。反軍国主義戦術とは、女性解放闘争や部落解放闘争、入管闘争など全ての闘いを軍国主義粉砕に結びつけるというものであり、組織の面では、反戦青年委員会や反帝学生戦線を解体し、代わって部落研や入管連などの諸問題についての大衆組織を建設した上でこれらを反軍国主義青学共闘という、全ての闘争に取り組んでいる外観を持った組織に結集させようというものであった。この方針の下1971年7月9日には東京都組織として沖縄「72年返還」粉砕・軍国主義粉砕全都青年学生共闘会議が、10

月21日には全国組織として全国72年「沖縄返還」粉砕・軍国主義粉砕青年学生共闘会議が結成された。しかし反軍国主義戦術の性格上、反軍国主義の立場からそれぞれの闘争を闘うという立場に陥り、1972年2月の狭山闘争では、反軍国主義青学共闘のビラに対して部落解放同盟の同盟員から、「われわれは反軍国主義闘争だから部落解放を闘っているのではない」という趣旨の糾弾を受けるに至った。

また東京都委員会下での部落差別発言事件と三里塚現闘団での女性差別事件を発端として、1972年3月の第9回大会第8回中央委員会総会（8中総）では、差別事件の原因を党内の小ブル分子とし、更にこれを温存する旧統社同的体質が指導部の中にあると規定して、これに対応すべく朝日健太郎ら政治局員3名を解任して新たに1名を補充した新政治局に中央委員会の全権限を委譲し、更に整風運動を開始した。

新政治局は指令を発し、反軍国主義青学共闘など党と青年同盟の大衆闘争の一切の凍結を指示し、機関紙『先駆』も停刊となった。この決定は大衆闘争に大きな混乱を与え、またこの整風運動の過程で政治局自身が障碍者への差別発言を行い、障碍者から糾弾されると、4月には高田書記長以下全ての政治局員が「逃亡」し、党中央は空中分解に至った。富田武『歴史としての東大闘争』（2019年、筑摩書房）によれば、高田らは障害者差別を糾弾されると「日本共産党こそが真の前衛である」と宣言し、脱党したという。なお著者の富田は高田らに批判的な立場をとっていた部分であり、「逃亡」後に再建の中心メンバーとなり、機関紙『先駆』編集長などを務めた。7月の全国協議会では高田書記長以下全政治局員が除名され、中央委員会が再建された。再建された中央委員会は9月の第9回中央委員総会にて「綱領にたいする態度」「情勢とわが党の任務」「八中総整風過程での処分の撤回とその措置」を定めた。また停刊していた機関紙『先駆』を第257号（1972.10.08付）で再刊した。7月の全国協議会で中央委員会が再建されるまでの間には、共革党を解党しようとする動きがあり、解党派であった学対部を通じて党中央が空中分解にあるとの情報が流れると、学生同盟員の脱退や学生細胞解散が相次いだ。

1974年8月には第10回大会が開かれ、組織再建がなされた。高田書記長以下の8中総政治局員らの除名が承認され、8中総で解任された政治局員朝日健太郎が新書記長に就任した。この大会では「九大会綱領に対する態度」「当面する情勢とわが党の任務」を採択し、規約改正を行った。

1987年2月には第14回大会において組織名称をフロント（社会主義同盟）へと改称した。これは第12回大会決議が「新たな労働者政党の建設」問題を提起したことによるものであり、実質的に唯一の前衛党としての内実を備えていないという判断に基づくものであったとされる（『団結』第11号（1984.02）入井智「党論について－党名変更問題の議論のために」）。他の名称候補としては、従前のままとする日本共産主義革命党、全国労働共産同盟の2案があった。

フロント共同代表朝日健太郎によれば、フロントには「革命の前衛、党派という発想はなく、組織としては部隊を出して」おらず、「個々が自分の考えでそれぞれ活動してい」る（小林哲夫『シニア左翼とは何か』（2016年、朝日新聞出版））という。

社会主義学生戦線全国委員会『若きジャコバン』No.4（1970.09.12付）

著者所蔵　フロントの緑ヘルメット　写真でもよく見かける一般的なもの

学生組織

【名称】**社会主義学生戦線→レーニン主義青年同盟**
【結成】1962年5月
【機関誌】『若きジャコバン』
【ヘルメット】緑地に「フロント」。

社会主義学生戦線は結成当初は大衆的な部分を含む学生組織として結成された。略称「SSF」。1969年には、共労党の学生組織プロレタリア学生同盟とともに、その指導下にある学生自治会や全共闘組織などを結集して7月15～16日に結成集会を開き安保粉砕全国学生共闘会議（略称「安保粉砕全国共闘」または「安保全共闘」）を結成した。一時は共労党の学生組織プロ学同との組織合同に向けて本格的な協議が進んでいたが土壇場で中止となった。1969年10月11日の社会主義学生戦線全国協議会第3回大会を以て従来の全都・関西の両フロントを軸とした戦線連合的結集体

（上）著者所蔵の生写真　機動隊導入が迫る1969年1月の東大とされる写真。フロントの隊列
（左）1970.06.14 6・14大共同行動　道路片側一ぱいのフランスデモ　—青山通り—

である全国協議会が改められ、「反帝統一戦線を領導する全国学生政治同盟へと自己止揚」即ち改組され、全国指導部として全国委員会が設置された。この大会は新たな全国学生同盟としての社会主義学生戦線（フロント）結成大会としての側面を持っていた。1971年8月15日にはレーニン主義青年同盟に改組され、学生だけでなく労働者や農民などを含む青年組織となった。

社会主義学生戦線（フロント）
建設のよびかけ

I　全国に社会主義学生戦線（フロント）の旗を

II　80年代の情勢と学生の任務

1. 激動する80年代、政治情勢の特徴と任務
2. 反中教審、教育学園闘争の前進をかちとれ
3. 社会主義の再建と学生運動の創造的発展のために

社会主義学生戦線（フロント）全国事務局

社会主義学生戦線『社会主義学生戦線（フロント）建設のよびかけ』（1980.07.20付）

1980年になって学生運動の再建を企図して『先駆』第392号（1980.01.01付）上で社会主義学生戦線（フロント）建設の呼びかけがなされた。この呼びかけにおいて社会主義学生戦線（フロント）は「各学園の自治会、サークルなどの大衆組織を基盤として闘う活動家の結集する組織」「しかも社会主義学生戦線（フロント）は他の『新左翼』諸潮流のように党派的な枠組みのなかで自己運動をくりかえすセクト的なものであってはならない」と位置づけられ、もはや党派の学生組織ではなく、全国の学生

運動に携わる活動家の大衆的統一戦線として構想されたものとみられるが、実際の活動状況は不明である。

学生大衆組織

【名称】**反帝学生戦線**
【結成】1970年9月
【ヘルメット】緑地に「反帝学生戦線」

前身として結成年月不明の大衆組織として安保粉砕学生戦線が存在する。1969年12月13日に慶応大三田校舎で開催された反帝学生戦線全都連合結成大会において、「安保粉砕学生戦線を党派的＝大衆的活動家組織として」改組再編して結成され、各大学で反帝学生戦線が組織された。1970年9月14〜16日には3日間東大駒場・慶応大日吉・都立大において結成大会が開催され、全国組織である全国反帝学生戦線連合（反帝学連）が結成された。議長に日大反帝学戦の谷内満。略称「AISF」。反帝学生戦線は学生大衆組織として結成されており、結成集会では学生組織の社会主義学生戦線全国委員会の北川委員長が挨拶を行っている。なお、労働者大衆組織は反戦青年委員会である。

同じく構改派系の共労党において1970年3月に学生組織であるプロ学同の下に学生大衆組織として同名の反帝学生戦線が結成されている。結成はフロントの方が早かったと見られ、フロント機関紙『先駆』（第198・199号）（1970.03.28付）上で「プロ学同の諸君に反帝学戦を名乗る資格はな

著者所蔵　全都反帝学生共闘の赤白旗　旧蔵者はフロントに近い日大全共闘関係者と思われる。全都反帝学生共闘については不明ながらフロント系の大衆組織と思われる

著者所蔵　日大反帝学生戦線の赤白旗　旧蔵者はフロントに近い日大全共闘関係者と思われる

著者所蔵　「ASF」とある緑ヘルメット　両側面には「フロント」の文字があるがどの組織のヘルメットなのか不明（「I」を省略しているが反帝学戦か？）

1970.04.28 無題　フロントとともに反帝学戦の字が見える

い」という声明を発表し、「最近、全国の友人諸君から時折『反帝学生戦線が二つあるようだが、どうなのか』という問いあわせが来ている。この疑問と混乱がたとえ些細な事であろうとはいえ、階級闘争の混乱の要因であることに注意し、全国の友人諸君にエセ反帝学生戦線に関するわれわれの見解を明らかにしておく」と前置きした上で、前年の学生組織の統合が目前で中止になったことに触れつつ「プロ学同諸君には、反帝学生戦線を名のる資格も、権利もないことを確認する」とし、名称の撤回や全国への謝罪文の発表などの自己批判を要求した。

高校生大衆組織

【名称】**安保粉砕高校生戦線**

【ヘルメット】緑地に「安保高戦」

高校生組織としては社会主義学生戦線高校生委員会が置かれており、これが安保粉砕高校生戦線を指導するものとされていた。更に各高校に社研を組織し、社研から生まれた活動家を安保粉砕高校生戦線に獲得し、あるいは各高校で組織化する闘争委員会に組み込むことが構想されていた（「フロント・安保高戦　高校戦線の主流へ前進」『平和と社会主義』第182号（1969.10.08付）所収）。

反帝高校生戦線も存在するが、安保粉砕学生戦線が反帝学生戦線に改組されたのと同様に、安保粉砕高校生戦線が改組されて結成されたのではないかと推測する。反帝高校生戦線の全国組織である全国反帝高校生戦線連合は1970年7月25日結成された。

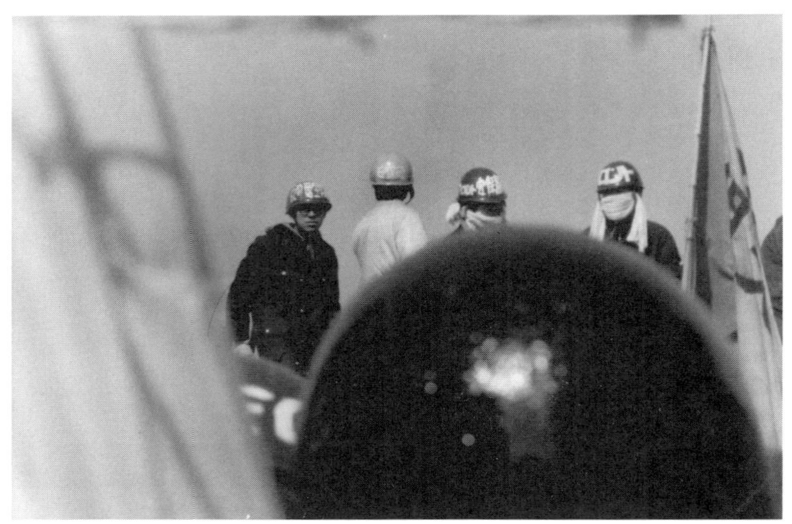

著者所蔵の生写真　1970年代前半の三里塚。右からフロント、安保高戦。一番左は反帝学生戦線

1971.04.28沖縄デー闘争 午後10時11分、港区六本木4丁目付近で部隊に突きかかるフロント（警視庁第九機動隊『若鷲』1979年）

レーニン主義青年同盟全国委員会『レーニン主義青年同盟　結成宣言・規約』(1971.09.09付)より(床下氏提供)

結成宣言

1

たたかう青年諸君!

われわれは、地上のすべての搾取・収奪・抑圧の鉄鎖をうち砕くことのできる時代に生きている。階級支配は、永遠のものではなく、いつかは消滅する歴史的なものであるという真理が、証明される時代に生きている。

労働者階級は、どんなひどい困難や敗北をものりこえて、日々たたかいの中で団結を深め、勝利に向って前進している。このたたかいは、ひとにぎりの資本家階級とその国家権力を打倒し、労働者階級自身の解放を達成し、全人類を解放する日までけっしてやむことのないたたかいである。

たたかう青年諸君!

労働者階級のこの偉大なたたかいに身を投じ、未来をわが手にぎろう〈原文ママ〉ではないか!

2

たたかう青年諸君!

全世界の人民は、ひとにぎりの金融資本家、帝国主義国家権力の暴虐な支配に苦しんできた。帝国主義者はぼう大な官僚や軍隊を育成し、帝国主義本国の労働者階級・人民には日夜強まる搾取や収奪、抑圧を押しつけて、大多数の諸民族を、植民地や従属国と化し、その諸民族の人民を牛馬のように酷使し、軍隊を送りこんで権益を守らせてきた。彼らはソ連・中国をはじめ、帝国主義の支配をくつがえし、プロレタリア独裁をうちたて、解放のたたかいを大きく前進させた諸国に反革命干渉・介入封じ込み政策を行ない、ついには、その指導部を屈服に追いこみ、世界革命の根拠地たるべき偉大なプロレタリア独裁権力とその党を民族的利害を世界革命の上におく官僚主義的なスターリン主義に変質させた。

アメリカ帝国主義の占領軍と反革命経済援助に助けられて復活した日本帝国主義は、どの帝国主義よりもひどい低賃金と労働強化を労働者におしつけ、とほうもない搾取と収奪を一層強化している。日本帝国主義はアジア侵略・反革命をはかる軍事同盟である安保条約をアメリカ帝国主義と結び、アメリカ帝国主義を助けながら、反動的な役割をになってきた。安保条約を改訂したり、なし崩しにかえたりして、アメリカ帝国主義と対立を深めながら、その軍事力を利用し、アジアへの侵略・反革命に直接のりだした。日本帝国主義はアジアの帝国主義的盟主となり、南朝鮮を再植民地化しようとして「沖縄七二年返還」による自衛隊の派兵をはじめ、内外にわたる軍国主義を強めている。

この帝国主義こそ、労働者階級と人民を低賃金・失業・高物価、そして戦争の脅威と専制などの苦しいみじめな生活におとし込めている原因である。

たたかう青年諸君！

だから、世界で、民族を越えて帝国主義に反対し、帝国主義を打倒するたたかいがまきおこっているのは、きわめて必然なのだ！

労働者階級・人民は、暴虐な支配に反逆してうむことなくたたかってきた。このたたかいは、帝国主義の死にものぐるいの抵抗とスターリン主義者によって、一時大きく後退させられた。しかし、このたたかいは、必然的に勝利する方向にたえず前進しており、いかに凶暴でこうかつで手管のたけたブルジョアジーでも、敗北の運命をまぬがれることはできない。いまや、ベトナムをはじめとする労働者階級・人民のたたかいは、帝国主義列強の相互の競争と対立の深まりと結びあって、アメリカを盟主とする帝国主義の支配を大きく揺り動かしている。

たたかう青年諸君！

帝国主義を打倒し、労働者階級の解放をめざすたたかいの勇気ある戦士となろうではないか！

3

たたかう青年諸君！

未来は青年のものである。だから、帝国主義者は、青年を分断し、そのエネルギーを動員して、侵略・反革命戦争の尖兵にしたてあげようとしている。青年が、工場で、兵舎で、学校で、農村で、いたるところですすんで奴隷となるよう強要している。帝国主義者は、反革命的目的のため、青年の間に、国家主義・反共主義をあおり、ニヒリズム・神秘主義をふきこみ、青年を組織しようとしている。

未来は青年のものである。だから、労働者階級は、青年の未来を切り拓くたたかいと力を確信している。青年が解放のたたかいの先頭にたつことを望んでいる。

未来は青年のものである。だから、われわれは、たえがたい生活に、絶望も、安住も、沈黙もしない。青年の未来はたたかいの中にしかない。われわれは、労働者階級解放の勝利に確信をもち、帝国主義を打倒するたたかいにたちあがるように呼びかける。

全世界で、たたかいの先頭に青年がいる。南朝鮮で青年は朴を倒し日本帝国主義の支配を倒すためにたたかっている。インドシナでは青年は銃をとり、帝国主義とたたかっている。フランスやアメリカでも青年は革命的なたたかいを行なっている。これらは国際的革命的潮流へと発展しようとしている。

日本においても青年のたたかいがまきおこっている。

たたかう青年諸君！

このたたかいの先頭にたって、未来をわが手に握りしめよう！

4

帝国主義を打倒し、労働者階級の解放をたたかいとるためには、マルクス・レーニン主義を学ばなければならない。労働者階級・人民の戦いをなだめ、屈服させ、あるいは、その内部に不信をもち込み、対立させ、人々を無気力や自暴自棄に追いやる、一切のブルジョア的・小ブルジョア的イデオロギーとたたかわなければ、労働者階級解放のたたかいは勝利できない。未来を切り拓くことはできない。

帝国主義の危機が深まり、労働者階級・人民のたたかいが強まれば強まるほど労働者階級・人民の中に持ちこまれたブルジョア的・小ブルジョア的イデオロギーは徹底的に犯罪的である。

たたかう青年諸君！
社会民主主義者は、資本主義の変質を説き、労働者階級に、労使協調で救われると説き、革命闘争をやめれば平和が来ると説いて、たたかいをやめさせようとしている。
スターリン主義者は、マルクス・レーニン主義の革命的な魂を売り渡し、マルクス・レーニン主義の名の下に、それを裏切り、愛国主義・平和主義・議会主義を説き、帝国主義に屈服するようにたきつけている。
みせかけの戦闘的言辞や大言壮語をまきちらし、スターリン主義や社会民主主義をのりこえると称している人々も、民族主義をはじめ、急進的なあるいは穏和な小ブルジョア的思想をふりまいている。
だから、マルクス・レーニン主義に深く立脚した革命党が必要であり、マルクス・レーニン主義を学び、労働者階級の前衛党に結集してたたかうように意識的に努力し、たたかうことが必要なのだ！
たたかう青年諸君！
日本における唯一の労働者階級の前衛、マルクス・レーニン主義に導かれた共産主義者の党、日本共産主義革命党の指導の下、マルクス主義の正しい発展のあり方をさし示すレーニン主義を学び、不屈の革命家に成長しよう！

5

たたかう青年諸君！
われわれは、マルクス主義の革命的な魂を守り、日和見主義とたたかい、マルクス主義を豊かに発展させたレーニン主義を学び成長するために、レーニン主義青年同盟を結成した。
レーニン主義青年同盟は、労働者階級のたたかいが真理であることを証明した科学的理論であり、だからたたかいによって豊かにされる行動の指針であるマルクス・レーニン主義を学ぶ。われわれは、たたかいの中で、たたかいを通じて、マルクス・レーニン主義の真理をつかみ、たたかいと生活に生かし、たたかう青年の模範となる。われわれは、マルクス・レーニン主義の示す労働者階級の国際主義を守り、解放の勝利への確信をそだてつちかう。

同盟は、マルクス・レーニン主義を指針とする労働者階級の前衛、日本共産主義革命党の指導をうけ、その綱領に学ぶ。青年の自主的な組織であり、この目的のために、民主主義的中央集権制にもとづき固く団結する。

たたかう青年諸君！

正しい世界観を身につけ、労働者階級の有能で誠実な不屈の戦士となり、プロレタリア革命と共産主義を実現するためにたたかおう。

未来はわれわれのものであり、マルクス・レーニン主義こそその未来の道を示している。

レーニン主義青年同盟に結集し、同盟を強化し、すべての地域・職場・学園に同盟を建設しよう。

たたかいの中で学び団結しよう！

レーニン主義青年同盟全国委員会『レーニン主義青年同盟　結成宣言・規約』(1971.09.09付)より(床下氏提供)

規約

前文

レーニン主義青年同盟は、日本共産主義革命党の指導と援助をうけ、共産主義を学ぶ青年の自主的な組織である。

同盟の目的は、労働者階級の解放と共産主義社会を実現する道筋を正しく示しているマルクス・レーニン主義を学び、労働者階級と人民のたたかいの中で、これを貫く有能で誠実で不屈な共産主義者として成長することをはかることである。

同盟は、プロレタリア革命と共産主義社会の実現のためにたたかい奉仕する。

同盟は、共産主義青年インター創設の革命的立場をうけつぎ、プロレタリア国際主義の旗の下、世界の革命的青年と連帯して闘う。

同盟は、民主主義的中央集権制を組織原則とし、徹底した討議にもとづき決定し、行動の統一を守る。

第一章　同盟員

第一条　つぎの基本条件をみたす十五歳から二十八歳までの青年は同盟員となることができる。

ただし、同盟が必要と認めたものについては、この年齢の限りではない。

(一) 同盟の結成宣言と規約を認め、同盟費をおさめ同盟の一定の組織に入って活動すること。

(二) 同盟の目的を達成するために、あらゆる問題に関し、同盟の会議に入席し、意見をのべ、同盟の方針決定に参加すること。

(三) 日本共産主義革命党の機関紙・文献を学習し、これを青年の中に広めること。

(四) 同盟の決定を無条件に実行し、行動の完全な統一を守ること。

(五) 労働者階級・人民のたたかいの先頭にたって、戦闘的青年の模範となること。

(六) 居住と職業の変更について、組織的に討議すること。

(七) 実践の中で、マルクス・レーニン主義を学ぶよう努力すること。

(八) 敵の陰謀と弾圧にたいし、常に警戒し、同盟の機密を保持し、同盟を防衛すること。

第二条　同盟への加入は、二名の同盟員の推せんにより、班の決定の後、一級上の指導機関が承認する。

第三条　六ケ月以上規定の同盟費を収めなかったり、三ケ月以上同盟組織と連絡を行なわなかった同盟員に対して、その同盟員が属する班が、一級上の指導機関の承認をえて除籍することができる。

第二章　同盟の組織原則と組織構成

第四条　同盟の組織原則は民主主義的中央集権制であり、その内容は次の通りである。

(一) 同盟の各級指導機関は、選挙によってつくられる。

(二) 同盟の各級指導機関は、それを選出した同盟組織にその活動を定期的に報告する。

(三) 同盟の指導機関は、常に下級機関と同盟員の意見・創意を積極的にくみあげ、その経験を集約し、正しい方針を決定する。

(四) 同盟の下級機関は、上級の指導機関に対し、その活動を定期的に報告するとともに、その意見を上級機関に反映する。同盟の下級機関は上級機関の決定に従う。

(五) 同盟員は、同盟の決定がなされる以前に自分の意見を同盟の会議で自由に述べ、同盟内で自由に発表することができる。同盟の決定に同意できない場合は、自分の意見を保留し、指導機関に対して、自分の意見を述べることができる。しかし、いかなる場合にも、決定は無条件に実行しなければならない。

第五条　同盟は、班を基礎組織とし、全国大会・全国委員会・都道府県大会・同委員会・地区大会・同委員会の機関を組織する。

第六条　各級機関は、その決定を同盟内に正しく理解させ、経験を交流・総括するために、問題に応じて活動者会議を開くことができる。

第七条　各級機関は、必要に応じて、専門部・専門委員会を設けることができる。

第八条　機関の会議は、過半数で成立し、議事は多数決できめる。

第三章　班

第九条　班は、三人以上の同盟員によって、経営・学校・地域別に組織する。

第十条　班は、定期的に総会を開いて同盟の方針を具体化し、この実現をはかる。

第十一条　班は、班委員会を選出し、班活動の指導にあたらせる。班委員会は、班長を選出する。

第四章　全国大会

第十二条　全国大会は、全国委員会によって招集され、二年以内に一回開かれる。特殊な事情があれば、全国委員会は、招集を延期することができる。全国委員会が必要と認めた場合、同盟員数の三分の一または都道府県組織の三分の一以上の要求がある場合には、臨時全国大会を開く。

第十三条　全国大会は、同盟の最高機関である。全国大会は次のことを行う。

(一) 全国委員会の提案をうけ、その当否を確認し、基本方針をたてる。

(二) 同盟の結成宣言・改廃することができる。

(三) 全国委員会を選出する。

第五章　全国委員会

第十四条　全国委員会は、全国大会から全国大会までの間、全国大会決定を執行し、同盟の全活動を指導する。

第十五条　全国委員会総会は、書記局によって招集され、六ケ月以内に一回開かれる。書記局が必要と認めた場合、または、全国委員の三分の一の要求がある場合、臨時総会を開く。

第十六条　全国委員会は、正副委員長・書記長・書記局員を選出する。これらは、書記局を構成し、日常的な指導活動を行なう。

第六章　都道府県・地区組織

第十七条　都道府県・地区組織の最高機関は、各大会である。各大会は、各級委員会によって招集され、一年以内に一回開かれる。各級委員会または各同盟員総数の三分の一以上の要求がある場合には、各臨時大会を開く。

第十八条　各大会は、同盟の方針を当該都道府県・地区に具体化し、各級委員会を選出する。

第十九条　各級委員会は、当該都道府県・地区の同盟活動を指導する。

第二十条　全国委員会は、いくつかの都道府県にまたがる地方組織をつくることができる。その運営は、第十八条から第二十条に準ずる。

第七章　同盟の財政

第二十一条　同盟の財政は、加盟費・同盟費・同盟の事業収入・正常な寄付によってまかなう。

第二十二条　加盟費・同盟費の細目は、全国委員会が定める。

第八章　同盟の規律

第二十三条　同盟の規約にそむき、同盟と労働階級〈原文ママ〉にいちじるしい損害を与える重大な行為を行った組織あるいは同盟員は処分をうける。規律違反について調査・審議中のものに対して、一定期間権利を制限することができる。

第二十四条　処分は事実にもとづいて、慎重に行わなければならない。処分の種類は、

(一) 組織に対しては、警告・開散〈原文ママ〉

(二) 同盟員に対しては、権利制限・権利停止・機関からの罷免・除名である。

わずかな過失・悪意ない誤りについては、教育によってくり返さないようにさせる。

第二十五条　組織に対する処分は、直接上級機関が、三分の二以上の多数で決定し、更に、一級上級の委員会の確認をえて効力を発し、直接上級組織の大会の承認を必要とする。

第二十六条　同盟員の処分は、その同盟員の所属する班総会で決定し、一級上の指導機関の承認をえて効力を発する。特殊な事情のもとでは、地区以上の指導機関は、同盟員を処分することができる。ただし、この場合、処分は一級上の上級機関の承認をえなければならない。

各級委員に対する処分は、所属委員会の三分の二以上の議決によって決定し、一級上の指導機関の確認をえて効力を発するが、その委員を選出した各級大会で承認されなくてはならない。

全国委員の処分は、全国大会が行う。それが不可能な場合は、全国委員会の三分の二以上の議決によって決定し、全国大会の承認をうける。

第二十七条　処分をうけた同盟員・組織は、全国大会に至るまでの各級機関に異議申請を行うことができる。

〈付則〉

第二十八条　全国委員会は、この規約に定められていない問題について、規約の精神にもとづいて処理することができる。

第二十九条　結成宣言・規約の改廃は、全国大会で三分の二以上の議決によってのみ行うことができる。

この規約は、一九七一年八月十五日をもって効力を発した。

【名　称】社会主義労働者同盟

【結　成】1967年1月22日
【機関紙】『社労同通信』→『新左翼』
【機関誌】『新左翼』→『労働者権力』

　社労同分裂後に結成された組織の一つ、青年共産主義者委員会が発行した青年共産主義者委員会「曙光」編集委員会編『われわれの歩んだ道－社労同～青共委8年史』(1974年、フェニックス社)によれば、社革分裂から社労同結成までの過程は以下の通りである。
　社労同の前身である社会主義革新運動は1966年3月の第5回全国総会において、日本のこえ派などとの組織統一準備委員会に参加することを含む全国委員会の報告草案を賛成25、反対17、保留1で採択し、組織を解体し構改派統一組織へ合流する道を進み始めた。しかし社革内には結集反対の声があり、その中心となっていた社革東京では第5回全国総会の前に東京都臨時総会を開催し、「社革東京都臨時総会は、出席者の多数をもって今回の“結集”を延期するよう全国総会に強く要望する」という決議を賛成62、反対13で可決していた。社革の指導部は、社革東京の結集反対派を同年7月に至って事実上の除名処分とし、社労同結成の中心人物となる中村丈夫はこの後に社革を脱退した。
　当時社革東京の大半を占めた結集反対派は必ずしも一枚岩ではなく、組織内の民主主義を問題にする部分や、労働現場活動家集団の形成とその連合を重視する部分、教員支部に多く見られた思想的革新を追求する部分など様々な立場があった。このような中で、社革東京臨時都委員会の中心を担い、「新しい党」論(既存の社革の変革ではなく、一から具体的・総合的な運動方針を練り上げ、大衆を思想的・政治的に統一する工場の党を確立しようという立場)に拠る労働運動現場の若い活動家らを中心とした少数のグループが中村の指導の下、

社労同通信
発行所・社労同通信社　№１８　定価　２０円
東京都豊島区西池袋３～２２～７　二見荘２号
電　話　(９８６)　７９４９

社会主義労働者同盟『社労同通信』No.18(1968.04.15付)

新左翼
社会主義労働者同盟
『新左翼編集委員会
№45号　(月2回発行)
半年分400円　一年分800円

社会主義労働者同盟『新左翼』No.45(1970.04.15付)

1967年1月22日東京都内で結成総会を開催し、社会主義労働者同盟を結成した。

社労同は「工場の党」の形成を掲げて、労働の現場に党の指導部を形成することをめざしたが、労働の現場における個別的な大衆闘争への注力が顕著になってしまっていた。1967年頃からの運動の高揚期には、社労同の運動は、学生運動は共産主義学生同盟及びその指導下の全共闘が担い、労働運動は反戦青年委員会及び各労組等が担った。

学生組織

【名称】**日本共産主義学生同盟**
【結成】1966年末～1967年初
【機関誌】『占拠』(東京都委員会)／『新しい前進』(東京教育大学支部)
【ヘルメット】緑地に「共学同」

前掲『われわれの歩んだ道－社労同～青共委8年史』によれば、共学同の前身は社革の青年組織日本共産主義青年同盟(略称「共青」)であった。共青は社革(準)が1962年に結成した組織であり、元をたどれば日本共産党からの構改派の離脱に呼応して全国学生自治会連絡会議や日本民主青年同盟から離脱した学生が中心となって1961年に結成された青年学生運動革新会議にまでさかのぼる。青年学生運動革新会議は「レーニン主義の原則にもとづく共産主義的青年学生同盟の設立」をめざして結成された過渡期的組織であり、多くの学生や労働者、農村青年の結集を見たが、社革と統社同の分裂の影響を受けて社革系、統社同系にわかれ、またそれ以外に多くが組織を離れた

日本共産主義学生同盟東京都委員会
『占拠』5号(発行年月日記載なし)

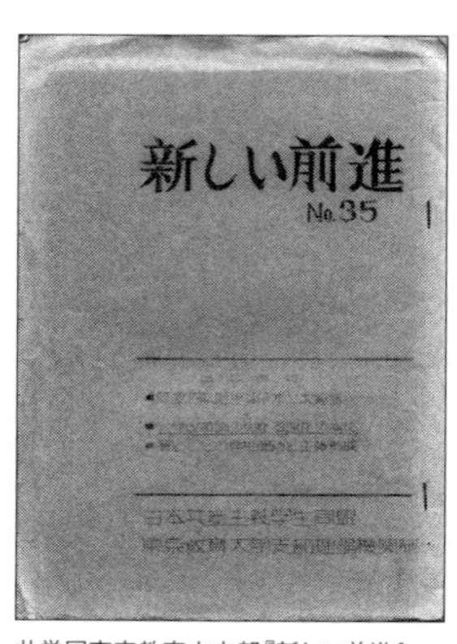

共学同東京教育大支部『新しい前進』
No.35(1969.02付)

ため、青年学生運動革新会議が共青へと発展したときには、もはや全国組織を形成できる状態になかった。このため共青は、社革の影響下において、学生による東京の部分と労働者及び学生による大阪の部分とそれぞれ別々に形成された。東京の共青は首都圏の学生運動で大きな位置を占めており、1963年の社青同・社学同との三派での都学連再建にも大きく貢献したものの、三派連合からの離脱や他派の伸長、民青全学連の結成などの影響を受けて1964年頃から目に見えて衰退し始めた。構改派諸派の中でも、統社同系の組織拡大や大阪における民学同の登場を受けて特に存在感を低下させていた。

この東京共青や社革学生支部と、社革都委員会との関係性は良好とは言えず指導関係もなかった。また東京共青は都委員会を確立できず、中心となっていた東京教育大学支部の周りに各支部が集まるという形で存在し、新しい支部の獲得もなければ全体としての方針提起もできない構造的な欠陥を抱えていた。

共学同結成に至る経緯は、前掲書に加えて共学同結成の中心人物である共学同東京教育大支部指導委員会書記長前田浩志らの回想として『置文21』編集同人編『回想の全共闘運動－今語る学生叛乱の時代』(2011年10月、彩流社)や、『時をこえて語る大学闘争50周年回想集』(『置文21』特別号No.43、2018年) 所収の「東京教育大学筑波移転反対闘争をかえりみて－教育大闘争●回顧座談会－」を参考に見ていく。他のセクトに関する記述もあるが、一方的なものになっている可能性があることに留意されたい。

共青は東京教育大において文学部・理学部自治会を長らく掌握していたが、1965年春の自治会選挙で民青系に敗北したことで共青系の指導は崩壊し、唯一残った農学部自治会も同年秋の選挙で敗北して、民青系の手に落ちた。この背景には当時の共青指導部が世代ごといなくなってしまって共青が事実上解体してしまうというできごとがあり、後に共学同を結成する前田との間には世代的な断絶が生じている。この指導部の消滅を引き起こした直接の原因について資料に明確な記述はないが、当時の共青が東京教育大筑波移転に賛成の姿勢であったことや、デモ・ストライキを重視せずゼミナール開催といった運動手法を好むという特徴があったことが綴られており、学生運動が徐々に盛り上がりを見せ始めた当時の社会情勢の中で、これらの特徴は他セクトと比べて物足りないものとなり、これが原因で共青が大衆的な支持を失ったことが背景にあるのではないかと思われる。

この共青の凋落に対しては、組織ごとこれを吸収しようと日本のこえ派や統社同からの働きかけがあった。日本のこえ派からは民学同との組織合同の勧誘があり、これを拒否するや東京教育大支部に対して内部工作が行われた。秘密サークルが結成され、一時は共青支部委員会のキャップに民学同秘密同盟員が就いていたこともあったが最終的には失敗に終わった。統社同は東京教育大へ同盟員を学士入学させて支部を作り、学内のベトナム反戦等の政治闘争の主導権を確保した。

1966年には共青が事実上解体に陥った中で金井というメンバーが「未来像なき筑波移転に反対」という方針を打ち出し、同じく筑波移転反対の姿勢であったフロントとともに筑波対策自治委員連絡会議を結成して、自治会正副委員長を握る民青系に対抗しながら反対闘争を主導していくこととなる。

同年には共青東京学生委員会（支部連絡会議のような組織）によって共青東京学生同盟員総会（東学総）が開催され共青再建の作業が始まった。総会の主報告は慶大支部の同盟員によるもので、当時の慶大、早大、横国大等の学園闘争の評価と、その後の大規模な学園闘争の可能性を指摘する報告がなされ、これがその後の共学同運動の基調となった。また前衛的レベルにおける青年共産主義者の組織的対応についても議論が交わされたが煮詰まらなかった。東学総の後は1年にわたる再建作業が続けられたが、東学総に結集した各支部はほとんど崩壊してしまい、東京教育大支部のみが残った。

その後、共青東京教育大支部は1967年3月の伊豆大島合宿において、事実上独立的な共産主義者集団として自己規定することを確認し、新しい組織方針を策定することとした。その後の議論の中で社労同との合同を志向する部分が出てきたが、社革の後身である統社同、共労党を選ばないにしても社労同とは決めきれないとの部分も多く、社労同細胞を形成しつつも、あくまで共青の組織再編という形で、指導関係を掲げない学生組織として共産主義学生同盟が結成されることとなり、このことは統社同と共労党にも通告された。

1967年4月、東京教育大学文学部E319日本史演習室において共産主義学生同盟の創立総会が開催された。結集したのは1964・1965年入学組の共青東京教育大支部同盟員12、3名を中心にわずか18名であった。結成時の状況は厳しいものがあったが、同年10月の羽田闘争が学生運動に与えた衝撃は大きく、その後王子の野戦病院開設阻止闘争が闘われる中で共学同拡大の機運が高まった。

この間、社労同としては未だ東京教育大の1支部しか持たない共学同をどのように位置づけるかという議論が提起され、他の構改派にならって、大学ごとの独立した組織として東京教育大学共学同とし、将来の単一学生同盟結成に備えるという意見もあったが、当の共学同から都委員会を結成すべきとの主張があり、共産主義学生同盟東京都委員会（準）が発足した。

関東では、もともと共青の有力な支部が存在していた中央大学において、社労同結成後すぐに社労同細胞が確立され、その下で大学革新運動委員会の活動が始まり、1968年3月にようやく共学同中大支部への組織再編がなされた。この後、旧共青のつながりから、埼玉大、東学大、横国大に支部が結成され、1969年秋までに法大、早大、明大、東大、千葉商科大を加えた10支部にまで拡大した。関西では大阪共青が共労党へ結集し、唯一の学生支部であった阪学大（現大阪教育大学）支部の一部が社労同に結集し、関西地方委員会を構成したが、共学同は形成されず、社労同運動に注力した。

東京教育大においては1968年には文学部自治会を奪回し、文学部自治会闘争委員会を形成した。学生運動全体としては1968年8月以降社労同、ブント、ML派、インターの4派共闘を構成し、これに中核派を加えての5派共闘（1969年3月）を経て後の8派共闘へつながった。

しかし1969年4月の沖縄闘争を頂点として学生運動は退潮し、秋期決戦の敗北後には共学同の中から党内論争が起こった。これは社労同対共学同として開始され、共学同主流派の活動は、社労同の「党の革命」へと向けられた。1970年2月の共学同全都合宿では遂に共学同が三分裂した。共学同主流派は東京教育大支部多数派と早大支部、社労同派は中大支部の一部と東大支部、中間派としては法大支部と埼玉大支部、横国大支部があったが、この後中間派は共学同から組織的に離脱した。この共学同全都合宿が社労同の分裂へとつながっていく。

街頭では、1967年10月8日の佐藤訪南ベトナム阻止闘争（第一次羽田事件）でノンヘルの自治会共闘の部隊が穴守橋付近にてデモ中に機動隊からの暴行でけが人を出したことを受け、共学同はいち早く緑色のヘルメットをかぶった。またKSBの組み文字を共学同のマークとしたといい、これは恐らく共学同のドイツ語の頭文字と思われる。このマークは東京教育大学支部機関誌『新しい前進』№.35（1969年2月）の裏表紙にも記されている。この東京教育大学支部機関誌『新しい前進』№.35の「はじめに」（1969

著者所蔵の生写真　1970年代前半の三里塚。手前からML派、フロント、解放派、共学同などが見える

共学同東京教育大支部『新しい前進』№35（1969.02付）裏表紙（部分）　KSBの組み文字のマークが入っている

年3月10日付－著者注：「はじめに」には「機動隊導入の際の混乱により、発行が遅れ、また装ていも不充分なてんがあることをおわびしたい。」とあるから、当初の発行予定2月でそのように印刷したものの、発行は3月にずれ込んだものと思われる）によれば、この時点で共学同は「同盟結成以来わずか2年余」というから、前田氏の証言と結成時期は符合する。また4月には同盟の全国化が予定されているとあるので、その頃には全国委員会も結成されたのかもしれない。

あまり大きな組織ではないので写真は少ないが、毎日ムックシリーズ20世紀の記憶『連合赤軍“狼”達の時代 1969−1975』（1999年、毎日新聞社）26頁の1969年7月頃の教育大の写真にいくつか見える。

【名　称】青年共産主義者委員会

【結　成】1970年12月27日
【機関紙】『曙光』
【機関誌】『労働者権力』

社労同分裂から青共委結成までの過程は、後年に青年共産主義者委員会が発行した青年共産主義者委員会「曙光」編集委員会編『われわれの歩んだ道－社労同～青共委8年史』(1974年、フェニックス社)を軸に、分裂した他のグループの機関紙の記述をあわせて見ていく。但し、大部分については同書を参考にしており、青共委は社労同分裂時の共産主義委員会派を前身としているため、この社労同分裂については青共委からの一方的な見方になっているおそれがあることを留意されたい。

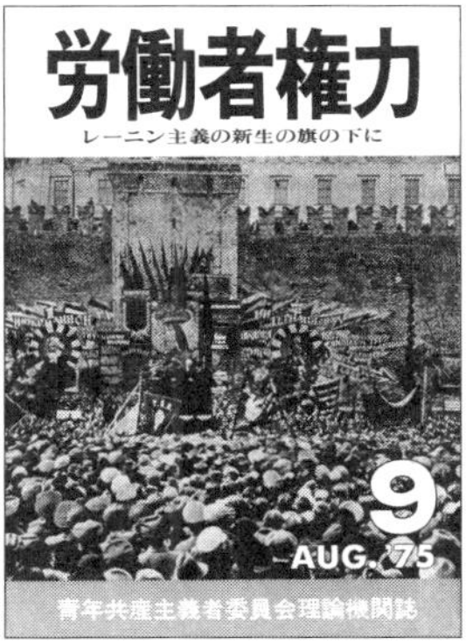

1970年3月21日の社労同第8回中央委員会において、2月の共学同全都合宿で「勝利」した部分が社労同の「党の革命」を唱えて介入を図った。津和らによるこのグループは新規の社労同同盟員の一括加盟を申請した上で、執行部の辞任と中執メンバーについて同盟員資格と以降の中央委員会討論参加資格の否認を要求した。これに抗議した中央委員や同盟員らが退場して8中委は「流会」したが、「流会」後にこのグループは8中委を続行し、中執5名を除名、7名を権利停止とする処分を決定し、社労同中央を掌握した。この部分は4月に入って機関紙部門を手中に収め、機関紙を『赤焔』と改題

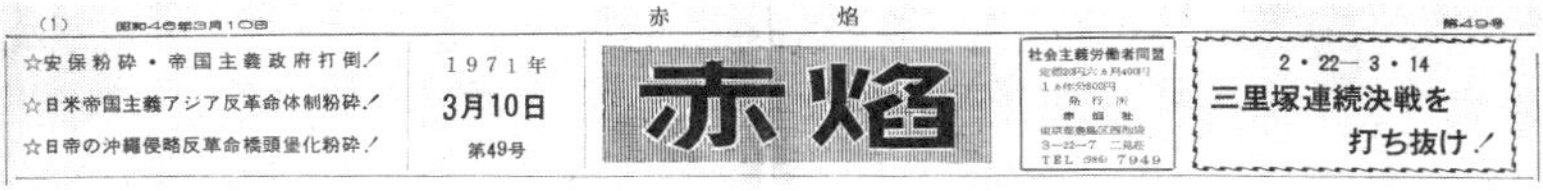

青年共産主義者委員会『労働者権力』9号
(1975.08.15付)

社労同赤焔派『赤焔』第49号(1971.03.10付)(床下氏提供)

し第45号（1970.04.10付）以下を独自に発行したことから赤焔派と呼ばれる。赤焔派は3月29日に独自に社労同第5回臨時大会を開催し、「党内闘争を革命的に止揚し、社会主義労働者同盟の革命的再編を遂行し抜くべき理論的、組織的条件をかちとることに成功した」という（「同盟の革命的再編かちとる」『赤焔』第45号（1970.04.10付）所収）。

赤焔派は更に一部の旧執行委員メンバーを監禁し、また暴力的襲撃にまで及ぶに至って対立は公然化した。赤焔派に対抗するべく5月には旧中執メンバー数名とそれを支持する部分によって、社労同総括と新組織結成をめざして社会主義政治委員会（準）が結成された。これを解党主義と批判し、社労同再建を主張する『新左翼』編集委員会グループも構成されたがどちらも赤焔派との関係においてヘゲモニーを取りきることはできなかった。6月初旬に赤焔派から「新左翼派への自己批判要求書」が送付されると、これに対する反撃として6月23日に明治公園集会にて軍事行動が行われ、反赤焔派として政治的再結集に向けた動きが活発化し、共産主義高校生委員会（社労同の高校生組織と思われるが詳細不明。中村丈夫追悼集刊行会編『紙碑 中村丈夫』（2008年、彩流社）67頁にその名前が見える）や共学同の残余部分も糾合して統一指令部を構成し、四項目確認に基づく新政治同盟をめざした8月の全同盟員会議開催に向け共産主義的政治同盟結成準備委員会への結集と組織的努力がなされていった。しかし『新左翼』編集委員会グループは7月24日に突如として四項目確認の白紙撤回と赤焔派との革命的統一を骨子とする見解を発表し、共産主義的政治同盟結成準備委員会を解体の対象とした。これによって1970年8月1〜2日に東大検見川寮で開催された社労同全同盟員会議は『新左翼』編集委員会グループを除いた形となり、同会議において社会主義労働者同盟共産主義委員会として共産主義的政治同盟結成を前提とした同盟内分派が発足した。共産主義委員会派は総括作業を進め、赤焔派との闘争を続けつつ、1970年12月27日の第3回総会において社会主義労働者同盟共産主義委員会を改組する形で青年共産主義者委員会を結成

著者所蔵　「共高委」とある緑ヘルメット　後部には「CHC」とあり、共産主義高校生委員会のヘルメットと思われる

労働者権力

5号 '70 Dec.

社会主義労働者同盟共産主義委員会

社会主義労働者同盟共産主義委員会
『労働者権力』5号（1970.12付）

青年共産主義者委員会

曙光

第92号

（『新左翼』改題第47号）

1974年9月15日

発行所 フェニックス社
東京都千代田区神田神保町2-48
協栄ビル TEL 03(262)0306
発行人 田中忠彦
定価 50円（年500円、 ）
振替 東京 156,715

★レーニン主義の新生の旗の下に！
★共存世界を突破し、世界社会主義革命へ！
★労働者権力を導く党の建設を！

青年共産主義者委員会『曙光』第92号
（1974.09.15付）

した。後に青共委を結成する部分は機関紙『新左翼』を通巻46号（1970.08.15付）以下『曙光』と改題し、独自に発行した。

青共委と赤焔派との闘争は1971年頃まで続いたものの、赤焔派の崩壊に伴い終息した。機関紙『赤焔』は第52号（1971.06.25付）まで発行が確認されているが、その後の消息は不明である。

青共委とわかれた『新左翼』編集委員会グループは社会主義労働者同盟を名乗りつつ活動を続け、1971年には大衆組織として社会主義戦線を提起し、社会主義戦線準備委員会を結成。1971年4月25日には四・二五沖縄闘争勝利・社会主義戦線総決起集会を開催して独自に活動を始めた。しかし段々と闘争報告や集会報告の記事がなくなっていき、活動自体が低調になったことが見て取れる。『新左翼』編集委員会グループの機関紙『新左翼』は青共委の系譜に属するグループによって第61号（1972.05.15付）まで発行が確認されているが、その後の消息は不明である。

この社労同三分裂の原因には共学同分裂があるが、これについて前掲「東京教育大学筑波移転反対闘争をかえりみて」では廣松渉の計画によるものという説が紹介されている。廣松渉の大ブント構想に引っかかって、共学同のメンバーで東京教育大の学生であった根井が引き起こしたものであるというのだが、具体的な論拠は示されていない。

大衆組織では、詳細は不明だが関東労働者闘争共済団（労闘済）（機関誌『労闘済ニュース』）があり、また沖縄自決連帯委員会（準備会）（機関誌『海鳴』）などと関係があったようである。

1992年3月には青共委は評議会的変革をめざす政治委員会（略称「PKR」）に改組し、他党派との協働をめざして共産同首都圏委員会などのブント系とともにM＆R（マルキシズム・アンド・ラディカリズム）研究会を設立している。その後1999年4月にはPKRの解散論が浮上する中で、解散派が組織を脱退し、残った部分によって評議会的変革のための協働委員会（別称「フェニックス・グループ」）に組織改編されたが、2019年には第21回総会において規約の簡素化と組織別称の変更（フェニックス事務局）を行ったが、2022年5月下旬の総会で解散を決定し、同月末日を以て解散した。この間機関紙『曙光』は第412号（2010.05.15付）にて廃刊し政治同人誌『置文21』へ移行している。

置文21　No.44　2019年上期号
「曙光」改題第456号／「置文」改題第51号
The Okibumi 21
2019年2月15日
定価 150円
編集 『置文21』編集同人
発行所 フェニックス社

巻頭言　四つの国際犯罪を考える　前田浩志　2
アッピール　二月沖縄県民投票運動を支持し、沖縄人民の自決を擁護しよう！　大石和雄　3
国内情勢　統一地方選・参院選を、沖縄問題・働き方問題等の社会運動に結節させよう　大石和雄　4
移民―入植者受け入れる国家・市民社会像求めよ　荘司良樹　7
韓国徴用工問題●国際人権論よりの取り組みを　大石和雄　9
問題提起●譲位―交代劇いかに受け止めるか　前田浩志　10
福島原発かながわ訴訟の二月判決を前にして　入江かつみち　11
明治一五〇年遡る歴史的批判の構想へ　茂呂秀宏　12
歴史と主体研 2018年度懇話会を開催　O生　13
グラムシを読む会で大石和雄氏が報告　M生　13
書評　「時をこえて語る―大学闘争50周年回想集」　茂呂秀宏　14
「慶應大闘争●回顧座談会」の補足　三森義道　15

年初ごあいさつ
残された活力善用し進む

－1－

『置文21』No.44（2019.02.15付）

なお、中村は社労同分裂時には共産主義委員会派に参加し、青共委の結成にも加わったものの理論指導に注力し、指導部には加わらなかった（『紙碑 中村丈夫』70頁）という。PKRを経て評議会的変革のための協働委員会にも在籍したが2007年4月死去した。

『労働者権力』№.6（1971.07付）より

青年共産主義者委員会規約

第一条　この組織は青年共産主義者委員会とよび、本部を東京都におく。

第二条　この組織は、世界社会主義革命の実現を究極目標とする。
この組織は右の事業を担う労働者権力の普遍的形成を追求し、かつ日本においてそれを主導する前衛党の建設を推進する。

第三条　組織員は、右の目的のために闘い、定期的に組織運営費を納入するとともに、より高次の思想的均質化をかちとる努力を相互に積み重ねなければならない。
また右の目的の実現のためにそれぞれの細胞・地区委員会で運動を組織し、組織員の拡大につとめるものとする。

第四条　この組織は、この規約を承認し、第二条の目的に賛同し活動するものを組織員とする。

第五条　この組織への加入にあたっては、組織員二名以上の推薦を必要とし、指導委員会の承認を必要とする。ただし、脱退は自由である。
組織員となった者は、いずれかの細胞および地区委員会に所属する。

第六条　(1) この組織の運営は、集中的民主主義を原則とする。
(2) この組織の最高決議機関は総会であり、総会は全組織員の過半数の出席をもって成立し、出席者の過半数の賛成により議決する。組織の日常の運営は、総会で選出した指導委員会がこれにあたる。
(3) この組織の基礎組織は、各細胞および地区委員会である。
(4) 各々の経営・学園の中に三名以上の組織員が居た場合、細胞を構成できる。
(5) 地区委員会は総会の決定で設置する。
(6) 監査委員会を置き、監査委員は総会で選出する。
監査委員会は組織の運営全般にわたる監査を行ない、総会に勧告する。
(7) 理論委員会、機関誌編集委員会を置く。各委員は指導委員会が指名し、総会の承認を受ける。

第七条　(1) この組織の財政は組織運営費、事業収入、基金、寄付等によってまかなう。

(2) 組織運営費は各組織員の一ケ月実収を基準とし、五〇〇〇円、二〇〇〇円、一〇〇〇円、五〇〇円のいずれかを申告し、毎月定期に納入するものとする。

(3) 新規加入者は加入日一〇〇円を納入する。

(4) 予算の各機関への配分は別に定める。

(5) 予算・決算は総会に報告し、審議決定する。

第八条　組織規約に著しく違反した者は、総会の議決によりこれを処分することができる。

第九条　この規約の改訂は、総会において出席者の三分の二以上の賛成を必要とする。

付　則　この規約は一九七〇年一二月二七日から発効する。

【名　称】**統一共産同盟**
【結　成】1966年6月19日
【機関紙】『現代革命』
【機関誌】『評議会革命』

統一共産同盟第9回大会決定をまとめた『わが統一共産同盟の総路線と今日の到達点－その歴史的総括』（1986年、史的唯物論研究所）によれば、統一共産同盟の歴史は次の通りである。

1961年の新綱領案をめぐって、日本共産党の内部は分裂状態に陥っていた。日共内の構改派は新綱領案に反対しており、1961年7月には構改派の春日庄次郎が離党し、これに同調する党員らとともに社会主義革新運動準備会の結成へと動いた。日本共産党は構改派を排除した後、7月の第8回大会でこの綱領草案を全会一致で採択した。

1959年頃から構改派として自己を形成していた日本共産党大阪市立大学一部（昼間部）学生細胞（以下「学生細胞」）は、この社革結成には加わらなかったものの、一部の関係者は自発的に離党し、また一部には除名処分が下っていた。第8回大会の直後、木津川地区委員会は大阪市立大学一部学生細胞総会を招集して第8回大会綱領の承認を求めたが、学生細胞としては除名処分に対する抗議を行った上で「新綱領には反対であるが、決定には従う」との立場をとって党内闘争堅持の姿勢を明らかにした。更に1962年10月には学生細胞及び細胞委員会の名において、大阪府委員会、中央委員会、中央統制監査委員会、木津川地区委員会宛の上申書（10・4大阪原水協主催統一行動についての大阪府党の決定に関する上申）を提出したが、これに対して木津川地区委員会は詳細な理由を示すことなく「綱領を理解する能力がない」として学生細胞を口頭で除籍した。

除籍された学生細胞は、既に離党していた党員らのうち社革などの新組織結成に参加していなかった部分と合同して1963年8月に平和と社会主義をめざす学生同盟（通称「平社学同」）を結成し、10月に結成宣言を採択した。同盟結成の主体となった

■万国の労働者
被抑圧民族、団結せよ！
統一共産同盟中央機関紙
現代革命
NO.53
1975.7.15
（一部　50円）
史的唯物論研究所

統一共産同盟『現代革命』No.53（1975.07.15付）

のは、同年春の大阪市大学生自治会中央執行委員選挙のために結成された自治会フラクション（通称「革新グループ」）であり、この革新グループが6月に同盟結成を決議して準備委員会を発足させていた。学生細胞を一応の母体とはするものの、日共党員ではなかった学生活動家も平社学同の結成には参加していた。この同盟結成の過程は、後に日本のこえ派を形成する部分との分離の過程でもあった。

日本のこえ派とは、1964年5月に日本共産党の志賀義雄衆院議員が、党議に反して部分的核実験停止条約批准に賛成して除名処分を受け、鈴木市蔵参院議員とともに結成した日本のこえ同志会による一派をいう。大阪市立大学では平社学同結成の翌月に民主主義学生同盟が結成されたが、これは小野義彦教授の指導下にあった学生らで構成されており、小野教授が親志賀派であったことから後に日本のこえ派の指導下に入った。小野義彦は森信成らとともに1960年4月に発行された日本唯物論研究会の雑誌『唯物論研究』に拠った大阪唯物論研究会で活動していた。学生細胞は小野らの影響を受けつつも、後に日本のこえ派となるこの部分と同調しなかったが、これは核実験に対する態度で対立していたからであるという。当時、原水禁を中心とする平和運動は、あらゆる核実験に反対する立場と、ソ連の核実験は支持する立場に大きくわかれて混乱していた。学生細胞は当初ソ連核実験支持の立場を明らかにしていたが、1962年に入って、平和運動の分裂を回避する立場からあらゆる核実験に反対する姿勢を鮮明にして日共から除籍処分を受けた。一方で後の日本のこえ派にあたる部分は、そもそもソ連の核実験を支持していた点では同じであるが、後に中ソ対立で中国を支持する立場から部分的核実験停止条約反対を示した日共主流に反発し、ソ連支持の立場から部分的核実験停止条約支持を表明して日共を除名されており、両者の対立点はここにあった。

学生細胞は春日離党に始まる新党結成に加わらなかったが、これは春日の離党自体を党内闘争の放棄であるとし、更に新綱領反対派が独自の綱領を示すことができなかったことを否定的に評価したためであった。また学生細胞は日本のこえ派に合流しなかったものの、大阪唯物論研究会が綱領反対派内部から行っていた構造改革派批判の影響を受けており、これも春日離党・新党結成へ共感を持たなかった一因であるとしている。

平社学同は「学生同盟」という名前を冠して発足したが、組織の性格を単なる学生運動の指導組織として自己を規定するのか、あるいは青年同盟（党）への発展をめざすものなのか、その議論を抱えつつも保留したまま発足した。同盟結成時点では、除籍された学生細胞と既に離党していたグループとの組織合同とその強化という喫緊の課題に重きが置かれたことによる。この議論は結成半年後の1964年3月の第2回同盟総会において決着し、党をめざすこととなった。しかしながら平社学同のメンバーはこの同盟総会の段階ではわずか33名にすぎず、しかも全員が大阪市大の学生であった。この状況を踏まえて、平社学同は将来的な組織的結合を前提に自らの責任とイニシアティブを以て同盟の外に「労働者革新グループ」を組織し、今までの学生同盟員で学生の身分を脱した者はこれに参加することとした。将来的な組織的結合を前提とせず、広く結集を呼びかけるべきだという意見もあったが、この前提を付すことで社革や統一社会主義同盟などの他の構改派と自らを区別し、独自の党派性を主張していくこととなった。

この労働者革新グループは同年6月に発足したが、曖昧な立ち位置を明確化させるために1965年4月にはこれを改組して平和と社会主義をめざす労働者同盟が仮結成され、綱領と規約を持った社会主義者の政治同盟の組織が企図されたが、この平社労同は実質的な活動に着手しないまま、早くも同年8月22日には、平社学同と平社労同の合同会議によって両者の組織合同が決議され、統一協議会が形成された。この間、後に統一共産同盟機関紙となる『現代革命』が、5月に平社学同によって発刊されている。

1965年9月12日には「同盟の社会主義的前進のために、同盟活動の総括と合同問題について」と題する決議を行って両同盟は解散した。その後準備期間を経て1966年6月19日に規約のみが採択され、この規約採択を以て統一共産同盟は結成された。規約のみの採択となった背景には平社学同・平社労同以来の懸案であった綱領の作成が順調に進捗しておらず、4月から5月頃に結成大会は開かれたものの綱領草案を提出できず流会していたという事情があった。9月に至って第1回定期大会の席上でようやく当面の政治方針が決定された。この頃の統共同の基本的立場は構造改革派の戦闘的再生であり、1969年に路線転換をするまでこの方針を掲げて学生運動の激動期を迎えることになった。

もともと学生が中心となって組織された統共同は、ほとんど大阪市大のみを活動の場としていたが、留年を続けていた指導部も卒業とともに分散し、民主的中央集権制を規約に定めつつも実態としては指導が分散化してしまっていた。政治的には構造改革派の大合同を目標に、まずは共同行動の構築を図っていた。学生運動では構改派諸派で結成された自治会共闘に結集して活動を続けていた。1968年3月の第4回大会の頃には大阪北区に事務所を開設し常任制(1名)が確立された。学生出身のメンバーも労働運動の中に足場を築き始め、地域的には関西を出て東京でも同盟員を獲得し始めるなど前進を見せていた。一方で運動の進展の中で路線転換が意識され始めた。情勢に対して受け身的な対応になっているという認識のもと、理論よりも先に運動上の左展開が進んだ。大会に代わるものとして全国協議会が開かれ、今までの路線の見直しが行われたが、構造改革派の戦闘的再生という今までの立場にとどまるものであった。

1969年8月には大阪市大医学部への機動隊導入が必至の情勢となる中で、これに対する対応をめぐって指導部と大阪市大学生細胞を中心とする学生らとが対立し、バリケードに籠城して防衛するとした指導部と、バリケードの外でカルチェ・ラタン方式や座り込みなどの戦術を取ろうとする学生細胞とが対立し、同盟第6回大会に対応が委ねられたが指導部の優勢が明らかになるや学生細胞員らが退場し、そのままボイコットに出た。大会は直ちに除名や権利停止などの処分を行ったが、この騒動で東京のごく一部の同盟員を除き、大半の学生同盟員を失い、関西では完全に学生戦線を喪失することとなった。

1970年3月には全同盟員集会が開催され、この席上「労働者評議会運動の職場・生産点からの創出」が掲げられ、ここに構造改革派からの脱却と現在に至るまでつづく現代ソビエト(評議会)革命路線への転換が決定づけられた。

現在も活動を続ける労闘・労活評については、労働者評議会運動の追求の中で1971年8月に東京で労働運動活動者評議会(略称「労活評」)が、続く10月に関西で労働者共闘(準)(略称「労闘」)がそれぞれ結成された。機関紙『労働者通信』、機関誌『評議会運動』。

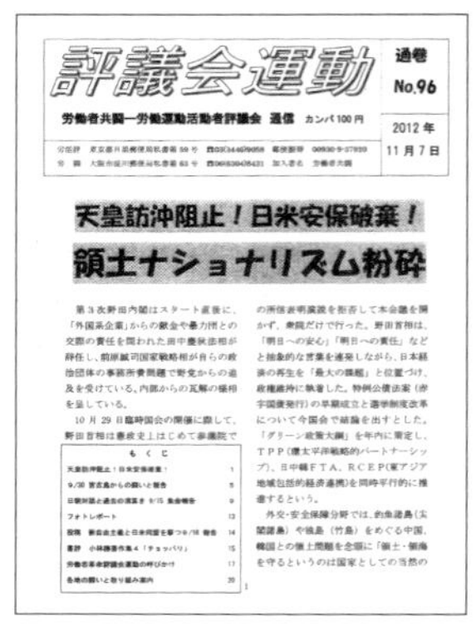
評議会運動
通巻 No.96
労働者共闘―労働運動活動者評議会 通信 カンパ100円
2012年 11月7日

天皇訪沖阻止!日米安保破棄!
領土ナショナリズム粉砕

労働者共闘―労働運動活動者評議会
『評議会運動』No.96(2012.11.07付)

極左暴力集団及び沖青委などは会場周辺で延べ4団体、約550名を動員して集会デモを行なった

同様に現在も活動を続ける全関東単一労働組合は1972年2月に、関西単一労働組合は同年11月にそれぞれ結成され、雇用形態による分断を超えた全労働者の団結を期した。これには当時新聞販売店を中心に臨時雇用者を組織して激しい運動を続けていた全臨労の存在が念頭にあった。

近年では1991年1月30日に参議院で演説中の海部首相に湾岸戦争への対応について抗議する目的で「侵略戦争反対！」の声とともに靴を投げ、威力業務妨害等の容疑で逮捕された事件（国会内反戦投靴闘争）や、1992年10月4日に山形県で行われた国体秋季大会（べにばな国体）開会式で天皇

統一共産同盟『「沖縄海洋博」粉砕！天皇・皇太子訪沖阻止！』（発行年月日記載なし）

訪中・訪沖阻止、派兵阻止、国体粉砕を掲げて競技場のトラックに走り込んで壇上の天皇皇后両陛下に向かっ

無題　自衛隊カンボジア第二次派兵阻止を闘う労活評の隊列（『現代革命』№190（1993.04.23付））

て発煙筒を投擲した事件（山形「べにばな国体」開会式、トラック突入・天皇弾劾闘争）などの直接行動でも知られる。

三里塚闘争においては1971年3月の第一次強制代執行闘争以来、横堀の宇都宮大学全共闘の団結小屋を結集点として闘争を続けており、反対同盟の分裂に際しては熱田派についた。2012年に強制執行されるまで同所で現闘体制を維持していたが、立ち退きに遭ったあとも場所を第四インターの団結小屋に移して現闘体制を維持しているという。

統社同の60年代末から70年代半ばにかけてのヘルメットは明確には確認できていないが、1976年の沖縄海洋博反対闘争でのデモでヘルメットの着用が確認できている。学生戦線では自治会共闘に結集していたというので、自治会共闘のヘルメットをかぶっていた可能性がある。統共同としては下部組織の労闘や労活評の灰色のヘルメットが有名であるが、90年代半ば以降は着用していないようである。

【名　称】共産主義労働者党

【結　成】1967年2月4日
【機関紙】『統一』
【機関誌】『革命の武装』

共産主義労働者党は、四分五裂した構改派系党派の統一という側面を持って、社革、統社同、日本のこえ派それぞれの統一賛成派と、一部の無党派によって結成された。議長内藤知周、書記長飯田桃（いいだもも）。

共労党はベトナム反戦団体として有名なべ平連（「ベトナムに平和を！市民・文化団体連合」後に「ベトナムに平和を！市民連合」に改称）とつながりがあり、共労党の幹部がべ平連の主要メンバーを占めている。この点について当時の共労党やべ平連幹部の回想では、べ平連での活動と共労党としての活動は峻別されていたとされるが、絓秀実『1968年』（2006年、筑摩書房）はこの見方に疑問を示しつつ、後述する共労党の三分裂も含めて論じている。詳しくは同書を参照されたい。

1969年5月の第3回大会では元社革系の内藤らが組織の方針をめぐって対立し、脱退した。代わって書記長の飯田桃が、主導権を握った。この分裂劇は中央委員会において17対21の僅差で決定された政治報告が「われわれは『平和共存・反独占民主主義を通ずる社会主義革命』というわれわれの結党路線に対して根本的な再検討を加えなければならない。」「結党路線のふくんでいた不十分性・弱点・限界を克服することによって現代世界革命戦略をうちたて、

共産主義労働者党『革命の武装』第1号（1970.09.01付）

日帝の七〇年代戦略に対決し、東アジア革命勝利の進撃路を切り拓け
月3回（1の日）発行
1.21
統一

共産主義労働者党『統一』通巻392号（1971.01.21付）

その戦略的展望にたって七〇年＝七〇年代闘争をたたかいぬかなければならない。」とした上で、平和共存路線について「戦略としての平和共存路線は一国共産主義建設に革命を従属させるものであり、戦後型歴史ブロックの崩壊期である今日においては、ソ連外交政策としても米ソの適応的均衡の道具にすぎないものになってしまっている」と批判し、構造改革路線について「修正スターリン主義としての構造改革路線は、結局のところ、一国革命主義・西欧民主主義・愛国主義という一国社会主義的傾向の大枠から出られない」「構造改革路線の歴史的破産は、今日、びぼう〈原文ママ「弥縫」か〉や手直しによって救うことは、おそらく不可能であるとわれわれは考えている」と批判して、平和共存路線と構造改革路線を放棄したことによるものである。

脱退した内藤らは1969年7月労働者党全国協議会を結成した。機関誌『労働者党通信』。1977年9月に労働者党全国委員会に改称し、同年には親ソ派への大同団結を広く呼びかけ、1981年8月にはこれに応じた日本のこえの分派である建設者同盟と合併し、統一労働者党を結成した。機関紙『労働者』、機関誌『労働運動研究』。1985年には社会主義統一党（機関紙『社会主義の旗』）を結成する波多然らとの分裂を経て、1991年11月には新・民主主義連合に改称している。なお、社会主義統一党機関紙『社会主義の旗』は第300号（2010.04.15付）より『火花』に改題したが、これはもともと共産主義労働者党佐賀県委員会機関紙の題名で、かつて使われていた波多然自筆の題字が再び使用された。また脱退後の1969年9

（左）労働者党全国協議会『労働者党通信』第23号（1972.05.01付）
（右）共産主義労働者党佐賀県委員会『火花』№.58（1968.09.15付）

月には内藤派の長谷川浩、内野壮児らが労働運動研究所を設立した。

1969年11月には佐藤訪米実力阻止・11月安保決戦勝利全関西労学市民総決起集会における機動隊とデモ隊との衝突の際に、学生組織であるプロレタリア学生同盟に所属していた岡山大の糟谷孝幸が死亡する事件が起こっている。

1970年夏には戸田徹によって「第三世界革命論」が提起された。笠井潔によれば、この頃の党内の様子は、1969年秋期決戦で疲れ果て「もっぱら右翼的・召還主義的な雰囲気に色濃く染めあげられていた」といい、そのような潮流は先進国革命主義・労働者本隊論をとっていたが、「この潮流を組織的・理論的・人格的に代表していた書記長白川真澄の世界危機論と、議長いいだももの岩田弘的な世界危機論の折衷である党第三回大会『現代世界革命』論に対する全面批判ともいうべき第三世界革命論の登場は、党内にもうひとつの潮流を準備する、その最初の画期をなすべきものであった」といい、この第三世界革命論は「入管闘争、沖縄闘争、そして三里塚闘争という一九七〇年、七一年の闘争過程を実質的に領導するもの」であったという。そして、1971年秋の三里塚・沖縄決戦へ向けては、白川書記長ら党内主流派を相手に半年以上にわたる党内闘争を行い、9月の三里塚闘争は予定通り実施したものの、沖縄闘争は後述の三分裂によって不発に終わったという（笠井潔『〈戯れ〉という制度』（1985年、作品社））。

共労党は1971年秋に、沖縄闘争や武装闘争をめぐって労働者革命派、プロレタリア革命派、赤色戦線派の3つに事実上分裂した。蔵田計成『新左翼運動全史』（1978年、流動出版）はこの三分裂を1971年12月の四大会九中委におけるものとしている。

労働者革命派に属した樋口篤三によれば、事前に武装闘争を察知していた警察のガサ入れによって会計帳簿や党員名簿が押収されている状況下で、1971年秋に赤色戦線派が武装闘争に踏み切ろうとしたのを、労働運動に依拠し中央委員7名を擁する労働者革命派と学生運動出身で指導部に居た白川書記長らプロレタリア革命派が同調して阻止したところ分裂したという（「革命家・労働運動家列伝④革命家の人間像――春日庄次郎（下）－日本で稀な革命家の人間像　晩年の10年－」（フロント機関誌『先駆』800号（2005.09付）所収））。

一方、赤色戦線派に属した笠井潔は、1971年11月に労働者革命派を基盤とする「中央委員が、連名で臨時中央委員会の開催を要求し…臨時中央委員会は、『極左』的な沖縄闘争方針の撤回を決議した…右派による党内クーデタの結果として、沖縄闘争は不発に終わる。殺すとか殺されるとか、逮捕投獄や長期裁判の可能性など想像したくもない右派と、三里塚闘争の画期性は否定できない中間派と、我々左派に党は三分裂した」としている（笠井潔『スキー的思考』（1998年、光文社））。

機関紙を確認すると、『統一』第418号（1971.12.01付）には、12月1日付での中央常任委員会「コミュニケ」が掲載されており、第9回緊急中央委員会が11月18日付でいいだ議長と小野、岩木、江坂の3常任委員を解任していることから、九中委が開かれたのは11月で、この席上で分裂したものと思われる。続く『統一』第419号では「党内論争の公開にあたって」「秋期闘争の中間総括と党内闘争の原則的分岐点」の2つの記事が発表され、党内に3つの大きな潮流があることなどが公表され、党内論争を経て党を再組織する意向を示した。しかしその後機関紙は発行停止状態に陥り、約1年後の1972年12月に赤色戦線派が共産主義労働者党赤色戦線派を結成した。労革派はプロ革派との統一を模索するも成らず、プロ革派は1973年4月に共産主義労働者党全国協議会を結成、労革派は1974年3月に労働者党全国委員会を結成した。

学生組織

【名称】**プロレタリア学生同盟**
【結成】1969年3月（民学同左派として共労党指導下に入ったのは1968年3月）
【ヘルメット】緑地に「プロ学同」⇒赤地に「プロ学同」
【機関誌】『プロレタリア戦線』

共労党は様々な党派の合同によって結成されたが、その学生組織は日本のこえ派の学生組織である民学同の一部（民学同左派）を引きついだ。1968年3月7日の民学同全国委員会において日本のこえ派系と激しい対立の末、民学同左派は26〜27日に独自に民学同第9回大会を開催し、分裂した。分裂後に1度だけ民学同機関紙『民主主義の旗』を46号（1968.04.15付）として発行している。1969年3月27日の民学同第11回全国大会

プロレタリア学生同盟『プロレタリア戦線』No.2（1970.05.18付）

では構改派学生運動からの決別を確認するとともに、法政大学学生社会主義同盟（機関紙『ザリア』）、和光大学反戦学生同盟とともにプロレタリア学生同盟への発展的解消を宣言し、翌3月28日には第1回全国大会を開催した。但しプロ学同としての結成宣言は3月29日付で発表されている。

ヘルメットは2種類確認されている。一つは緑地、もう一つは赤地である。

緑地のものは、写真集『全共闘イマジネイション』の表紙下部（カラー写真だが時期不明）で確認でき、物によっては後部に「PSL」の略称の表記も見える。赤地のものは警察資料

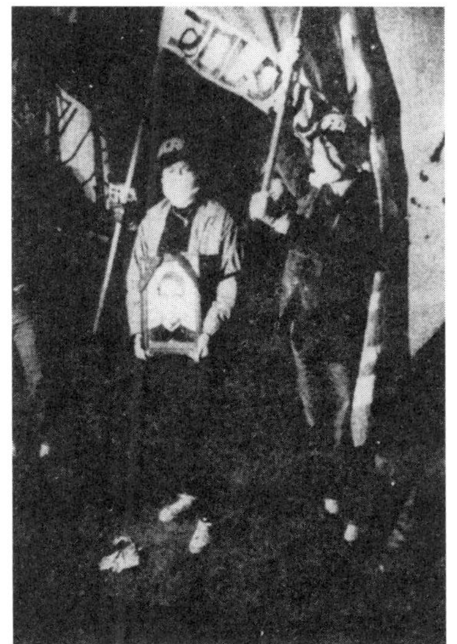

1970年頃 プロレタリア学生同盟の隊列 詳細不明
『プロレタリア戦線』No.2（1970.05.18付）

のヘルメットの一覧で確認している。

共労党機関紙『統一』第352号（1970.01.19付）に掲載された「革命戦士の共通の色赤ヘルに」によれば、ヘルメットの色は緑色から赤色に変更されている。

『統一』第352号
（1970.01.19付）より
革命戦士の共通の色赤ヘルに

一・一八東大闘争一周年の闘いを契機として、プロ学同・反戦・全高闘連は、ヘルメットの色を赤に変えて登場する。

過去数年間の激しい闘いの時期を終始一貫して、その闘いの最前線に立って闘ってきた緑ヘルは、闘う諸君に強い印象を与えてきた。緑ヘルは、敵権力との激烈な死闘の中で常に革命戦士の象徴としてあった。

われわれは、秋期決戦を通じ敵権力の反革命的大弾圧と死闘をくり返し、その激闘の軌跡は七〇年代階級闘争への橋頭堡として構築された。

われわれは、その秋期決戦の歴史的重み、教訓を再々度確認し、更なる飛躍をかちとらんとしている。その時、我々は赤へ

ルへ転換せんとしているのであるが、その持つ意味は、革命的戦士・労働者を本来的に象徴する色でありかつ、七〇年代の階級闘争が圧倒的な大衆の政治舞台への登場、総反乱の時代であり、それを象徴するものとして闘う者の共通の色・赤色が使用されるのだ。全革命戦士は、プロ学同・反戦・全高闘連の赤ヘルの下に総結集せよ。

これをまとめると、プロ学同のメットは、緑地に「民学同」（民学同左派時代1967.02〜1969.03）⇒緑地に「プロ学同」（1969.03〜1970.01）⇒赤地に「プロ学同」（1970.01〜）ということになる。民学同左派時代のいつ頃からヘルメットをかぶり始めたのかは不明。但し、上記記事の中に「過去数年間の激しい闘いの時期を終始一貫して、その闘いの最前線に立って闘ってきた緑ヘル」との文言があるのでプロ学同だけでなく民学同時代もそれなりの期間緑ヘルを使用していたことが推測される。

なお共労党は1970年3月に学生大衆組織として反帝学生戦線を結成している。反帝学生戦線を名乗る同時期の組織としては、同じく構改派系のフロントの学生大衆組織がある。この名称をめぐる問題についてはフロントの項を参照。

著者所蔵の生写真
1970年代前半の三里塚。発言者はプロ学同、その左には反帝学生戦線のヘルメットも見える

【名　称】共産主義労働者党【通称：共労党赤色戦線派】

【結　成】1972年12月
【機関紙】『赤火』／『赤色戦線』（赤色戦線首都圏協議会）／『三星紅旗』（赤色戦線）
【機関誌】『紅旗』（首都圏委員会）

1972年12月に結成された飯田桃（いいだもも）を指導者とするグループである。機関紙の名称は単に「共産主義労働者党」であり「赤色戦線派」などの文字はない。赤色戦線派に属した笠井潔によれば、委員長に戸田徹、書記長に笠井という体制であった（笠井潔『スキー的思考』（1998年、光文社））という。2024年に笠井が著した『自伝的革命論』（2024年2月、言視舎）では赤色戦線派などに3分裂した経緯について触れており、詳細は同書を確認されたい。ただ、同書によれば、赤色戦線派は「他称にすぎ」ず、「われわれは分派を名乗ることなく、共労党東京都委員会・

（1）　1973年10月1日　第1号（通号420号）

支配階級をして共産主義革命のまえに戦慄せしめよ！ プロレタリアは，この革命によって鉄鎖以外に失うものを持たない。彼らの獲得するものは全世界である。万国のプロレタリア団結せよ！
― マルクス・エンゲルス ―

赤火

10.1
No.1
通号
420号
定価50円

共産主義労働者党
全国政治新聞
発行　『赤火』編集局
東京都港区新橋4の26
永仁ビル403 TEL（433）0006

全ての東アジア人民は団結して米帝国主義をたたきだし日本帝国主義を打ち倒そう

NO
1

赤色戦線

1972
9月15日
＜毎月1回15日発行＞

編集責任
赤色戦線首都圏協議会
編集局

(上) 共産主義労働者党全国政治新聞「赤火」No.1通巻420号（1973.10.01付）
(下) 赤色戦線首都圏協議会『赤色戦線』No.1（1972.09.15付）

1974年4月15日　三星紅旗　No.22　（1）

4.15
三星紅旗
赤色戦線

全東アジア人民は団結し，日帝を打倒し，米帝を放逐しよう！

ゼネストを全勤労人民の力で闘い取り
田中自民党政府を
実力打倒せよ！

紅旗
1972.12 No.1
共産主義労働者党首都圏委員会理論誌

(左) 赤色戦線「三星紅旗」No.22（1974.04.15付）
(右) 共産主義労働者党首都圏委員会『紅旗』No.1（1972.12.25付）

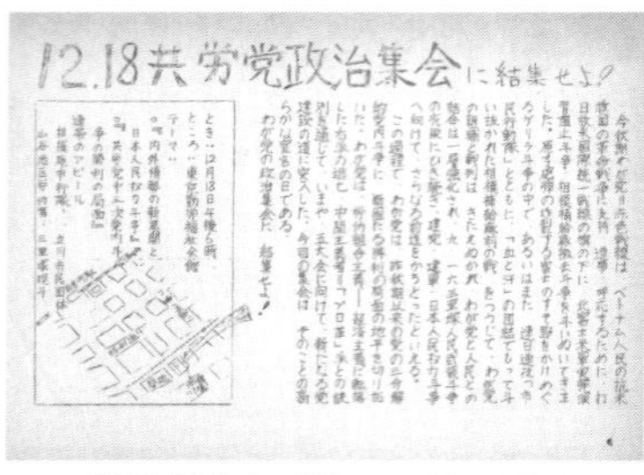

12.18共労党政治集会に結集せよ！

12.18共労党政治集会に結集せよ！（赤色戦線派 1972年頃）

静岡県委員会として活動することにした」という。

著者の所蔵する資料に「12.18共労党政治集会に結集せよ！」と題したビラがあり、「昨秋期以来の党の三分解的党内斗争に、断固たる勝利の局面を切り拓いた」とした上で、「五大会に向けて、新たなる党建設の道に突入した」として、「今回の集会はそのことの高らかな宣言の日である」とし、12月18日に政治集会を行うとしている。共労党の三分裂を1971年12月の四大会九中委におけるものとすれば、「五大会」は共労党の正統を自任し、これを引き継ぐものであることを示すものであり、このビラが呼びかける12月18日の政治集会こそが赤色戦線派の事実上の結成集会と見てよいものと考えられる。

機関紙『赤火』第1号の発刊の辞では、「共産主義労働者党の第三次党内闘争において、その革命的翼を堅持してきた首都圏党・静岡県党・三里塚前線委員会をはじめとする全国の党組織」という一文があり、赤色戦線派は名前の挙げられているこれらの部分を中心として担われたものと思われる。これらのうち首都圏委員会の名義では『紅旗』という理論機関誌も発刊されているが、首都圏委員会にもプロレタリア革命派による部分があり、プロレタリア革命派は機関紙『統一』（地方合同版）第8号（1972.11.15付）上に「首都圏一部同志諸君による『首都圏委員会』の僭称を弾劾する！」との五府県委員会声明を発している。首都圏のプロレタリア革命派による部分は後に共労党全国協結成に参加している。首都圏では1972年9月10日の首都圏党活動者会議において赤色戦線派が暫定首都圏委員会を結成したことでプロレタリア革命派は首都圏委員会の名称使用をやめ、1973年4月の共産主義労働者党全国協議会結成には、首都圏委員会としてではなく川崎地区委員会、東京三多摩地区第一細胞、同第二細胞及び東京北部地区第五細胞として参加したものと思われる。

機関紙『赤火』はかつての機関紙『統一』を引き継いで、1973年10月1日付で創刊され、通巻420号以下を発行したが、1974年春には停刊した。

赤色戦線派は、解放委員会や赤軍派、反戦共闘らとともに1972年8月

無題　赤色戦線（『あゆみ』機動隊創設30周年記念特集号）

25日に8・25インドシナ革命戦争支援集会を開催し、この集会の実行委員会は後に8・25共闘会議という運動体に発展して活動を行ったが、後に解放委員会と反戦共闘（後に両者でマル青同を結成）と、烽火派の間の対立により解消されている。

三里塚闘争に積極的に取り組んでいたが、組織自体は必ずしも大きくなく間もなく活動停止に陥ったとされ、笠井潔『〈戯れ〉という制度』（1985年、作品社）によれば、はっきりとした時期に関する記述はないものの、前後の記述から推定すると1973年から1977年までの間に「党的団結の自己解除を決定」している。前掲笠井『自伝的革命論』によれば、1972年に「解党の未来を予見させる新路線が都委員会で一二月末に決定される。反対票は黒木（引用者注：笠井の党名「黒木龍思」より、笠井自身のこと）の一票のみ。この方針で指導する自信はないという理由で、都委員と書記長職の辞意を表明した」とあり、また1973年12月に東京都委員会が解散を決定し、実質的に解党したという。しかし影響下にあった労働組合がその後も三里塚闘争に参加しており、開港後は飛行阻止のため、アドバルーンを揚げ、または古タイヤを燃やすなどの妨害活動を行った。

10.21わが三星紅旗は桜町に結集した革命的人民の最先頭で輝いた（赤色戦線首都圏協議会『赤色戦線』No.3（1972.11.15付））

『赤火』第1号（1973.10.01付）より

発刊にあたって

全国の闘う労働者・農民・市民・兵士・学生諸君に共産主義労働者党全国政治新聞『赤火』を送りとどける。

我が共産主義労働者党の第三次党内闘争において、その革命的翼を堅持してきた首都圏党・静岡県党・三里塚前線委員会をはじめとする全国の党組織は、経済主義右派の脱落と中間派私党主義集団の脱走をのりこえ、党のボリシェビキ的原則を守り、自らを真実の革命党へと打ち鍛えるべく奮闘してきた。

共産主義労働者党の革命的翼は、友人諸君に対して、わが党の分派闘争の終焉を報告すると共に、同時に、我々が真にめざした「人民権力闘争の党」の建設はいまだ端初にすらついていないことの痛切な自己批判の下に、我々の弱点・欠陥・誤りを厳しく点検し真剣に克服しつつ、歴史的激動を告げる七〇年代中期階級攻防の鉄火の中で、自己を真に「人民権力闘争の党」へと打ち鍛える事業への新たなる前進を開始していることを報告する。

党の革命的翼が再前進への苦闘の中で開催した本年九月の党第二回全国代表者会議は、共産主義労働者党全国政治新聞『赤火』を、この我我の再進撃の旗印として発行することを決定し、同編集局を全国的指導機関として選出した。

『赤火』は、湧き上る人民の闘いの只中で「第三世界解放革命＝世界共産主義」の綱領的立脚点・「東アジア国際革命」の戦略・「日本人民権力闘争」の路線を導きの糸としつつ、人民の闘いに深く学び、人民権力闘争を担う革命党と革命的人民の相互形成を推し進めることを、自らの使命とするものである。

ささやかな出立ではあるが、「赤きイスクラ」たらんとする決意をこめて、ここに発刊する。

一九七三年一〇月一日共産主義労働者党全国政治新聞『赤火』編集局

【名　称】**共産主義労働者党全国協議会**
【通称：共労党プロレタリア革命派】

【結　成】1973年4月
【機関紙】『統一』
【機関誌】『蒼生』

共労党プロレタリア革命派は九州地方・岡山県・大阪府・京都府・愛知県の五府県委員会による機関紙『統一』地方合同版を第1号（1972.04.01付）から第10号（1973.02.01付）まで刊行した後、1973年4月1日付で機関紙『統一』再刊準備版へ移行した。共労党プロ革派による前掲の五府県委員会のほか、三里塚前線委員会、川崎地区委員会、東京三多摩地区第一細胞、同第二細胞及び東京北部地区第五細胞の計10組織によって1973年4月に共産主義労働者党全国協議会は結成された。公然拠点「工人社」。共労党全国協は第5回大会において全国党を再建することを目的とした。

青年組織としてプロレタリア青年

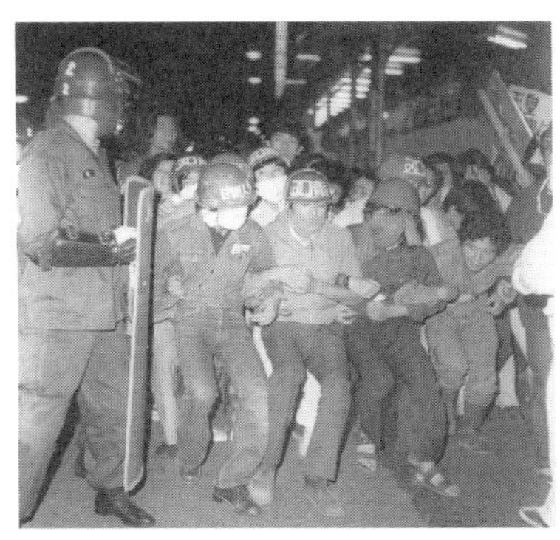

著者所蔵の生写真　1970年代前半の京都

（1）（1973年）　2月1日　統　一（地方合同版）　（昭和36年9月9日第三種郵便物認可）

（1973年）　**2．1**

党の根本的再武装
再組織をかちとれ！

統一
地方合同版

（昭和36年9月9日第三種郵便物認可）
発行　共産主義労働者党九州地方委員会
岡山県委員会
大阪府委員会
京都府委員会
愛知県委員会
連絡先　TEL　06－251－6732
（月2回刊　1日・15日発行）
第10号　（1部80円）

共産主義労働者党九州地方・岡山県・大阪府・京都府・愛知県委員会『統一』地方合同版10号（1973.02.01付）

（1）（1973年）4月1日　統　一（再刊準備版）　（昭和36年9月9日第三種郵便物認可）

ベトナム・インドシナ国際
革命の勝利の進撃に呼応し
第五回党大会に勝利せよ！

統一
再刊準備版

（1973年）　**4・1**
発行　共産主義労働者
全国協議
創刊号　（1部80円）

共産主義労働者党全国協議会『統一』再刊準備版創刊号（1973.04.01付）

ベトナム革命派の旗高く、全国青年同盟を建設せよ!
1部 10円

解放戦士

編集・発行 プロレタリア青年同盟全国協議会
東京都品川区大井1-34-13
(771)6221
月2回発行(毎月1日・15日)
第5号 73年12月1日

プロレタリア青年同盟全国協議会『解放戦士』第5号(1973.12.01付)

プロレタリア青年同盟ヘルメット(模索舎舎員　榎本智至氏所蔵)。赤地に白文字のもの

三里塚を闘う青年先鋒隊ヘルメット(模索舎舎員　榎本智至氏所蔵)。赤地に黄色の星が描かれている

著者所蔵の生写真　1982年5月頃の三里塚・横堀。自死した管制塔戦士原勲分骨のための集会の写真と思われる

同盟及び全国組織としてプロ青同全国協議会を持つ。機関紙『解放戦士』。三里塚闘争では三里塚を闘う青年先鋒隊が現地闘争組織として結成された。これは1977年5月6日に岩山大鉄塔の闇討ち破壊を受けて同日夜にプロ青同三里塚現闘団の呼びかけで結成されたものである(プロ青同三里塚現闘団・三里塚を闘う青年先鋒隊『三里塚－78年の春』(1978年))。1978年3月の開港阻止闘争においては第四インター派や日向戦旗派とともに管制塔を占拠した。開港後も三里塚闘争に連帯し、1983年の反対同盟分裂では熱田派支援党派となった。1985年9月には空港公団工事局等への火炎瓶投擲事件を起こしている。

1996年2月の第16回党大会では党名・機関紙名の変更が決定され、新名称については8月の臨時党大会で決定すると確認された。これを受けて開催された8月31日～9月1日の第17回臨時党大会では、党名は「自治・連帯・エコロジーをめざす政治グループ・蒼生」に、機関紙は『グローカル』に改めることが7時間、29回に上る投票を経て決定された。

大会に提案された党名としては「グ

自治・連帯・エコロジーをめざす政治グループ蒼生
『グローカル』No.537（1999.01.01付）

リーンレフト」「自治・連帯・エコロジーの社会をめざす工人社」「政治グループ・グローカル」「トマトの党準備会」「コミューン社会をめざす人々連合」「緑と自由」「オルタネット」「新党・蒼生」「21世紀党」「工人社」「共産主義労働者党」「プリズム」「グローカルネット」「オルタナティブパーティー蒼生」「オルタナティブパーティー緑・赤」の15候補があり、提案された機関紙名としては「緑と自由」「グローカル」「プリズム」「WILL」「上げ潮」「21世紀」「EDGE（エッジ）」「大地の風」「A-NET」「そうせい」「グリーンレフト」「統一」の12候補があった。このうち「グリーンレフト（提案では「グリーン・レフト」）」はそもそも第16回大会において党全国委員会が改名案として提出したもので、提案の骨子は「共産主義という言葉で政治理念を表現しないのは、人々に受け入れられず対話を阻害するから、また共産主義・社会主義の敗北を認め、それを批判的に継承するため」「労働者だけでなく、先験的に革命的な主体という構想の一切を放棄する」「党というイメージは『新しい政治集団』にはふさわしくない」というものであった。しかしこの提案に対し「グリーン・レフト」に反対する声が多かったため、一定期間の公開議論を踏まえて第17回臨時党大会で新名称を決定することが決まった。

党名は即日変更となったが、機関紙は1997年1月1日付の№494を以て『グローカル』に変更された。

2012年5月には機関紙『グローカル』第772号（2012.07.01付）にて、日本における緑の党グリーンズ・ジャパン結党への動きが本格化する中でこれに貢献するためとして解散を発表し、8月に解散大会を開催して解散した。一部は研究所テオリアを設立した。

『統一』地方合同版第１号（1972.04.01付）より

発刊にあたって

■全国の戦闘的労働者・人民諸君！読者諸君！我党は現在、昨秋期闘争の敗北を契機に、三傾向対立をはらんだ党内論争を押し進め、党を七〇年代不屈の前衛党へと打ちきたえていくという、歴史的課題に挑戦している。

それは、ベトナム・インドシナ人民が切り拓いた、世界革命のより攻勢的段階を受け継ぎ、それを世界革命の前進－東アジア国際革命へともち来たらすには、日本プロレタリアート・人民が、いかなる階級主体へと自らを形成していかなければならないのかと言う、きわめて戦略的核心にせまる論争として展開されている。また論争は、戦闘的労働者の闘い、農民の闘い、学生の闘い等の渦中で、闘う同志の苦悩に満ちた論争として党員一人ひとり（引用者注：原文は縦書きで繰り返し符号）の自発性・積極性に依拠した論争として展開されている。そこには、過去の共産主義運動における“党内闘争－内ゲバ－分裂”という次元をはるかに越える壮大な地平が切り拓かれんとしている。我々は党内闘争を、真の七〇年代国際革命党の建設に結実させることを固く決意している。

■すべての友人！同志諸君！我々五府県の各委員会は、“プロレタリア革命派”として自らを確立し、七〇年代革命党建設へまい進する決意である。そのためにも、今日までの党内闘争が閉鎖的であった否定的現実に終止符を打ち、我党の論争をすべての戦闘的労働者・人民に解き放ち、共に七〇年代階級闘争に進撃するために、ここに「統一」地方合同版を発刊することを決意したのである。

■すべての友人・同志諸君！五府県委連合「統一」を工作・闘争の武器に、第三世界解放革命に合流する“東アジア革命”への大道をともに進撃しよう。（五府県委員会）

【名　称】労働者党全国委員会
【通称：共労党労働者革命派】

【結　成】1974年3月
【機関紙】『革命の炎』

樋口ら共労党労働者革命派が結成した。議長樋口篤三、中央委員春日庄次郎。樋口は分裂に至る過程について「三分派化の進行の中で、私は分裂だけは避けようと努力したが、労働現場で働く同志たちの武装闘争への不信感は避けがたく、1年余経って分裂し、『労働者党』（規約にある）結成となった。私は『白川派』との調整統一を模索したが（もしできたら分裂しなかった）それもかなわず、結成へ。方針はすぐ決まり、指導部を選出。

革命の炎　第85号　150円
電話 03（816）5379
1982. 2. 15　振替　東京 110468 木村三郎
編集・発行 労働者党全国委員会

「労働者綱領」「たたかう労組運」の実体形成めざし、拠点――地域の八二春闘を！

1・30～31、第6回全国労働者討論集会、運動体への飛躍をめざして新たな出発点にたつ

「革命の炎」定期購読・読者拡大の訴え
激動の時代に強大な前衛党をともにたたかいとろう／労働者党全国委員会議長樋口篤三……1
第六回全国労働者討論集会総括
「労働者綱領」の獲得「たたかう労組運」の実体づくりへ踏み出せ！……3
日本帝国主義の核安保体制を打ち砕け！朝鮮・韓国への軍事侵略をねらう「極東有事研究」／青木市雄……7
座談会／現代帝国主義の危機と八〇年代日本革命の展望（下）／山川暁夫、水原輝雄、宮嶋信夫、樋口篤三……12
△読者より▽反核・反原発闘争――できるところから行動をおこそう！……11

労働者党全国委員会『革命の炎』第85号（1982.02.15付）

力のあった鳥取・山口が、議長樋口、顧問春日を提案。ところが『異議なし』の瞬間、春日さんは『顧問なんていやだ』と異議を唱え、強い態度なので、これまた山口提案で中央委員となった。」（「革命家・労働運動家列伝④革命家の人間像――春日庄次郎（下）－日本で稀な革命家の人間像　晩年の10年－」（フロント機関誌『先駆』800号（2005.09付）所収））とし、最後までプロ革派との分裂だけは避けようと試みたとしている。プロレタリア革命派の機関紙『統一』再刊準備版創刊号（1973.04.01付）によれば、労働者革命派はこの頃10の経営細胞による『諸同志への報告』という文書において「われわれは、以上をもって『共産主義労働者党』の名称を使わず、新たな組織結集に向います。新たな名称は十分な合議のうえ決定します。」という意向を明らかにしていたという。

本書では労働者党全国委員会の結成を1974年3月（田代則春『日本共産党の変遷と過激派集団の理論と実践』の記載に拠る）としたが、これは誤りの可能性があり、前述のように共産

主義労働者党の名称の使用を早い段階で止めており、正式な結成以前に労働者党を名乗っていた可能性がある。労働者革命組織準備委員会名義の1974年1月20日付の『労働者革命』第3号を確認しており、同誌では「大衆的実力闘争と選挙闘争」を山口義行が労働者党鳥取県中部地区委員会の肩書で寄せている。この『労働者革命』は労働者革命派の過渡期的な機関誌とみられ、第3号に記載のあるバックナンバーの内容によれば、創刊は1973年3月で、8月に発行された第2号では「全国総会へ向けて」とする特集において政治方針・組織方針・結集基準の案が掲載されたようである。

狭山闘争や三里塚闘争などに取り組んだ。機関誌『革命の炎』は1983年3月まで発行されているが、その後組織は活動停止状態に陥ったようである。

労働者革命組織準備委員会
『労働者革命』第3号（1974.01付）

【名　称】日本のこえ同志会→日本共産党（日本のこえ）→日本のこえ

【結　成】1964年6月
【機関紙】『日本のこえ』

1963年8月にモスクワにおいてアメリカ、イギリス、ソ連の3ヶ国で、地下実験以外の核実験を停止する部分的核実験停止条約が締結された。当時の中ソ対立で中国よりの姿勢を示していた日本共産党は、この条約について「この条約は中国封じ込めのための条約」（川上貫一議員による昭和39年5月15日の衆院本会議での反対意見）であることを理由のひとつとして終始反対の立場をとっていた。しかしながら日本共産党内のソ連派である志賀義雄衆院議員は、1964年5月15日の衆院本会議において、部分的核実験停止条約の批准に賛成票を投じた。当日の衆院本会議にはソ連最高会議の訪日議員団が来ていた。参院では鈴木市蔵がこれに同調する姿勢を見せていた。

この事態に、当時中国に滞在していた宮本書記長は日程を早めて帰国し、5月21日の第8回中央委員会総会にてこの両名を除名。またこの両名に同調して党中央を批判した神山茂夫、中野重治の両中央委員も9月の第11回中央委員会総会で除名した。これらの除名されたソ連派によって結成されたのが日本のこえ同志会である。その後日本共産党（日本のこえ）に改称した。

1965年頃から日本のこえ派が構改派系政治組織の統一を呼びかけ、1967年に共労党が結成されると、志賀らの親ソ連派首脳部は共労党結成直前に離脱し日本のこえにとどまったが、日本のこえ派の多数は共労党結成に参加した。志賀らのこえ派はこれにより少数派に転落したが、更に日ソ両共産党改善の動きの中で1967年10月には神山茂夫、中野重治らが日本のこえは志賀の私党と化したと批判して脱退し、1970年12月にクラブ有声社を設立した。機関誌『通信方

日本のこえ『日本のこえ』第503号（1974.11.11付）

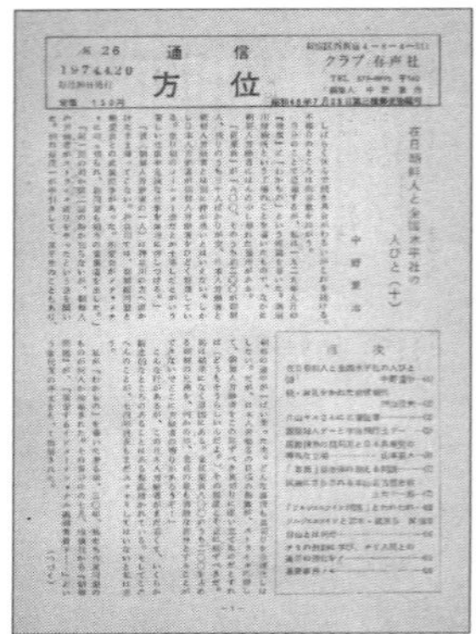

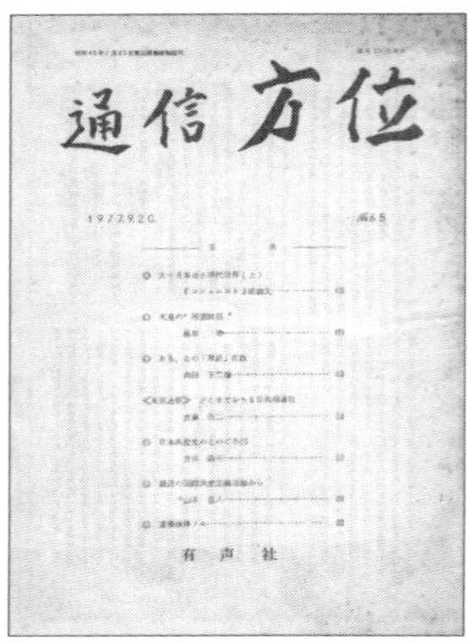
通信方位

有声社

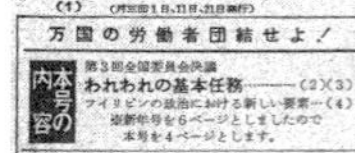
万国の労働者団結せよ！

本号の内容

第3回全国委員会決議

われわれの基本任務

平和と社会主義

第636号

1978.1.11

(左) クラブ有声社『通信方位』No.26 (1974.04.20付)
(右) 有声社『通信方位』No.65 (1977.09.20付)
(下)『平和と社会主義』第636号 (1978.01.11付)

位』。同派は1977年頃までに有声社に改称したと見られ、その後両名の死去に伴って解散した。

1968年1月、日本共産党(日本のこえ)から「日本共産党」の文字を外し、日本のこえに改称している。

1977年1月の全国委員会では、3月に日本のこえを解散し、新組織として平和と社会主義を発足させることを決定した。機関紙『平和と社会主義』。この過程で親ソ派の大同団結を主張する土田謙次・木原敬一らのグループは権利停止の処分を受けたため平和と社会主義より独立して1977年7月に建設者同盟を結成した。機関紙『建設者』。建設者同盟は後に共労党の分派である労働者党全国委員会と組織合同して1981年8月に統一労働者党を結成したが、1985年4月7日には波多然らがここから分派して社会主義統一党(機関紙『社会主義の旗』→『火花』)が結成されている。

学生組織

【名称】**民主主義学生同盟(民学同右派)**
【結成】1963年9月15日

1963年9月15日に大阪市立大学の小野義彦教授指導下にあった平民学連の一部グループが分裂して、民主主義学生同盟を結成した。小野教授が親志賀派だったことから後に日本のこえ派の指導下に入った。1967年2月に指導団体である日本のこえが共労党結成に伴って分裂すると、民学同内には共労党系の民学同左派

全ての民主的学友は民学同に結集しよう
NO.82号
1971年4月25日発行
民主主義の旗
発行所
民主主義学生同盟全国委員会
編集局 振替（大阪）18014
大阪市阿部野区松崎町4－1－14
東京支局・新宿区東水町5
<1部 20円、1ケ月 70円>
国際学連の旗の下
単一全学連を再建しよう

民主主義学生同盟『民主主義の旗』№.82（1971.04.25付）

（後にプロ学同に改称）と、日本のこえ系の民学同右派の二潮流が形成された。1968年3月7日には民学同第9回大会を前に全国委員会が開催され、右派と左派の間で激しい対立が生じ、右派は3月25〜26日に、左派は26〜27日にそれぞれ別個に大会を開催し、右派は左派系の同盟員を除名処分とした。

また民学同は主流派の京大グループと反主流派の大阪大グループとの対立の激化により、1970年3月13〜14日の第12回全国大会では遂に内ゲバに発展（『旬報学生青年運動』第295号（1970.11.01付））し、主流派の「民主主義学生同盟全国委員会」（機関紙『民主主義の旗』）と反主流派の「民主主義学生同盟統一会議」（機関紙『デモクラート』）とに分裂した。分裂後間もない時点ではそれぞれが機関紙『民主主義の旗』を発行し、正統を自認していた。反主流派は、主流派が趣意・規約を蹂躙し、暴力をふるって全国大会開催を強行したために「同盟の趣意、規約に基づく統一大会をかちとるため、あくまでもそれを守って同盟の目的の実現に努力し、責任をもって全組織を指導しうる臨時中央指導組織として民主主義学生同盟統一会議を組織した」（「学生共斗派指導部のセクト主義ゲバルト路線を拒否し趣意規約の立場に立ちもどり学生運動統一同盟統一へ　同盟統一会議へ結集せよ！！」『デモクラート』第24号（1971.11.10付）所収）とその組織的位置づけを明らかにしている。

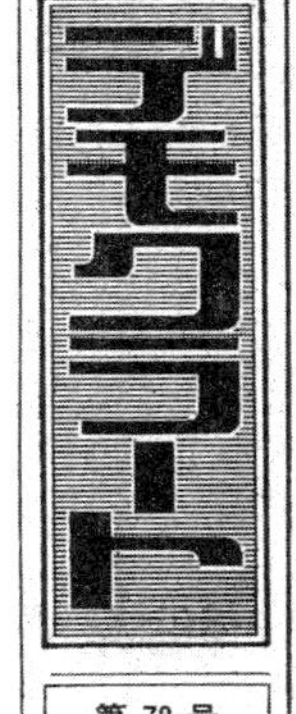
デモクラート
第79号
一部 80円
発行 民主主義学生同盟 中央委編集局
振替 大阪 317516
平和と平和共存、反独占民主主義、学生運動統一のために！

民主主義学生同盟『デモクラート』第79号（1976.04.10付）

1970年8月には主流派が民学同第13回全国大会（29〜30日）を、反主流派が民学同支部代表者会議（26日）を開催し、それぞれが正統性を主張して分裂が固定化された。この間指導団体である日本のこえは両派の調停に努力し、9月26〜27日の日本のこえ第4回全国委員会では学生対策会議を開催することとなったが、分裂は解消するに至らなかった。主流派は機関紙『民主主義の旗』から民主主義の旗派と呼ばれ、反主流派からは特に「学生共闘」派と呼ばれた。学生共闘派という他称の由来は、主流派が民学同の指導下に結成した大衆団体によるものと思われ、分裂以前の1969年4月11日には民学同京大支部のヘゲモニーで平和と民主主義をめざす学生共闘会議が結成されており、この略称が「学生共闘」であった(『民主主義の旗』№59(1969.04.25付))。反主流派は、1973年3月4〜6日に開催した民学同第12回全国大会において統一会議という支部連合体組織をやめ、中央委員会を確立して民主主義学生同盟の旧称に復している。

主流派・反主流派が分裂した1970年、既に主流派は現代政治研究会(略称「現政研」)というグループを結成していたが、この現政研と民学同の関係は不明である。日本社会党と社会主義協会のような関係ではないかと推測する。機関紙『統一の旗』、機関誌『統一の理論』。1982年1月1日付の機関紙『統一の旗』創刊号所収の「創刊にあたって」では「現代政治研究会は、日本共産党(代々木派)の議会主義的・民族主義的・セクト主義的諸偏向と、一方におけるトロツキー主義諸派の極『左』日和見主義的諸偏向の深化の中で、『左』右の日和見主義を、職場、学園に根づいた具体的な運動の展開で克服し、反独占諸闘争を前進させるため、一九七〇年に結成された」としている。主流派はこの後現政研を解散し、2000年8月27日に民主主義的社会主義運動(略称「MDS」)を結成した。機関紙『統一の旗』は9月1日付の第654号まで現政研名義であり、9月8日付の第655号からMDSが継承している。『統一の旗』は更に2003年11月7日付の通巻812号から『週刊MDS』に改題された。民学同それ自体がどうなったのかは不明だが、1982年の『統一の旗』創刊号には民学同機関紙『民主主義の旗』の広告があり、この頃までは存続していたことが確認できる。

現代政治研究会『統一の理論』№27
(1992.08.10付)

反主流派は民学同中央委員会理論政策誌として『新時代』を発刊していたが、1975年3月頃、機関紙『デモクラート』によるデモクラート派と、『新時代』による新時代派に分裂し

〈1〉 2000年12月28日 第3種郵便物認可

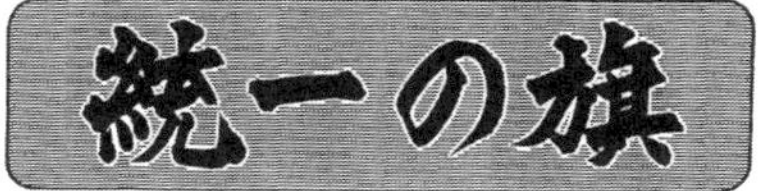

第811号
2003年10月31日

統一の旗

民主主義的社会主義運動機関紙
MDS (Movement for Democratic Socialism)
毎週金曜日発行　一部 200円
年間定期購読　8,000円(送料別)
発行所：統一の旗新聞社
大阪市城東区蒲生1丁目6-21 LAGセンター内
TEL：06-6934-8512　FAX：06-6934-8112

民主主義的社会主義運動『統一の旗』第811号（2003.10.31付）

たとされる。この詳細は調査を行ったものの資料が集まらず不明である。

民学同の白地のヘルメットは本橋信宏『全学連研究 改訂版 革命闘争史と今後の挑戦』（1985年、青年書館）表紙で確認できる。緑地に「民学同」というヘルメットもあるが、これはプロ学同になった民学同左派のヘルメットであると思われる。

但し、白地に「民学同」のヘルメットも、必ずしも民学同右派に共通のものとは言えない可能性がある。民学同左右派分裂直前の機関紙『日本のこえ』第189号（1968.03.19付）に

新時代

創刊号

特集　民学同第12回全国大会
民主主義学生同盟第12回全国大会テーゼ
民主主義学生同盟第12回全国大会基調報告・決定
―一般政治任務・方針―
当面する学生運動の課題とわが同盟の任務
―資料―
民主主義学生同盟第4回全国大会　組織方針
―民主主義学生同盟全国化のために―
他党派批判
―民主青年同盟，「学生共闘」派，革マル―
―中核，共産同C戦線派
民主主義学生同盟　綱領・規約

NO 1 1973.4

民主主義学生同盟中央委員会理論政策誌

民主主義学生同盟『新時代』創刊号
（1973.04.20付）

掲載された民学同全国委員長吉田勝次の「同盟の分裂の危機に際して全同盟員に訴える」では「きわめて憂慮すべき事態が進行している。三月三日、東京北区野戦病院設置反対闘争において、一部の大学では民学同のネーム入りのヘルメットに身を固め、社学同ML派、社青同国際主義派と隊列を組み、わが同盟の一貫して拒否してきた極左的一揆主義の活動を行ない、民学同の旗を汚すに至った。」と批判している。この批判の内容が過激な新左翼セクトと手を組んで行動を起こしたことなのか、それとも他の新左翼セクトのようにヘルメットが必要となるような行動を前提としてヘルメットを着用したこと自体にまでわたるものなのか判然としない。

【名　称】**活動家集団　思想運動**

【結　成】1969年3月2日

【機関紙】『思想運動』

【機関誌】『思想運動』シリーズ／『社会評論』／『国際主義』

初代全学連委員長であった武井昭夫らによって結成された。公安調査庁『過激派集団の概要』昭和54年5月版の分類に従い構造改革派の項に入れた。同書昭和54年5月版によれば、武井昭夫は1967年頃まで社会主義革新運動や統一社会主義同盟で活動しており、1969年3月に「津田道夫らの『構造改革路線を正しく普及する』との目的で」結成したものだという。

しかし活動家集団　思想運動の機関紙『思想運動』準備1号（1969.06.01付）に目を通した限りでは構造改革派であると明確にうたってはおらず、またソ連派に分類する人もあり、この項に置いたのはあくまで便宜的なものであるとご了解いただきたい。

前掲機関紙『思想運動』準備1号所収の野呂重雄「ルポルタージュ　核・集会・機関紙　活動家集団の結成から準備一号まで」によれば、活動家集団　思想運動結成の動きは1968年秋頃には始まっていたといい、1969年1月25日に四ッ谷の若葉荘で開催された結成準備会には35名が結集したが、同年3月2日に渋谷の労政会館で開催された結成総会では加入者総数124名にまで増えたという。結成総会では「呼びかけ 活動家集団　思想運動結成にあたって」が採択された。この「呼びかけ」は、「われわれがいま共有している状況認識とそこからみちびかれる共同の課題を明示した」ものであるという（「思想運動とはなにか－討論のための試論」前掲『思想運動』準備1号所収）。現在の活動家集団　思想運動のHPでも「この『呼びかけ』は、1969年1月25日の結成準備会（参加者35名）で草案として採択され、3月2日の結成大会（大会時の会員数144名）〈引用者注：結成総会時の会員数について前掲資料と齟齬があるが引用は原文ママとした〉で正式に採択され、以後、集団の綱領的文書となっている」と紹介されている。

活動家集団　思想運動は結成された1969年当時盛んに闘われていた街頭闘争ではなく、機関紙の発行や文化活動、シンポジウムの活動などを主としていた。同派は現在も活動を継続している。

『思想運動』準備1号(1969.06.01付)より
呼びかけ　活動家集団　思想運動結成にあたって

資本主義的近代をどのように全体としてのりこえていくか。わたしたちは現代世界の思想的課題をこの一点にまっすぐ見すえています。それは、たんにあれこれの思想家・知識人の課題であるのではなく、なによりもまず階級としての現代プロレタリアートの任務です。わたしたちがいま労働者階級の階級意識の形成と結びついた思想運動の展開をあらためて提唱し、ここにそのための活動家集団の結成を呼びかけるのは、この課題にとりくむ責任を労働者大衆自身の手に回復しなければならない、と考えるからです。また、わたしたちは、この自明の前提がたえず投げ捨てられている支配的風潮にさからって、この課題にとりくむことをとおしてマルクス主義者の主体を回復・形成していこう、と考えるからです。
わたしたちの問題提起は、もとより現代という時代についての鮮明な歴史認識にもとづいたものでなければなりません。現代とは、どういう時代か。いうまでもなく資本主義から社会主義への全般的移行期といわれる時代です。つまり、社会主義がたんに思想や運動してだけ現存するのではなく、それがすでに一定の世界的な体制としてかたちづくられ、世界史の動向を決する基本的な要因にまでなっている時代なのです。しかしながら、この「全般的移行」の過程はけして平坦な道ではなく、まさに国際的労働者階級の自覚的なたたかいによってのみ内容を与えられるような過程でありましょう。
しかもここでは、熱核戦争と、それによる地球的規模での階級共滅の可能性をつねに念頭におき、その現実化を断乎として拒否する英知と決断のもとに、資本主義体制と社会主義体制の対立という現世界構造の矛盾を社会主義的な方向に解決するようなたたかいが必要です。体制間対立といっても、それは、単純な二者間対立ではなく、資本主義体制と社会主義体制とのそれぞれの側が、さまざまな対立・葛藤を内に抱え、それぞれの次元における諸矛盾を媒介として含みこんだ構造をもっています。
わたしたちはこんにち、アメリカ帝国主義を中軸とする反共・ドル体制の崩壊・再編過程での諸矛盾の爆発に毎日のようにたちあってきていますが、しかしそれとの関連において、この帝国主義的世界支配の終焉を完成すべき国際的労働者階級の戦線の再整備過程になお克服しなければならない幾多の障害が生じてきています。

このような世界情勢の激動のなかで、従来アメリカ帝国主義の軍事的・政治的庇護のもとに直接身を寄せていた日本ブルジョワジーは、いま、この反共・ドル体制の危機にもとづく自己の存立の危機を、同時に世界市場における市場占拠拡大のための好機としてとらえかえし、「ヴェトナム以後」にそなえて、アジアにおける「最後の帝国」たらんとする道を急進しようとしています。そのために、かれらは、アメリカの支配者とのあいだで調整工作をつづける一方、国内の支配体制の安定を確保するのに大わらわであり、そのイデオロギー的支柱確立の志向をむきだしにして、「民族精神」や「防衛意識」の昂揚をあらためて強調しはじめています。かれらが文化庁を新設し、日本文化会議に文化イデオローグたちを組織し、明治百年や万国博覧会への大々的なカンパニアをくりひろげているのも、この攻勢の具体策のあらわれにほかなりません。
日本の支配階級は、とくに六〇年安保以後、経済高度成長政策を基軸にして、新聞・テレビ・ラジオ等マスコミ諸機構をその総体において巧妙に掌握しながら、きわめて人為的なかたちでいわゆる「大衆社会状況」の幻想をつくりだし、労働者階級の階級意識を浸蝕・破壊しつづけてきました。戦後民主主義にもとづく組合意識の解体と、企業意識への再編成、市民的エゴイズム充足の場としてのマイホーム主義への誘導などが、その第一段階でした。この基礎のうえに、いま、支配階級のイデオロギーは、独占資本の要請する進路に沿って、一方には「近代化」のレールを、他方には日本はアメリカやヨーロッパとはちがう日本独自の「特殊性」があるというレールを敷き、労働者階級を国益優先をかかげるナショナリズムの側にまるごとからめとろうとしています。たとえば、いま流行の未来論も近代化論のひとつの変種にほかならず、そこには近代化論の本質的な部分がすべて包含されており、その人間工学や情報理論などによってえがかれている未来社会には、社会の歴史的発展の物質的基礎としての生産力と生産関係をとらえる観点はすっぽりと抜けてしまい、社会的生産力はたんに物理的・技術的なものとして把握されています。かれらのいう「未来」とは、まさに資本主義的「現在」のイデオロギー的投影にほかならず、ここには、階級支配からの現実的解放という未来はありません。また、没合理的な「土着性」を非合理的な方向で強調する風潮がつよまっていますが、それはどれほど近代に対立する世界を提示するかのようにみえても、結局は民族的特殊性論の一種であって、それがかもしだすにせの連帯感のゆきつくところはファシズムのあらたな温床以外のなにものでもないでしょう。労働者階級の立場に立つとき、その危険性をこそわたしたちはしっかり見すえなければなりません。独占資本が要請する近代化論と民族的特殊性の強調とは、相互にたすけあいながらナショナリズムの強化をはかり、労働者の階級意識の解体と現在の支配秩序の維持とをめざしているのです。

このような支配階級のイデオロギー攻勢の新しい局面との個々具体的な対決のなかで、わたしたちは、いま、わたしたちの七〇年安保闘争をたたかいぬかねばならないわけですが、いうまでもなく、わたしたちにとって七〇年安保闘争とは、「破棄」か「継続」かを自己目的化するのではなく、わたしたちの大目的、つまり全人類の物質的・精神的生活条件の根本的改造を見さだめたたたかいでなければならないでしょう。そうでなければ、たたかいの現実的意味をになうことができないのです。ところが、こんにちの革新諸政党、労働組合等の運動は、この課題を充分にはたしているどころか、はたそうとする意志さえ失っているのが、いつわらぬ現状ではないでしょうか。それゆえに、わたしたちの思想運動は、この課題をみずから全面的にひきうけ、支配的イデオロギーをその諸相においてラディカルに批判しつくすとともに、国際共産主義運動が現に直面している諸矛盾を真に解決しうるプロレタリア・インターナショナリズムの精神と活動を、わたしたちの多面的な生活意識にかかわらせながら、樹立していくことをめざしています。そのような知的な運動として展開されることによってのみ、わたしたちの思想運動は全般的階級闘争のなかのひとつの有機的な環たりうるのです。この意味で、わたしたちの思想運動がめざす階級意識の形成とは、どこまでも非妥協的、戦闘的なものでなければなりません。
もちろん、ここでいう階級意識とは、ひとりの労働者のさまざまの意識内容ではなく、また大多数の労働者の統計上の平均的な意識でもなく、労働者階級がになっている歴史的な使命を自覚することであり、みずからの自然成長性をのりこえるという歴史的な意味を意識することなのです。そのような労働者大衆の階級意識は、けっしてひとりでに生まれてくるものではなくまさにたえまない階級的諸闘争のなかで不断に形成されるものであり、とりわけ目的意識的展開のなかで鍛えあげられなければなりません。わたしたちのめざす思想運動とは、こうした全人民的闘争の構造的な構成部分であり、その重要な一環をになわんとするものにほかならないのです。

ひるがえって、こんにちのいわゆるマルクス主義理論戦線は、はたしてこうした思想運動のはたすべき課題に有効にとりこみうる現状にあるのでしょうか。かえって階級意識の解体に順応し、ある場合それに力をかしているとさえいわねばならぬのが、いつわらぬ姿ではないでしょうか。とりわけスターリン批判以後、従来のマルクス主義のコンフォーミズムの止揚をかかげて、諸潮流の多元化がすすみましたが、それらは国際共産主義運動内部の困難を反映する一方、同時に日本マルクス主義固有の歴史性に制約されて、現代の理論的な課題に充分こたえることができず、その結果、現実的な理論党派として自己を確立しえていないのが現状だといわねばなりません。
ここでは、体系的な学説が断片化され、同時にそれを社会学的・人間学的・実存主義的概念によって「補強」しようとするこころみが流行し、それら雑多な思想・理論・言葉の諸断片が諸党派・諸グループ・諸個人のあいだで分けもたれていて、マルクス主義自体が風俗化の危険にさらされています。すなわち、一方において日本共産党に代表されるような官僚化した「マルクス主義」が、議会主義・合法主義・大衆追随主義によって労働者の戦闘的な思想を呪縛し、他方、それにたいする機械的反撥が社会民主主義(構改右派)的潮流とアナーキズム(アナルコ=サンジカリズム)的潮流に分化して流出し、それに加えて各種各様の自立主義者や市民主義者が新左翼の看板をかかげて輩出してきましたが、それらのどれもがマルクス主義の再建をではなく、その変質と分解をもたらしている有様です。また学生運動のなかから反スターリン主義をかかげて形成されてきた諸党派も、プチブル急進主義的な内容と綱領主義的な枠組に規制されて、真のマルクス主義党派としての自己形成の道をみずからとざしています。とくにそれらが既存のジャーナリズムやアカデミズムがつくりだす支配的風潮のなかにすっぽり埋没させられているのをみると、語の厳密な意味での党派性は扼殺され、革命的情熱も矜持も投げ捨てられてしまっているとしか思えません。
以上のような状況認識からひきだされる、わたしたちの課題は、したがって、二重の内容をもつクリティシズムの創造ということになります。第一は、さまざまな衣装のもとに —ある場合は、労働者大衆の味方であるかの衣装のもとに押し売りされてきているブルジョワイデオロギーにたいする、あらゆる可能な局面を利用してのまた、あらゆる可能な形態をもってする革命的批判ということであります。第二は、右のことと不可分の関連のもとにすすめられる、マルクス主義の原理的再建のたたかいということであります。いうまでもなく、これらの課題の遂行は、あらゆる色合いの政治的実利主義、講談的教養主義、ならびに無批判的実証主義からみずからを峻別したところで、状況との不断の緊張を創造する自律的意志の確立なくしては不可能でありましょう。わたくしたちは、そのようなたたかいの全内容を包括するものとしてわたしたちの運動を、特殊に思想運動と称するのです。
わたしたちは、わたしたち自身のこんにちまでの運動と、ひとりひとりの営為のうえに立って、しかも、それを荒々しくのりこえていくような理論と活動力を、いまここに結集し、流れに抗して、さまざまな困難を克服しながら、わたしたちの大衆的思想運動をつくりだしていかねばなりません。それが総体としての階級意識形成の土壌をきりひらくことになるでしょう。この課題を具体化するために、わたしたちは、いま、一切の支配的思想風俗と対立しつつ、わたしたちの手で、新たな思想形成と伝達のための革命的ジャーナリズムを確立し、それを本来の意味で大衆化するとともに、運動として保証していきたいと考えます。

すでに見てきたように、わたしたちのめざす思想運動とは、きわめて困難なたたかいであるでしょう。しかし、この仕事こそ避けてとおることのできない運動再生の環であり、その意味での歴史的課題であるという共通の認識のもとに、わたしたちは、それとのとりくみを決意しました。課題をともにし、志向を同じくするひとびとの結集を呼びかけます。

規約

われわれの組織の理念と形態は運動の目的にしたがって、適切に選択されなければならない。われわれは、義務と権利が分裂し諸個人が相互に手段化してしまうような価値体系が、運動組織の理念のなかに浸透してくることをみとめない。したがって、運動の内部規範として、われわれがそこに生活しているブルジョワ社会での既成の価値評価をもちこもうとするような考え方をきびしく拒否する。われわれの組織は、「呼びかけ」の目的にしたがってみずからを規律するとともに、それぞれの局面に応じた可能な形態で責任を分担し、その目的の実現をめざして具体的行動を遂行するための同志的結合体である。われわれのあいだの任務と機能の分担は、組織内部に人間的不平等を再生産するようなものであってはならず、あくまで各人の資質・能力・条件に応じて自覚的につくりだされる分業化・専門化であり、同時にそれが全体としての運動の目的に還帰できるように調整される。
したがって、われわれは内部規範として、形式的民主主義を超える人格的紐帯にもとづく運動体を創造しようとする。
われわれの運動体は、けして閉鎖的・セクト的な集団ではなく、大衆の生活とたたかいにあらゆる可能な形態で結びつき、さまざまな大衆運動との相互浸透を通じて、現代の労働者階級の透徹した知性を集中する活動をめざす組織である。
われわれは、当面の最小限の活動内容を次のように定め、組織のありかたを次のように規律する。

名称

1　活動家集団　思想運動

会員

1　呼びかけの趣旨に賛同し、規約を承認し、かつこの実現のために活動する者を会員とする。

2　会員は年度会費二、〇〇〇円を前納する。

活動内容

1　機関紙（さしあたり月刊）を発行する。

2　研究会・討論会・講座・その他を組織する。

3　課題を共有する運動体や集団と積極的に協力する。

組織

1　年次総会（毎年三月）は集団の基本的な活動方針を討議・決定し、運営委員会を選出する。必要に応じて運営委員会が臨時総会を召集する。規約の改正は総会でおこなう。

2　運営委員会は総会の決定にもとづき集団の日常的な運営にあたる。運営委員会は事務責任者を選出し、機関紙部・研究部・組織財政部・その他必要に応じて各種の専門部をつくる。運営委員会の活動はつねに会員に公開され、会員は会議に出席して発言し、またその活動に積極的に参加できる。

3　会員は必要に応じて職場・地域・専門領域などを基礎に単位グループを形成する。各グループは運営委員会に一名以上の代表をおくる。

財政

1　入会を希望する者は会員を通して申し込み、運営委員会の承認をうける。

5

日共左派系

【名　称】日本共産党（左派）

【結　成】1969年11月30日
【機関紙】『人民の星』
【機関誌】『革命戦士』／『建設者』（党内報）

1966年初め、日本共産党はベトナムや北朝鮮、中国を歴訪し、ベトナム戦争反対の反帝国際統一戦線の結成と拡大を掲げた共同声明についてベトナム共産党、朝鮮労働党とは合意したが、中国共産党との間ではソ連の取り扱いについて対立し、共同コミュニケは合意に至らず、日中両共産党の対立が公然化した。

この関係悪化の中で、日共内の親中国共産党派（以下「中国派」）党員は、日共中央の方針に反発し、中国共産党もこれら中国派党員を支持する姿勢を見せた。1966年5月に開かれた日共山口県委員会の討議では、日共中央の自主独立路線に賛成する委員長山田喜一らと、これに反対する常任委員福田正義らが対立し、福田は隅岡隆春らとともに、日共山口県委内に分派組織として日本共産党山口県委員会革命的左派を結成した。またこの時期と相前後して1955年に福田正義が創刊し、当時も編集発行に携わっていた地方紙『長周新聞』を通じて宣伝活動が開始された。8月11日には第9回県委員会総会が分派活動の疑いで福田や穴迫、大林、隅岡、古谷の5名を査問委員会に付することを決定したが、査問委員会の連絡に応じず、分派活動を行った。当時民青同盟山口県委員会委員長であった加藤碩は8月16日に日共左派系の民青中央委員らから下関に呼び出され切り崩しにあったことを証言している（記録集刊行委員会編『自主独立の旗のもとに　山口県における毛沢東盲従反党分派との闘争二十五周年にあたっての思い出』（1991年、記録集刊行委員会））。

同月広島で開催された第12回原水爆禁止世界大会にオブザーバーとして中国代表団が来日した折、この一員であった中華全国青年連合会副主席銭大衛が団長となって中国青年文化代表団が結成され、

『長周新聞』第1527号
（1971.07.25付）

8月22日に山口市で開かれた中国青年文化代表団熱烈歓迎山口県民集会に参加した。この集会は社青同山口地区本部や日本社会党山口県本部のほか、日中友好協会山口県連や山口大学学生自治会連合などによって結成された歓迎実行委員会によるものであった。この席上、銭大衛は毛沢東思想と文化大革命を礼賛する挨拶を行い、これに応じる形で隅岡隆春が日本共産党革命的左派を名乗って「修正主義の妖怪粉砕」と題して挨拶に立ち、分派組織は公然化した。

9月3日の日共山口県委第11回県委総会では福田ら5名が除名され、また多くの中国派が統制処分を受けると、9月10日には日本共産党山口県委員会（左派）が結成された。機関紙誌は、9月に機関誌『革命戦士』が、10月に機関紙『人民の星』が創刊された。日共山口県委（左派）は、全国の中国派日共党員へ向けて結集を呼びかけ、これを契機として1967年中に愛知、佐賀、福岡、兵庫、大阪など8府県に、1968年には東京と神奈川の2都県で準備会などが結成され、約2年余りの間に10の都府県に山口県委員会（左派）に同調する中国派の組織が結成されるに至った。

『人民の星』第132号（1970.10.23付）

『革命戦士』29・30合併号（1970.05.01付）

日本共産党から除名された中国派、ぬやまひろしらが主宰する毛沢東思想研究会の機関誌『毛沢東思想研究』は1967年8月号～11月号に、「全国に広がる革命左派の結成」と題したコーナーを設けて、各地で日本共産党から分裂して結成された中国派組織の声明を掲載している。掲載されているのは「日本共産党刷新左派佐賀県委員会設立会三神地区委員会（刷新左派）」、「日本共産党愛知県委員会（左派）」、「日本共産党埼玉県福岡細胞（左派）」（以上8月号）、「日本共産党福岡県委員会（左派）」、「日本共産党兵庫県委員会（左派）」（以上9月号）、「日本共産党大阪府党（左派）

党員協議会」(以上10月号)、「日本共産党福島県委員会(左派)」、「日本共産党(左派)京都第一委員会」、「日本共産党岡山県備南地区委員会(左派)」、「日本共産党八幡製鉄党委員会(左派)」(以上11月号)の計10組織にのぼる。これだけを見ても日本共産党の各委員会・支部・細胞に所属する中国派党員が次々と脱党し新たに組織を結成していく当時の状況が伝わってくる。

1968年8月には山口左派に同調する中国派を結集した全国単一党の建設に向けて日本共産党(左派)全国協議会が組織され、これを母体として1969年11月30日に日本共産党(左派)が結成され、山口県萩市で結成大会を開催した。公然拠点「人民の星社」。機関紙誌は日共山口県委(左派)の機関誌を継承した。

しかし日本共産党から離党あるいは除名された中国派全てが日本共産党(左派)に結集したわけではない。また日共左派に結集しながらもどのように日本共産党に対抗する中国派の党を形成していくかについての路線問題や綱領問題、当時盛り上がりを見せていた学生闘争についての評価などをめぐって対立があった。一度は山口左派に結集しつつも排除され、別に党派を立ち上げた人物として、大隈鉄二(日本共産党(革命左派)→日本労働党)、原田長司(日本共産党(マルクス・レーニン主義)山口県委員会→日本共産党(マルクス・レーニン主義))、安斎庫治(日本共産党再建準備委員会→日本共産党(マルクス・レーニン主義))らがいる。また日本共産党理論政治誌『前衛』臨時増刊『政治経済総覧』の日共から分派した中国派を紹介する系統図に名が見えるものの、日共左派から排除された後の消息が不明なものとして県委員の山県樵二、石田光義らがいるが、『革命戦士』21号(1968.10.10付)によれば、石田は「公安調査庁のスパイ」であり、この石田と「結びつき、反党分派を形成して党を内部から攪乱しようとした」部分として山県樵二や渡辺嘉夫らがあったという。

日共内からの中国派党員の離脱と時を同じくして、日本中国友好協会も日共系と中国派系とに分裂し、中国派系は脱退して1966年10月26日に新たに日本中国友好協会(正統)(以下「日中正統」)を結成した。中日友好協会は、秘書処の秘書長趙安博と副秘書長王暁雲の連名で日中正統に電報を送って断固支持を表明し、日共系の日中友好協会との関係を断絶した。日共左派はこの日中正統の執行部を担って日中友好運動に取り組んだが、1968年以降、運動方針をめぐって、日中友好と安保反対を切り離すべきでないとした日共左派ら執行部と、これに反対して安保反対に重点を置き日中国交回復のスローガンを今掲げるべきでないとした造反派や毛沢東思想研究会、社学同ML派らとの間で対立が生じた。この路線問題は各地方組織内で顕在化し、東京都本部では常任理事会が機能不全に陥った。

1969年3月15日には日中正統本部第9回理事会の議題の一つとして都本部の問題が取り上げられることとなったが、この会場に光岡玄ら造反派が押しかけて衝突する事件(三・一五事件)が発生し、また4月7日にも造反派が本部に押しかける事件(四・七事件)が発生し、これが決定打となって日中正統は日共左派らによる執行部派(宮崎世民会長)と、反執行部派(黒田寿男会長)に分裂し、執行部派は単独で第18回全国大会を開催した。この事態を重く見た中国は両者の調停に乗り出し、両者が協議を重ねた結果、1971年8月29日中日友好協会副会長王国権が出席して日中友好協会(正統)団結・勝利の全国大会を開催。組織は再統一されるに至った。

再統一された日中正統でも日共左派はその運営を担ったが、1974年6月日共左派二十四中総において中国が国連資源総会で発表した「三つの世界論」をめぐって福田正義らの中央派と隅岡隆春らの関東派が対立した。

中央派と関東派の対立は日中正統にも持ち込まれ、混乱が生じた。1975年1月に日中正統が派遣した訪中団(団長に関東派で日中正統本部事務局次長の坂田輝昭)に対して、中国共産党中央対外連絡部副部長張香山は「三つの世界論」を世界革命の総路線としていることを明らかにした上で、「日中共同声明を基礎にした幅広い国民運動の展開」「友好運動と革命運動との区別」を指示した。帰国した坂田からこのことが報告されると、関東派が占める日中正統中央は、日中正統の性格と任務についての認識の統一を目的として2月に大学習運動の実施を呼びかけた。これは日中友好運動を革命運動の一環と位置づける日中左派中央派の締め出しを図るものであった。

これに対抗して1975年3月の日共左派二十五中総では、坂田の報告を支持し国民運動としての日中友好運動を主張する日共左派関東地方局政治局員の隅岡隆春、渡辺登、本多富蔵、吉留昭弘(室井健二)の4名が中央派によって解任された。関東派は処分撤回と路線転換を求める意見書を提出したが中央派はこれを拒否。4月には関東派の拠点である東京都委員会に解散命令を発したため、分裂は決定的となり、関東派は1975年5月に日本共産党(左派)中央委員会関東地方局を結成した。更に関東派は1976年3月に日本共産党(左派)中央

1978年3月15日
第139号
（毎週水曜日発行）
1975年9月25日第3種郵便物認可
定価月500円／1部130円

人民新報

万国の労働者と
被抑圧民族団結せよ！
<日本共産党（左派）中央委員会
臨時指導部中央機関紙>
人民新報社発行
東京都新宿区若葉町1－2（〒160）
電話 (03) 351－8121・359－0051

日共左派臨時指導部『人民新報』第139号（1978.03.15付）

日共左派臨時指導部『理論と実践』No.12（1978.03.15付）

委員会臨時指導部と改称（機関紙『人民新報』、機関誌『理論と実践』）した後、1980年1月に日本共産党（マルクス・レーニン主義）中央指導部と統合して日本共産党（マルクス・レーニン主義者）を結成することとなる。

日中正統執行部は1975年5月の第2回拡大全国理事会で大学習運動の徹底を決定するとともに、中央本部執行部の常任理事で関東派の三好一、坂田輝昭、島田政雄らが、特定政党の政治路線を日中正統に持ち込んでいたとして自己批判した。これに対し中央派系の山口、京都、愛知らの理事は日中友好運動にも階級性が必要であるとしてこれを批判した。

関東派を除名した日共左派中央派は1975年6月に党として日本労働者活動家訪中団（久保輝雄団長）を送って張香山と意見の調整を図ったが不調に終わった。12月の二十六中総では二十五中総で解任した4名を除名とし、更に同月下旬の党全国工場・経営細胞代表者会議において関東派を「反党分派集団」「中国盲従分子」と規定して、初めて反中国的傾向を表面化させた。

1976年9月には毛沢東が死去し、10月に文化大革命を主導した四人組が逮捕され、華国鋒政権が成立したが、この頃から内部では反中国的な傾向を強め、12月には同様に中国離れを示していたアルバニア労働党第7回大会に党代表団を送った。同年12月の二十九中総ではアルバニアを改めて評価するとともに、中国の華国鋒政権を修正主義と批判した。1977年1月の党日中戦線全国グループ会議では日中友好運動からの全面撤退を決定し、日共左派が主導権を掌握していた日中正統大阪府本、京都府本、宮崎県本などでは脱会者が続出。また2月13日には日中正統宮崎県本が、3月31日には山口県本が組織解散を通告して、事実上解散した。これに対応して関東派ら日中正統中央は組織再建を進め、一部県本は再建大会を開催するまでにこぎつけた。

1977年2月には党内報『建設者』に「日本・アルバニア友好運動に対する党の方針」を発表し、日中友好運動に代わって日本アルバニア友好運動に取り組む姿勢を示し、大阪に日本アルバニア友好協会全国連絡センターを設置し、全国単一の日本アルバニア友好協会組織化に着手した。

1977年10月の三十一中総では「『三つの世界論』は反マルクス・レーニン主義の謬論である」との決議を採択し、「三つの世界論」を、「理論上、政治上、イデオロギー上、明確に反マルクス・レーニン主義であり、反革命的修正主義である」と結論付けた。そして1978年9月の日共左派第2回全国大会では毛沢東思想を排除し、親中路線を完全に放棄した。しかし1989年6月の天安門事件発生に際しては、これをアメリカ帝国主義による社会主義転覆攻撃であるとして中国に対する評価に変化を見せた。この天安門事件に対する評価自体は2016年の日共左派全国活動者会議における決議でも堅持されている。ところが1998年6月に中国共産党と日本共産党とが関係を修復すると、機関紙上で強くこれを非難するとともに、両党を修正主義と評価とする立場を改めて示した。しかしながらその後の機関紙『人民の星』を読む限りでは概ね中国に対する批判的な姿勢は影を潜めており、中国が社会主義あるいは修正主義であるかどうかという点に対する態度は曖昧な印象を受ける。

中国共産党に代わって接近したアルバニア労働党との関係については、『旬報学生青年運動』第859号(1995.05.15付)によれば、1983年のアメリカによるグレナダ侵攻を契機として1987年に友好関係を断絶したというが、その理由や詳細な経緯は文献資料に乏しく不明である。

近年では1984年の第3回大会を経て関西分派の存在が明らかになった(「中央委員会の報告」『日本共産党(左派)第四回大会』(1993年)所収)という。この関西分派は「党中央部の一部から発生し、大阪府党指導部を腐敗させ、関西、東海、北陸へと影響をひろげた」といい、日共左派「第三期第二回中央委員会、第三回中央委員会は、関西分派集団を暴露し粉砕した」という。この関西分派の存在については具体的な人名が挙げられていない。

他の政治組織にない特徴として劇団のはぐるま座を宣伝隊として擁していることが挙げられる。もともとは日共系の組織であり、当時の日共劇団はぐるま座細胞は53人を擁する山口県下有数の細胞であったが、1966年9月に劇団の座付作者で代表者であった県常任委員諸井条次が除名されると、動揺を来たし、12月29日に日本共産党はぐるま座細胞左派を名乗る部分が「劇団内の修正主義者を一人残らず追放して、はぐるま座の革命的伝統を守ろう」という趣旨の壁新聞を稽古場に貼り出し、総会を開催して9名の日共中央系党員を除名処分等にして追放し、日共左派系組織として再出発した。中央派と関東派の対立では中央派につき、親中路線の放棄に従って劇団員も日中正統から脱会したが、劇団創設者の日笠世志久・恭子夫妻は反中国路線を批判して関東派に転向している。

若き戦士

7号 1970年11月30日

日本共産主義青年同盟
第一回全国大会決定集

日本共産主義青年同盟中央委員会発行

先鋒

日本共産主義青年同盟
中央委員会
先鋒社

発行所

月3回刊・月ぎめ150円

支社所在地

共青中央委員会理論機関誌

若き戦士

★ 結成大会決定特集号

販売所・先鋒社

(上)日本共産主義青年同盟『若き戦士』7号(1970.11.30付)
(右)日本共産主義青年同盟『先鋒』第45号(1971.07.25付)

青年組織

【名称】**日本共産主義青年同盟**
【結成】1970年11月2日
【機関紙】『先鋒』
【理論機関誌】『若き戦士』／『同盟報』(部内報)

各地の中国派共産党員の指導下にあった日本民主青年同盟(日共指導下の青年組織)の同盟員らいわゆる民青左派や、山口県の民青から1966年9月に山口左派に従って分裂した日本民主青年同盟山口県委員会(左派)が1967年9月に改組結成した日本共産主義青年同盟山口県委員会、山口県委員会の結成に影響を受けて結成された大阪、愛知、京都、東京など日本共産主義青年同盟各都府県委員会のメンバーらが、連絡機関として1968年9月に日本共産主義青年同盟全国協議会を結成した。更に全国単一組織結成のために運動を続けた後、全国協議会を発展的に解消し1970年11月2日に全国単一の青年組織として日本共産主義青年同盟を結成した。略称「共青」。機関誌『若き戦士』は当初日本民主青年同盟山口県委員会(左派)機関誌として創刊され、そのまま継承された。

山口県青学共に結集する青年・学生の戦斗的隊列（5月23日下関市）（日本共産主義青年同盟『先鋒』第40号（1971.06.05付））

11月19日、労働者27万の隊列と合流して国会デモを行なう共青東京（日本共産主義青年同盟『先鋒』第57号（1971.11.25付））

1975年頃からの日共左派の中央派と関東派の対立・分裂に際しては、共青東京都委員会内の関東派系グループは若葉の会を結成して中央派系共青同盟員の切り崩しを図った。機関紙『大地』。更に1975年9月には共青に東京臨時執行部を組織した。機関紙『団結と前進をめざして』。しかし、中央派系共青同盟員の獲得は不調に終わり、共青の大半は中央派系に残ったままであった。

関東派系共青は1976年12月には東京に覇権主義とたたかう青年の会準備会を結成し、学習会活動を通じて停滞している関東派系青年組織の整備を進めつつ、中央派の切り崩し工作を続けた。

民青左派と同様に婦人組織である新日本婦人の会も分裂した。新日本婦人の会県本部委員22名中9名、常任委員6名のうち会長や事務局長ら4名を中国派が占めた。1966年9月の常任委員会には中央本部から日共派2名のオルグが出席し中国婦人交流集会の是非をめぐって議論を重ねたが遂に決裂し、11月16日に山口県本部委員会の席上山口左派に従った部分が脱会を宣言して県本部委員9名が退場したことをきっかけに、20〜21日には第16回中央委員会において中央本部も分裂した。山口県本部から分裂した部分からは山口県民主婦人同盟が結成され、これに呼応する形で各地の中国派において婦人同盟が次々と結成されていった。1974年11月には日共左派中央婦人対策部と山口県民主婦人同盟の働きかけで東京、京都、大阪、愛知など各地の婦人同盟によって民主婦人同盟全国協議会が結成され、地方組織は都道府県委員会に改められた。更に中央機関紙として『婦人解放しんぶん』が発行されることとなった。

日共左派中央派と関東派との対立では民主婦人同盟東京都委員会と埼玉県委員会が関東派を支持する姿勢を示したため、1977年3月に至って中央派を支持する全協中央は、関東派を支持する部分を排除した上で全協を解消し、全国単一の婦人組織として日本民主婦人同盟を結成した。

【名　称】日本労働者党

【結　成】1973年9月24日
【機関紙】『労農戦報』／『人民新報』
【機関誌】『革命者』
【理論誌】『革命者』

日本労働者党は、アジア・アフリカ人民連帯日本委員会事務局長の板井庄作、常任理事の佐藤重雄らが同委員会や日本ジャーナリスト同盟などの活動家に呼びかけて結成された。書記長板井庄作、組織部長林毅。機関誌『革命者』。理論誌『革命者』。公然拠点「勁松社」(機関誌『革命者』上の記載は1975年1月通巻16号より)。

アジア・アフリカ人民連帯日本委員会は、1966年11月の日本アジア・アフリカ連帯委員会第12回常任理事会において日共系と対立した中国派系の理事が脱退し同月4日に独自に結成した組織で、親中共系のアジア・アフリカ連帯運動の組織であった。また同様に、日本ジャーナリスト同盟も、日本ジャーナリスト会議から1966年10月に中国派系のグループが脱会し、11月に結成した親中共系のジャーナリスト組織であった。

1974年5月6日に開催された日本労働者党第一期第二回中央委員会総会(二中総)決議において「北方領土返還運動を促進し、強化するために、ひきつづき全力をあげてたたかうことは、わが党の当面する重要任務である」として、「当面党は青年同盟と

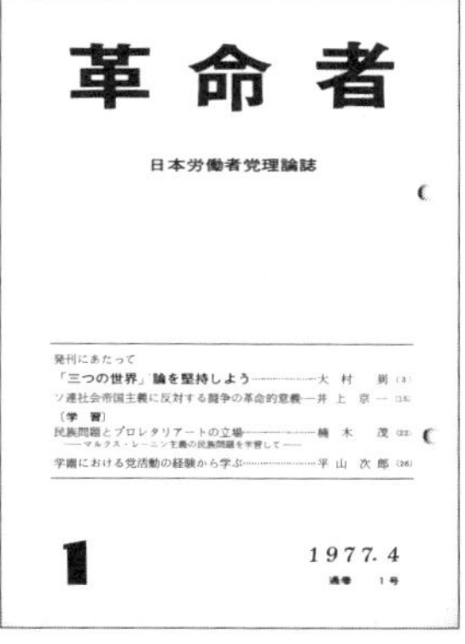

(左)日本労働者党機関誌『革命者』1号(1973.10付)
(右)日本労働者党理論誌『革命者』第1号(1977.04.10付)

ともに、北方領土返還要求署名運動を強力におしすすめる」ことを明らかにした。1974年6月10日には東京で約200名を結集して北方領土返還決起集会を開催し、「ソ連社会帝国主義に反対し北方四島の返還をめざしてたたかう決意を表明すると同時に、この運動を推進する人民の新しい組織、北方領土返還促進会の設立を決定」し、大衆組織として北方領土返還促進会を各地や各大学に結成し、講演会や映画上映会を開催し、北方領土返還運動に取り組んだ。

また1974年秋のフォード大統領来日に際してはアメリカの覇権主義に対する闘争として、地方組織に指示して来日反対闘争を行ったが、この時北海道委員会は積極的な取り組みを行わなかった。これに対して翌1975年1月の三中総ではどちらかにかたよることなく、米ソ両覇権主義の両方に対して闘争を行うという方針を明らかにするとともに、中央の方針を無視したとして中央委員吉田正美（北海道委員会書記）、中央常任委員三井裕（釧路地区委員会書記）を解任し、4月に除名した。

1976年1月1日には中央機関紙『労農戦報』を発刊した。大衆運動では覇権主義反対・政治反動粉砕闘争委員会を組織し、三里塚闘争などに参加した。

この間日本労働者党は中国派の結集を呼び掛けていたが、1980年1月に日本共産党（左派）中央委員会臨時指導部と日本共産党（マルクス・レーニン主義）中央指導部とが統合して日本共産党（マルクス・レーニ

日本労働者党『労農戦報』第79号（1979.04.01付）

無題　日本労働者党『労農戦報』第97号（1980.01.01付）覇権主義反対・政治反動粉砕闘争委員会の隊列

無題　日本労働者党『労農戦報』第91号（1979.10.01付）覇権主義反対・政治反動粉砕闘争委員会の隊列

1981年1月1日
第280号
(毎週水曜日発行)
1975年9月25日第3種郵便物認可
定価月500円／1部130円(送料別)

人民新報

万国の労働者と
被抑圧民族，団結せよ！
<日本共産党(マルクス・レーニン主義者) 中央委員会中央機関紙>
人民新報社発行
東京都新宿区若葉町1—2 (〒160)
電話 (03) 351—8121・359—0051

日本共産党(マルクス・レーニン主義者)『人民新報』第280号(1981.01.01付)

1981年9月25日
第316，317号
〔団結第1，2号〕
(毎月5，15，25日発行)
1975年9月25日第3種郵便物認可

万国の労働者と
被抑圧民族，団結せよ！
<日本労働者党中央機関紙>
人民新報社発行
東京都千代田区九段南3—8—13 (〒102)
電話 (03) 263—9917，振替東京 5-30439
定価　1部170円／月500円
半年2800円／1年5500円(送料別)

日本労働者党『人民新報』第316、317号(1981.09.25付)

1975年9月25日第3種郵便物認可　　2008年6月15日　第1237号（統合330号）

人民新報

第1242号（統合335号）
2008年6月15日
（毎月15日発行）
定価　一部200円
開封は送料共　半年1500円／1年3000円
密封は送料共　半年1650円／1年3300円

労働者社会主義同盟中央機関紙
発行所：人民新報社　http://www.rousyadou.org/
〒101-0041　東京都千代田区神田須田町1−4　駐車場ビル201　オフィスJ　内
TEL03-3252-8602　FAX03-3252-8603
郵便振替　00150-3-30439
大阪支社・大阪市北区国分寺1−7−7桐竹ビル4F

労働者社会主義同盟『人民新報』第1242号(2008.06.15付)

ン主義者)が結成(機関紙『人民新報』)されると、同年11月の第3回党大会における中央委員会政治報告は、「マルクス・レーニン主義者の団結を強化し、単一のマルクス主義党実現をめざす活動を前進させる」との党建設の目標を設定した上で、「われわれは日共(ML主義者)との間で話し合いをすすめ、共同行動を強化して同党との統一の実現をめざす」と表明し、翌1981年9月14日にはこの統一が実現した。統一にあたっては、党名は「日本労働者党」とし、書記長に林毅を選出。機関紙は日本共産党(マルクス・レーニン主義者)の機関紙『人民新報』の名称を継承した。統一後も中国派として反ソ連の立場から従来からの北方領土返還運動に取り組んだほか、カンボジア支援活動にも取り組んだ。

1982年以降は中国共産党が日本共産党との関係修復を否定しない立場を取り始めたため、これを修正主義と批判して中共支持の姿勢を改めた。このことが旧日共(ML主義者)系の党員の離反と、それに伴う勢力の大きな減衰を招いたことから国内運動へと軸足を移した。『旬報学生青年運動』第828号(1994.01.15付)によれば、1991年には日本労働者党から九州及び中国地方を中心とするグループが離党し、この部分は1993年7月11日に日本共産党(マルクス・レーニン主義者)全国協議会を結成した。代表委員に元日本労働党中央委員の柿並久雄を選出。機関誌『建設者』。

日本労働者党は、1995年12月に共

産主義者の建党協議会第3回総会で分裂し結成された建党同盟と1998年2月に東京で統一大会を開催し、労働者社会主義同盟を結成した。機関紙『人民新報』。

青年組織

【名称】**日本労働青年同盟**
【結成】1974年5月4日
【機関紙】『新青年』

日本労働青年同盟は1974年5月4・5日に結成大会を開催し結成された。略称「労青同」。機関紙発行主体として「新青年社」。労青同の前身は1972年春以降全国各地に組織された中国派系の運動体である反帝反修労働者委員会、反帝反修学生委員会（機関紙『建設者』）、反帝反修高校生委員会であり、沖縄、相模原、横須賀、横田などでの反米闘争や長沼のナイキ基地闘争などの反基地・反安保闘争を共同して闘う過程で全国単一の青年同盟結成の機運が高まった。この間反帝反修労働者委員会等に対して指導的立場にあった中国派系の部分が日本労働者党を結成したため、「日本労働者党の指導の下、党の助手の役割を積極的に担う」存在として労青同は結成された。

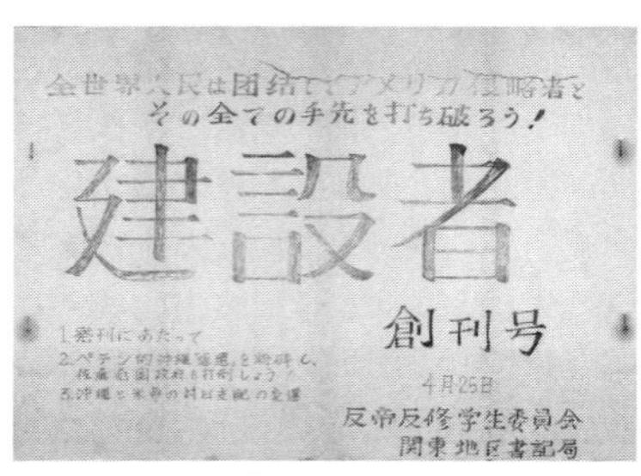

反帝反修学生委員会『建設者』創刊号（1972.04.25付）

【名称】**日本青年同盟**
【結成】1981年2月

1980年1月の日本共産党（左派）中央委員会臨時指導部と日本共産党（マルクス・レーニン主義）中央指導部との統合による日本共産党（マルクス・レーニン主義者）結成を受けて、それぞれの党の指導下にある青年組織が統一して結成された。日共（ML主義者）の指導の下で北方領土返還運動や労働運動に取り組んでいた。1981年9月に日共（ML主義者）が日本労働者党に合流すると、日本労働青年同盟との統一について協議を進めたが、協議がまとまらず、独自の活動を続けた。

★米ソ両超大国の覇権主義に反対しよう！
★独立・平和・民主・中立の日本を実現しよう！
★日共修正主義―民青を打倒しよう！
★反帝反修の旗の下、青年は団結しよう！

新青年

1974年5月25日　創刊号
日本労働青年同盟中央委員会
50円

日本労働青年同盟『新青年』創刊号（1974.05.25付）

日本労働者党中央機関誌『革命者』1号(1973.10)より
日本労働者党創立宣言

全国の革命的労働者、農民、青年・学生、勤労人民諸君!
われわれはここに、厳粛な気持をもって、日本労働者党の創立を諸君に告げる。
日本労働者党は、マルクス主義、レーニン主義、毛沢東思想を指導理論とする日本プロレタリアートの政党である。
日本労働者党は、当面つぎの革命目標をかちとるために奮闘する。すなわち、プロレタリアートの指導のもとに全国人民を動員し、アメリカ帝国主義の一切の支配・束縛から日本人民を解放して国の真の独立をたたかいとり、同時に、アメリカ帝国主義の支配と一体をなしている現存支配体制を革命的に変革し、プロレタリアートの指導する人民民主主義独裁の権力をうちたてる。
日本労働者党は、また、ソ連社会帝国主義の侵略と干渉に断固として反対し、ソ連社会帝国主義から国後島、択捉島、歯舞諸島、色丹島をとりかえす。
日本労働者党は片山潜、渡辺政之輔、市川正一、徳田球一らに代表される日本プロレタリアートの革命伝統を継承し、民族的階級的裏切者日共宮本修正主義と断固としてたたかう。
全国の革命的労働者、農民、青年・学生、勤労人民諸君!
世界革命の前途は明るく、日本革命の前途も明るい。七〇年代に入るとともに、米ソ両超大国に反対する各国人民の統一戦線は、日ましに発展し、世界資本主義体制はその危機を深めている。七三春闘を勇敢にたたかった日本プロレタリアートは、広範な人民大衆の先頭にたって独立・民主・平和・中立のたたかいをおし進めている。前途になおいくたの曲折があるとしても、すでに世界の革命的変革は不可避であり、日本の革命的変革も不可避である。この革命的変革のにない手たりうるのは、ひとりプロレタリアートの指導する人民大衆のみであり、日本の未来は彼らの手によって切り開かれる。国際プロレタリアートの一翼たる日本プロレタリアートは、必ずやこの歴史的使命をたたかいぬくであろう。

日本労働者党は、日本プロレタリアートと人民のこの偉大な事業に対し、献身的寄与をなさんとするものである。
革命的労働者、農民、青年・学生、勤労人民万才！
日本革命万才！
マルクス主義、レーニン主義、毛沢東思想万才！
一九七三年九月二十四日　日本労働者党中央委員会

『新青年』創刊号（1974.05.25付）より
結成宣言

全国の闘う青年諸君！
全国のすべての青年労働者、農村青年、学生および高校生諸君！
今日第三世界人民の闘争は米ソ両超大国の世界支配に大きな打撃をくわえている。
わが国においても労働者階級を中軸とする広範な人民大衆はたちあがり、アメリカ帝国主義とその手先の支配と搾取の屋台骨をゆるがし、ソ連社会帝国主義の侵略に反対し、闘うなかで日本共産党修正主義を暴露し糾弾している。その戦いの前列にはつねに青年がたち、闘うなかでますます目ざめ、団結をもとめ、そして正しい「青年運動の方向」をもとめている。
こうしたすばらしい情勢のなかで、青年の生活と権利を守り、独立・民主・平和・中立の日本を実現するため、われわれは本日ここに日本労働青年同盟を結成したことを高らかに宣言する。
わが日本労働青年同盟は、わが国のプロレタリア階級の前衛党＝日本労働者党の指導のもとに、日本の民族解放民主革命勝利のための先鋒隊としての役割をになう闘う青年の自主的組織である。
われわれは、これまで人民闘争のなかで「反帝国主義・反修正主義」の旗印を高々とかかげ、帝国主義、現代修正主義と反動派との困難ではあるが偉大な戦闘をうちぬいてきた。

そして、闘う青年の期待をになってわが日本労働青年同盟が本日結成されたことは、わが国青年運動における画期的な前進である。同時にアメリカ帝国主義、ソ連社会帝国主義、日本反動派と日共修正主義＝民青にたいする大きな打撃である。
わが日本労働青年同盟は、全国の青年にたいして、民族独立・人民解放のために大きく団結することを訴える。
わが日本労働青年同盟は、輝く真紅の旗をひるがえし、全国青年の先頭にたって突き進むであろう！
正しい路線をうちかため、団結して一層大きな勝利をかちとろう！
すべての闘う青年は日本労働青年同盟へ結集せよ！
日本労働青年同盟万才！

【名　称】日本共産党（解放戦線）

【結　成】1965年9月

【機関紙】『平和と独立』／『新左翼』→『人民新聞』

戦後の日本共産党の武装闘争を指揮する立場にあった志田重男は、日共の武装闘争路線放棄後も指導部のメンバーとして中央委員、常任幹部会員、書記局員の職にあったが、党内にて『鉄の規律』という秘密機関紙を発行し分派組織を形成していた。志田重男は武装闘争を指揮する立場にあった時代に遊興にふけっていた疑いをかけられ、これを追及されると1956年1月に失踪し、次いで志田に近い元日共北海道地方委員の吉田四郎、元青共責任者御田秀一らも失踪したという。この後、吉田・御田らは1956年5月にマルクス・レーニン主義研究会を結成したが、日共は分派活動を理由に1957年5月の中央委員会総会において全員一致で志田の除名を決議し、吉田・御田も同様に除名された（日本共産党「志田一派の反党撹乱活動を粉砕するために」（日本共産党機関紙『赤旗』（1966.08.10付）所収））。党内には志田らを支持する部分もあったが日共主流派の厳しい査問や除名などにより勢力を大きく減じることとなり、活動は停滞することとなった。

1964年末、大阪の民主診療所相川病院事務長であった上田等が、反党活動を理由に日共大阪府委員会を除名された。上田が吉田・御田らと通じており、相川病院が反党分子の拠点となっていたためだという。上田らは1964年より機関誌『レーニン主義』を発行（のちに『平和と独立』に改題）し、反日共中央の活動を公然

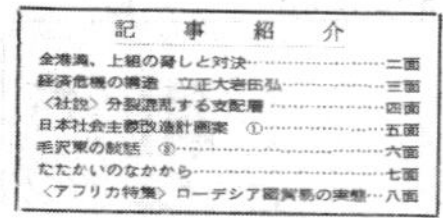

記　事　紹　介

全港湾、上組の脅しと対決……二面
経済危機の構造　立正大岩田弘……三面
〈社説〉分裂混乱する支配層……四面
日本社会主義改造計画案　①……五面
毛沢東の談話　⑧……六面
たたかいのなかから……七面
〈アフリカ特集〉ローデシア密貿易の実態……八面

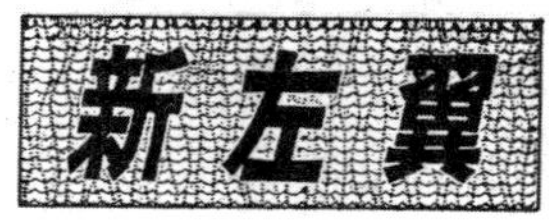

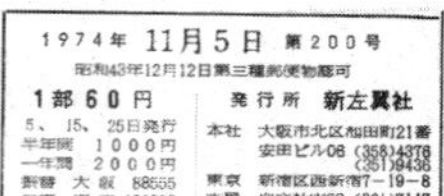

1974年 11月5日 第200号
昭和43年12月12日第三種郵便物認可
1部60円
5、15、25日発行
半年間 1000円
一年間 2000円
振替 大阪 88555
口座 東京 192350
発行所 新左翼社
本社 大阪市北区船田町21番 安田ビル06（358）4378 （351）9436
東京支局 新宿区西新宿7－19－8 自立社内03（361）7147

『新左翼』第200号（1974.11.05付）

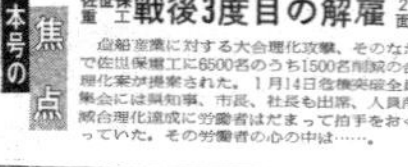

本号の焦点

佐世保重工 戦後3度目の解雇 2面

造船産業に対する大合理化攻撃、そのなかで佐世保重工に6500名のうち1500名削減の合理化案が提案された。1月14日[illegible]全員集会には県知事、市長、社長も出席、人員削減合理化達成に労働者はだまって拍手をおくっていた。その労働者の心の中は……。

1978年 2月5日 通巻第312号
昭和43年12月12日第三種郵便物認可 5、15、25日発行
発行所 人民新聞社 1部100円 購読料半年間2000円
本社 大阪市北区天神橋5丁目3番22号安田ビル2階
電話06（358）4376（351）9436 振替口座大阪88555
東京多摩支局 立川市柴崎町3－6－3 風林舎内
電話 0425（22）5429

『人民新聞』通巻第312号（1978.02.05付）

と開始した。1965年5月30日には大阪で第1回総会を開催し、日本共産党革命委員会を結成した。これに呼応して1965年6月には愛媛県の新居浜に日本共産党再建委員会（機関誌『マルクス・レーニン主義』）、北海道の札幌に日本共産党レーニン派が組織された。これらの3団体で単一の政党をめざすこととし、1965年9月に大阪で組織統一のための準備会を開き、大阪に全国指導部を、下部組織として四国地方委員会・北海道地方委員会を置く、日本共産党（解放戦線）が結成された。

1967年頃からは新左翼社を名乗って機関紙を『新左翼』へと改題し、機関紙中心の活動を行うこととしたとされるが、著者の確認したところでは『新左翼』第1号は1968年8月5日に発行されており、しかも同紙の発行主体としては、平独社（恐らくは日本共産党（解放戦線）の機関紙『平和と独立』発行主体であろう）気付の新左翼社とされており、機関紙の改題ではないと思われる。『新左翼』第1号には、「祝旬刊新左翼発刊」として日本共産党（解放戦線）のほか、社青同国際主義派関西地方委員会や共産主義者同盟関西地方委員会などのセクトや富田地区反戦青年委員会などの大衆団体が広告を出していることから、党派機関紙ではなく新規に情報紙を発行したと見るべきであろう。

1967年7月には、他の中国派諸団体との提携を主張する少数派のうち四国地方委員会に拠る愛媛県西条市の田坂清太らのグループが分裂し、日本共産党（マルクス・レーニン派）を結成した。機関誌『マルクス・レーニン主義』。田坂清太でインターネット上を検索すると新居浜の医療生協がヒットするが、同一人物かどうかは不明である。

1976年4月には様々な地域の労働者住民の闘いと結び付く全国政治新聞の発行をスローガンとして、人民新聞社へと改称し、機関紙も『新左翼』から『人民新聞』へと改題し、現在に至る。日本共産党（解放戦線）としての活動がいつまで行われたのかは不明である。

『人民新聞』はかつて日本赤軍の声明等を掲載することで知られていた。2017年には元日本赤軍で現在も国際指名手配中の岡本公三に使用させる目的で銀行口座を開設し、キャッシュカードを詐取したとして、人民新聞の編集長が逮捕された。

【名　称】**日本労働党**

【結　成】1974年1月27日
【機関紙】『労働新聞』
【機関誌】『労働党』

1967年2月28日に日本共産党佐賀県委員会神崎細胞を除名された中国派の大隈鉄二は、6月には日共佐賀県委員会（左派）を結成し委員長となったが、日本共産党の61年綱領を部分的に承認するという日共左派中央の立場に反対し、独自の政治組織作りに着手した。1968年9月には前衛党九州地方委員会を結成し、更に青年組織として佐賀大学にマルクス・レーニン主義青年同盟、福岡大学に反帝平和青年戦線を結成したため、1968年11月に日共左派を除名となった。

除名された大隈は1969年6月には日本共産党（革命左派）九州地方委員会を結成し、日中国交回復運動に取り組んだ。日共（革命左派）九州地方委員会結成の直後に日本共産党（左派）神奈川県委員会準備会の後身である日本共産党（革命左派）神奈川県常任委員会から分裂した河北三男らのグループ（なお、河北三男らと分裂した日共（左派）神奈川県委（準）は川島豪らを中心に日本共産党（革命左派）神奈川県常任委員会を結成。同派は後に連合赤軍を結成することとなる）がこれに合流して、関西、関東地区にも勢力を拡大し、1971年10月には関西地方委員会、1972年3月には関東地方委員会を結成した。機関紙『赤狼火（のろし）』（1971.03.20創刊）。

1972年1月11日には大隈らの日本共産党（革命左派）九州地方委員会、安斎庫治らの日本共産党再建準備委員会、原田長司らの日本共産党

労働新聞
第10号
1971年6月25日
定価 1部 50円
定期購読
半年 800円
一年 1500円
振替番号
東京 95121
月2回（10・25日）発行
日本労働党中央委員会
編集発行人
高橋 信
発行所
労働新聞社
本 社 〒102
東京都千代田区麹町3-12-1
麹町ドーム505
電話 03-262-4210
関西支社 〒534
大阪市都島区都島中通3-5-34
グリーンハウス別館6号
電話 06-923-0750
九州支社 〒810
福岡市中央区今泉町1-20-29
幸泉ビル7号
電話 092-74-8801

日本労働党『労働新聞』第10号（1971.06.25付）

（1）　1972年4月25日　反米愛国の旗の下、すべての人びとは団結せよ！　〈第11号〉

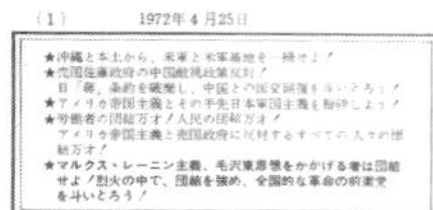
★沖縄と本土から、米軍と米軍基地を一掃せよ！
★売国佐藤政府の中国敵視政策反対！
日「華」条約を破棄し、中国との国交回復をかちとろう！
★アメリカ帝国主義とその手先日本軍国主義を粉砕しよう！
★労働者の団結万才！人民の団結万才！
アメリカ帝国主義と売国政府に反対するすべての人々の団結万才！
★マルクス・レーニン主義、毛沢東思想をかかげる者は団結せよ！烈火の中で、団結を強め、全国的な革命の前衛党をかちとろう！

赤狼火（のろし）

日本共産党革命左派
関東地方委員会
関西地方委員会
九州地方委員会
機関紙　赤狼火編集委員会発行
連絡所　〒812−91福岡市博多局私書箱144
〒660−91尼崎市尼崎局私書箱 59
第11号
1972年4月25日（一部50円）

日本共産党革命左派関東地方委・関西地方委・九州地方委『赤狼火』第11号（1972.04.25付）

（マルクス・レーニン主義）山口県委員会の三者で中国派の結集をめざして統合への協議を始め、8月20日には九州地方委員会のほか関東及び関西地方委員会も含めた連名で結成宣言を発表して前衛党の建設をめざすマルクス・レーニン主義者全国協議会を結成したが、政治路線に違いがあり統合を断念した。

この間日本共産党革命左派関東・関西・九州の三地方委員会は1972年8月末～9月頃に第5回全国大会を開催し革命左派全国指導部としての全国委員会を選出した。

中国派の結集を断念した日本共産党（革命左派）は、1974年1月に日本共産党（革命左派）九州委員会を中心とする各委員会に毛沢東思想学習会系や日本共産党（革命左派）神奈川県委員会の各一部を吸収して日本労働党を結成し、2月10日には機関紙『労働新聞』を創刊した。公然拠点「労働新聞社」。

1975年には日共左派の主導する日中正統に批判的な日中友好運動の活動家を糾合して大衆組織として日中友好東京都民協会を結成した。

1976年3月の第14回中央委員会総会では党勢拡大を図って中国派だけでなく広汎な左翼勢力の結集をめざす左翼連合結成の方針を発表したが、党の内外から強い反発を受けて活動は停滞した。その後、1978年5月の第2回党大会において「革命的・広範な民族民主統一戦線の結成」という任務を掲げ、大会直後の6月に左翼連合結成集会を開催し、ようやく左翼連合は発足した。

1980年11月の第3回党大会前期大会では、結党以来規約に掲げられてきた指導思想を毛沢東思想とする旨の組織原則について中国国内の文革否定の流れから疑問が提起され、1982年8月の第3回党大会後期大会で削除することが決定された。

1981年12月20日には日本労働党の選挙重視の戦術を批判して脱党した元青森県本部委員長の三橋辰雄が対馬テツ子らとともに緑の党を結成した。「緑の党」を名乗る組織は複数あるが、緑の党グリーンズ・ジャパンや太田竜らによる日本緑の党とは異なる組織である。機関紙『新生活新聞』、理論誌『旗』。緑の党は結成後間もなく活動拠点を東京に移し、1981年7月に結成した劇団荒野座を

（1）　（1980年4月24日第三種郵便物認可）　第4310号

The government of the people, by the people, for the people

1、言論の自由を実現する　暴力・金権による思想統制絶対反対
2、貧困からの自由を保障する　最低賃金の引き上げと全女性に働く場所を
3、恐怖からの自由　天皇制新ファシズムの台頭を許さない
4、信仰の自由　信仰するもしないもの自由を政府は保障せよ

日本新聞

民主　自治　理想

提言

2019年5月1日（水曜日）
日本新聞社

毎週水曜日発行
購読料（送料含む）　＊1部 150円
＊1カ月 500円　＊3カ月 1500円
＊半年 3000円　＊1年 6000円
みずほ銀行雷門支店　普通 1290956
日本新聞社　小田桐朋子
振替口座　00170-0-355408

全労働者・農民・漁民・市民・インテリゲンチャ・学生の広範な統一をおし進める日本新聞の御購読をお勧めします

『日本新聞』第4310号（2019.05.01付）

通じて宣伝活動に注力している。1983年には当時の機関紙『新生活新聞』（現『日本新聞』）に掲載した写真がわいせつ写真であるとしてわいせつ文書図画販売の容疑で中央本部のほか『新生活新聞』本社など21ヶ所が家宅捜索を受けている。

青年組織

【名称】**日本労働青年団**
【結成】1974年6月30日
【機関紙】『労働青年』
【ヘルメット】白地にモヒカン状赤線「労青団」、赤（えんじ）色地に「労青団」

日本労働党結成直後の機関紙『労働新聞』第2号（1974.02.25付）には、早くもマルクス・レーニン主義青年同盟の「日本労働党の結成に際して新たな決意を表明」と題する声明が掲載され、この中で「わがマルクス・レーニン主義青年同盟は、日本労働党結成の意義を十分に確認し、新党のもとに新たな全国的な青年同盟を斗いと」ることを表明し、また日本労働党も『労働新聞』第4号（1974.03.25付）上で「二千万青年学生は団結せよ」とする声明を掲載し、「わが党は、全国の先進的青年・学生が“団結と戦斗”の精神を堅持し、早急に二千万青年・学生の団結と統一を全力で斗いとるように呼びかける」として、これに賛同する姿勢を見せた。5月4日には東京で全国単一の青年同盟建設をめざす青年活動者会議を開催し、6月30日に東京で結成大会を開催し、日本労働青年団を結成し

大阪・難波における宣伝活動（日本労働青年団『労働青年』創刊号（1975.07.15付））　1975年7月6日三木訪米阻止に向けた街頭宣伝

赤（えんじ）色に白文字の労青団ヘルメット（模索舎舎員榎本智至氏所蔵）

(1)　1975年8月20日　労働青年　第2号

★ 反米・反軍の旗の下、
2000万青年学生は団結せよ！

労働青年
日本労働青年団中央機関紙

第2号
1975年8月20日
定価 1部 50円
毎月 20日発行

日本労働青年団中央委員会
編集発行人　阪本健一
発行所　労働青年社
東京都大田区大森北3－5－4
斉藤ビル2－D
電話 03-766-0041

日本労働青年団『労働青年』第2号（1975.08.20付）

三里塚十一年の闘争を支えてきたのは売国農政に反対する不屈の農民の実力闘争である。我々はこの闘争を断固支持し農民の利益を守りつつ、青年学生戦線から労農同盟構築をめざし支援しなければならない。10・3三里塚闘争（日本労働青年団『労働青年』第19号（1977.01.20付））

た。略称「労青団」。労青団はマルクス・レーニン主義青年同盟や反帝平和青年戦線が基盤となったという。マルクス・レーニン主義青年同盟は1972年9月に第1回全国大会を開催し、上部団体の日本共産党革命左派三委員会が全国委員会として全国指導部を確立したのと同様に、全国委員会を確立している。

日本労働党と労青団の関係は、日本共産党と民青の関係と同じように指導関係であり、日本労働党規約第12条には「党の政策を支持し、闘うわが国青年の自主的組織－日本労働青年団に必要な指導と援助を行う。」との規定がある。日本労働青年団は結成後約1年を経た1975年7月15日に機関紙『労働青年』を創刊した。旗は赤地に黄文字「団結★戦闘」。

ヘルメットは結成初期の写真では白地にモヒカン状赤線「労青団」というものが多くみられる。モヒカンヘルメットとしてはML派の赤地にモヒカン状白線が有名だが、当時の中国派の隊列にはこの労青団のヘルメットのように赤と白の配置がML派とは真逆のヘルメットが多く見られる。

赤（えんじ）色地に「労青団」のヘルメットは実際に使用されている写真等は確認できていないが、京都大学熊野寮に現存している。

『労働新聞』創刊号（1974.02.10付）より
日本労働党結成宣言

全国の革命的労働者諸君！
全国の農民、漁民および全ての勤労人民、青年・学生のみなさん！
今日、労働者階級をはじめとする広範な日本人民の斗争は一層高揚し、支配層の動揺と混乱はますます深まっている。
こうした情勢の進展の中で、われわれは、ここに日本労働党の結成を厳粛に宣言する。
わが党は、わが国の労働者階級の政党であり、その目的は、アメリカ帝国主義とわが国反動派を打倒する人民民主主義革命を経て、連続的に社会主義社会を建設することにある。党の最終目的は共産主義社会を実現することである。
日本労働党の結成は、まだ全国の共産主義者、革命的分子の団結、組織的統一ではないが、それにむかっての重要な画期的な前進である。これはまた、日共修正主義に反対し、革命的前衛党再建をめざしてきた全国の共産主義者の一つの勝利である。日本労働党の結成は人民の偉大な斗争を必ずや、一層前進させるであろう。
革命の戦とは、困難で、紆余曲折したものである。この勝利のためには全国の共産主義者、革命的分子は、一層大きな団結を勝ちとらなければならない。
わが党は、労働者階級の偉大な革命事業の発展と勝利をめざし、全ての人々に団結を訴える。
わが党は来るべき高揚のなかで革命の前衛としての偉大な役割を果すため全力を傾けて斗うであろう。
☆日本労働党結成万才！
☆マルクス・レーニン主義、毛沢東思想万才！
☆万国の労働者、被抑圧民族団結せよ！
☆日本労働者階級の革命的伝統万才！
☆全国の共産主義者は団結せよ！
☆全国の共産主義者、革命的労働者は日本労働党に結集せよ！

日本労働党HPより
(http://japanlabor.party/kiyaku.html　2021年1月23日著者確認)
日本労働党規約

わが党は、労働者階級の政党である。

わが党は、労働者階級の先進分子によって構成される労働者階級の前衛である。

わが党は、マルクス・レーニン主義を指導思想とし、自己を導く理論的基礎とする。弁証法的唯物論、史的唯物論を世界観、歴史観として堅持し、唯物論的弁証法を党活動のすべての分野・領域の認識と行動とに適用する。

わが党の目的は、アメリカ帝国主義の支配・圧迫・干渉を一掃し、わが国の売国反動派を打倒して、国の完全な独立・自主の確立と国内での政治、経済、社会における徹底した民主主義を打ち立てる人民民主主義革命を経て、連続的に社会主義社会を建設することにある。

党の最終目的は、共産主義社会を実現することである。

わが党は、「左」右の日和見主義諸党派と闘い、とりわけ現代修正主義としての日本共産党と闘い、党の正しい政治路線のもとに、人民大衆を団結させ、革命闘争の先頭に立って闘う。

わが党は、プロレタリア国際主義を堅持し、全世界の真のマルクス・レーニン主義党と団結し、全世界の労働者階級と被抑圧人民、被抑圧民族と団結して、アメリカ帝国主義および各国反動派を打倒するために闘う。

第一章　党員

第一条

満十八歳以上の労働者、およびその他の革命分子で、党の規約を認め、党の一つの組織に参加し、党の決議・方針を積極的に実行し、党の規律を守り、党費を納めるものは党員となることができる。

第二条

入党を希望するものは、党員二名の推薦を受け、必要な手続きを個別に行い、細胞で審議、決定し、一級上の党委員会の承認をうけなければならない。

特殊な事情のもとでは、地区以上の党委員会は、直接入党を審議し、決定することができる。

第三条

党員は次のことを実行しなければならない。

(1) マルクス・レーニン主義を常に実践と結合して学習し、広めること。

(2) 労働者階級の利益、人民大衆の利益のために絶えず闘い、党の信頼が高まるように努力し、党と大衆との結びつきを強めること。

(3) 党の政策を宣伝し、機関紙の拡大につとめ、党員を積極的に獲得すること。

(4) 批判・自己批判の党風を確立し、党の団結と強化をはかり、党活動の前進と発展につとめること。

(5) 敵の攻撃や弾圧に対し、常に警戒心を高め、党の秘密を守り、党と人民の利益を防衛すること。

第四条

党員は、党会議において発言権と議決権を持ち、党の組織と各級幹部に対する批判と提案を行うことができる。

党員は党の決議と指示に対して異議がある時は、意見を留保することができ、級を越えて中央委員会と全国大会までも意見をのべることができる。ただし決議と指示に対する行動は無条件に実行しなければならない。

第二章　党の組織

第五条

(1) 党の最高機関は全国大会である。

(2) 全国大会は中央委員会と同候補を選出する。選出にあたっては、党歴五年以上であることを前提に、非専従者、女性党員が一定の割合で進出できるような考慮が払われなければならない。割合については、大会で決定する。また、全国大会は大会運営委員会が提案する方法で、若干名の中央委員を選出することができる。人数については、大会で決定する。

（3）全国大会は、五年に一度、定期的に中央委員会の招集によって開かれる。また必要に応じて開くことができる。

第六条

中央委員会は党大会から次の党大会までの間、党大会の決議・方針を具体化、実行し、全党を指導する。

（1）中央委員会は中央委員と同候補によって構成される。候補は審議権のみを有し、議決権はない。

（2）中央委員会は中央委員会議長を選出する。中央委員会を代表する議長が党を代表する。中央委員会は対外的に党を代表する議長補佐としての副議長をおくことができる。

（3）中央委員会総会は定期に開催され、その招集は中央委員会議長が行う。また中央委員の三分の一以上の要請があった場合、議長は招集しなければならない。

（4）中央委員会の中に政治局をおく。政治局は中央委員会総会から中央委員会総会までの間、総会の決議に沿って中央委員会を代行する。政治局責任者及び政治局員は中央委員会総会が選出する。政治局はそのもとに必要な専門部をおくことができる。政治局の任務は日常的には政治局常務委員会がこれを代行する。政治局常務委員は、中央委員会総会が選出する。

（5）中央委員会総会はその中に、必要ないくつかの専門委員会をおくことができる。専門委員会は、中央委員会総会から中央委員会総会までの間に、党活動の各方面の状況、問題点等を審議し、中央委員会総会や政治局に提言する。

（6）政治局はそのもとに、総政治部と宣伝局、および政治理論誌委員会をおく。これらの部局、委員会の責任者は、中央委員会総会の決定による。総政治部のもとに必要な専門部を置くことができる。

これらの人事は政治局が決定する。

(7) 政治局に財政監査委員会を設ける。
委員会の具体的任務については、政治局で審議し、別途に定める。
委員会は、年二回政治局会議に監査結果を報告しなければならない。

(8) 中央諸機関の要員は、原則として毎年一回、一定の期間、中間機関か、大衆と接触の可能な場所で活動する。

第七条

(1) 中央委員会のもとに、補助的指導機関としての地方委員会をつくることができる。その任務は、都道府県委員会を日常的に指導すること、あるいは都道府県委員会の結成を促進することである。
地方委員会の責任者は政治局が決定する。

第八条

(1) 県、地区段階で党委員会を設ける。県、地区の指導機関は、県、地区の大会によって選出される党委員会である。
県、地区委員会は委員長(責任者)、書記長(副責任者)、副委員長などを含む常任委員会を選出する。
常任委員会は党委員会決議の具体化に責任を負い、その決議を越えた権限を有しない。県委員長は、党を代表すると共に、定期に常任委員会を開催し、県党活動の全体を掌握しなくてはならない。

(2) 県、地区党大会は、県、地区委員会によって招集され、定期に開催される。
一定数の党員がいる県では県党員会議が県責任者によって招集され、定期に開催される。
県、地区の大会の招集と県、地区委員会、県責任者の人選は全て一級上の党委員会の承認を得なければならない。

第九条

党の組織原則は、民主集中制である。

（1）全党は、個人は組織に従い、少数は多数に従い、下級は上級に従うという統一の規律を必ず守らなければならない。

（2）中央、県、地区などの委員会および常任委員会は、所属する、あるいは指導下の全党員に必要な党情報を伝えるとともに、方針決定の会議を保障すること、発言権と議決権を保障しなくてはならない。

（3）党の中央、県、地区委員会の構成員は、無記名投票による選挙によって選出される。細胞、党フラクなどの指導部は、選挙または民主的協議によって選ばれる。選出に先立って、推薦される候補者名、候補者についての情報が提出されなければならない。

（4）都道府県委員長を含む常任委員などの人事異動については、中央と中間機関はよく話し合って決めなければならない。決定に際しては、異動の対象となる当該機関の委員会の五分の四以上の多数決での承認を必要とする。ただし、最終的には上級機関が決定する。

（5）各級機関は、それを選出した党組織に定期的に活動を報告し、その監督をうけなければならない。

同時に各級機関はその活動を定期的に上級に報告し、その指導をうけなければならない。

第十条

全党の女性党員の総意を反映した中央女性委員会を組織する。中央女性委員会は、わが党の女性戦線を代表する。その決定は、中央委員会の承認を得て、全党を拘束する。

第十一条

（1）党の基礎組織は細胞である。工場、鉱山、経営、農漁村、居住地、学校などで三名以上の党員がいるところでは細胞をつくる。

大工場、大経営の細胞は、細胞を基礎に総細胞制をとることができる。

（2）政治局が必要と認めたところでは、一定の地域あるいは都道府県を越えて細胞をつくることができる。

（3）細胞は細胞長を選出し、闘争全般について指導する。

第十二条

党の政策を支持し、闘うわが国青年の自主的組織－日本労働青年団に必要な指導と援助を行う。

第三章　処分

第十三条

党員が規律に違反した時、党は具体的事実に基づいて職務解任、党員権停止、除籍、除名の処分を行なう。

（1）党員の処分は所属組織が決定し、一級上の党委員会の承認を得なければならない。
特殊な事情のもとでは、地区以上の委員会は直接党員を審査し、一級上の委員会の承認を得て処分することができる。

（2）処分をうける党員は特殊な場合を除き、自己の審査の会議に出席し、弁明の機会が与えられる。
処分に不服な党員は、大会を含む上級に訴え、再審査を求めることができる。

（3）中央委員会のもとに審査機関として「審査委員会」をもうける。この委員会は、処分の再審査、問題のある幹部に対する重大な批判、告発、その他必要な事項を要求に基づいて審査する。但し、党員個人の要求についていえば、その党員の属する当該組織の一定の討論と結論を添えて提出しなければならない。委員会は、要求に基づき事項を審査し、結論を程度に応じて政治局、または中央委員会に報告し、措置を提案する。

（4）裏切り者、スパイなどに対する処分は厳しく行い、再入党は許されない。

付則

第十四条
　この規約の改正は全国大会によってのみ行われる。

第十五条
　中央委員会は規約に準じて細則を決定することができる。

第十六条
　この規約は二〇〇五年十一月×日をもって発効する。

『労働新聞』第11号（1974.07.10付）より

日本労働青年団結成宣言
　全国の先進的青年諸君
　第三世界の闘争の前進に呼応する労働者をはじめとする広範な日本人民の闘争は、一層高揚し、支配層の混乱はますます深まっている。
　こうした情勢の進展の中で闘いぬいてきたわれわれは、ここに日本労働青年団の結成を宣言する。
　青年団は、わが国の労働青年をはじめとする勤労青年・学生の先進分子の自主的組織であり、労働者階級の党、日本労働党の指導の下、青年運動の指導的中核として、アメリカ帝国主義と、わが国反動派を打倒する人民民主主義革命の重要な一翼として闘う。
　日本労働青年団の結成は、セクト主義と分散主義との闘争をへて青年戦線統一へむかう一歩である。これはまた日共修正主義に反対し、闘ってきた先進的青年の苦闘の成果である。
　日本労働青年団の結成は、青年運動を必ずや前進させるであろう。前途には様々の困難がある。勝利には全国の青年の団結をかちとらねばならない。青年団は、青年運動の偉大な発展をめざし、アジアをはじめとする全世界の人民および青年と固く団結し、世界革命に貢献する。

青年団の結成は、革命の一方面軍としての青年戦線の革命的統一の飛躍を闘いとる上での重要な勝利であり、わが国青年運動の画期的前進であると確信する。

青年団は、統一の中核としての役割りを十分にはたすために総力を傾注する。

日本労働青年団結成万歳！

全国の青年・学生は団結せよ！

全国の先進的青年・学生は日本労働青年団に結集せよ！

一九七四・六

日本労働青年団結成大会

【名　称】日本マルクス・レーニン主義運動（日本共産党〈プロレタリア革命派〉）

【結　成】1967年12月17日
【機関紙】『人民の旗』
【機関誌】『日本マルクス・レーニン主義』

1966年11月、大武礼一郎（恵藤信行）を中心とする青年活動家らが日本マルクス・レーニン主義運動大阪地方統一会議を結成して日本共産党（解放戦線）から分裂し、全国的政治新聞として『前線』を発刊した。この活動家らは同会議を母体として全国から支持者を結集し、1967年12月17日に第1回全国大会を開催して日本マルクス・レーニン主義運動を結成した。議長大武礼一郎。機関紙『人民の旗』（『前線』改題）。1970年7月25〜26日には第1回全国協議会を開催し、日本マルクス・レーニン主義運動（日本共産党〈プロレタリア革命派〉）へと改称し、新綱領と新規約を定めた。なお、ここでいう「日本共産党〈プロレタリア革命派〉」とは、宮本ら日共主流ではなく、徳田球一ら所感派のことを示し、同派がこの所感派の流れを汲むと主張することによって自らが日共の正統であると示したようである。

大武議長の経歴については文献によって異なる。日刊労働通信社編『外事関係団体要覧』昭和53年版（1978年、日刊労働通信社）は、日共西大阪地区委員であった大武が1960年5月に政治・思想研究会を結成し、機関紙『政治メモ』を発行して六全協以降の日共路線を批判していたが、1965年に日共（解放戦線）の前身に

日本マルクス・レーニン主義運動『日本マルクスレーニン主義』第2号（1968.04.25付）

日本マルクス・レーニン主義運動（日本共産党〈プロレタリア革命派〉）『人民の旗』第53号（1971.03.05付）

あたる日本共産党革命委員会が大阪で結成されると、これに加盟し活動していたとする。

しかし、日共プロ革派の後身にあたる日共行動派の「日本共産党（行動派）歴史年表」（日本共産党（行動派）基本文献集第2巻『日本革命の綱領』（1981年、東洋政治経済研究所）所収）によれば、当時日共関西地方委員会幹部であった大武は、1955年の六全協に際しこれに反対したものの指導機関から排除され、1958年の日共第7回大会には指導機関の推薦を受けることなく代議員に立候補して当選し、大会において代議員として、宮本－志賀ラインの国際派を非難して大会でこの問題を討議するように求めたものの、議長団に排除されたため決別したとしている。以降の経緯は前掲の『外事関係団体要覧』昭和53年版とほぼ同じであるが、日共（解放戦線）に参加していたことや、ここから日本マルクス・レーニン主義運動大阪地方統一会議を結成して分裂したという記述はない。

日共プロ革派は他の中国派に対して批判的であった。批判の内容は路線問題などもあるが、それとは別に、徳田球一を高く評価するという立場から、徳田らの所感派と対立した宮本顕治らの国際派に属した経歴を持つことや、あるいは日共を離れた中国派の多くが六全協以降の宮本が指導する日共にとどまっていた歴史的経緯を特に問題視している。これは真のプロレタリア革命派の基準として大武が挙げる4つの基準のうち、「党組織とその指導機関のプロレタリア的要素と革命的純潔性」から生じる問題意識であり、後の日共行動派規約の中の規則第3条（入党拒否）に「転向者、堕落した変質者、スパイ組織や公安機関、特務機関や警察、憲兵隊などにいたもの、除名者などの前歴者、これらの者は入党させない」として明文化されている。

青年組織

【名称】**日本人民青年同盟**

【結成】1968年3月

【機関紙】『青年の旗』

1968年3月に日本マルクス・レーニン主義運動の指導下で全国大会を開催し結成。委員長有馬謙一。組織内機関紙『同盟通信』。1970年1月に『青年の旗』に改題した。

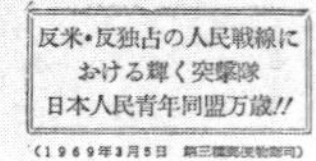

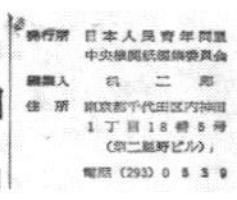

日本人民青年同盟『青年の旗』第37号（1971.05.25付）

【名　称】**日本共産党（行動派）**

【結　成】1980年7月15日

【機関紙】『アカハタ』

日共プロ革派はかなり早い段階から日本共産党の「再建」を企図しており、機関紙『人民の旗』第60号（1971.10.05付）上でその展望と現段階の任務について掲載し、また再建に関しての「六原則」も繰り返し公表していた。この動きが結実して結成されたのが日本共産党（行動派）である。

1979年7月15日に、日共プロ革派の大武議長の呼びかけによって東京で日本共産党再建準備会議が開催された。会議には日本マルクス・レーニン主義運動（日本共産党〈プロレタリア革命派〉）のほか、共産主義者同盟（国際主義派）、関東地方階級的・行動派労働運動研究会、関西地方階級的・行動派労働運動研究会、明治大学レーニン主義研究会、日本人民青年同盟、日本民主主義婦人同盟及び民主主義経営者連合の計8団体が参加し、同会議において翌年7月15日に再建大会を開催することが決定された。

1980年7月、日本マルクス・レーニン主義運動（日本共産党〈プロレタリア革命派〉）は、共産主義者同盟（国際主義派）と組織合同し日本共産党（行動派）に改称した。日本共産党が1922年に結成された記念日である7月15日に東京の東医健保会館にて日本共産党（行動派）再建第7回大会を開催し、1958年7月21日から始まる日本共産党第7回大会以降の日共主流を否定して、日本共産党の正統を自認する態度を示し、「結成」ではなく日本共産党の「再建」とした。大会では大武議長の手になる「新・共産党宣言」を発表したほか、綱領、規約を承認した。また同日に中央機関紙『アカハタ』を発刊したが、これは戦後出獄した徳田球一が発行した『アカハタ』の題字を引き継いで、再建第1号として発行された。この大会を記念して日共行動派書記長武田一雄作詞、紅合唱団指揮者木下勝吉作曲の党歌『1980年7月15日』が

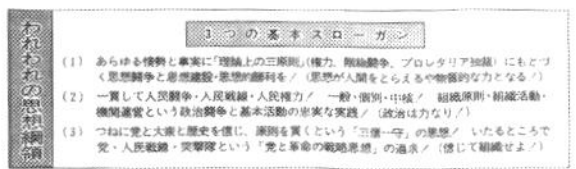
われわれの思想綱領

3つの基本スローガン

アカハタ

再建第171号

日本共産党（行動派）中央機関紙委員会

2000年（平成12年）1月1日（土曜日）

日本共産党（行動派）『アカハタ』再建第171号（2000.01.01付）（ねあ氏提供）

日本共産党（行動派）本部ビル（『日本共産党（行動派）小教程』（1981年））

つくられた。

日共行動派の影響下にあった労働組合には茨城放送労働組合があり、委員長樋口直実が日共行動派結成時に中央委員に選出されている。このほかに全逓新小川町分会長の板垣武己、日教組・広島高教組白木高校分会長の梅原秀臣らも同じく中央委員に選出されており、これらの労働組合によって全日本産業別労働組合会議（機関紙『労働戦線』）が構成されていた。

日共行動派結成時に合流した共産同国際主義派については、合流直前の機関紙が確認できていないが、日共プロ革派の機関紙『人民の旗』第143号（1978.09.15付）に転載された国際主義派機関紙『プロレタリィ通信』第22号（1978.07.30付）掲載の「『日本革命の戦略問題』（日本共産党〈プロレタリア革命派〉の大武礼一郎議長）の一大学習運動をまきおこそう！」によれば、1977年以来国際主義派と日共プロ革派は友好関係を確立していたといい、更に国際主義派は1978年5月の日共プロ革派第4回全国協議会の席で提起・発表された大武による『日本革命の戦略問題』に感銘を受けたとして、これを学習するように呼び掛けている。『人民の旗』紙上ではこの第143号以降共産同国際主義派に関する記述が目立つようになり、1979年の日共プロ革派赤旗開きには共産同国際主義派の代表者や、また恐らく同派の影響下にあったと思われる明大二部政経学部自治会委員長が出席している（『人民の旗』第147号（1979.01.15付））。

1980年1月には渡辺政之輔の妻丹野セツが日共行動派結成に加わることを表明し、同年7月日共行動派結成時には名誉中央委員に選出された。これにより丹野は日本共産党を除名されている。丹野は1980年4月29日に渡辺政之輔の顕彰と有志の交流を目的に渡政会を結成し、会長に就き、同会顧問には大武が就任した。機関誌『渡政会会報』。これは1982年7月18日に徳田・渡政会に発展した。会長丹野セツ、相談役徳田たつ（徳田球一の妻）。機関誌『徳田・渡政

会会報』（『渡政会会報』改題）。

日共行動派結成の翌年1981年7月15日には日共行動派が三賢人と崇める徳田球一、渡辺政之輔、市川正一と、日共行動派に関係する人物の慰霊碑として、東京八王子市の東京霊園内に革命英雄記念碑を建立し、遺骨と遺品を納める入魂式を挙行した。以降毎年4月（1929年4月16日の共産党への弾圧を記念して選定。実際には4月16日に近い日曜日）に革命英雄記念祭を開催している。入魂式には丹野セツが参列した。用地の選定から設計、石の調達から施工までの一連の業務は大野屋という石材店が担

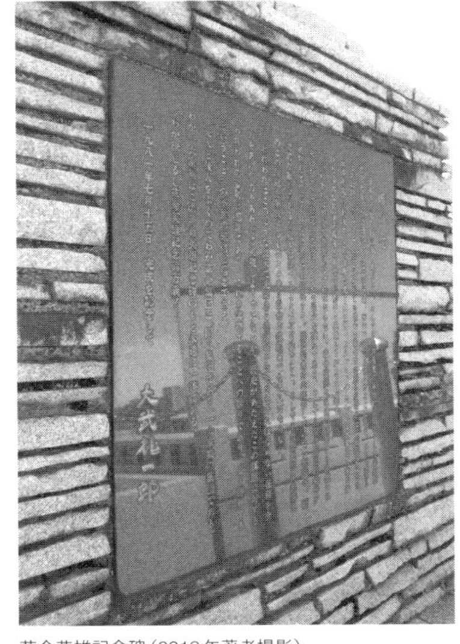

革命英雄記念碑（2019年著者撮影）

当し、石は四国のものを採用した。入魂式にも代表として同社常務取締役の浦野氏が参列している。

同派からは日本共産党（ボルシェヴィキ）が分裂、結成されている。機関紙『前線』。文献資料を確認できていないことから詳細は不明で、分裂に伴う声明なども確認できておらず、活動実態も現況も不明である。

1991年の暴対法制定にあたっては、下部組織の日本人民戦線とともに、反対運動に取り組んだ。新右翼団体の一水会や統一戦線義勇軍などで構成される民族派青年協議会や、暴力団関係者で構成する任侠市民連合らと連携して行い、暴対法施行直前の1992年1月19日の日本人民戦線赤旗びらきには一水会鈴木邦男代表らも参加した。一水会機関紙『RECONQUISTA』第182号（1992.02.01付）にも人民戦線赤旗びらきに参加したことが好意的に紹介されている。日本人民戦線事務総長の松原博志（元共産同国際主義派）はインタビューに「今回はテストケースだったが、成果はあったと思う。なぜヤクザと手を組むんだと疑問を挟んで辞めた実行委員もいたが、これから新法が施行される三月にかけて、一層共闘を強めていくつもり」と答えている（「『極道の妻たち』デモ行進」『東京タイムズ』（1992.01.20付））。『旬報学生青年運動』第831号（1994.03.01付）によれば1994年の日本人民戦線赤旗びらきまで右翼・任侠関係者の参加が確認できており、1994年の右翼・暴力団関係者の参加数は前年を上回る約30名であったというが、民族派関係者からは731部隊や帝銀事件などイデオロギーの異なる話題までをも扱うことについて「遺憾」であるとの意見表明があったという。

政治結社人権を守る会を結成し、自ら代表に就任して暴対法反対運動を組織した元暴力団組長の名和忠雄は、1992年1月の日本人民戦線赤旗びらきの日に暴力団組員の妻を集めて銀座でデモを行った。名和の著書『暴力団対策法を斬る』（1993年、新雑誌エックス）には日本人民戦線の当時の声明などが転載されている。1994年には1月15日の人権を守る会主催のデモに日本人民戦線より平岡運営委員会議長も参加し、翌16日の日本人民戦線赤旗びらきには名和会長らが参加した。名和会長は1994年10月に死去し、翌1995年に革命英雄記念碑に入魂された。

2019年には日本人民戦線機関紙『人民戦線の旗のもとに！』第476号（2019.04.25付）上で、1月14日に大武議長の退任に伴う引き継ぎ式が開催され、大武礼一郎が名誉議長に退き、新たに森久が議長に就任したことが明らかにされ、また第478号（2019.06.25付）上では大武が同年3月31日

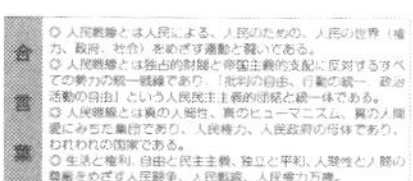

合言葉

◇人民戦線とは人民による、人民のための、人民の世界（権力、政府、社会）をめざす運動と闘いである。
◇人民戦線とは独占的財閥と帝国主義的支配に反対するすべての勢力の統一戦線であり、「批判の自由、行動の統一、政治活動の自由」という人民民主主義的団結と統一体である。
◇人民戦線とは真の人間性、真のヒューマニズム、真の人間愛にみちた集団であり、人民権力、人民政府の母体であり、われわれの国家である。
◇生活と権利、自由と民主主義、独立と平和、人間性と人間の尊厳をめざす人民闘争、人民戦線、人民権力万歳。

人民戦線の旗のもとに！

発行所 日本人民戦線・運営委員会
発行人 平岡恵子
TEL 03-6666-9588 FAX 03-6666-9581
2019年(令和元年)6月25日 第478号

日本人民戦線『人民戦線の旗のもとに!』第478号(2019.06.25付)

に死去し、森議長らによって5月19日に革命英雄記念碑にて行動派葬が挙行されたことが公表された。

行動派の書籍の発行元としては国際政治経済研究所があり、日本共産党（行動派）基本文献集を確認したところでは、2003年発行の最新第5巻では国際政治経済研究所であるが、その前の1988年発行の第4巻では国際問題研究所、更に前の1984年発行の第3巻以前は東洋政治経済研究所と名称が転々としている。なお、この東洋政治経済研究所の名前は革命英雄記念碑の裏にも刻まれている。

2019年現在、機関紙『アカハタ』は発行されていない。機関紙『アカハタ』は再建第172号（2001.01.01付）まで確認されており、またその直前の再建第171号は2000年1月1日付であったため停刊直前にはかなり発行頻度が落ちていたものと思われる。

青年組織

【名称】**日本共産主義青年同盟（行動派）**
【結成】1980年9月4日
【機関紙】『青年戦士』

日共行動派「再建」後間もなく「再建」された。機関紙『青年戦士』の発行人は、元共産同国際主義派の松原博志となっていた。

下部組織

【名称】**日本人民戦線**
【結成】1990年1月21日
【機関紙】『人民戦線の旗のもとに！』

上部団体である日共行動派の機関紙が事実上停刊して以降は、1990年2月24日創刊の日本人民戦線機関紙『人民戦線の旗のもとに！』のみが定期発行されている。日本人民戦線運営委員会議長は1990年の結成以来平岡恵子であり、平岡は2020年現在日共行動派中央委員会書記長の職も務めている。平岡は婦人団体として日本民主主義婦人同盟（機関紙『婦人の旗』）の委員長も務めた。

【名　称】日本共産党（マルクス・レーニン主義）全国委員会→日本共産党（マルクス・レーニン主義）

【結　成】1974年7月
【機関紙】『プロレタリア』

日本共産党から離党、あるいは除名された中国派が結集して日本共産党（左派）結成へと動く中で、日共（左派）の中心人物であった福田正義と原田長司（日共元中央委員候補）が対立し、1968年7月に少数派の原田らが除名された。除名された原田は日本共産党（マルクス・レーニン主義）山口県委員会を結成した。

プロレタリア
第128号
1981.2.25.
月2回刊 10・25日発行
日本共産党
（マルクス・レーニン主義）
中央機関紙
発行人・安斎庫治
発行所・労農通信社
中野区本町5・30・3
☎ 03・384・6675
振替 東京 6-174947
定価100円
12回〒共1,500円（密封1,800円）

日本共産党（マルクス・レーニン主義）『プロレタリア』第128号（1981.02.25付）

また学生運動に対する評価をめぐって福田らと対立した安斎庫治（日共元中央委員。1967年1月27日中国支持の論文を送付し離党。1968年3月日本共産党（左派）東京都委員会準備会を結成）は、1969年2月に自ら立ち上げた日本共産党（左派）東京都委員会準備会を除名されたが、同東京都委（準）指導下の学生組織である日本共産主義青年同盟東京都委員会の高田健らは安斎庫治を支持して分裂した。除名された安斎は日本共産党再建準備委員会を結成した。機関紙『プロレタリア』。

少し話が脱線するが、日共左派系の離合集散について一部の文献や資料の系統図には1969年4月結成として「日共真正左派」の記載が見られる。この日共真正左派について唯一組織

日本共産党（マルクス・レーニン主義）全国委員会『内外情勢の特徴とプロレタリア階級の任務』（発行年月日記載なし 1974.07頃）

万国労働者団結せよ！　万国の労働者と被抑圧民族団結せよ！
労働者共産党 中央機関紙
第607号（統合251号）
2020. 5. 1
1976年6月7日第三種郵便物認可《月1回刊1日発行》
定価150円（12回送料込2500円・密封2800円）
プロレタリア
発行所・新世界通信　発行人・小川春夫
東京都足立区梅島2－38－11－303
TEL 03(3849)4953　FAX 03(3849)4938
郵便振替　00160－4－174947
E-mail ga3129@i.bekkoame.ne.jp
URL http://www.bekkoame.ne.jp/i/ga3129

労働者共産党『プロレタリア』第607号（2020.05.01付）

名称以上の記述を見つけることができた文献として思想運動研究所編『左翼100集団』（1972年、全貌社）がある。これによれば「昭和四十四年四月、日共左派東京都委員会の指導者安斎庫治、日本共産主義青年同盟（共青）都委員会の指導者高田健らは日共左派党が学生闘争を積極的に支持せず、街頭闘争と非難していること、日共の現綱領を部分的に肯定していることを不満として分裂『日本共産党（真正左派）』を結成しようとした」（340頁）とあり、この記述を信頼すれば、日共再建準備委員会結成以前に結成しようと試みたものの断念した組織の名称ではないかと考えられる。

話を戻そう。1972年1月に大隈鉄二らの日本共産党（革命左派）と安斎庫治らの日本共産党再建準備委員会、原田長司らの日本共産党（マルクス・レーニン主義）山口県委員会の三者が中国派の結集をめざして統合への協議を始め、8月には結成宣言を発表して前衛党をめざすマルクス・レーニン主義全国協議会を結成したものの、政治路線に違いがあり、1973年12月には同協議会を解散し、統合を断念する結果となった。しかし1974年7月には後二者（但し日本共産党（マルクス・レーニン主義）山口県委員会は1972年8月の結成宣言から、1974年7月の統合までの間に日本共産党（マルクス・レーニン主義）中国地方委員会へと改称している）が統合して日本共産党（マルクス・レーニン主義）全国委員会を結成した。公然拠点「労農通信社」。1974年に生じた日共（左派）内での、中国の「三つの世界論」をめぐる対立では、隅岡隆春らの関東派（1975年に日共（左派）中央委関東地方局。1976年3月に日共（左派）中央委臨時指導部へ改称）を支持する姿勢を示した。

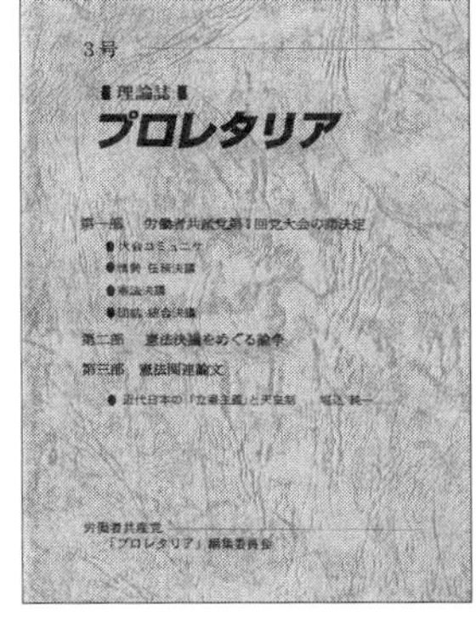

労働者共産党『プロレタリア』3号
（2003.01.01付）

日共（ML主義）全国委は次第に日共（左派）中央委臨時指導部へ接近し、中国共産党からの日本での中国派統一への後押しも受けて1978年3月10日には日共（左派）中央委臨時指導部との間で統一に関する共同声明を発表し、5月14日には大会も開催した。しかし日共（ML主義）全国委内に共同声明等に示された政治路線をめぐる意見対立が起こり、統一推進派の原田長司らが1979年6月に除名された。原田長司らは日本共産党（マルクス・レーニン主義）中央指導部を名乗って1980年1月に日共（左派）中央委臨時指導部と統合して日本共産党（マルクス・レーニン主義者）を結成した。

1979年9月1日には日共（ML主義）全国委と共産同マル戦派系の労働者共産主義委員会とが共同声明を発表し、労共委が合流する形で組織統合を行い、日本共産党（マルクス・レーニン主義）を結成した。更に1993年頃からは共産主義者同盟（通称「赫旗派」）との間で統合に関する協議を進め、1999年6月労働者共産党を結成した。

青年組織

【名称】**日本青年共産主義同盟**
【結成】1972年1月
【機関紙】『プロレタリア青年』
【機関誌】『青年紅旗』

1969年2月に日本共産党（左派）東京都委員会準備会を除名された安斎庫治を支持して、同東京都委（準）指導下の学生組織である日本共産主義青年同盟東京都委員会（1968年7月結成）の高田健らが1969年4月の日本共産主義青年同盟東京都委員会の第2回大会において「日共（左派）の誤った指導をたち切」るという方針をうちだして分裂し、日本共産主義青年同盟東京都準備会を結成した。機関紙『プロレタリア青年』。同準備会は後に東京都委員会に発展したものと見られる。

1971年12月には日本共産主義青年同盟東京都委員会名義で機関誌『青年紅旗』を創刊。1972年1月には全国組織への組織拡大を期して、新たに日本青年共産主義同盟を結成し、第1回全国大会を開催。機関紙誌は

未来は青年のものだ！すべての青年はマルクス・レーニン主義、毛沢東思想のもとに団結せよ！
プロレタリア青年
日本青年共産主義同盟中央機関紙
第 157 号
1988. 5・1

日本青年共産主義同盟『プロレタリア青年』第157号（1988.05.01付）

『プロレタリア青年』『青年紅旗』を引き継ぐこととした。上部団体の日本共産党再建準備委員会が参加した前衛党をめざすマルクス・レーニン主義全国協議会の結成にあたっては同協議会を支持した。1973年12月に同協議会は解散したが、当時の青共委員長高田健らは日本労働党を支持する姿勢を示した。1974年7月の青共第2回全国大会では高田を除名処分するとともに、日本共産党（マルクス・レーニン主義）全国委員会の指導下に入ることを決議した。

1979年6月の日本共産党（マルクス・レーニン主義）全国委員会分裂の際には、除名された原田長司を支持する広島県などの一部のグループが離脱した。怒濤派との結成後は日本共産党（マルクス・レーニン主義）の指導下の団体として活動を続けていた。労働者共産党結成後の動向は不明である。

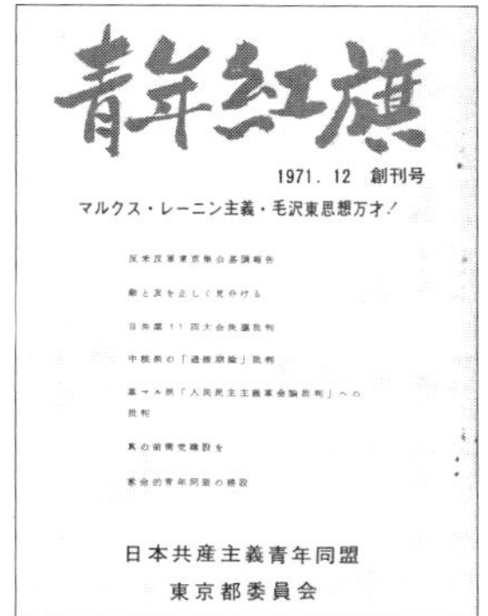

青年紅旗

1971. 12 創刊号

マルクス・レーニン主義・毛沢東思想万才！

反米反軍東京集会基調報告

敵と友を正しく見分ける

日共第11回大会決議批判

中核派の「過渡期論」批判

革マル派「人民民主主義革命論批判」への批判

真の前衛党建設を

革命的青年同盟の建設

日本共産主義青年同盟
東京都委員会

日本共産主義青年同盟東京都委員会『青年紅旗』創刊号（1971.12.10付）

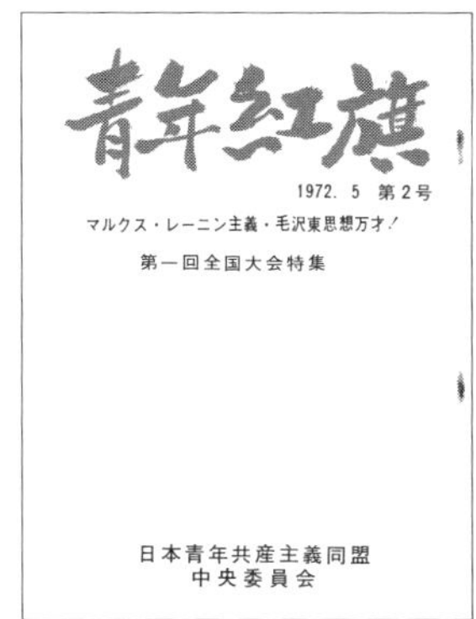

青年紅旗

1972. 5 第2号

マルクス・レーニン主義・毛沢東思想万才！

第一回全国大会特集

日本青年共産主義同盟
中央委員会

日本青年共産主義同盟『青年紅旗』第2号（1972.05.10付）

労働者共産党HPより
(http://www.bekkoame.ne.jp/i/ga3129/kesei.html　2020年5月1日著者確認)
字句は原文ママとした

結成宣言
すべての労働者、人民のみなさん！とりわけ、日本革命を目指して闘うすべての先進的な活動家、革命的左翼のみなさん！わたしたち共産主義者同盟と日本共産党（マルクス・レーニン主義）の二つの党派は、本日をもって両組織を統合し、新しい党、労働者共産党を結成しました。わたしたちは、労働者共産党が、「日本の共産主義者の本格的な統合への、比較的小さな、しかし確かな一歩である」（共同声明、以下同）こと、また、その結成が「今回の統合を第一歩として、日本の革命的左翼運動の抜本的再編に着手していく」ものとして達成されたことを、すべてのみなさんにまずもって報告したいと考えます。多くのみなさんが、日本の左翼の現状を憂慮しています。日本の左翼は、ソ連崩壊以降とくに、どうなってしまったのか、社会党は消滅し、日共はさらに「現実路線」化し、新左翼は四分五裂したまま、変質・崩壊しつつある…と。左翼の現状についてのみなさんの憂慮に、わたしたちは党派としての責任を有しています。わたしたちは、こうした現状を直視し、独善主義・セクト主義を排して、日本の革命的左翼運動の建て直しを今こそすすめるために、まず、わたしたち二党間の統合を達成しました。同時に、わたしたちは、革命派の団結・統合は、無原則にではなく、基本的な路線上の一致が不可欠であると確信しています。わたしたち労働者共産党は、どのような綱領・戦術・組織路線の下に結成されたのか、それは「共同声明」と「規約」に述べられていますが、ぜひご検討・ご批判をお願いしたいと考えます。――わたしたちの統合は、マルクス・レーニン主義についての清算主義と教条主義とに反対しつつ、ソ連崩壊以降の世界史的新時代をふまえ、「国際共産主義運動の現代的再構築」に挑戦するものとして、かちとられました。情勢は、新ガイドライン法案がついに成立し、また権利・雇用破壊の独占資本の攻撃が吹き荒れるなど、きわめて厳しいものがあります。日本の反戦平和運動は、朝鮮半島・アジア太平洋民衆との連帯を強めつつ、周辺事態法の発動を阻止する課題に直面しています。新ガイドライン安保に対決し、無力化できる反戦平和運動を職場・地域からつくりあげることが急務です。また日本独占資本は、その延命のために「大失業時代」を労働者人民に強要しています。組織・未組織、就労・失業、民族や国籍の違いを超えた日本労働運動の新生をすすめることが重要課題です。こうした労働運動、人民諸運動の強化と連帯に、わたしたち共産主義者が献身する責任もまた非常に大きくなっています。そのためには、わたしたち共産主義者こそが、小異を残して大同につき、協力と統合の道に進まなければなりません。近年、こうした協力と統合の気運は、しだいに醸成されつつあるのではないでしょうか。わたしたちは、労働者共産党の結成が、この気運を促進し、協力と統合の道を広げる確かな一環であることを確信しています。もちろん、共同の事業は、一気に急速に進むものではありません。わたしたちも今回の統合の成果を打ち固めるのに、若干の時間を必要とするでしょう。しかし、わたしたちは重ねて表明します。情勢は、今まで通り、を許していないこと、本格的な革命政党の建設へ向けて、今こそ力強い歩みを互いに開始すべきであることを。わたしたち労働者共産党は、わたしたち以外の共産主義者の党派・グループ・個人による協力と統合についての提案に、誠実に対処することを表明します。わたしたち労働者共産党は、左翼戦線の混迷・変質・崩壊の危機に抗し、共産主義の旗を堅持して出発します。そしてまた教条主義に反対して「マルクス・レーニン主義の現代的発展」をすすめ、日本の労働者人民に依拠して、21世紀の新しい共産主義運動を実現していく決意です。わたしたち労働者共産党は、自己をしっかり確立しつつ、さらに、労働者階級・人民の利益に誠実な全国の共産主義者、先進的労働者とのより大きな統合を一貫して目指していきます。以上をもって、労働者共産党の結成宣言とします。

1999年6月労働者共産党結成大会

労働者共産党HPより
(http://www.bekkoame.ne.jp/i/ga3129/kiyaku.html　2020年5月1日著者確認)
字句は原文ママとした

規約
前文

労働者共産党は、労働者階級の革命政党の一つであり、日本において労働者人民の先頭に立って闘うものである。党は、マルクス主義をはじめとする共産主義思想を行動の指針とし、日本革命の実際に立脚して闘う労働者階級の先進分子によって構成される。党は、労働者階級を中軸とする全人民の統一戦線を形成・発展させ、日本帝国主義ブルジョアジーとその国家権力を打倒し、アメリカ帝国主義を一掃して、当面の日本革命を勝利に導く。当面する日本革命は、プロレタリア階級独裁を樹立する社会主義革命であり、党は革命的統一戦線に依拠して、日本の社会主義的変革を推し進める。日本革命は、世界革命の一構成部分である。党は、プロレタリア国際主義を堅持し、全世界の真の共産主義政党と団結し、全世界の労働者階級、被抑圧人民、被抑圧民族と団結して、アメリカ帝国主義を主柱とする国際反革命同盟体制を解体し、全世界の帝国主義を打倒するために闘う。党は、日本内外の現代修正主義を厳しく批判し、国際共産主義運動を発展させる。党は、日本革命の勝利に責任を持ち、世界革命の勝利のために闘う。党の最終目標は、世界共産主義社会を実現することにある。党は、労働者階級をはじめとする人民大衆に依拠して闘争し、人民大衆のなかに深く根を張った党を建設する。党は、日共現代修正主義を厳しく批判し、「左」右の日和見主義、清算主義と教条主義を批判し、共産主義思想の現代的発展をたたかいとり、日本における共産主義者の団結・統合をおしすすめて、革命の隊列を強化する。党は、日本革命の勝利のために全力を挙げて闘い、革命の事業のために犠牲をおそれず奮闘する。

第一章　党員

第一条　十八歳以上の労働者・人民で、綱領と規約を認め、党の一定の組織に参加し、党費を納めるものは、党員となることができる。

第二条　入党を決意したものは、党員二名の推薦を受け、個別に入党の手続きをとる。細胞はこれを審査・決定し、一級上の党委員会の承認を受ける。

第三条　党員候補の期間は、原則として六ケ月を越えない。その期間中、候補者は党の指導を受けて活動する。候補者は、選挙権・被選挙権を持たない。

第四条　特殊な事情の場合は、各級党委員会は直接入党を審査・決定し、承認することができる。

第五条　党員は次のことを実行しなければならない。

(1) マルクス主義をはじめとする共産主義理論をすすんで学習し、修正主義、日和見主義を批判する。
(2) 党の諸決議の決定過程に積極的に参加し、主体的に考え、一旦決定されたならば積極的に実行する。
(3) プロレタリア国際主義を堅持し、全世界の労働者人民と団結する。
(4) 大衆路線に基づいて大衆と共に闘い、人民を信頼し、人民から信頼されるよう努力する。
(5) 党の規律を守り、階級敵から党を防衛し、すすんで党費を納め、党の革命的統一を強化する。
(6) 自分の活動報告をすすんで行ない、批判と自己批判を勇敢に行ない、党の民主的党生活を強化する。

第六条　党員は次の権利を持つ。

(1) 全ての党員は平等であり、特に定めがある場合を除き、評議権、議決権、選挙権、被選挙権を等しく有する。
(2) 党員は、党の各級の組織と役職者に対し、批判と提案を行なう権利を持つ。
(3) 党員は、党の決定に対して異議があれば納得抜きに追従すべきでなく、異見を保持することができる。また必要ならば、級を越えて上級の党委員会に意見を述べることができ、意見書の全党配布を要求することもできる。ただし、決定は、無条件に実行しなければならない。
(4) 党員は、党の綱領的見地に根本的に反するものでない限り、その見解を党の内外の出版物等において、自由に表明する権利を持つ。

第七条　党員の処分は次のように行なう。
(1) 党員が党の綱領と規約に違反した場合、党は具体的な事実に基づいて、警告、役職解任、党員権停止、除名などの処分を行なう。党員の処分は、所属組織の三分の二以上の決議を必要とし、一級上の党委員会の承認を受けなければならない。
(2) 党員権停止は、原則として一年を越えてはならない。
(3) 処分を受ける党員は、特殊な事情の場合を除き、自己の審査の会議に出席でき、充分弁明の機会が与えられる。処分に不服な党員は、再審査を求めることができ、大会を含む上級機関に訴えることができる。
(4) 特殊な事情の場合には、党委員会は直接党員を審査し、処分することができる。ただし、一級上の党委員会の承認を受ける。

第八条　除名された党員の再入党は、中央委員会がこれを決定する。

第九条　党員は離党することができる。党員が離党を要求した場合、所属組織で事情を調査し、除籍を決定して、一級上の党委員会に報告する。半年以上党活動を放棄している場合、党は除籍処置をとることができる。

第二章　党の組織

第十条　党の組織は次のことを原則とする。
(1) 全党は、個人は組織に従い、少数は多数に従い、下級は上級に従い、全体は中央に従うという、党の統一の規律を厳守する。
(2) 全党は、個人は異議を唱えることができ、少数は異見を保持することができ、下級は上級を批判することができ、中央は大会に従うという、党の民主主義を厳守する。
(3) 党の各級機関は、実質性ある選挙によってつくられる。
(4) 党の各級機関は、それを選出した党組織に定期的に活動を報告し、その点検を受けなくてはならない。
(5) 党の各級機関は、党員の批判を抑えつけたり、仕返しをすることは絶対に許されない。
(6) 下級の機関は、その活動を上級に報告し、定期的に指導・点検を受ける。
(7) 党の各級機関は、両性の同志によって構成される。

第十一条　大会は党の最高議決機関である。
(1) 大会は、中央委員会が招集し、原則として三年に一回開催しなければならない。ただし党員の三分の一以上の要求がある場合、中央委員会は大会を開催する義務を負う。
(2) 大会は、代議員と中央委員によって構成される。代議員でない中央委員は、議決権を持たない。
(3) 代議員の選出方法とその比率は、中央委員会が決定する。
(4) 綱領と規約の改正、中央委員の選出は、大会による。

第十二条　中央委員会は、大会から次期大会までの間、大会の決議を執行し、全党を指導する。中央委員会は、中央委員会常任委員および常任委員候補を選出し、日常的な中央執行機関として常任委員会を設ける。

第十三条　中央委員会は、常任委員会が招集し、年に一回以上開催しなければならない。ただし中央委員の三分の一以上の要求がある場合、常任委員会は中央委員会を招集する義務を負う。

第十四条　中央委員会の下に地方委員会を設ける。地方委員会は地方大会によって選出され、中央委員会の承認を受けて機関権限を持つ。

第十五条　党の基礎組織は細胞である。職場、地域、学校などで三人以上の党員がいるところでは細胞をつくる。細胞は細胞長を選出する。細胞は、定期的に会議を開き、党員は細胞長の指導の下に規律ある党生活を行なう。

第十六条　細胞の主な任務は次の通りである。
(1) 大衆と共に闘い、常に大衆の意見と要求を聞き、これに党の政治路線を結びつけて細胞の政策・方針をつくる。
(2) 党の政策を、職場、地域、学校のなかへ持ち込み、不断に宣伝活動を拡大し、大衆の革命的自覚を高めるようにする。
(3) 各種大衆組織の発展強化をおしすすめると共に、新党員を積極的に獲得し、党の隊列を不断に強化する。

第十七条　党の組織の会議は、特に定めがある場合を除き、全て過半数の出席によって成立し、出席者の過半数の賛否で議決される。

第十八条　少数派の権利について次のように定める。
(1) 党員は、自己の見解を自由にに表明する権利だけでなく、少数派を組織する権利を有する。
(2) 少数派は、規約を守り、党としての行動の統一を厳守しなければならない。
(3) 全党は、少数派が形成された場合には、当該少数派を含む党全体の責任において、実践の検証と民主的でねばり強い党内闘争とを介して、その根拠の克服に努めなければならない。

第三章　財政

第十九条　党の財政は、党費、党内外からのカンパ、党の事業収入によってこれを行なう。

付則

一、この規約に定められていない問題は、本規約の精神に基づいて、中央委員会の指導の下に処理する。

二、第一条等で言う「綱領」とは、現在においては、共同声明の基本的内容とする。

以上

【名　称】日本共産党（革命派）京築地区委員会

【結　成】1966年10月25日／1967年3月
【機関誌】『人民解放』

日本共産党福岡県京築地区委員会の中国派党員緒方寛、村上賢治らが離党して1966年10月25日に結成した（日刊労働通信社編『外事関係団体要覧』昭和53年版（1978年、日刊労働通信社））。両名は同年11月21日付で除名されている。拠点を福岡県行橋市の文進堂書店内に置いた。一方1967年3月に日本共産党福岡県京築地区委員会左派として発足し、後に改称したとする資料（日本政治経済研究所編『日共・民青 新左翼』（1974年、日本政治経済研究所））もあり、結成経緯や年月日は資料によって異なる。

1968年1月の佐世保米空母エンタープライズ寄港阻止闘争、4月の米軍山田弾薬庫撤去要求闘争、6月の米軍板付基地撤去要求闘争などには、日本中国友好協会（正統）京築支部に加入して参加するなど行動的な面を見せた。1969年3月15日の日中友好協会（正統）（以下「日中正統」）本部第9回常任理事会における日共左派系執行部と、これに反対する造反派との衝突に端を発した日中正統の事実上の分裂に際しては造反派を支持した。1975年の日共左派分裂においては日共左派中央と日共左派関東地方局→臨時指導部派の主張の双方を誤りであると批判しつつも、日本独占資本の評価については臨時指導部派の「一面友好、一面敵」の見解を支持した。

なお日本共産党理論政治誌『前衛』臨時増刊『政治経済総覧』1978年版では、日共から分派した中国派を「反党盲従諸派」として紹介する系統図にこの組織の名が見えるが本文中には記述は認められなかった。この組織に関する記述を見出せたのは、前掲『外事関係団体要覧』昭和53年版及び『日共・民青 新左翼』だけであり、本項の記述は全て両書に拠って

日共（革命派）京築地区委
『人民解放』第44号（1971.01.16付）

いる。このうち前者では「組織も弱く、日常活動も不活発で、もっぱら機関誌『人民解放』(月刊)を通じての日共批判と毛沢東思想の宣伝、学習が活動の中心となっている。」とされていることや、同書昭和58年版では記述がなくなっていること、また『前衛』臨時増刊『政治経済総覧』1980年版の「反党中国盲従組織一覧」の系統図からはその名が消えていることなどからして、1970年代末から1980年代初頭に解散あるいは事実上組織活動を停止したものと思われる。

【名　称】日本共産党（革命左派）神奈川県常任委員会

【結　成】1969年4月

【機関誌】『解放の旗』

日本共産党（革命左派）神奈川県常任委員会の源流は大きく2つにわかれる。ひとつの流れは除名された中国派日共党員らのグループで、中心人物は日共神奈川県委員会の望月登であった。望月は文化大革命中の中国を訪問し、帰国後日中友好協会神奈川県連を解散。代わって反日共系の日中友好協会（正統）神奈川県本部の立ち上げに努めたため、1967年2月日共を除名処分となった（望月登「私の除名について」毛沢東思想研究会『毛沢東思想研究』1967年4月号所収）という。

もうひとつの流れは共産同ML派の分派グループである。後にML派はML同盟を結成しており、やはり同様に毛沢東思想を掲げたが、この分派グループはML派本体が毛沢東思想を受容するよりも早くわかれている。このグループはML派の河北三男（木下次郎）が、横浜国立大学学芸学部の名称変更反対闘争を闘った学生らを秘密裡にオルグして結成したフラクションがもとになっており、1966年4月に機関誌『警鐘』の編集委員会を結成したことから、警鐘派と呼ばれた。この警鐘派結成時のメンバーに後に日共革命左派議長となる川島豪がいた。後に川島が述べるところによれば、川島は60年安保闘争後の1962年に東京水産大に入学し、同大学の自治会長として日韓闘争を闘った。この間共産同マル戦派・ML派双方からオルグを受け、一時はマル戦派であったという。しかし「プロレタリア独裁の欠如」という問題意識を持ち、この点で一致した河北とともに立ち上げたのが警鐘編集委員会であった（川島豪・塩見

1971年3月27日　★万国の労働者団結せよ！★　17号(1)

▶マルクス・レーニン主義万才！
▶毛沢東思想万才！
▶アメリカ帝国主義打倒！
▶親米的日本独占資本打倒！
▶ソ連社会帝国主義打倒！

★
解放の旗

毛沢東思想で武装した真の革命党を斗いとろう！
人民革命軍を建設しよう！
反米救国統一戦線を建設しよう！
宮本修正主義粉砕！
独立・民主・平和・繁栄の日本を建設しよう！

★日本共産党（革命左派）神奈川県常任委員会★

日共（革命左派）神奈川県常任委員会『解放の旗』17号（1971.03.27付）

孝也『いま語っておくべきこと』(1990年、新泉社))という。

警鐘派は1967年6月に中国の文化大革命を評価する立場から毛沢東思想を掲げ、また警鐘編集委員会を発展的に解消して解放工作委員会を結成し、1967年11月頃から日共を除名された中国派党員たちに接触した。当時接触した中国派党員には書きぶりからはっきりしないが原田長司やぬやまひろしらもいたようである。川島が述べるところによればこれらの中国派党員の中では主に安斎庫治と討論し、「完全に一致した」ため、望月らと合流して翌1968年3月の日本共産党(左派)神奈川県委員会準備会結成に参加した。なお、同月には安斎庫治が東京で日本共産党(左派)東京都委員会準備会を結成している。

この日共(左派)神奈川県委(準)については日共左派東京都委(準)の安斎庫治の指導下にあった(日刊労働通信社編『外事関係団体要覧』昭和53年版(1978年、日刊労働通信社))とされており、1969年1月に安斎が福田らの日共左派主流と対立して除名されると、日共左派神奈川県委(準)はこれに従って日共左派全国協議会から離脱し、夏頃に日本共産党(左派)神奈川県臨時準備委員会に改称した。しかし内部では暴力革命を主張する川島ら警鐘派グループと、

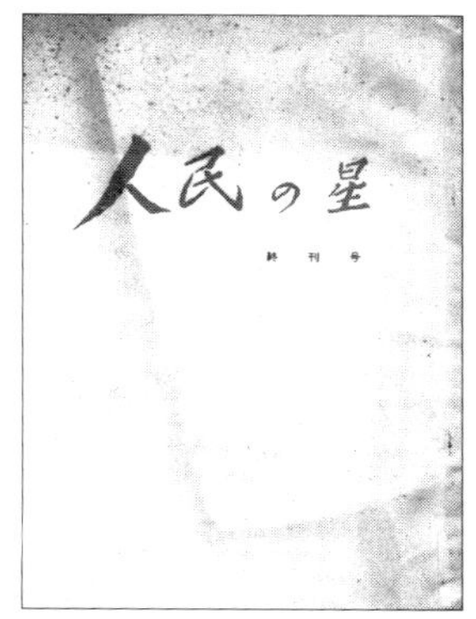

日共神奈川県(左派)臨時準備委
『人民の星』終刊号(1969.10付)

暴力革命は時期尚早と主張する望月ら元日共党員グループが対立し、ついに分裂。警鐘派は望月らを「第二日共左派」と呼んで批判した。警鐘派グループは1969年4月には日本共産党(革命左派)神奈川県常任委員会を結成。機関紙『解放の旗』。一方の元日共党員グループは、夏頃に日本共産党神奈川県(左派)臨時準備委員会へと改称した後、10月に機関誌『人民の星』終刊号上で解散宣言を発表し、組織を解散した。

当初は河北が組織の中心人物であったが1969年7月に河北の提唱で始まった幹部の全国配置で河北が関西に移ると、東京に残った川島が指導部を掌握した。河北の影響力低下は、警鐘グループに対するML派からの襲撃に対して、ML派と独断で会ったために強い非難を浴びたこ

著者所蔵の生写真　1970年代前半の三里塚。天浪団結小屋と思われる。京浜安保共闘の赤旗が見える

1969.09.04（C滑走路）火炎びん投てきのあと（愛知外相訪ソ訪米警備 警視庁第２安保警備記録グラビヤ編集委員会『激動の990日』（1971.01付））

1969.09.04 18番スポット（愛知外相訪ソ訪米警備 警視庁第２安保警備記録グラビヤ編集委員会『激動の990日』（1971.01付））

1969.09.04 無題　革命左派5名逮捕（愛知外相訪ソ訪米警備 警視庁第2安保警備記録グラビヤ編集委員会『激動の990日』（1971.01付））

1969.09.04 無題（愛知外相訪ソ訪米警備 警視庁第2安保警備記録グラビヤ編集委員会『激動の990日』（1971.01付））

とが理由とされている。8月には京浜工業地帯の工場労働者、学生らを結集し、大衆組織として京浜安保共闘を結成した。なお、京浜安保共闘の結成時期については1969年4月とする資料も存在する。京浜労働者反戦団及び反戦学生戦闘団、反戦平和婦人の会、婦人解放同盟の4団体の共闘組織であったという（京浜安保共闘機関紙『反米愛国』復刊第1号（1972.12.15付））。9月には3日に寺岡恒一らが米ソ両大使館を火炎瓶で襲撃したほか、4日には愛知外相訪米の飛行機が飛び立つ直前の羽田空港滑走路に坂口弘ら5名が侵入して火炎瓶を投擲し、搭乗機の出発を遅延させるなどの実力闘争を行った。10月21日には米軍横田基地へ侵入して消火訓練用飛行機に放火する事件を起こした。31日には岐阜県内の石灰採掘現場からダイナマイトを盗み出し、これを用いて11月に米軍の厚木基地、立川基地への爆弾闘争を試みたが失敗に終わっている。

12月8日に議長の川島豪が逮捕されると30日には河北三男が武装闘争路線を批判して離脱し、後に日本労働党を結成する大隈鉄二らのグループに合流した。大隈らと日共革命左派との関係は日共革命左派結成以前の中国派の全国政治新聞共同編集の試みの頃からあり、また日共革命左派結成後も機関紙『解放の旗』2号で再度同様の全国政治新聞共同編集の呼びかけがなされ、また幹部が全国配置されるなど、他の中国派との連携が模索される中での主要な相手としてあったという。

1969年末の河北離脱を受けて1970年1月には柴野春彦、石井功子、永田洋子、坂口弘、中島衡平の5名の常任委員からなる常任委員会による集団指導体制が確立された。この体制下で5月以降米軍の横田（5月26日）、立川（5月31日）、大和田（6月24日）と立て続けにダイナマイトによる爆破事件を起こした。

12月18日には東京板橋区の上赤

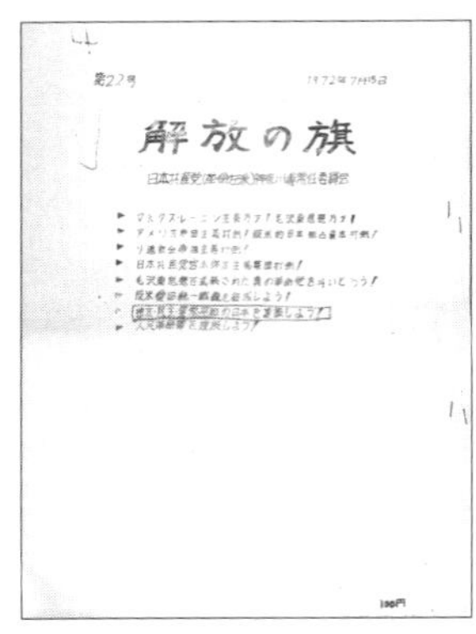
第22号　1972年7月15日

解放の旗

100円

日共（革命左派）神奈川県常任委員会
『解放の旗』22号（1972.07.15付）

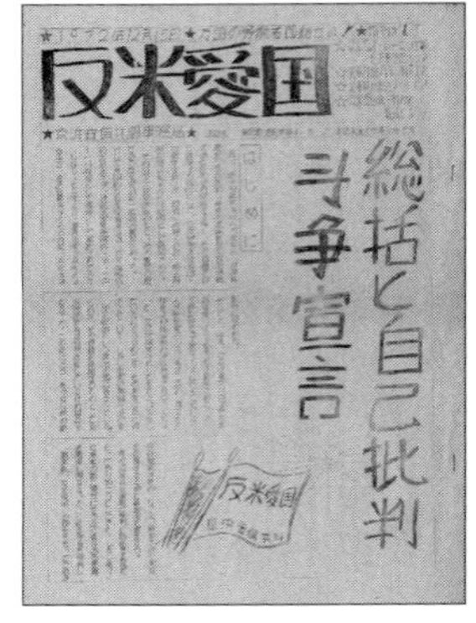
反米愛国

総括と自己批判
斗争宣言

反米愛国

京浜安保共闘『反米愛国』復刊第1号
（1972.12.15付）

塚派出所を3名の活動家で襲撃する事件を起こし、柴野春彦が射殺された。この事件は獄中にあった川島議長から自らを奪還するようにとの命令を受けたため、拘置所と裁判所を結ぶ護送車を襲撃する計画を立て、この計画で使用するための拳銃を奪う目的で行ったものであった。またこの襲撃の失敗を受けて、1971年2月17日には6名の活動家が栃木県真岡市の塚田銃砲店を襲撃し、散弾銃10挺、空気銃1挺、散弾実包2,000発を強奪した。これも同様に川島議長奪還計画のために行ったものであった。

この後革命左派は赤軍派との連携を強める中で連合赤軍を結成し、山岳ベースでの内ゲバ殺人事件やあさま山荘事件を引き起こし、組織は壊滅状態に陥った。この間の経緯は多くの書籍で語られてきているため割愛する。

あさま山荘事件の後、著者の確認したところでは1972年7月15日付の『解放の旗』第22号を確認しているが、同紙内の記述によれば事件後すぐに『解放の旗』第21号を発行し、事件に関する批判を行っていたようで、かなり早い段階から機関紙活動を再開していたものと見られる。また11月には雑誌『序章』臨時増刊として基本文献集『人民独裁に向けて』を刊行。12月には大衆組織である京浜安保共闘機関紙『反米愛国』の復刊第1号（1972.12.15付）も発行した。『反米愛国』復刊第1号によれば、1971年末に連合赤軍指導部により山岳方針が提起され、主要な部分が山岳ベースに行ったことで人民革命軍の中に組み込まれ、残った部分は救援活動のみに制限されて実態は解体されていたという。また機関紙『解放の旗』24号（1973.11.25付）にて「革命左派再建の基本路線」を発表し、大衆婦人組織反戦平和婦人の会再建への呼びかけを行った。

12月には「日本共産党（革命左派）臨時規約」「除名、権利停止についての声明」を発表し、連合赤軍関係者への処分を明らかにした。坂口弘、永田洋子の両名については、直接的責任者であるものの自らの誤りを認め、党の基本路線と総括を受け入れ、復党を希望していることから除名としつつも復党の道を残し、準組織員として扱うこととされたが、その一方で党の基本路線と総括に反対していた吉野雅邦は単に除名処分とされ、革命左派とは「一切無関係」であるとされた。前沢虎義、加藤倫教は永田らと同様の理由で、しかも被指導層であったことから最大2年間の権利停止とされた。臨時規約とこの声明は機関紙『解放の旗』25・26号（1974.02.25付）に掲載された。

1973年末に佐藤保（1969年11月の米軍厚木基地爆破未遂事件で逮捕）が保釈されると組織再建の動きは活発化し、反米愛国救援会の名義で川島豪の保釈金カンパを求めたほか、日本労働党へ合流した河北をその筆名から木下一派と呼び、右翼日和見主義であると批判した。1974年に入ると共産同蜂起派との連携を強め、5月15日の爆取攻撃粉砕反弾圧集会を共催し、武闘派共闘を結成した。この集会に関する記事は革命左派『解放の旗』第27号（1974.05.01付）、蜂起派『蜂起』第54号（1974.05.10付）それぞれに掲載されているが、いずれの機関紙でも、同集会でアピールを寄せることとなっていたらしい共産同（RG）が黒く塗り潰され、削除されている。これは恐らく川島豪が著した『再びブンド系諸君を批判する－真の革命路線をかちとるために－』に対して共産同（RG）が同派機関紙『赤報』第14号（1973.11.20付）以来数号にわたって「川島君の批判への回答」を掲載したことに川島が強く反発したことが理由ではないかと思われ、川島は『解放の旗』第27号上に「『赤報』派の『唯物史観』、『資本主義批判』の破産について」と題する反論を掲載している。

1974年11月に川島が保釈されると、組織再建と旧活動家の復帰工作に着手したが、中国の「三つの世界論」をめぐって党内に論争が起こり、1975年7月には「米日二つの敵」論をとる川島、佐藤ら主流派と、「ソ連主敵論」をとる坂口、渡辺正則ら反主流派とに分裂し、主流派は坂口、渡辺、若林を正式に除名とした。反主流派は機関紙『反覇権通信』を発行した後、1976年2月決別声明を発表して革命左派から離脱した。川島はこの分裂に強い精神的な衝撃を受けたことで指導権を佐藤に譲ったとされる。

1979年になって釈放された川島は郷里の岐阜県大垣市に戻り、家業を継いで川島環境サービスの経営者となり、岐阜県環境整備事業協同組合の活動に参画した（三品純「岐阜の同和取材で邂逅した連合赤軍の黒幕・川島豪の夢」https://jigensha.info/2017/09/01/kt-1/ 2020年5月1日著者確認）。1980年12月には川島が中心となって1978年8月以降休刊状態となっていた機関紙『解放の旗』を復刊するとともに、宣伝活動やオルグ活動を再開し、組織の再建を図った。1990年には日本共産党（行動派）と共同声明を出すなど連携して活動を行っていたが、1990年12月9日川島豪は死去し、日共行動派が管理する革命英雄記念碑に入魂された。川島の追悼集会は翌1991年1月20日に東京学士会館で開催され、死の直前に対談した赤軍派の塩見孝也との共著『いま語っておくべきこと』の出版記念パーティーがあわせて行われた。

青年組織としては青年共産同盟（青共）（機関紙『青年の旗』）があったが、1969年4月に出された京浜安保共闘結成の呼びかけには大衆組織の婦人解放同盟、労働者反戦団、学生反戦団の他、東京の共青も名を連ねていた。この東京の共青とは安斎庫治指導下の日本共産主義青年同盟東京都準備会（後に東京都委員会）のことであり、初期の段階では他の元日共の中国派系と密接な関係にあったことがうかがわれる。

【名　称】**毛沢東思想研究会【略称：毛研】**
【結　成】1966年10月15日
【機関紙】『人民新聞』
【機関誌】『毛沢東思想研究』／『無産階級』

1966年9月、日共を除名された元中央委員西沢隆二（ぬやまひろし）や軍事評論家の林克也、大塚有章らが中心となって株式会社毛沢東思想研究会が設立され、10月に月刊誌『毛沢東思想研究』を発刊した。この時なぜ株式会社として毛沢東思想研究会を発足したのかという点について、西沢はこう説明している。

「去年の秋の、あの困難な条件の中で、私たちは“毛沢東思想研究”という雑誌を発刊しようという点で意見が一致しました。しかし、それを、いったい、どういう方法で大衆の手にとどくようにするかという点では、まったく、暗闇の中を手さぐりですすむような気持ちでした。全国にある民主書店は、完全に日共宮本一派の手に握られている。そうだとすれば、私たちは、どうしてもブルジョア的配給機構にたよらなければならない。」（「編集後記」毛沢東思想研究会『毛沢東思想研究』1967年8月号）。

日共からの除名により、政治宣伝の書籍を出版して流通させるためにも、出版社自体を作らざるを得なかったというのが“株式会社”毛沢東思想研究会発足の理由だった。しかし『毛沢東思想研究』誌の読者が増えたため、株式会社毛沢東思想研究会は、西沢の妻西沢摩耶子が専務に就任し事実上西沢が運営していた五同産業株式会社に出版業務を譲渡（五同産業出版部による刊行物としては1969年2月に発行された日大全学共闘会議編集の写真集『グラフ 日大闘争』がある）した上で、同社に吸収合併される形で消滅し、同時に大衆団体として改めて毛沢東思想研究会が発足することとなった。株式会社毛沢東思想研究会が消滅したのは1967

毛沢東思想研究会『毛澤東思想研究』
通巻28号（1969.01.15付）

年9〜10月頃とみられる。1967年10月には大衆団体としての毛沢東思想研究会結成に向けて毛沢東思想研究会結成準備会名義で呼びかけがなされた。11月には機関紙『人民新聞』を創刊している。

しかしながら早くも1967年12月には大塚らが離脱し、毛沢東思想学習会を結成した。毛沢東思想研究会を「毛研」と呼ぶのに対して毛沢東思想学習会や大塚が学院長を務めた毛沢東思想学院を「毛学」と呼ぶ。この分裂については、大塚らが日共左派との協力を主張したことに対して西沢がこれに反対したことが直接的な原因だとされる。ここでいう日共左派とは、日本共産党山口県委員会から除名された親中共系の元党員らによって1966年9月に結成された日本共産党山口県委員会左派のことで、後に日本共産党（左派）を名乗って各地で除名された親中共系の元日共党員の組織化に努めた。親中共系の元日共党員らの組織はこれ以外にもいくつも結成されていったため、特にこの組織・潮流は「山口左派」と通称される。

この山口左派との連携に伴う分裂劇について機関誌『毛沢東思想研究』上では、特に大衆団体としての毛沢東思想研究会発足前後、大塚らとの分裂前後に党建設についての議論が活発に交わされていることから、新たに発足する大衆団体としての毛沢東思想研究会の運動方針をめぐって日共左派の性格をどのようにとらえるか、連携していくべきか否か、という点で争いがあったであろうことがうかがえた。しかし直接的な分裂についての記載は分裂後の号をめくっても、驚くほど記載がない。同誌には巻末に「壁新聞」という読者の投稿コーナーが設けられており、このコーナーで毛学側の文書で分裂を知った読者から投稿で詰め寄られてもどうにもはっきりとした説明をしていない。一方の毛学側の機関誌『毛沢東思想』はこの時期のものは手に入らなかったので、毛学側の文献調査はできていない。

大塚らとの分裂の後は、親中共系に団結の呼びかけなどをしていたが、特筆すべき成果はあげていなかったようである。1970年11月29日付で157号を以て機関紙『人民新聞』を廃刊。機関誌『毛沢東思想研究』も1972年7月号発行後に休刊し、1973年9月15日に終刊号を発行して廃刊した。これは1970年7月創刊の中国派雑誌『プロレタリアート』と合体し、新規に新しい政治誌を発行するためのもので、『プロレタリアート』も同月に廃刊している。この両誌の後継誌である『無産階級』は1974年9月に創刊されたが、1979年9月発行の第15号を以て廃刊している。1975年頃に発

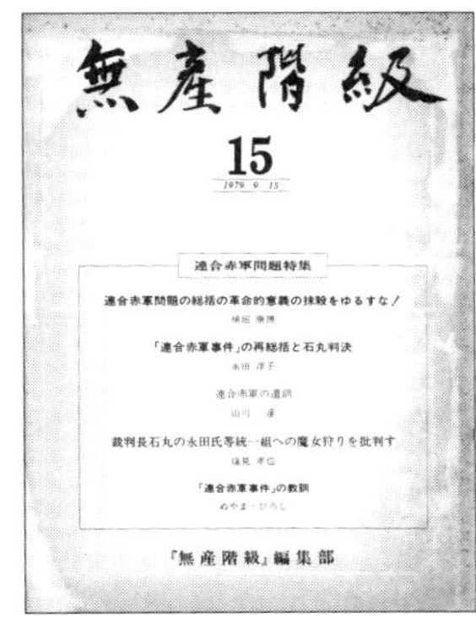

無産階級

15

1979. 9. 15

連合赤軍問題特集

連合赤軍問題の総括の革命的意義の抹殺をゆるすな!

「連合赤軍事件」の再総括と石丸判決

永田 洋子

連合赤軍の遺訓

裁判長石丸の永田氏等統一組への魔女狩りを批判す

「連合赤軍事件」の教訓

ぬやま・ひろし

『無産階級』編集部

『無産階級』第15号(1979.09.15付)

生した日共左派の中央派と関東派の対立・分裂に際しては、西沢が関東派の機関紙『人民新報』に論文を寄稿するなど、接近する姿勢を見せたが、1976年9月18日に西沢が死去してから活動は停滞した。解散時期は不明である。

街頭闘争にも参加していたと見られ、高沢皓司『全共闘グラフィティ』(1984年、新泉社)では黄地に赤の線が縦と横に入るヘルメットが「毛沢東思想研究会系」として紹介されている。東大闘争の他、三里塚闘争でも同様のヘルメットを確認しているが、分裂した毛沢東思想学習会が同様のヘルメットを着用したのかは不明である。写真は、茜三郎・柴田正美『全共闘』(2003年、河出書房新社)参照。

【名　称】**毛沢東思想学習会**

【結　成】1967年12月

1967年12月に毛沢東思想研究会から大塚らが離脱して結成された。この結成時期については諸説あり、1967年12月とするものと、1968年1月とするものがある。有吉佐和子が毛沢東思想学院で大塚を取材して著したルポ「日本にもある毛沢東思想学院」(『諸君』創刊号所収、1969年、文藝春秋)では1967年12月としており、『未完の旅路』刊行委員会編『追憶大塚有章』(1980年)所収の「大塚有章略年譜」では『毛沢東思想研究』を1968年1月までぬやまと共同で発行していたとする記載があることから、大塚とぬやまが袂を分かった時期についての1ヶ月のズレは、実際の分裂時期と『毛沢東思想研究』誌発行時期とのズレではないかと推測する。

離脱の理由は毛沢東思想研究会の項で触れた通り、日共左派(山口左派)との協力を主張した大塚とこれに反対したぬやまとの対立が理由であったとされる。だがその大塚有章も山口左派とはすぐに袂を分かっている。1968年4月以降大塚有章が三里塚や王子、横須賀などの闘争の現場へ「学習の旅」を行い、新左翼の青年や学生の運動を評価し連帯すると決めたことに、山口左派が反対したことがその理由であるという。

その後の毛沢東思想学習会の活動状況についてははっきりとしない。ものの本でも、大塚については次項で紹介する毛沢東思想学院ばかりが紹介されていて、毛沢東思想学習会についての言及はない。毛沢東思想学習会についての記述がある書籍は、社会問題研究会編『全学連各派－学生運動事典－』(1968年、双葉社)や、その増補改訂'70年版(1969年、双葉社)のほかは、1972年に日本共産党中央委員会出版局が発行した『毛沢東盲従の末路－『連合赤軍』事件の根源をつく』、宮森繁『実録中国「文革」礼賛者たちの節操』(1986年、新日本出版社)、前掲「日本にもある毛沢東思想学院」、思想運動研究所編『左翼100集団』(1972年、全貌社)、田村隆治『日本の暴力革命テキスト』(1969年、新世紀社)くらいで、ほとんどはその設立当初の記述しかない。

しかし最後に挙げた『日本の暴力革命テキスト』収録の付表11の一「親中共系共産主義者諸団体組織現況要図(3月現在)」は毛沢東思想研究会が分裂し毛沢東思想学習会が結成されたことを明記しつつ、毛沢東思想学習会と毛沢東思想学院をイコールで

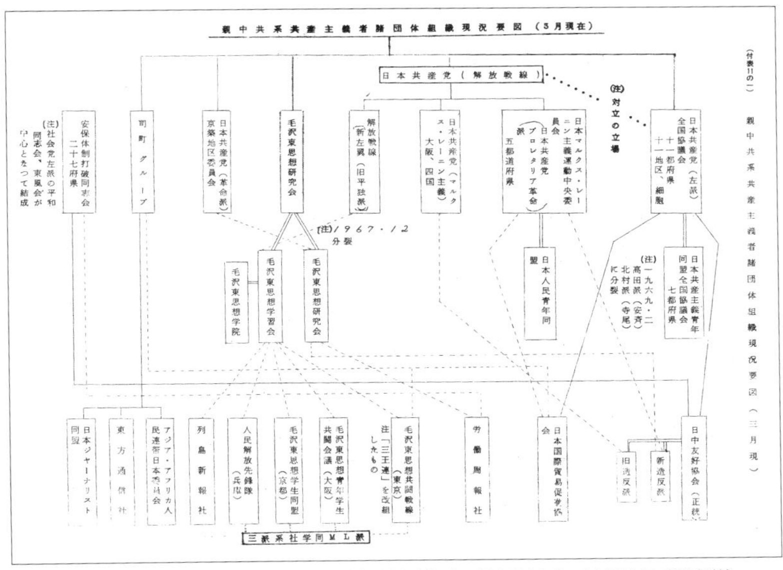

親中共系共産主義者諸団体組織現況要図（3月現在）（田村隆治『日本の暴力革命テキスト』1969年、新世紀社）

つないで表現している（しかし付表11の一と、その注にあたる付表11の二では分裂時期をそれぞれ1967年12月と1968年1月としており齟齬がある）。更に毛沢東思想学習会の関連組織として、毛沢東思想共闘戦線（東京）、毛沢東思想青年学生共闘会議（大阪）、毛沢東思想学生同盟（京都）、人民解放先鋒隊（兵庫）などの複数の運動体が破線で結ばれる形で挙げられ、更にこれらが三派系社学同ML派と結ばれている。関連組織が関西に偏在しているのは、大塚の本拠である毛沢東思想学院が宝塚にあったためであろう。唯一在東京の組織としてその名を挙げられた毛沢東思想共闘戦線については「『三王連』を改組したもの」という注が入れられており、この「三王連」というのは、反山口左派系の「三里塚・王子闘争連絡会議」と見られるが、毛沢東思想共闘戦線については、日共の「毛沢東盲従の末路－『連合赤軍』事件の根源をつく」に大塚有章系として名が挙がっているものの、詳細は不明で、三王連についても同様である。毛沢東思想青年学生共闘会議についても同じく日共の「毛沢東盲従の末路－『連合赤軍』事件の根源をつく」に大塚系としてその名が挙げられているが、

1968年頃に結成された団体で、大阪外語大など各大学に委員会を組織する委員会組織による結合体（前掲『全学連各派－学生運動事典－』）であったようである。また大阪外大や大阪市大、大阪教育大、桃山学院大、神戸商大、神戸外大などの毛沢東思想青学共闘や社青同国際主義派（第四インター）、解放派らと大阪学園反戦連合を組織し、1969年1月20日には大阪外大の新館を封鎖する事件を起こした（『旬報学生青年運動』第255号（1969.02.15付））という。毛沢東思想学生同盟も同じくその詳細は不明ながら、京都大学の大学文書館所蔵の京大闘争資料の中にその名が見える。人民解放先鋒隊については情報がないが、関西学院大学全学共闘会議出版局発行の写真集『関学闘争の記録』に写りこんでいる、ML派と共同行動をとる白地に赤モヒカンのヘルメットをかぶり、白地の側面部分に「PLV」という文字のある一団が人民解放先鋒隊ではないかと推測している。もっとも根拠はなく、PLVが「Popular Liberation Vanguard」の頭文字であろうという根拠のない憶測にすぎない。

毛沢東思想研究会からわかれた毛沢東思想学習会という組織が山口左派との協力のための組織であったのならば、山口左派との袂別により、発足してすぐに機能停止に陥ったとも推測できる。この点について思想運動研究所編『左翼100集団』の記述が参考になる。同書では毛沢東思想学院について、「日共左派党を攻撃して、『真のマルクス・レーニン主義、毛沢東思想』による革命新党の創建を目ざす『毛沢東思想学習会』（昭和四十三年一月三十一日設立、主宰大塚有章、反日共左派系元日共党員が結集、機関誌『月刊毛沢東思想』を創刊、派の理論指導を行なう）と表裏一体をなし」ているとある。また毛沢東思想学院の常任運営委員に毛沢東思想学習会のメンバーが就任していることや、1971年12月13日〜1972年1月25日の毛沢東思想学院訪中学習代表団に団長、副団長に続く秘書長として毛沢東思想学習会のメンバーが随行したほか、その他毛沢東思想学習会のメンバー1名が加わっていることなども記載があり、発足してすぐに活動停止にはなっていないものの、実態としては毛沢東思想学院とまさに表裏一体で、政治組織と大衆団体である学習組織とを必要に応じて使い分けていたのではないかと考えられる。

【名　称】毛沢東思想学院

【結　成】1968年3月
【機関紙】『学院ニュース』
【機関誌】『毛沢東思想』

毛沢東思想学院の前身は、日中友好協会大阪府連合会が設立した大阪日中友好学院である。この学院の歴史から紹介していこう。

1962年4月、日中友好協会大阪府連合会は、その事務所の一室を使って小規模な学習会を始めた。この学習会は大阪日中友好学院と称され、運営委員長には日中友好協会大阪府連理事長の大塚有章が就任した。この学習会は徐々にその受講者を増やしていったが卒業者が増えるにつれて、より高度な学習の場が必要とされ、1964年1月には大阪日中友好学院高等部が奈良県平群村（現平群町）に空き家の農家を借りて設立され、それまでの大阪日中友好学院は普通部と称された。

その後大塚有章が日本共産党から除名された1966年9月頃に、毛沢東思想学院の主張するところでは「日本共産党の妨害」で「家主に圧力をかけて、賃貸契約を一方的に破棄させた」ために、同年末大阪日中友好学院高等部は奈良県の校舎から退去を余儀なくされ、大阪市内東淀川の仮校舎に移転して活動を続けた。

毛沢東思想学院はこのような状況下で、「従来の学院高等部は大きく発展的に改革されなければならない」という認識に立ってその設立が企図され、1967年8月に構想がまとまった。9月には兵庫県宝塚市郊外に阪上重夫（日中友好協会（正統）宝塚支部長）から土地の無償提供を受けたことで具体化し、建設のよびかけを開始。よびかけ人には井上清、一円一億、ぬやまひろし、依田義賢、中島健蔵、中村九一郎、大塚有章、山田無文、

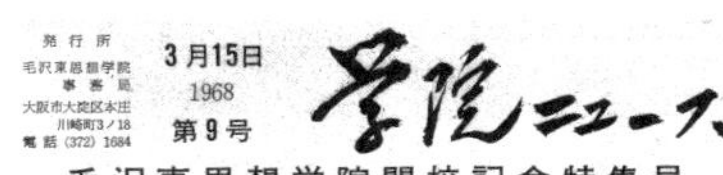
発行所
毛沢東思想学院
事務局
大阪市大淀区本庄
川崎町3ノ18
電話（372）1684
3月15日
1968
第9号
学院ニュース
毛沢東思想学院開校記念特集号

毛沢東思想学院『学院ニュース』第9号（1968.03.15付）

発行所
大阪日中友好学院
大阪市大淀区本庄川崎町3ノ18
電話　372－1684
1967
12月1日
第4号
学院ニュース
毛主席のことば
仕事とは何か。仕事とは斗争することである。そうしたところには困難があり問題があるので、われわれがいって解決する必要がある。

大阪日中友好学院『学院ニュース』第4号（1967.12.01付）

藤田敬三、北山康夫、宮崎世民、白石凡が名を連ねた。10月15日には大阪日中友好学院の名義で機関紙『学院ニュース』が創刊され、第1号～第2号はガリ版刷であったが、第3号（1967.11.15付）以降活字化され、第8号（1968.03.15付）より毛沢東思想学院名義での発行となった。11月5日には起工式が行われ、校舎の建設が開始された。校舎は卒業生らの労働奉仕もあって、12月3日には上棟式が行われ同月末には完成をみた。

1968年3月3日には開校式が開かれ、毛沢東思想学院は正式に発足した。大阪日中友好学院普通部は毛沢東思想学院の開校を受けて、1968年5月より開講される予定であった第17期生の募集を延期（『学院ニュース』第11号（1968.05.15付））し、そのまま活動を終了したようである。毛沢東思想学院の前身について「大阪日中友好学院」とする資料と「大阪日中友好学院高等部」とする資料とが混在しているのは、大阪日中友好学院高等部の発展形として志向され開校しつつも、普通部が消滅したためであろう。

1968年5月には月刊『毛沢東思想』誌が創刊されている。発刊当初は別の場所にあった同誌の事務局も、後に毛沢東思想学院に移転しており、『学院ニュース』と並んで事実上機関誌としての役割を果たしたものと思われる（1975年9月廃刊）。

毛沢東思想学院は以上のような経緯で設立されたが、その直接的な契機は日共内の中国派排除によって、大塚有章が文革支持を理由に日本共産党から除名されたことであったと思われる。日中友好協会大阪府連の関連組織であった日中友好学院の生徒やその卒業生には日本共産党の党員が多かったが、大塚の除名後、反

毛沢東思想学院校舎全景
（毛沢東思想学院『星々之火』1988年）

月刊『毛沢東思想』通巻37号
（1971.04.20付、毛沢東思想社）

日共という立場を明確化し独立した組織としての毛沢東思想学院の設立に参加する者と、日本共産党にとどまる者とは半々だったようである。

日共を排除された中国派党員らと大塚の関係が必ずしも良好なものでなかったのは毛沢東思想研究会や毛沢東思想学習会の項でも述べた通りであるが、『学院ニュース』に大塚と他の中国派との関係が読み取れる箇所がいくつかある。

ぬやまひろしは毛沢東思想学院の呼びかけ人の一人であり、大塚はぬやまが主宰する毛沢東思想研究会に参加していたが、1967年12月から翌1968年1月にかけて袂を分かったという経緯がある。『学院ニュース』第3号（1967.11.15付）によれば、11月5日の毛沢東思想学院の起工式には毛沢東思想研究会関西支部国光昭二が参加して祝辞を述べていた。この国光は後に月刊『毛沢東思想』誌の発行主体である月刊毛沢東思想社の代表になった人物で、後に大塚に同調して毛研から離脱したものと思われる。この頃までは大塚とぬやまは対立していなかったか、または表面化していなかったのであろう。ぬやまと大塚が決別する以前の、当初の構想では、学院運営委員会のメンバーには当初「京、阪、神の党（左派）より三名」や「京、阪、神の日中正統より三名」などと並んで「京、阪、神の毛研会より三名」が選出される予定であり、また入学者の要件として、入学者が推薦を受けるべき組織として「京、阪、神の日中正統本部の経営する日中友好学院卒業者」や「京、阪、神、日共左派」などと並び「京、阪、神、毛沢東思想研究会」があり（『学院ニュース』第6号（1968.01.15付））運営に深く関与するはずであったことがわかる。しかし1968年2月3日の第1回運営委員会では、運営委員会からも入学資格の推薦組織からも毛沢東思想研究会が外されている。ここで毛研に代わって毛沢東思想学習会の名がないのは、毛沢東思想学習会が極少数であったか、あるいはメンバーが京、阪、神の日中正統本部など他の組織の推薦を受けられるメンバーばかりだったからではないかと考える。また1968年3月の開校式に寄せられた挨拶や祝電にも毛沢東思想研究会の名はないが、毛沢東思想学習会の名前が見受けられ、しかも「毛沢東思想学習会（東京）」とある（『学院ニュース』第9号（1968.03.15付））から、毛研から離脱した毛沢東思想学習会はもっぱら大塚が主に影響力を有する京阪神地域以外にいた大塚派の元毛研メンバーらが結成し、活動していた可能性が考えられる。

また先に述べた普通部の消滅も、中国派内部での対立が遠因となっているのではないかと推測する。1968年1月までにぬやまと大塚は袂を分かったが、この頃から運動方針をめぐって日中正統内部は日共左派による執行部派と、ML派や毛沢東思想研究会らの造反派にわかれて対立しており、後に分裂にまで至っている。このような対立は京阪神地域の日中正統でもあったと考えられる。もともと大阪日中友好学院は開設当時大阪府連理事長であった大塚が運営委員長をしており、大阪の日中正統内部では造反派の大塚らの力は比較的強かったとは思われるが、自らの活動の場として毛沢東思想学院を手に入れた以上、何も思惑の一致しない可能性がある日共左派系の干渉が考えられる日中正統の一組織としての大阪日中友好学院を続ける必要はなかったのではないだろうか。

学生運動ではML派と共同歩調をとった。毛沢東思想学院が1968年10月21日の国際反戦デーの後に開催した安保体制粉砕大阪集会の閉会の挨拶では、学院の学友会、学生会のメンバーに人民解放先鋒隊や学生解放戦線に加盟している者がいることが明らかにされ、また学院の事務局員も4名中2名が国際反戦デー闘争で逮捕されまた負傷したことが報告されており、毛沢東思想学院が当時の街頭闘争に肯定的であったことがわかる。この集会では学生解放戦線のほか、毛沢東思想学習会の項で紹介した毛沢東思想青年学生共闘会議、人民解放先鋒隊の代表が激励の挨拶をしている(『学院ニュース』第17号(1968.11.15付))。また毛沢東思想学院のある事務局員は後に東大で列品館闘争に参加し、実刑判決を受けている(『学院ニュース』第58号(1972.05.01))。列品館闘争とは、1969年1月の東大安田講堂事件の際にML派が守備した東大工学部列品館における闘争のことをいい、劇薬瓶や手製火炎放射器が使用され、激戦となったことで知られる。また大塚有章死去後に発行された『未完の旅路』刊行委員会編『追憶大塚有章』(1980年)に寄稿している毛沢東思想学院事務局長の高見邦雄は、ML派時代に大塚と知り合い、ML派崩壊後に毛沢東思想学院により深く関与するようになった人物である。

毛沢東思想学院が学院として関与した闘争の中で代表的なものには、大阪万博での万国博台湾館粉砕闘争がある。これは正統な中国の政府として当時国際的に認められていた台湾の中華民国政府が、大阪万博で中国館として出展したことに反対する闘争で、いかにも中国派らしい闘争といえよう。またその他の中国派らしい活動として、1968年4月13日に学生4名を中心に毛沢東思想学院毛沢東思想宣伝隊を結成し、歌や演劇

3.15万博粉砕闘争は、大阪城公園で決起集会をおこない、市内をデモ行進した後、万博中央口に突入した。身に寸鉄もおびない労働者、学生、市民にたいして、反動権力はあわてふためいて67名もの不当逮捕をおこない、自らの狼狽ぶりを暴露した（毛沢東思想学院『学院ニュース』第34号（1970.05.01付））

第三期生と学友生は学院旗を先頭に、全員ヘルメットで6・1神戸入管斗争に参加（神戸市役所前の集会）（毛沢東思想学院『学院ニュース』第23号（1969.06.01付））

を練習しては集会などの場で披露していたことが挙げられる。1969年4月の沖縄デー闘争からは宣伝カーを投入しており、宣伝隊と併せて宣伝活動にはかなり注力していたことが見てとれる。

1973年には1月21日の学院拡大運営委員会で大塚有章学院長の辞任と名誉学院長就任が了解された（『学院ニュース』第67号（1973.02.01付））。これは高齢と健康問題を理由としているが、健康問題には1970年4月11日に大塚が交通事故に巻き込まれ重傷を負ったこと（『学院ニュース』第34号（1970.04.11付））が関係しているのではないかと考える。

日中関係が正常化した後は、従来注力していた街頭闘争から理論学習へと重点を移し、1975年1月には大阪市港区に毛沢東思想学院関西労働者学習センターを設立。1978年2月にはこれを発展させ大阪労働者夜間学校を設立している。

しかし1979年9月8日に名誉学院長であった大塚有章が亡くなった後は、大塚と個人的に関係のあった後援会員が次々と退会し、更に大口カンパ者の死去もあって財政は窮地に陥ったといわれる。『学院ニュース』にもカンパや後援会加入のお願いが毎号のように載るようになった。

1988年5月には「ルーム・こむ（COM）」と呼ばれる貸スペースを開設し、各種の会議や勉強会などに貸し出すようになり、活動も多様化が進んだ。ルーム・こむは1990年8月には一旦閉鎖に追い込まれたが1991年3月に再度開設した。1991年年頭の第282号（1991.01.01付）からは機関紙の発行主体を新設のCOM企画室に移管し、毛沢東思想学院編集としたうえで、『COM21学院ニュース』に改題した。COM企画室の設置理由は、多様化する活動を「できるだけ有効かつ効率的にむすびつけるため」

だとしている。

しかし1991年11月20日付の運営委員会名義の書面で後援会員や協力者に1991年末での解散を報告し、機関紙第293号（1991.12.01付）上で公表した。解散の理由は「毛沢東思想学院の名称ならびに当初からの運営の枠組みではこれ以上の発展は望めない、とくに青年層の力を吸収できない、余力のあるうちに学院を解散し、新たな場で新たな活動に打ちこみたい」との提案によるものであった。宝塚市に所在する毛沢東思想学院の校舎は土地提供者の厚意により大塚有章記念・日中友好の家になったというが、その実態は不詳である。2024年現在同所には中国人講師による中国語会話と気功の教室がある。同教室は毛沢東思想学院の代表電話番号も受け継いでいるが関係は不明である。毛沢東思想学院機関紙では末期には気功に関する記事が度々掲載されていたので、その頃からの関係者の可能性はある。

またCOM21企画室の代表電話番号は一時期「緑の地球ネットワーク」という環境団体に引き継がれていたようであるが、現在は拠点を大阪に移したこともあってか別の番号に変更されている。しかし同団体の要職には毛沢東思想学院の事務局長と同名の人物が就任しており、新たな活動の場として環境活動を選んだものと思われる。この環境団体は正式には1993年4月に設立されているが、その準備組織によって1992年2月に機関紙『緑の地球』創刊号がCOM21通巻295号（発行／COM企画室）として発行されており、毛沢東思想学院解散を報じた『COM21学院ニュース』第293号の発行時期を考慮すると、毛沢東思想学院の機関紙がそのままNPO法人の機関紙になった可能性が高い。また更にこの環境団体の準備組織の代表世話人にはかつてブントを通じてマル青同に加わった佐野茂樹が就任しており、左派系の人士との関わりが見て取れる。この環境団体は定款第1条で団体の英語名と併せて中国名も定めるなど中国との関係が特に深いようで、発足以来中国での植林・緑化活動に注力しており、近年では駐日中国大使館や中日友好協会の表彰も受けている。2005年には認定NPO法人にもなっている。

【名　称】日本共産主義人民連帯【略称：人連】

【結　成】1968年
【機関紙】『紅星』／『紅星戦線』（東京都委員会）
【機関誌】『烽火』

文献調査をしたもののほとんど情報が得られなかった党派である。略称「人連」。日本共産主義人民連帯結成の経緯等は不明であるが、田代則春『日本共産党の変遷と過激派集団の理論と実践』（1985年、立花書房）所収の「過激派集団の形成・分裂状況一覧表」によれば、1968年に日本共産党山口県委員会（左派）から分裂して結成されたとされている。機関紙発行主体として「烽火社」。1972年4月20日付の機関誌『烽火』2号所収の穂高淳「七〇年代持久戦の戦略的地位」の文中にも「我々の活動もすでに四年を数えようとしている。一九六八〜六九年の間の決戦主義…」という記述があることからも、結成年はやはり1968年と思われる。しかし同時期の山口左派及び

共産主義人民連帯政治理論誌『烽火』2号（1972.04.20付）

(1)　1974年 11月10日　第2号　紅　星

わが党はイスクラである。
わが党は紅星である。
われわれは日本の国家と人民の将来に深い関心と情熱を寄せ、その生涯を日本人民の解放に奉げる高遇な共産主義精神として高々と掲げねばならない。

紅　星

日本共産主義人民連帯
烽火社　〒112 東京都文京区湯島2−7−9 西久保アパート
TEL(03)813−1647
振替 東京 192815
第2号　1974年11月10日　100円

日本共産主義人民連帯『紅星』第2号（1974.11.10付）

万国のプロレタリア、全世界の被抑圧民族は団結せよ！

わが党はイスクラである。わが党は紅星である。われわれは日本の国家と人民の将来に深い関心と情熱を寄せ、その生涯を日本人民の解放に奉げる高遇な共産主義精神として高々と掲げねばならない。
日本共産主義人民連帯中央執行委員会

紅星戦線

1974年1月1日発行
一部40円
日本共産主義人民連帯 東京都委員会
紅星戦線発行委員会
連絡先：烽火社 03-813-1647
(〒113) 文京区湯島2-7-9西久保アパート

日本共産主義人民連帯東京都委員会『紅星戦線』創刊号（1974.01.01付）

同派の後継組織にあたる日本共産党（左派）機関誌『革命戦士』を確認したが、人連に関する記述は認められなかった。しかし分裂したとされる1968年当時の山口左派は党内で整風運動を行っており、この運動を受けて党を追放された者もいたことから、人連が山口左派から分裂したという記載を信頼するのであれば、この運動を受けて党を追放された部分によって結成された可能性がある。しかし日本共産主義人民連帯は1974年1月の時点で、1都3県に勢力を持っていた（日本共産主義人民連帯東京都委員会紅星戦線発行委員会「創刊にあたって」（『紅星戦線』創刊号（1974.01.01付）所収））といい、勢力は極めて限定的であったとみられる。

1973年9月に第1回党大会を開催しているが、それ以前には第一期人民評議会第2回総会が1971年10月31日に行われており、これが党大会以前の最高決定機関と考えてよいのではないかと思われる。この第2回総会では総路線を「持久戦」と位置づけ、当面の運動方針として日本人民評議会根拠地建設とパルチザン運動創出を確認した。根拠地の建設は人民評議会運動の一環であり大衆運動として行われた。人民評議会運動の推進者として地区人民評議会にはパルチザン委員会が結成され、これを指導する最高機関としての共産主義人民連帯中央執行委員会パルチザン委員会中央局によって「共産主義人民連帯パルチザン委員会規約」が定められた。中央局の下には各地区支部が置かれ、労働運動では工場パルチザンが、学生運動では反大学ソビエト建設を見据えた学生戦線が、農民運動では三里塚農村根拠地に向けて農民戦線の建設が図られた。またパルチザン員の教育機関として人民解放大学が設置され、中央組織には中央局パルチザン委員長のほかに人民解放大学長の地位が設けられた。

機関紙誌から受ける人民連帯の印象は日共行動派のそれに近い。日共行動派の大武議長が絶対的指導者であるのと同様に、人民連帯は穂高淳議長を絶対的指導者としている。また一方で軍事的な用語を多用し、大衆を指導するという側面を強く打ち出すマル青同に近い勇ましさもある。

下部組織として日本人民評議会を持つ。機関紙『人

人民の創意
日本人民評議会機関紙
1989年6月25日
第34号
『人民の創意』編集部
東京都大田区石川町
2−19−13
電話 03−748−0471
300円

日本人民評議会『人民の創意』第34号（1989.06.25付）

民の創意』。1982年7月25日に日本人民評議会臨時代議員総会を開催し、11月14日に日本人民評議会第2回大会を再建大会として開催しており、もともとの結成はそれより早い時期であると思われる。

また学生組織として日本共産主義人民連帯青年同盟を持つが、不詳。明治大学においてサークルのほか、一部商学部自治会を掌握していたが、組織の衰退に伴い突然消滅したようである。

中小企業の労働者の組織化に取り組み、1972年頃から人連の指導下に労働者大衆組織として反軍国主義労働者評議会（略称：反軍労評）を組織した。反軍国主義労働者評議会事務局「『国民春闘』路線の幻想をうち破り、前衛的階級的労働運動をうちたてよ！」（『紅星』第2号（1974.11.20）所収）によれば、反軍労評は「反米帝、反軍国主義人民統一戦線を客観的スローガンに…自らをその中核部隊として形成し、中小企業路線のもとに労働者パルチザンの健軍、日本人民評議会建設を当面の持久戦第二段階での主要な任務と」し、「階級意識あるプロレタリアートの先進分子によって構成され」る「宣伝・武装・工作・生産隊である」労働者パルチザンによる細胞運動を主体として、各細胞が労働者を獲得し労働組合の建設を行うものとした。また「戦術」として消費組合の結成を挙げている。

穂高議長は日本労働組合統一評議会編として『隷属からの解放』第一巻を1987年に著している。日本労働組合統一評議会（通称「統一労評」）は人民連帯の強い影響の下で組織されたと思われ、1978年11月26日に統一労評（準）結成大会、翌1979年3月11日に統一労評結成大会を開催し、発足した。労働委員会の命令などを確認すると、統一労評は人民連帯の影響下にあることを理由に使用者側から過激派扱いをされていたようである。

1990年には「統一労評に指導される労働組合の政治的、組織的、思想的、行動的中核機関として」、統一労評の地区本部－分会を統合し、活動家を選抜し、結集させて、前衛労組統一センターの結成を予定していた（日本人民評議会『人民の創意』第34号（1989.06.25付））が、実際に結成されたかどうかは不明である。統一労評はのちに日本労働評議会に改称し活動を続けているが、現在も人民連帯の影響下にあるのかどうかは不明である。

三里塚闘争にも連帯し、1970年代には三里塚闘争共闘会議という大衆団体を組織し、闘争の一環として東京での三里塚産野菜の販売を行った。また紅旗農民協同組合建設に取り組み、1973年12月26日には日本

1990.11.08-09 明大反天皇ストライキ大爆発（写真は11.8和泉ストライキ）（明大新入生歓迎実 1991年度パンフレット）

人民評議会三里塚経済委員会の主催で三里塚協同組合が結成されている。また警官3名が殺害された1971年9月の東峰十字路事件にも部隊を出して逮捕者を出しており、凶器準備集合罪や傷害致死罪などで活動家が起訴されている。1983年の反対同盟の分裂では熱田派支援党派となっている。

三里塚闘争に参加しており、ヘルメットを着用していたと見られるが、赤ヘルであるとする文書と、黒ヘルであるとする文書が存在する。時期によって違うのかもしれないが不詳。インターネット上では赤ヘルにモヒカン状の白い2本線、前面に「学生評議会」という情報があり、過去の明大新歓パンフレットに非常に不鮮明ながらこの情報に合致するヘルメットが認められる。

6

アナキスト

黒ヘル・アナキスト概説

ヘルメットに魅かれこの共産趣味の世界に入った頃、「アナキストとノンセクト・ラジカルは黒ヘル」という話を耳にした。アナキストとは無政府主義者、ノンセクト・ラジカルとは、「セクトに属さない活動家（集団）」のことだ。共産主義者が赤旗を掲げたのに対して、無政府主義者は黒旗を掲げたことから、黒色は無政府主義を象徴する色となっている。ノンセクト・ラジカルが黒色を掲げた理由として確たる説はないのだが、黒色には「何ものにも染まらない」ことを表すという意味合いがあったという。

「8 ゲバスタイル総説」に収録した「ヘルメット一覧」は警察の内部向け記念誌に掲載された警察資料の写真だが、黒ヘルの所には単に「アナキスト」とあるだけで具体的な団体名は記載されていなかった。「アナキスト＝黒ヘル」という一般化ができるということは、逆に言えば一定数のアナキストが黒ヘルを用いていたことに関して確認が取れているということなのだが、具体的な組織名について耳にしたことはなく、当時の私にとっては謎だった。ノンセクトについても全く同じで、黒ヘルをかぶっている具体的なノンセクト団体を私は知らなかった。

だが性分なのか、私はそれをそのまま受け入れるのが嫌で、探してみたものの黒ヘルをかぶっていたことが確認できるアナキスト組織は中々なく、現在に至るまで見出せたアナキスト組織の数はわずかである。紹介する2つの団体のうち、背叛社は前述の記念誌に掲載されていた写真で確認できるが、アナキスト革命連合は元活動家千坂恭二氏の証言を以て確認したのみで写真では確認できていない。アナキスト革命連合の項には大阪府警の資料から引いた写真に黒ヘルが写るが、アナキスト革命連合のものであるという確証はない。

なぜこれほどまでにアナキスト組織を確認できないか。その理由は戦後日本のアナキスト組織が大集団を形成してこなかったことにあると思われる。ARFが構成員500名を数える大組織であったことが、その意味で例外的であったと千坂氏は指摘する。

ノンセクトの黒ヘルとしては、今も活動している団体として、法政大学文化連盟や、京都大学熊野寮の自治会などが挙げられる。

ノンセクトやアナキストなどの黒ヘルが最も注目を集めたのは、学生運動がその最盛期を過ぎ、かげりを見せ始めた頃のことである。

私の手元にとあるガリ版刷りの資

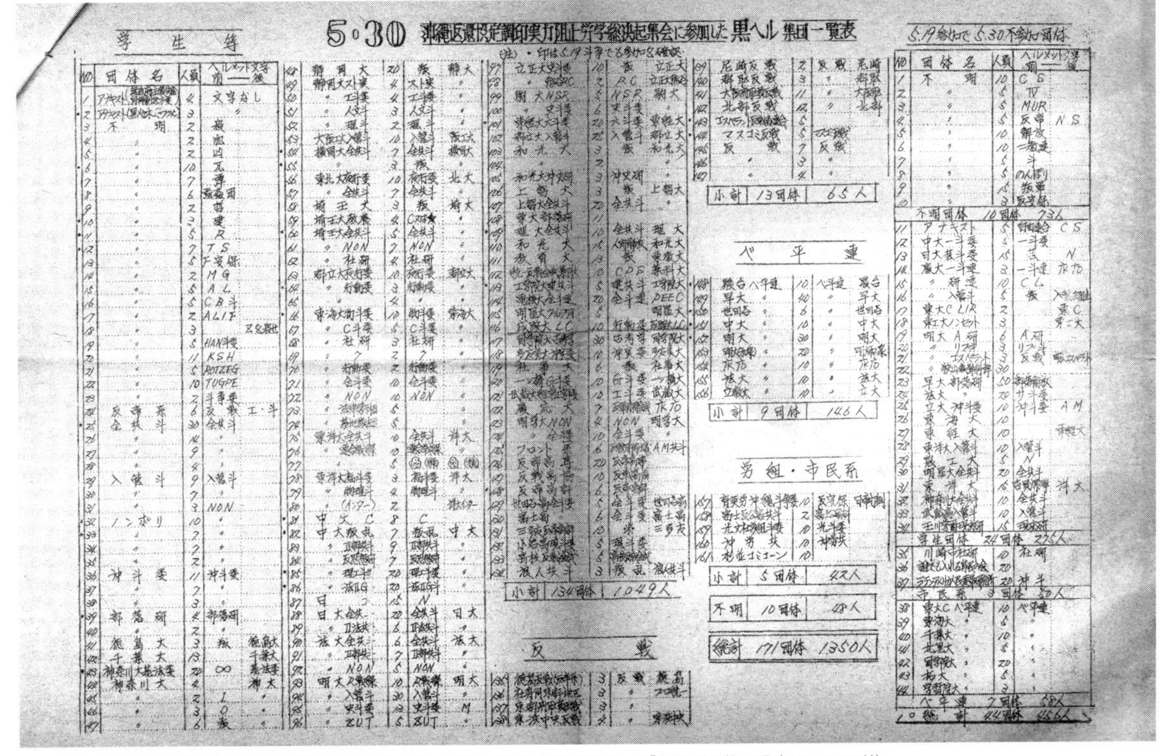

5・30 沖縄返還協定調印実力阻止労学総決起集会に参加した黒ヘル集団一覧表

学生等

（注）・印は5.19斗争でも参加した団体

小計 13団体 65人

小計 134団体 1,049人

ベ平連

No	団体名	人員	ヘルメット文字	
148	職台ベ平連	10	ベ平連	職台
149	早大 〃	40	〃	早大
150	世田谷 〃	6	〃	世田谷
151	中大 〃	10	〃	中大
152	明大 〃	30	〃	明大
153	明大（和泉）	20	〃	明大和泉
154	[illegible]	10	〃	[illegible]
155	法大 〃	10	〃	法大
156	立教大 〃	10	〃	立大

小計 9団体 146人

労組・市民系

No	団体名	人員	ヘルメット文字	
157	育英労沖縄斗争委	10	反安保	日本育英
158	富士銀行[illegible]	2	[illegible]	
159	光文社[illegible]	10	光斗委	
160	神労共	10	神労共	
161	杉並ミニコミーン	10		

小計 5団体 42人

不明 10団体 48人

総計 171団体 1,350人

反戦

5.19参加で5.30不参加団体

不明団体 10団体 73人

学生団体 24団体 225人

ベ平連 7団体 58人

5・30沖縄返還協定調印実力阻止労学総決起集会に参加した黒ヘル集団一覧表　警視庁警備一課『警備日報』第82号（1971.06.12付）

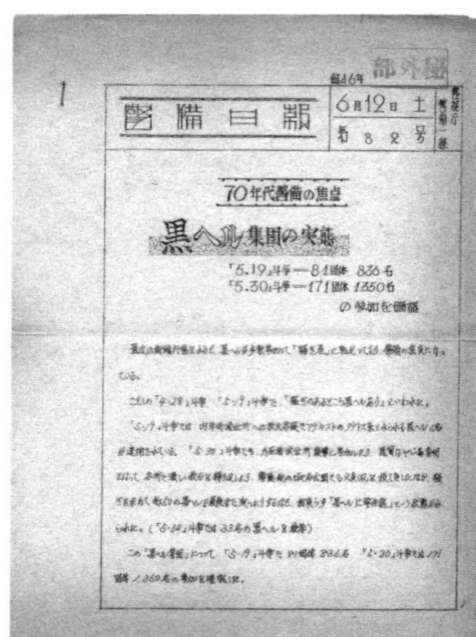

1

昭46年　部外秘

警備日報　6月12日 土　第82号　警視庁警備一課

70年代警備の焦点

黒ヘル集団の実態

「5.19」斗争－81団体 836名
「5.30」斗争－171団体 1350名
の参加を確認

警視庁警備一課『警備日報』第82号（1971.06.12付）

料がある。その資料は警視庁警備一課による『警備日報』第82号（1971.06.12付）であり、1971年5月19日と5月30日の沖縄返還協定調印反対闘争に参加した黒ヘルの動向についてまとめている。黒ヘルは5・19闘争では81団体836名だったが、5・30闘争では171団体1,350名を数えるなど、飛躍的に数を伸ばしている。5・30闘争におけるこれらの団体の特徴を、警視庁は次のように分析している。

• 小規模団体が多い

構成員別に団体を見ていくと、構成員2名：18団体、3名：22団体、4名：13団体、5名：21団体、6名：10団体、7名：24団体と7名以下の小団体で108団体487名を数え、全体でみると組織数で約3分の2、構成員数で約3分の1を占めている。20名を超える組織はわずかに6団体185名で、最も多い団体でも40名程度（早大ベ平連）であったという。

• 学生が多い

高校生等が9団体70名、学生が144団体1,173名、労働者等が18団体107名と学生が圧倒的に多い。

• 団体のほとんどがアナキスト系ではない

参加者のほとんどが、反戦青年委員会や全共闘、ベ平連やその他団体であり、アナキストはわずか2団体7名と、ヘルメットを着用していない自由連合5名だけであった。自由連合以外の2団体は無政府共産主義者同盟関東地方委員会が無地の黒ヘルで4名、もうひとつの団体は無地の黒ヘルに黒眼鏡・覆面で名称不明の3名だったといい、この時期アナキストは小集団の上に少なかったようである。但し、警察の分析としては、直接アナキズムを標榜していないものの、アナキストに傾斜した集団は含まれていたのではないかとしている。

また特殊なところでは、「殺」「犯」「凶」「弾」「強姦団」などといった字を書いた小集団も見受けられ、警察では「思想的というよりも最近の風俗を強く反映している」と分析している。

行動上は以下のような特徴がみられた。

• 気ままな行動が目立つ

集会前のセクト間の内ゲバを見物したり、集会の最中は全共闘や反戦青年委員会などを除いて、ノンセクトの大部分は参加せず植え込みにたむろして雑談したり、警官に嫌がらせをしていたほか、デモの際も隊列を作らず、歩道を追従したり、ヘルメットを着けたり外したりと自由に行動していた。警察との衝突では激しい投石や火炎瓶の投擲、私服警官狩りを行い、デモの解散地点に到着しても総括集会もせずに最後まで衝突を繰り返していた。

またアナキストやノンセクトではなく、セクトが騒ぎを大きくするために黒ヘルをかぶって扇動を行っていたという記述もあった。この手の話はこの闘争に限らずしばしば聞くが、本資料も含めて、はっきりとした証拠が提示されたことはない。

アナキストのグループで最も有名なのは三菱重工爆破事件で知られる**東アジア反日武装戦線**であろう。2024年には長らく逃亡していた桐島聡が死の間際に身元を明らかにして世間を驚かせた。

【名　称】**アナキスト革命連合【通称：ARF／アナ革連】**

【結　成】1969年

【機関誌】『自由と革命』

本項は元アナキスト革命連合オルガナイザーであり、元アナキスト高校生連合委員長の千坂恭二氏の証言及び著書『思想としてのファシズム』（2015年、彩流社）に基づく。客観的な史料が少ないなかにあって、1人のみの証言に依拠して項目を設けることの是非については意見がわかれようが記録として残しておく。

全共闘運動の高揚を受け、その中でバクーニン的路線でのアナキストとしての運動を確立することを企図し、そのためには従来のような無数の私的・研究会的な小グループではなく一定のボリュームを持った組織を形成する必要があるとの趣旨で一

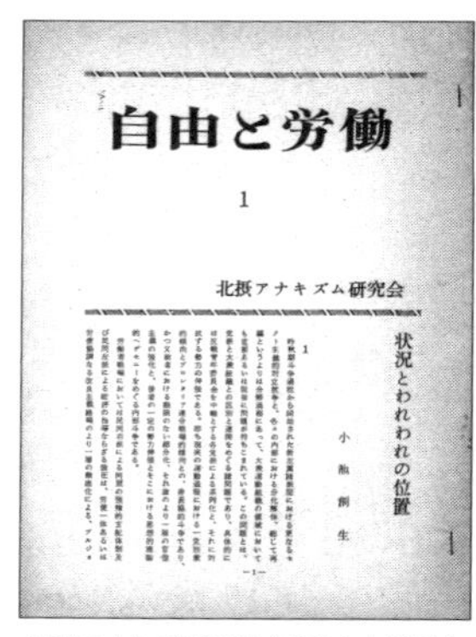

北摂アナキズム研究会『自由と労働』1（1970.07.20付）　ARF系の大衆団体と見られる

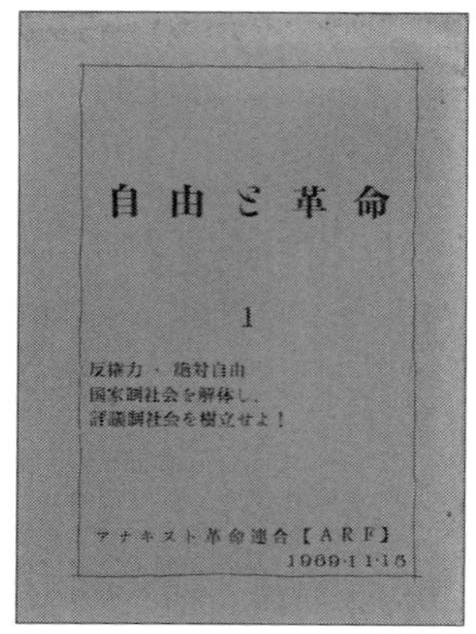

アナキスト革命連合『自由と革命』1（1969.11.15付）

無政府共産主義者同盟全国委員会『無政府主義』準備号（1971.06.10付）

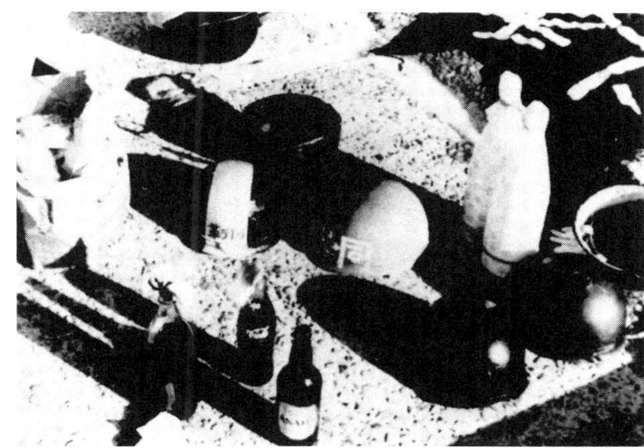

1969.10.02 むなしい抵抗のあとに(大阪芸大事件 大阪府警察20周年記念行事推進委員会『大阪府警察20年の記録』(1975.06.10付))

1969.10.02 大学側の告示(大阪芸大事件 大阪府警察20周年記念行事推進委員会『大阪府警察20年の記録』(1975.06.10付))

1969.10.02 無題（大阪芸大事件 大阪府警察20周年記念行事推進委員会『大阪府警察20年の記録』（1975.06.10付））

致した大阪や京都、神戸など関西の主要大学その他のアナキストグループが結集し、1969年に大阪で結成された。普通の個人的、テロリスト的なアナキストとは異なり、むしろブント的な党的組織を志向したことから「アナキスト・ブント」ないし「黒色ブント」あるいは「黒色ボルシェヴィキ」とも呼ばれた。ARFに参加しないアナキストグループに対してはゲバルトも辞さない積極的なオルグを行ったため、関西のアナキストはARF系と非ARF系に大きく二分されることとなった。東京には無政府共産主義者同盟の名称で支部を設置した。

このような経緯からアナキストの組織としては異例の500名近くの構成員を抱え、大阪外語大、大阪教育大、大阪芸術大、関西大、関西学院大、花園大など、関西の各大学に拠点を持ち、特に大阪外語大では全闘委主要構成三派の一角を占めた。独自のゲバルト部隊を持ち、第四インターやBL派などと衝突することもあった。ブントとは比較的良好な関係にあり、赤軍派の支部と軍事的提携のような関係もあった。

このような組織形態をとったことは、日本のアナキストとしては異端であり、既存のアナキストからは「アナルコ・ボルシェヴィキ」との批判がなされたほか、現在に至るまで日本の戦後アナキズム運動史において語られることは少ない存在となった。

1969年には、翌年の大阪万博で使用される電子オルガンを破壊することを目的として大阪芸大への夜襲を敢行。多くのメンバーが逮捕され実力闘争部隊は半減した。その後同年の10・21（国際反戦デー）闘争をめぐる路線問題で分裂し、1970年を前に解体。一部はアナキスト社会革命戦線を結成した。

系列組織としては大阪浪共闘エスエル（社会革命）左派とアナキスト高校生連合があり、青年労働者組織の形成も志向していたが実現には至らなかった。1969年結成のアナ高連は最大の拠点校として大阪府立清水谷高校を擁し、同年秋には赤軍派とともに全校バリケード封鎖も行った。アナ高連は形式的にはARFの高校生組織であるが、実際には別個に独立した組織であったといい、千坂が協会派系高校生組織の第四インター上がりのリーダーを論破してほぼ丸ごと吸収して結成したという経緯があった。アナ高連は全国組織化を志向したが、結成以来の経緯からヘゲモニーは大阪にあった。また大阪のアナ高連がARF系によって担われていた一方で、東京のアナ高連にはARF系以外のアナキスト高校生も多く参加し、事実上の上部団体は自由社会主義者評議会（準）（CSL）の分派のイカロス派であった。CSLは1968年11月に日本アナキスト連盟が解体し自由連合社、黒の手帖社、リベルテールの会などに四分五裂したうちの麦社系の組織であり、連絡先も麦社になっていた。機関誌『永久革命』。大阪のアナ高連はARF解体の1970年以後も存在し、1972年の灘高闘争に参加した。この年は解体したアナ革連再建の試みが頓挫した年でもあった。

当局はそもそもアナキスト自体を破壊的テロリストと見ており、ARFはその中でもアナキストが形成した本格的組織であったがために、実力以上に危険視されて機動隊の強い弾圧を受け、通常の街頭デモさえままならなかった。

自由社会主義者評議会（準）『永久革命』−∞号（1970.05.25付）

ヘルメットは一切文字の入っていない艶消し無地の黒ヘルで、覆面用のタオルはヘルメットと同じ黒色の物を使用し、タオルは後ろにまわすのではなく前で結んだ。この方がヘルメットを剝がされにくかったためだという。

【名　称】**背叛社**

【結　成】1967年末

【機関誌】『ACW叛戦』

ベトナム反戦直接行動委員会の元メンバー和田俊一によって日特金事件後の1967年末に結成された組織である。東京都新宿区上落合の貸アパートに拠点として背叛社を置いた。結成時のメンバーには牧田吉明がおり、貸アパートの契約名義は牧田になっていた。

1968年のメーデーでは代々木公園で日共系の労組員や学生に「革命的に突入」し、同年6月29日には日本共産党本部に2発の火炎瓶攻撃を行うなど実力闘争を行っていた。

爆弾による武装闘争を志向して1968年6月頃から火炎瓶や爆弾の試作と深夜のテストを繰り返しており、8月以降は背叛社の東京理科大グループが火薬を入手したことで爆弾製造の準備が進められていった。1968年10月に一斉蜂起を企図していたが、10月6日夜、背叛社での爆弾製造作業中に爆弾が暴発しメンバー3人が負傷。この誤爆事件に伴う警視庁のガサ入れで、組織はダメージを受けた。影響下にある団体に叛戦攻撃委員会、黒色学生連盟があったが勢力は小さく東京理科大や法政大に若干のメンバーがいたという。

1968.10.06　捜索状況（背叛社暴発事件　警視庁第2安保警備記録グラビヤ編集委員会『激動の990日』（1971.01付））

1968.10.06　押収品（背叛社暴発事件　警視庁第2安保警備記録グラビヤ編集委員会『激動の990日』（1971.01付））

誤爆事件に関する裁判の際、逮捕されたメンバーにスパイ疑惑が生じ、残存メンバーはこれを批判して分裂して、タナトス社を設立した。

誤爆事件の際の写真に黒無地や黒地に「ＶＡＧＣ」とあるヘルメットの写真が写りこんでいる。また壁に貼っ

1968.10.06　室内の状況（背叛社暴発事件　警視庁第2安保警備記録グラビヤ編集委員会『激動の990日』（1971.01付））

ベトナム反戦直接行動委員会『死の商人への挑戦』（1967年、黒層社）

10.21 ベトナム反戦スト貫徹

ダラ幹の日和見を監視し
山猫ストを準備しよう！
労働者の直接行動で安保体制を粉砕せよ
国会へ行くな
工場と死の商人へデモれ！

ベ反戦直接行動委員會

1960年代　ベトナム反戦直接行動委員会ステッカー

てあるステッカーは左に掲載したベ反委のものと基本的なデザインが似ている。

ベトナム反戦直接行動委員会（ベ反委）とは、1966年10月に結成された組織である。結成直後の10月19日に日特金事件を起こした。この事件は機関銃を製造していた東京の日特金工業を襲撃した事件で、ゲバスタイルの十数人が塀の上に張り巡らされた有刺鉄線を切断して侵入し、1階に侵入した部隊は電話機や機械部品を陳列したショーケースを破壊し、2階へと上った5人は変電所の操作スイッチを破壊。作業を麻痺させた上「兵器生産停止」を要求するビラを撒いて撤退した。この行動による直接の被害は微々たるものであったが、兵器産業を担う諸企業に衝撃を与えた。また同年11月15日には、逮捕を免れ潜伏中であった6人がやはり兵器製造を行う企業である豊和工業に突入を図る事件が発生した。この闘争に関するパンフレット『死の商人への挑戦』の発行元である黒層社は、ベトナム反戦直接行動委員会の上部組織であるとする説と後身組織であるとする説とがあるが、黒層社は1967年3月結成で複数の団体の事務所となっていた（運動史研究会「戦後アナキズム運動史年表5（一九六五年〜一九六八年）」（日本アナキズム研究センター『アナキズム』第6号（1975年）所収））とされており、少人数の組織が多かったアナキスト団体共同の事務所であった可能性がある。

7
自治会等

【名　称】全日本学生自治会総連合【略称：全学連】

【結　成】1948年9月18日

「ゼンガクレン」ということばを耳にしたことがあるだろうか。漢字では「全学連」と書く。「全日本学生自治会総連合」の略称である。全日本学生自治会総連合とは読んで字のごとく、日本全国の学生自治会の連合体のことをいう。歴史については後述するが、戦後間もない1948年に結成された団体である。

「自治会」というのが一体何なのか、まずこれがわからない人も多いのではないかと思う。自治会は中学や高校の生徒会のように在学中の学生で構成される団体ではあるが、生徒会のように教職員に従属的なものとは違う。必ずしもそのあり方が一様ではないので、何とも説明しにくいのだが、「学生が自主的に管理・運営し、大学の自治を擁護し、学生の権利を維持、伸長することを志向する学内団体」とでもいうのがよいだろうか。

もし大卒・短大卒の人であれば自分の学生時代を思い出してほしい。各々思い浮かべる自治会のイメージには、人によってかなり差があると思う。反戦を掲げて積極的にデモに参加し、学生を動員するような自治会から、一体何をしているのかよくわからない影の薄い自治会、大学当局と比較的良好な関係にある自治会から、対立している自治会まで様々だろう。自治会なんてなかったという人も多くあると思う。これらの自治会の性格を決定づける要素には、その加盟している全学連の姿勢が大きく関係しているが、全ての自治会がなにかしらの全学連に加盟しているわけではない。独立した自治会、すなわちいずれの全学連にも加盟していない自治会というのもある。

また自治会というのは大学や学部に必置の組織ではないので、自治会のない大学や一部の学部にだけ自治会があるというパターンもある。さらに厄介なことに、自治会には大学当局に公認されている自治会と、公認されていない自治会があり、もともと公認されていたものが、公認を取り消されることもある。

公認自治会があると、大学当局と自治会との継続的な関係の中で確立された様々な約束ごとの存在が防波堤となって、大学は学生に不利益な施策、例えば学内施設の改廃や学費値上げなどを行うことが困難になる。大学としては施策が制限されるので疎ましい存在でもある。自治会としては公認という大学側のお墨付きをもらって学内に自治会室を確保できるので、学内での活動がしやすくなる。自治会費も大っぴらに徴収できるし、学費と一緒に徴収してもらっている場合もあって、ここまでいけば取りっぱぐれもないので、財政的にもメリットが大きい。自治会に所属するのは、その大学なり学部なりに所属する全ての学生というのが建前になっているので、該当する全ての学生から自治会費を徴収できればかなりの定期的な現金収入が見込めることになる。かつてはこの現金収入と活動基盤をめぐって、複数の党派が自治会の執行部を奪い合う光景がしばしば見られた。自治会とセクトとの関係性については荒岱介『新左翼とは何だったのか』(2008年、幻冬舎)第四章以下が平易な表現でわかりやすく解説しているので、そちらを参照されたい。

全学連の歴史

全学連については他の書籍でも詳細な歴史が記録されているので本項では簡単に歴史を紹介するにとどめる。

全学連は1948年9月18日から3日間にわたる全学連結成大会において日本共産党の強い指導下で結成され、初代委員長に東大の武井昭夫を選出した。この時点での加盟校は国公私立合わせて266校、学生総数22万を数えた。学生の政治運動を妨害しようとする大学法案反対闘争の勝利後の指導的立場の学生への処分に対する対応をめぐって日共指導部と対立が生じた。日共指導部と全学連の対立は続いたが、日共の所感派－国際派分裂や武装闘争路線の決定などを受け、全学連内部にも分裂が生じ同時に強い弾圧を受けることとなり、学生運動も退潮した。

その後の日共の武装闘争路線放棄や共産同の台頭と崩壊、60年安保の敗北、革共同系の台頭と分裂などを経て、60年代後半の反戦闘争や全国学園闘争のピークとされる1968年を迎える頃には、民青系・革マル派系・三派系(中核派・解放派・共産同)が鼎立していた。

1968年7月には三派系が中核派系と解放派・社学同等の反帝系に分裂した。反帝系は、解放派・社学同旧統一派・ML派・プロ軍・インター系などでの全学連結成をめざすも、社学同旧統一派と解放派のゲバルトですぐに分裂し、社学同旧統一派と、解放派・ML派それぞれ反帝全学連第19回定期全国大会を持ったが、どちらも役員に空席を残すことで反帝系としての統一への姿勢を残した。しかしその後各党派間の闘争方針の相違から反帝系の統一はならず、1969年7月15～16日に解放派は独自の全学連大会を持った。委員長石橋興一。社学同も独自の全学連を持とうとしたが、共産同内の分裂によってままならなかった。

これにより、全学連は民青系・中核派系・革マル派系・解放派系に4分裂し、この分裂が固定化するなかで、徐々に党派の大衆団体としての色を強めていった。解放派系は1990年代末の解放派分裂により現代社派・赤砦社派に分裂し現在の5派並立に至っている。

現在の全学連

2024年現在、日本に全学連を名乗る組織は5つあり、その全ての全学連が自らを正統な全学連と自認している。いずれの全学連も特定の党派の強い影響下にあり、実態としてはそれぞれの党派の大衆団体となっている。

大衆団体とは何か、というのは説明が難しく、人によってその示す範囲は異なるが、簡単に説明してみる。通常各党派は政治組織（党や同盟など）のほかに、労働者組織、学生組織などの下部組織を有しており、更に下部組織以外に、好感を持っているが深く党派に関与はしていない比較的ライトな支持層（いわゆる「シンパ」）や、特定の争点（例えば反原発、改憲反対、反安保など）において意見の一致する人々を広く組織して運動を行うための団体を持っている。この団体を大衆団体といい、大衆団体には、団体の舵取りを担い、シンパを指導し、新たな参加者を獲得するために党派活動家が参加していることが多い。

もっとも全学連としてデモや集会に参加する全ての人々が、シンパであったり、あるいは特定の争点について意見が一致したりしているわけではない。当該全学連加盟の自治会がある大学に在学し、自治会が学生会館やサークル棟、更には学園祭や新歓の運営を担っている関係上、サークルが便宜を受けるために付き合いで動員されるという場合もある。また現在50代後半の東北大学の出身者によれば、成田空港反対闘争に全学連のデモ隊として動員されたことがあり、参加する場合には東北から貸し切りバスで現地入りするのだが、現地解散が認められていたため、東京に遊びに行く片道分の旅費が浮くので参加した、というようなこともあったという。

全学連ではなく、別項で紹介する労働者の大衆団体である反戦青年委員会では、少なくとも2012年頃までは弁当や食事などを出して山谷の野宿者をデモに動員することがあったようで、動員された野宿者がデモの風景や配られた弁当などを写真付きでブログで紹介していたことがあった（青年A「ダンボール行進曲」http://blog.livedoor.jp/a_homeless_man/ 2020年5月1日著者確認）。

なお、一般に党派活動家になる道のりとしては、まず大衆団体に参加し、そこでの活動が認められて学生組織や労働者組織に加入し、更にそこでの運動経験を重ねる中で、党派に加入するというステップを踏んでいくのが通例である。ある日思い立ったとて、いきなり党派に所属するというのは困難で、規約で党員の推薦を必要としている場合が多い。ちなみに政権与党の規約も確認してみたところ、自由民主党も入党には党員1名の紹介を必要（党則第87条①）とし、公明党も入党には党員2名以上の紹介を必要（公明党規約第5条）としている。

話が脱線した上に前置きが長くなったが、それでは一つずつ見ていこう。

①民青全学連

まず一つ目は日本共産党の指導を受けている日本民主青年同盟（民青）の強い影響下にある全学連、通称「民青全学連」。「日共系全学連」などともいわれるが同じ団体である。現在の委員長は……と書きたいのだが、2024年現在の委員長を確認しようとインターネットで検索をしても出てこない。ちなみに、民青全学連以外の全学連は多くの場合「全日本学生自治会総連合（○○委員長）」と委員長名をかっこ書きするのが通例となっているので、現在の委員長を確認するのは容易である。ホームページはいつの間にか消滅したようで、ブログ「【全学連ニュース】全日本学生自治会総連合」（http://blog.livedoor.jp/zengakuren/　2022年9月23日著者確認）も2015年の10月を最後に更新が途絶えている。機関紙は『祖国と学問のために』（全学連新聞『そがく』）であるが、2003年9月5日付の1165号を最後に大衆機関紙としての役割を終え、その後は細々と内部連絡紙として発行が続けられているとされ、現在の発行状況は不明である。機関

民主青年新聞

11月2日（1974年）号外（1部5円）

昭和28年6月16日第三種郵便物認可 昭和42年2月14日国鉄東局特別扱承認新聞紙第四八九号

日本民主青年同盟『民主青年新聞』号外（1974.11.02付）

6月1日 木曜日 1972年（昭和47年） 号外 定価5円

祖国と学問のために

昭和43年7月15日第三種郵便物認可　昭和43年3月23日国鉄東局特別扱承認新聞紙第5255号

編集発行所 全学連 中央執行委員会 東京都新宿区信濃町25 電話(359)6201(代表)

民青全学連『祖国と学問のために』号外（1972.06.01付）

誌は『全学連』。日本共産党の機関紙『赤旗』にも登場することがあるので、赤旗のホームページで検索をしても、2014年頃の加藤友志以降の委員長がわからない。せっかく加藤委員長の名前が出てきたので触れておくが、この加藤委員長は、かのSEALDsの中心メンバーとして2015年7月に中日新聞で紹介されたことがあり、これをもとにして、ネット上では「SEALDs＝民青＝共産党」といったような言説が見られた。だが、関係者によれば民青同盟員ではなく、自治会活動をしていただけで、こういった言説は正しくないようである。

X（旧Twitter）にもアカウントがある（@zengakuren64）のでこちらも確認してみたが、2016年4月12日付の東京学芸大学学生自治会執行委員会のツイートを引用RTしたツイート（https://twitter.com/zengakuren64/status/719876811111342081　2022年9月23日著者確認）を最後に更新が止まっており、このツイートには「現委員長の名前は中村です。必ず代表名を確認して下さい。」とあり、予想通り委員長は交代していたらしいが、中村委員長の名前や性別、大学などは不明で、知人の民青関係者に聞いてみたが知らなかった。

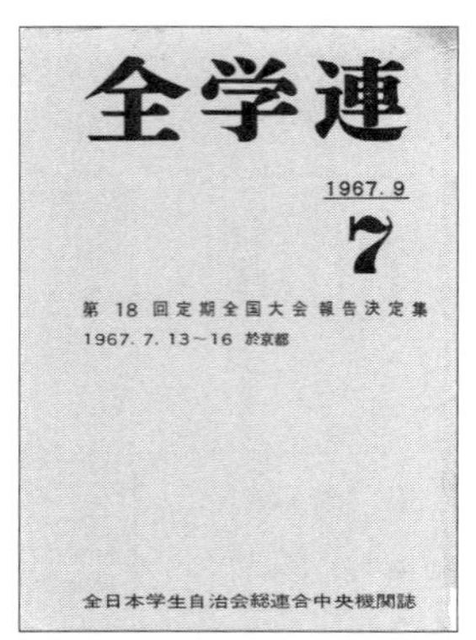

民青全学連『全学連』第7号（1967.09付）

このいまいち活動実態のわからない民青全学連の加盟自治会はいくつあるのかも判然としない。前掲の更新の途絶えたブログからリンクを貼られている自治会は、東京学芸大学学生自治会（前出の加藤委員長の出身校）、京都橘大学学生自治会の2つだけだが、さすがにこの2つだけということはないだろう。しかも東京学芸大学学生自治会は、2020年3月29日に、質問箱への質問に回答する形式で、「現在東京学芸大学学生自治会はどの全学連にも所属しておらず関係もありません。」と明言して（https://twitter.com/tgu_gj_iincho/status/1244147370209628161　2020年5月1日著者確認）おり、現在は民青全学連を構成する自治会ではないという。それ以外の加盟自治会としては2010年の全学連委員長で、後に民青の委員長になった小山農やその次の委員長だった藤浦修司が信州大学出身であったことから、信州大学学生自治会は少なくともその頃までは民青全学連加盟自治会であったと考えられる。

またかつては東京大学教養学部自治会も民青全学連に加盟する主要な加盟自治会の一つだったが、2012年に脱退を決議し、全学連の働きかけもむなしく脱退を遂げて当時界隈の話題をさらった。あれから10年が経つが民青全学連はほかに特段の話題を耳にしない。影が薄く、活動がほとんど見られない全学連である。なお、全学連旗は青地に筆文字で白抜き「全学連」だった。

民青全学連は現在ヘルメットを着用していない。しかしかつては黄色や青色のヘルメットをかぶって新左翼セクトや全共闘と対峙したことがある。最も有名な衝突は東大闘争における総合図書館封鎖をめぐる衝突であり、多くの写真が残されている。宮崎学によれば、ヘルメットの実力闘争部隊は1968年8月頃に、都学連の第2ブロックの早大、中大、明大、法大などの東京の私大の学生が中核となって結成され、組織上は都学連の直轄組織であった。しかし実態としては広谷俊二中央委員が責任者となっていた日共青年学生対策部の事実上の指揮下にあり、内部では都学連行動隊と呼ばれていた（宮崎学『突破者』（1997年、南風社））という。一般には「あかつき行動隊」の異名で知られた。

②中核派全学連

二つ目の全学連は革命的共産主義者同盟全国委員会（いわゆる「中核派」）の強い影響下にある「中核派全学連」である。2024年には委員長が赤嶺知晃（沖縄大学）から矢嶋尋（学習院大学）に交代した。中核派全学連の委員長に女性が就任するのは初めてである。民青全学連における民青に相当するのは、中核派の学生組織、マルクス主義学生同盟中核派である。赤嶺委員長の前は高原恭平（東京大学）であったが、2021年3月8日付で全学連委員長を解任された。高原前委員長は3月10日に自身のTwitter（現X）アカウント（@KTakahara6）上で解任を明らかにし、同時に2020年9月に革共同を、2021年2月にマル学同中核派を離脱したことを明らかにした。高原前委員長は2015年に東京大学に入学し、東京大学教養学部学生自治会副会長を経て2017年頃より中核派全学連の活動に参加した。当時は中核派が東大生を獲得したことが注目を集め、東大駒場ではマル学同中核派東大支部名義での活動が確認された。高原前委員長の前は斎藤郁真（法政大学）。斎藤元委員長はそもそも法政大学のサークルの連合体である法政大学文化連盟の委員長だった。文化連盟は、かつてのサークル連合である第一文化連盟・第二文化連盟の流れを汲むとされる団体で、いつこの2団体が統合・改組されたのかは調査したものの不明であるが、法政大学当局は法政大学文化連盟を、かつての学友会本部団体の第一・第二文化連盟とは無関係の団体とみなしている(法政大学「一連の事件の経緯について」2009年5月29日付)。

文化連盟はそもそもノンセクト系だったとされ、法大闘争においては中核派全学連と共闘関係にあったが、ノンセクト系とされる文連の斎藤委員長の全学連委員長就任は一部には驚きを以て受けとめられた。

斎藤委員長体制以降の中核派全学連(というよりも、全学連を前面に出している中核派)はメディア露出や、インターネットを使った宣伝に非常に積極的で、これはほかのセクトには見られない特色である。斎藤元委員長は2017年の衆院総選挙にも出馬したが落選、得票数もごくわずかで供託金を没収されている。

中核派全学連は東北大学(斎藤元委員長の前任の織田陽介元委員長を輩出。織田元委員長は全学連委員長就任前に東北大学有朋寮委員長として廃寮阻止闘争を闘っていた)、法政大学、富山大学、京都大学、広島大学、沖縄大学等で活動を続けている。活発に活動を続ける京都大学では熊野寮に拠点を有しており、今も大量の中核派系の白ヘルが山積みになっているほか、2017年には機動隊を動員した家宅捜索がTVのニュースでも流れて話題となった。こうしたガサ入れは以前から毎年のように行われていたが、一時途絶えており、2015年頃から再開された。捜索の際に寮生が撮影した写真が多数アップされるなど、SNS全盛の時代ならではの光景も見られた。

中核派全学連は、各地の大学で自治会の再建をめざした活動を行っており、京都大学では2012年頃から全学自治会である同学会の再建を掲げて活動を活発化させたが、激しい反発を呼んだ。2015年にはこの「同学会」が吉田南一号館をバリケード封鎖してストライキを決行したが、

1998.03.29 平行滑走路建設攻撃に反撃(『コミューン』通巻273号(1998.06.01付))

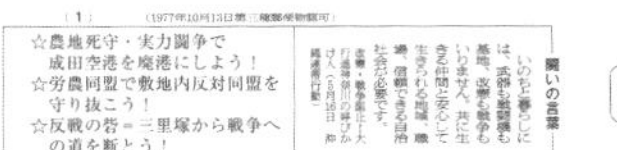
（1）　（1977年10月13日第三種郵便物認可）

☆農地死守・実力闘争で
　成田空港を廃港にしよう！
☆労農同盟で敷地内反対同盟を
　守り抜こう！
☆反戦の砦＝三里塚から戦争への道を断とう！

闘いの言葉
いのちと暮らしには、武器も戦闘機も基地、改憲も戦争もいりません。共に生きる仲間と安心して生きられる地域、職場、信頼できる自治社会が必要です。
改憲・戦争阻止！大行進神奈川の呼びかけ人（5月16日　沖縄通信行動）

週刊 三里塚

2020年5月25日（月曜日）
第1040号
2頁　本体150円＋税
定期購読料
■1部　6月1944円　12月3888円

（毎月二回、第2・第4月曜発行）
編集発行
週刊「三里塚」編集委員会
全学連三里塚現地闘争本部
gentou@sanrizuka.org
革命的共産主義者同盟
東京都江戸川区松江
1-12-7　前進社
http://www.zenshin.org/zh/s-kiji/

『週刊三里塚』第1040号（2020.05.25付）

2002.05.26 5・26全国総決起闘争
（中核派『コミューン』通巻319号（2002.08.01付））

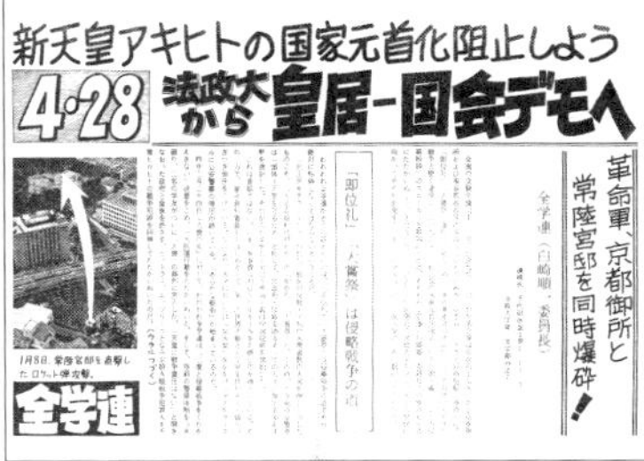

1990年中核派全学連　受験生向けビラ

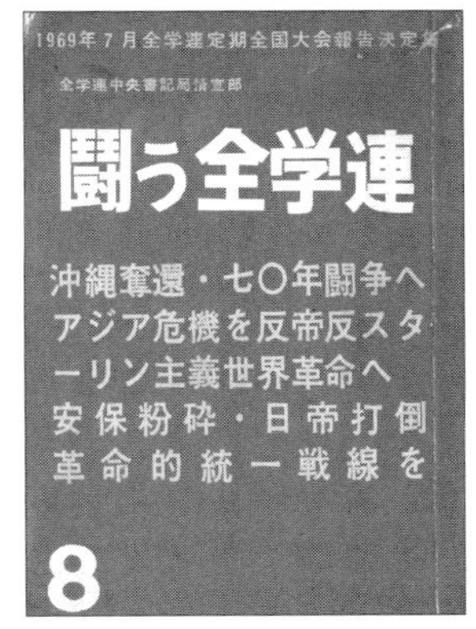
1969年7月全学連定期全国大会報告決定集
全学連中央書記局情宣部
闘う全学連
沖縄奪還・七〇年闘争へ
アジア危機を反帝反スターリン主義世界革命へ
安保粉砕・日帝打倒
革命的統一戦線を
8

中核派全学連『闘う全学連』第8集
（1969.09.02付）

数名の逮捕者（起訴猶予処分）と退学者を出している。沖縄大学では2014年にシール投票という実に画期的な方法で自治会を再建した。

全学連旗は青地にゴシック体で白抜き「全学連」である。かつては機関誌として『闘う全学連』を発行していた。現在は全学連三里塚現地闘争本部が革共同と連名で『週刊三里塚』を発行しているが、週刊ではなく、月2回の発行となっている。

中核派全学連は現在も白地に「全学連」のヘルメットを着用しているものの、覆面やサングラスまではしていない。あまり着用されることは多くないものの、2000年代以降では、同じく白地で「自治会」、「法大」（法政大学）、「東北大」（東北大学）、などのヘルメットが見られたほか、寮自治会においては「熊野」（京都大学熊野寮）、「日就」（東北大学日就寮）などを確認している。黒地に「熊野」としてあるものは中核派系でなく、ノンセクトであろう。熊野寮には「大阪市大」と書かれたものが現存しており、これはかつての拠点、大阪市立大学志全寮自治会のものと思われる。更にさかのぼればより多くの大学名を記した白ヘルが確認できるが、キリがないので紹介はしない。

1969.12.14 糟谷人民葬 「約1,000名」の革マル全学連は日比谷野音へ突入の構え

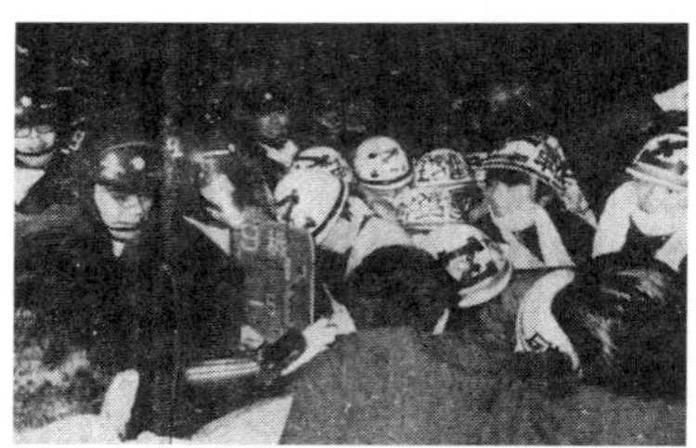

1971.10.08 機動隊の阻止線を実力突破して進撃するデモ隊(青山通り)(革マル派『解放』212号(1971.11.05付))

③革マル派全学連

三つ目の全学連は日本革命的共産主義者同盟革命的マルクス主義派(いわゆる「革マル派」)の強い影響下にある「革マル派全学連」である。2019年9月の全学連大会を以て酒井悠一郎(北海道大学)から有木悠祐(早稲田大学)に交代した。公然拠点として「創造社」を有する。革マル派の学生組織、日本マルクス主義学生同盟革命的マルクス主義派の指導下にある。

全学連のそもそものあり方である「自治会の連合体」という形式を最もよく残しているのはこの革マル派全学連である。北は北海道大学から南は琉球大学まで多くの自治会を組織しており、都内ではかつて早稲田大学が一大拠点となっていた。また一部の大学は失陥しているものと思われるが、2010年代と最近まで國學院大學や学習院大学などの保守的な背景を持った大学や女子大学の奈良女子大学や津田塾大学に勢力を有していたのも他の全学連には見られない特色である。

活動は活発に行っているものの、インターネット上での宣伝やメディア露出についてはあまり積極的ではない。実は革マル派全学連の情宣やデモに遭遇したことがないのだが、とても印象的な話を一つ書いておくと、東日本大震災に伴う福島第一原子力発電所の事故後の首相官邸前抗議に革マル派全学連として参加していた専修大学の学生がTwitter(現X)でそのことをツイートしていたことがあった。彼はこの抗議活動については、積極的に参加していたようなのだが、別のツイートではごくごく普通の大学生らしいツイートを見せており、また皇室について肯定的に書いているツイートもあって、このいかにも「普通の大学生」が全学連に参加していたのが新鮮な驚きだった。これも本来の大衆団体のあり方からすれば当然のことなのだが、今となってはどうにも特異に見えてしまう。

全学連旗は青地のものは確認しておらず、赤地に筆文字で白抜き「全学連」と書いた横断幕に近い旗を多用しているようである。かつては機関紙として『全学連通信』、機関誌として中核派と同名の『闘う全学連』を発行していた。

革マル派全学連は現在もヘルメットを着用しており、ほぼ全てのヘルメットが白地に鉢巻状赤線、黒で「Z」に統一されている。Zの意味についてはZengakurenの頭文字を採ったというのが定説である。Zといえば革マル派のことを暗に示すほどまでに「Z＝革マル」の図式は確立している。この「Z」の用法については革マル派の高校生組織のマークに関連して取り上げて

革マル派全学連『全学連通信』（1972.11.15付）

革マル派全学連『闘う全学連』No.10（1967.11.14付）

いるのでそちらを確認されたい。1970年代の一時期はヘルメット側面に「革マル」と大書することが一般化していたが、現在ではそのようなヘルメットは使われていない。1960年代末以降、白地に鉢巻状赤線という革マル派学生戦線のヘルメットの基本的なデザインのもと、「全学連」や「県学連」（沖縄）、「自治会」と書かれたもののほか、拠点大学の名称を書き入れたものとして、「琉大」（琉球大学）、「琉短大」（琉球大学短期大学部）などが全国的に見られた。

④赤砦社派全学連

四つ目の全学連は、革命的労働者協会（解放派）の影響下にある赤砦社派全学連である。赤砦社（せきさいしゃ）というのは、革命的労働者協

会（解放派）（以下「赤砦社派」という）の公然拠点であり、自称しているわけではなく、あくまでも通称である。2022年現在の委員長は岡田清司（高知大学）。機関紙発行主体として「教育学園ジャーナル社」を持つ。形式的には革労協赤砦社派の学生組織、全国反帝学生評議会連合（反帝学評）の指導下にあると思われるが、現在反帝学評として独自の活動が行われているのか不明であり、事実上全学連と同一であろうと思われる。

加盟している公認自治会はないと思われるが、東北大学、宇都宮大学、千葉大学、明治大学、徳島大学、九州大学などの周辺でサークル活動を行っているようである。学内での表立っての活動はできていないとみられる。現在は不明だが、2000年代半ばまで東北大学では構内に赤砦社派機関紙『解放』を立て看の形式で貼りだしていたことがあった。九州大学では移転前の六本松キャンパスに九大反帝学評名義で大型の立て看を設置していたほか、その傍らに赤砦社派機関紙『解放』を貼りだしていた。また徳島大学においては徳島大学新聞会を拠点サークルとして学内で活動していたようだが、2015年に部室を閉鎖されてしまっており、この部室閉鎖で全ての学内拠点を喪失したものとみられる。

インターネットでの宣伝活動は積極的でなく、全学連としては唯一HPを持っておらず、過去に開設したこともない。毎年新歓パンフレットを欠かさずに発行しているのは特徴的である。2012年頃に教育学園ジャーナル社名義でブログを始めたが、すぐに更新が途絶えている。ブログ開設と同時期にTwitter（現X）でもアカウントを作成していたようだが、あまり活用しないままにアカウントを非公開にしてしまっていた。

赤砦社派はヘルメットに覆面をして、もはやほとんど見かけなくなった古典的なB4サイズのビラを街頭で配る数少ない党派である。私は明治大学出身で、在学中には和泉校舎の最寄りの京王線明大前駅前でも何度か情宣に出くわしている。この時は明大一部全学自治会学生会や、明大二部全学自治会学苑会のヘルメットをかぶり、A4版のビラを撒いていた。新歓の時期には社会思想研究会の名義でA4版のビラ撒きをしていたこともあり、東日本大震災の直後は、支援に行こうという呼びかけもされていた。

ちなみに赤砦社派の全学連・反戦の部隊が確実に登場する場面があるので紹介する。毎年8月6日には広島は原爆ドーム前の電停から最も近い広島平和記念公園の入り口で横断幕を広げて8時前から情宣をしている。8月9日の長崎は、著者は行った

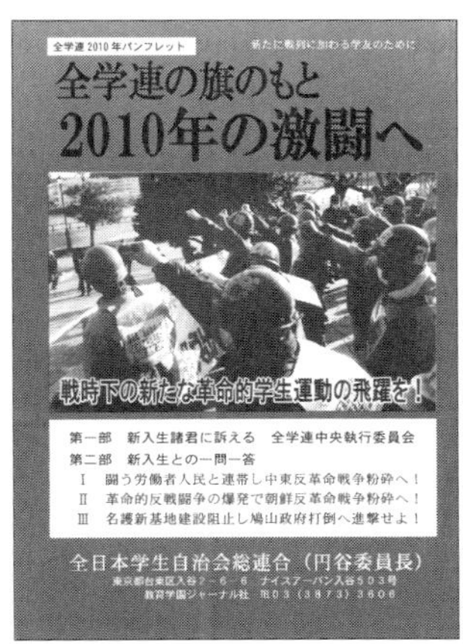

2010年赤砦社派全学連パンフレット

ことがないが、やはり例年登場しており、この両日は毎年広島・長崎の現地で反戦闘争を闘うのが恒例となっている。また8月9日は1977年に狭山事件の裁判が最高裁で上告棄却され、2審東京高裁の無期懲役判決が確定した日なので、JR御茶ノ水駅前で「上告棄却〇〇ヵ年糾弾」の情宣をしている。

全学連旗は青地のものは確認しておらず、赤旗に「全学連」と大書し、旗の下部に「全日本学生自治会総連合」と書いた細い白い帯を縫い付けた、通称「赤白旗」を多用しているようで、かなり古典的で手作り感のある旗である。

赤砦社派全学連は現在もヘルメットを着用しており、ほぼ全てのヘルメットが青地に白で「全学連」、後ろに白で「プロ統」に統一されている。加盟自治会である明治大学の一部全学自治会学生会や二部全学自治会学苑会としては、それぞれ「学生会」「学苑会」のヘルメットを着用する。

⑤現代社派全学連

最後に紹介する全学連は革命的労働者協会（社会党・社青同解放派）の影響下にある現代社派全学連である。現代社というのは、革命的労働者協会（社会党・社青同解放派）（以下「現代社派」という）の公然拠点である。2024年現在の委員長は伍代和也（九州大学）。

機関紙発行主体として「教育学園ジャーナル社」を持つ。形式的には革労協現代社派の学生組織、全国反帝学生評議会連合（反帝学評）の指導下にあると思われるが、赤砦社派と同じく、反帝学評としての活動が行われているのか不明であるが、2023年4月に日本大学反帝学評名義のX（旧Twitter）アカウントが開設され、活動の様子が紹介されるようになった。

加盟している公認自治会はないと思われるが、いくつかの大学の周辺での活動が認められる。HPを確認する限り、2017年は九州大学と明治大学で新歓情宣を行っているようである。

インターネットでの宣伝活動は、そもそも現代社派自体が積極的でな

「学費値上げ阻止！　PKO法案粉砕！」をかけ16日間にわたってうちぬかれた91年学費闘争（1992年　第42回和泉祭パンフレット）

く、HPも持っていなかったが、2011年5月頃に全学連のHPを開設した。この年から赤砦社派との分裂前の狭間派のころから毎年発行されていた全学連の新歓パンフレットが発行されなくなった。全学連HPの開設は新歓パンフに代わるものだったと思われる。かつて労対派との分裂以前の解放派全学連は機関紙として『突撃』を発行していた。

更にこの時と相前後して現代社派の活動家がTwitter（現X）で正体を明かさずに左翼系の若い人士と交流し、後に現代社派全学連の活動家であることを2013年の初め頃に明らかにしたということがあった。非常に真摯な姿勢で交流をしており、SNS時代の新左翼活動家のひとつのあり方だったと思うがのちにアカウントを削除してしまっている。また当時の全学連HPには隠しページがあり、

（上）1987年狭間派全学連パンフレット
（下）2010年現代社派全学連パンフレット

教育工場の監獄的打ち固めを粉砕し、その只中に70年代労働者革命の前進基地を構築せよ！
帝国主義ブルジョア政府打倒／アジア太平洋圏安保粉砕／全ての学友は全学連に結集せよ！

全学連通信No.39
1972.10.19
毎週一回月曜日発行

全学連中央執行委員会情宣部発行
東京都渋谷区道玄坂2-18
教育学園ジャーナル社内
03・463・7651

解放派全学連『突撃』No.39（1972.10.19付）

獄中で綴ったと見られる詩などがノートの画像で掲載されていたが、リニューアル後はSNS上の交流はなくなり、隠しページもなくなってしまった。惜しいことだと思う。現在は全学連としてではなく、三里塚現闘団としてアカウントを持ち、情報発信を続けている。

全学連旗は青地のものは確認しておらず、赤砦社派全学連と同様に、赤旗に「全学連」と大書し、旗の下部に「全日本学生自治会総連合」と書いた細い白い帯を縫い付けた、通称「赤白旗」を多用しているようである。

現代社派全学連は現在もヘルメットを着用しており、ほぼ全てのヘルメットが青地に白で「全学連」、後ろに白で「プロ統」に統一されている。覆面を完全にしているのが特徴である。赤砦社派全学連とは1990年代末に激しい内々ゲバの末分裂したという成り立ちがあり、外見で区別するのは困難である。赤砦社派が明治大学の学生会・学苑会を名乗ることについても「僭称」としているが、近年では学生会・学苑会を名乗っての活動はあまり見受けられない。

浪人運動

学生運動はその名の通り「学生」の運動である。学生運動の主力は大学生で、これが大学院生、短大生から、高専生、高校生、中学生へと広がりを見せたが、学生運動の最盛期には高校生と大学生の「狭間」である浪人生にまで広がった。

浪人生といっても予備校に所属している者、していない者があって、前者は予備校生ということで学生と言えるが、後者は学生と言えるかどうか微妙な存在である。前者の予備校も国家的な教育制度の一段階ではなく、大学に受かってしまえばものの1年でそこから出て行ってしまういわば仮の居場所にすぎないのだから、学生の権利獲得といったいかにも学生的な運動は考えにくい。大学の学費値上げ反対や学園民主化といった学内問題に、将来の学生を自任して外人部隊として参加することは可能だったかもしれないが、浪人が主体となったものではなく、いずれにしても浪人としての独自の課題は設定しにくかったのではないかと思われる。

この前提をもとに考えると、学生運動全盛期に運動の裾野を拡大していこうとセクトが目を付けた、それまで手つかずの層が浪人だったのではないだろうか。セクトからすれば、ある程度の年齢に達していて、いずれは学生となるこの層は、格好のオルグ対象であっただろう。予備校では自治会もないから特定の党派が幅をきかすということもなかっただろうし、青田買いして拠点校に送り込むという手法もとれたと思われる。仮に学生とならなくても、労働運動に送り込む途も考えられる。

浪人にまで広がった運動はそう長くは続かなかったようである。資料は乏しいがわずかに蒐集できた資料をもとに見ていこう。

全国浪闘委連合中央機関誌『浪闘委』第4号（1970.05.05付）所収の、マルクス主義学生同盟中核派浪人支部下原良男（早稲田ゼミナール）「四～六月決戦に巨万の隊列を！」は、「内乱的死闘の七〇年代を切り開くために－六九年浪人運動の総括－」と題

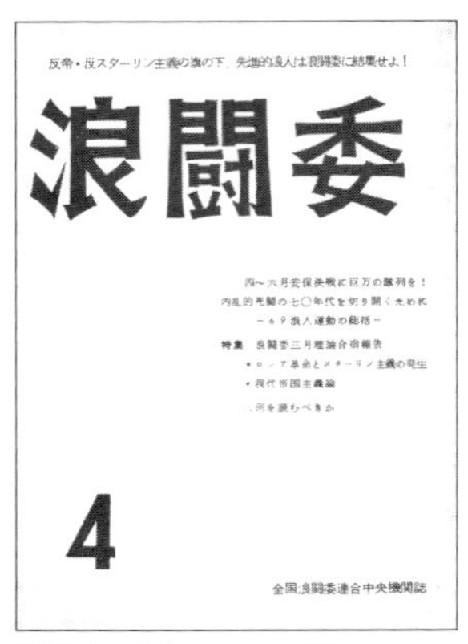

『浪闘委』4号（1970.05.05付）

する章を設けて、1970年までの浪人運動の歴史を振り返っている。内容の正確性について検証はできない上に中核派という党派のバイアスはあろうが、この資料の記述をそのまま引いて紹介していく。

かつて60年安保闘争の際にも、1965年の日韓闘争の際にも一定数の浪人が闘争に参加していた。浪人による組織は1967年の予備校生反

1970.06.23 第二安保総力戦　旗竿を槍のように構えて突進する全共斗—材木町付近—　写真中央付近に「浪闘…」の白ヘルが見える

戦会議、1968年の浪共闘（浪人共闘会議）運動などがあったが敗北していた。それまでの高校生運動の手助けや、左翼同人グループとしてではなく明確に浪人運動の担い手として浪人が組織化され、初めて本格的に浪人運動が開始されたのは1969年になってからだった。

中核派が浪人運動に着手した1969年4月の時点では中核派の影響力は浪人にはほとんど及んでいなかった。しかし駿台予備校において駿台反戦闘争連合を結成すると、4・28沖縄奪還闘争にはこの駿台反戦闘争連合80名の部隊の動員を勝ち取ることに成功した。5月からは各予備校に大衆的統一戦線組織を作るという方針の下、各予備校で闘争委員会の組織が開始され、6月にはその連合組織として全都浪人反戦闘争連合（浪反連）が結成され、6・15闘争には全都から800名の浪人の結集を見た。

もともと浪人の中には浪共闘を名乗る解放派、プロ学園〈原文ママ。構改派系のプロ学同か第四インター系のプロ軍団の誤植であろう〉、戦旗派などが数名単位で存在し独自の運動を行っていたが中核派が主導する運動の高揚の前に破産し、予備校を追われた。彼らは中核派がヘゲモニーを握っているという理由で浪反連に対する批判を繰り返していた。

4月から6月にかけて徐々に運動は高揚していき、7月19日に200名の結集のもとで開かれた駿台全学総決起集会では、安保粉砕・11月決戦勝利を見据えて各クラスに闘争委員会を結成し、11月決戦全共闘を創り出すとの方針が提起され、大衆的支持を集めた。運動の盛り上がりの中で浪闘委（おそらく「浪人闘争委員会」の略称と思われるが、「浪闘委」の正式名称は記載がなかった）結成の機運が高まっていき、8月に都内の数十名の革命的浪人が中核派の下に結集し浪闘委が結成された。この時点で浪反連内部では11月決戦を6月時点のカンパニア闘争の水準に引き下げようとする「右翼日和見主義者」との闘争が未だ続いていたが、浪闘委が浪反連のヘゲモニーを完全に獲得することで決着した。9月になると駿台予備校ではGクラス闘争委員会が60名の結集で結成されたのを皮切り

駿台叛戦闘争連合革命的左翼主流派機関紙『叛戦』創刊号（1969.07.12付）

に、全クラスにクラス闘争委員会が結成され、9月25日には300名を結集して駿台全共闘が結成された。

この11月決戦との結合を意識した全共闘結成は、秋になれば受験勉強に没頭する従来の浪人とは違う浪人の意識を創り出していき、この浪人運動の成功に10月にはML派などの他のセクトの浪人も合流しはじめた。10月9日の全電通会館における全都浪人、予備校全共闘総決起集会は浪闘委のほか、ML派、ブントの一部、駿台全共闘、早稲田地区の反戦会議の浪人などによって統一戦線が形作られる中で600名の浪人の結集で圧倒的成功を勝ち取ったが、その一方で解放派は浪反連から脱落した「右翼日和見主義者」と野合し、反中核派連合で清水谷公園の集会を強行したものの20名ほどの結集に終わった。

11月決戦は駿台全共闘などが蒲田への大衆的動員を勝ち取ったほか、独自に結成を進めていた浪闘委軍団が闘い抜き全員が逮捕された。逮捕者の8割が起訴されるという激しい弾圧を受けたが、12月には浪闘委沖縄県委員会も結成され、これら各県委員会を母体に全国浪闘委連合が結成された。

以上が中核派から見た1969年の浪人運動の流れである。この中で、駿台反戦闘争連合については別の資料として機関紙が確認できたので紹介する。「駿台叛戦闘争連合」という表記になっているが同一の組織と思われる。

駿台叛戦闘争連合革命的左翼主流派機関紙『叛戦』創刊号（1969.07.12付）によれば、そもそも駿台叛戦闘争連合は1969年4月に「大衆的かつ革命的浪人運動を創造的におこなっていくことを確認し」「党派的フラクの限界をのりこえ、大衆的かつ革命的戦線を駿台の地に築こうと」して結成された組織であった。その後「闘いの過程で、大衆的ということを単なる“巾広イズム”“無規律的”と把え、街頭に出てゆくことのみを自己満足的におこなおうとする部分が現れ」「運動を単に主観的にのみ把え、社会科学的分析を欠落させ、そのため何ら理論的には問題を提示しえず、裏では陰険かつ方向性のない対立ムードを作るといったグループが生まれてきた」ため、「この部分の除名を要求した」ところ分裂することとなり、除名を要求した側によって革命的左翼主流派が結成され、この部分が7月11日に「駿台叛戦闘争連合の革命的再建に関する決議」を発表した。

駿台叛戦闘争連合について前掲の『浪闘委』第4号の記述と比べると、革命的左翼主流派という分派や分裂についての記載はないものの、駿台反戦闘争連合を結成した4月から7

月頃までの流れは、11月決戦に向けての反対派との闘争があったという細部まで一致している。もともと浪人に中核派の影響力はほとんどなかったというから、4月に結成された時点では、駿台反戦闘争連合は複数のセクトや恐らくはノンセクトも集まるセクト色の薄い組織だったが、その後の浪人運動の高まりの中で中核派が駿台反戦闘争連合革命的左翼主流派を結成して完全にヘゲモニーを取ったのであろう。この駿台反戦闘争連合は大衆組織であるから、その後の駿台全共闘結成の際に恐らく発展的に解消していったのではないかと思われるが、これについては資料がないため詳細は不明である。機関紙『叛戦』は第2号（1969.07.16付）まで発行を確認しているが、その後の発行状況は不明である。

『浪闘委』第4号の論文の署名もよくよく見ると興味深い。「マルクス主義学生同盟中核派浪人支部」となっており、中核派としては浪人を独立した組織ではなく、学生組織の一支部として組織していることがわかる。また浪闘委の位置づけについては、『浪闘委』第4号の中には「マル学同中核派浪闘委」という表記があり、マル学同中核派の指導下に大衆組織として浪闘委があるものと思われる。マル高同と反戦高協のように独立した組織ではなく、浪人はあくまでも、学生になることを見据えて学生組織に組み込まれていることがわかる。

なお、中核派の他に浪人を浪人として下部組織の中に位置づけて組織化したセクトは今のところ確認できていない。解放派は中核派が触れているように浪共闘を名乗っていたことが確認できており、革労協機関紙『解放』第46号（1970.01.01付）には反安保行動委員会全都浪人共闘会議名義の「浪人運動の階級的再編を克ち取れ！」という呼びかけが掲載されている。浪人運動は非常に面白いテーマだと思うが如何せん資料に乏しいので中途半端ではあるがここまでにしておく。今後の資料発掘に期待したい。

浪人運動の写真はほとんど発見できていないが、茜三郎・柴田正美『全共闘』（2003年、河出書房新社）に駿台予備校の学生運動の写真がある。またマルクス主義学生同盟中核派の浪人支部の部隊と旗と思われるものが『命燃ゆ青春 ザ・全共闘』（1984年、月刊『近代麻雀』2月29日増刊号）に認められるが、写真の撮影時期・場所は不明である。

駿台叛戦闘争連合革命的左翼主流派『規約・綱領』(発行年月日記載なし)より
規約・綱領
(ガリ版刷のため、手書きの略字は著者にて適宜標準的な字体に改めた。)

一、 闘いへの連帯

全駿台の浪人諸君・全国の先進的浪人諸君・全国の闘う同志諸君！我々駿台叛戦闘争連合革命的左翼主流派は、全国の闘う人民によって築かれてきた一九六九年の地平の上に、権力との非和解的な闘いの砦を駿台の地に築きつつあることを報告する。そして、それは七十年安保闘争と七十年階級闘争に向けての我々の闘争宣言である。

戦後日本革命の敗北と、六十年安保闘争の総括の上に創られた六七年羽田闘争以後の日本帝国主義権力に対する攻撃の拡大は、現在の階級闘争を、プロレタリア自己解放への未来的な姿へ高めることができるか否かを我々に迫りつつある。そして又、全世界的な帝国主義権力、既成左翼に対する闘いの波は、全ての人民に対して、現代を乗り越えることの必要性を提示している。

我々は、これに対し我々の闘いをもって答えよう。我々は、この光栄ある任務を、勝利的に闘い抜く決意であることを宣言する。

二、 革命的大衆組織の樹立

我々は過去において、そして一部の諸君は現在においても、大衆組織について、誤った観念を抱いてきた。その誤りは、大衆組織を革命的闘いに起ち上がれない人々によって作られていると規定したことによる。大衆とは何か、それは、人間個々人をさすのであろうか。大衆的とは何か、それは全ての人間よること〈原文ママ〉を指すのであろうか。我々は、それに対して次のように答えよう。確かにそうだ。しかしそれは全ての人間が闘争に参加する、或いは参加できるということを指すのではない。そうではなく、全ての人間が、闘いの中でしか表現できない普遍性を、不断に現実化しうる闘いを我々が組む中にこそ大衆性があるのである。その意味に於いて大衆的に支持されることが必要なのだ。我々のいう大衆とは、その闘いの中でしか表現できない普遍性を全ての個々人が持っているという意味では全人間を指し、そして個々の具体的場面に於いては、闘争に参加した人間を指すのである。だから我々は全大衆を包括した闘いを組むことが必要であり、権力との非和解的な我々自身の闘いの中にこそ、大衆性はあるのである。

だから、組織とは闘いに参加する大衆総体の力によって乗り越えられ、同時に乗り越えられた、それが組織でなければならない。この組織に於ける開放的な意味を、組織的に保障できなかったところに、一部の諸君の誤りがある。正に組織とは、闘いの現実性を大衆の前に提示しうる時、存立する価値があるのだ。大衆的決起の中で、不断に自己変革をとげる組織こそが、最も革命的な組織である。その意味で、常に乗り越えられる理論と、常に乗り越えられる実践とが統一するのが組織である。大衆組織とは、その事を常に開放的に提起することのできる組織である。大衆組織は、大衆組織として自己完結していなければならない。その時、描象的〈原文ママ〉な現実を具体化し、それを乗り越える現実性が生まれるのである。そのような大衆的決起を内に含んだ組織こそが、最も革命的な組織である。我々は、以上の点をふまえた上作られた、駿台における革命的組織の砦を守り抜き、永続的闘争を闘い抜くことを宣言する。

三、 全国の先進的浪人諸君へ

我々は、全ての浪人の生活基盤を包括した闘いという、方向性の下に、四・五月闘争を闘い抜く、全都的・全国的浪人組織を結成することを確認した。浪人の闘いとは、浪人秩序を打倒する闘いである。我々は、日本的先進国の矛盾の一つである浪人生活を行いながら、それを正常化してはならない。我々は、異常であることは異常であるとして、とらえよう。そして、それを、具体的闘いの中で異常なものとして物質化してしまうことが必要である。

我々は全ての浪人諸君に訴える。現代の浪人的秩序を打倒せよ。混乱の中に革命的秩序を確立せよ。すべての予備校に、大衆的浪人組織を樹立せよ。

四、 規約

(1) 加盟　・駿台予備校に在籍するもので綱領の下に闘う浪人に限る。総会に於て闘う決意を表明し全加盟者の3/5以上が承認した時加盟とする。個人の加盟意志をもって加盟とする。加盟者のうち、連絡簿に名前を記入した者に投票権を与える。(但し) 加盟者の3/4以上が承認する特殊な場合には、在籍していない者でも加盟することができる。

(1) 脱退　・個人の意志による。その時各単位の代表にとどけなければならない。

(1) 除名　・除名は左の場合にのみ行なえる。発議は、全ての加盟者ができ、本人を含む討議のすえ、総会の2/3の賛成投票をもって除名する。ただし、総会は、投票権所有者3/4以上が参加して成立する。総会に当人が不出席の場合は自動的に除名。

a. 本人がスパイ行為をした時。

b. 個人的利益、または、特定の団体の利益のために、組織を動かそうとした時。

c. 大衆運動の分断策動を行なった時。

d. 前記・1・2・3・の宣言と著しく異なった活動をした時。

e. 理由なく組織活動を行わなかった時。

f. その他、組織の発展上極めて否定的な行動を持続した時。

(1) 特別の事情により、一時的に、組織的活動から離れる時は、各連絡員に連絡しなければならない。(著者注 空白) 時、そのことに関して加盟者から質問のでた時は、各連絡員は、理由を述べなければならない。またそのことについて、総会あるいは、連絡会議を開く必要性を各連絡員が認める時は、三日以内に、緊急連絡会議を招集しなければならない。

(1) 連絡会議　・連絡会議は、連絡員によって構成される。ただし、連絡員とは、事務的仕事を行う者であり、いかなる特権ももたない。(以下連絡会議の内容は省略する)

(1) 特別な事情で2/3以上の投票権所有者を集めることが不可能にもかかわらず総会を開くことが必要な時は、臨時総会を開くことができる。その時決ったことは、次に正式の総会を開くまで有効とする。

(1) 総会は、連絡会議が招集する。但し、個人が総会の開催を要求し、それが全体の1/5以上の賛成を得た時、十日以内に代表者会議は、総会を招集しなければならない。

五　以上の規約は手続きをへて改廃することができる。

更に我々は一九六九年三月に発せられた五者共同声明の革命的大統一戦線の下、闘っていくことを宣言する。

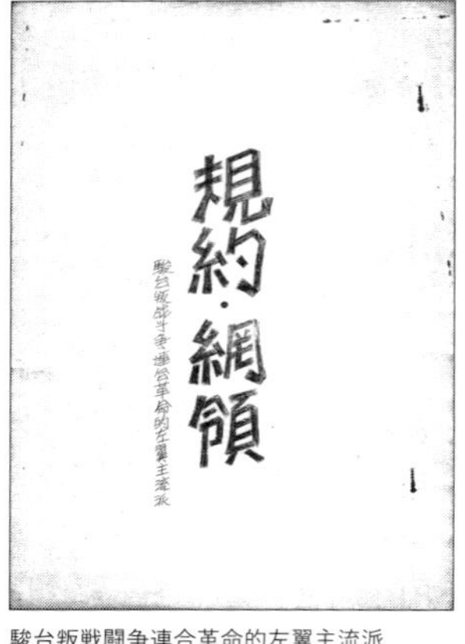

駿台叛戦闘争連合革命的左翼主流派
『規約・綱領』(発行年月日記載なし)

著者注：この後に中核派、ブント、社労同、第四インター、ML派の五者共同声明が付されていた。

【名　称】全国自治会共同闘争会議

【結　成】1967年10月

構改派学生組織、即ち民学同左派（共労党系。のち1969年3月にプロ学同へ改組）、民学同右派（日本のこえ派）、共学同（社労同）、社会主義学生戦線（統社同）らが結集して、構改派の学生共闘組織として「平和と社会主義、反帝、反独占」のスローガンを掲げて結成された。社会問題研究会編『全学連各派－学生運動事典－』（1968年、双葉社）によれば、意見の相違を残しつつも当面の政治方針の上で一致し得る部分の民主的結集体を志向したとされ、他の反日共系各派のようにラジカルな戦術はとらず、座り込み等の穏健な運動を専らとしていた。しかし学生運動の激化に伴って、一部でラジカルな運動を行う部分も出てきたという。穏健な活動形態故に一般学生における広範な支持があり、運動形態もベ平連などと似るためしばしば統一行動を持ってきた。他の反日共系と異なり、革マル派全学連との共闘が見られることも特徴の一つである。

そもそも1965年3月に社会主義革新運動の学生組織、共青同（準）の東京都委員会や大阪府学生委員会、日本のこえ派の学生組織民学同全国委員会の代表者が「単一学生同盟のための全国代表者会議」を開催し、構改派学生運動の結合をめざしたことに始まり、その後の構改派系の上部団体の離合集散の中で自治会共闘という共闘組織の形式に落ち着いた。自治会の共闘組織であるという字面どおりに解釈するのであれば、構改派が全学連から抜けた後に独自に築いた構改派版の全学連という見方もできる。

1969年7月15～16日にはフロントとプロ学同が影響下にある全共闘とともに法政大にて結成大会を開き安保粉砕全国学生共闘会議を結成した。名前が似るが共産同前衛派の大衆組織安保共闘とは別組織である。自治会共闘を再編成して結成したものと見られ、この背景には結成に加わった両派の構造改革路線からの転換があったと思われる。結成に先立つ1969年5月にはプロ学同の上部団体である共労党の第3回大会において構造改革路線が放棄されており、また同月のフロントの上部団体である統社同の第7回大会は指導部と構造改革路線破棄を主張する学生らとの激しい対立により流会となっていた。9月に改めて開かれた統社同第8回大会では学生らが実権を握り、構造改革路線が正式に放棄された。

緑地に「自治会共闘」というヘルメットを着用していたが、穏健な活動形態故に自治会共闘はヘルメットを着用することは少なかったのか、また安保粉砕全国学生共闘会議の結成までのごく短い期間しか活動していないためか、当時の写真でもヘルメットはあまり見かけない。渡辺眸『東大全共闘1968－1969』(2007年、新潮社) 12頁等において確認できる。安保粉砕全国学生共闘会議のヘルメットは確認していない。

社会問題研究会編『全学連各派－学生運動事典－』の表紙裏に見開きで書かれたイラストの中に白ヘルの「自治会共闘」があったため、白地のヘルメットも存在した可能性があるが、著者は確認できていない。

全共闘とは

全共闘とは1960年代後半に各大学において結成された学生運動体であり、既存の自治会のように全員加盟制を採らず、大学からの公認を前提としない任意組織であった。全共闘が学生自治会やその連合体であるところの全学連とどのように違っていたのかということは、多くの書籍で述べられているところであるので割愛するが、最も大きな違いはこの点であろう。

全国各大学に存在した全共闘の研究は未だ進んでいないところが多い。全共闘といえばどうしても秋田明大を擁する日大全共闘と、山本義隆を擁する東大全共闘の2組織があまりにも有名で、東京都内の他の全共闘がどのようなものであったか、あるいは各地方の大学での全共闘の動きがどうであったかは語られることが少なく、また資料も散逸してしまっている。今後この分野の研究が進展することに期待したい。

9.30
日大生10万の力で
法経校舎実力再占拠せよ！
日大九月決戦勝利
神田三崎経済前・午後2時
日大全学共闘会議
議長 秋田 明大

1969.09.30 日大法経奪還闘争ステッカー

1968.09.12日大全共闘　激しい投石で苦戦

全共闘は任意性の強い組織であって、その組織的な形態も一様ではないため、一概にものをいうことはできないが、通常「○○大学全共闘」の下には各学部の闘争委員会が組織され、更にその下に各学科やクラスの委員会が組織されている。この場合参加する最低限の資格というのは、○○大学全共闘工学部闘争委員会であれば、○○大学工学部に学籍を持つ学生ということになる。全共闘への加入は特別な資格を必要とせず、そもそも加入・脱退について定めた明文の規約が存在せず、仮にあったとしても厳格に運用されるものではない。故に党派に所属する活動家も含めて多くの人々が結集しやすいが、運動の流れの中では党派の活動家が党派として動くために全共闘の隊列を抜けるなどして、あっという間に参加者を減らすことがあり得る。小林一博「銀ヘルと私」(日大闘争を記録する会『日大闘争の記録－忘れざる日々』vol.9(2019年) 所収)には、「最初、文闘委(文理学部闘争委員会)は、もちろん、全員、銀ヘルだったのですが、六九年の春頃から、学友はML、中核、青解、フロントなどの党派にわかれてしまい、気がついたら銀ヘルをかぶっているのは、私たち無党派のみになった感がありました。六九年九月五日、日比谷野外音楽堂での『全国全共闘連合結成大会』でも、ほとんどの学友は党派のヘルメットをかぶり、党派のグループの中にいました」として、全共闘の隊列から党派の活動家が徐々に抜けていく様子が回想されている。この結果、全共闘の隊列はデモの指揮をとる者すら欠くほどであったという。

著者所蔵　「才一軍団」とある白ヘルメット

著者所蔵　「才一軍団」とある白ヘルの後部には「全国全共闘」の文字がある

全国全共闘連合の結成

1969年9月5日に日比谷公園の野外音楽堂において全国全共闘連合結成大会が開催された。機関紙『全国全共闘』。この全国全共闘連合は、かつての三派全学連のような全学連という枠組みでの党派連立が崩壊した後、事実上それに代わるものとして位置づけられ、革マル派を除く反日共系主要8派の共闘機関として結成された。結成大会には主催者発表で東大、日大、京大など178大学全共闘と革マル派を除く8党派即ち中核派、ブント、ML派、第四インター、社労同、解放派、フロント、プロ学同の計26,000人が結集した。議長山本義隆（東大全共闘）、副議長秋田明大（日大全共闘）。その他に書記局員に各派から1名ずつが選出された（『旬報学生青年運動』第270号（1969.10.01付））。全国全共闘としての行動の際には「軍団」が設置され、当時の写真にはこれらの軍団のヘルメットを着用する例も見られる。

また『旬報学生青年運動』第267号（1969.08.15付）によれば、全国全共闘結成に至る準備段階として7月24日には明治大学駿河台校舎に46大学を集めての全都全共闘代表者会議、7月30日には明治大学和泉校舎に76大学を集めての全国全共闘代表者会議が持たれた。これらの

1969.11.17 池上線ストップ、線路上を蒲田方向へ南下（佐藤栄作訪米阻止闘争 警視庁第２安保警備記録グラビヤ編集委員会『激動の990日』（1971.01付））

1969.11.17 無題（佐藤栄作訪米阻止闘争 警視庁第2安保警備記録グラビヤ編集委員会『激動の990日』（1971.01付））

会議では討論の自由やセクト活動の自由などの基本原則が確認された。

8派共闘成立への道筋としては、1969年3月25日には中核派、ブント、社労同、第四インター、ML派の5党派によって共同で発表された声明「4・28を突破口とし七〇年へ戦列を強化せよ！」があり、この声明では来る4月28日の沖縄デー闘争を契機として1970年安保闘争へ向けての5派統一行動を宣言した。またこの5派は共同宣言と共に日帝打倒・安保粉砕日本共産主義組織協議会を発足させた（『旬報学生青年運動』第259号（1969.04.15付））という。更に4月21日にはこの5派以外の党派・大衆団体も含めた28団体即ち全学連、反戦青年委員会、沖闘委、三里塚芝山連合空港反対同盟、砂川基地拡張反対同盟、プロレタリア軍団、反帝学評、フロント、15大学全共闘によって4・28闘争への共同宣言が発せられた。また4・28闘争後の6月15日には先の5派に共労党を加えた6派によって10月21日の国際反戦デー闘争と秋に予定されていた佐藤首相訪米阻止闘争への連帯が訴えられた。この声明では全国全共闘の結成も呼びかけられており、その後の幾度かの会議を経て9月の全国全共闘連合結成により革マル派を除く主要8派の共闘が成ったのである。

しかしこの8派共闘は必ずしも盤石なものではなかった。結成大会の段階で中核派・ML派と解放派との間で激しくヤジが飛び交い、紙つぶてが投げられるなどの光景が見られ、しばしばあいさつが中断し、他派が間に入る場面も見られた。更に前日の9月4日の赤軍派大政治集会で予告された通り、赤軍派が全国全共闘連合結成大会に部隊を動員したため、ブント中央派の部隊との間で内ゲバが発生した。

1970年12月9日には対自衛隊工作を行う各地叛軍闘争の担い手であり、各派の大衆組織となっていた叛軍行動委員会の共闘機関として、革マル派を除く各派によって全国叛軍行動委員会連絡会議が結成された。代表には小西誠が選出されたが、他の役員は各派の調整がつかず選出されなかった（『旬報学生青年運動』第301号（1971.02.15付））。この頃既に各派の足並みは大きく乱れていた。

全国全共闘結成時に存在したセクト間の軋轢は解消されることなく段々と大きくなっていき、1971年6月の沖縄返還協定調印阻止闘争の直前で遂に決定的なものとなった。1971年5月30日に全国全共闘、全国反戦、関東叛軍行動委員会ら四者が共催した五・三〇沖縄返還協定調印実力阻止、沖縄派兵阻止、労学市民総決起集会において中核派と解放派の部隊が3度にわたって衝突し、全国反戦・全国全共闘の発言が中止となって8派共闘の枠組みはここに瓦解し、6月17日の沖縄返還協定調印阻止闘争では中核派・第四インターと、解放派・ブントら反中核系各派とが分裂行動をとるに至った。会場での直接的な対立の理由は解放派が「差別発言」を行ったというものであるが、背景には沖縄闘争に関する中核派の「沖縄奪還」と解放派の「沖縄解放」の対立や、集会に先立つ5月24日に全国全共闘連合議長の山本義隆及び同代行の鈴木優一が辞任したことによる主導権争い、部落解放運動における中核派の全国部落研連合と解放派の対立などが要因としてあった（蔵田計成『新左翼運動全史』（1978年、流動出版））という。

全国全共闘連合の崩壊後も各大学では全共闘の取り組みがあったが、学生運動の退潮に伴って徐々に消滅していった。しかしその一部は以降も変化しつつ残っていた。ここでは同志社大学の例を紹介する。

• 同志社大学全学闘争委員会

本項の記述はその主な部分を同志社大学学友会残務整理委員会『「同志社の栞」資料集』（2005年）に拠る。

1960年代後半の同志社大学においてはブントの影響が大きく、その影響下で自治会・サークル・寮などの諸戦線が学費闘争などの闘争を

著者所蔵の生写真　1970年代初頭の京都と見られる。同志社大学全学闘争委員会の隊列

闘っていた。同志社大学全学闘争委員会は1969年に各学部共闘・闘争委員会の連合体として、コミューン型の組織として結成された。この結成により、同志社大学内の闘争組織は全学自治会としての学友会－六学部自治会－全学闘という組織構成を持つに至った。結成当初の全学闘は、ブントの影響下にあったこともあり、学内の闘争委員会としての側面の他に、学生戦線に党を組織するという面も暗黙の了解として有していたという。全学闘は結成されるや否やバリケード闘争に突入し、全学バリストにまで至ったが敗北した。更に同時期のブント党内闘争の激化と赤軍派の登場で解体し、同志社学生運動も低迷した。ヘルメットは赤地に「全学闘」だった。

しかし、1970年8月には赤軍派の影響下で「全学闘」は同志社大における全共闘型大衆闘争委員会として再建され、1971年春に赤軍派が全面的に召還する中で自立したという。これはノンセクト化という意味で間違いないだろう。全学闘が壊滅状態にあったその間も、寮やサークルといった諸戦線の活動は続いており、特に寮では1962年以来7年続いた闘争が結実し「寮自治・自主管理・舎費・水光熱費不払」の成果を克ち取るなど成果を上げていた。

ノンセクト化した全学闘は、主に学費闘争のために全共闘型の大衆闘争委員会として再建されたものの、一方でやはり「党派的組織」としての側面を有し、「BUND系ノンセクト」の政治組織として沖縄や三里塚の課題についての政治闘争を展開した。

1972年の学費闘争敗北以降は現中研との対立の中で物理的勝利を収めるも、1974年対当局闘争を実質的に放棄しながら1975年に至って対当局闘争の敗北に関する総括を行って全学的な反発を受け、1977年5月19日の全学学生大会の流会に伴って全学闘と、全学闘と一体であった当時の学友会執行部が放逐された。

1979年に同志社大学神学部に入学した元外交官佐藤優の『私のマルクス』(2007年、文藝春秋)などの著作によれば、神学部自治会は学友会の構成自治会でありながら他の5つの学部自治会及び学友会執行部から全学闘系の残党と見なされ、敵視されていたという。

4・28 沖縄「返還」協定粉砕・自衛隊沖縄派兵阻止
日帝による釣魚台(=「尖閣列島」)略奪阻止・入管二法粉砕
全関西労学統一行動に起て！
沖縄労働者人民との団結で自衛隊沖縄派兵を阻止し、
中・朝・インドシナ三国人民との連帯をかちとれ！

4・28沖縄「返還」協定粉砕・自衛隊沖縄派兵阻止 日帝による釣魚台(=「尖閣列島」)略奪阻止・入管二法粉砕前関西労学統一行動に起て！(1972年頃)

全学闘放逐後も全学自治会としての学友会とその下の六学部自治会という枠組みは残り、活発な学生運動が近年まで続いていたが、同志社大学学友会及び、学友会を構成する六学部自治会のうち神学部を除く5つの自治会は2003年12月18日学友会中央委員会決議により2004年4

1983.04.29「日帝の戦争準備と対決せよ!安保・改憲・天皇攻撃粉砕!」をメイン・スローガンに61大学、97団体、750名が結集(日大銀ヘル先頭に明大駿河台校舎から日大本部へ向けてデモ)(『北西風が党を鍛える』第二部)

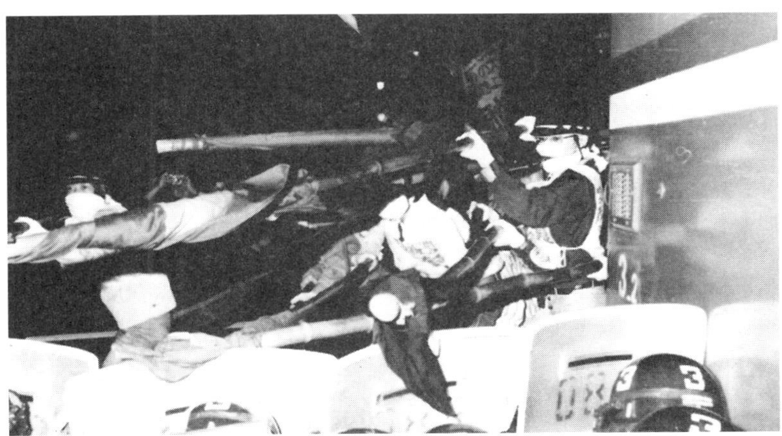

1977.08.23 狭山闘争警備　戦旗、法大全共闘等が部隊に旗竿で激しく突きかかり、戦旗2名、法大全共闘2名、計4名を公妨で検挙

著者所蔵　日大全共闘文理学部闘争委員会の銀ヘルメット

月30日に解散した。学友会に保存されていた同志社大学全学闘のヘルメットが、現在は同志社社史資料センターに収蔵されている。

なお同様にノンセクト化したブント系による活動が近年まで続いた例として中央大学共産主義研究会がある。中央大学共産主義研究会は赤地に「C」と書いたヘルメットを着用し、通称「赤C」と呼ばれたが、このヘルメットはもともと中大全中闘（中央大学全学中央闘争委員会）が使用していたものであった。中央大学の自治会はブントが握っていたが、文連やサークル連盟との連帯のためにこの中大全中闘が結成されたという（田村元行「中大全中闘の思い出」（荒岱介他『全共闘三〇年』（1998年、実践社）所収））。1968年10月21日の国際反戦デー闘争ではこのヘルメットを着用した部隊が丸太を担いで防衛庁に突入を図っている。中央大学のブントは独立社学同と呼ばれる系譜に属し、二次ブント分裂では叛旗派を構成したが、赤地に「C」と書いたこのヘルメットは叛旗派が影響下に置いていた『中央大学新聞』の発行主体である中央大学新聞会などに継承され、更に後にこれがノンセクト化し、中央大学共産主義研究会となったと見られる。

ヘルメットの継承という点では、日大文理学部の銀ヘルが挙げられる。もともと日大全共闘の文理学部闘争委員会は銀色のヘルメットを着用していた。1980年代に反憲学連（反憲法学生委員会全国連合）と闘い全国学生共同闘争を担った日本大学全文理連絡会議も銀ヘルを着用していたが、この両者に直接の関係はなかったようである（「遅れてきた『日大全共闘』の闘い」日大闘争を記録する会『日大闘争の記録—忘れざる日々』vol.9（2019年）所収）。

最も遅い時期まで残った全共闘としては法大全共闘があったが、1978年7月10日に中核派全学連の部隊と衝突し敗走して解体した（中川文人『ポスト学生運動史』（2010年、彩流社））。

【名　称】反戦青年委員会

【結　成】1965年8月30日

60年安保闘争後の日本社会党と日本共産党との対立によって、青年学生運動の統一組織であった安保青学共闘会議（安保反対、平和と民主主義を守る青年・学生共闘会議）の活動が停止されていた状況で、ベトナム戦争反対と日韓基本条約批准阻止という2つの目標を達成するための運動体として結成された。正式名称を「日韓条約の批准を阻止し、ベトナム戦争に反対する全国青年委員会」といい、日本社会党青少年局、日本社会主義青年同盟、日本労働組合総評議会の呼びかけによって1965年8月30日に結成大会を開催し、発足した。なお1967年6月の代表者会議にて正式名称をどうするかが検討されてからは、通称であった「反戦青年委員会」が正式名称のように使われるようになったという（社会運動研究会編『増補改訂 極左暴力集団』（1986年、社会運動研究会））。

結成総会には各単産青年部や学生・青年組織の代表が参加し、日共系の民青の代表も出席していたが、安保青学共闘会議の再開を前提としない限り参加しないとの立場をとり、更に反日共系やトロツキストの排除を要求したがこれが受け容れられなかったため参加を拒否した。これに他の日共系の労組や大衆団体も同調したため、反戦青年委員会は発足当初から日本社会党系によって担われることとなった。なお、反戦青年委員会に参加しなかった日共系は独自に1965年9月3日に安保反対、青学共闘の再開をめざす青年・学生代表者会議（青学代）を結成した。

全国組織としての全国反戦の下には各都道府県、市町村の反戦青年委員会が設けられ、更にその下に地域・職場にも反戦青年委員会が設けられた。団体と個人両方が加盟すること

革マル派系の職場反戦である国鉄反戦青年委員会
1970.06.18 6・18集会に国鉄反戦を先頭にデモで入場する国労の青年労働者
（革マル派『解放』165号（1970.07.15付））

革マル派系反戦青年委員会　1970.04.28 弾圧に抗した反戦500余のデモ（明治公園）4・28全国統一行動（革マル派『解放』161号（1970.05.15付））

ができ、発足時点で国労、全逓、全電通などの総評傘下の各単産や日本のこえとオブザーバーとして三派全学連と革マル派全学連、フロント系のベトナム反戦自治会共闘会議が参加していた。

反戦青年委員会は活発に活動を行ったが1965年末に日韓基本条約が批准されて以降は社青同内部の争いなどもあってその活動は停滞した。しかし1967年に入って砂川闘争で盛り返すと8月6日の第2回広島反戦集会において「自立」「創意」「統一」の組織原則を定め、次第に過激化するようになった。この過激化に対して総評は批判的な態度をとり、容認する姿勢を見せた社会党と対立したが、

中核派系反戦青年委員会1969.10.10　羽田闘争2周年統一行動

解放派系反戦青年委員会　1976頃 自衛隊の使用した木銃（『銃口は人民にむけられていた－日本原自衛隊投石事件写真集－』）

1968年以降一層過激化するにつれて社会党も容認できなくなり、1969年9月には総評と社会党が全国反戦の凍結を確認した。

これに対して革マル派を除く反日共系主要8派は全国県反戦代表者会議（全国県反戦）を発足させ、革マル派も1970年2月には全国反戦連絡協議会を発足させて、自派の影響下にある反戦青年委員会の組織化に努めた。1971年6月には反日共系主要8派が主導権争いによって対立し、8派の共闘機関としてあった全国全共闘が分裂すると全国県反戦も分裂し、中核派・第四インター・主体と変革派らと、解放派・ブント・ML派・怒濤派・社労同・共労党・フロントらにわかれた。全国県反戦の代表世話人が第四インター系の今野求と中核派系の鈴木達夫であったことから県反戦は中核派系グループが握ることとなった。しかし中核派系グループでも1972年6月には内ゲバに関する姿勢などで中核派と第四インターが共闘関係を解消するに至って、反戦青年委員会は全学連と同じく、事実上各セクトの労働者大衆組織となった。中核派はこの後、1980年代末から1990年代初めには反戦青年委員会としての活動を事実上停止し、労働者大衆組織は労働組合交流センターにとって代わっている。反戦青年委員会は、現在は革マル派系と革労協現代社派、赤砦社派の各反戦青年委員会が残るだけとなっている。

【名　称】共産主義青年団【通称：D・I・C】

【結　成】1969年5月

通称「D・I・C（Destruction Is Construction）」というノンセクト集団があったという。最近刊行された全共闘運動やその前後の学生運動の季節について扱った書籍の中ではほとんど触れられていないものの、当時はかなりの存在感があったようで、往時を知る人と話をしていると、ごく普通にその名前が挙がることがある。このDICが発行した機関紙誌を蒐集できているわけでもなく、あるいは何か新たな知見を持ち合わせているわけでもないのだが、1970年代以降学生運動が低調になり既存のセクトに代わってノンセクト・ラディカルやアナキストなどのいわゆる黒ヘル集団が当局から危険視される中で、後に解放委員会と組織合同してマル青同を結成する反戦共闘（京大レーニン研→レーニン研）とともに特に注目を集めた集団であったことを考慮してここでは紹介しておく。

なお、ここでの記述は主に『旬報学生青年運動』第334号（1972.07.15付）及び第347号（1973.02.15付）に拠っている。同誌の記述以外にほとんど文献資料が見出せなかった。

DICは1969年5月に元東大全共闘で東大大学院中退の土方健（茂田忠行）が中心となって東京で結成された。脱セクト・脱全共闘をめざし「大学の解放」を唱え、初期段階では解放大学と称する自主講座の開設なども行っていた。富田武は東大安田講堂事件以後のノンセクト・ラディカルの動きについて「M君らの『粉砕カリ委』（DIC　Distruction〈原文ママ〉is Construction『破壊は建設である』が合言葉）が…単位認定権、成績評価権などの『教官権限剥奪闘争』を提起し、東京地区解放大学としてのちに純化していった」（富田武『歴史としての東大闘争』（2019年、筑摩書房））としており、「DIC」という通称がDICの前身にあたる東大全共闘の一部グループに起源をもつとされている。

1970年1月には都内の私立城右高校に侵入する事件を起こして検挙者を出した。もともとは全共闘活動家らからなるノンセクト・ラディカルであったが、1970年9月頃に毛沢東思想を受容してからは農村地帯で赤色革命根拠地（RB）建設活動を開始し、農耕に従事しつつ毛沢東思想の学習・教宣活動を行っていた。構成員は約40名だったという。1971年1月からは沖縄県国頭郡国頭村奥集落にて約6,000平方メートルの荒れた畑を借り受け農作業に従事しつつ毛沢東思想の教宣活動を行ったが、連合赤軍事件の発生後、地元住民から立ち退きを迫られ、1972年4月頃退去した。この他にも東北長征隊を名乗る女性活動家6名が1972年8月から9月にかけて福島県東白川郡や双葉郡、相馬郡の農村地帯で移動しながら援農活動と毛沢東思想の学習宣伝活動を行い、また9月から10月にかけては福島県から山形県に入り米沢市入田沢地区などの農村地帯で同様の活動を行った。機関紙『紅風』を不定期に発行。1972年6月15日付の『紅風』では連合赤軍を擁護するよう訴える声明を出して注目された。共産主義青年団という組織名はいかにも中国派のそれであるが、1972年7月頃から対外的呼称として正式に使用されるようになった（日本政治経済研究所編『日共・民青 新左翼』（1974年、日本政治経済研究所））ものであるという。

東京のDICの活動に影響を受け1969年7月には京都でもDICが結成され、1971年6月頃からは滋賀県高島郡朽木村大字中牧地区（現高島市朽木中牧）にて農村復興隊を名乗って約3,000平方メートルの農地を借りて赤色革命根拠地建設活動に入った。構成員は約30名だったという。別名労働者解放団。

また北海道では北海道大学全共闘の活動家が北大闘争の過程で「大学の解放」を唱え、1969年8月札幌地区解放大学を結成したが、その後土方健のオルグを受け毛沢東思想を受容して1972年2月札幌D・I・C（別名共産主義労働団）と名称を変更した。中心人物は北大教養部中退の高橋誠司で、構成員は約10名だったという。1972年5月からは北海道静内町字厚賀三和集落に入り、無償労働を行いながら工作を行ったが8月の部落総会の決議により退去している。

以上の他に名古屋や仙台、神奈川、和歌山、千葉の各DICと、変革者会議、被害者から医療を学びなおす看護婦の会などのグループが存在し、全て東京DICの茂田の指導下で連携して活動を行っており、全国で約100名の構成員がいたという。

構成員は最高幹部の「正団員」と次点の「正団員候補」、一般団員の「観察中」の3段階に区分されており、入団資格は土方が提唱する「入りにくく出やすい組織」を反映して厳格なものの具体的な基準はなかったとされる。入団手続きは正団員の推薦を受けて「組織の下でブルジョア的傾向を一掃し、下層人民たちとともに自己を解放する一大事業に一生涯をかけて勇猛果敢、元気溌溂と邁進すること、および組織を下層労働者を中心とする下層人民の真の前衛部隊たらしめるため積極的勇敢に闘う」ことを宣誓し、本籍と出生地、現住所、家族構成、職歴、活動歴、生い立ちからなる経歴書を提出することになっていたという。

【名　称】日本赤軍党

【結　成】不明

日本赤軍党は、正式な名称は不明だが、赤軍派や日本赤軍と異なると思われる謎の党派である。同派によると思われる刊行物が複数確認されている。

確認できている刊行物を全て列挙すると、新赤軍宣伝遊撃隊名義の『赤軍旗』1〜3号、『前線旗』、赤軍党宣伝煽動局名義の『革命的レーニン主義』、『世界ボリシェヴィキ』、『赤軍インターナショナル』、日本赤軍党宣伝煽動局名義の『新赤軍の道』、『新赤旗』1〜2号となる。興味深いことにこれら全ての刊行物に発行年月の記載がなく、また収録されている声明にも同様に年月日の記載がない。従って上記のように複数の刊行物が確認されるものの、その出版年はおろか前後関係すら不明である。またこれらの刊行物は全てB5版の冊子であり、謄写版を切った手書きのものではなく全てタイプされていることから、それなりに資金力があったことがうかがわれる。

新赤軍宣伝遊撃隊名義の刊行物から見ていこう。『前線旗』は、発行者である新赤軍宣伝遊撃隊について、「日本赤軍党に直接指導された宣伝工作隊である」「日本赤軍党のうちだした政治基本路線に直接武装されている。日本赤軍党のうちだした基本的政治路線とは、革命戦争路線－人民戦争路線－全人民蜂起路線をもつた『長期の日本プロレタリア社会

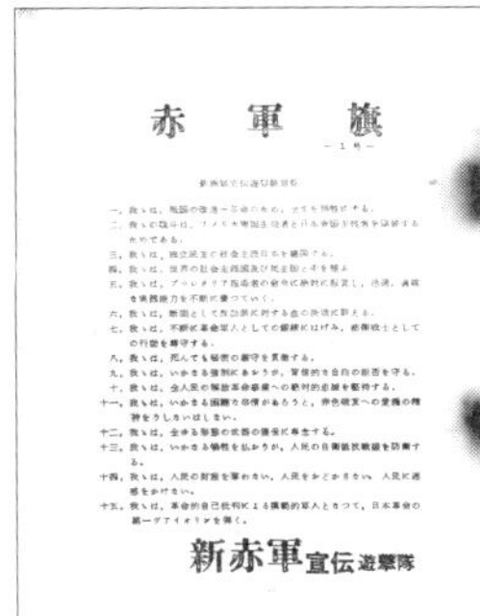
赤　軍　旗

新赤軍宣伝遊撃隊

新赤軍宣伝遊撃隊『赤軍旗』1号（発行年月日記載なし）

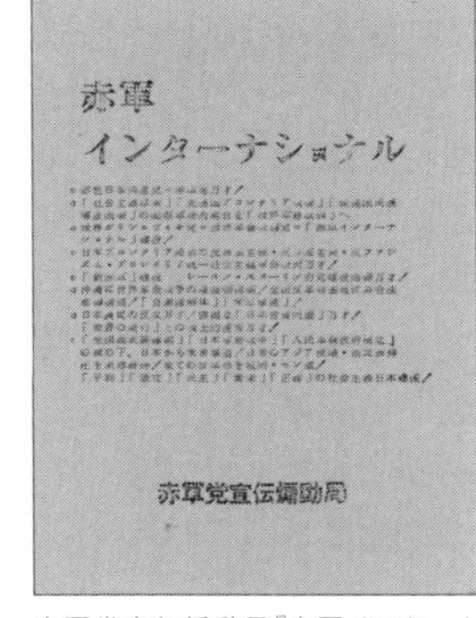
赤軍
インターナショナル

赤軍党宣伝煽動局

赤軍党宣伝煽動局『赤軍インターナショナル』（発行年月日記載なし）

新　赤　旗

日本赤軍党宣伝煽動局

日本赤軍党宣伝煽動局『新赤旗』1号（発行年月日記載なし）

主義革命戦術である』」とし、また新赤軍宣伝遊撃隊がその戦術の「原則上の団結の中核である」とする。その組織的位置づけは断片的にわかるものの、日本赤軍党がなにものかははっきりとはしない。記述から断片的にわかることとしては、日本共産党を宮本修正主義だと批判しつつも、日共左派系も批判し、その他のブント諸派も批判していること、革共同への批判はあまり見受けられないこと、マルクス・エンゲルス・レーニンなどと並んでスターリンや毛沢東を「万才」という中国派的な傾向が見られること、自らを非合法党と規定し地下に潜っていると称していることなどである。

しかし自らについて他党派との関係性に触れた記述も少ないながら認められる。『前戦旗』所収の「新赤軍宣伝遊撃隊＝日本共産党赤軍政治宣伝工作隊アピール」では「我ゝの党、日本共産党赤軍の歴史ほ〈原文ママ〉、共産同諸派との斗いの歴史であり、栄光の日本赤軍建設の全歴史である。世界革命戦争を唱えながら、世界一国同時革命－世界同時革命戦略の共産同諸派の一国主義路線と我ゝのプロレタリア国際主義の基づく世界革命路線との斗いの歴史であり、赤軍派の不徹底性－学生気質的建党健軍路線＝赤軍内日和見主義と我ゝの栄光の日本赤軍建設＝『必勝不敗の新赤軍』建設路線との全歴史」であるとの記述が認められ、共産同に近い部分にあったことを明らかにしている。

新赤軍宣伝遊撃隊名義の刊行物は『前戦旗』にしても『赤軍旗』各号にしても、およそその内容は新左翼セクトの作風とは異なる。セクトの機関紙といえば、創刊号では結成宣言や創刊の辞などのアピールがあって、なぜその機関紙を発行したのか、これから何をめざすのかがうたわれる。また大体の構成としては現下の情勢分析を行ったうえで、自らの拠って立つところの思想や主義を明らかにし、今の自らの任務を規定し、そのための戦略と当面の戦術を示し、更に具体的に関わっていく個別の闘争について触れる、というのが一般的なところである。この中では自らが何者かということが多かれ少なかれ触れられるものであり、自らとの関係性から他党派批判というものも出てくる。しかし先に挙げた『前戦旗』『赤軍旗』は妙に勇ましい言葉が並ぶものの、抽象的で具体性に欠け、論理展開が曖昧ながらも全てが断定的である。これは武装蜂起準備委員会の機関紙などから受ける印象に近い。セクトではなくノンセクトがセクト化し損なったものではないかと思わせるような内容である。

一方で赤軍党宣伝煽動局名義の『世界ボリシェヴィキ』ではもう少し

はっきりとした共産同諸派への批判が認められる。この批判の文章は他のパンフレットに掲載されているものと違っていかにもセクトのそれである。このパンフレットは、「1.プロレタリア独裁と背教者 田原芳」「2.『左派』を名のる小ブル『右派』」「3.『叛旗』はいかに革命を裏切っているか」「4.『キム』の名に恥じる国際改良分裂主義」「5.『同盟外・内線宣言』」「6.『赤軍』から『赤軍党』へ」の6章からなっているが、赤軍派への批判もあるものの赤軍派の八木健彦を「八木同志」と呼ぶなど、赤軍派への一定の評価もうかがえる。

日本赤軍党宣伝煽動局名義の『新赤旗』も同様に、『前戦旗』や『赤軍旗』とは全く異なった印象を受けるいかにもセクト的なパンフレットである。『新赤旗』1号では、日本赤軍党として「『日本共産党』の革命的再建」を打ち出し、より具体的に「白色日本共産党（宮本修正主義）の裏切りに対する赤色日本共産党の建設」「古参毛沢東教文主義者の分裂主義に対する真に毛沢東的な団結党建設」などを掲げている。また塩見や佐野、花園、上野、よど号グループら赤軍派の幹部を批判し、また赤報派も批判の対象としている。この文章からは、当時官憲の監視下にあり、また主要な幹部が獄中にあった赤軍派において、それら幹部の指導を離れた部分が書いているような印象を受ける。また『新赤旗』2号では、「我ゝが歩んで来た道は、まず赤軍内マルクス・レーニン主義共産主義者グループとしての道であり、当時では力量不足と情況がそういう一定の活動にとじ込めさせていた。それ以来、我ゝは、その一定の活動範囲の中で赤軍内日和見主義に反対し、マルクス・レーニン主義の思想宣伝隊としての活動を開始し、その多少とも長い過程の中から、各種の政治路線を獲得し、秘密裏に赤軍党をうち鍛えて来た」として、自らを赤軍派内の一フラクションであったとしており、更に塩見や上野、花園、梅内などの赤軍派の主要な活動家を批判し、赤軍派の統一と団結を訴えている。

この『新赤旗』の記述から考えると日本赤軍党は赤軍派再建を主張する赤軍派の小分派と見るべきなのであろうが、この『新赤旗』以外のパンフレットは先に触れた通りノンセクト的であり、日本赤軍党がどういった経緯で、赤軍派のどの部分によって結成された党派なのかといった基本的なことはわからず、またノンセクト的な『前戦旗』、『新赤旗』と、セクト的な『世界ボリシェヴィキ』『新赤旗』の前後関係などが判断できないことが難点である。

また「赤軍党」を名乗らないものの

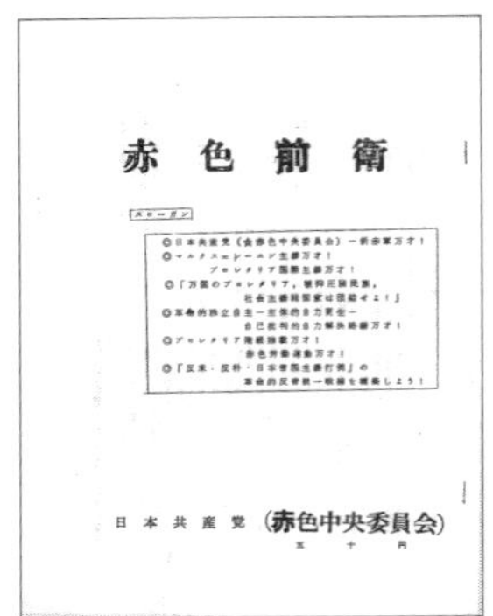

赤色前衛

スローガン

◎日本共産党（☆赤色中央委員会）－新赤軍万才！
◎マルクス＝レーニン主義万才！
プロレタリア国際主義万才！
◎「万国のプロレタリア，被抑圧諸民族，
社会主義諸国家は団結せよ！」
◎革命的独立自主－主体的自力更生－
自己批判的自力解決路線万才！
◎プロレタリア階級独裁万才！
赤色労働運動万才！
◎「反米・反朴・日本帝国主義打倒」の
革命的反帝統一戦線を構築しよう！

日本共産党（赤色中央委員会）
五十円

日本共産党（赤色中央委員会）『赤色前衛』

☆革命的独立自主－主体的自力更生－自己批判的自力解決路線万才！

赤色前衛

☆日本共産党（赤色中央委員会）・新赤軍万才！
☆マルクス＝レーニン主義とPr国際主義万才！
☆プロレタリア階級独裁と人民の暴力革命万才！
☆反米反朴日帝打倒の革命的反帝統一戦線万才！
☆赤色インターと統一日共・統一日本赤軍実現！

◎官憲の釜テント村奇襲に断固反撃し、リンチでつち上げに怒りを集中させよう！
◎労働者切り捨ての革新＝にせの社会主義・にせの共産主義を粉砕しよう！
◎全国の労働者は、釜越冬闘争に学び、今春闘、革命的な階級統一を勝ちとろう！

日本共産党（赤色中央委員会）『赤色前衛』一枚刷

刊行物に同様に発行年月の記載がなく、B5版の冊子で、全てタイプされているという赤軍党のパンフレットと同様の特徴をもつ日本共産党（赤色中央委員会）または日本共産党（☆赤色中央委員会）名義の『赤色前衛』というパンフレットが確認されている。この日共（赤色中央委）と赤軍党との関係は不明であるが、このパンフレットには「マル青同」や「日本労働党」の名前が見えることから、1974年以降の発行と推測され、恐らくは赤軍党のパンフレットより後のものと思われる。また一枚刷の『赤色前衛』は、釜ヶ崎の労働者や支援グループに対して書かれたものであり、実際の闘争に関与する記述は赤軍党のパンフレットには見られない特徴となっている。

この赤軍党について記述が発見できた資料として、連合赤軍あさま山荘事件直後の1972年3月16日付の朝日新聞朝刊社会面に掲載された「新赤軍結成の動き」と、1972年4月に発行された週刊サンケイ臨時増刊号所収の「早くも再建！新赤軍全陣容」があり、またこういった一般向けの書籍以外では日本政治経済研究所編『日共・民青　新左翼』（1974.10付）にその名前が見える。

朝日新聞の記事によれば、1972年3月10日頃、都内の新左翼系出版物を取り扱う書店に若い男が日本赤軍党宣伝煽動局名義の『新赤軍の道』数十部を持ち込んだといい、これは2、3日で売り切れたという。また赤軍派の長期路線派（後述の週刊サンケイの記事参照）を紹介し、日本赤軍党が、党の指導性を重視していることを根拠として「森一派と袂を分った関西中心のブント系組織の新党結成とも考えられる」とする当局の見方を伝えている。

また週刊サンケイの記事によれば、あさま山荘事件後に刊行された日本赤軍党宣伝煽動局名義の『新赤軍の道』はリンチ事件や日共革命左派との連合を批判しつつもあさま山荘事件自体は高く評価しているといい、更に公安担当者による情報として、日本赤軍党を赤軍派の「主導権争いから生まれた一派らしい」としたうえで、1969年の「大菩薩、本富士署襲撃などの一連の事件で、二〇〇人近い逮捕者を出し、ハイジャック事件で有力幹部が抜けた赤軍派は、森恒夫（二七）の主張する短期決戦路線と、長期路線をとる一派とにわかれた。森一派は塩見孝也（三〇）の支持を受けて赤軍派の主流となり、長期路線派は赤軍派から出て赤軍党を結成した。赤軍党は、その後ほとんど活動をしていなかったのだが、『あさま山荘』事件の前に森が逮捕されると同時に『新赤軍』を組織するために動き出したのだ。一味には赤軍派の一部のほか同じブント系で組織のつぶれたML派の一部、RGの脱落者なども加わっているもようで、京都に本拠を置いているらしい。」とその出自と現況を伝えている。この公安担当者による情報自体は興味深いものではあるが、これ以上の情報はない。

『日共・民青　新左翼』では赤軍党について詳細な記述はなく、「ノンセクト・グループ」としてDICなどとともにその名前が挙げられている。

全く論拠のない話だから単なる想像ではあるが、その後の赤軍派再建の動きの中でこの日本赤軍党が姿を現さなかったことを考えると、赤軍派に近い位置にあったか、あるいは革命戦線のような大衆戦線にあった活動家グループが、赤軍派が壊滅状態に陥る過程で指導を外れて一旦はノンセクト化しつつも、連合赤軍の一連の事件後の赤軍派再建への過程で再度赤軍派主流への途を志向したが、結局は挫折し消滅したか、別のグループに吸収されたのではないかと考える。梅内恒夫のように声明を出しながらも消息を絶った著名な活動家もあることから考えるとあながち否定できない想像ではないかと考える。

いずれにせよ現時点ではこれ以上の情報は集まらなかったので、情報をお持ちの方があればお寄せいただきたい。

8

ゲバスタイル総説

本書で扱っている新左翼の運動は、一般には大学生以外の労働者や高校生、市民によるものも含めて広く「学生運動」と呼ばれる。そして学生運動といえば、ヘルメットとゲバ棒がすぐに連想される。では、このヘルメットとゲバ棒のイメージはどのようにして定着したものなのだろうか。本項ではこれを明らかにしていく。

1.ヘルメット、覆面など

①ヘルメットの種類～ヘルメットの形態と呼称～

(1) 工事用ヘルメット　ドカヘル・紐ヘル

学生運動のヘルメットの多くは工事用の、一般に「ドカヘル（土木作業員の俗称「土方」の「ヘルメット」の意か）」といわれるもので、ヘルメットの形状が多様化した今日では「MPタイプ」といわれるものである。現在市販されているヘルメットは大きく帽体と内張り（ライナー）にわかれ、内張りは劣化に応じて交換可能であるが、かつては内張りが現在のような構造ではなく、帽体に開いた穴に紐を通し、この紐を用いて帽体の内側で布テープを固定し、更にこれらの布テープを紐でまとめることで、ハンモック状のライナーを形成していた。帽体を貫く紐は後頭部で結ぶ

ヘルメット一覧　1970.02.01 現在

標準的な作業用の紐ヘル。これは特定の政治団体等のものではなく、正面のマークは三井グループのもの。このヘルメットの所持者は三井三池炭鉱を経て三井化学で技術者として働いていたということで、そのいずれかの会社の作業用ヘルメット。ただし坑内作業用ではない

紐ヘルの内装。茶褐色の布テープを帽体を貫く白い紐で吊っている。これは中核派全学連のヘルメットの内装

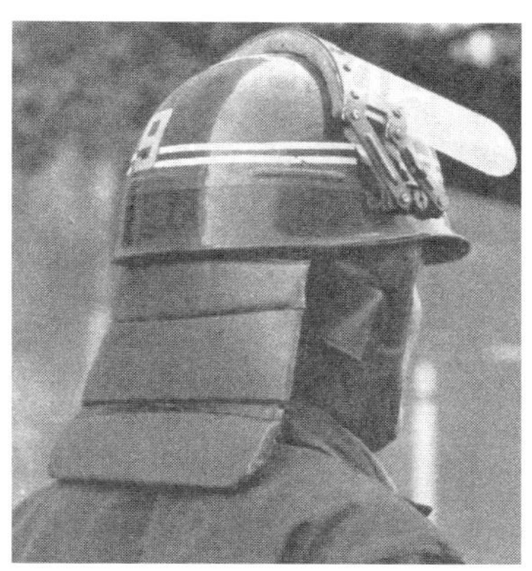

「強化されたおおい」（第2安保警備記録グラビア編集委員会編『激動の990日』(1971年 警視庁)）よく見ると二重白線部の下にテープが貼ってあり、紐の膨らみが見て取れる

構造になっており、この紐を緩めれば目深にかぶることができた。このようなヘルメットは、帽体の穴から内張りの紐が外部に露出していることが特徴であり特に「紐ヘル」と呼ばれる。

実はこうした運動に対峙していた機動隊のヘルメットもよく見ると紐ヘルであった。違いは外部に露出した紐部分をテープで保護し、更に防石面や首筋を守るおおいが付加されていることである。

しかし、このような紐ヘルは、時代が下るとともに廃れてきた。中心部を紐でまとめてハンモック状にする形式は紐ヘルが衰退してからも長く使われ、現在でも一部のヘルメットはこの形式を踏襲しているが、紐が帽体を貫く形式はなくなってしまった。廃れた理由としてはあくまで推測の域を出ないが、帽体の外周を貫く紐は任意に緩めて深くかぶることができるため、緩めすぎるとヘルメット本来の落下物から頭部を保護する機能が果たせなくなってしまうことや、紐を通す穴が帽体に開いていることは強度面から見て好ましくなかったためと思われる。またあくまでもうわさにすぎないが、紐が外部に露出していると、紐が劣化し

やすく、落下物などで大きな衝撃を受けた際に切れてしまい、ヘルメットの本来の頭部保護機能が果たせなくなってしまうことがあったためだともいう。

紐ヘルの消滅に相前後して登場したプラスチック製のライナーは、頭囲の調節はできても目深にかぶることができないという欠点があった。私も仕事でよくかぶっていたが、工事用のヘルメットというのは、帽体とライナーの間には結構スペースがあり（一部のヘルメットにはこのスペースに衝撃吸収ライナーといわれる発泡スチロールを入れるものもあり、これがヘルメットの頭部保護の機能の一部を担っている）、その結果として「かぶる」というよりも「乗っかる」かたちになってしまい、どうにも不恰好で、覆面をするにも顔の露出している範囲が大きくなってしまうという欠点があった。活動家の中にはこのことを嫌って、ライナーを切って目深にかぶろうとする者もあったという。著者が所蔵するヘルメットの中にも、ライナーが壊れているものもあるが、ライナーというものは無理にいじろうとしない限り変形するものでもないので、これはやはり故意に壊されたもののように思われる。また現存する党派のヘルメットの中にはライナー自体が取り外されてしまったもの（熊野寮に複数個あったという「労青団」ヘルメットは全てライナーが外され帽体しか残っていなかったという証言を得ている）もあり、ライナーの調節ができなくなったことは、活動家からは歓迎されていなかったものと思われる。

動労広島地本ヘルメット　「助士廃止反対」のスローガンからして60年代末頃か

ライナーが一部切って壊されている

またこれらのヘルメットは購入するべきもので、当時の写真にはまとめて買ったと思われるヘルメットの箱も見られるが、工事現場から盗んで使用されることもあったという。著者の所蔵するヘルメットのなかに

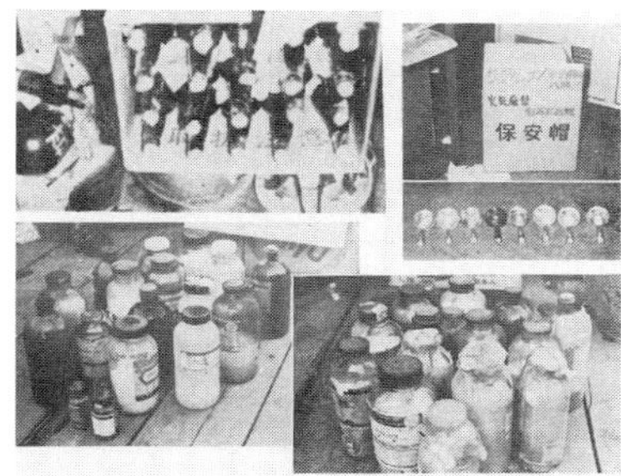

武器庫となった拠点校で発見された火炎びんや劇薬（警察庁警備局『警備警察』（1969年））。保安帽の箱が丸底フラスコを用いた火炎びん（劇薬びん）の保管に転用されていた

著者所蔵のヘルメットにも、建設会社の名前が書かれたものがある

1978.04.02 勝利のデモかちとる青学共闘（第四インター『世界革命』518号（1978.04.10付））

第四インター派の三里塚闘争現地闘争組織「三里塚空港粉砕全国学生共闘」のヘルメット。1978年3月26日の開港阻止闘争で実際に使用されたと伝えられるジェットヘルである

も、塗装の下に建設会社の名前が見えるものがあり、これらはひょっとするとそういった品かも知れない。

(2) バイクヘル（ジェットヘル・フルフェイス・半帽）

ゲバスタイルで使われるヘルメットはドカヘルのような工事用のものだけでなく、バイク用のヘルメットも多く使われた。「バイク用」といってもいろいろあるが、左翼系の文献で「バイクヘル」という場合には、いわゆる「ジェットヘル」である場合が多い。このバイクヘルを初めて大々的かつ組織的に運用したのは第四インター派であったといわれる。

その他のバイクヘルも使用例はあるが、「フルフェイス」のヘルメットは、一般的なデモなどではあまり見受けられない。フルフェイスだとやはり重く、しかもシュプレヒコールを上げるデモでは口元が覆われていると不便なのかもしれない。しかし、北富士闘争等で櫓の防衛で使われている例があり、最近では2013年1月13日の反対同盟北原派の旗開き後のデモで中核派が使用している。

またお椀を伏せたような「半帽」型と呼ばれるヘルメットもしばしば使われ、更にヘルメットには、防石面のような面体を付けたものもあった。

著者所蔵の生写真　最前列の反対同盟戸村委員長着用のヘルメットが半帽型。1977年5月の衝突で催涙弾を頭部に受けて死亡した東山薫君の追悼集会における黙禱の場面を捉えた写真か

著者所蔵の生写真　1969年1月、安田講堂事件に向けて緊張が高まる時期の写真と思われる。写真右のML派学生のかぶるヘルメットが半帽型+防石面である。その左側の2人は報道関係者だが、うち1人はドカヘルに防石面をつけている

②ゲバスタイルとしてのヘルメットの誕生－三池闘争

ヘルメットを初めて組織的に用いたのは三池闘争であろうと思われる。だが炭鉱労働者はそもそもヘルメットをかぶって作業に従事する人々であるのだから、単にヘルメットをかぶっただけではゲバスタイルとは言えない。衝突を予期して、想定される相手から身を守り闘うためにかぶってこそ、ゲバスタイルと言える。

三池闘争で「ゲバスタイルとしてのヘルメット」と言えそうなそれが登場したのは、確認できた限りでは1960年3月20日のことである。確認できた写真（「塹壕を掘る三池労組」（毎日ムックシリーズ20世紀の記憶『60年安保・三池闘争－1957-1960』（2000年、毎日新聞社）184頁））では、ピケを張る三池炭鉱労働組合（以下「旧労」）側が塹壕を掘る横でピケットラインを構成する旧労の組合員が、坑内作業用のヘルメットの上からはちまきを締めている様子が見える。この写真の3日前の17日には、15日に旧労から脱退した反主流派（いわゆる「批判派」）が三池炭鉱新労働組合（以下「新労」）を結成し、新労が強行就業を試みて旧労と衝突する可能性が予測されたため、こういった装備をしたものと考えられる。また当時の写真で使用されているところを確認できなかったが、おそらくは戦時中の民間鉄帽をベースに三池労組のマークを正面に塗装したヘルメットを著者は所蔵しており、この頃から色や文字を揃えるような試みもあったのかもしれない。

三池労組（旧労）のゲバスタイル地のヘルメット再現。鉢巻は実物、ヘルメットは三池かどうか不明だが九州の炭鉱で実際に使用されていた坑内作業用のもの

著者所蔵の生写真　当時の三池労組の集合写真

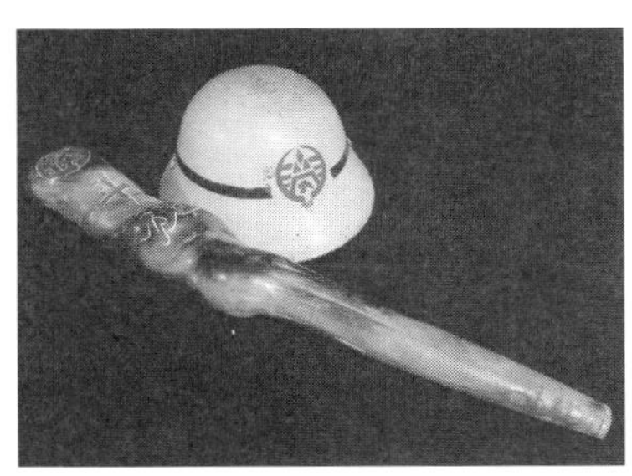
三井三池労組のヘルメットとホッパーパイプ

一方で旧労から分裂して結成された第二組合である新労がゲバスタイルを採ったのは、確認できた限りでは旧労のピケを破って強硬就業するために、手に棒を持ち揃いの真新しい白いヘルメット（坑内作業用ではないと思われる）で四山鉱へ向かった3月27日のこと（「棒をもってピケ排除に向かう第二組合員。この後ピケを排除し約300人入坑…四山鉱」（『60年安保・三池闘争－1957-1960』184頁））である。この時は小規模な衝突の末に新労は旧労のピケを破って入坑に成功している。翌28日の三川鉱入坑をめぐっては前日ピケを破られたこともあって旧労のピケは固く、流血事件に発展した（『60年安保・三池闘争－1957-1960』185頁）。この時の旧労ピケ隊には、支援に駆けつけた福岡県教職員組合のオルグ団とされる「福教組」と書き入れた白ヘル姿が複数見られる（「旧労のピケ隊の中には白ヘルメットの福教組オルグ団もいた。」（三池新労・三池職組『三池のあしあと1960』（1960年、三池炭鉱新労働組合）20頁））。

これらの衝突を経て、それまでは、はちまき姿がせいぜいだった三池の労働組合は、ピケッティングの際にはヘルメットを着用し、時にはこん棒まで持つようになった。この後、旧労は頻繁に警官隊や新労と衝突し、けが人を多数出し、3月29日には旧労組合員久保清さんが暴力団員に殺害されるほどに事態は悪化する。

7月5日

三池旧労ピケ隊の
七ッ道具

三池炭鉱
新労働組合

旧労はこんなもので武装？　している

旧労ピケ隊が鉄帽、フク面、ヤツケに身をかためていることは御存じの通りであるが、スクラムをくずさない為と言つて腰に荒ナワをまき、中に鉄線をまき込み、其の端には分銅をつつみ込んでいる者もいるといわれている。

こんな物も持っているらしい

三池旧労ピケ隊の七ツ道具　三池新労ビラ　内容が事実かどうかは不明であるが、三池新労がこのようなビラを出すほどに両組合間の衝突は激化していた

更に5月に三川鉱ホッパーのピケッティングが始まってからは、それまでも一部で行われていた手ぬぐいによる覆面が、全体で見られるようになった（『60年安保・三池闘争－1957-1960』191頁）。三川鉱ホッパーでの旧労のピケに対しては、5月4日に三川鉱ホッパーへの立入禁止や妨害排除などの仮処分が認められ、20・21の両日に仮処分命令の執行として塀造りが行われた。この執行を阻止するために総評弁護団や日本社会党議

員団が出たが、この時の社会党議員団は「政治局」と書かれた白ヘルメットをかぶっている(『三池のあしあと1960』51頁、「執行吏の行動を阻止する社会党議員団。」)。7月になって到着した炭労のオルグ団もヘルメット持参で来ており(『60年安保・三池闘争－1957-1960』195頁、「北海道炭労オルグ団の到着」)、衝突に備えていたと思われる。

この頃のゲバスタイルはヘルメット(坑内作業用も含む)の上からはちまきを巻くスタイルがほとんどで、坑内作業用のヘルメットは、彼らにとっては商売道具であるからか、後年の多くのゲバスタイルのように坑内作業用のヘルメットに直接塗装したりスローガンを書入れたりしている例は見出せなかった。覆面もヘルメットの両側面のループ部にタオルなどを通す形式の、後年の学生運動で一般的なスタイルよりは、頬かむりをしてあまった布を顔に巻くというスタイルの方が多いように見受けられる。

またこの三池闘争において、確認できた限りでは最も早い学生のゲバスタイルも登場する。7月16日に全学連第一陣が三池に支援としてやって来た時の写真を見ると手にヘルメットを持っている(『60年安保・三池闘争－1957-1960』198頁)。また22日の大牟田署前のデモ行進ではヘルメットをかぶった学生が、全学連旗や加盟自治会の旗、共産同旗を持っており、その日のうちに同署前で警官隊と衝突している(『60年安保・三池闘争－1957-1960』202-203頁)。この頃の全学連のヘルメットは個人によってバラバラで統一されておらず、あくまで頭部を保護するというヘルメットの本来の用途で使用がなされており、党派性の誇示や隊列の一体性など、頭部を保護する以上の機能は備えていなかったように見受けられる。

③学生運動の画期－1967・8・1 第一次羽田事件

その後、ヘルメットの組織的運用はあまり見られないが、1964年11月の社青同第5回大会で闘争方針をめぐって議論が紛糾した頃から原潜寄港反対デモや国会前の座り込みの先頭に50名くらいの白ヘルメット・黒ジャンパー姿の戦闘部隊が見られるようになった(社会問題研究会編『全学連各派－学生運動事典－』増補改訂'70年版(1969年、双葉社))といい、これは社青同三多摩分室のインターが始め、協会派を除く東京地本に定着したというヘルメット・革ジャンパー・半長靴のスタイル(樋口圭之介『六〇年代社青同(解放派)私史』(2012年、社会評論社))と思われるが、写真は未確認である。

毎日ムックシリーズ20世紀の記憶『高度成長－1961-1967』（2000年、毎日新聞社）115頁の1964年11月の原潜寄港反対のデモ隊には、ヘルメットをかぶった学生が何人か見られるが、これもごく限定的・個人的なもので後年のような組織的・継続的運用とは言えないと考える。

その他には1966年早大学費闘争において、2月12日に学費値上げに反対し本部封鎖の挙に出た共闘会議らの学生と、本部封鎖に反対し実力でバリケード撤去を行った体育局（運動部学生有志等）学生とが乱闘になり、これに対する報復のため、また体育局内に監禁されていたという学生救出のために、封鎖派の学生が体育局に押し掛けた際のゲバスタイルがある。覆面はせず「全学連」と正面に書いたヘルメットをかぶった学生が角材を手に集結した様子が確認できる（早稲田キャンパス新聞会『写真集 早稲田の150日』（1966年）22頁）。この12日の乱闘時には体育局学生らも封鎖解除にあたってヘルメットを着用し「W」の文字が大きく入った揃いの腕章を巻いていた（『高度成長－1961-1967』184頁）。

1966年3月21日には青年医師連合が結成され、また東京理科大、明大、中大、東京医科歯科大などがストライキに突入。更に東京学生会館の退去問題をめぐって学生が籠城し、機動隊が導入されるなど、学生たちの動きが活発化していき、12月には中核派、解放派、ブントの3派によって全学連が再建されるに至った。

初めて学生が武装して街頭に出た、換言すれば後に定着するゲバスタイルの萌芽が見られたのは1967年10月8日の佐藤首相訪南ベトナム阻止羽田現地闘争（第一次羽田事件）といわれる。もっともこれ以前にも上で見たような小規模な内ゲバなどでの運用はあるが、定着はしていなかった。10・8の時にも確かにヘルメットがある程度の数が使用されていたことが写真などからうかがえるのだが、党派性の誇示だとか隊列としての統一性だとかはまだ見られない。

当時はまだ前身の社青同解放派であった革労協も、ヘルメットをかぶり始めたのをこの一連の羽田事件の頃だとしている（全学連（伍代委員長）HP「石井真作同志の生きた時代」http://zengakuren.info/Comrade_Ishii.html　2023年3月31日著者確認）ほか、比較的穏健な活動とされる構改派系の共学同がヘルメットをかぶり始めたきっかけも、この第一次羽田事件だとされて（『置文21』編集同人編『回想の全共闘運動－今語る学生叛乱の時代』（2011年10月、彩流社）110頁）おり、これは新左翼党派の中では比較的早

1967.10.08 穴守橋周辺、阻止車両をはさみデモ隊と対じ（警視庁第２安保警備記録グラビヤ編集委員会『激動の990日』(1971.01付)）

1967.10.08 暴力学生は弁天橋上で、突入を企図（警視庁第2安保警備記録グラビヤ編集委員会『激動の990日』(1971.01付)）

1967.10.08 鈴ヶ森ランプから高速道路を通って羽田へ向おうとする暴徒。これを阻止する警備部隊（警視庁第２安保警備記録グラビヤ編集委員会『激動の990日』(1971.01付)）

1967.11.12 京浜急行大鳥居駅の線路上を突進　第二次羽田事件（警視庁第２安保警備記録グラビヤ編集委員会『激動の990日』(1971.01付)）

1967.11.12 警備部隊と衝突　第二次羽田事件（警視庁第２安保警備記録グラビヤ編集委員会『激動の990日』(1971.01付)）

い方だという。警察側の資料によってもゲバスタイルの登場はこの頃とされ（第２安保警備記録グラビア編集委員会編『激動の990日』（1971年、警視庁）13頁）、これ以降の所謂「激動の七ヶ月」がゲバスタイルを定着させたのだと思われる。

なお10・8に先立つこと1ヶ月前の9月7日には同じ羽田で佐藤首相訪台阻止闘争が取り組まれ、空港突入を図ったとされるが、この際には学生の多くはヘルメットを着用していない（『高度成長－1961-1967』222頁）。その際の写真と比べると、10・8が学生運動の画期と呼ばれる所以がよくわかる。

④ヘルメットの定着－激動の七ヶ月

1967年11月12日の佐藤首相訪米阻止羽田現地闘争（第二次羽田事件）になると、ヘルメットの数が増え、統一性もでてきて一応の完成を見る。

1967年に大学に入学して中核派に属し、1969年9月の全国全共闘結成大会まで学生運動に参加していた活動家からの聞き取りによれば10・8以前はノーヘルのデモで、当人が参加した10・8ではヘルメットは一部の活動家が使用していたが、彼が使用し始めたのは11・12からであるという。これは各種写真資料からの印象を裏付ける証言となっている。

この後、ゲバスタイルが定着してから内ゲバが活発になるまで各派がある程度共存して活動を行っていた頃は、ノンセクトの自治会関係者や、自治会の呼びかけに応じてデモに参加する学生たちは自前のヘルメットを持たず、また独自にデザインしたヘルメットを作って独自隊列を組むこともなかったという。これらの学生たちは党派がヘゲモニーをとっている自治会にヘルメットを借りに行き、党派側もおおらかにもこれに応じて貸し出しをするのが当たり前になっていて、後年のように、そもそも自治会と党派のヘルメットが峻別されていなかったばかりか、ゲバスタイルの面では党派活動家も一般の学生も同じものをかぶることが当たり前だったとの証言もある。

ゲバスタイルの定着により、ヘルメットは闘争の象徴になっていった。それこそ猫も杓子も街頭に出る者・運動をする者は頭部保護の機能を欲するかどうかにかかわらずヘルメットを着用していた。当時のアサヒグラフ誌を見てみると多種多様なヘルメットが見られるが、組織だったものもそうでないものも多く見受けられる。

またヘルメットが闘争の象徴となったことで、「ヘルメットをかぶらない」ことに意味が生まれた。10・8とその後の「激動の七ヶ月」以前はヘルメットをかぶらないことが「普通」であったが、「激動の七ヶ月」以後は逆にヘルメットをかぶらないことに意味が見出されるようになったのである。狭山闘争では1971年6月に部落解放同盟と支援する諸団体との間でなされた取り決めにおいて「狭山公判闘争には、ヘルメットを着用せず、ゲバ棒を持たない」との条項が設けられ、確認された。他の闘争ではヘルメットを着用する諸団体もこの取り決めに則り、狭山闘争ではヘルメットを着用しなかったが、1974年11月27日の再開公判以降はこの取り決めに違反し、支援団体においてヘルメットの着用が見られるようになったという（「主張　狭山闘争を共同のたたかいとしてさらに発展させよう　共同闘争の原則を確認して規律ある取組みが必要である」（狭山差別裁判取消し・無実の石川一雄即時釈放要求中央闘争委員会『狭山差別裁判』

第5号(1974.03.15付)所収))。

⑤様々な工夫

これ以降60年代後半の闘争はゲバスタイルで闘われた。この頃のゲバスタイルはドカヘルとタオルが基本で、ドカヘルは両耳の辺りにそれぞれあるループをあご紐によって結ぶことで固定する構造となっているが、あご紐の代わりにタオルを通し、あご紐としての役割を担わせつつ、同時に覆面としての機能をも持たせるスタイルが出てくる。元アナキスト革命連合(ARF)のオルガナイザー千坂恭二氏によれば、単にタオルを通すだけでは機動隊に剝ぎ取られるおそれがあることから、ARFではタオルを結んで完全に固定することとなっていた。

覆面としてイレギュラーなものには面があった。この写真は背叛社というアナキスト団体から押収されたものである。また目出し帽を使う例も見られ、70年代には中核派が沖縄で自作と思しき目出し帽をかぶっている写真がある(池宮城晃・池宮城拓『沖縄返還 1972年前後』(1998年、池宮商会)56-63頁)。もっとも背叛社はべ反委の流れを汲み、爆弾闘争を志

1969.09.03 大隈講堂屋上の最後の抵抗 写真左から3人目と右端の学生は、顎紐の代わりにタオルを使用し、覆面と兼用している(早大封鎖解除警備 警視庁第2安保警備記録グラビヤ編集委員会『激動の990日』(1971.01付))

向していたものの暴発事件を起こして摘発された組織であり、後者の中核派も普通のデモではなく暴動を誘発するための変電設備や交番の火炎瓶襲撃なので、ゲバスタイルが登場する通常の大衆武装闘争というよりも、どちらかというと「ゲリラ」色の濃い場面で使われたイレギュラーなゲバスタイルであるかもしれない。

また背叛社の写真の面体は石膏でできており、覆面だけでなく爆発物を用いる際の飛散物から顔面を保護する機能もあったとされる。

1968.10.06 押収品（背叛社暴発事件　警視庁第2安保警備記録グラビヤ編集委員会『激動の990日』（1971.01付））

⑥三里塚闘争における様々な工夫

1970年代に入ってもゲバスタイルは基本的にドカヘルだった。この間武器の面でのエスカレートは多々見られたが、ヘルメットは変わらなかった。

神奈川県警の警官3名が殺害された1971年9月の東峰十字路事件で

1969.01.18 医学部屋上から投石 機動隊員の頭上へ（警視庁第2安保警備記録グラビヤ編集委員会『激動の990日』（1971.01付））

は、支援党派は各セクトのヘルメットの色を敢えて消して実力闘争を行ったといわれており、焦げ茶色の無地のヘルメットをかぶったという話がある。

これについて東峰十字路事件に参加したブント叛旗派の小山健は、全部隊約1,000名中、先発隊360名のうち「日中系（引用者注：中国派のこと）三派の日中・人民連帯・プロ学同は、事前にヘルメットの党派色を消していた。叛旗派は打ち合わせた訳ではないが、せん滅戦方針を前日に聞いて、叛のヘルメットの上に全員が白

イラスト・水野英子

第四インターナショナルの青年組織日本共産青年同盟宣伝戦線編集委員会編『宣伝戦線』（1977.10付）より

タオルを巻くことにした」と証言している（小山健ほか『叛旗派・武装闘争小史』増補改訂版（2014年、叛旗派互助会・神津陽事務所））。

しかし三里塚闘争が開港阻止闘争の山場を迎える頃にはバイクヘルの組織的運用がなされるようになる。1978年3月30日の新東京国際空港開港予定日を前に、3・26開港阻止闘争で最大の動員を誇った第四インター派の大衆現地闘争組織である三里塚を闘う青年共闘、三里塚空港粉砕全国学生共闘などが1977年10月9日からバイクヘルを組織的に運用し始めた。これは「空港包囲・突入・占拠」の考え方に関する討議の中で提起され、採用されたものである（三里塚を闘う全国青年学生共闘編『管制塔に赤旗が翻った日』（1979年、柘植書房））。バイクヘルは戦旗荒派の労共闘やプロ青同系の三里塚を闘う青年先鋒隊も使用した。先鋒隊のバイクヘルは空と大地の歴史館に実物が収蔵・展示されている。

バイクヘルの導入と時を同じくして、標準装備としてゴーグルが用いられるようになった。それまでも街頭や大学のバリケード封鎖時には、機動隊の催涙液の高圧放水から目を保護するために度々使用されてきた。第四インターが実力闘争全盛期に機関紙『世界革命』上に掲載した（例えば1978.05.15付523号12面）「闘いの心得－三里塚は戦場である－」には、「★ゴーグルは、放水、催涙ガスから目を守るのに非常に有効であることが実証されている。着用すれば戦闘力は増大する。」との記述がある。

⑦近年の使用状況

1990年代以降ヘルメットの運用は減少傾向にある。現在も三里塚芝山連合空港反対同盟北原派の支援党派は集会やデモへのゲバスタイルでの登場が恒例となっているが、他の闘争や集会においてはかぶらない党派も多い。

共産同蜂起派や共産同統一委は三里塚以外での使用を実質的にやめている。中核派も2000年代初頭、革命軍によるゲリラ闘争が下火になるのと時を同じくして三里塚以外でのゲバスタイルでの登場は減った。現在は法大闘争のほか、京大の全学連や熊野寮などが使用しているが、覆面はしなくなり、かつてのようなスタイルではなくなった。

このような傾向は、党派よりも先に、党派の影響の強い労働組合において見られた。国鉄分割民営化反対闘争の過程で中核派系の動労千葉がヘルメットを脱いだ。同時期、沖縄全軍労も本土の全駐労と組織統合を行い、全駐労沖縄地本へと改組し、その後一時期ヘルメットをかぶっていたが、やはり90年代初頭にかけてヘルメットを脱いだ。これについては、ヘルメットをかぶっていた労組内の青年部が、高齢化によって部隊を維持できなくなったためであるという話もあるが、詳らかではない。

唯一ゲバスタイルを維持しているのが革労協である。1980年代初頭の労対派・狭間派分裂以降、労対派はしばらくしてヘルメットを脱いだが、なお狭間派はこのスタイルを堅持していた。1990年代前半、狭間派が継承した解放派全学連の広田建一委員長はヘルメットにタオルとサングラスのゲバスタイルでTVのインタビューに応じ、「なぜヘルメットにマスクなんですか？」との問いに対して「闘う意思表示です。全学連の真骨頂は武装して権力と闘うことです。そのことを示すには普段の闘うスタイルでインタビューに応じるのが一番だと思いまして、今日はこういう格好でやらせてもらっています。」と応じた（フジテレビ『学生運動現在形－ヘルメットの現代っ子たち』1993年）。ゲバスタイルは解放派の闘う全学連にとって当然の姿だったのである。

また1990年代後半、第49回全学連大会への結集を求める文書の中で「多くの勢力が『全学連』の名を掲げることすら放棄し、学生運動の革命的前進と階級的再編の道を自ら閉ざし、六七年羽田闘争以来のヘルメットをも投げ捨てようとしている。」とし、ヘルメットが少なくとも解放派にとって伝統的な闘争スタイルであると同時に、新左翼系の学生運動においても闘うスタイルとして定着していたものであって、それを放棄することは一定の意味を持つのだと示唆している。狭間派はその後現代社派・赤砦社派に分裂したが、その後も両派は影響下にある大衆団体や労働組合も含めて頑なにヘルメットをかぶり、覆面をし続けている。

2.角材、鉄パイプ、旗竿

人が闘おうとするとき、最も簡単なのは長い棒を用いることである。これは機動隊の装備しかり、子どものチャンバラ遊びしかりである。そういった意味で、角材がいつ組織的に用いられたかという問いは意味がない。

1967年の10・8は、先述の通り、学生運動の画期とされている。しかしそれに先立つこと7年前、ヘルメットの項で触れた三池闘争において支援に入った学生たちも、衝突の際には旗ざおや角材を使うべく用意していた（押収された角材等の写真につき、『三池のあしあと1960』71頁、「“ポリ公帰れ”“憎しみにもえ樺さんと久保さん

1975.09.30 無題（天皇陛下ご訪米阻止闘争警備 警視庁第三機動隊『燦輝』(1986.08付)）

1968.10.21 デモ途中、建築現場から丸太を盗む（警視庁第2安保警備記録グラビヤ編集委員会『激動の990日』(1971.01付)）

の仇をとれ”。“犬殺し部隊所属”等の過激な字句を書き入れみずからを暴挙にかりたてている全学連の武器。」／また、角材を装備して気勢をあげる全学連の写真につき、熊本県警察本部『三井三池炭労争議警備記念写真集』(1961年) 29頁、「全学連」)。

10・8の際はそれなりの数の学生たちが角材を手に持って機動隊と衝突した。これがゲバ棒にヘルメットの学生が国家権力と直接的に衝突した最初の事件といわれる。

党派側からこれを肯定するものとしては、ブントの学生組織社学同の機関誌『理論戦線』9号（1970年）に掲載された社学同全国委員会「社学同の組織総括と飛躍の課題」があり、「この三年間の社学同の組織総括を行おうとするとき、問題の中心軸にすえなくてはならないのは、一〇・八羽田闘争をもって開始され、エンプラ闘争をもって定着したゲバ棒闘争の革命論的解明とゲバ棒闘争を一貫して担ってきた社学同の党組織論的位置付けをめぐる論争である。」として、ブントの闘争手法において10・8がひとつの画期であったとしている。

警備側、即ち国家権力の側からこれを肯定するものとしては、『激動の990日』13頁があり、「反代々木系学生等は…実力阻止闘争へと傾いていった。なかでも総理が第2次東南アジア各国訪問の途についた10月8日には全国の学生を動員してヘルメット、角材で身を固め空港突入をはかり、これを阻止する警備部隊に襲いかかり…これがゲバ棒、投石による本格的な武装斗争の発端である。」としている。角材の使用自体については、「角材による警察部隊に対する攻撃は、昭和四十二年二月の砂川闘争で使われてから次第に常用化されている。」(警察庁警備局『警備警察』(1969年) 8頁) との記述があり、武装自体はこの頃から始まっていたと思われる。

続く1967年11月12日の第二次羽田事件になると、ヘルメットの数が格段に増えてくるが、同時に増えたのが角材だった。角材の集団での使用に踏み切ったこれ以降は、角材の所持が警察によって重点的に制限されるようになる。これに対してデモ隊は角材の先に板をつけてプラカードとすることで「合法的に」角材を所持しようとした、警察用語でいうところの「偽装角材」である。そもそも角材等の凶器を持って集合することは暴力団同士の抗争を規制するために1958年に新設された凶器準備集合罪の適用を受けるものであって、この10・8以前も当然規制されることはあった。60年安保闘争の際に、反安保の勢力に対抗しようとした右翼団体が六尺棒の先端に日の丸の小旗をつけている例 (『60年安保・三池闘争－1957-1960』153頁) も見られる。これも一種の偽装角材といえるだろう。前掲の三池新労のビラにも、旧労側が竹ざおの先端に小さな旗をつけて旗ざおと言い張って武装しているという記述が見られるほか、ホッパー前に塹壕を掘ってピケを張った頃からは、木の根などで大型の喫煙具 (パイプ) を製作し、これをただのパイプだと言い張って携帯し、実際にはこん棒として使用するようになった。これは「ホッパーパイプ」と呼ばれた。「ホッパー」というのは三池闘争において実力闘争の舞台となったホッパーから名付けたものと思われ、闘争のための恰好を「ホッパースタイル」と呼ぶ例も見える。ホッパーパイプは伝統的な「喧嘩煙管」の発展形とも見ることができ、後の偽装角材の原型になったものとも言える。1968年1月の飯田橋事件では空母エンタープライズ寄港阻止のため佐世保に向かおうとした学生が所持していた「偽装角材」について飯田橋駅前で検問をし、中核派と機動隊が衝突して多数の逮捕者を出した。

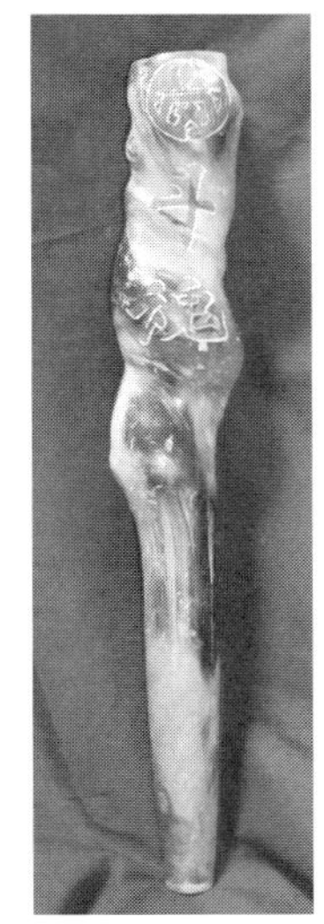
著者所蔵のホッパーパイプ。全長55cm程度。裏には「昭和三五年七月弐拾日」「三池労組」の文字がある

実力闘争を効果的に抑制する手段として事前検問は行われ続

けた。検問で竹ざおを一時的であれ押収されたりすると実力闘争はままならなくなってしまう。

これに対して新左翼党派は偽装角材として携行するほかに、事前に角材をある程度まとめて闘争を行う現地に搬入し、隠しておくなどして検問を通過した後で武器を回収し、実力闘争を試みるようになる。明確に確認できた最も早い例は、飯田橋事件が発生した佐世保エンプラ闘争の例があり、ブントは鳥栖駅に事前にゲバ棒を梱包して用意し、急行列車が停車した3分間に列車内に運び込み、佐世保現地で使用したといい、

1968.01.15 プラカードの板をはずせばゲバ棒（警視庁第2安保警備記録グラビヤ編集委員会『激動の990日』（1971.01付））

1968.01.15 偽装角材多数押収（警視庁第2安保警備記録グラビヤ編集委員会『激動の990日』（1971.01付））

1968.01.15 法政大学を出る学生、全員がプラカード付角材を手に（警視庁第2安保警備記録グラビヤ編集委員会『激動の990日』（1971.01付））

1968.01.15 無題（警視庁第2安保警備記録グラビヤ編集委員会『激動の990日』（1971.01付））

1968.01.15 飯田橋駅前発出所前（警視庁第2安保警備記録グラビヤ編集委員会『激動の990日』（1971.01付））

更に余った角材は中核派に供与した（成島忠夫「激動の六〇年代とマル戦派」荒岱介他『全共闘三〇年』（1998年、実践社）所収）という。他には、1969年6月のASPAC粉砕闘争において、横国大から出撃した反帝学評の部隊の角材が横浜駅で押収された一方、中核派は平塚駅でいったん下車し、近隣の旅館裏にあらかじめ隠してあった角材の束や火炎瓶の入った段ボールを回収した後にこれを部隊に配布し、再び伊東方面の電車に乗車した例や、学生が国鉄函南駅北部の山林に隠してあった角材を運搬しているのを発見し、これに対して警官が出動したところ、角材の束を捨てて逃走した例などがあった。

1986.05.29 会場に向う対象の検問（成田現地闘争警備 警視庁第三機動隊『燦輝』（1986.08付））

（上）1971.06.16 ★検問により一時預りをした竹竿（都体育館前） （下）1971.06.16 ★凶器発見の検問を続ける部隊（新見付交さ点）（ともに警視庁警備部『あゆみ』沖縄返還協定調印阻止闘争警備特集号（1971付））

1974.10.18 環8を制圧し機動隊を撃退！（『解放』153号（1974.11.15付））

1975.09.30 弁天橋付近で部隊に突き当たるデモ隊。（天皇訪米阻止闘争警備 警視庁機動隊創設50周年記念行事実行委員会『警視庁機動隊50年の軌跡』（1999.02.25付））

解放派では社青同の軍事部門のうち兵站を担う部分が鉄パイプなどを事前に隠匿する任務につき、1メートルほどに切断した鉄パイプ30本をまとめてベニヤ板や角材で梱包したものを「カステラ」と通称していたという（高原駿『沈黙と軌跡』（2007年、でじたる書房））。

警察は対抗するために武器が隠されている可能性の高い箇所を事前に捜索するようになった。これを「事前検索」という。事前検索は、闘争のエスカレートの中で爆弾が仕掛けられるようになると、爆弾などの不審物の発見を目的としても行われるようになった。

このような武器の別途搬入は警察用語では「ドッキング」と呼ばれ、

1969.06 あらかじめ隠してあった角材（静岡県警察本部『アスパック アジア太平洋協議会第4回閣僚会議 警備概況』（発行年月日記載なし））

1971.06.16 千駄ヶ谷駅付近の植込みの検索（警視庁警備部『あゆみ』沖縄返還協定調印阻止闘争警備特集号（1971付））

1969.11.17 暴力学生に火炎ビンを渡した和服姿の運び屋女性も検挙（佐藤栄作訪米阻止闘争 警視庁第2安保警備記録グラビヤ編集委員会『激動の990日』（1971.01付））

更に巧妙化し、1971年11月の渋谷における沖縄返還協定批准阻止闘争においては、井の頭公園に事前に隠されていたほか、杉並区方南町のアパート前で火炎瓶を車に積み込む際に発火し、現場から逃走したグループがあったため捜査したところ、当該アパートからは火炎瓶198本が発見された事件もあった。このアパートは火炎瓶の製造工場となっており、近隣の駅にて部隊にドッキングしようとしていたものとみられている。ドッキングは事前に現地に隠しておくだけでなく、一般の通行人を装って運搬し、デモ隊に受け渡す方法もあったことから、デモに追従する者をも対象として警備が行われた。

沖縄返還協定調印阻止闘争では労働者部隊が活用され、新たな脅威となった。大学を拠点とする学生部隊は比較的その動きが察知しやすいものの、労働者部隊はその動きがつかみにくく、駅などに結集して初めてその存在が認知できるため、警備当局にとっては課題となった。中核派は一般人と区別のつかない背広部隊を展開していたとみられ、武器のドッキングが成功すると突如として一般市民の中に武装した部隊が現れることになった。この闘争にあたっては武器のドッキング前に火炎瓶1,010本、鉄パイプ350本を摘発・押収している。

学生運動の激化の中で角材は継続的に使用されたが、変化していった。警察によれば、「初期の角材は短かく、ヘルメットはツバ付が流行」(『激動の990日』122頁 極左暴力学生の兇器類押収品展示場の展示より)とのことで、闘争を重ねることにより角材の長さが変化していったことがわかる。1970年時点でのゲバ棒の標準的な仕様としては「4～5センチ角で、長さは1メートル50センチから1メートル80センチ位が手ごろといわれ」(警察庁警備局『警備警察』(1969年)8頁)たという。

また角材にとどまることなく鉄パイプを使う党派もでてくるようになった。「偽装角材」のようにして携行されるものもあった。

なお三里塚闘争では開港が迫るにつれて、もはや「偽装」はされなくなっていった。三里塚空港開港阻止実力闘争へ向けて、第四インター派は1977年4月17日には鉄パイプを導入(『管制塔に赤旗が翻った日』47頁)し、7月8日には鉄パイプを紐で背中に襷がけにして携行するようになった(『管制塔に赤旗が翻った日』82頁)。このスタイルは「小次郎スタイル」と呼ばれた。

1978年3月26日の共青同の写真中央の鉄パイプにかけられている紐

1978.03.26 無題（共青同学生班協議会「進撃」創刊号（1979.04.20付））

が、鉄パイプを襷掛けにする小次郎スタイルをとるための紐である。

ただ写真でもわかるように日向戦旗派は開港阻止実力闘争の当日、3月26日にも鉄パイプではなく角材を使っていた。

これは本来鉄パイプを使う予定であったところ、前日のガサ入れで鉄パイプが押収され、当日武装予定地の精華学園に代わりに角材が届けられたことによる。ドッキング阻止を狙って鉄パイプを押収したものとみられ、やむを得ず調達できた角材をドッキングさせた。しかし角材のドッキングに時間を要し、8ゲート部隊の空港突入時刻が遅れている。このあたりの事情については、30周年記念出版編纂委員会編『1978・3・26 Narita』（2008年、結書房）142頁以下に詳しい。

1978.03.26 無題（共青同学生班協議会『進撃』創刊号（1979.04.20付））

1983.03.27 武器ドッキング防止のため徹底検問中の三機部隊 成田現地闘争警備

街頭では、「偽装角材」の発展形としてデモ隊の先頭などの一部がまとまって旗ざおを槍のように使用するようになった。キリンの首のように見えるので（または「旗」の「林」をなすので）警察はこれを「キリン部隊」（「旗林部隊」）と呼んだ。

1974年の写真はデモの出発前のものと思われるが「キリン部隊」は一部であって、その他の参加者はスクラムを組んでおり、デモ隊の役割分担がよくわかる。

1977年の写真の左側は解放派の言

1977.08.12 狭山上告棄却に逆襲 決起した青ヘルの旗ザオ部隊（『解放』198号（1977.08.15付））

1970.06.23 第二安保総力戦　旗竿を槍のように構えて突進する全共斗−材木町付近−

1974.09.26 実力進撃へ向けヘルメットを着用、整列する隊列（『解放』151号（1974.10.01付））

2016.08.06 広島市平和記念公園にて。革労協赤砦社派系の全学連・反戦と大衆団体釜ヶ崎労働者の会

2011.08.06 広島市平和記念公園脇の道路にて。革労協赤砦社派系の全学連・反戦と大衆団体釜ヶ崎労働者の会

著者の所蔵している赤い社青同旗は70年代中期にこういった短めの旗竿に付ける用途に使われていたものである。ジャケットの裏地に使われることの多いキュプラ製で、軽く丸めてポケットに押し込めるような物で全くかさばらない

う「旗ザオ部隊」（警察の言う「キリン部隊」に同義）だが、右側に立っているデモ参加者も旗竿を持っている。「旗ザオ部隊」との違いは、その長さであり、「旗ザオ部隊」はデモ隊の中で特別に編成されたものだとわかる。

一般の参加者が持つ旗ザオ部隊より短めの旗は恐らく「偽装角材」が

プラカードから旗に転じたものであろうと思われる。プラカードよりかさばらないので保管の場所も少なくてすむし、とり回しがし易いと思われる。これは現在も解放派では使われているもので、武器のひとつの発展形態である。

3.石塊・火炎瓶・その他武器

石というのは最も原始的ながら効果的な武器の一つであろう。戦国時代にも戦闘の一環として石合戦があったという。

石は探せば無数にあるものだし、威力も大きい。金属片も投げられることがあった。第二次羽田闘争の頃には機動隊は投石よけに大盾を導入し、防石ネットなども使用するようになった。

路上の石畳を剝がして砕き、これを投石に用いる者もおり、籠城戦では建物の壁を破壊し投石の材料とすることすらあった。

これに対して警察側は街頭の石畳を撤去してアスファルト舗装にしたり、駅周辺の線路の砕石を撤去したり、あるいは金網で覆って拾えなくするなどの対策を行った。前者は「敷石作戦」と呼ばれ、坂入照夫「平板敷石撤去作戦を思う」(990日会創立30周年記念出版有志の会『激動の990日―第2次安保警備の実戦記―』(1997年)所収)によれば、坂入は警備2課調査2係主任として警備環境の整備担当を命じられ、係長と2人で各警察署

1968.09.12 暴徒は靖国通りで都電を停める　投石、角材が散乱、乗客、運転手は一時避難した(警視庁第2安保警備記録グラビヤ編集委員会『激動の990日』(1971.01付))

1968.09.12 暴力学生は、路地奥から靖国通りに出て規制にあたる部隊に対し、激しく抵抗 追随など野次馬1500名も暴力学生に呼応して投石した

1967.11.12 投石よけのため第2次羽田闘争から初めて大楯が考案され、使用された

1969.01.19 明大通り(警視庁第2安保警備記録グラビヤ編集委員会『激動の990日』(1971.01付))

1967.11.12 防石ネットを持つ手も投石、角材で傷ついた。このため剣道の小手などを活用するなどのアイデアが生まれた(左は白バイの皮手袋)(警視庁第2安保警備記録グラビヤ編集委員会『激動の990日』(1971.01付))

1968.09.12 投石用に、歩道の敷石をはがし、運搬準備(警視庁第2安保警備記録グラビヤ編集委員会『激動の990日』(1971.01付))

からの報告書や管内の地図をもとに優先的に撤去する道路名や当該道路の管理者、撤去面積とその費用等を調査しては道路管理者に平板敷石の

1969.09.03 早大、教室の壁は、投石材料となる(早大封鎖解除警備 警視庁第2安保警備記録グラビヤ編集委員会『激動の990日』(1971.01付))

1972.01.14 対峙する部隊(青山学院大紛争警備 警視庁第五機動隊『30年のあゆみ』(1980.09付))

撤去要請を繰り返した。「街路樹が枯れる、平板業者が倒産する、下請け業者が集まらない」等の理由で順調ではなかったが、警察幹部による折衝や緊急時には機動隊員が直接撤去作業に従事したことで道路管理者の理解を得られ、都内の公園や道路から平板敷石がなくなったという。他にも同様の理由から主要駅ホーム周辺の線路内の砕石撤去とアスファルト舗装を依頼するなどの対策をとったという。これらの対応を行った坂入は警備課へ異動になるまでは第5機動隊小隊長の職にあり日大全共闘に封鎖されていた経済学部本館封鎖

（左）アスファルト歩道へ舗装　昭45.4末 王子新道の環境整備 投石に利用される歩道の敷石はアスファルト舗装に塗りかえられ、王子での投石は5月以降激減し、斗争そのものも終着に向った。敷石歩道（警視庁第2安保警備記録グラビヤ編集委員会『激動の990日』（1971.01付））
（右）敷石歩道　昭45.4末 王子新道の環境整備 投石に利用される歩道の敷石はアスファルト舗装に塗りかえられ、王子での投石は5月以降激減し、斗争そのものも終着に向った。敷石歩道（警視庁第2安保警備記録グラビヤ編集委員会『激動の990日』（1971.01付））

1969.09.03 学生会館屋上の凶器（早大封鎖解除警備 警視庁第2安保警備記録グラビヤ編集委員会『激動の990日』（1971.01付））

解除警備に従事した経歴を持っていた。日大経済学部封鎖解除時に屋上からの煉瓦塊投下によって全共闘側に殺害された西條警部は部下であったという。

警察の作戦によって都内からなくなった平板敷石は日本工業規格（現在の日本産業規格）に定められた「普通平板」であり、標準的なもので30cm×30cm×厚さ6cmの大きさであった。厚さはなかなかイメージしにくいが、30cm角は一般的な点字ブロックの大きさと同じである。この平板は既に敷設されたものが姿を消しただけではなく、これ以降は公共工事の設計にも組み込まれなくなり、需要の減少に伴い流通も限定的になったようである。建設資材の価格調査を手掛ける一般財団法人建設物価調査会の月刊誌『建設物価』には舗装用平板として価格が掲載されているが、東京や関東地方各県は価格が「－」表示となっている。これは流通が少なく市場性がないために価格が決定できないことを示している。一方で北海道や東海地方は流通があり、価格が掲載されている。このような流通のある地方で徹底して撤去されなかったのは、街頭闘争がそこまで激しくなかったなどの事情があるものと思われる。また同会が提供するWeb建設物価の資材解説には「コンクリート平板は、1970年（昭和45年）前後の学生紛争の際に投石用として使用されたため、それ以後は東京都内から平板の姿は消え使用されなくなっている」とあり、平板が姿を消

1977.05.06 中核約60名が三機部隊に対し火炎びんを投てき（成田空港鉄塔撤去警備 警視庁第三機動隊『燦輝』（1986.08付））

1968.09.04 日大法学部仮処分執行に伴う公務執行妨害事件にて押収した塩酸（警察庁警備局『警備警察』（1969.06.01付））

1985.10.20 部隊に対する激しい火炎びん攻撃（警視庁第三機動隊『燦輝』（1986.08付））

1969.01.19 明大通り、バリケード構築、石油かんを盗み放火準備（警視庁第2安保警備記録グラビヤ編集委員会『激動の990日』（1971.01付））

1970.06.23 火炎びんを持ち、鉄パイプで武装して会場を出発したML（6.23行動 警視庁第2安保警備記録グラビヤ編集委員会『激動の990日』（1971.01付））

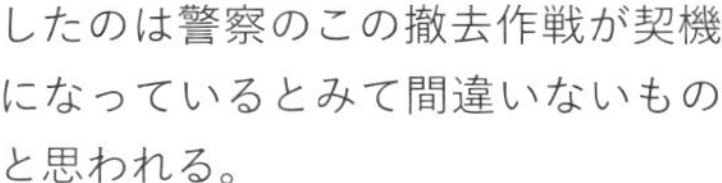

したのは警察のこの撤去作戦が契機になっているとみて間違いないものと思われる。

また投擲武器としては火炎瓶や劇薬瓶などがあった。戦後日本で火炎瓶が使用された最初の事件は1952年3月1日の神戸米軍キャンプ場襲撃事件であり、この事件を皮切りに同年9月9日までの間に計55件の火炎瓶を用いた事件が連続的に発生したが、いずれも武装闘争路線を採用した日本共産党によるものであった。学生運動においては1967年の第一次羽田事件以降の武装化の中で数多く使用され、1971年11月の沖縄返還協定批准阻止闘争では中村警部補が中核派に焼殺された。火炎瓶は

1971.06.17 発煙筒を投げる革マル学生（霞ヶ関2丁目交さ点）（警視庁警備部『あゆみ』沖縄返還協定調印阻止闘争警備特集号（1971付））

1969.11.17 手製のパイプ爆弾など（佐藤総理訪米阻止闘争で押収 警視庁第2安保警備記録グラビヤ編集委員会『激動の990日』（1971.01付））

1969.11.17 各種火炎ビンと運搬する袋類（佐藤総理訪米阻止闘争で押収 警視庁第2安保警備記録グラビヤ編集委員会『激動の990日』（1971.01付））

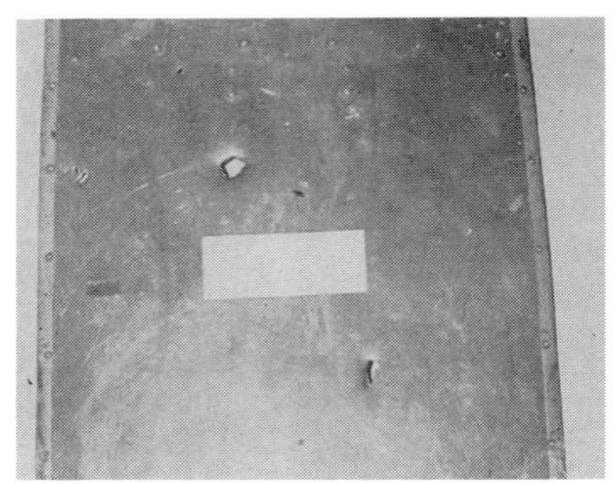
1971.06.17 爆発物により損傷した大楯（警視庁警備部『あゆみ』沖縄返還協定調印阻止闘争警備特集号（1971付））

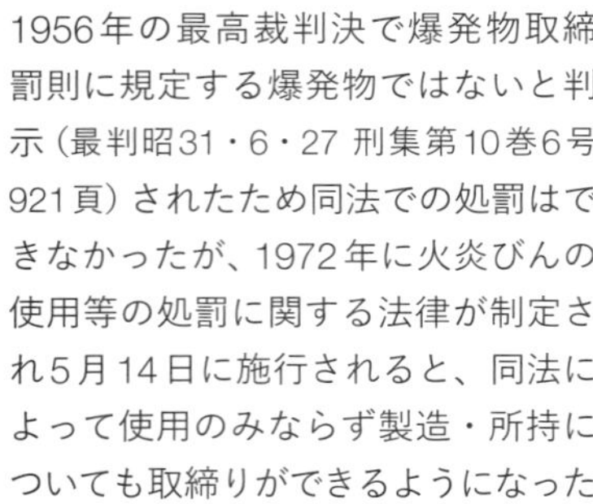

1956年の最高裁判決で爆発物取締罰則に規定する爆発物ではないと判示（最判昭31・6・27 刑集第10巻6号921頁）されたため同法での処罰はできなかったが、1972年に火炎びんの使用等の処罰に関する法律が制定され5月14日に施行されると、同法によって使用のみならず製造・所持についても取締りができるようになった。

警察大学校特別捜査幹部研修所研修生課題研究報告第99号『火炎びん等使用事犯の捜査』（1978.03.15付）によれば、警察は火炎瓶をその構造・機能から①点火式火炎びん、②触発式火炎びん、③時限式可燃物の3種類に分類している。

①が最も簡易的なものであり、ガソリン等の可燃性の液体を入れた瓶の口に布を差し込み、使用時には布に点火して投擲する。瓶が割れて飛散した可燃性の液体に布の火が付くというものである。

②は化学反応により瓶に入れた可燃性の液体に着火するもので、硫酸と塩素酸カリウムの反応熱によるものや硫酸と過マンガン酸カリウムの反応熱でマグネシウム粉末を燃焼させるもの、硫酸とナトリウムによって着火するものなどがある。瓶の周囲に爆竹を巻き付けて音による心理的効果を狙ったものや、火薬と釘を入れた筒を巻き付けて釘を火薬の爆

発で飛散させて殺傷能力の増大を狙ったものなどがある。また変わったものでは、可燃性の液体の他にナトリウムのみを入れるものがある。これは投擲の衝撃で瓶が割れても着火しないが、放水車等の水が触れるとナトリウムと水とが爆発的な化学反応を起こし、周囲に飛散した可燃性の液体に着火するというものである。

③はタイマーなどによってガスヒーターを操作し、可燃性の液体に着火するもので、全体をダンボール箱や買い物かごに入れて偽装して攻撃目標に設置して使用するほか、時限式可燃物を搭載した自動車を無人で発進させて目標に突入させるという方法が採られたこともあった。

なお①の点火式火炎びんは構造が単純なことから犯人の割り出しが困難だが、②の触発式火炎びんは各セクトの特徴があるため犯行セクトの割り出しができるという。以下の火炎瓶のセクトごとの特徴は『火炎びん等使用事犯の捜査』からそのまま引用した。

- 中核派

空きびんには、ガソリン等の液体可燃物のみ入れ、塩素酸カリウム粉末を付着させた吸取紙、ちり紙等を硫酸入りの試験管に巻きつけびんの胴体に接着させている。

- 革マル派

空きびんには、ガソリン類のほか硫酸も混入し、びんの胴体には塩素酸カリウム粉末付着のガーゼを巻きホッチキス等で止め、さらに塩素酸カリウム粉末付着の吸取紙をびんに貼付している。

- 革労協

空きびんには、ガソリン類のみ入れ栓には指サックをかぶせ、塩素酸カリウム粉末付着の吸取紙、ろ紙をびんの胴体に貼付し、その上に硫酸入りの試験管等を接着しビニールテープでびんに固定している。

- マル青同

空きびんには、ガソリン類のほか硫酸も混入し、びんの栓にアルミホイールを使用し、塩素酸カリウム粉末付着の吸取紙をびんの胴体に貼付している。

- 共産同日向戦旗派

空きびんには、ガソリン類のほか硫酸も混入し、びんに平玉火薬を貼付している（引用者注：点火のための塩素酸カリウム等については記載がないが、平玉火薬が地面への落下時の衝撃で爆発することにより着火するものと思われる）。

- 共産同蜂起派

空きびんにガソリン類のほか硫酸

も混入し、塩素酸カリウム粉末をびん全体を包むビニール袋に直接入れるか、吸取紙に付着させびんの胴体に貼付している。

• 共産同叛旗派

空きびんにガソリン類のほか硫酸も混入し、びんの栓はコルク栓を使用し、塩素酸カリウム粉末をびん全体を包むビニール袋に直接入れている。

• 共産同全国委（ボルシェヴィキ）

空きびんのかわりにフラスコを用い、ガソリン類と硫酸を混入し、塩素酸カリウム粉末付着のナプキンを針金でフラスコに固定している。

4.防具

目立った防具というのはあまり見当たらない。ヘルメットが目に見える唯一の防具かもしれない。だが機動隊がジュラルミンの大楯を使用したのと同様に、楯の使用は、ML派（渡辺眸『東大全共闘1968-1969』（2007年、新潮社）104頁）や解放派、社学同（「ブントの大楯」として有名だったという。使用状況は未確認）等で見られる。だがやはり機動隊の高圧放水の前では木の楯は役に立たないのか、ごく短い一時期のみの使用が確認されており、大規模かつ長期間にわたって使用されているわけではないように思われる。

1969.01.18 屋上の暴力学生はベニヤ楯でガス筒をはらいのけた

1971.05.30 首相官邸に向け青山通りを進撃するプロ統正規軍（1971.06.15付『解放』76号）

1970.06.22 木製の楯を構えて機動隊突破を狙う反帝学評

身に着ける防具としては、古くは三池闘争における旧労組合員の剣道の胴や垂れがある（『三井三池炭労争議警備記念写真集』27頁、「ホッパース

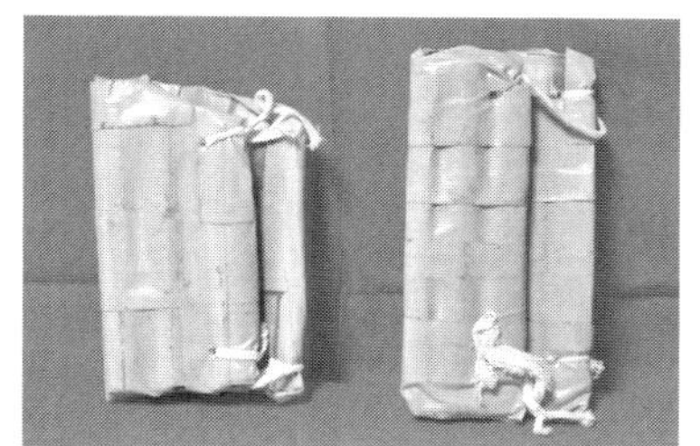
著者所蔵　解放派のプロテクター

タイル」)。学生運動においては二次ブント分裂時の内ゲバで、雑誌などを体に巻いたという証言があるほか、防具らしい防具としては籠手などの使用例があり、著者も解放派が1970年代に作成・使用した段ボールと竹をガムテープで固定したプロテクターを所有している。

関係者によれば解放派は1974年頃から段ボールの間に竹を挟んでガムテープで固定したものを手や肩、鎖骨部分にゴム紐で固定することで防具の代用としたという。これは用途の限定なく使用されたとのことだが、被服の下に着用するものであるため、実際の着用状況は不明である。

また同様のプロテクターを「対カクマル戦」、即ち内ゲバがなお続く1980年代、関西方面の中核派の学生活動家が着用していたとの証言がある。これはあくまでも不意の襲撃に備えた内ゲバ用のもので普段被服(ヤッケではなく、前が開くジャンパー。ジャンパーの中に伸縮式鉄棒を所持し、いざという時には応戦できる体勢をとっていた)の下に着用していた。デモのような対権力の場面では着用しなかったという。

また中核派は、既に1970年代にこのような防具を作成し、デモのような対権力の場面で着用していたことが警察資料から判明した。

1970年代に入って、三里塚空港開港阻止実力闘争を闘った第四インターもまた似たような防具を使用し

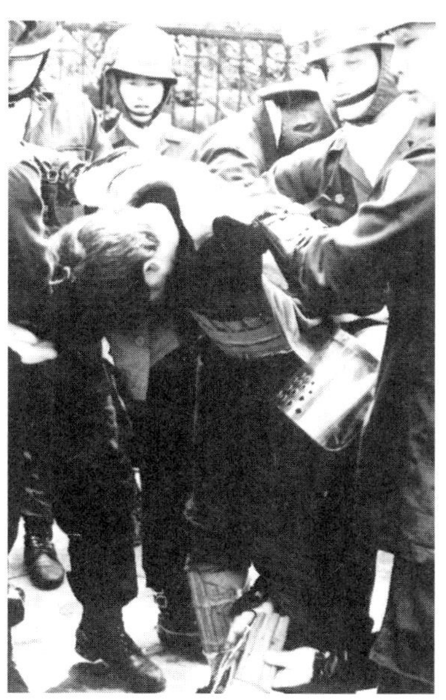
1973.04.22 狭山闘争中核デモ警備 デモ隊も機動隊員なみ？ 何と竹製の防護衣を着装

ていたようである。第四インターの青年組織である日本共産青年同盟宣伝戦線編集委員会編『宣伝戦線』(1977.10付)所収の「強固な隊列のために」にこの解放派のプロテクターに類似するものと思われる防具の記述がある。「闘争が激烈になると予想される時は、肩や腹を新聞紙などでしっかりと防護する。また、腕には篭手(ない場合にはガムテープとワリバシで代用)をつける。全身をしっかり守って存分に闘いを遂行しよう!」とのことで、実力闘争においては篭手も有用な防具として多用されていたようである。

また党派ではないが、労働組合も防具を着用していた。当時の労働争議では警備業法施行前であったこともあり、使用者側が労働争議つぶしを行う会社をガードマンとして雇っていた時期があった。全金本山闘争ではこうした「暴力ガードマン」が1972年に導入され、最終的には直接雇用され社員となった。このようなガードマンと対峙する組合側は殴る蹴るの暴行から身を守るため防具を用いた。腹の部分に週刊誌を入れる簡単なものから塩ビを加工して胴を作ったり、要らないシャツに穴を空けて竹を縫い込みチョッキを作ったり、アーチェリー用の防具に細い鉄筋をつけて殴られる際に手でかばったりといろいろな工夫が見られたようである。実際に着用していた防具は現存しており、着用状況を再現した写真がある(全金本山労働組合「本山闘争の記録刊行委員会」編『本山闘争12000日』(2006年、七つ森書館)103頁)。

1971.04.28 闘いの先頭にたつ鉄マスク部隊　野合右派を完全粉砕(『北西風が党を鍛える』第一部)

その他に変わり種として有名なものに戦旗派の「鉄マスク部隊」がある。野球のキャッチャーミットを装備したキリン部隊のことで、1970年の戦旗派・情況派・叛旗派の三分裂以降使用された。

9

中村警部補慰霊碑訪問記

1971年11月14日の渋谷暴動事件から、50年以上が経つ。渋谷暴動の話を初めて聞いたのは共産趣味の世界に入る前、いつかは定かではないが父からだった。

おそらく小学生の時であったと思う。他愛もない話をしていて話が将来のことに及んだ。父は普通のサラリーマンだったが、将来の夢はなんだったのかと聞くと、父は「ハワイの新聞記者」と答えた。

奇妙な答えである。

父が言うには新聞記者になりたかったのだが、1971年の渋谷暴動事件の折、火炎瓶を投げつけられ火だるまになってのた打ち回る機動隊員をテレビカメラは平然と追いかけており、消そうともしなかったことに失望したというのである。だから平和（そう）なハワイの新聞記者になりたいと。まぁハワイの件は冗談だろうけど。

中村警部補の慰霊碑　近景（2020年著者撮影）

父の言では「学生側であろうと機動隊員であろうと、火だるまになって苦しんでいる人間を傍観するというのは人間性に問題がある」と。私ももっともだと思う。

これを「きれいごとだ」という人もあるかもしれない。なるほど確かにこの世界に入ってから機動隊員がどのような仕打ちをした（している）かとかは、事実かどうかは別にしてよく聞くことであるし、それによって嫌いになるのもわからないではない。党派が暴力を手段として正当化し、それを行使するのは党派の態度としては筋が通っていると言えるが、そのような利害関係になければ、目の前で火だるまになって苦しむ人を目の当たりにすれば何とかして消そうとするのが人間であろうと思うし、それに本来中立であるべきマスコミが手を出したとて非難される筋合いはないと思う。

後年ピューリッツァー賞を受賞したスーダンの少女の写真で物議を醸したのと同様の問題であろう。もっとも飢餓の問題は一度手を差し伸べても解消されないが、火だるまになっている機動隊員は一度消して適切な救護が施されれば足り、継続的な努力による問題解消は必要がない。

このことについて論争するつもりはない。何といわれようと目の前で火だるまになっている学生や機動隊員が居れば私は消火に努めるのが人間であると思うし、それに反対するような輩と話すつもりはない。

父がテレビで見たという火だるまの機動隊員が中村警部補であるかどうかはわからない。だが中核派がこの暴動を引き起こし、若い警官が焼き殺されたという事実があり、その研究に携わる人間として一度は中村警部補の慰霊碑に手を合わせたいと思って慰霊碑を訪れた。

慰霊碑を訪ねようと思ったのは、沖縄返還協定批准阻止闘争から40年が経とうとしていた2011年頃、当時まだ指名手配中であった中核派活動家大坂正明被告のポスターに小さく慰霊碑の写真が載っていたからで、それまでは慰霊碑の存在すら知らなかった。実際当時はインターネットで調べても慰霊碑の場所は出てこなかった。場所すらわからないとなると、訪ねるだけでなく場所をネット上で公開しなくてはいけない気がしてきた。

そこで大学図書館のデータベースで過去の新聞記事を探したところ、中村警部補が襲撃されたのが渋谷区の神山町であること、慰霊碑の土地を提供したのが付近の精米店だということまで判明し、改めてインターネットで検索したところその精米店の場所が特定でき、Googleのストリートビューで慰霊碑の確認ができた。場所は東京都渋谷区神山町11-10。NHKのセンター下の交差点から一方通行を西に入った神山町東の交差点にあるローソン神山店向かいの精米店脇であった。2011年に初めて訪れた時はまだ精米店があったが、その後2019年3月には精米店の解体工事が始まり、慰霊碑は一時的に渋谷警察署に移転したが、2020年初めには精米店の跡にアパートが竣工し、慰霊碑は再び同地に戻った。2020年6月、およそ10年ぶりに慰霊碑を訪れた。かつてはなかった花を生ける

中村警部補の慰霊碑　遠景（2020年著者撮影）

台も用意され、道に面した場所に移されていた。

中村警部補の来歴と、渋谷暴動について

中村恒雄警部補（死後特進。殉職時巡査）は新潟県佐渡郡相川町（現佐渡市）出身で、相川町職員の三男に生まれ、県立相川高校を卒業後1969年に警察学校入学した。1970年3月新潟中央署外勤課に配属されたが翌1971年3月に同署警ら隊に編入され、渋谷で殉職するまでの間に、都内や成田などの警備に3〜4回出動していた。中村巡査は1971年11月14日、警視庁警備の応援として出動していた関東管区機動隊川島大隊富沢小隊の26名とともに渋谷区神山町に配置され、沖縄返還協定批准阻止闘争として闘われることが予告されていた渋谷暴動に備えていた。

15時15分頃、小田急線代々木八幡駅から約250名の鉄パイプと火炎瓶で武装した集団が、神山町の渋谷署神山交番に向かったため、中村巡査らはこれに対する警備にあたった。集団は途中、深町交番前で火炎瓶を投擲するなどしつつ、神山交番へ駆け足で向かった。

15時25分頃、神山町18先の神山交番近くの路上で、中村巡査を含む小隊27名は路地から突然現れたこの集団と衝突し、同集団は小隊と交番をめがけて火炎瓶を投擲。機動隊はガス銃を用いて規制を試みるも多勢に無勢でNHK放送センター付近まで後退したが、ガス銃の射手であった中村巡査ら7〜8人が逃げ遅れた。集団は火炎瓶を投げられ転倒した中村巡査を取り囲み鉄パイプで滅多打ちにし、火炎瓶4〜5本を更に巡査の倒れている付近の路上へ投げつけたため中村巡査は火だるまになってのたうち回った。

およそ5分後、態勢を立て直して機動隊が現場に引き返した時には中村巡査の下半身は焼けただれ、上半身の服からもまだ煙が出ていたという。同集団はこの後東急電鉄本社前で火炎瓶を投擲し、またバリケードを築くなどして暴れまわったとみられている。

巡査はすぐに警察病院へ収容されたが、熱傷による呼吸困難に陥っており、気管切開手術を受けたものの、翌15日21時25分息を引き取った。都内の警備事件で警官が殉職したのは1968年の日大経済学部封鎖解除で亡くなった警視庁第五機動隊の西条秀雄警部（死後特進。殉職時巡査部長）以来のことだった。

中村巡査の遺体は慶應義塾大学病院法医学教室にて解剖が行われた後、翌16日18時から大塚の護国寺にて通夜が営まれ、葬儀は17日9時から同所で密葬にて営まれた。

首都にコザ暴動を

自ら武装せよ! 敵から奪え! 一切を武器に転化せよ!
人民の敵 機動隊、デカ、自警団ら一切の反革命分子を撃滅せよ!

内乱と武装の論理
津久井良策著●七〇年代革命の総路線
5月絶讃発売!
すべての戦士へ
勝利にむかっての試練

沖縄返還協定批准阻止闘争(『前進』号外(1971.11.05付))

警視庁公安部はこの機動隊員焼殺事件に対し捜査本部を設置。同本部はこの犯行を行った集団を中核派系の「軍団」とみて捜査を開始した。理由としては、①中核派が暴動を企図し警官の殺害や警察施設の襲撃を計画していたこと、②川島大隊と衝突した集団があらかじめ武装した上で、小田急線代々木八幡駅方向から約250名の集団で行動し、偶発的にできた集団でないこと、③同集団の一部が白ヘルメットを着用していたことなどが挙げられている。

この集団は三鷹市の東大三鷹寮から200名で出発するところが目撃されており、国鉄中央線吉祥寺駅で二手にわかれ、うち150名は京王井の頭線で下北沢駅まで向かい小田急線へ乗り換えて代々木八幡駅へ向かい、もう一方の50名は吉祥寺駅から中央線で新宿駅へ向かう途中、中野駅などから乗り込んだ中核派系の反戦青年委員会と合流し新宿駅で武装した後、15時4分新宿駅発の電車で代々木八幡駅へ向かい、同所で合流したものとみられ、当局は警察の目をごまかすために一度わかれて再度合流したものであり、計画的犯行という見方を強めた。

この集団は吉祥寺駅前で警視庁武蔵野署員の職務質問を受け、火炎瓶やビニール袋に入った石油、ハンマーなどを所持していた4名が放火予備の現行犯で逮捕されている。また中村巡査襲撃後に東急本社前でバリケードを築くなどして暴れまわったとされ、この時学生や労働者ら30名が凶器準備集合罪などの容疑で逮捕されている。

この後、逮捕された30名のうちの1名の女性活動家G(労働者)が12月3日までに犯行を自供。中村巡査を襲撃した一団に自分もおり、火炎瓶を投擲したことを認めた。このGの証言によれば、当日の経路は概ね前述の通りであったという。

当局によれば中核派が組織したとしていた12の「軍団」のうち、14日に実際に動いたのは「池袋軍団」、「吉祥寺軍団」、「仙川軍団」の650名であり、このうち後二者は労働者が主力であったという。自供したGが居たのはこのうちの吉祥寺軍団であり、北部地区反戦青年委員会指導下にあった北区、板橋区、練馬区、豊島区らの労働者と一部の学生から構成されていたとされる。

当局はこの吉祥寺軍団に加わっていた北部地区反戦の活動家を重点的に捜査し、翌1972年2月2日に別件にて傷害や放火などの容疑で逮捕されていた中核派「群馬軍団」キャップ高崎経済大学4年の奥深山幸男、同大学1年の少年、群馬工業高等専門学校3年の少年ら3名が犯行を自供したため、殺人容疑で再逮捕し、更にこの3人の証言に基づき、吉祥寺軍団の軍団長とされる高崎経済大学4年の星野文昭、千葉工業大学4年大坂正明を殺人容疑で指名手配した。

ここで実名を挙げた3名については支援者らによって活発な運動が行われている。3名のうち奥深山幸男と星野文昭は早くに逮捕され、支援者らは冤罪であるとして1970年代から救援会を組織して裁判闘争に出ていた。

このうち奥深山は精神疾患により公判が停止されたまま30年近くが経過し、公判停止中も奥深山の無実を訴える支援者らは免訴を求めて活動に取り組んでいたが、2017年2月7日に誤嚥による急性呼吸不全のため死去した。

また星野は無期懲役の判決を受けて徳島刑務所に収監されていた。支援者は「星野さんをとり戻そう！全国再審連絡会議」を組織し、再審闘争に取り組み、2013年には『無実で39年　獄壁こえた愛と革命　星野文昭・暁子の闘い』が刊行された。しかし体調を崩して2019年4月18日東日本成人矯正医療センターに移監され、5月28日肝臓ガンの手術に成功したが、30日に死去した。

大坂正明は指名手配を受けたまま長年逃亡を続けた。本来であれば公訴時効にかかるほどの長い年月が経っていたが、共犯とされる奥深山の公判が停止されたことにより刑事訴訟法の規定で時効が停止され、またその後で殺人罪の時効が撤廃されたために時効にかからず指名手配のままとなっていた。2010年代になって摘発された中核派の非公然拠点から、大坂が他の中核派の非公然拠点で近年まで匿われていたことや、地方の病院で治療を受けていたことなどがわかる資料が発見されていた。その後2017年5月18日になって家宅捜索中の警察官に体当たりをした公務執行妨害容疑で逮捕され、更に同人が大坂正明本人であると特定されたため、6月7日に渋谷暴動事件での殺人等5つの容疑で再逮捕された。

大坂正明が潜伏していたマンショ

ンについては、家賃を支払う銀行口座を不正に開設したとして、2020年1月15日には広島県安芸太田町の町議会議員が書類送検されたが、3月11日に不起訴処分となっている。

大坂正明の初公判は2022年10月25日東京地裁で開かれ、大坂は起訴された殺人や現住建造物等放火、傷害、公務執行妨害、凶器準備集合の5つの容疑について全面的に否認し、無罪を主張した。なお本来であれば裁判員裁判の対象となるものの、過去に中核派によって裁判所や民間人が襲撃されていることを踏まえて東京地裁はこの審理を対象から除外する決定をしている。

2023年12月22日の一審判決では、起訴された各犯罪への関与が認定され、無期懲役の求刑に対して懲役20年の判決が言い渡され、弁護側は即日控訴した。

あとがき

「はじめに」ではこの本のコンセプトについて偉そうに能書きを垂れた（！）し、それ以降も全体として硬いことを書いた。だから「あとがき」では自由にざっくばらんに思ったことを書いてみようと思う。

この本では概ね1960年代から70年代くらいの時代の記述が主となっている。私は1991年の生まれで、気がつけばもう若くもないのだけど、そんな僕からしてもずいぶんと昔のことだという印象がある。「新左翼誕生の歴史とミニ用語集」では1968年がひとつの基準になると触れた。この1968年は明治100年であり当時もそれなりに盛り上がったらしい。かと思えば来年2025年は昭和100年にあたる。1968年は昭和43年であり、昭和も半ばを過ぎた後だから100年は言い過ぎにしても、今日から見れば50年以上前のことだから、やっぱり確かに昔のことなのだ。

僕がこの時代を思い浮かべるとき、どうしても白黒の映像が頭に浮かんでしまう。僕が物心ついた頃といえばカラーテレビがあたりまえだったのに比べると、当時の写真も映像も白黒が多いから仕方ないのかもしれない。でも僕はその写真に写るヘルメットが何色なのか知っている。「社学同」と書いてあるそれは赤い色だし、「反帝学評」とあれば青い色だ。そんなことはわかっている。カラー写真だってカラーの映像だって見たことはある。あたりまえだけど街が白黒だったはずもない。でもどうにも思い浮かべてしまう。

この本は、この手の本の中ではかなり写真をふんだんに使っている方だと自負している。百聞は一見に如かずとはよく言ったもので、写真があるとないとでは、全然違う。僕は写真が沢山載っている方が好きだ。難しいことを好まないのなら、固いことを書いた本文なんて流してくれればいい。写真を見て、その時代の薫りを感じてくれたならそれでいい。HPを開設したときから一貫して写真をふんだんに掲載することを意識してきた。リベラシオン社の岩田氏は僕のこのこだわりに気づいてくれて、初めてのメールで言及してくれた。「我が意を得たり」とはまさにこのことだと、実に嬉しかった覚えがある。

教科書でいえば世界史や日本史に図録があるように、国語には便覧があるように、本書が学生運動・新左翼運動史に興味を持った皆さんの手元で、より深くその時代を知りたい、感じたいと思う人の理解の一助となれば幸いだ。そうでなくとも、歴史がなんとなく好きだという皆さんがぱらぱらとめくって楽しむ本となってくれればもうそれだけで嬉しい。ただ、白黒の写真が如何せん多い。あの時代を私と同様にくすんだ世界として認識してしまうかもしれないのは、ただただ著者の力不足である。ご容赦いただきたい。

本書では実に多くの資料を参照したが、なるべく党派が機関紙やビラなどの公式の文書でどのように主張しているのかを確認することをひとつの軸にしている。そのため、資料のない党派については記述が薄いかあるいは全くない。更に関係書籍が多く出版されている党派も今更私がどうこうするものでもないと考えて同様の扱いとなっている。こういった党派には、先述のブント火花派や労働問題に取り組む某NPO法人の源流になったと噂される京大政経研グループ、有名どころでは死の直前に名のり出た桐島聡が所属していた東アジア反日武装戦線、滝田修が影響を与えたとされる朝霞自衛官殺害事件を起こした赤衛軍などがある。これ以外にも自由闊達な活動を行っていた全共闘やノンセクトグループが無数にあるが、これにも触れることができていないがご容赦いただきたい。

さて本書をご覧いただくと、戦後新左翼運動史と人の死とは切っても切れないものだということがわかっていただけると思う。運動界隈では闘いの中で斃れた人のことがしばしば話題に上るが、警察側に出た死者については実に無頓着である。私はもともと左翼ではないから余計にそうなのかもしれないが、新左翼運動史の研究に携わる者として警察の殉職者をなおざりにすることはできないと思っており、機会があれば手を合わせたかった。私が初めて訪れた警官の慰霊碑は、渋谷暴動で殉職した中村警部補の慰霊碑で、最初は調べてもどうにもその場所がわからず、過去の新聞記事を大学で探して、何とかその場所を見つけ出してブログで公開した。その後三里塚東峰十字路事件で殉職した3警官の慰霊碑も訪れたが、こうした場所が調べても出てこないという現状は新左翼運動史の研究者として忸怩たるものがある。同じ慰霊碑であれば、岡山大学事件でマル青同に殺害された大沢君のそれを調べても場所がわからず、1度目の訪問では暑い中を歩き回っても探し当てることができなかった。こうした慰霊碑は機会を見てまとめようと考えている。

数年前、リニューアル後の警察博物館を訪れ、殉職警官の展示を見ていて気付いたことがある。日大の封鎖解除で殺害された西条警部の名前はあるのに、渋谷暴動で殺害された中村警部補の名前がないのだ。警察博物館は警視庁の施設だから新潟県警の中村警部補は対象外なのかもしれないが、地方から応援で上京し亡くなった殉職者に随分と冷たいことをするものだと思った。警視庁のなかでも渋谷警察署は中村警部補を顕彰し、慰霊碑も大切に扱っており、慰霊碑のある精米店がアパートに建て替わった工事の際には渋谷警察署に一時移設したこともあったが、首都東京の治安を守って殉職した警官を、所属が違うというだけで警視庁の広報施設で扱わないというのはあまりに料簡が狭いのではないかと思う。あえてここで書いておく。

2017年の秋口に模索舎の榎本智至氏を経由して出版の話を戴いてから、「本を書くためだから仕方ない」と、執筆を都合の良い免罪符として、今までにも増して稼ぎの大半を資料蒐集につぎ込んだ。国会図書館の複写手数料だけでもかなりの額になったろう。この本を書きあげて次は何を目標にしようかとそんなことを考えている。

さて、末筆ながら本書の執筆にあたってご協力いただいた共産趣味者、元活動家、古書店主など多くの皆様にこの場をお借りして御礼申し上げる。

ねあ氏には本書の執筆にあたり多くのアドバイスをいただいた。床下氏にはフロントの貴重な資料をご提供いただいた。そのほかにも多くの諸先輩方のこれまでの活動があって、この本は完成を見たと思っている。

元活動家といえば、私の出身校明治大学の諸先輩方が中心となっている明大土曜会には大学在学中から時折お邪魔してお話をうかがっていたが、転勤の多い仕事柄、この10年ほどは思うように参加できていない。そんななかでも山中氏には多くの資料提供をいただき、駿河台校舎の近くにあるお好み焼き・もんじゃの店「祭」の大将こと本間氏にもとても良くしていただいている。また私のHPを見てメールをいただき、私の所蔵するブントの資料を提供しているHPの「リベラシオン社」の社主である岩田吾郎氏には、私の力量不足でついに本書では触れることができなかったがブント火花派の歴史についてご教示いただくなど、とてもお世話になっている。ブントの項では岩田氏が収集された資料を多く参照させていただいた。アナキストの項でふれたアナキスト革命連合の千坂恭二氏にはHPやブログより前のmixiの時代から情報をいただいていた。その他にも様々な情報をお寄せいただいた皆さん、貴重な資料をご提供いただいた皆さんにこの場を借りて心より感謝申し上げる。

資料収集という点では、新宿の模索舎の榎本氏には氏の所蔵する資料を見せていただいたり、機関紙を取り置きしてもらったり、参考になりそうな文献を紹介いただいたりと10年以上にわたってお世話になっている。古書店では古書赤いドリルの那須太一氏が古書市場で多くの貴重な資料を集め、販売してくださっている。本書で掲載した文献やビラの多くは那須氏が販売されたもので、氏の目利きなくして私の学生運動・新左翼運動史研究は成り立たなかったと言っても過言ではない。御礼を申し上げるとともに、那須氏のますますのご活躍を祈念する。

また本書は労働者になってからの数年間で余暇を見つけて、そのほとんどを前職の高松・徳島での勤務時に書き上げたものである。本書が何とか完成したのは前職に新卒で入社して、見知らぬ土地での下積み時代にお世話になった皆さんのおかげである。四国での最初の上司だったT先輩、外勤としてずっと一緒に仕事をしたN課長、初めて一緒に仕事をした建築のM所長、実質的な教育担当だったI（M）さん。まだまだ名前を挙げればきりがないが、これらの方々に支えられて何とか仕事をこなし、そのおかげで余暇での研究があったと思っている。

そして自ら物事を調べ、考えて文章にまとめるという行為は私立武蔵高等学校・中学校在校中に出された多くのレポート課題によって養われたものである。私がこの世界に入ったのもまさしくその頃であるが、そもそも幼少期からたくさんの本に親しませ、「うちには残せる財産もないから、残してやれるのは教育だけだ」と高い学費を払って私学に進学させ、教育を受けさせてくれた両親に心からの感謝を。ずいぶんと経済的な負担をかけた結果が「過激派オタク」というのは予想外だったと思う。家にヘルメットが届いても動じない両親だからここまで続けてこれたのだし、こればかりは諦めてもらうほかないだろう。そしてあろうことか人並みに結婚してしまったが、家に大量の資料やヘルメットが届いても（今のところは）許容してくれ、チョコレートでヘルメットの絵を書いてしまう妻には頭が上がらない。今後も家庭の円満を第一にこの研究は続けていきたいと思っている。

2024年9月

写真出典

【出典順［目次の通称名で表記］、（　）内は出典】

写真のキャプションは特段の注記がないかぎり引用元の文献に記載のママとした。従って「無題」とあるものは、引用元の文献にキャプションがないことを示している。全てのキャプションについて撮影日が確定できるものはキャプションの頭に年月日を附した。なお、キャプションだけでは事件の内容がわかりにくいものや、写真に特に注目をすべき箇所がある場合などは著者にて適宜説明を附した。

1　革共同系

中核派

- 1969.04.28 4.28沖縄奪還斗争の新橋〜有楽町の闘い。燃える鍛治屋橋交番
  反戦高協『反戦高協』№.15（1969.06.15付）裏表紙
- 1980.05.25 5・25 狭山−三里塚の結合を訴える戦闘的部落青年（全国部落研・全国部落青年戦闘同志会機関誌『荊冠』№.14［1980.07.10付］）
- 1985.10.20 新東京国際空港反対闘争警備
  警視庁第三機動隊『燦輝』（1986.08付）
- 1985.10.20 第3ゲートめがけて部隊の突破をはかる中核派
  新東京国際空港反対闘争警備 警視庁第三機動隊『燦輝』（1986.08付）
- 1986.04.12 解散地へ向う中核派デモの送り込み
  中曽根訪米阻止労学総決起集会デモ警備（警視庁第三機動隊『燦輝』［1986.08付］）
- 2013.01.13 三里塚反対同盟が新年デモと団結旗開き
  前進速報版（2013.01.14付）

革マル派

- 1969.02.03 A号アパート3階で検挙護送中
  （革マル派学生10名突如米大に侵入 警視庁第2安保警備記録グラビヤ編集委員会『激動の990日』［1971.01付］）
- 1969.02.03 アメリカ大使館内、A号アパート3階屋上（革マル派学生10名突如米大に侵入 警視庁第2安保警備記録グラビヤ編集委員会『激動の990日』［1971.01付］）
- 1969.08.31 8・31秋期闘争決起集会（38校二三〇）（『高校生戦線』№.1［1969.12付］）
- 1969.09.23 清水谷公園で決起集会を開く全都の高校生教育課程審答申粉砕・高校生指導手引書粉砕全都高校生総決起集会（『解放』146号［1969.10.01付］）
- 1970.04.28 北海道の反戦高連の旗（『極北の思想』創刊号［1970.06.05付］）
- 1970.06.23 首相官邸前坐りこみを貫徹する学友（『高校生戦線』№.2［1970.10付］）

- 1970.08.14 法大、革マル警備 中核派に変装した革マル派40名は法大内の中核派に殴り込みをかけ、六角校舎内に於て10名の学生にリンチを加える事件が発生した。革マル派の排除と阻止線を設定する隊員（警視庁第三機動隊『燦輝』[1986.08付]）
- 1970.08.14 法大、革マル警備 中核派に変装した革マル派40名は法大内の中核派に殴り込みをかけ、六角校舎内に於て10名の学生にリンチを加える事件が発生した。法大内のリンチ現場（上）被害学生の搬出（下）（警視庁第三機動隊『燦輝』[1986.08付]）
- 1970.08.14 法大、革マル警備 中核派に変装した革マル派40名は法大内の中核派に殴り込みをかけ、六角校舎内に於て10名の学生にリンチを加える事件が発生した。革マル派の排除と阻止線を設定する隊員（警視庁第三機動隊『燦輝』[1986.08付]）
- 1971.06.19 革マル、日共本部抗議 沖縄琉球大学学生寮内において沖縄返還闘争のイデオロギーの対立から反日共系学生が日共系学生に3階から投下される死亡事案が発生。これを日本共産党の指図によるものとして革マル派は代々木の日共本部へ押しかけ、座り込み、火炎びん、発煙筒を投てきして抗議した。（警視庁第三機動隊『燦輝』[1986.08付]）
- 1975.02.17 米兵、県警の警戒網をかいくぐった戦闘的労学は着弾地山頂を占拠、意気あがる山頂デモを繰りひろげた（『革命戦線』№26 [1975.03.25付]）
- 1975.05.06 ひかり号先端に大書された全学連の檄　名古屋駅（『解放』366号[1975.05.19付]）
- 北海道反戦高連ヘルメット（全北大反戦闘争委員会機関誌『戦列』vol.10 [1970.06付]）
- 撮影日不詳1971年5〜6月頃 頑強に座り込みを続ける革マル（数寄屋橋交さ点）（警視庁警備部『あゆみ』沖縄返還協定調印阻止闘争警備特集号 [1971.08.25付]）

第四インター

- 5・8抗議集会に参加するべく進撃する青学共闘（5・8）（青学共闘パンフ『三里塚'77.4〜5弾圧との闘い』）
- 1968.07.26 カストロ、ゲバラの写真を先頭に（キューバ革命記念日デモ 警視庁第2安保警備記録グラビヤ編集委員会『激動の990日』[1971.01付]）
- 1969.01.18 無題（法文2号館屋上 警視庁第2安保警備記録グラビヤ編集委員会『激動の990日』[1971.01付]）
- 1972.03.09 立川基地反対集会デモ警備　3月9日「立川基地自衛隊移駐阻止、沖縄海兵阻止」と称し中核派1,000名、一般労組など計2,500名による集会デモ（警視庁第三機動隊『燦輝』[1986.08付]）
- 1974.11.18-21 インターを規制する部隊。（米国フォード大統領来日に伴う警備 警視庁第五機動隊『30年のあゆみ』[1980.09付]）
- 1974.11.18フォード米大統領来日阻止闘争 午後2時46分　南蒲田交差点手前付近で歩道上のインターを規制する部隊。（警視庁第九機動隊『若鷲』[1979.12付]）
- 1978.02.05 横堀要塞　要塞建設は昼夜兼行で進められた　鉄塔をたてたとき気温

は零下５度（第四インター機関誌『第四インターナショナル』９月号［1979.09付］）
- 1978.03.26 第八ゲートを突破し管制塔へ進撃（『世界革命』517号［1978.04.03付］）
- 1978.04.02 勝利のデモかちとる青学共闘（『世界革命』518号［1978.04.10付］）
- 十七日午後九時に新宿の交差点で坐り込み（社青同『青年の声』№459［1971.06.28付］）
- 闘う日本共産青年同盟（準）の隊伍（『世界革命』号外［1974.11.17付］）

武装蜂起準備委員会

- 1968.07.26 キューバ革命記念日デモ（警視庁第２安保警備記録グラビヤ編集委員会『激動の990日』［1971.01付］）

2　共産同系

ML派

- 「中国五四運動五十一周年〝入管体制〟粉砕総決起集会」において、オブザーバーの立場で参加し、五四運動の今日にもたらす歴史的意義を、一時間にわたって報告する華僑青年闘争委員会の代表同志（3.24糾弾在日中国人青年共闘会議『下定决心不怕牺牲排除万难去争取胜利』［1970.05.20付］）
- 1969.01.18　ガスバーナーを使った火煙放射器も現われ、警備車を襲った。（工学部列品館 警視庁第２安保警備記録グラビヤ編集委員会『激動の990日』［1971.01付］）
- 1969.01.18　外堀通り、東京医科歯科大学（地下鉄お茶の水駅前）（警視庁第２安保警備記録グラビヤ編集委員会『激動の990日』［1971.01付］）
- 1969.01.18　大学生の知恵パチンコ攻撃（工学部列品館 警視庁第２安保警備記録グラビヤ編集委員会『激動の990日』［1971.01付］）
- 1970.06.23 火炎びんを持ち、鉄パイプで武装して会場を出発したML（6.23行動 警視庁第２安保警備記録グラビヤ編集委員会『激動の990日』［1971.01付］）

マルクス主義青年同盟

- 75年４月第一次中突、岡山大学へ登場（『報告書』）
- がんばろう、日本！国民協議会の街宣風景（2008年筆者撮影）
- この五候補が、各々どの階級の利益を代表してて、いかに行動したのかに注目せよ！（マル青同政治連盟『党旗』週刊版第2号［1975.05.01付］）
- ブルジョア階級を恐怖させ、小ブル階級を統制する、わがプロレタリア階級独裁の眼をみよ！新宿東口、４月12日８時５分、愛国党・機動隊の襲撃に敢然と武装対峙する中央突撃隊！（マル青同政治連盟『党旗』週刊版第２号［1975.05.01付］）
- 川崎・東芝トランジスタ工場前にひるがえる反帝・反社帝旗（マル青同『党旗』第10・11合併号［1975.05.01付］）

二次ブント

- 1968.06.21 明大前通りのバリケード構築（警視庁第２安保警備記録グラビヤ編集委員会『激動の990日』[1971.01付]）
- 1968.10.21 警備部隊の検挙活動（防衛庁襲撃行動 警視庁第２安保警備記録グラビヤ編集委員会『激動の990日』[1971.01付]）
- 1969.01.18 医学部屋上から投石　機動隊員の頭上へ（警視庁第２安保警備記録グラビヤ編集委員会『激動の990日』[1971.01付]）
- 1982.02.28 二・二八立川基地解体闘争、青ヘル先頭に立つ！ 宗派グループの敵対許さず闘いぬく！（『プロレタリア革命』第９号 1982.04.01付）

赤軍派

- 1969.09.30 署長室に火炎びん（午後７時10分、東大竜岡門に通ずる道路から、本富士署長室に火炎びん２本を、また、捜査係室に１本を、投げつけ逃走、赤軍ゲリラ30名、うち１名を検挙。警視庁第２安保警備記録グラビヤ編集委員会『激動の990日』[1971.01付]）
- 1969.11.05 無題（大菩薩峠事件 警視庁第２安保警備記録グラビヤ編集委員会『激動の990日』[1971.01付]）
- 1970.03.31 証拠品（よど号ハイジャック事件 警視庁第２安保警備記録グラビヤ編集委員会『激動の990日』[1971.01付]）
- 1970.04.28 赤軍派現れる!!ふく面して集会に参加（警視庁第２安保警備記録グラビヤ編集委員会『激動の990日』[1971.01付]）

游撃派

- 1975.09.30 無題（「游撃」12号 [1975.10.15付]）
- 1975.10.21 機動隊を押しまくり進撃する赤ヘル権力闘争派部隊（「游撃」14号 [1975.12.01付]）
- 1977.04.17 共産同系デモ併進規制中の三機部隊（三里塚空港粉砕全国総決起集会デモ警備 警視庁第三機動隊『燦輝』[1986.08付]）

前衛派

- 1970.04.19 明治公園内での内ゲバ 派閥のちがう学生同士が乱斗・負傷者が出る。（警視庁第２安保警備記録グラビヤ編集委員会『激動の990日』[1971.01付]）
- 1970.04.19 安保共斗（旧マル戦前衛派）と共学戦（旧マル戦ドトウ派）との内ゲバによる乱斗（警視庁第２安保警備記録グラビヤ編集委員会『激動の990日』[1971.01付]）

怒濤派

- 1970.04.28 警備部隊に突撃態勢（警視庁第２安保警備記録グラビヤ編集委員会『激動の990日』[1971.01付]）

- 1970.05.15 無題（愛知外相訪ジャカルタ阻止闘争 警視庁第2安保警備記録グラビヤ編集委員会『激動の990日』[1971.01付]）
- 2月28日公団へ向け進撃する共戦の部隊（『怒濤』第31号［1971.03.15付］）

鉄の戦線派／蜂起派

- 1993.04.25 式典にむかう天皇主義右翼街宣車を包囲し、機動隊と対決する沖日労と沖縄解放共同闘争委の部隊（4月25日／糸満）（『蜂起』第259号［1993.05.10付］）
- 1993.03.28 三里塚全国集会に決起する反帝戦線（3月28日／東峰）（『蜂起』第259号［1993.05.10付］）

烽火派

- 1977.08.06 本蒲田公園から出発するブンド共闘デモ（総理ASEAN首脳会議出席阻止闘争警備 警視庁第三機動隊『燦輝』[1986.08付]）

西田戦旗派／両川戦旗派

- 1985.10.20 別コースで会場を出発し、デモ本体と合流する戦旗派デモ（警視庁第三機動隊『燦輝』[1986.08付]）
- 1989.10.23「東峰団結会館を死守するぞ」「強制収用を阻止するぞ」要塞化に勝利し決意も新たにシュプレヒコール（『東峰死守戦』発行年月日記載なし）

日向戦旗派／荒戦旗派

- 1971.04.28 闘いの先頭にたつ鉄マスク部隊　野合右派を完全粉砕（『北西風が党を鍛える』第一部［1984付］）
- 1978.03.26 戦旗ひるがえし、空港へ猛然と進撃（東峰）（『北西風が党を鍛える』第一部［1984付］）
- 1981.10.11「おれについてこい!」、小川源氏の不屈の闘魂に応え「第二の三・二六」めざす決意を示しぬく@三里塚第一公園（『北西風が党を鍛える』第二部［1984付］）

竹内ブント

- 1977.08.06 解散地大師橋緑地にデモを送り込む三機部隊（総理ASEAN首脳会議出席阻止闘争警備 警視庁第三機動隊『燦輝』[1986.08付]）
- 1985年頃　'85年学費値上げ阻止闘争（明大新入生歓迎実 1985年度パンフレット）
- 1997年頃　5.27狭山中央闘争を闘う明大糾弾共闘ら（第47回和泉祭パンフレット）

紅旗派

- 1977.07.24「年内開港粉砕!」機動隊を撃破して進撃する三里塚闘争（機関紙『紅旗』17号［1977.08.10付］）

3　社青同系

- 1969.11.26 総理の帰国に際しても革新諸団体の抗議集会が行われた。（警視庁第2安保警備記録グラビヤ編集委員会『激動の990日』[1971.01付]）
- 1973.06.01 無題 社青同全国協（社青同太田派）と思われる改憲阻止青年会議の旗（手前）と、中国派の隊列・日中友好協会（正統）の旗（右側・奥）（6・1アジア核安保体制打破、4次防粉砕、軍事基地撤去、田中訪米阻止、西日本ブロック青年婦人総決起集会@福岡）（福岡県評青年協議会編『6・1青年集会写真集 [1968-1988]』[1988年]）
- 1979.06.01 無題 社青同全国協の部隊（6・1安保体制打破、有事立法粉砕、「むつ」廃船、大平自民党内閣打倒、総選挙勝利、労働運動の強化をめざす全九州青年婦人総決起集会@佐世保）（福岡県評青年協議会編『6・1青年集会写真集 [1968-1988]』[1988年]）
- 十七日午後九時に新宿の交差点で坐り込み（社青同『青年の声』№459 [1971.06.28付]）

人民の力派

- 1973.10.10 10・10総評青年協主催 横須賀闘争を闘う先進的労働者（『人民の力』117号 [1973.11.15付]）
- 1973.10.14 10・14横須賀独自闘争に決起した関東三県反独占政治戦線（『人民の力』117号 [1973.11.15付]）
- 1973.10.31 10・31反戦闘争に決起した中部地区国鉄労働者（『人民の力』117号 [1973.11.15付]）
- 1972.06.01 無題 人民の力派の反独占政治戦線の部隊（6・1安保廃棄、自衛隊沖縄配備阻止西日本青年婦人労働者総決起集会@熊本）（福岡県評青年協議会編『6・1青年集会写真集 [1968—1988]』[1988年]）

戦線派

- 1978.06「原子力船むつ」佐世保入港阻止闘争（『握りこぶしの中に』出版編集委員会編『握りこぶしの中に－『戦線』と『連帯』の時代』[2010年,オリジン出版センター]）
- 1972.06自衛隊沖縄派兵阻止北熊本現地闘争（『握りこぶしの中に』出版編集委員会編『握りこぶしの中に－『戦線』と『連帯』の時代』[2010年,オリジン出版センター]）
- 1976.06.01 無題 戦線派の部隊。同年3月に結成されたばかりのL学同の旗が見える。（6・1アジア核安保体制打破、軍事基地撤去、ロッキード汚職糾弾、原船「むつ」廃船、三木内閣打倒、総選挙勝利、青年婦人総決起集会集会@佐世保）（福岡県評青年協議会編『6・1青年集会写真集 [1968—1988]』[1988年]）

革命的労働者協会

- 1988.10.27-28 本館バリケード封鎖－占拠闘争を闘いぬく全学実の学友〝駿河台か

ら皇居へ進撃せよ〟〝今こそ天皇制をなくせ〟の声 駿河台に轟きわたる（第109回駿台祭パンフレット）
- 1992年　PKO法案粉砕！自衛隊海外派兵阻止！にむけ6.5〜6和泉・駿河台ストに勝利する（第111回駿台祭パンフレット）
- 1992年　PKO法案粉砕！自衛隊海外派兵阻止！にむけ6.5〜6和泉・駿河台ストに勝利する（第111回駿台祭パンフレット）　駿河台でのピケッティングの様子
- 1998年　反共ファシスト=「明大ゴスペルソング愛好会」「国際ヘブライ文化研究会」解体・一掃！　6.2全学集会に決起した明大生（第48回和泉祭パンフレット）
- 1999.01.22　反動的学生管理支配体制打倒にむけ、1・22北条千秀追悼集会の成功をかちとる（明大新入生歓迎実 1999年度パンフレット）
- ガードフェンスの設置状況　右向うは革労協現代社（警視庁警備部『昭和58年 下半期主要警備記録』［1983.12付］）

革命的労働者党建設をめざす解放派全国協議会

- 1981.06.15 宗派グループの弱々しい敵対を粉砕し、宮本公園に登場（『プロレタリア革命』第4号 1981.10.15付）
- 1981.12.11 12・11神大に登場した再建委部隊（『プロレタリア革命』第6号［1982.01.01付］）
- 1981.12.11 12・11神大登場の「四・二〇実行委」と再建委の部隊（『プロレタリア革命』第6号［1982.01.01付］）

主体と変革派

- 無題（『主体と変革』20号［1976.09.20付］）

4　構改派系

フロント

- 1970.06.14 6・14大共同行動　道路片側一ぱいのフランスデモ　－青山通り－（警視庁第2安保警備記録グラビヤ編集委員会『激動の990日』［1971.01付］）
- 1970.04.28 無題　フロントとともに反帝学戦の文字が見える（警視庁第2安保警備記録グラビヤ編集委員会『激動の990日』［1971.01付］）
- 1971.04.28 午後10時11分、港区六本木4丁目付近で部隊に突きかかるフロント。（沖縄デー闘争 警視庁第九機動隊『若鷲』［1979.12付］）

統一共産同盟

- 1976.01 極左暴力集団及び沖青委などは会場周辺で延べ4団体、約550名を動員して集会デモを行なった。（1976年1月沖縄海洋博反対闘争 警視庁第九機動隊『若鷲』

[1979.12付])
・無題　自衛隊カンボジア第二次派兵阻止を闘う労活評の隊列(『現代革命』№190 [1993.04.23付])

共労党

・1970頃 プロレタリア学生同盟の隊列 詳細不明(機関誌『プロレタリア戦線』№2 69頁 [1970.05.18付])

赤色戦線派

・10.21 わが三星紅旗は桧町に結集した革命的人民の最先頭で輝いた(赤色戦線首都圏協議会『赤色戦線』№3 [1972.11.15付])
・無題　赤色戦線(警視庁警備部『あゆみ』機動隊創設30周年記念特集号 [1978.12付])

5　日共左派系

日本共産党(左派)

・11月19日、労働者27万の隊列と合流して国会デモを行なう共青東京(日本共産主義青年同盟『先鋒』第57号 [1971.11.25付])
・山口県青学共に結集する青年・学生の戦斗的隊列(5月23日下関市)(日本共産主義青年同盟『先鋒』第40号 [1971.06.05付])

日本労働者党

・無題　日本労働者党『労農戦報』第91号(1979.10.01付)　覇権主義反対・政治反動粉砕闘争委員会の隊列
・無題　日本労働者党『労農戦報』第97号(1980.01.01付)　覇権主義反対・政治反動粉砕闘争委員会の隊列

日本労働党

・三里塚十一年の闘争を支えてきたのは売国農政に反対する不屈の農民の実力闘争である。我々はこの闘争を断固支持し農民の利益を守りつつ、青年学生戦線から労農同盟構築をめざし支援しなければならない。10・3三里塚闘争(日本労働青年団『労働青年』第19号 [1977.01.20付])
・大阪・難波における宣伝活動(1975年7月6日三木訪米阻止に向けた街頭宣伝 日本労働青年団『労働青年』創刊号 [1975.07.15付])

日本共産党（行動派）

- 日本共産党（行動派）本部ビル（『日本共産党（行動派）小教程』[1981年]）

日本共産党神奈川県常任委員会

- 1969.09.04（C滑走路）火炎びん投てきのあと（愛知外相訪ソ訪米警備 警視庁第2安保警備記録グラビヤ編集委員会『激動の990日』[1971.01付]）
- 1969.09.04 18番スポット（愛知外相訪ソ訪米警備 警視庁第2安保警備記録グラビヤ編集委員会『激動の990日』[1971.01付]）
- 1969.09.04 無題 革命左派5名逮捕（愛知外相訪ソ訪米警備 警視庁第2安保警備記録グラビヤ編集委員会『激動の990日』[1971.01付]）
- 1969.09.04 無題（愛知外相訪ソ訪米警備 警視庁第2安保警備記録グラビヤ編集委員会『激動の990日』[1971.01付]）

毛沢東思想学院

- 毛沢東思想学院校舎全景（毛沢東思想学院『星々之火』[1988付]）
- 3.15万博粉砕闘争は、大阪城公園で決起集会をおこない、市内をデモ行進した後、万博中央口に突入した。身に寸鉄もおびない労働者、学生、市民にたいして、反動権力はあわてふためいて67名もの不当逮捕をおこない、自らの狼狽ぶりを暴露した。（毛沢東思想学院『学院ニュース』第34号[1970.05.01付]）
- 第三期生と学友生は学院旗を先頭に、全員ヘルメットで6・1神戸入管斗争に参加。（神戸市役所前の集会）（毛沢東思想学院『学院ニュース』第23号[1969.06.01付]）

日本共産主義人民連帯

- 1990.11.08-09 明大反天皇ストライキ大爆発（写真は11.8和泉ストライキ）（明大新入生歓迎実 1991年度パンフレット）

6　アナキスト

アナキスト革命連合

- 1969.10.02 むなしい抵抗のあとに（大阪芸大事件 大阪府警察20周年記念行事推進委員会『大阪府警察20年の記録』[1975.06.10付]）
- 1969.10.02 大学側の告示（大阪芸大事件 大阪府警察20周年記念行事推進委員会『大阪府警察20年の記録』[1975.06.10付]）
- 1969.10.02 無題（大阪芸大事件 大阪府警察20周年記念行事推進委員会『大阪府警察20年の記録』[1975.06.10付]）

背叛社

- 1968.10.06 捜索状況（背叛社暴発事件 警視庁第２安保警備記録グラビヤ編集委員会『激動の990日』[1971.01付]）
- 1968.10.06 押収品（背叛社暴発事件 警視庁第２安保警備記録グラビヤ編集委員会『激動の990日』[1971.01付]）
- 1968.10.06 室内の状況（背叛社暴発事件 警視庁第２安保警備記録グラビヤ編集委員会『激動の990日』[1971.01付]）

7　自治会等

全学連

- 1998.03.29 平行滑走路建設攻撃に反撃（『コミューン』通巻273号 [1998.06.01付]）
- 2002.05.26 5・26全国総決起闘争（中核派『コミューン』通巻319号 [2002.08.01付]）
- 1969.12.14「約1,000名」の革マル全学連は日比谷野音へ突入の構え（糟谷人民葬 警視庁第２安保警備記録グラビヤ編集委員会『激動の990日』[1971.01付]）
- 1971.10.08 機動隊の阻止線を実力突破して進撃するデモ隊（青山通り）（革マル派『解放』212号 [1971.11.05付]）
- 「学費値上げ阻止！　PKO法案粉砕！」をかけ16日間にわたってうちぬかれた91年学費闘争（1992年　第42回和泉祭パンフレット）

浪人運動

- 1970.06.23 第二安保総力戦　旗竿を槍のように構えて突進する全共斗－材木町付近－　写真中央付近に「浪闘…」の白ヘルが見える（警視庁第２安保警備記録グラビヤ編集委員会『激動の990日』[1971.01付]）

全共闘

- 1968.09.12 激しい投石で苦戦（日大全共闘学園奪還闘争 警視庁第２安保警備記録グラビヤ編集委員会『激動の990日』[1971.01付]）
- 1969.11.17 池上線ストップ、線路上を蒲田方向へ南下（佐藤栄作訪米阻止闘争 警視庁第２安保警備記録グラビヤ編集委員会『激動の990日』[1971.01付]）
- 1969.11.17 無題（佐藤栄作訪米阻止闘争 警視庁第２安保警備記録グラビヤ編集委員会『激動の990日』[1971.01付]）
- 1983.04.29「日帝の戦争準備と対決せよ！安保・改憲・天皇攻撃粉砕！」をメイン・スローガンに61大学、97団体、750名が結集（日大銀ヘル先頭に明大駿河台校舎から日大本部へ向けてデモ）（『北西風が党を鍛える』第二部 [1984付]）
- 1977.08.23 戦旗、法大全共闘等が部隊に旗竿で激しく突きかかり、戦旗２名、法大

全共闘2名、計4名を公妨で検挙(狭山闘争警備 警視庁第三機動隊『燦輝』[1986.08付])

8 ゲバスタイル総説

- ヘルメット一覧 1970.02.01現在(警視庁第2安保警備記録グラビヤ編集委員会『激動の990日』[1971.01付])
- 強化されたおおい よく見ると二重白線部の下にテープが貼ってあり、紐の膨らみが見て取れる。(警視庁第2安保警備記録グラビヤ編集委員会『激動の990日』[1971.01付])
- 武器庫となった拠点校で発見された火炎びんや劇薬(警察庁警備局『警備警察』[1969年]より)保安帽の箱が丸底フラスコを用いた火炎びん(劇薬びん)の保管に転用されていた。
- 1967.10.08 穴守橋周辺、阻止車両をはさみデモ隊と対じ。(警視庁第2安保警備記録グラビヤ編集委員会『激動の990日』[1971.01付])
- 1967.10.08 鈴ヶ森ランプから高速道路を通って羽田へ向おうとする暴徒。これを阻止する警備部隊。(警視庁第2安保警備記録グラビヤ編集委員会『激動の990日』[1971.01付])
- 1967.11.12 京浜急行大鳥居駅の線路上を突進(警視庁第2安保警備記録グラビヤ編集委員会『激動の990日』[1971.01付])
- 1967.10.08 暴力学生は弁天橋上で、突入を企図(警視庁第2安保警備記録グラビヤ編集委員会『激動の990日』[1971.01付])
- 1967.11.12 警備部隊と衝突(警視庁第2安保警備記録グラビヤ編集委員会『激動の990日』[1971.01付])
- 1969.09.03 大隈講堂屋上の最後の抵抗 写真左から3人目と右端の学生は、顎紐の代わりにタオルを使用し、覆面と兼用している。(早大封鎖解除警備 警視庁第2安保警備記録グラビヤ編集委員会『激動の990日』[1971.01付])
- 1968.10.06 押収品(背叛社暴発事件 警視庁第2安保警備記録グラビヤ編集委員会『激動の990日』[1971.01付])
- 1969.01.18 医学部屋上から投石 機動隊員の頭上へ(警視庁第2安保警備記録グラビヤ編集委員会『激動の990日』[1971.01付])
- 1975.09.30 無題(天皇陛下ご訪米阻止闘争警備 警視庁第三機動隊『燦輝』[1986.08付])
- 1968.10.21 デモ途中、建築現場から丸太を盗む(警視庁第2安保警備記録グラビヤ編集委員会『激動の990日』[1971.01付])
- 1968.01.15 プラカードの板をはずせばゲバ棒(警視庁第2安保警備記録グラビヤ編集委員会『激動の990日』[1971.01付])

- 1968.01.15 偽装角材多数押収（警視庁第２安保警備記録グラビヤ編集委員会『激動の990日』[1971.01付]）
- 1968.01.15 法政大学を出る学生、全員がプラカード付角材を手に（警視庁第２安保警備記録グラビヤ編集委員会『激動の990日』[1971.01付]）
- 1968.01.15 無題（警視庁第２安保警備記録グラビヤ編集委員会『激動の990日』[1971.01付]）
- 1968.01.15 飯田橋駅前発出所前（警視庁第２安保警備記録グラビヤ編集委員会『激動の990日』[1971.01付]）
- 1986.05.29 会場に向う対象の検問（成田現地闘争警備 警視庁第三機動隊『燦輝』[1986.08付]）
- 1971.06.16 検問により一時預りをした竹竿（都体育館前）（警視庁警備部「あゆみ」沖縄返還協定調印阻止闘争警備特集号[1971.08.25付]）
- 1971.06.16 凶器発見の検問を続ける部隊（新見付交さ点）（警視庁警備部「あゆみ」沖縄返還協定調印阻止闘争警備特集号[1971.08.25付]）
- 1974.10.18 環8を制圧し機動隊を撃退！（『解放』153号[1974.11.15付]）
- 1975.09.30 弁天橋付近で部隊に突き当たるデモ隊。（天皇訪米阻止闘争警備 警視庁機動隊創設50周年記念行事実行委員会『警視庁機動隊50年の軌跡』[1999.02.25付]）
- 1969.06 あらかじめ隠してあった角材（静岡県警察本部『アスパック アジア太平洋協議会第４回閣僚会議 警備概況』[発行年月日記載なし]）
- 1971.06.16 千駄ヶ谷駅付近の植込みの検索（警視庁警備部「あゆみ」沖縄返還協定調印阻止闘争警備特集号[1971.08.25付]）
- 1969.11.17 暴力学生に火炎ビンを渡した和服姿の運び屋女性も検挙（佐藤栄作訪米阻止闘争 警視庁第２安保警備記録グラビヤ編集委員会『激動の990日』[1971.01付]）
- 1978.03.26 無題（共青同学生班協議会「進撃」創刊号[1979.04.20付]）
- 1978.03.26 無題（共青同学生班協議会「進撃」創刊号[1979.04.20付]）
- 1983.03.27 武器ドッキング防止のため徹底検問中の三機部隊（成田現地闘争警備 警視庁第三機動隊『燦輝』[1986.08付]）
- 1977.08.12 狭山上告棄却に逆襲 決起した青ヘルの旗ザオ部隊（『解放』198号[1977.08.15付]）
- 1970.06.23 第二安保総力戦　旗竿を槍のように構えて突進する全共斗－材木町付近－（警視庁第２安保警備記録グラビヤ編集委員会『激動の990日』[1971.01付]）
- 1974.09.26 実力進撃へ向けヘルメットを着用、整列する隊列（『解放』151号[1974.10.01付]）
- 1968.09.12 暴徒は靖国通りで都電を停める　投石、角材が散乱、乗客、運転手は一時避難した。（警視庁第２安保警備記録グラビヤ編集委員会『激動の990日』[1971.01付]）

- 1968.09.12 暴力学生は、路地奥から靖国通りに出て規制にあたる部隊に対し、激しく抵抗 追随など野次馬1500名も暴力学生に呼応して投石した。（警視庁第2安保警備記録グラビヤ編集委員会『激動の990日』[1971.01付]）
- 1967.11.12 投石よけのため第2次羽田闘争から初めて大楯が考案され、使用された。（警視庁第2安保警備記録グラビヤ編集委員会『激動の990日』[1971.01付]）
- 1967.11.12 防石ネットを持つ手も投石、角材で傷ついた。このため剣道の小手などを活用するなどのアイデアが生まれた。（左は白バイの皮手袋）（警視庁第2安保警備記録グラビヤ編集委員会『激動の990日』[1971.01付]）
- 1968.09.12 投石用に、歩道の敷石をはがし、運搬準備（警視庁第2安保警備記録グラビヤ編集委員会『激動の990日』[1971.01付]）
- 1969.09.03 早大、教室の壁は、投石材料となる。（早大封鎖解除警備 警視庁第2安保警備記録グラビヤ編集委員会『激動の990日』[1971.01付]）
- 1972.01.14 対峙する部隊（青山学院大紛争警備 警視庁第五機動隊『30年のあゆみ』[1980.09付]）
- 昭45.4末 王子新道の環境整備 投石に利用される歩道の敷石はアスファルト舗装に塗りかえられ、王子での投石は5月以降激減し、斗争そのものも終着に向った。アスファルト歩道へ舗装（警視庁第2安保警備記録グラビヤ編集委員会『激動の990日』[1971.01付]）
- 昭45.4末 王子新道の環境整備 投石に利用される歩道の敷石はアスファルト舗装に塗りかえられ、王子での投石は5月以降激減し、斗争そのものも終着に向った。敷石歩道（警視庁第2安保警備記録グラビヤ編集委員会『激動の990日』[1971.01付]）
- 1969.09.03 学生会館屋上の凶器（早大封鎖解除警備 警視庁第2安保警備記録グラビヤ編集委員会『激動の990日』[1971.01付]）
- 1977.05.06 中核約60名が三機部隊に対し火炎びんを投てき（成田空港鉄塔撤去警備 警視庁第三機動隊『燦輝』[1986.08付]）
- 1968.09.04 日大法学部仮処分執行に伴う公務執行妨害事件にて押収した塩酸（警察庁警備局『警備警察』[1969.06.01付]）
- 1985.10.20 部隊に対する激しい火炎びん攻撃（警視庁第三機動隊『燦輝』[1986.08付]）
- 1969.01.19 明大通り、バリケード構築、石油かんを盗み放火準備（警視庁第2安保警備記録グラビヤ編集委員会『激動の990日』[1971.01付]）
- 1970.06.23 火炎びんを持ち、鉄パイプで武装して会場を出発したML（6.23行動警視庁第2安保警備記録グラビヤ編集委員会『激動の990日』[1971.01付]）
- 1971.06.17 発煙筒を投げる革マル学生（霞ヶ関2丁目交さ点）（警視庁警備部「あゆみ」沖縄返還協定調印阻止闘争警備特集号[1971.08.25付]）
- 1969.11.17 手製のパイプ爆弾など（佐藤総理訪米阻止闘争で押収 警視庁第2安保警備記録グラビヤ編集委員会『激動の990日』[1971.01付]）
- 1969.11.17 各種火炎ビンと運搬する袋類（佐藤総理訪米阻止闘争で押収 警視庁第

2安保警備記録グラビヤ編集委員会『激動の990日』[1971.01付])
- 1971.06.17 爆発物により損傷した大楯(警視庁警備部「あゆみ」沖縄返還協定調印阻止闘争警備特集号[1971.08.25付])
- 1969.01.18 屋上の暴力学生はベニヤ楯でガス筒をはらいのけた。(警視庁第2安保警備記録グラビヤ編集委員会『激動の990日』[1971.01付])
- 1971.05.30 首相官邸に向け青山通りを進撃するプロ統正規軍(『解放』76号[1971.06.15付])
- 1970.06.22 木製の楯を構えて機動隊突破を狙う反帝学評(警視庁第2安保警備記録グラビヤ編集委員会『激動の990日』[1971.01付])
- 1973.04.22 デモ隊も機動隊員なみ?何と竹製の防護衣を着装(狭山闘争中核デモ警備 警視庁第三機動隊『燦輝』[1986.08付])
- 1971.04.28 闘いの先頭にたつ鉄マスク部隊　野合右派を完全粉砕(『北西風が党を鍛える』第一部)

革共同系の系統図

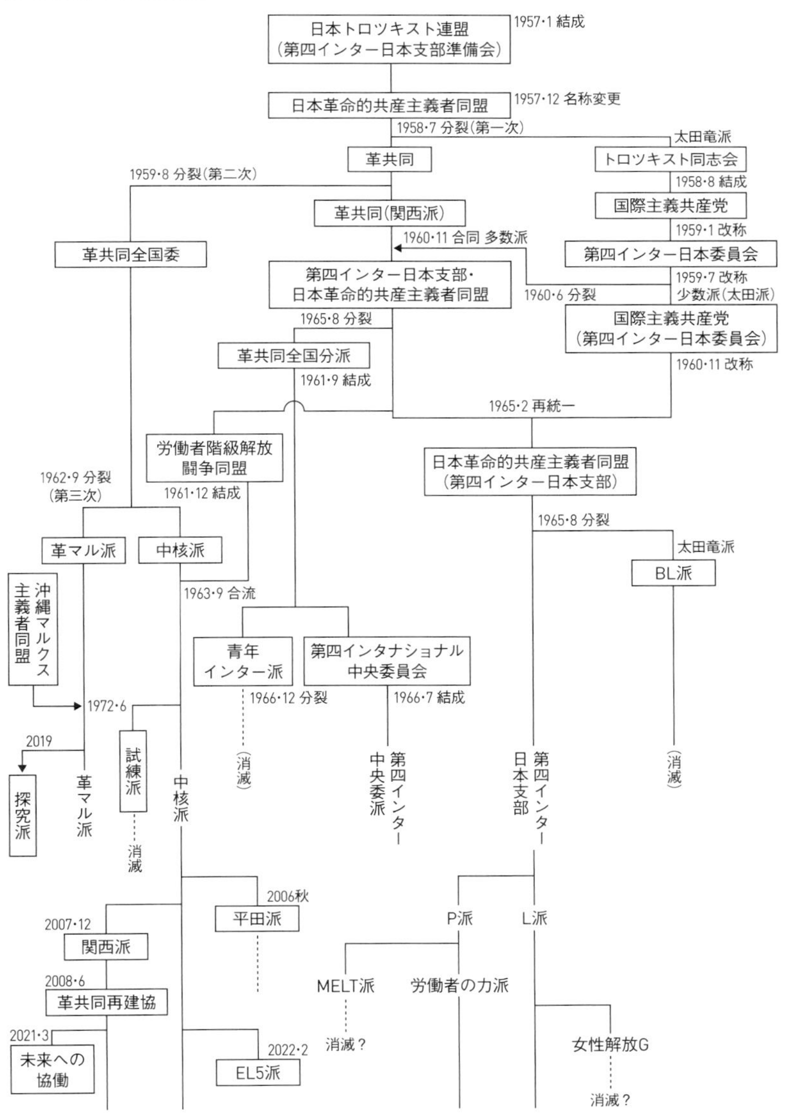

公安調査庁『過激派集団の概要』掲載の系統図をもとに著者にて加筆・修正した

共産同の系統図 ―「第二次ブント」の崩壊まで―

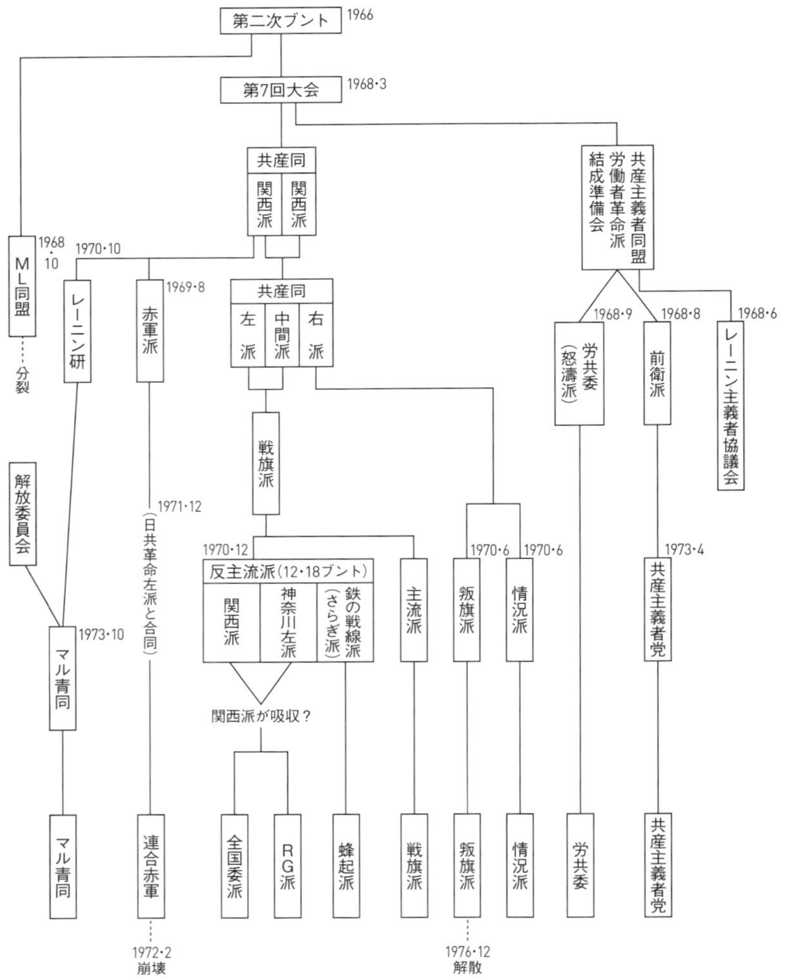

公安調査庁『過激派集団の概要』掲載の系統図をもとに著者にて加筆・修正した

共産同の系統図 —共産同系諸派の分裂—

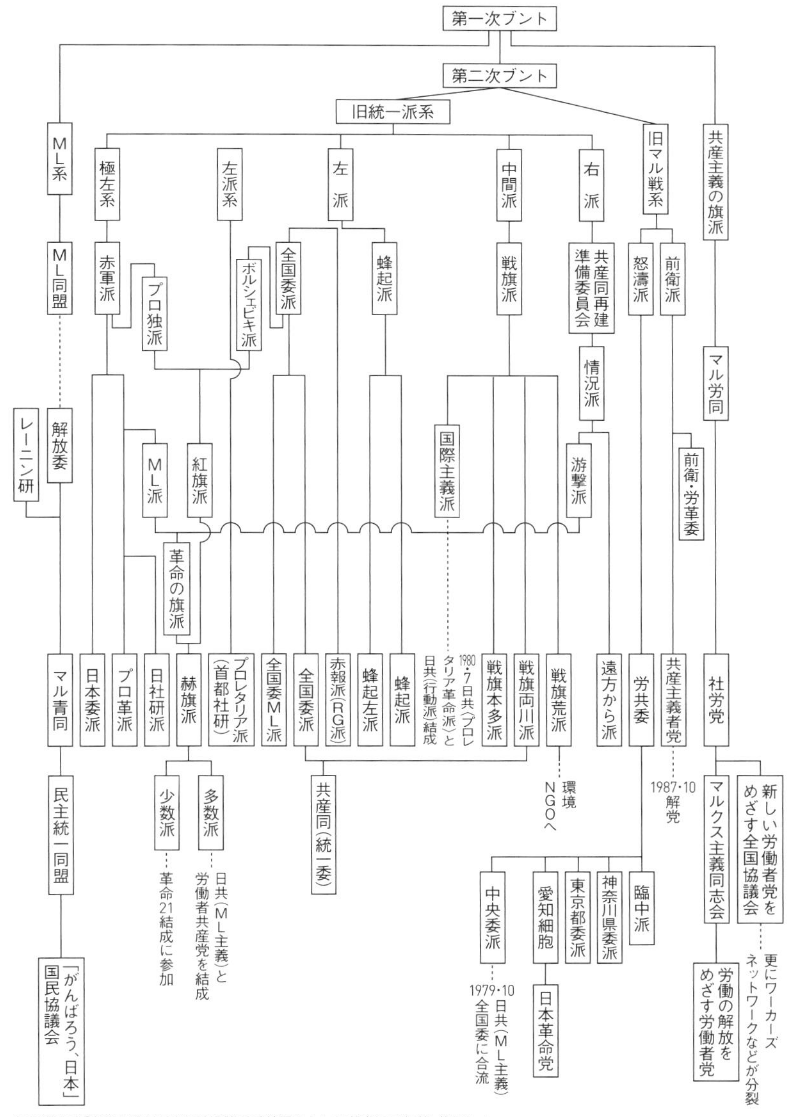

公安調査庁『過激派集団の概要』掲載の系統図をもとに著者にて加筆・修正した

社青同系の系統図

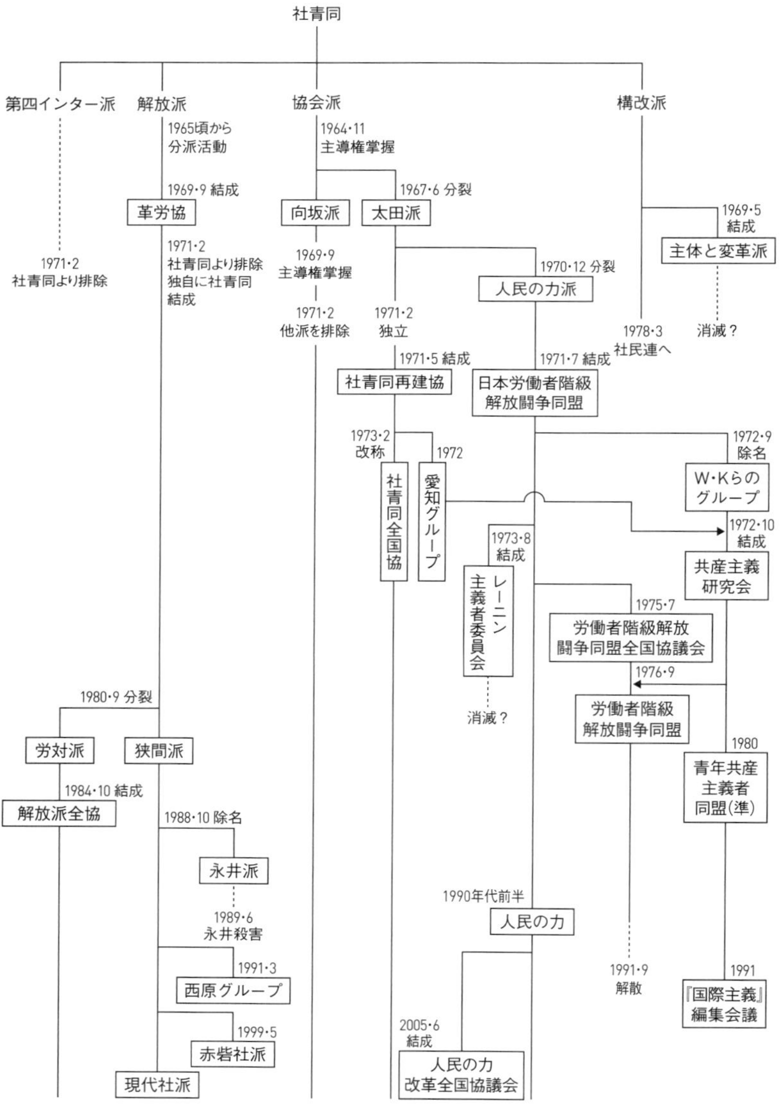

公安調査庁『過激派集団の概要』掲載の系統図をもとに著者にて加筆・修正した

構改派系の系統図

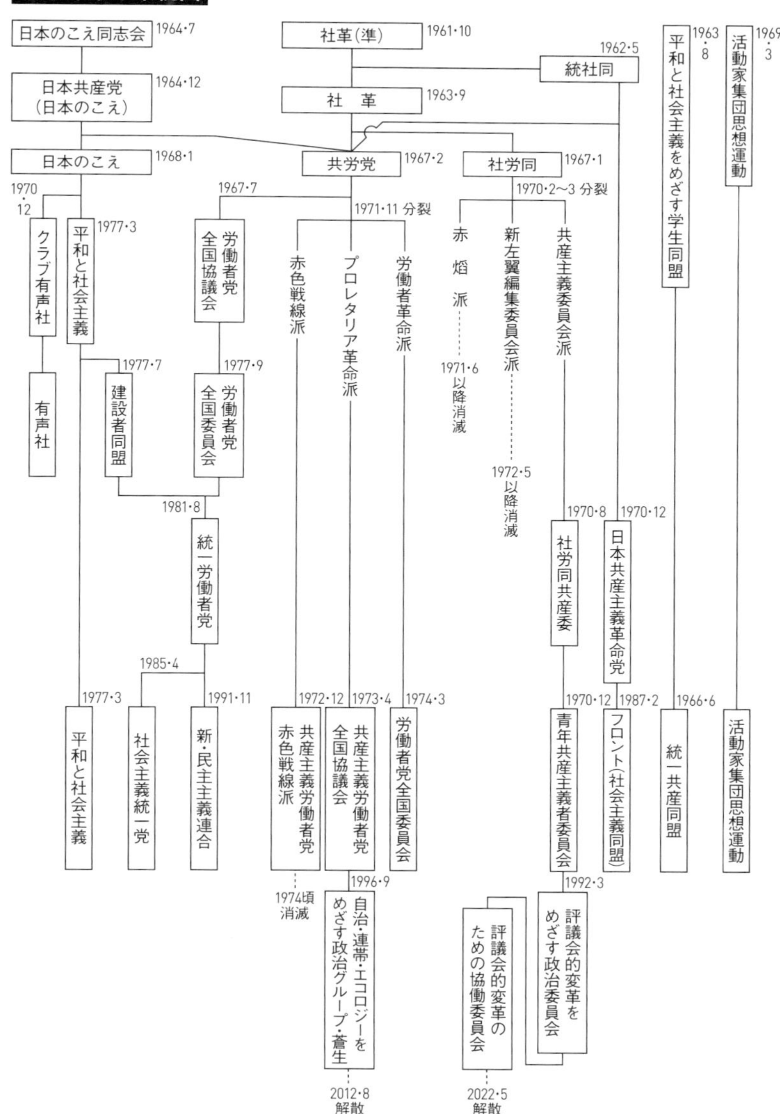

公安調査庁『過激派集団の概要』掲載の系統図をもとに著者にて加筆・修正した

親中国派系の系統図

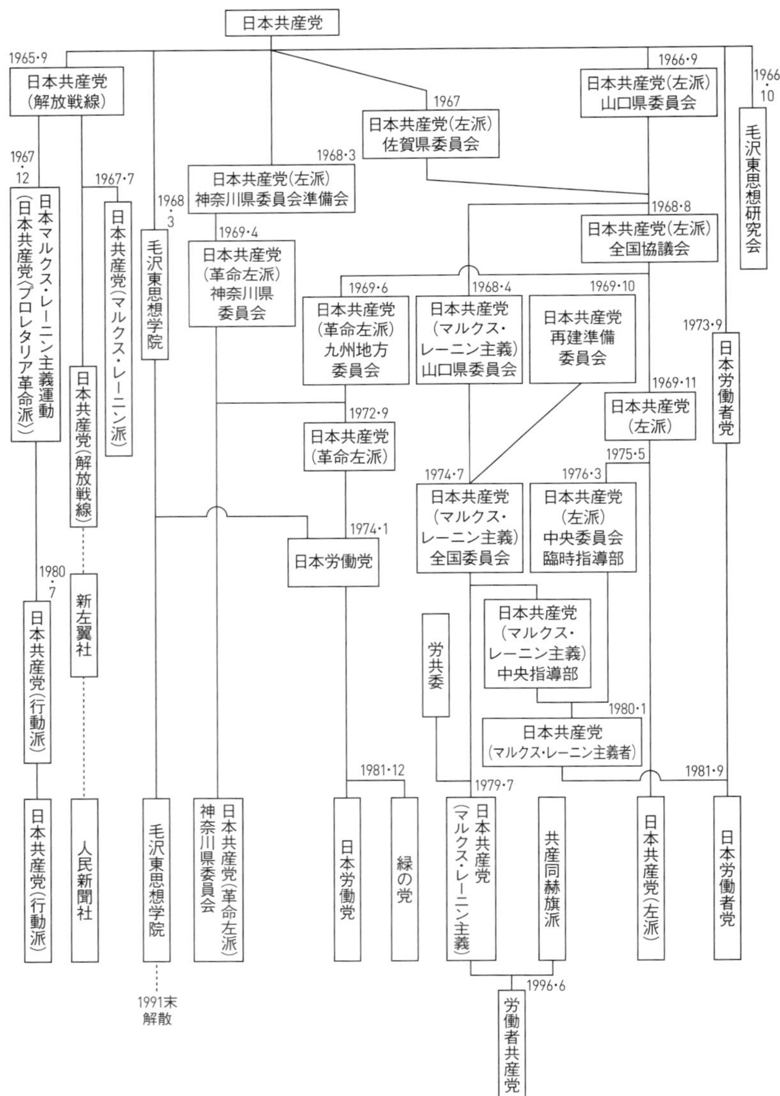

公安調査庁『過激派集団の概要』掲載の系統図をもとに著者にて加筆・修正した

【著者略歴】

有坂賢吾（ありさか・けんご）

1991年千葉県生まれ。私立武蔵高等学校84期。高校在学中より学生運動研究を始める。
明治大学法学部卒業後、大手ゼネコンでの勤務を経て、建設産業労働者。
東京、香川、徳島、埼玉、栃木、愛知での勤務を経て2024年より埼玉県在住。

※本書にかかわる情報、問い合わせなどは以下をご参照ください。
X（旧Twitter）：https://x.com/front_chiba
HP：https://sites.google.com/site/nagato0326/

新左翼・過激派全書
——1968年から現在まで

2024年11月 7日　初版第1刷発行
2025年 2月15日　初版第3刷発行

著　者　有坂賢吾

発行者　福田隆雄
発行所　株式会社 作品社
〒102-0072 東京都千代田区飯田橋 2-7-4
電　話　03-3262-9753
ＦＡＸ　03-3262-9757
振　替　00160-3-27183
ウエブサイト　https://www.sakuhinsha.com
装　　丁　小川惟久
本文組版　米山雄基
印刷・製本　シナノ印刷株式会社

Printed in Japan
ISBN978-4-86793-053-3　C0020

作品社の本

新装版

新訳

共産党宣言

初版ブルクハルト版(1848年)

カール・マルクス　的場昭弘訳著

〈資本主義の終焉と歴史の未来〉を予言した古典新訳に加え、当時の雰囲気をいきいきと伝える「無署名」で書かれた初版ブルクハルト版(1848年)のドイツ語原文、宣言の成立にかかわる貴重な資料群を収録。マルクス研究の第一人者が、半生をかけた永垂不朽の翻訳。

カール・マルクス入門

的場昭弘

この一冊で、マルクスとマルクス主義をまるごと理解!マルクスの人となりや、思想を深く理解するための主要著作案内を網羅。圧倒的な資料収集と最新の研究成果を反映させたマルクス学の第一人者による決定版入門書。(付録)エピソード、年表、マルクス一族家系図、文献目録

マルクス入門講義

仲正昌樹

格差、宗教、ヘイト、民主主義、デモ……。今、もっとも〈使える〉思想家を徹底授業。著者が、現在「読んだ方がいい」と考える哲学上の重要なテクストを選び、マルクスをまったく読んだことがない初学者や、再びマルクスを勉強したい人向けに、丁寧に熟読する。

作品社の本

共同体の救済と病理

長崎浩

古代ユダヤ人、預言者、キリスト教、コミューン、ファシズム、カルト宗教……紀元前から21世紀まで。戦争、テロ、大震災……時代の危機のなか反復される不気味な「共同性」への欲望を撃つ。1969年、ラディカリズムのバイブル『叛乱論』後の本格的著作。「私」化する社会の不安と危機を剔抉する。

革命の哲学

1968叛乱への胎動

長崎浩

60年安保闘争から、1968年世界革命、70年代全共闘運動まで、反抗と叛逆の時代の主題「革命」を思想として歴史に位置づける。人々の記憶の彼方に追いやられたルカーチ、サルトル、マルクス・レーニン、そして日本の思想家たち。全学連・全共闘運動のバイブル『叛乱論』の著者が描く“忘れられた”思想史。

幕末未完の革命

水戸藩の叛乱と内戦

長崎浩

なぜ“勝者”になれなかったか？茨城・水戸で政治活動家人生を経験した著者が、最後の将軍慶喜、桜田門外の変、天狗党、水戸学、知られざる凄惨な内戦など、未曽有の乱世の時代を詳細に分析、その謎にせまる。現代日本への教訓に満ちた、刮目すべき、忘れられたもう一つの幕末史。

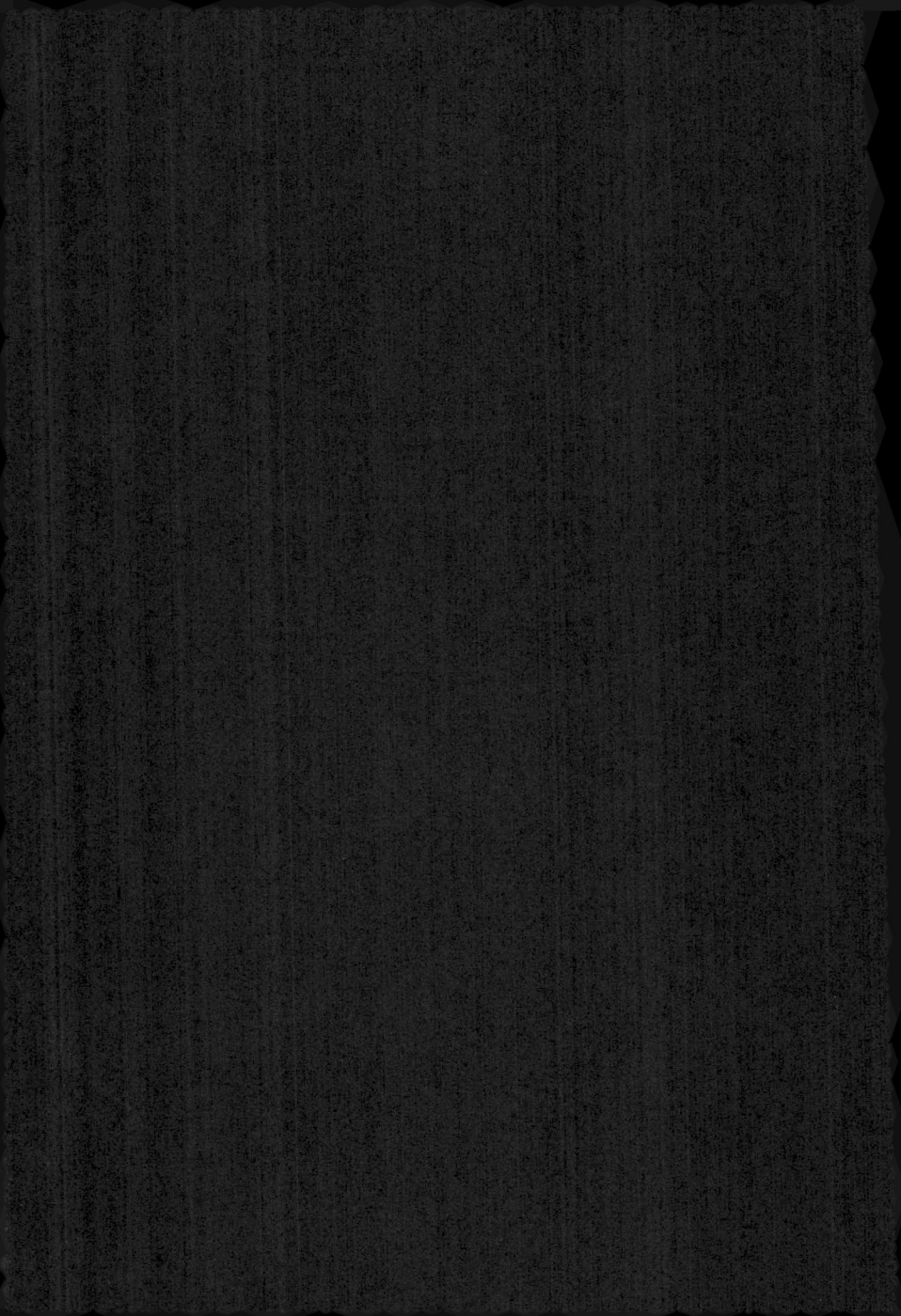